C. A. C

sauf n°

la fin de C4 par la vignette
A.
Maîtresse.

2089

TRAITÉ DE LA MORALE DES PERES DE L'EGLISE:

Où en défendant un Article de la Preface sur PUFFENDORF, contre l'APOLOGIE DE LA MORALE DES PERES du P. CEILLIER, Religieux Bénédictin de la Congregation de St. *Vanne* & de St. *Hydulphe*, on fait diverses reflexions sur plusieurs matieres importantes.

PAR JEAN BARBEYRAC,

Professeur en Droit à GRONINGUE, *& Membre de la Societé Roiale des Sciences à* BERLIN.

A AMSTERDAM,
Chez PIERRE DE COUP.
MDCCXXVIII.

PRÉFACE.

Q UAND je lûs, pour la prémiére fois, le gros Livre, (1) que le P. CEILLIER venoit de publier, contre un Article de ma *Préface* sur PUFENDORF, *Droit de la Nature & des Gens*; je balançai un peu sur le parti que je devois prendre. D'un côté, il me sembloit, que je pouvois me dispenser absolument de rien répondre, parce que mon Aggresseur découvroit lui-même à plein, dès l'entrée de son Ouvrage, & par tout ensuite, l'esprit de Parti & de Prévention, qui lui avoit fait prendre la plume contre moi; parce qu'il en avouoit assez, sur ce que j'ai critiqué dans les PÉRES DE L'EGLISE, pour me justifier en gros; parce que les raisons, dont il se sert, pour défendre les Péres, me paroissoient visiblement fausses, foibles, ou forcées, & que, pour les soûtenir, il appelloit au secours les invectives & les injures, couvrant néanmoins son zéle amer du beau nom de *modération*; parce, enfin, qu'il avoit farci une bonne partie de son Livre, de choses tout-à-fait hors d'œuvre, de questions triviales, rebattuës, & dès-long tems épuisées, qui n'ont aucun rapport ni avec l'Article attaqué, ni avec toute la matiére de ma *Préface*.

Mais, d'autre côté, il se présentoit plus d'une raison à opposer à celles-là. On sait, que bien des gens se mêlent de juger de choses qu'ils ne sont pas capables ou qu'ils ne veulent pas se donner la peine d'examiner; sur tout à l'égard de Livres écrits dans une Langue vulgaire, & une Langue aussi répanduë dans le monde, que l'est la Langue Françoise. Ils ne démêlent guéres l'état de la question, qu'un Disputeur change, ou em-

---

(1) Imprimé à *Paris*, en 1718. sous ce titre: *Apologie de la Morale des Péres de l'Eglise, contre les injustes accusations du Sieur* JEAN BARBEYRAC, *Professeur &c. par le R. P.* D. REMY CEILLIER, *Religieux Benedictin de la Congregation de* St. Vanne *& de* St. Hydulphe, *Doyen de l'Abbaye de* Moyenmoustier. Le Livre est *in quarto*.

embrouille, pour leur jetter de la poudre aux yeux. Les matiéres, qui ont quelque rapport, direct ou indirect, prochain ou éloigné, avec la Religion, devroient être celles où l'on fût le plus en garde contre les Préjugez, & les Décisions témeraires: mais, à la honte des Hommes, ce font celles où ils s'y laissent entraîner avec le moins de résistance. Tout ce qui paroît bon à maintenir les sentimens qu'on a une fois embrassez, souvent sans savoir pourquoi, & sans penser jamais depuis à en chercher le fondement; s'insinuë, avec la même facilité, dans l'esprit d'un Lecteur ainsi disposé. Or mon Aggresseur s'est avisé de faire, d'un sujet qui pouvoit & devoit être traité en mettant a part la différence des principes de Religion où nous sommes, lui & moi, une Dispute où il raméne la plûpart de celles qui sont le fondement de la séparation des *Protestans* d'avec l'*Eglise Romaine*. Enfin, on avoit, depuis long tems, & en diverses maniéres, renversé de fond en comble, en matiére de Dogmes, l'Autorité des *Péres*, sur laquelle l'*Eglise Romaine* bâtit ses *Traditions* & son *Infaillibilité* prétenduë: mais on ne s'étoit pas beaucoup attaché à détruire cette Autorité en fait de Morale; ce n'est qu'en passant que divers Ecrivains y ont donné quelque atteinte. Devois-je laisser échapper une si belle occasion, qu'un Catholique-Romain & un Moine me fournit, de prendre cela à tàche, selon mon petit pouvoir; ne fût-ce que pour en donner l'exemple à d'autres qui seront mieux en état de le faire? Et la nouveauté même de l'entreprise ne demandoit-elle pas que je misse dans tout son jour ce que le plan de ma *Préface* sur PUFENDORF ne m'avoit permis que d'ébaucher?

Ce dernier parti l'emporta dans mon esprit. Mais cependant les raisons qui m'entrainoient d'abord au parti contraire, me semblérent être d'assez grand poids, pour m'obliger à prendre une espéce de milieu. C'est-à-dire que je conclus, qu'il n'y avoit rien qui pressât, & que je pouvois tranquillement garder le silence, jusques à ce que je n'eusse rien de meilleur à faire. Pour cet effet, je cachai le Livre de mon Censeur dans un coin le plus obscur de mon Cabinet, où il ne fût pas exposé à me tomber sous les yeux; de peur que l'envie ne me prît de les y jetter encore, & de me détourner tant soit peu d'une occupation bien plus importante, & de longue haleine,

qui

PRÉFACE.

qui demandoit alors tous mes soins. J'étois après à achever le grand Ouvrage de mon GROTIUS François, *Du Droit de la Guerre & de la Paix*; qui a paru, avec mes Notes, en 1724. A peine fus-je quitte de ce travail, qu'il fallut penser à une nouvelle Edition du Livre même, à la tête duquel est la *Préface*, dont un Article a fait l'objet des fausses attaques du P. *Ceillier*. Cette autre Traduction, accompagnée aussi de mes Notes, manquoit déja, depuis quelques années, dans la boutique du Libraire, qui en avoit imprimé la Seconde Edition. Et si j'avois pû me rendre à ses instances, j'aurois dès-lors pensé à la revoir, pour la mettre en état d'occuper bien tôt la presse. Mais je m'engageai volontiers à cette revision, dès que l'impression du GROTIUS n'y apporta plus d'obstacle. Je me taillai même de la besogne beaucoup plus que je n'avois prévû, ni promis. Et quand cette Edition paroîtra enfin (a), on pourra se convaincre de ce que l'on auroit déja vû, s'il n'eût tenu qu'à moi, c'est que les Editions précédentes devront désormais être laissées à quartier, par ceux qui croiront que ce Livre leur est utile, & qui en voudront tirer tout le fruit qui peut leur en revenir. Je fus d'ailleurs distrait, dans ces entre-tems, par deux Ouvrages, dont je ne pus me dispenser, y étant engagé par des Personnes d'une très-grande considération. L'un est, la Traduction d'un Traité de l'Illustre (b) Mr. DE BYNCKERSHOEK, *Du Juge compétent des Ambassadeurs*, tant pour le *Civil*, que pour le *Criminel*: (c) à quoi j'ajoûtai aussi mes petites Notes. L'autre est, une *Défense* (d) *du droit de la Compagnie Hollandoise des Indes Orientales*, *contre les nouvelles prétensions des Habitans des Païs-bas Autrichiens* &c. Tout cela étant fait, & ma revision du PUFENDORF finie, les Vacances d'Eté de l'année 1726. me firent naître la pensée & l'occasion de tirer enfin de sa cachette l'*Apologie des Péres*, & de la relire, pour travailler tout de bon à la refuter.

Je ne fais ce détail qu'historiquement, & parce que les choses sont ainsi que je le dis. Si le Public peut se passer d'en être instruit, il peut aussi n'en être pas fâché. Du reste, je sai très-bien, qu'à cet égard, comme à d'autres, *le tems ne fait rien à l'affaire*. Si ma Réponse n'est pas goûtée des Connoisseurs desintéressez & équitables, elle viendra encore trop tôt: & si elle a le bonheur de ne pas leur déplaire, elle viendroit toûjours

(a) Elle est actuellement sous la presse.

(b) Présentement Président du Haut Conseil.
(c) Cette Traduction a paru en 1723.
(d) Publiée en 1725.

assez

assez tôt. *Sat cito, si sat bene.* Mais voici un autre fait, dont je ne dois pas me taire.

Lors que je me mis à exécuter ma résolution formée de longue main & pour un tems indéterminé, les circonstances me firent changer tout d'un coup la manière de l'exécution, que j'avois d'abord projettée, & dont le Public fut averti dans les Nouvelles Litteraires (a) qui s'imprimoient alors toutes les semaines à *Amsterdam*. Comme je n'aime point les Disputes, & que je sai que bien des gens n'aiment pas plus à les lire; je voulois, en embrassant un plus vaste plan, traiter à fond de diverses matiéres importantes, & amener ainsi, comme par occasion, ce que je devois répondre au P. *Ceillier*; de sorte que la Dispute ne parût qu'une espéce d'appendice de quelques Dissertations intéressantes par leur sujet. Mais, indépendamment même de l'intérêt des Libraires, qui s'imaginent qu'une nouvelle Edition ne sauroit être trop augmentée; je pensai, après avoir achevé la revision du Pufendorf, que la place naturelle de ma Défense étoit ce Livre même, à la tête duquel est la *Préface*, attaquée en une de ses parties par mon Censeur. Dès-là, mon prémier plan tomboit de lui-même. Je devois ménager le terrein, & ne pas rendre monstrueux des Volumes déja assez gros, & grossis encore par les nouvelles Additions. Il fallut donc se contenter de répondre à tout ce qui pouvoit m'intéresser dans le Livre de mon Censeur.

Néanmoins, avec toute la briéveté que ce changement exigeoit de moi, je conservai encore ici un tempérament, qui laissoit subsister en petit mon prémier projet. Si l'accessoire devint ainsi le principal, je tâchai de faire entrer dans ma Défense, selon les bornes étroites dans lesquelles je me voiois resserré, tout autant qu'il se pourroit de ce qui auroit été le principal; & de tourner ce qui auroit été l'accessoire, d'une maniére à ne pas rebutter ceux mêmes qui s'effarouchent du seul nom de Dispute.

Mais, quelque soin que je prisse d'abreger, & de me tenir au nécessaire, l'abondance des matiéres se trouva si grande, & l'Ouvrage grossissoit sous ma plume de telle sorte, que je compris alors qu'il n'y avoit plus moien de le joindre au Pufendorf, sans retomber dans l'inconvénient, que j'avois cru pouvoir éviter. L'un ou l'autre des deux Volumes, où il auroit

(a) Du 19. *Novemb.* 1718. pag. 229, & suiv.

fallu

PRÉFACE.

fallu le placer, feroit devenu d'une groſſeur exceſſive & fort disproportionnée. Travailler ſur nouveaux frais, & reprendre mon prémier plan, ç'auroit été perdre presque le tems que j'avois déja emploié, & renvoier peut-être encore bien loin la choſe. J'étois en train, je ne vis plus d'autre expédient, que de publier à part ma Défenſe, ſur le pié que je l'avois commencée. On l'a cependant imprimée d'une forme à laiſſer aux Acheteurs la commodité de joindre encore, s'ils veulent, cette Piéce au Second Volume de PUFENDORF, qui même dans la nouvelle Edition, ſera toûjours le moins gros.

Pour dire quelque choſe de plus particulier, ſur la maniére dont je m'y ſuis pris, le ſeul ordre qu'il y avoit ici à ſuivre, étoit celui de l'Article même de ma *Préface*, qui eſt auſſi celui des tems où ont vêcu les principaux *Péres* des *Six Prémiers Siécles*, auxquels je m'étois borné, dans ce que j'avois dit d'eux, par rapport à leurs lumiéres ſur la Morale. Mon Aggreſſeur a auſſi gardé cet ordre. Mais oubliant enſuite le titre de ſon Livre, qui ne promet qu'une *Apologie de la Morale des Péres de l'Eglife*, il traite, dans les deux derniers Chapitres, de JUSTIN, *Martyr*, & de SAINT IRENÉE; desquels je n'avois néanmoins rien dit, qui ſe rapportât à la Morale. C'eſt que, dans la Seconde Edition de ma *Préface*, je trouvai à propos d'ajoûter à l'Article des Péres de l'Eglife, une nouvelle Section, encore plus longue, où l'occaſion, qui m'y avoit engagé, demandoit que j'allaſſe un peu plus loin, & que je parlaſſe en général du tour d'eſprit & de l'habileté des Péres ſur toute ſorte de ſujets. Le P. *Ceillier* a donc voulu refuter ce qu'il trouvoit là, à quoi il croioit pouvoir répondre: car il a laiſſé même l'eſſentiel, que j'avois traité aſſez au long, & qui tend ſur tout à diſſiper les vains fantômes dont certains Proteſtans s'étoient laiſſé éblouïr, & avoient voulu éblouïr les autres, pour conſerver aux Péres, en dépit du Bon-Sens & des principes inébranlables de la Réformation, un reſpect fort au deſſus de ce qu'ils méritent. J'ai répondu, ſur l'Article de chaque Pére, aux apologies de mon Cenſeur, touchant ce qu'il avoit tiré de cette Addition. Et pour ce qui regarde JUSTIN, *Martyr*, & SAINT IRENÉE, je les ai remis en leur place naturelle, c'eſt-à-dire, à la tête de mon Ouvrage. De plus, afin que tout y fût uniforme, j'ai allegué, dans les Chapitres, où il s'agit de

ces

ces deux Péres, les plus anciens dont nous aiyons quelque Ecrit confidérable, de nouveaux exemples, qui concernent leur Morale; & par où l'on verra, qu'ils n'ont pas été exemts des défauts de leurs Succeffeurs, par rapport à l'étude & à la connoiffance d'une Science fi importante.

Je me fuis tenu à mon fujet, & je n'ai eû garde de fuivre le P. *Ceillier* dans fes écarts. Il m'a provoqué à entrer en lice avec lui fur plufieurs matiéres, qui, comme je l'ai déja dit, font tout-à-fait étrangéres, & ont d'ailleurs été, depuis long tems, fuffifamment difcutées. (1) Le *Culte des Anges*, leur Emploi d'*Anges Gardiens*, l'*Adoration & l'Intercession des Saints*. le *Purgatoire*, les *Priéres pour les Morts*, les *Satisfactions Humaines*, les *Pénitences*, l'*efficacité du Signe de la Croix*, le *Culte des Reliques*, leurs *Miracles*, les *Vœux Monaftiques*, les invectives contre la *Réformation*, les *Réformateurs*, & les *Proteftans* en général, les *Traditions* & l'*Infaillibilité de l'Eglife* &c. que fait tout cela au *Droit Naturel*, & à la *Morale* fondée fur les feules lumiéres de la Raifon, dont j'ai uniquement traité dans toute ma *Préface* fur PUFENDORF? Le P. *Ceillier* m'ouvroit un beau champ, fi j'avois eû la démangeaifon de publier un fort gros Volume, ou plûtôt plufieurs Volumes, qui, d'une Difpute particuliére, auroient fait une Difpute des plus vaftes. Mais ce feroit bien peu refpecter le Public, & rifquer en même tems de trouver à peine un Lecteur, que de vouloir ainfi augmenter le nombre des Livres de cette nature, dont le monde eft rempli, & comme accablé. J'ai donc laiffé-là toutes ces Controverfes Théologiques: ou, fi j'en ai dit quelque chofe, ce n'a été que rarement, en peu de mots, & autant que le demandoient les points dont je devois traiter néceffairement.

Il y a entr'autres une Controverfe, fur laquelle le P. *Ceillier* s'eft fort étendu, dès l'entrée de fon Ouvrage, & à laquelle néanmoins, par prudence feule, il ne devoit pas toucher, quelque capitale qu'elle foit dans fon efprit; c'eft celle des *Traditions*, & de l'*Infaillibilité de l'Eglife*. Ailleurs il a fait des courfes, fans aucune néceffité & fans efpoir de fuccès, fur les païs du Proteftantifme: mais ici il nuit de plus à fa propre caufe. Il eft

---

(1) La plûpart de ces Controverfes, & autres femblables, ont été depuis peu traitées, d'une maniére également dégagée & agréable, dans l'excellent Ouvrage de Mr. LEN-

est naturel de soupçonner de là d'abord, qu'il ne s'est pas senti assez fort, pour bien défendre les Péres de l'Eglise, sans prévenir l'esprit des Lecteurs, en étalant une prétenduë Infaillibilité, qui imposât silence aux objections, ou qui suppléât à la foiblesse des réponses. S'il avoit crû pouvoir, par une simple discussion du sens des Passages alleguez dans ma *Préface*, ou des points de Morale considerez en eux-mêmes, trouver dequoi justifier les Péres des inexactitudes, des fausses pensées, ou des erreurs, que j'y ai notées, cela lui auroit suffi, & auroit d'ailleurs laissé en son entier la question de leur Autorité & de leur Infaillibilité, controversée entre nous. Car enfin, que les Péres ne soient pas infaillibles, ou qu'ils le soient, il est toûjours certain, qu'il faut savoir ce qu'ils disent; & que, pour le bien entendre, on ne peut expliquer leurs Ouvrages, que de la même maniére qu'on explique toute autre sorte d'Auteurs, que personne ne prétend être infaillibles. Cette Infaillibilité, si elle étoit prouvée, ne sauroit jamais avoir d'autre vertu, que de faire sûrement aquiescer à ce que l'on verroit qu'ils ont dit bien clairement. A l'égard du fond des choses, sur lesquelles roule nôtre Dispute, il falloit aussi, quelque opinion qu'on ait d'ailleurs des Péres de l'Eglise, ne les considerer ici, qu'entant qu'*Hommes*; puis qu'il s'agit d'une Connoissance, que mon Censeur ne sauroit nier être à la portée de tous les Hommes, qui font usage de leur Raison: à moins qu'il ne voulût revoquer en doute ce que l'Ecriture suppose par tout, & ce que l'Apôtre St. Paul a dit si expressément, Que la *Loi Naturelle* (a) *est gravée dans le cœur de tous les Hommes*. Ce n'est point ici une Dispute, qui soit de nature à avoir lieu seulement de *Chrétien* à *Chrétien*; elle pourroit naître, & elle devroit être traitée de la même maniére, entre un *Chrétien*, & un *Paien*. On peut separer le *Paien Homme*, d'avec le *Paien Superstitieux*. Et si les anciens Sages du Paganisme n'ont pas été aussi loin, que les lumiéres de la Raison pouvoient les conduire, ils les ont assez suivies sur bien des choses, pour montrer que c'étoit leur faute, s'ils ne les suivoient pas ailleurs. Le P. *Ceillier* en convient, quoi que là il applique mal son exclamation: (b) *Quoi donc?* dit-il, *les Philosophes se sont-*

(a) *Romains*, II. 15.

(b) *Apologie de la Morale des Péres*, Chap. I, pag. 541.

LENFANT, intitulé, *Préservatif contre la réünion avec le Siége de* ROME. Imprimé à Amsterdam, chez P. *Humbert*, 1723. en 5 voll. *in* 8.

font-ils trompez en tout? La lumiére naturelle, qui nous éclaire tous, n'a-t-elle donc jamais lui dans leurs cœurs? L'expérience, la reflexion, l'étude, ne pouvoient-elles pas leur procurer la connoiffance de bien des Véritez, qui ne font point au deffus des forces de la Nature? Après quoi il ajoûte ce mot de LACTANCE, ſi connu, (1) *Qu'il n'y a presque aucune Vérité dans la Religion, qui n'ait été enfeignée par quelque Secte de Philofophe, quoi qu'aucune ne les ait enfeignées toutes enfemble, pures & fans mélange.* A plus forte raiſon, le P. *Ceillier* ne refufera-t-il pas aux Paiens la faculté d'expliquer, ſelon les régles du Bon-Sens & de la Critique, quelque Auteur que ce ſoit, dont ils entendent la Langue. Cela étant, ſuppoſons qu'il eût à faire à un Paien honnête-homme & éclairé, auroit-il bonne grace, pour le convaincre que telle ou telle Maxime eſt conforme aux principes de la Morale Naturelle, de lui alleguer, ou d'inſinuer le moins du monde, l'Infaillibilité prétenduë des Péres de l'Eglife, qu'il diroit avoir ainſi décidé? Et le Paien, s'il ſavoit ſeulement, qu'un des prémiers Diſciples de l'Auteur de la Religion Chrétienne a déclaré, qu'il ne tenoit qu'aux *Paiens* de connoître tout ce qui ſe rapporte à la *Loi Naturelle*, & que c'eſt par cette Loi qu'ils feront jugez, comme étant commune à tous les Hommes; ne ſeroit-il pas bien fondé à dire au P. *Ceillier*: ,, C'eſt par la Raiſon ſeule, ,, que nous devons diſputer, ſelon vos propres principes. Ainſi ,, je n'ai que faire de m'embarraſſer de ce que penſent vos Doc-,, teurs, Anciens ou Modernes. Je ſuis doué de Raiſon auſſi ,, bien qu'eux. DIEU, qui m'impoſe cette Loi, comme à vous ,, & à eux, m'a donné auſſi le moien de la connoître: & vous ,, devez tous, auſſi bien que moi, faire uſage des Facultez dont ,, il nous a ornez pour cet effet les uns & les autres. Venons ,, donc au fait: voions ce que les lumiéres de la Raiſon nous en-,, ſeignent, & laiſſons-là toute Autorité. Examinons, ſi la dé-,, ciſion, que vous me propoſez, de tel ou tel point de Morale, ,, eſt tirée, par de juſtes conſéquences, des principes évidens des ,, Devoirs de l'Homme, ou généraux, ou particuliers". Si enſuite le P. *Ceillier* étant convenu avec le Paien de certaines Maximes,

---

(1) LACTANCE parle généralement: il ne dit pas, *presque toutes les Véritez*, mais *tota veritas*, toutes les Véritez: *Quòd ſi exſtitiſſet aliquis, qui veritatem ſparſam per ſingulos, per ſectaſque diffuſam, colligeret in unum, ac redigeret in corpus, is profectò non diſſentiret*

PREFACE.

mes, celui-ci se mettoit à lire les Livres des *Péres de l'Eglise*, & qu'après avoir pesé attentivement leurs expressions, comparées avec toute la suite du discours, il y trouvât quelque chose qui ne s'accordât point avec ces Véritez reconnuës de part & d'autre; ne seroit-il pas ridicule au P. *Ceillier*, de faire revenir encore ici, ou directement, ou indirectement, l'Infaillibilité prétenduë de ces Anciens Docteurs; &, pour ne pas avouer qu'ils se sont trompez, de tordre le sens naturel des termes, de faire mille suppositions gratuites, de chercher toute sorte de faux-fuians & d'échappatoires? Le Paien, avec les seules Régles du Bon-Sens & de la Critique, pourroit aller encore plus loin, & en lisant l'Ecriture Sainte, comparer les Passages, où il est traité de ces points de Morale, avec les explications que le P. *Ceillier* y donneroit sur la foi des Péres, & lui opposer les contrariétez qu'il trouveroit entre ces explications, & le vrai sens des Passages. Si le P. *Ceillier* lui disoit alors, que les contrariétez ne sauroient être qu'apparentes, parce que c'est au jugement de ces Docteurs mêmes qu'il faut s'en rapporter pour l'explication de l'Ecriture Sainte: le Paien lui demanderoit, & seroit en droit de lui demander, d'où leur vient un si rare privilége? Il répondroit sans doute, qu'ils le tiennent de l'Auteur de la Religion Chrétienne; & cela parce que l'Ecriture Sainte est (a) *obscure & susceptible de plusieurs sens*. „ Cōmment donc? (repliqueroit le Paien?) Je
„ ne veux pas insister sur ce que vous faites vous-même bien peu
„ d'honneur à l'Auteur de vôtre Religion, en m'apprenant qu'il
„ vous a donné, pour régler & vôtre Foi & vos Mœurs, un
„ Livre où tout est énigme; je n'ai pas besoin de me prévaloir
„ d'un tel aveu, au désavantage de vôtre cause. Mais dites-moi,
„ je vous prie, puis que ce Livre est *obscur & susceptible de plu-*
„ *sieurs sens*, comment avez-vous pû y trouver dequoi vous per-
„ suader la réalité & l'authenticité d'un privilége de si grande
„ conséquence, & si fort au dessus de la condition des foibles
„ Mortels? C'est comme si un Particulier, prétendant à quelque
„ droit de Seigneurie, produisoit de vieux Papiers, qu'on ne
„ sauroit lire, ou écrits dans une Langue, que personne n'enten-
„ droit.

(a) *Dissert. Prélim.* pag. I.

à nobis.... *nam particulatim veritas ab his tota comprehensa est*. Inst. Divin. Lib. VII. Cap. 7. num. 4, 7. Voiez aussi CLEMENT d'Aléxandrie, Strom. Lib. I. Cap. 13. pag. 349. Ed. Oxon. & l'*Histoire de la Philosophie Paienne*, publiée en 1724.

„ droit". Le Paien feroit bien plus furpris encore, quand le P. *Ceillier* lui étaleroit les Paffages, que les Docteurs de la Communion Romaine alléguent, pour prouver l'Infaillibilité de l'Eglife, & en conféquence de cela l'Autorité des *Traditions* & des *Péres.* „ Vous me l'aviez bien dit, s'écrieroit-il, & je vous en
„ crois aifément. S'il faut en juger par là, vos Saints Livres font
„ affurément bien obfcurs, puis qu'en tous ces Paffages je ne vois
„ rien qui favorife vos prétenfions. Il faut que vous aiyez d'au-
„ tres yeux, que moi. Mais comme je ne puis changer les miens,
„ ni m'en rapporter aveuglément aux vôtres, laiffez-moi en re-
„ pos, & goûtez à vôtre aife le plaifir de vous repaître d'obfcu-
„ ritez". Je ne dis rien des autres objections affommantes, que le Paien pourroit faire, s'il étoit inftruit des variations & des conteftations qu'il y a, & qu'apparemment il y aura toûjours, entre ceux de l'Eglife Romaine, qui ne conviennent que dans une idée abftraite d'*Infaillibilité,* fans avoir encore déterminé d'un commun accord, où elle gît.

Tout ce que je viens d'expofer, eft encore plus groffiérement abfurde, dans une Dispute entre *Chrétien* & *Chrétien.* Franchement c'eft avoir bien peu de connoiffance, ou fe mettre bien peu en peine, des Loix de la Dispute, auffi bien que de celles de la Modeftie & de l'Equité. J'ai pitié d'ailleurs de voir, que mon Aggreffeur croie avoir triomphé des *Proteftans,* par une pure repétition de ce qui a été dit de plus vulgaire, en matiére de Dogmes controverfez, & qui auffi a été fi fouvent refuté par nos Auteurs. Il falloit du moins diftiller fon efprit à imaginer quelques nouvelles fubtilitez, du genre de celles dont quelques Ecrivains de la Communion Romaine s'aviférent vers la fin du Siécle paffé, pour fuppléer à la foibleffe qu'ils fentoient peut-être eux-mêmes dans les argumens communs, mais qu'on leur fit bien voir n'être pas moins palpable dans les leurs.

Voilà les extrémitez, où l'on fe précipite, quand on fe livre à une déférence aveugle, ou exceffive, pour quelque Autorité Humaine que ce foit, & en matiére de Sciences, & en matiére de Religion. Le refpect qu'on doit à l'Autorité Divine, fuppofe & demande par lui-même un difcernement exquis de la Droite Raifon; de peur qu'on ne prenne pour Autorité Divine, ce qui n'en a que l'apparence, & qu'on ne rende ainfi à l'Erreur ou à l'Impofture, un hommage qui n'eft dû qu'à l'Eternelle Vérité.

Je

PREFACE.

Je n'ai plus qu'un mot à dire, sur la méthode & la matiére de cette Défense. On y verra en original, dans les Notes que j'y ai mises pour cet effet ou pour d'autres raisons, tous les passages de quelque conséquence, que j'ai citez, soit des Péres, soit d'autres Anciens Auteurs. Ceux, que j'avois alleguez dans ma *Préface*, sont souvent confirmez par de nouveaux, qui les éclaircissent, comme aussi par la liaison du sens, que je leur avois donné, avec d'autres idées incontestablement reconnuës pour être celles du Docteur dont il s'agit, ou du moins avec son génie & son caractére; toutes choses qu'on ne peut nier être de grand poids, pour bien expliquer quel Auteur que ce soit. La conformité des pensées & du langage d'autres anciens Docteurs de l'Eglise, m'a servi encore quelquefois à justifier pleinement l'explication de certains Passages d'un Pére, dont leur Apologiste vouloit éluder le sens naturel. J'ai fait des reflexions, plus ou moins longues, selon que je l'ai jugé à propos & que mon sujet m'en fournissoit l'occasion, sur diverses matiéres importantes, comme, sur *l'innocence des Secondes Nôces*, & du *Mariage* en général; sur les fausses idées de la *Sainteté de la Virginité*, ou du *Célibat*; sur les prétendus *Conseils Evangéliques*, distinguez des *Préceptes*; sur la *recherche volontaire du Martyre*; sur la *maniére d'expliquer allégoriquement l'Ecriture Sainte* &c. Et c'est-là, comme je l'ai déja dit, un échantillon du prémier plan que je m'étois fait. Mais il n'y a rien, sur quoi je me sois plus étendu, que sur la *Tolérance Civile en matiére de Religion*. Outre l'importance du sujet en lui-même, il étoit bon de relancer là-dessus vigoureusement un Apologiste des Péres, qui montre bien que l'esprit d'*Intolérance* est le grand mobile de son zéle. Il s'est déclaré pour la *Persécution*, sans aucun détour, sans aucun ménagement, & sans faire néanmoins encore ici, que repeter hardiment les plus pitoiables raisons dont les Persécuteurs se servent pour justifier leur barbarie; comme si jamais personne ne les avoit refutées. J'en ai dit assez, pour qu'il ne puisse plus prétendre cause d'ignorance sur ce sujet. Je n'ai pas même eû besoin d'aller relire aucun des Ecrits, qu'on a publiez en si grand nombre, & en tant de Langues. Je pouvois m'abandonner à ma méditation & à mes idées, sur une question où il ne faut presque autre chose, pour prendre le bon parti, que ne pas renoncer aux notions les plus simples & les plus pures du Sens Commun, &

ne pas dépouiller les sentimens, je ne dirai pas de la Charité, mais de l'Humanité la plus vulgaire. Il ne s'agissoit, dans l'Article de la *Préface* sur PUFENDORF, que de la *Tolérance Civile*: cependant comme le P. *Ceillier* la confond toûjours avec la *Tolérance Ecclésiastique*, j'ai été obligé de dire aussi quelque chose de celle-ci en général. Il est moins facile d'en marquer les justes bornes, que de la prémiére; & le Zéle Intolérant a ici des prétextes plus spécieux. Mais comme les mauvais principes, qui portent les Hommes à ne pas respecter les droits naturels & civils de ceux d'une autre Religion, se joignent & se mêlent aisément avec le défaut de Modestie & de Charité, qui produit l'esprit de Parti, d'où naît ensuite l'*Intolérance Ecclésiastique*; c'est une grande avance, pour disposer à une sage & juste *Tolérance* dans l'*Eglise*, que de laisser ou de voir sans chagrin laisser à chacun dans l'*Etat* une honnête Liberté de servir DIEU selon les lumiéres de sa Conscience.

J'ALLOIS finir ici: mais dans le tems que l'on imprimoit les derniéres feuilles du corps de l'Ouvrage, il m'est tombé entre les mains un Livre, qui m'oblige à allonger cette Préface. C'est une (1) *Introduction Historique & Théologique à toute la Théologie, & à chacune de ses parties*; publiée depuis peu par le célébre Mr. BUDDEUS, Professeur en Théologie à *Iéna*. Je n'ai nullement été fâché, de voir que l'Auteur y a pris à tâche, dans quelques longues Notes, de donner son Jugement sur l'Article de ma *Préface*, comparé avec le Livre de mon Aggresseur. Bien loin de là, je suis ravi d'être encore à tems de rendre compte fidélement à ceux qui liront ma Défense, d'un examen qu'ils pourroient ignorer, ou n'avoir pas occasion de chercher dans l'Ouvrage même, où il se trouve. J'y ajoûterai seulement quelques courtes réflexions, plus pour me prévaloir de l'approbation que l'habile Examinateur donne à la plûpart des choses, & des plus considérables, que j'ai avancées, au sujet des *Péres de l'Eglise*, que pour justifier les autres, en quoi il ne paroît pas de mon sentiment; & moins encore pour entrer en dispute avec lui. J'ai toûjours témoigné, & en public, & en particulier, lui rendre la justice qu'il mérite, comme un Savant Théologien, &, ce qui est
bien

(1) JO. FRANCISCI BUDDEI *Theolog. D. & P. P. Isagoge Historico-Theologica ad Theologiam*

PREFACE. xv.

bien plus eſtimable, comme un Théologien moderé. J'oſe même eſperer de ſa candeur & de ſon équité, qu'après avoir vû la Défenſe que je publie aujourdhui, il s'appercevra qu'il y avoit déja entre nous moins de différence d'opinion qu'il n'a peut-être cru; & que, du reſte, la balance panchera beaucoup plus en ma faveur, dans ſon eſprit, qu'elle ne faiſoit.

Mr. *Buddeus* convient d'abord avec moi du *principal*, (a) c'eſt qu'*en matiére de Morale, comme ſur tout autre ſujet, les Péres ne ſont pas exemts de défauts.* Il avouë volontiers, qu'on *peut aujourdhui traiter & qu'on a effectivement traité bien des choſes* (b) *mieux & plus exactement qu'ils n'ont fait.* Il ne s'agit donc plus, que du détail, & de l'application. Je vais raſſembler ce que l'on dit, qui m'intéreſſe, ſur chacun des Péres dont j'ai parlé; en ſuivant le même ordre ſelon lequel ils ſont rangez, & dans ma *Préface* ſur Pufendorf, & dans cette Défenſe.

(a) *In eo quod caput cauſſæ eſt conſentio &c. Iſagog. &c. Lib. II. Cap. IV. pag. 620.*

(b) *Melius recitiusque &c.*

ATHENAGORAS.

Pour commencer par Athénagoras, Mr. *Buddeus* a (c) raiſon de dire, que cet ancien Docteur de l'Egliſe *n'enſeigne pas formellement le Culte des Anges.* On verra que (d) je l'ai avoué de bonne foi. Mais en même tems, j'ai fait voir, (e) qu'*Athénagoras* étoit dans des principes qui menoient tout droit à cette ſuperſtition; puis qu'il dit, que *les Anges ont été créez pour avoir ſoin des choſes d'ici-bas,* & qu'il leur attribuë une *Providence particuliére,* ne laiſſant à Dieu qu'une *Providence générale.* Mr. *Buddeus* tombe d'accord de ceci; & il cite un des Paſſages, qu'on trouvera en Original dans mes Notes. Il remarque auſſi, (f) comme j'ai fait, après d'autres, qu'*Athénagoras* ſuivoit ici les principes de la *Philoſophie Platonicienne,* dont il étoit imbu.

(c) *Ibid. pag. 621.*
(d) *Chap. IV. §. 1.*
(e) *Ibid. §. 2, 3.*
(f) *Iſagog. pag. 622.*

Il eſt vrai encore, ſelon (g) Mr. *Buddeus,* qu'*Athénagoras louë trop la Virginité,* & qu'il traite les *Secondes Nôces d'honnête adultére.* En quoi, ajoûte-t-il, *d'autres Péres ſont de même avis.* J'ai fait voir (h) au long cette conformité, en citant des paſſages de pluſieurs Péres; & j'ai montré, combien ces fauſſes idées ont eû & devoient avoir de mauvaiſes ſuites.

(g) *Ibid.*
(h) *Chap. IV. § 14, & ſuiv.*

CLE-

logiam univerſam, ſingulasque ejus partes. Lip- quarto. ſiæ, 1727. Elle eſt en deux Volumes, *in*

CLEMENT D'ALEXANDRIE.

Sur ce que j'avois dit de Clément *d'Aléxandrie, qu'il mêle dans son Ouvrage des maximes extrêmement sévéres, & bien éloignées des Coûtumes d'aujourdhui*; Mr. Buddeus (a) s'est fié mal-à-propos au P. *Ceillier*, qui n'a point entendu ma pensée, ou plûtôt celle de Mr. Le Clerc, dont je copiois là les propres termes. Ainsi je n'ai qu'à prier Mr. *Buddeus* de lire ce que (b) j'ai répondu là-dessus.

J'avois dit, que les *Stromates de Clément d'Aléxandrie sont un amas confus de Préceptes, sans ordre, sans liaison, plein de déclamations, & de mystiqueries.* Mr. Buddeus (c) laisse cela à quartier, *comme ne regardant point les choses mêmes, & étant commun à ce Pére avec les autres.* Il paroît assez, par tout ce que j'ai dit dans ma *Préface*, que je n'ai nullement voulu faire regarder comme particuliers à *Clément d'Aléxandrie*, ces défauts, que (d) je ne tiens point d'ailleurs pour indifférens. Ils ont plus de liaison, qu'on ne pense, avec le fond même des choses; & Mr. *Buddeus* en doit convenir: car voici, par exemple, ce qu'il dit ailleurs des *Déclamations*. (e) *L'Eloquence des Péres est souvent fort enflée; & lors même qu'ils traitent des matiéres de Religion, qui demandent un discours simple & clair, ils se guindent trop, ils sont pleins de Figures & d'Hyperboles, & s'éloignent fort de ce stile sobre & châtié, dont la clarté & l'exacte explication des choses fait le principal mérite; comme des Savans l'ont remarqué il y a long tems. Un autre défaut, qui accompagne ordinairement celui-là, c'est qu'ils semblent souvent,* A LA MANIÉRE DES SOPHISTES, *vouloir en imposer, par des* (f) *fleurettes, & des argumens oratoires, propres à séduire ceux qui ne se tiennent pas sur leurs gardes, plûtôt que penser à démontrer ce qu'ils disent, par des raisons claires & solides.* Mr. Buddeus en donne ensuite pour exemples, Tertullien, St. Cyprien, Lactance, St. Jerôme &c. Il cite là-dessus, non seulement (g) Daillé, & (h) Mr. Le Clerc, mais encore le (i) P. Petau. Il remarque, que (1) St. Jerôme, après avoir

---

(a) *Ubi supra*, pag. 622.
(b) *Chap.* V. § 29.
(c) *Ubi supra*, pag. 623.
(d) Voiez ma Defense, *Chap.* V. 34, & suiv. VIII. 33, & suiv. XII. 1. &c.
(e) *Isagog.* Cap. III. § 4. pag. 551, & seqq.
(f) *Lenociniis verborum.*
(g) *De Usu Patrum*, Lib. I. Cap. V, p. 120, & seqq.
(h) *Art. Crit.* Part. II. Sect. I. Cap. XVII. § 13, & seqq.
(i) *Animadv. in Epiphan.* Hæres. 59. p. 244.

(1) Ne quæras pueriles declamationes, sententiarum flosculos, verborum lenocinia, & per singulorum capitulorum acuta quædam, breviterque conclusa, quæ plausus & clamores excitent au-

PRÉFACE.

avoir désapprouvé ce ſtile de Déclamateur, y donne lui-même; le louë ailleurs, & va jusqu'à le juſtifier par l'exemple de (a) St. Paul. *Par là* (ajoûte Mr. *Buddeus*) *les Péres ont tant fait, qu'on ne les entendoit point du tout, ou qu'on les entendoit mal: & en même tems ils ont été cauſe qu'on s'eſt fait de fauſſes idées, ils ont donné occaſion à des Erreurs, qui enſuite ont corrompu l'Egliſe.* J'ai fait voir, dans (b) *une Diſſertation exprès*, que c'étoit là l'origine de la Superſtition qui régne dans l'Egliſe Romaine, au ſujet de la Messe. On ne ſauroit douter, que les Panégyriques, par lesquels ces anciens Docteurs célébroient les Vertus des Martyrs, ou des perſonnes en réputation de Sainteté, & dans lesquels ils apoſtrophoient les Morts & les Abſents, comme préſents, n'aient beaucoup (c) *contribué à l'erreur du Culte & de l'Adoration des Saints* &c. Si cela eſt *très-vrai*, comme Mr. *Buddeus* conclut, le Génie Déclamateur des Péres n'aura-t-il pas eû pour le moins autant d'influence ſur *les choſes mêmes*, lors qu'ils traitoient des Devoirs preſcrits dans l'Ecriture Sainte, qui ſont fondez ſur la Loi Naturelle, & dont la droite connoiſſance demande certainement beaucoup d'attention à bien poſer les principes, & bien tirer les conſéquences, à ne rien outrer, à ne pas raiſonner du jour à la journée, à developper & appliquer, comme il faut, toutes les Maximes & générales, & particuliéres. L'inclination & l'attachement à une *fauſſe Eloquence*, eſt presque infailliblement a marque d'un tour d'eſprit rhétoricien, c'eſt-à-dire, ſuperficie & peu juſte. On ne l'a que trop vû de tout tems, par l'exemple des Prédicateurs de ce caractére. Ajoûtez à cela, que ce mauvais goût des Péres étoit ici joint avec l'ignorance de la bonne *Critique*; comme Mr. *Buddeus* l'avouë auſſi. (d) *Des* Péres Grecs, dit-il, *il y en avoit peu qui entendiſſent la* Largue Hébraïque; *& pour les* Péres Latins, *quelques-uns n'étoient pas même aſſez verſez dans la* Langue Gréque, *beaucoup moins entendoient-ils l'*Hébreu. *La plûpart auſſi ignoroient l'Art Critique: & ainſi ils manquoient d'un excellent ſecours, pour bien expliquer l'Ecriture Sainte, & en découvrir le ſens littéral.* Or c'eſt principalement ſur l'explication des Paſſages de l'Ecriture, où il s'agit de Morale, que les Péres ont fondé leurs principes,

(a) Voicz ce que j'ai dit moi-même, Chap XV. § 55, & ſuiv.

(b) Diſſ. *de origine Miſſæ Pontif.* § 20. in *Syntagm. Diſſ*tr p. 33.

(c) Chemni. Exam. Concil. Tridentin Part. III. Loc. IV. Cap. 3 pag. 577, & ſqq. (p. m. 63, & ſeqq. E. Genev. 1614.)

(d) *Iſagog*. Lib. II. Cap. III. § 4. pag. 549.

leurs

audientium. Epiſt. XXXIV. Ad Nepotian. Tom. IV. Part. II. *Edit. Martian.* (pag. m. *De Vita Cleric. & Monachorum*, pag. 259. 12. Tom. I. *Edit. Baſil.* 1537.)

leurs maximes, la décision des cas particuliers: ils ne se sont guéres mis en peine de faire ce que l'Ecriture elle-même suppose, c'est-à-dire, de consulter avec soin les lumiéres de la Raison, de remonter à la source, ou aux principes généraux de cette *Loi Naturelle*, qui est *gravée dans le cœur de tous les Hommes*, de méditer là-dessus profondément, & de se mettre en état d'en tirer de justes conséquences, pour les appliquer convenablement à chaque sujet. Et comment l'auroient-ils fait, puis que, comme le reconnoît Mr. *Buddeus* (1), *la plûpart d'entr'eux montroient par la maniére même dont ils raisonnoient, le peu de connoissance qu'ils avoient de l'Art de raisonner?* Avec tout cela, il n'étoit pas possible certainement, qu'ils n'eussent des idées vagues, confuses, superficielles, mal liées, outrées; qu'ils (2) ne tombassent souvent dans l'Erreur; & qu'ils ne fissent dire à l'Ecriture Sainte bien des choses qu'elle ne dit nullement. D'autant plus que, comme Mr. *Buddeus* l'a remarqué lui-même il y a long tems, dans son *Histoire du Droit Naturel*, § 10. les Péres ont confondu les *Devoirs* de *l'Homme*, & les *Devoirs* du *Chrétien*, considéré comme tel; aussi bien que les *principes* différens de ces deux sortes de Devoirs.

(a) *Ibid. Ca. IV. pag. 623.*

Revenons à *Clément d'Aléxandrie*. Mr. *Buddeus* (a) tombe d'accord avec moi, comme *d'une chose certaine*, que *ce Pére a transporté dans le Christianisme plusieurs choses de la Philosophie Stoïcienne*; & *imité les* Paradoxes des Stoïciens: *Qu'on ne peut le louer, ou l'excuser, de ce qu'il a prétendu que son* Gnostique (ou *l'Homme Chrétien*) *étoit un Homme entiérement exemt de Passions, comme les* Stoïciens *représentoient leur Sage. D'autres* (ajoûte-t-il) ont (b) *remarqué, qu'il a jetté par là les fondemens d'une* Théologie Mystique *impure*; & *quelcun* (c) *l'a mis au nombre des principaux Mystiques.*

(b) Sur tout *Jaques Thomasius*, iSchediasm. *de Philosophia Definit. &c.* § 43.
(c) *Gothofr. Arnold.* Hist. & descript. Theol. Mystic. Cap. XI. p. 92.

Pour ce que j'avois remarqué, que *Clément d'Aléxandrie* justifie

(1) *Plerique etiam re ipsâ ostendebant, se artis rectè ratiocinandi non adeo peritos esse.* Isagog. Lib. I. Cap. IV. § 25. pag. 242. Ailleurs Mr. Buddeus lave bien la tête au P. Massuet, sur ce que celui-ci, pour défendre les pauvres raisonnemens de St. Irenée, dit, que *c'est un petit défaut, d'alléguer de foibles argumens, pour prouver les Véritez certaines de la Foi.* Comment donc? s'écrie Mr. Buddeus: n'est-ce pas trahir la Vérité, plûtôt que l'établir? Itane? *Nonne hac ratione Veritas proditur, potiùs quàm stabilitur?* Lib. II. Cap. III. § 6. pag. 560. Voiez la page suivante.

(2) Les Péres ont pû non seulement se tromper, dit ailleurs Mr. Buddeus, mais encore ils ont souvent erré, & même grandement & honteusement: *Qui* [Patres] *non tan-*

PREFACE.

tifie imprudemment l'Idolatrie des Paiens, lors qu'il dit, Que Dieu leur avoit donné le Soleil, la Lune, & les autres Astres, afin qu'ils les adorassent, & que par ce culte ils s'élévassent jusqu'à Dieu; Mr. (a) *Buddeus* rapporte le sentiment de Mr. Potter, Evêque d'*Oxford*, & indique celui du P. *Ceillier*. J'ai refuté le dernier (b): & ce que dit le nouvel Editeur de *Clément*, suppose l'opinion de ce Pére telle que je l'ai représentée. Car il reconnoît, que, selon *Clément*, Dieu *avoit* permis *aux Paiens* (3) *d'adorer les Corps Célestes*; & qu'il veut *que l'Idolatrie des Paiens consiste principalement en ce que, laissant les Luminaires du Ciel, ils ont adoré des Images taillées*. Mr. *Buddeus* ajoûte du sien, que *Clément n'approuve ni n'excuse l'Idolatrie Paienne, mais qu'il veut dire seulement qu'elle n'est pas aussi mauvaise, que l'Athéisme*. Quand Mr. *Buddeus* aura lû avec attention le passage, & la maniére dont j'ai montré le systême de ce Pére, par toute la suite du discours & la force naturelle des termes; je me flatte, qu'il abandonnera une pensée, qui n'a aucun fondement.

(a) *Ubi supra.*
(b) *chap. V. § 59, & suiv.*

TERTULLIEN.

Tertullien *défend absolument aux Chrétiens de porter les armes. Cela est assez connu*, dit (c) Mr. Buddeus; *quoi qu'ailleurs il établisse lui-même le contraire*. Mais, ajoûte-t-il, *quand il écrivoit son Traité de l'Idolatrie, où il* (d) *soûtient cette erreur, il étoit déja Montaniste: auquel tems ceux qui prennent d'ailleurs son parti, avouent qu'il a avancé bien des choses, qu'on ne sauroit approuver*. Mais, selon l'opinion commune, que le P. *Ceillier* lui-même suit, & qu'on ne sauroit prouver être fausse, le Traité *De l'Idolatrie* est de *Tertullien* encore Membre de l'Eglise. Mr. *Buddeus* pourra voir ce que j'ai

(c) *Ubi supra, pag. 624.*
(d) *Cap. XIX, pag. 97.*

---

tantum errare potuërint, sed sæpe *erraverint, & quidem* graviter turpiterque. Lib. II. Cap. V. § 8. *pag.* 790.

(3) Je ne sai pourquoi ce savant Evêque veut transposer ainsi les paroles de *Clément*: Καὶ ὧ ἄρα, ἃ ἐποίησεν ὁ Θεὸς, εἰς θρησκείαν τοῖς ἔθνεσι &c. Le sens demeure le même, puis que *Clément* diroit ainsi, que Dieu a fait les *Astres*, pour être adorez *des Gentils*.

Mais il n'y a nulle nécessité de rien changer. Car il est clair, que ce Pére, voulant citer les paroles du *Deutéronome*, que les *Septante* expriment ainsi; ᾺἈπένειμε Κύριος ὁ Θεὸς αὐτὰ πᾶσι τοῖς ἔθνεσιν: les rapporte de cette maniére, Ἀ ἐποίησεν ὁ Θεὸς τοῖς ἔθνεσιν. Et il a expliqué comment il les entend, en ce qu'il vient de dire: Ἔδωκεν εἰς θρησκείαν.

PREFACE.

(a) *Chap.* VI. §
1, & *suiv.*

j'ai dit fur les vaines échappatoires du Pére *Ceillier*, (a) & en général fur l'inutilité de cette diftinction entre *Tertullien non-Montanifte*, & *Tertullien Montanifte*. *Je ne fai*, ajoûte Mr. *Buddeus*, *ſi l'erreur de ceux qui condamnent abſolument la Profeſſion Militaire, ne mérite pas quelque excuſe, quand on conſidére les maux infinis que les Guerres les plus juſtes entraînent*

(b) *Chap.* XII.
§. 44.

après elles. C'eſt-là une autre queſtion, fur quoi (b) je me ſuis déclaré, en paſſant, de même opinion que Mr. *Buddeus*. A cette occaſion, il me permettra de remarquer, qu'ici & ailleurs, il n'a pas aſſez conſidéré le réſultat de ce que j'ai dit des Péres dans ma *Préface* fur *Pufendorf*, & à quoi il faut réduire l'état de la queſtion. Je me ſuis pourtant aſſez expliqué, par la con-

(c) *Préface*, §
X. au commen-
cement.

cluſion générale que j'ai tirée, (c) *Que les plus célébres Docteurs de l'Egliſe des ſix Prémiers Siécles ſont de mauvais Maîtres & de pauvres Guides en matiére de Morale.* Je ne penſe pas que Mr. *Buddeus* voulût confeiller à ſes Diſciples, de commencer à étudier la Morale chez les Péres: il paroît, au contraire, par tout ce qu'il dit d'eux, qu'il veut qu'on les liſe avec beaucoup de précaution; & il indique d'ailleurs de bien meilleurs Guides dans cette étude. Pour moi, qui n'ai eû d'autre deſſein que de dire hiſtoriquement les choſes comme elles ſont, bien loin de manquer d'indulgence envers les Péres, j'ai aſſez témoigné qu'on devoit

(d) *Ibid.* pag.
LV, & *ſuiv.*

excuſer & leurs erreurs, & leurs fautes, (d) *en conſidération des défauts de leur Siécle, & des tentations des circonſtances où ils ſe ſont trouvez.* Je leur ai laiſſé tout ce qu'ils peuvent avoir de bon,

(e) *Ibid.* pag.
LII.

& ne me ſuis recrié que (e) *contre la trop haute eſtime que l'Ignorance & la Superſtition leur avoient aquiſe.* Et comment ne les excuſerois-je pas autant que de raiſon, quand je vois qu'aujourdhui même, malgré toutes les lumiéres de nôtre Siécle, il ſe trouve encore des gens ou qui veulent conſerver à quelque prix que ce ſoit aux Péres de l'Egliſe toute l'Autorité que des Siécles pleins de ténébres leur avoient donnée; ou qui ne pouvant nier tant de défauts qui ſautent aux yeux dans leurs Ouvrages, témoignent beaucoup de peine à les avouer ingénument, cherchent à les pallier ou les exténuer, biaiſent & ſont quelquefois peu d'accord avec eux-mêmes, fur ce ſujet?

(f) *Iſagog.* ubi
fupr. pag. 624,
625.

Mr. *Buddeus* (f) ſemble pancher à croire, que, quand *Tertullien* condamne *l'uſage d'orner ſes Maiſons de Flambeaux & de Lauriers, en l'honneur des Princes, de ſe ſervir de maniéres de par-*

PREFACE.   XXI.

parler ufitées, quoi qu'elles aient quelque rapport à l'Idolatrie, & de mettre fur fa Tête une Couronne Militaire; il ne le fait qu'à caufe qu'il y avoit effectivement de l'Idolatrie dans tout cela. C'eft à la vérité dans cette penfée, que *Tertullien* défend à un Chrétien certaines maniéres de parler qui indiquent des chofes appartenantes à l'Idolatrie; quoi qu'en même tems il en permette d'autres, qui ne feroient pas moins mauvaifes; comme je l'ai fait voir (a). Mais pour ce qui eft de l'ufage des *Flambeaux* ou des *Lampes* en plein midi, & de celui des *Couronnes*; on verra (b) qu'il le condamne auffi abfolument, comme mauvais de fa nature même, indépendamment de tout danger d'Idolatrie. Mr. *Buddeus* reconnoît, après un (c) autre Théologien de fa Communion, que *Tertullien a juftifié avec trop de chaleur l'action de ce Soldat, qui ne voulut point porter une Couronne Militaire.*

(a) *Chap.* V. § 13.
(b) *Ibid.* § 11, 12, 14, & *fuiv.*
(c) *Chrift. Kortbolt. De Perfecut. Eccl. Primit.* Cap. V. § 9, 10.

Sur la *Comédie*, contre laquelle j'ai dit que *Tertullien déclame, ne garde nulles mefures, & donne dans de fauffes penfées aveuglément*; Mr. *Buddeus* (d) remarque, qu'il ne *faut pas s'étonner que ce Pére aît en divers endroits defapprouvé un tel Spectacle, puis que les anciens Chrétiens l'avoient en horreur pour de très-fortes raifons*, (e) *& qu'il n'a pas même été approuvé de tous les Païens*. Mais je n'ai blâmé ici, que les pauvres raifons dont ce Pére fe fert; & Mr. *Buddeus* ne voudroit pas, à mon avis, juftifier l'exemple que j'en ai donné. Il pourra voir ce que j'ai (f) répondu là-deffus à l'Apologifte des Péres. Il me fuffit auffi de le renvoier à ma (g) Défenfe, fur ce que *Tertullien* interdit tout *Emploi Public*, & ne veut pas qu'un *Chrétien*, demeurant tel, puiffe être *Empereur*. J'ai prouvé, ce me femble, clair comme le jour, que ce Pére regarde toutes les Magiftratures & les Dignitez Humaines, confiderées en elles-mêmes, comme abfolument incompatibles avec la qualité de Chrétien; & non pas feulement à caufe des *dangers auxquels on eft expofé dans leur exercice*, ainfi que le prétendent ceux dont Mr. *Buddeus* (h) rapporte le fentiment, fans décider rien lui-même.

(d) *Ubi pag.* 625.
(e) Comme le montre au long Teb. Pfanner, Obf. Ecclef. Part. I. Obf. VII. pag 421, & *feqq.*
(f) *Chap.* V. § 19, 20.
(g) *Ibid.* § 21, & *fuiv.*
(h) *Ubi fupra, pag* 625.

A l'égard des *Secondes Nôces*, que *Tertullien* condamne fi clairement, Mr. *Buddeus* (i) avoue, qu'*il n'eft pas même néceffaire d'avoir ici recours au Montanisme de ce Pére, puis que tant d'autres Péres, qui paffent pour Orthodoxes, n'ont pas été certainement plus favorables aux Seconds Mariages*. Mais il prétend, que l'opinion de *Tertullien*, touchant la *Fuite*, que ce

(i) *Ibid.*

Pére

Pére ne permet jamais *en tems de Perſecution*, non plus que de *racheter les Tourmens & les Supplices pour de l'argent*; que cette opinion, dis-je, eſt une erreur, où *Tertullien* n'eſt tombé, que depuis qu'il fut Montaniſte. Je crois avoir (a) montré, qu'il n'a fait alors qu'exprimer plus clairement & plus fortement ce qu'il penſoit là-deſſus étant encore dans le ſein de l'Egliſe.

(a) *Chap.* V. § 31.

Tertullien, de l'aveu de Mr. *Buddeus* (b), *ſemble condamner toute Defenſe de ſoi-même contre un injuſte Aggreſſeur. On pourroit bien* (ajoûte-t-il) *juſtifier, ou du moins excuſer, quelques-unes des choſes qu'on reproche à cet ancien Docteur: mais je ne crois pas, qu'en matiére de Morale il ait toûjours bien rencontré, ou qu'il n'ait rien enſeigné, qui ne mérite cenſure: beaucoup moins approuvai-je toutes les raiſons dont il ſe ſert pour établir ſes maximes. J'avouë, au contraire, qu'il y en a de frivoles & d'impertinentes; comme il paroît par les exemples, que Mr.* Barbeyrac *en donne.* Mr. *Buddeus* verra tout cela pleinement juſtifié & confirmé dans ma Défenſe.

(b) *Ubi ſupr.* pag. 625, 626.

ORIGE'NE.

On *ne ſauroit nier* (dit (c) Mr. *Buddeus*) *qu'*Origene *ne fonde la plûpart de ſes Moralitez ſur des Interprétations Allégoriques de l'Ecriture Sainte, c'eſt-à-dire, ſur un fondement peu ſolide & trompeur.* Il renvoie là-deſſus à une de ſes (d) Differtations, que je n'ai point vuë.

(c) *Ubi ſupr.* pag. 616. a.

(d) *De allegoriis Origen. in Parerg. Theologic.* pag. 141, & ſeqq.

Mr. *Buddeus* paſſe ſous ſilence, comme *n'appartenant pas ici*, ce que j'ai dit, qu'*Origéne, prenant d'abord à la lettre ces paroles de* Je'sus-Christ, Que quelques-uns ſe font Eunuques pour le Roiaume du Ciel; *pratiqua lui-même la choſe* ainſi mal entenduë. Je laiſſe à juger aux Lecteurs, ſi cela ne fait pas d'autant plus à mon ſujet, & n'eſt pas d'autant plus important, que ce Pére ne s'en tint pas à la ſpéculation ſeule.

SAINT CYPRIEN.

Mr. Buddeus (e) en uſe de même, que je viens de remarquer, ſur ce qui a été dit de part & d'autre, touchant St. Cyprien.

(e) *Ubi ſupr.* pag. 616.

(1) Voiez ce que dit Mr. Buddeus, dans le Chapitre de la *Juriſprudence Eccléſiaſti-*

PRÉFACE.

PRIEN. *La plûpart de ces choses* (dit-il) *regardent ou certains faits, ou le stile, ou les raisons dont ce Pére se sert pour prouver ce qu'il avance: ainsi je ne crois pas qu'il faille s'y arrêter. Car j'avouë volontiers, que les Péres manquent souvent d'exactitude, & dans la méthode, & dans la maniére de prouver ou d'exprimer quelque chose.* Tout cela n'est pas hors d'œuvre pour moi, si Mr. *Buddeus* prend garde à l'état de la question, dont je l'ai fait souvenir, sur l'article de TERTULLIEN. Et il doit lui-même regarder ces défauts, comme étant de grande conséquence, s'il se souvient des aveus qu'il a faits, & que j'ai rapportez, en traitant de CLÉMENT *d'Aléxandrie*.

Soit: (ajoûte Mr. *Buddeus*) *que* St. *Cyprien ait outré les choses en loüant la Continence, en exaltant le Martyre, en recommandant l'Aumône; peut-être néanmoins méritera-t-il d'être excusé en quelque maniére, parce qu'il s'est jetté dans ces excès par le désir de porter les Hommes à de telles Vertus. Le defaut d'exactitude sera recompensé en quelque sorte par la bonté de son intention; d'autant plus que les Hommes ne se laissent que fort rarement persuader d'aller au delà des justes bornes, sur toutes ces choses, en faisant plus qu'ils ne doivent.* Je puis convenir de tout cela avec Mr. *Buddeus:* mais encore un coup, ce n'est pas dequoi il s'agit, dans ma Dispute avec le P. *Ceillier*, non plus que dans ma *Préface* sur PUFENDORF.

Il faut penser un peu autrement (continuë Mr. *Buddeus*) *de ce que* St. *Cyprien semble avoir élevé trop haut l'Autorité des Evêques. Car, encore qu'on ne doive pas croire qu'il l'ait fait à mauvais dessein, l'expérience a montré, combien il est dangereux de donner, plus qu'il ne faut, aux Ecclésiastiques.* Je me félicite de voir ainsi Mr. *Buddeus* d'accord au fond avec moi, sur un article (1) de si grande conséquence, & qui vaut bien, pour le moins, les autres, à l'égard desquels il cherche plus d'adoucissemens.

LACTANCE.

Mr. BUDDEUS (a) convient aussi avec moi, & que le *Prêt à usure*, réduit à ses justes bornes, n'est contraire ni au *Droit Di-*

(a) *Ubi supr.* §. 5. *pag.* 627.

siastique, ISAGOG. Lib. II. Cap. V. & ailleurs.

Divin, Naturel ou Revelé, ni à la Charité Evangélique; & que néanmoins Lactance condamne abſolument ce Contract, comme une eſpéce de *Larcin*: en quoi, *ajoûte-t-il*, la plûpart des Péres, & quelques Théologiens Modernes, ſont de même ſentiment.

Mais pour ce que j'avois remarqué, que *Lactance* prétend *qu'un véritable Homme-de-bien ne doit ni porter les Armes, ni faire aucun Trafic dans des Païs éloignez*; & *qu'il outre extrémement l'obligation de la Patience Chrétienne*: Mr. *Buddeus* témoigne *en douter*. Peut-être n'en doutera-t-il plus, s'il prend (a) la peine de lire ce que je dis dans cette (a) Défenſe; où je montre, & par les Paſſages déja alleguez, & par d'autres, peſez attentivement, que ni Mr. DE PUFENDORF, ni moi, n'avons rien imputé à ce Pére, qui ne ſoit très-conforme au ſens clair & naturel de ſes paroles, & à toute la ſuite de ſes raiſonnemens.

Lactance ſoûtient, qu'*on ne doit jamais accuſer perſonne, quand* (b) *il s'agit d'un Crime puniſſable de mort*. Ici Mr. *Buddeus* (b) ne trouve pas moien d'excuſer ce Pére. Le Paſſage, que j'avois indiqué, *eſt trop clair*, de ſon aveu, *pour qu'on puiſſe s'empêcher d'en conclure, que, ſelon* Lactance, *il eſt toûjours défendu aux Chrétiens d'infliger aucun Supplice de mort*. On pouvoit ajoûter, que, dans cet endroit, il ne veut pas même qu'un Chrétien puiſſe ſans crime aſſiſter à un tel ſpectacle; comme il paroîtra (c) par ce que (c) je dis dans mon Ouvrage, où je montre auſſi, (d) que d'autres (d) Péres ont pouſſé la choſe auſſi loin.

(a) *Chap.* IX. § 2, & ſuiv.

(b) *Ibid.* pag. 628.

(c) *Chap.* IX. § 3.
(d) *Chap.* IV. § 17. *Note* 4.
Chap. VI § 25.

SAINT ATHANASE.

J'AVOIS dit, après Mr. DUPIN, qu'*il y a peu de principes de Morale dans les Ouvrages de* ST. ATHANASE, *& que ceux qui s'y rencontrent, ſi vous en exceptez ce qui regarde la Fuite de la Perſécution, & de l'Epiſcopat, & la Défenſe de la Verité, n'y* (e) *ſont pas traitez dans toute leur étenduë*. Mr. *Buddeus* (e) a ici d'avance répondu pour moi au P. *Ceillier*, ſur la conſéquence divinatoire que celui-ci tire *d'un Catalogue des Ouvrages perdus de* St. Athanaſe; & ſur l'Abrégé qu'il donne des points de Morale qu'on trouve dans ceux qui nous reſtent. *Je ne pouvois ſans doute parler, que des derniers*; *& je n'ai point nié, qu'il ne ſe trouve par-ci par-là, dans les autres, quelques Moralitez, dont*

(e) *Ubi ſupra*, pag. 628.

on

PREFACE.

on peut composer une espéce d'Abrégé de Morale, tel que celui qu'a fait mon Aggresseur. Mais tout cela encore ne prouve pas, que St. *Athanase* (a) eût plus médité & plus approfondi, que les autres Péres, les principes de la Morale Naturelle, conformes à l'Evangile; qui est toûjours ce dont il s'agit.

(a) Voïez ce que j'ai dit, Chap. X. § 2, & suiv.

SAINT CYRILLE, de *Jérusalem*.

LES *Instructions de* ST. CYRILLE *sont faites à la hâte, & sans beaucoup de preparation.* C'est ce que j'ai dit encore, après Mr. DUPIN. Mr. *Buddeus* (b) remarque, qu'*on doit d'autant moins en blâmer ce Pére, qu'il avouë lui-même la chose en quelque façon dans le titre de son I. Livre*, où il qualifie sa Catechése, (1) *faite sur le champ*. Soit. Il demeure toûjours vrai, que ce n'est donc pas dans un tel Livre qu'on doit se flatter de trouver quelque chose qui soit de grand usage pour une étude sérieuse de la Morale; & je n'en veux pas davantage pour mon but. On verra ce que j'ai répondu là-dessus (c) au P. *Ceillier*. Mr. *Buddeus* trouve, comme moi, tout-à-fait hors de propos, les Disputes, que le P. *Ceillier* raméne ici, au sujet de l'autorité de St. *Cyrille*, & de l'avantage que l'Eglise Romaine veut tirer de son Ouvrage, pour autoriser bien des Erreurs & des Pratiques superstitieuses.

(b) *Ubi supra*, pag. 628. & Lib. II, Cap. I, § 1, pag. 348.

(c) Chap. X. § 7.

SAINT BASILE.

D'AUTRES *ont remarqué*, dit Mr. *Buddeus*, (d) *que* ST. BASILE *a trop fait de cas de la Vie Monastique. Et comme c'est là qu'il visoit d'ordinaire dans ses enseignemens, on comprend sans peine, qu'ils ne doivent pas être exempts de défauts.*

(d) *Ubi supra*; pag. 629.

J'avois dit, *que ce Pére veut que celui qui a donné un coup mortel à un autre, soit coupable d'Homicide, soit qu'il l'eût attaqué, soit qu'il l'eût fait en se défendant.* Mr. *Buddeus* (e) se contente ici de rapporter la réponse frivole du P. *Ceillier*, *Que* St. *Basile ne parle pas d'une juste Défense de soi-même, à laquelle on est réduit par nécessité, mais de celle où l'on se laisse emporter par la Colére & la Vengeance. Si cela est,* ajoûte-t-il, *voilà* St. *Basile justi-*

(e) *Ibid.*

(1) Κατήχησις φωτιζομένων ἐν Ἱεροσολύμοις σχεδιασθεῖσα.

juſtifié. Je ſuis bien aiſe que Mr. *Buddeus* s'en ſoit tenu à un *ſi.* Car j'oſe aſſûrer, que, quand on aura lû ce que j'ai dit & ſur le paſſage allegué, & ſur d'autres du même Pére, que j'y ai joints; on ne pourra, ſans s'aveugler ſoi-même, diſconvenir, que *St. Baſile* condamne abſolument, comme incompatible avec la qualité de Chrétien, & la Défenſe de ſoi-même de Particulier à Particulier, & les Guerres Publiques ſans diſtinction.

A l'égard de la Régle que ce Pére donne, pour *l'extérieur des Moines,* auxquels il preſcrit, d'avoir toûjours *l'œil triſte & baiſſé vers la Terre, la Tête mal peignée, l'habit ſale & négligé; ce qui paroît directement oppoſé au Précepte de Nôtre Seigneur,* MATTH. VI. 16, 17. Mr. *Buddeus* (a) reconnoît, que *cette Régle & autres* de St. Baſile, *ſentent trop l'Eſprit Monachal, &, quoi qu'en diſe le P.* Ceillier, *aboutiſſent à une pure oſtentation, & une vraie hypocriſie. Ce Moine s'étend beaucoup ſur l'extérieur & les maniéres des anciens Pénitens: mais tout cela ne fait pas grand' choſe au ſujet;* puis que St. Baſile *parle ſeulement de la maniére dont les Moines doivent ſe compoſer toûjours, & en tout tems.* On verra ce que j'ai (b) répondu moi-même à mon Aggreſſeur.

ST. BASILE *défend aux Chrétiens d'avoir jamais aucun Procès.* C'eſt ce que j'avois dit. Voici ce que remarque (c) là-deſſus Mr. *Buddeus. On ne doit pas, il eſt vrai, intenter action en Juſtice contre quelcun légérement, & ſans de très-grandes raiſons; & c'eſt ce que Nôtre Seigneur a enſeigné,* MATTH. V. 40. *Mais on ne peut pas dire, que cela ſoit entiérement défendu; &, ſi nous en croions le P.* CEILLIER, ST. BASILE *ne l'a point dit.* J'eſpére, que Mr. *Buddeus* ſera encore moins diſpoſé à en croire mon Cenſeur, quand il aura lû ce (d) que j'ai dit, pour faire voir que St. *Baſile* a véritablement condamné tout Procès ſans diſtinction. J'ai montré auſſi, que St. *Baſile* prend à la lettre cette ſentence proverbiale de JESUS-CHRIST; (e) *Si quelcun vous frappe à la joüe droite, préſentez-lui auſſi l'autre.* CES paroles, dit Mr. *Buddeus, ne doivent pas toûjours être priſes à la lettre, je l'avoüe: il ne faut pourtant pas s'éloigner trop du ſens littéral, ni les affoiblir, contre la penſée du Sauveur; puis qu'elles doivent*
être

(a) *Ubi ſupra,*
pag. 630.

(b) *Chap.* XI.
§ 20.

(c) *Ubi ſupra,*
pag. 630.

(d) *Chap.* XI. §
8, & ſuiv.

(e) *Matth.* V.
39.

(1) Ἐπειδή τις τ̃ Σωφρονίσκου Σωκράτου εἰς πηρὶν, ἀλλὰ παρᾶχε τῷ πυροῦντι τ̃ δεξιᾶς ἐμφανῶς αὐτὸ τὸ ἀριστερὸν ἐμπεσὼν ἀφειδῶς, ὁ ῇ ὅτι ἀνάριστᾶξ, ὥστε ἐξουδεὶς ἤδη κ̃ ὕπαλοι αὐτῷ τὸ πρόσωπον.

PREFACE.

être sans doute entenduës d'une obligation de souffrir les Injures, même les grandes Injures. Mr. BARBEYRAC *ne soûtient pas purement & simplement que* St. Basile *ait fait le prémier* (c'est-à-dire, qu'il ait pris à la lettre les paroles de Nôtre Seigneur) *puis qu'il s'exprime en doutant.* Il est vrai: je disois, qu'*il semble:* à l'heure qu'il est, je crois pouvoir parler plus positivement. Il ne faut que considerer la maniére dont *St. Basile* raisonne sur l'action du Philosophe SOCRATE, qu'il tient pour *conforme, de la même maniére qu'un Frére ressemble à son Frére,* au Précepte de Nôtre Seigneur, de *présenter la jouë gauche à celui qui nous a donné un soufflet sur la droite.* (1) SOCRATE, dit-il, NE RÉSISTA POINT à celui qui lui avoit donné un grand coup au visage, mais il souffrit que cet homme emporté assouvit sa colére, jusqu'à ce que lui en eût toute la tête pleine de contusions &c. Au reste, je ne sai ce que Mr. *Buddeus* entend ici par *l'obligation* (a) *de souffrir même les grandes Injures.* S'il veut dire seulement, qu'on ne doit pas *s'en venger,* il n'y a personne qui n'en tombe d'accord. On ne doit se venger ni des petites Injures, ni des grandes. L'Evangile, & la Raison bien consultée, l'enseignent également. Mais il ne s'agit point ici de *Vengeance:* il s'agit uniquement du droit de défendre sa Vie, ou ses Biens, contre un injuste Aggresseur, ou un Ravisseur: & sur çe pié-là Nôtre Seigneur assûrément ne demande pour l'ordinaire autre chose, si ce n'est qu'on souffre des Injures, qui ne vont pas à mettre en danger nôtre Vie, ou à nous priver des moiens de la conserver, par l'enlèvement de tous nos Biens, ou d'une partie considérable. Autrement, il faudra tomber dans le sens littéral, qui ne s'accorde ni avec les régles de la bonne Critique, ni avec l'esprit de la Religion Chrétienne.

(a) *Injuriarum, etiam graviorum, tolerantia.*

Que le *Serment* soit toûjours *illicite* à un *Chrétien,* selon *St. Basile,* c'*est,* dit Mr. *Buddeus,* (b) *ce que le P. Ceillier nie: mais en même tems il avouë, que la plûpart des Péres parlent du Serment de telle maniére, qu'il semble qu'on puisse avec raison leur attribuer ce sentiment.* Je crois avoir (c) mis la chose dans une pleine évidence, & montré le fondement de leur erreur, dans la distinc-

(b) *Ubi supra.*

(c) *Chap.* XI, § 13, *& suiv. Chap.* XV, § 2, *& suiv. &c.*

---

(1) σωπον ὑπὸ τ᾽ πληγῶν εἶναι... Ταυτὶ μὲν γὰρ ὁ Σωκράτης ἀδελφὸν ἐκείνῳ τῷ παραγγέλματι, ὅτι τῷ τύπ]οντι κατὰ τ᾽ σιαγόν⊙, ᾗ τὴν ἑτέραν πα- ρέχειν πεποίηκε, τοσαύτην δεῖν ἀπαμύνασχ. Orat. *De legend. Græcor. Libris,* § 13. *Ed. Potter.*

distinction qu'ils faisoient ici mal-à-propos, comme sur d'autres sujets entre le tems de la *Loi*, & celui de *l'Evangile*.

Pour la critique, que j'avois faite, de ce que *St. Basile* dit; *Qu'il vaut mieux séparer ceux qui ont commis fornication, que de les marier ensemble; mais pourtant que, s'ils veulent s'épouser, on ne les empêchera pas, de peur qu'il n'arrive un plus grand mal;* Mr. *Buddeus* (a) suppose, comme une chose certaine, avec le P. *Ceillier*, qui ne s'accorde pourtant pas avec lui-même; que le mot de (b) *St. Basile*, qu'on a traduit *mariage*, marque une simple *cohabitation*. Après quoi il rapporte, sans rien décider, la défaite, dont s'est avisé mon Censeur, qu'il s'agit ici du *Concubinage*. Je souhaitterois, que Mr. *Buddeus* eût pris la peine de lire attentivement le Canon même de *St. Basile*, & ceux qui précédent, ou qui suivent: il se seroit apperçû, je m'assûre, que le sens qu'il donne pour certain est insoûtenable. J'ai (c) prouvé le véritable, & développé le fondement des idées de ce Pére, en sorte que je me flatte qu'il n'y aura plus de lieu à chercher dequoi le justifier ici en dépit de lui.

(a) *Ubi supra*, pag. 629.

(b) Συνοικέ-σιον.

(c) Chap. XI. § 36, & suiv.

GRÉGOIRE de Nazianze.

Ce que Mr. Barbeyrac, après Mr. Le Clerc, a principalement trouvé à redire dans Grégoire de Nazianze, consiste, dit (d) Mr. *Buddeus*, en ce que ce *Pére est quelquefois allé au delà des justes bornes, dans le zéle qu'il témoignoit contre les Hérétiques. Je ne voudrois pas nier, que nôtre* Grégoire, *& les autres Péres, n'aient quelquefois lâché la bride à ce zéle, plus qu'il ne falloit; & quoi que quelques-uns regardent cela comme une Vertu Héroïque, je ne le crois pas toûjours louable.* En voilà assez pour moi: & c'en est aussi assez dire pour un Théologien, qui doit prendre garde de ne pas irriter ceux de son Ordre, où malheureusement la modération n'est pas la Vertu la plus commune. Du reste, je ne sai où Mr. *Buddeus* a, comme il le déclare, exposé son sentiment sur la *Tolérance des Hérétiques*. Il verra (e) ici le mien.

Il trouve encore (f) que *j'ai eû raison de dire, Que le renoncement aux Biens de ce Monde, quand on ne peut les conserver sans*

(d) *Ubi supra*, pag. 630.

(e) Chap. XII. § 8, & suiv.

(f) *Ubi supra*, pag. 631.

pré-

(1) *Dictionis elegantiam.* Je n'ai parlé que de la *netteté & la facilité du stile*. La *beauté*

PREFACE. XXIX.

préjudice du Salut, est plûtôt un vrai Commandement, qu'un Conseil, à quoi Grégoire de Nazianze *semble le rapporter.* [Il l'y rapporte certainement, comme il paroîtra par les (a) endroits, que j'ai indiquez] *Et tout ce que dit le P.* Ceillier, *pour défendre la distinction que fait son Eglise entre les* Préceptes & les Conseils, *n'est absolument d'aucun poids.* J'ai renversé (b) en divers endroits les fondemens de cette distinction chimérique & dangereuse.

(a) *Chap.* XII. § 65, *Note* 2.

(b) *Chap.* VIII. § 10, & *suiv.* *Chap.* XII. § 64, & *suiv.* *Chap.* XV. § 13, 14.

SAINT AMBROISE.

Saint Ambroise (dit (c) Mr. Buddeus) *est le prémier, & presque le seul des Péres, qui a entrepris de donner une espéce d'Abrégé d'une partie considérable de la Morale, dans ses trois Livres* Des Offices...... (d) *Selon Mr.* Barbeyrac, *si l'on excepte les principes particuliers de l'Evangile, que St. Ambroise séme dans cet Ouvrage, avec les exemples & les passages de l'Ecriture Sainte, mais d'ordinaire assez mal appliquez; la Copie est infiniment au dessous de l'Original* (ou des *Offices* de Ciceron, *que ce Pére s'est proposé d'imiter*), *soit pour la netteté & la facilité du stile, soit pour l'économie de l'Ouvrage, & l'arrangement des matiéres, soit pour la solidité des pensées, & la justesse des raisonnemens. Mr.* Barbeyrac *trouve en particulier à reprendre dans ces Livres, que l'Auteur soûtient,* Qu'un Chrétien ne peut pas se défendre contre un Voleur, qui l'attaque; *qu'il établit pour maxime générale,* Qu'il n'est jamais permis de conserver sa Vie, en causant la mort d'un autre; *qu'il pose aussi pour régle en général,* Qu'on ne sauroit faire légitimement une chose, qui ne se trouve pas formellement permise ou autorisée par l'Ecriture. *Mais, pour ce qui regarde l'ordre, la méthode, l'exactitude des raisonnemens, la* (1) *beauté du stile, & autres choses semblables, j'ai avoué plus d'une fois, qu'on ne peut exiger tout cela des Péres. Je ne nie pas non plus, que dans ce que Mr.* Barbeyrac *critique en détail,* St. Ambroise *n'outre un peu les choses; ce qui lui est encore commun avec les autres Anciens Docteurs de l'Eglise, comme il paroît aussi par ce que j'ai dit ci-dessus. Mais tout cela n'empêche pas, qu'on*

(c) *Ubi supra,* pag. 633.

(d) *Ibid.* § 10. pag. 701, 702.

ne

---

ou l'élégance, est toute autre chose.

ne puisse lire avec beaucoup de fruit cet Ouvrage, où l'on ne peut nier qu'il ne se trouve bien des choses bonnes & excellentes. Pour moi, je suis fâché de ne pouvoir découvrir dans les *Offices* de *St. Ambroise*, un aussi grand nombre de ces choses *bonnes & excellentes*, que Mr. *Buddeus* y en trouve. Il me semble qu'elles sont d'ailleurs fort ensevelies sous la multitude prodigieuse de celles, dont on ne peut tirer d'autre usage, que celui d'avoir matiére à exercer son discernement, pour ne pas admirer de fausses pensées, & de fausses applications de Passages ou d'Exemples de l'Ecriture. Comme chacun a son goût, Mr. *Buddeus* me pardonnera sans doute, si je déclare ici de nouveau le mien.

(a) *Ubi supra, pag. 654.*

Il (a) avouë ailleurs, que *j'ai eu raison de dire, que* St. Ambroise *outre si fort l'estime de la Virginité & du Célibat, qu'il semble faire regarder le Mariage comme une chose deshonnête; & que ce Pére a aussi mal-à-propos condamné le Prêt à usure absolument & sans aucune distinction.* Mais, ajoûte Mr. *Buddeus, voici encore quelque chose de plus important, c'est qu'en parlant du Patriarche* Abraham, *& d'*Hagar, *il dit expressément*, Qu'avant la Loi de Moïse, & celle de l'Evangile, l'Adultére n'étoit point défendu. *Car, quand même on entendroit ici par* Adultére, *le Concubinage, comme le veulent quelques-uns, l'excuse ne seroit pas encore bonne.* Le P. Ceillier *prétend, que le sens de* St. Ambroise *est, qu'avant* Moïse, *l'Adultére n'étoit point défendu par une* Loi Ecrite, *qui décernât quelque Peine contre ceux qui le commettroient. Mais cela est de peu de force, pour justifier ou pour excuser* St. Ambroise. *Car* Abraham *n'avoit nul besoin de Loi Ecrite, pour savoir que l'Adultére est illicite. Il faut avouer plûtôt, que* St. Chrysostôme, St. Ambroise, *& d'autres Péres, s'étant faussement persuadez que les Saints Personnages, dont il est fait mention dans l'Ecriture, étoient exemts de tout défaut; ont souvent voulu excuser, ou louer même sans reserve, des choses qui ne pouvoient ni ne devoient être ni louées, ni excusées.* Voilà ce qui s'appelle dire franchement & nettement les choses, comme elles sont. On trouvera la derniére réflexion de Mr. *Buddeus*, prouvée par divers exemples, dans ma Défense; & la pensée de *St. Ambroise* sur l'*Adultére*, éclaircie par toute la suite du discours, contre les fausses gloses du P. *Ceillier*.

SAINT

SAINT CHRYSOSTOME.

Il y a, dit (a) Mr. *Buddeus*, dans les Ouvrages où St. Chrysostôme traite de matiéres de Morale, *beaucoup de bonnes & belles choses; personne ne le niera aisément. On doit néanmoins toûjours se souvenir, que c'est un Orateur, & par conséquent un homme qui n'est pas toûjours exact, ni dans ses expressions, ni dans ses pensées.* Car ces sortes de gens pensent plus pour l'ordinaire à chatouiller les oreilles, & à émouvoir les Passions, qu'à proposer exactement la Vérité, ou à la bien établir. Nous voici donc, de plus en plus, à mesure que les Pères deviennent féconds en Ecrits de Morale, dans la nécessité de redoubler nos précautions, d'être continuellement sur nos gardes contre les charmes trompeurs d'une fausse Eloquence, d'éplucher & de trier tout avec grand soin, crainte d'illusion. Le moins qu'on puisse inferer de là, c'est que de tels Auteurs ne sont pas assûrément de *bons Maîtres* & de *bons Guides*, dans l'étude sérieuse d'une Science, qui demande tout le sang froid & toute la justesse possible.

J'avois allegué un exemple des Déclamations scabreuses de St. *Chrysostôme*. Voici ce qu'en dit Mr. *Buddeus* (b). *Si, en louant ce que firent* (c) *Abraham & Sara*, St. Chrysostôme *s'est trop laissé aller à son génie* (1), *Mr.* Bayle, *que Mr.* Barbeyrac *suit ici, s'est trop laissé aller au sien, pour tirer des expressions de St. Chrysostôme des choses impertinentes & ridicules.* Car, quoi que tout n'y puisse pas être approuvé; *il paroît néanmoins par ce qu'a dit le* P. Ceillier, *qu'il y a des choses, qui peuvent être excusées.*

Il est bon de remettre ici aux yeux du Lecteur, ce que j'avois emprunté de Mr. Bayle. „ St. Chrysostôme, en „ parlant de l'expédient dont *Abraham* se servit, dans la crainte „ où il étoit qu'on ne le tuât, si on le connoissoit pour Mari de „ *Sara*; ne fait point de difficulté de dire à ses Auditeurs: (d) „ *Vous savez que rien ne chagrine plus un Mari, que de voir sa* „ *Femme soupçonnée d'avoir été au pouvoir d'un autre*; & néanmoins

---

(a) *Ubi supra*, pag 633.

(b) *Ibid.*
(c) *Genèse*, XX, 1, & suiv.

(d) *Homil.* XXXII. *in Gen.* pag. 258, & seqq. Tom. I. Edit. Monsauc.

---

(1) *Genio suo nimium indulsit*, dit Mr. *Buddeus*. Cela pourroit signifier, *s'est trop égaié*, *trop diverti*.

,, *moins ce Juste ici emploie tous ses efforts pour que l'acte d'Adul-*
,, *tére s'accomplisse.....* Il donne ensuite de très-grands éloges à
,, son courage & à sa prudence.... Puis il l'excuse d'avoir con-
,, senti à l'Adultére de sa Femme, sur ce que la Mort, qui n'avoit
,, pas été encore dépouillée de sa tyrannie, inspiroit alors beau-
,, coup de fraieur..... Après cet éloge du Mari, il passe aux
,, louanges de la Femme, & dit qu'elle accepta de bon cœur la
,, proposition, & qu'elle fit tout ce qu'il falloit pour bien jouer
,, cette comédie. Là-dessus il exhorte les Femmes à imiter ce-
,, la, & il s'écrie: *Qui n'admireroit cette grande facilité à obéir?*
,, *Qui pourroit jamais assez louer* Sara, *de ce qu'après une telle*
,, *Continence, & à son âge, elle a voulu s'exposer à l'Adultére,*
,, *& livrer son Corps à des Barbares, afin de sauver la vie de*
,, *son Epoux?*

Je prie les Lecteurs, de lire tous les Passages de *St. Chrysostôme* indiquez ici, & que j'ai citez plus au long, aussi bien que d'autres semblables, dans ma Défense. Après cela, je demande, si
ces paroles, où j'ai copié Mr. BAYLE, contiennent autre chose,
qu'une exposition simple & fidéle des pensées de *St. Chrysostôme*,
qui, par malheur pour lui, n'est ici que trop clair. S'il y a, dans
ce narré, quelque chose d'*impertinent* & de *ridicule*, tout est certainement sur le compte de l'Orateur, à qui l'on n'attribuë rien
qu'il n'aît dit. La chose n'en seroit pas moins ainsi, quand même Mr. BAYLE, ce que je ne sai point, auroit voulu alors se
divertir, aux dépens de *St. Chrysostôme*. Ce n'est point par son
intention cachée, qu'on doit juger de la force de ses termes. Il
faut les considerer en eux-mêmes; & c'est sur ce pié-là, que j'ai
pû me les approprier en quelque maniére. Mr. *Buddeus* cite ou
indique souvent lui-même, avec approbation, dans ses propres
Ouvrages, bien des endroits de ceux de Mr. BAYLE, où le stile sent bien plus le badinage. Je ne pense pas même, qu'il y eût
du mal à railler un peu, quand on parle de choses aussi ridicules,
qu'on en trouve assez souvent dans les Péres de l'Eglise. C'est
faire

---

(1) *In Arca Noe, non solum munda, sed & immunda fuerunt Animalia. Habuit homines, habuit & serpentes..... Certè in bonâ terrâ non oritur* [Digamia] *sed in vepribus & spinetis Vulpium, quæ* HERODI *impiissimo comparantur, ut in eo se putet esse laudabilem, si scortis melior sit, si publicarum libidinum victimas superet, si uni sit prostituta, non pluribus.* Epist. ad GERONTIAM (ou comme d'autres lisent, AGERUCHIAM) *pag.* 90. C. Tom. I. *Ed. Basil.* 1537. Voilà encore une autre belle comparaison, des *Renards*, auxquels

PREFACE.

faire à de telles pauvretez plus d'honneur, qu'elles ne méritent, que de les critiquer férieusement: un Pére même (a) l'a dit. Et à moins qu'on ne se laisse étourdir du nom de *Saint*, donné autrefois à si bon marché, ou qu'on ne croie avoir intérêt, comme l'*Eglise Romaine*, à ne voir rien diminuer d'un respect fort excessif pour ces Anciens Docteurs de l'Eglise; je ne vois pas pourquoi ils auroient ici quelque privilége par dessus toute autre sorte d'Ecrivains, Anciens ou Modernes. On leur feroit d'autant moins de tort, qu'ils en ont eux-mêmes (b) ainsi usé; & souvent sans raison. On verra, au reste, comment j'ai renversé tout ce que le P. *Ceillier* s'est tué d'imaginer, pour sauver l'honneur de *St. Chrysostôme*; & les mauvais effets, qu'étoient capables de produire de tels Discours, prononcez devant un grand Peuple.

(a) *Tertullien*, Voiez ma Défense, Chap. XIII. § 24.

(b) Voiez là, même.

SAINT JEROME.

ST. JÉRÔME, dit (c) Mr. *Buddeus*, *étant d'une humeur rigide, & amateur de la Vie Solitaire, prône presque par tout la sainteté de cette Vie, aussi bien que de la Virginité & du Célibat: il se déchaîne en divers endroits contre le Mariage, & sur tout contre les Secondes Nôces. Il compare ceux qui se remarient aux Bêtes* (1) *immondes de l'Arche de Noé; & en parlant des Veuves, il ne fait pas scrupule de leur appliquer la comparaison d'un* (2) *Chien,* (d) *qui retourne à ce qu'il avoit vomi, & d'une Truie, qui après avoir été lavée, se veautre de nouveau dans le bourbier..... Il n'est pas moins ardent à recommander la Vie Monastique, & l'Ascétique, qu'il appelle parfaite.... De sorte que* DAILLÉ *a eû raison de dire:* (e) ,, Cette façon est ordinaire aux Pé-
,, res, à TERTULLIEN, ST. AMBROISE, & HIÉRÔME nom-
,, mément, si véhémens, de quelque côté qu'ils se tournent,
,, que vous diriez, à les voir faire, que toutes les personnes
,, qu'ils louent soient des Anges, & toutes celles qu'ils blâment,
,, des Diables; que tout ce qu'ils défendent, soient les fonde-
,, mens

(c) *Ubi supra*, pag. 634, 635.

(d) II. Pierre, Chap. II. verf. 22.

(e) *Lib. I. Cap.* VIII. p. 177. de la Version Latine: (*pag.* 210, 211. de l'Original, que je suis.)

---

quels un *Roi très-impie* est comparé: & une Femme, qui se remarie, regardée comme une *Courtisane*, qui ne se prostituë qu'à un seul Homme à la fois.

(2) *Quid vis rursum ingerere, quod tibi noxium fuit?* Canis revertens ad vomitum, & Sus lota, ad volutabrum luti. *Epist. ad* FURIAM, *De Viduitate servanda*, circa init. *pag.* 80. C.

,, mens du Chriſtianiſme, & tout ce qu'ils réfutent, l'Athéiſme
,, & l'Impiété même. St. Hié'rôme certes diſſuadant à une
,, Dame Romaine, nommée *Furia*, de ſe remarier, traite ce
,, ſujet tout en la même façon, que s'il l'eût voulu détourner
,, de commettre un Parricide..... *Mr.* Barbeyrac *a donc
raiſon de blâmer* St. Jérôme, *par exemple, de ce que, comme je
viens de le remarquer, plein d'un trop grand amour de la Virginité & du Célibat, il parle deſavantageuſement du Mariage. Qu'il
ſe ſoit exprimé ailleurs d'une maniére plus ſaine & plus juſte, tant
qu'on voudra, comme le prétend* (a) *le* P. Ceillier, *il ne laiſſe
pas pour cela d'être blâmable, de s'être abandonné, non pas une
fois, mais ſouvent, à ſon génie & à ſa paſſion, en ſorte qu'il n'a
eû aucun égard à ce que la Droite Raiſon, & l'Ecriture Sainte,
enſeignent également.*

(a) *Apolog.*
Chap. XIII.
pag. 329.

Mais à l'égard de ce que j'avois remarqué, que *St. Jérôme*
condamne ſans diſtinction l'uſage du *Serment*, Mr. *Buddeus* s'en
fiant au P. *Ceillier*, dit, que *comme St. Jérôme* (b) *approuve
ailleurs l'uſage légitime de cet acte religieux, les paſſages, qui y
paroiſſent contraires, ſemblent pouvoir être entendus des Sermens
ſuperflus & non-néceſſaires, ſur tout de ceux qu'on fait ſans autorité des Juges.* Mais on verra, par ma (c) Défenſe, que les
Paſſages, où *St. Jérôme* approuve en quelque façon l'uſage le
plus légitime du Serment, regardent uniquement le tems de la
Loi, & non celui de l'*Evangile*, ſelon la diſtinction que j'ai déja dit que d'autres Péres ont faite.

(b) *Ubi ſupra,*
pag. 635.

(c) *Chap.* XV.
§. 2, & ſuiv.

Mr. Barbeyrac *affirme* (continuë Mr. *Buddeus*) *que* St. Jérôme *défend aux Chrétiens de paier le tribut aux Princes Infidéles. Le* P. Ceillier *nie, que ce ſoit-là ſa penſée. Les paroles de* St. Jérôme *étant obſcures, ceux-là peut-être font bien,
qui les expliquent en un ſens favorable; d'autant plus qu'ailleurs
ce Pére ſemble inſinuer clairement, qu'on doit paier le tribut aux
Empereurs ſans diſtinction.* Pour moi, je crois avoir montré
par toute la ſuite du diſcours, que *St. Jérôme* va encore plus
loin, & qu'il veut que les *Chrétiens*, comme tels, ſoient diſpenſez de paier le tribut non ſeulement aux Princes Infidéles, comme je l'avois dit après Mr. Dupin, mais aux Princes même
Chrétiens. C'eſt, à mon avis, l'unique ſens qu'on peut donner
à ſes paroles, s'il a ſû ce qu'il diſoit. Ainſi il donne du moins
lieu à de très-fauſſes idées, ſur un ſujet de ſi grande conſéquence

ce: & c'est à peu près la même chose, par rapport à l'état de la question, que s'il avoit été certainement dans ces idées. Je prie Mr. *Buddeus* de prendre garde à ceci, qui suffiroit pour rendre toute sa critique fort inutile.

St. Jérôme, comme je l'avois remarqué, *approuve l'action de ceux qui se tuent, pour éviter qu'on n'attente à leur chasteté.* Voici ce que dit là-dessus (a) Mr. *Buddeus*. L E P. C E I L L I E R (a) *Ubi suprà* *n'ose nier, que les paroles de* St. Jérôme *ne soient susceptibles de ce sens; quoi qu'il se tourne de tous côtez, pour tâcher de leur en donner un autre. J'accorde volontiers, qu'une Femme péche, quand elle ne fait pas scrupule de se tuer elle-même pour éviter la perte de sa chasteté; car il ne faut jamais faire mal, pour qu'il en arrive du bien. Mais il n'y a personne qui refuse de louer le désir & le soin que paroît avoir une telle Femme, de conserver sa chasteté; & ainsi on ne peut guéres que regarder comme dignes de pitié celles qui ont eû besoin d'un si triste expédient, pour exercer leur Vertu. Les Péres, qui jugent favorablement des Femmes, qui ont fait quelque chose de semblable, ne méritoient donc pas une si rude censure.* Je ne sai à qui en veut ici Mr. *Buddeus*: car, pour moi, je n'ai ni voulu dire, ni dit autre chose, que ce dont Mr. *Buddeus* tombe d'accord, c'est que l'action en elle-même est mauvaise, & contre les régles de l'Evangile, aussi bien que de la Raison; par conséquent qu'on ne peut la *louer*, ni l'*approuver*. Et cependant *St. Jérôme* la justifie, comme une vraie exception à la Loi, qui défend l'Homicide de soi-même; ainsi qu'on le verra (b) par ma Défense. Je n'ai (b) *Chap.* XV, § 7, & *suiv.* non plus parlé ici d'aucun autre Pére; moins encore usé de quelque *rude censure*; on n'auroit pû rapporter plus historiquement & plus simplement, que j'ai fait, la pensée de *St. Jérôme.* A l'égard des *jugemens favorables* par rapport au Salut des Femmes dont il s'agit, outre que ni *St. Jérôme*, ni d'autres Péres, ne se sont pas bornez-là, comme je l'ai aussi montré dans ma Défense; c'est une question si différente de ma Dispute avec le P. *Ceillier*, que j'ai peine à concevoir, comment Mr. *Buddeus* a pû la ramener ici. Il verra, au moins, (c) par la déclaration ex- (c) *Ibid.* § 12, presse que j'en ai faite, que je ne suis pas moins indulgent, ni moins charitable, que lui, sur ce sujet. J'avois dit, que, selon *St. Jérôme*, Nôtre Seigneur JE'SUS-CHRIST *a aboli la permission de manger de la Chair des Animaux, de la même maniére*

qu'il

qu'il a aboli le *Divorce & la Circoncifion*. Mr. *Buddeus* approuve (a) cette remarque, que j'avois empruntée de DAILLÉ. Le P. CEILLIER, ajoûte-t-il, *tâche en vain d'excufer ici* St. Jérôme; *quand même on accorderoit, que* St. *Jérôme s'exprime ailleurs d'une maniére à fembler ne pas condamner abfolument l'ufage de la Chair, comme une chofe illicite. Car cela prouveroit feulement, que ce Pére s'eft contredit.* J'ai fait voir, qu'il ne fe contredit point fur (b) cette matiére, & qu'un Paffage même, par lequel mon Adverfaire a voulu le prouver, ne fait que confirmer les Paffages oppofez, où St. *Jérôme* s'eft expliqué fi nettement. La réponfe au refte, que propofe ici Mr. *Buddeus*, en fuppofant la contradiction; eft une de celles dont j'ai fait ufage en divers endroits de cet Ouvrage.

Pour les autres chofes, que j'avois dites de St. *Jérôme*, Mr. *Buddeus* déclare, *qu'il en tombe aifément d'accord avec moi, parce qu'elles font conformes à la vérité.* J'en fuis bien aife. Elles ne font pas des moins importantes; comme on le verra par ma Défenfe.

(a) *Ubi fupra.*
(b) *Chap.* XV. § 15.

SAINT AUGUSTIN.

ST. AUGUSTIN, dit (c) Mr. *Buddeus*, eft *le principal Maître, de qui les* SCHOLASTIQUES *ont pris & la chofe même, & la maniére de traiter la Morale. Le défaut de confondre la Raifon avec la Révélation, une grande abondance de Queftions diverfes, fouvent plus curieufes, qu'utiles, la méthode de les propofer & de les réfoudre, plûtôt en faifant montre de fon Efprit, qu'en les traitant avec fobriété; ce font des chofes que l'on reproche avec raifon aux* Scholaftiques, *mais en quoi quelquefois* St. Auguftin *leur a fervi de modéle en quelque façon. Et comme le mal ne s'arrête jamais où il a commencé, il eft arrivé que ce qui pouvoit être toleré dans* St. Auguftin, *eft devenu, chez eux, des monftres, pour la deftruction desquels il faudroit un autre* Hercule...... *On ne peut nier cependant, que ce Pére n'ait dit bien de belles & excellentes chofes, & même ingénieufement inventées.*

Pour venir au détail, il me fuffiroit bien que Mr. *Buddeus* fût ici d'accord avec moi fur les deux principaux griefs que j'ai avancez contre *St. Auguftin*. Ils font fi confidérables, ces griefs, qu'ils peuvent feuls donner une très-mauvaife idée du génie de

(c) *Ubi fupra,* pag. 636.

ce

ce Pére, & faire présumer raisonnablement, qu'on ne sauroit attendre de lui, en matiére de Morale, que des pensées où l'on a toûjours à craindre les illusions de son Imagination Africaine, & de ses Passions violentes.

Il ose bien soûtenir, que, *par le Droit Divin, tout est aux Justes, ou aux Fidéles; & que les Infidéles ne possédent rien légitimement: Principe abominable, & qui renverse de fond en comble la Société Humaine.* C'est ce que j'avois dit. Et voici comment parle Mr. *Buddeus,* après avoir rapporté le passage (a) indiqué, qu'on trouvera tout du long dans ma (b) Défense, avec d'autres du même Pére: (c) LE P. CEILLIER (d) *bande ici toutes les forces de son esprit, pour défendre* St. Augustin; *mais il est trop clair, que l'Evêque d'Hippone pose ici pour fondement, Que celui qui n'use pas, comme il faut, des Biens de ce Siécle, ne les posséde pas justement.* Or il est certain, que, selon la pensée de St. Augustin, *les Méchans n'usent pas, comme il faut, des Biens de ce Siécle. Que peut-il s'ensuivre de là, si ce n'est que les Méchans sont injustes Possesseurs de leurs Biens, & par conséquent dans l'obligation de les restituer? comme il le déclare lui-même formellement.* On ne fait donc point de tort à St. Augustin, de dire, qu'il enseigne, Que les Infidéles ne possédent rien légitimement: *principe lié avec cet autre,* Que tout est aux Justes, de Droit Divin. ST. AUGUSTIN *a beau ajoûter, que les Justes, ou les gens de probité, meprisent les Biens de ce Siécle; & qu'ainsi il n'est point à craindre, qu'ils veuillent les enlever aux Méchans: on ne sauroit éviter par là le très-grand abus qui naîtroit de ce principe.* Car rien n'est plus commun, que de voir bien des gens qui s'imaginent être Fidéles, Pieux, Saints, & qui néanmoins sont fort avides des Biens de ce Siécle. Si on leur fournissoit un aussi beau prétexte, que celui qu'ils trouveroient dans cette hypothese, quelle confusion de toutes choses ne pourroit-il pas en provenir?

Il n'y a pas plus moien de justifier ou d'excuser St. Augustin, de ce qu'aiant condamné d'abord toute Violence pour cause de Religion; après les vives & longues disputes qu'il eût ensuite avec les Donatistes, il changea de sentiment, de sorte qu'il en vint à ne pas desaprouver toute sorte de Violence & de Contrainte, pourvû qu'elle n'allât pas jusqu'à la mort; & que même enfin il approuva non seulement toutes les Peines, qui n'ôtoient pas

(a) *Epist.* 153, Edit. *Benedictin.*
(b) *Chap.* XVI. § 13, & *suiv.*
(c) *Ub. supra,* pag. 639, 640.
(d) *Apolotie,* pag. 420, & *suiv.*

l'espérance du repentir, c'est-à-dire, toute Punition, à la mort près, mais encore il enseigna qu'on devoit les infliger; afin que les Hérétiques, épouvantez par là, fussent contraints à embrasser la véritable Doctrine. Mr. BARBEYRAC, & plusieurs autres, ont avec raison censuré ce sentiment de St. Augustin &c.

En vérité, si un Docteur de ce caractére, & capable de donner dans de tels excès, rencontre quelquefois la Vérité, ou la propose d'une maniére convenable ; n'a-t-on pas tout lieu de croire, que c'est par un pur hazard ? Mais j'ose dire encore, qu'il n'y a peut-être jamais eû, à tout prendre, de plus mauvais Interprête de l'Ecriture. Et néanmoins voilà cet homme, qui est le Pére de la *Morale Scholastique*, & aussi, chez bien des gens, le Pére de la (1) *Théologie* moderne!

Je puis me passer de rien dire ici, pour justifier l'autre exemple que j'avois allegué des fausses idées de *St. Augustin*, touchant le droit réciproque qu'il donne à un Mari & une Femme, de ceder le pouvoir qu'ils ont sur le corps l'un de l'autre. Mr. *Buddeus* (a) ne fait qu'indiquer & approuver les réponses du P. *Ceillier*, que je crois avoir assez refutées (b) dans ma Défense.

(a) *Ubi supra*, pag. 639.
(b) *Chap.* XVI. § 1, & suiv.

SAINT LEON.

ST. LEON, *au jugement de Mr.* DUPIN, *n'est pas fort fertile sur les points de Morale: il les traite assez séchement, & d'une maniére qui divertit, plûtôt qu'elle ne touche.* Mr. *Buddeus* (c) dit là-dessus, que *tout le monde ne sera peut-être pas de cet avis*. Je ne l'ai jamais cru ; & je ne pense pas que Mr. DUPIN se soit flatté d'une chose qui arrive si rarement. Mr. *Buddeus* ne s'at-

(c) *Ubi supra*, pag. 642.

---

(1) Voici ce que dit là-dessus Mr. BUDDEUS, dont je vais rapporter les propres paroles en original. *Non itaque erraverit, qui dixerit, Theologiæ Scholastico-Systematicæ fontem præcipuum, in Ecclesiâ Occidentali, fuisse* AUGUSTINUM. *Fingere principia, deducere ex his conclusiones in infinitum, ratiociniis potiùs, quàm Scripturæ niti testimoniis, sectari quæstiones curiosas, ingenium potiùs, quàm eruditionem, quæ Linguarum & Historiarum notitiâ constat, prodere, & quæ reliqua sunt, in hocce Hipponensium Præsule notata, Theologiæ Thetico-Scholasticæ ferè propria sunt. Certè hæcce ab Augustino maximè didicerunt Scholastici Doctores, cujus quippe in Occidentali Ecclesiâ, ob ingenii dotes, in istâ Litterarum jam tum invalescente barbarie, maximè conspicuas, summa fuit auctoritas, ut ejus decreta Oraculorum instar essent, tandemque ipsi præferrentur Scripturæ.* ISAGOG. Lib. II. Cap. I. § 7. pag. 352. Voilà un excellent Docteur! qui forge des Principes, & les pousse à toute outrance; qui cherche des Questions curieuses; qui montre de l'esprit, plûtôt que le savoir, qui dépend de la con-
no-

s'attend pas non plus fans doute, que tout le monde approuve le jugement qu'il porte d'une infinité d'Auteurs, & de Matières, dans fa vafte Collection Hiftorique-Théologique.

Je ne trouve rien dans mon Auteur, touchant la liberté que fe donna ABDAS (ou *Abdaa*) Evêque de *Sufe*, de brûler un Temple confacré à l'Idolatrie; ni fur l'admiration que THEODORET témoigne pour le refus que fit cet Evêque, de reparer le dommage; aimant mieux perdre la Vie, & expofer les *Chrétiens* à une fanglante Perfécution, que de fe réfoudre à une chofe fi jufte. Les réflexions que j'avois empruntées ici de Mr. BAYLE, font trop folides, pour n'avoir pas l'approbation de Mr. *Buddeus*.

GREGOIRE *le Grand.*

SUR GREGOIRE *le Grand*, Mr. (a) *Buddeus* en dit plus, que je n'avois fait. Il met là l'époque du tems, auquel la Morale commença à fe corrompre de plus en plus. *Les Siécles précédens étoient, en comparaifon, des Siécles d'or, pour ainfi dire.* Mais alors, à mefure que le Chriftianisme alloit en décadence, *la Morale devint féche, décharnée, craffeufe, miférablement défigurée par les Superftitions, enfuite hériffée des fubtilitez épineufes de l'Ecôle, défigurée & gâtée horriblement par des inventions les plus ridicules du monde. De plus, on ne vit dans les fix Siécles fuivans, que peu de Docteurs, qui méritaffent quelque louange, par leur efprit ou leur favoir, en ce genre d'étude.* Le prémier, qui fe préfente ici, eft le *Pape* GREGOIRE I. furnommé le Grand. On le louë de fa piété ; mais un zéle, qui n'étoit pas toûjours bien réglé, a été le fondement de la haute

(a) *Ci fuivs*, § 6, pag. 645.

noiffance des Langues & de l'Hiftoire; qui fe fonde fur fes raifonnemens, plûtôt que fur ce que l'Ecriture nous enfeigne ; & qui a en affez grand nombre, d'autres femblables défauts. En voici un, par exemple, que Mr. *Buddeus* n'a pas oublié. Emporté par la chaleur de la Difpute, ST. *Auguftin* femble paffer d'une extrémité à l'autre. Quand il a à faire avec les *Ariens*, on diroit qu'il eft *Sabellien*. S'agiffoit-il de réfuter les *Sabelliens* ? on le prendroit pour *Arien*. Difpute-t-il contre les *Pélagiens* ? il femble encore *Manichéen*. En veut-il aux *Manichéens* ? le voilà presque *Pélagien*. Après cela, la voie de la Rétractation le fauve. SIC *cùm Arianos refutavit, credas eum favere Sabellio ; cùm Sabellium, Ario ; cùm Pelagium, Manichæis ; cùm Manichæos, Pelagio. Nec ipfe hoc diffimulat ; ut tamen quæ incautiùs dicta erant, emendare laboret* &c. ISAGOG. HIST. THEOL. Lib. II. Cap. VII. §. 4. pag. 1052.

haute idée qu'on s'en est faite. Il semble d'ailleurs avoir fait consister une grande partie de la Religion dans les Rites & les Cérémonies, à l'augmentation & la multiplication desquelles il se donnoit presque entiérement; d'où vient qu'il passe communément pour le Pére des Cérémonies. Mais par cela même il a fait plus de mal, que de bien à la vraie Piété & la vraie Sainteté, auxquelles la Théologie Morale fraie le chemin. De là il est aussi arrivé, que la Religion a dégeneré en pure Superstition..... Dans ses Commentaires, & ses Homélies sur quelques Livres de l'Ecriture, Grégoire ne s'embarrasse guéres du sens littéral, & il se jette sur les Lieux Communs, pour montrer la fecondité de son esprit. Il le fait même dans le principal de ses Commentaires, ou ses Morales, en 35. Livres, sur Job, qui ne sont qu'une espéce de Repertoire de Morale, où il laisse à d'autres le soin d'expliquer le sens de l'Auteur Sacré...... On a aussi XII. Livres, (ou XIV. selon la nouvelle Edition publiée en 1705.) de ses Lettres, où il ne parle guéres que de ce qui regarde la Discipline Ecclesiastique. Car, dans ce Siécle, l'extérieur de la Religion étoit ce qui occupoit le plus les Docteurs de l'Eglise; ils negligeoient presque entiérement le soin de regler le cœur. D'où vient qu'alors l'autorité des CANONS faits dans les CONCILES, étoit plus grande, que celle de l'Ecriture; aussi commença-t-on à les recueillir avec grand soin &c. C'est ce que remarque Mr. *Buddeus.* On verra (a) dans ma Défense, d'autres traits du caractére de cet Evêque de *Rome.*

(a) *Chap.* XVII. § 14, & suiv.

VOILA tout ce que j'ai trouvé, qui se rapportoit à la présente Dispute, dans le nouveau Livre, dont je viens de donner quelques Extraits. La conclusion générale, qui en résulte, à mon avis, c'est qu'à penser conséquemment, il faut que Mr. BUDDEUS n'aît pas des *Péres* une *idée plus magnifique*, que je n'en ai, & que bien d'autres n'en ont. Je n'ignore pas, que toutes les *extrémitez* sont vicieuses. Je sai aussi, qu'il est souvent difficile, de fixer & de garder le juste milieu. Mais, sur le point dont il s'agit, la chose me paroît assez aisée, dès-là que l'on convient de certains défauts & généraux, & particuliers, qui se font si bien sentir dans ces Anciens Docteurs de l'Eglise. La di-

(1) *Accuratè diligenterque dispiciendum, ne injurii* C'est ce que dit Mr. BUDDEUS, en *dum modesti videri volumus, in veritatem simus* traitant du milieu qu'on doit ici tenir, ISA-GOG.

PREFACE.

diverfité de penfées fur l'application à quelques exemples, ne fauroit produire ici de différence confidérable. Et un peu en delà, ou en deçà, que d'autres, à nôtre goût, s'éloignent du point précis, c'eft ce qui ne vaut pas la peine de difputer. On s'expofe alors imprudemment à une rétorfion, qu'il n'eft pas facile d'éluder. Si vous reprochez aux autres, qu'ils font *âpres à cenfurer les Péres*, qu'ils le font *fans borne ni mefure*; ils pourront vous répondre, que vous êtes vous-même trop mol & trop indulgent, & que vous ôtez d'une main ce que vous avez donné de l'autre. Ils vous oppoferont, qu'il eft de l'intérêt de la (1) Vérité même, de ne rien diffimuler ni flatter, pour ne laiffer aucune occafion ni aucun prétexte à ceux qui s'entêtent du Préjugé de l'Autorité Humaine; fur tout quand il eft joint, comme ici, avec le Préjugé de l'Antiquité. Ils vous diront, qu'on doit bien prendre garde foi-même, de ne pas conferver imperceptiblement quelques reftes de ces fortes de Préjugez, fi trompeurs & fi puiffans; & que le défir de chercher à adoucir ou excufer des expreffions & des penfées, qui ont tout l'air d'être fauffes ou fort outrées, dans tel ou tel endroit d'un Pére de l'Eglife, au génie duquel elles conviennent beaucoup; peut fort bien venir de quelque intérêt caché de Parti, de quelque liaifon fecréte & indirecte avec certaines Opinions favorites, dont vous favez bien qu'ils ne conviendroient pas avec vous. Je veux que cela ne foit pas, & je n'ai garde d'accufer perfonne légérement de pareilles chofes : mais vous devez auffi éviter les Jugemens téméraires, & l'affectation de prendre à partie ceux qui s'éloignent fi peu de vos fentimens, qu'à peine peut-on s'en appercevoir. Pour moi, plus je me tâte & me retâte, & moins je découvre quoi que ce foit qui aît été capable de me porter à chercher en aucune maniére de quoi rabaiffer le vrai mérite des *Péres*, plus que celui de toute autre forte d'Ecrivains, & des plus indifférens, dont j'ai dit ma penfée avec la même liberté, en donnant l'Hiftoire de la Morale, qui m'y engageoit néceffairement. J'ai jugé des uns & des autres par la nature des chofes mêmes, telles qu'elles me paroiffoient; car enfin je ne puis voir que par mes yeux.
Ce-

GOG. HIST. THEOL. Lib. II. Cap. III. § 13. *pag.* 608.

PREFACE.

Cependant, si l'on peut me convaincre par de bonnes raisons, que j'aie rien dit, au désavantage des Péres, qui soit peu exact, ou véritablement outré, soit que j'aie parlé après d'autres, ou de moi-même; je me sens assez de courage, pour me retracter incessamment. J'en ai donné des preuves réelles, dans deux ou trois endroits de cette Défense même; & on en verroit ici de nouvelles, si Mr. *Buddeus* avoit prouvé quelcune des choses où il s'est déclaré d'autre avis, que moi. Avouer qu'on s'est trompé, & avouer qu'on est Homme, c'est, selon moi, la même chose. Un tel aveu peut-il faire de la peine, pour peu que l'on se connoisse?

A *Groningue*, ce 17. *Janvier* 1728.

TA-

TABLE
DES
CHAPITRES.

CHAP. I. *Réflexions générales, sur l'Autorité des Péres, sur le caractére de leur Apologiste, & sur l'état de la question.* Pag. 1

CHAP. II. *Sur ce que l'on a dit de* JUSTIN, *Martyr.* - - 11

CHAP. III. *Sur ce que l'on a dit de* ST. IRENE'E. - - 19

CHAP. IV. *Sur ce que l'on a dit d'*ATHENAGORAS. - - 25

CHAP. V. *Sur ce que l'on a dit de* CLEMENT D'ALEXANDRIE. - - - - - - - - - - 44

CHAP. VI. *Sur ce que l'on a dit de* TERTULLIEN. - - 72

CHAP. VII. *Sur ce que l'on a dit d'*ORIGENE. - - 94

CHAP. VIII. *Sur ce que l'on a dit de* ST. CYPRIEN. - 104

CHAP. IX. *Sur ce que l'on a dit de* LACTANCE, - - 138

CHAP. X. *Sur ce que l'on a dit de* ST. ATHANASE *& de* ST. CYRILLE. - - - - - - - - 149

CHAP. XI. *Sur ce que l'on a dit de* ST. BASILE. - - 154

CHAP. XII. *Sur ce que l'on a dit de* GREGOIRE DE NAZIANZE. - - - - - - - - 160

CHAP. XIII. *Sur ce que l'on a dit de* ST. AMBROISE. - 206

CHAP. XIV. *Sur ce que l'on a dit de* ST. CHRYSOSTÔME. - - - - - - - - - 224

CHAP. XV. *Sur ce que l'on a dit de* ST. JE'RÔME. - 239

CHAP. XVI. *Sur ce que l'on a dit de* ST. AUGUSTIN. - 281

CHAP. XVII. *Sur ce que l'on a dit de* ST. LEON, *de* THEODORET, *& de* GREGOIRE LE GRAND. - - 319

CORRECTIONS ET ADDITIONS.

Pag. 14. ligne 7. *les Filles des Hommes*: Lisez: *les Fils de Seth, qui étoient la race choisie de Dieu; Et par les Filles des Hommes* &c.

Pag. 16. Not. col. 1. lig. 6. ή ἀνέδωκεν ἐν 'Αλεξανδρείᾳ: Lis. ἀνέδωκεν ἐν 'Αλεξανδρείᾳ.

Ibid. col. 2. lig. 1. ἔχει: Lis. ἐχεῖ.

Pag. 18. Not. col. 2. lig. 7. διδάγματα: Lis. διδάγματα.

Pag. 21. Not. col. 2. lig. pénult. *perjerare*: Lis. *perjurare*.

Pag. 23. Not. col. 2. lig. derniére: ajoûtez: *Si autem comparatio fiat nostra & illorum, qui justius apparebunt accepisse? utrumne populus ab Ægyptiis, qui erant per omnia debitores, an nos à Romanis, & reliquis gentibus, & à quibus nihil tale nobis debeatur? Sed & mundus pacem habet per eos, & nos sine timore in viis ambulamus, & navigamus quocumque voluerimus* &c. Num. 3.

Pag. 30. lig. 17. *l'autre alternative*: Lis. *l'autre partie de l'alternative*.

Pag. 31. lig. antepénult. *le lioit*: Lis. *la lioit*.

Pag. 36. à la marge, *lett.* (b): lig. 2. Lis. III, 2, 9, 12. V, 9.

Ibid. lett. (d): lig. 5. *Cap. II.* Lis. *Cap. XII.*

Pag. 42. en marge, *lett.* c. *Cap. VI.* Lis. *Cap. V.*

Ibid. Not. col. 2. lig. 7. après *Virginitatis*, ajoûtez: *Pag.* 140. D. Tom. I. Ed. Basil. 1537.

Pag. 46. lig. 17. *allégoriques*: Lis. *métaphoriques*.

Pag. 53. lig. 6. *en vuë*: Lis. *en ruë*.

Ibid. Not. col. 1. lig. pénult. après ἀπίσω, ajoûtez: *Stromat.* Lib. V. Cap. 2.4. pag. 707.

Pag. 60. Not. col. 1. lig. dern. διώκυντι: Lis. διώκοντι.

Ibid. col. 2. lig. dern. Θεοῦους: Lis. Θεοῦ.

Pag. 62. Not. col. 2. lig. 3. ἐυπίσωλκεν: Lis. ὑπίσωλκεν.

Pag. 70. Not. col. 1. lig. 4. ποιετῶ: Lis. ποιητῶ.

Pag. 79. Not. col. 1. lig. 2. *acc*: Lis. *nec*.

Pag. 87. lig. 1. *On appelle*: Lis. *On appella*.

Ibid. lig. 27. *eu ait*: Lis. *en ait*.

Pag. 89. en marge, *lett.* b. § 21. Lis. § 22.

Ibid. lett. d. § 31. Lis. § 32.

Pag. 100. lig. 27. *fondées*: Lis. *forcées*.

Ibid. Not. col. 2. lig. 9. ἴλθω: Lis. ἔλθω.

Pag. 101. Not. col. 2. lig. 9. μαθηταῖς: Lis. μαθηταῖς.

Pag. 104. en marge, *lett.* d. § 30. Lis. § 29.

Pag. 116. Not. col. 1. lig. 9. *obdurat*: Lis. *obduxerat*.

Pag. 117. Not. col. 1. lig. 4. ajoûtez: *Epist.* XIII. *pag.* 30.

Pag. 121. Not. col. 2. lig. dern. Ajoûtez: *Sa maxime, Que tout ce qui naît, est l'ouvrage de* Dieu, *tout ce à quoi l'on change quelque chose, est l'ouvrage de l'Homme; cette maxime, dis-je, est aussi copiée de* Tertullien, *presque mot-à-mot*: Quod nascitur, opus Dei est: ergo quod infingitur, Diaboli negotium est. *De cultu Feminarum*, Cap. V.

Pag. 132. en marge, *lett.* c. lig. 4. XXXVI. 37. Lis. XXXVI, 35, 36.

Pag. 137. en marge, *lett.* a. *Pag.* 168. Lis. *Pag.* 158.

Pag. 142. Not. col. 2. lig. 1. *luctum*: Lis. *lucrum*.

Pag. 145. lig. 24. *qu'on le privât de l'usage de son argent, & des risques* &c. Lis. *se priver pour lui de l'usage de son argent, & s'exposer aux risques* &c.

Pag. 155. Not. col. 2. lig. 2. ἀνελθῆ: Lis. ἀναιρῦν.

Pag. 158. Not. col. 1. lig. 5. Ἐπιπτριμένος: Lis. Ἐπιπτριμένος.

Pag. 217. en marge, *lett.* d. après §: ajoûtez: I.

Pag. 219. Not. col. 2. lig. 3. *ainsi*: Lis. *ainsi que le P.* Ceillier *cite le prémier mot*.

Pag. 226. lig. 24. *sa prudence*: Lis. *sa grande prudence*.

Pag. 231. lig. 24. *la violence d'une Femme*: Lis. *le violement d'une Femme*.

Pag. 240. en marge, *lett.* c. après *Origenian.* ajoûtez: *Lib. II.*

Pag. 244. à la marge, *lett.* a. C. II. Lis. C. XI.

Ibid. Not. col. 1. lig. 6. *De Viris Illustr.* Lis. *De Cæsaribus*.

Pag. 245. Not. col. 2. lig. 9. LXXVII. Lis. LXXXVII.

Pag. 259. lig. 19. *Chéte*: Lis. *Chére*.

Pag. 260. Not. col. 1. lig. 13. *recta*: Lis. *rectè*.

Pag. 268. Not. col. 2. lig. 7. *plana*: Lis. *plena*.

Pag. 271. Not. col. 1. lig. 5. *dices*: Lis. *dicas*.

Pag. 272. Not. col. 2. lig. 2. *Tom.* VI. Lis. *Tom.* IX.

Pag. 278. Not. col. 2. lig. 3. *pestes*: Lis. *pestis*.

Pag. 325. lig. 1. *en contraire*: Lis. *au contraire*.

TRAITÉ
DE
LA MORALE
DES
PERES DE L'EGLISE:

Où en défendant un Article de la Préface fur PUFENDORF, contre *l'Apologie* du P. CEILLIER, on fait diverses réflexions fur plusieurs matiéres importantes.

CHAPITRE PREMIER.

Réflexions générales, fur l'Autorité des Péres, fur le caractére de leur Apologiste, & fur l'état de la question.

§. I. JE ne vois rien de plus desagréable dans le métier d'Auteur, que les quérelles qu'il attire aisément à ceux même qui les fuient. Pour peu qu'on veuille voir par ses propres yeux, & qu'on use de la liberté naturelle que chacun a, de dire naïvement ce qu'il pense, il se trouve toûjours des Esprits superbes, ou prodigieusement entêtez, qui regardent cela comme un attentat sur l'empire souverain dont ils se sont emparez, ou comme leur appartenant en propre, ou comme l'exerçant au nom de quelques autres personnes, à qui ils l'ont déferé. S'ils se contentoient de refuter honnêtement ceux qui ne sont pas de leur opinion, on pourroit leur passer un zèle trop vif, mais jusques là innocent, & leur laisser débiter tout à leur aise des raisons ou visiblement frivoles, ou déja suffisamment discutées. Mais on voit bientôt qu'ils en veulent à la personne, autant ou plus qu'aux sentimens: & s'ils n'en viennent pas toûjours à entasser & épuiser les injures les plus grossiéres, ils lâchent assez de traits malins, pour faire sentir, avec quelle peine ils s'empêchent de porter aux derniers excès les marques de leur haine & de leur colére. Le meilleur est sans doute de dissiper & d'émousser ces traits en les méprisant : mais l'intérêt de la Vérité ne permet pas toûjours de se borner là. Bien des gens se laissent surprendre à la hardiesse d'un Disputeur, dont ils

A ne

ne peuvent ou ne veulent point examiner les raisonnemens. C'est perdre sa cause, dans leur esprit, & se reconnoître vaincu, que de garder le silence. Mais cela ne se vérifie jamais mieux, qu'en matière d'Opinions où il y a quelque chose de lié avec celles qui divisent les Hommes en Partis d'une étenduë considérable, & sur tout en Partis de Religion. Il faut bien alors, malgré la répugnance qu'on a pour les Contestations, se résoudre quelquefois à sacrifier son repos au Bien Public. C'est sur ce pié-là que j'entreprens aujourdhui une Défense, pour laquelle on peut voir par le tems (a) seul de l'Attaque, que je ne me suis nullement pressé. Je tâcherai, autant qu'il me sera possible, d'ôter à la Dispute ce qu'elle a de sec & d'ennuiant : & elle se trouve de nature à me fournir occasion de dire bien des choses, qui dédommageront peut-être le Lecteur de celles qui ne méritent son attention qu'autant qu'elles servent à montrer en même tems le foible de l'Adversaire, & de la Cause qu'il soûtient.

(a) L'an 1717 8. J'écris ceci en 1726.

§. II. J'ai à combattre deux sortes de Préjugez, qui font beaucoup d'impression sur les Esprits, Préjugez d'Autorité, Préjugez de Religion. Mais heureusement ils sont ici dépouillez de ce qui leur donne le plus de force, & qui les rend le plus contagieux, je veux dire, des apparences de la Raison, dont ils se couvrent souvent. Mon Adversaire commence par se trahir lui-même : on diroit qu'il a voulu avertir d'abord ses Lecteurs d'être bien en garde contre les écarts & les sophismes, dans lesquels le jettera infailliblement la préoccupation dont il se montre tout rempli. Voici le commencement de sa *Dissertation Préliminaire sur l'autorité des Péres de l'Eglise*. „De tout tems (dit-
„il) les Hérétiques n'ont eu pour maxime de ne reconnoître pour régle de leur
„foi, que la seule Ecriture Sainte. Presque tous n'ont eu que du mépris pour
„les traditions Apostoliques, dont les Péres de l'Eglise étoient les Dépositai-
„res. Et si quelquefois ils y ont eu recours, ce n'a été que dans des points,
„où ils se les ont cru favorables. Jamais ils ne les ont reçuës universellement.
„Il n'est pas difficile d'en déviner la raison. La Tradition des Apôtres, décla-
„rée par le témoignage unanime que les Péres de chaque Siécle rendent à une
„vérité Catholique, est une loi claire, évidente, incapable d'alteration. Mais
„il n'en est pas de même de l'Ecriture Sainte. Obscure & susceptible de plu-
„sieurs sens, ils l'ont cruë bien plus propre pour appuyer leurs erreurs. Et
„sous le spécieux prétexte de n'enseigner qu'une doctrine inspirée de Dieu, ils
„ont séduit les Peuples, en leur donnant pour oracles du Saint Esprit des
„erreurs grossières & des nouveautez profanes, qui étoient les productions de
„l'esprit de mensonge. Ainsi en usérent les *Marcionites*, les *Cérinthiens* &c....
„Ce mépris pour l'Antiquité s'est sur tout fait remarquer dans les Hérétiques
„des derniers Siécles. La plûpart d'entre eux non contens de rejetter l'auto-
„rité des Péres de l'Eglise, à cause de l'opposition qui se trouvoit entre les
„erreurs qu'ils avançoient, & les sentimens des Anciens, les ont encore char-
„gez d'injures & de calomnies.

§. III. Aprés un tel début, je pouvois, ce me semble, me contenter de dire au P. *Ceillier*, pour toute réponse : „A quoi bon m'attaquez-vous, & pour-

(1) Voicz, par exemple, JACOB LEC- JEAN DAILLE', *De Usu Patrum*, Lib. II.
TIUS, *adversus* CODICIS FABRIANI *ra-* Cap. II. & la Préface d'EDMOND AUBER-
x.a 24, Lib. I. Negat. VIII. pag. 60. *& seqq.* TIN, sur son Traité *De Eucharistia Sacra-
mente.*

,, pourquoi prendrois-je la peine de me défendre ? Quand on dispute, il faut
,, raisonner sur des principes reconnus de part & d'autre ; sans quoi c'est se
,, battre les yeux fermez. Posé que vous vouluſſiez convertir un Paien, n'au-
,, roit-il pas lieu de se moquer de vous, ſi, avant que de l'avoir convaincu par
,, la Raiſon, qu'il n'y a qu'un ſeul vrai Dieu, & que ce Dieu s'eſt revelé
,, dans les Livres du Vieux & du Nouveau Teſtament, vous lui alliez dire, que *de*
,, *tout tems les Paiens ont eu pour maxime de ne reconnoître que les Divinitez & les Cul-*
,, *tes Idolatres qu'ils reçoivent ſur une ancienne Tradition ; & que c'eſt pour cela qu'ils*
,, *rejettent l'Autorité de l'Ecriture Sainte, qui condamne leurs erreurs.* L'applica-
,, tion eſt aiſée, & le ridicule encore plus grand, dans la manière dont vous
,, vous y prenez contre moi. Vous êtes Catholique Romain, & de plus Moi-
,, ne : moi, je ſuis Proteſtant, & Séculier. Je ſuppoſe, que vous avez étu-
,, dié vôtre Religion, & que vous y êtes attaché de bonne foi : vous devez, ſi
,, vous avez tant ſoit peu d'équité, faire, à mon égard, la même ſuppoſition.
,, Or vous ſavez bien, & vous le dites vous-même, qu'en qualité de Proteſ-
,, tant, je ne puis reconnoître d'autre Régle de ma Foi & de mes Mœurs,
,, que l'Ecriture : ainſi, qu'il y ait tant d'oppoſition qu'il vous plaira entre ce
,, que vous appellez mes erreurs, & les ſentimens des Péres de l'Egliſe, il me
,, ſuffit que ces ſentimens ſoient, ſelon moi, contraires à l'Ecriture ; & en
,, cela je ne fais que ſuivre la maxime que les Péres des prémiers Siécles ont
,, eux-mêmes donnée, comme on vous (1) l'a prouvé par quantité de paſſa-
,, ges de leurs Ecrits. De ſorte que, dans vôtre propre ſuppoſition, je pour-
,, rois toûjours renverſer l'Autorité des Péres par elle-même. Vous emploiez,
,, je l'avoue, quarante pages de vôtre Livre à tâcher d'établir la néceſſité de
,, cette Autorité, indépendante de l'Ecriture, pour fonder une prétenduë
,, Tradition, dont vous ſentez bien que vous avez grand beſoin. Mais vous
,, ne faites que repeter gravement ce qui a été mille fois dit, & mille fois ré-
,, futé : vous débitez bien des choſes, qui ne font rien au ſujet. Permettez-
,, moi de vous renvoier à nos Auteurs, & de ne pas perdre mon tems à les
,, copier. Vous ne tenez pas vous-même les Péres pour infaillibles, comme il
,, faudroit qu'ils le fuſſent ſelon vos principes : & vous voulez nous paier d'u-
,, ne diſtinction précaire, entre les (a) *Péres conſiderez comme dépoſitaires des* (a) Diff.
,, *Véritez non écrites, que le Fils de Dieu ou ſes Apôtres nous ont enſeignées,* & ces p XXXIV,
,, *mêmes Péres conſiderez comme des hommes d'une vie ſainte à la vérité, mais néan-* & ſuiv.
,, *moins ſujets à ſe tromper dans les choſes qu'ils enſeignent ſelon leur propre eſprit &*
,, *leurs connoiſſances particuliéres.* Fort bien, ſi vous nous donniez une régle ſûre, pour
,, connoître quand c'eſt que les Péres ſoutiennent le prémier de ces perſonnages, plu-
,, tôt que le dernier. *C'eſt*, dites-vous (b), *lors qu'il convienent tous touchant un dog-* (b) Pag.
,, *me de foi.* Mais prémierement vous confondez ici les (2) faits palpables, & à l'é- XXXV.
,, gard deſquels on peut tirer des conſéquences certaines de la Tradition, avec des
,, Dogmes & des Uſages (3) ſur leſquels elle eſt fort ſujette à caution. De
,, plus on vous a cent fois prouvé, d'un côté, que les Péres ſe ſont accordez
fort

mento. J'aurai occaſion d'en alleguer un exem- de *Rome*, une Ville de *Conſtantinople.* Pag.
ple ci-deſſous, *Chap.* X. §. 6. XXXVI.
(2) Qu'il y a une Ville de *Paris*, une Ville (3) Le *Bâtême des Enfans*, la *Préſence réelle*
du

TRAITÉ DE LA MORALE

„ fort généralement sur (1) des choses reconnuës aujourdhui de tout le mon-
„ de pour erronées ; de l'autre, qu'il n'y a aucun des Dogmes & des Usages
„ controversez, sur quoi les Péres conviennent tous : & l'on vous soûtiendra
„ toûjours avec raison, que, quand cela seroit, l'Autorité de ces Docteurs
„ non-infaillibles ne l'emporteroit point sur celle de l'Ecriture. On vous a
„ pourtant montré, que, dans les Péres des prémiers Siécles, c'est-à-dire, com-
(a) Pag. „ me vous les appellez, (a) des *Siécles d'or de l Eglise*, ou il n'y a rien de tout
115. „ cela, ou l'on y trouve des choses toutes contraires. Vous dites, que,
(b) Pag. „ (b) *si, dans vôtre supposition, les Péres de l'Eglise pouvoient errer, l'Eglise seroit*
XXXV. „ *elle-même sujette à l'erreur*. Je ne vous demande pas ce que vous entendez
„ par cette *Eglise*, que vous prétendez devoir être infaillible ; sur quoi vous
„ savez bien, qu'il y auroit grande matière à contestation. C'est assez, qu'on
„ puisse vous prouver démonstrativement, qu'il n'y a ni ne sauroit y avoir de
„ Société Ecclésiastique qui soit infaillible, parce qu'il n'y en a point qui ne
„ soit, de vôtre propre aveu, composée d'Hommes tous sujets à l'Erreur. Dès-
„ là, celle qui se vantera le plus de son *infaillibilité*, se rendra suspecte d'avoir
„ le plus de besoin de s'arroger ce privilége, pour appuier des Opinions & des
„ Pratiques qu'elle ne peut justifier autrement. Mais ce qui met dans une plei-
„ ne évidence la fausseté de vos principes, c'est que vous êtes reduit à élever vô-
„ tre édifice sur les ruines de l'*Ecriture Sainte*, & par conséquent sur celles de
„ la *Religion Chrétienne*. Cette Ecriture, que vous ne sauriez nier être le pré-
„ mier fondement de toute la Religion, est, à vôtre avis, *obscure, & suscepti-*
„ *ble de plusieurs sens*, dans les choses mêmes nécessaires au Salut. A quoi nous
(c) Pag. „ sert-elle donc, & pourquoi en (c) recommandez-vous la lecture ? Il faut,
225, 226. „ dites-vous, y joindre la *Tradition*. Mais les Ecrits des *Péres*, que vous nous
„ donnez pour les Dépositaires de cette Tradition, sont-ils plus clairs, que l'E-
„ criture ? D'où viennent donc tant de disputes qu'il y a eu, & qu'il y a encore, sur
„ une infinité de passages des Péres, que l'un tire d'un côté, l'autre de l'autre ? La bel-
„ le idée que vous nous donnez de l'*Esprit de* DIEU, qui a, selon vous, répandu
„ tout exprès une obscurité impénétrable sur les Ecrits des Saints Hommes, dont il
„ dirigeoit la plume, pour nous renvoier à des Ecrits de gens, qu'il abandonnoit
„ à tous les défauts de l'Humanité, de leur Education, de leur Temperament, de
„ leur Siécle, de leur manière de penser, d'étudier & d'écrire ! A Dieu ne plai-
(d) Deuter. „ se, que nous donnions ici, comme vous faites, un démenti formel à l'E-
XXX, 11, „ criture même, (d) qui nous enseigne clairement, (2) qu'elle est claire dans
& suiv. „ toutes les choses qu'on doit savoir ! Est-il possible d'ailleurs, que vous ne
Rom. X, 6,
& suiv. „ preniez pas garde que ce principe, si injurieux au St. Esprit, bien loin de
Pseaum. „ servir
XIX, 8.
CXIX, 105.
II. Cor. IV,
3, 4. &c.

du Corps & du Sang de J. Christ dans l'Eucharistie, les *Sept Sacremens* de l'Eglise Romaine
&c. Le P. *Ceillier* met mal-à-propos au même rang, la nécessité des Bonnes Oeuvres pour
le Salut, que personne ne lui nie, & qui est
si clairement contenue dans l'Ecriture, qu'elle
n'a nul besoin du secours de la Tradition.

(1) Voici ce que dit un Auteur Catholique Romain, dans l'Extrait du Livre même
de mon Censeur, EUROPE SAVANTE,

Décemb. 1718. pag. 167, 168. „ Ne s'est-il pas
„ pû faire, que ceux qui ont connu les Apô-
„ tres aient mal pris leur sentiment, & se
„ soient imaginez avoir reçû d'eux une Doc-
„ trine, qui dans le fond seroit erronée ? Cer-
„ tainement cela se peut, car il y a des exem-
„ ples de pareilles méprises. *Papias* (apud Eu-
„ SEB. H. E. III. 39.) disoit tenir des Apô-
„ tres l'Opinion, que les Saints régneroient
„ un jour sur la Terre avec *J. Ch.* pendant
„ mille

„ fervir à vôtre caufe, la détruit de fond en comble. Car, s'il y a une Tra-
„ dition & une Autorité infaillibles, il faut de toute néceffité que nous en fo-
„ yions inftruits & affûrez par l'Ecriture. Ce n'eft pas une notion commune,
„ que la Raifon enfeigne à tous les Hommes : il n'y a qu'une Révélation bien clai-
„ re, qui pût nous convaincre d'une chofe comme celle-là, qui fuppoferoit un
„ miracle perpétuel de la Providence. Si donc l'Ecriture Sainte eft obfcure,
„ comme vous le prétendez, pourquoi ne fera-t-elle pas dans les paffages, fur
„ lefquels vous fondez l'Autorité de la Tradition & l'Infaillibilité de l'Eglife,
„ comme fuppléant à l'obfcurité de l'Ecriture? Auffi une infinité de gens font-
„ ils perfuadez que ces paffages ne fignifient rien moins, que ce que vous y
„ trouvez. Il ne vous refte, pour dernière reffource, que de dire fans dé-
„ tour, que vous, & vos femblables, qui croiez la Tradition & l'Infaillibi-
„ lité de l'Eglife autorifées par l'Ecriture, êtes tous infaillibles dans l'explica-
„ tion des paffages obfcurs que vous alleguez en preuve. Je ne fai, fi vous o-
„ ferez vous attribuer ce privilége : mais, en tout cas, nous aurons autant de
„ droit, que vous, d'y prétendre, jusques à ce que vous nous ayiez montré
„ en vertu dequoi nous ne l'aurions pas, auffi bien que vous. Renoncez-y
„ plûtôt, comme nous le faifons de bon cœur : & alors nous voilà à deux de
„ jeu. Si chacun de vous n'eft pas infaillible, vôtre Tradition & vôtre Infail-
„ libilité de l'Eglife, ne font fondées fur rien, que vous puiffiez m'oppofer
„ raifonnablement. Vous devez d'autant plus laiffer tout cela à quartier, que
„ vous n'êtes pas même d'accord entre vous fur le moien de connoître cette
„ Tradition & cette Autorité Infaillibles, puis que vous n'avez pas encore dé-
„ cidé, s'il faut s'en rapporter ou aux *Conciles* feuls, ou au *Pape*, ou aux Con-
„ ciles & au Pape joints enfemble. Cependant, mon Révérend Pére, vous
„ vous déclarez d'abord fans façon, comme voulant m'attaquer par de tels
„ principes, dont je ne conviens nullement, & fur lesquels ceux de vôtre
„ Communion ne conviennent pas eux-mêmes. J'aurai donc beau alleguer les
„ raifons qui me paroîtront les plus fortes, pour vous prouver, que les Péres
„ fe font trompez ou fur les Dogmes, ou fur la Morale ; vous prétendrez, ou
„ que je n'entens pas bien leurs paffages, ou que ce qu'ils difent n'eft pas une
„ erreur, parce qu'autrement ils n'auroient pas été fidéles Dépofitaires de la
„ Tradition, & que l'Eglife auroit erré, c'eft-à-dire, en raifonnant toû-
„ jours fur une pétition de principe. De bonne foi, quand on eft dans une
„ difpofition comme celle où vous vous montrez fi naïvement, n'eft-on pas ca-
„ pable de s'aveugler fur les chofes les plus claires, d'avoir recours aux plus
„ frivoles échappatoires, de faire flèche de tout bois, & de nier qu'il foit
„ jour

„ mille ans : Et ce Dogme, quoi que faux,
„ a été adopté par les plus grands Hommes
„ du Chriftianifme ; par *St. Juftin*, *St. Irenée*,
„ *Népos*, *Victorin*, *Lactance*, *Sulpice Sévére*,
„ *Tertullien*, *Q. Julius Hilarion*, *Commodianus* ;
„ qui, en le foûtenant, croioient défendre
„ une Vérité Apoftolique. Il feroit donc bon
„ de nous dire, à quelle marque on peut
„ connoître que les Péres ne fe trompent
„ point, lors qu'ils nous enfeignent des fenti-
„ mens qu'ils difent avoir appris des Apôtres
„ ou des Hommes Apoftoliques. Car voilà un
„ Dogme faux, établi fur la Tradition la plus
„ refpectable." Ce Journalifte attendra long-
tems la folution de fa difficulté.

(2) C'eft ce que Mr. DUPIN, Catholique
Romain, & Abbé, reconnoît, & prouve fortement, dans fa *Differtation Préliminaire fur
la Bible*, Liv. I. Chap. X. §. 2. où il allégue
même là-deffus des paffages de quelques Péres, qui ont été produits par les Proteftans.

„ jour en plein midi ? Vous ne sauriez, au reste, retorquer contre moi le même
„ soupçon, avec la moindre apparence. Car, dès-là que je regarde l'Ecriture
„ Sainte comme l'unique Régle de la Foi & des Mœurs, pour tous les Chré-
„ tiens, en tout tems & en tout lieu, & que je la tiens claire, comme le jour,
„ dans les choses nécessaires à Salut ; que les Péres l'aient bien ou mal enten-
„ duë, peu m'importe, puis que leur Autorité seule n'est chez moi d'aucun
„ poids. Si je trouve qu'ils sont d'accord avec l'Ecriture Sainte, à la bonne
„ heure, je n'en suis pas fâché, & je les en louë. Mais si, au contraire, je
„ vois qu'ils établissent des choses ou directement opposées à l'Ecriture bien
„ entenduë, ou qui n'y sont contenuës en aucune maniére, fussent-ils tous dans
„ l'erreur, je ne m'en mets point en peine ; ma Foi n'en est pas pour cela
„ moins établie sur un fondement solide. Tout ce qui s'ensuit de là, c'est que
„ les Péres n'étoient pas infaillibles, comme vous l'avouez vous-même de cha-
„ cun d'eux en particulier. Vous n'avez donc aucune raison de présumer, qu'en
„ indiquant les erreurs & les défauts de la Morale des Péres, j'aie eu dessein

(a) Pag. IX.
„ (a) de décrier l'Antiquité. Je n'ai fait que la fonction d'Historien, qui suit
„ de siécle en siécle l'origine & les progrès de l'étude de la Morale commune à
„ tous les Hommes, de quelque Religion qu'ils soient. Et je ne pensois pas
„ plus à déprimer l'Autorité des Péres de l'Eglise, que celle des *Philosophes*
„ *Païens*, que vous croirez, je pense, m'être fort indifférente.

§ IV. Je demande à tout Lecteur éclairé, qui est capable d'oublier pour un moment qu'il a pris parti en matiére de Religion, & de suivre les idées du Sens Commun & de l'Équité Naturelle, si je ne pourrois pas en demeurer là, aiant à faire à un Antagoniste qui entre en lice de cette maniére ; & si l'on n'a pas tout lieu d'attendre qu'il ne raisonnera que par préjugé. C'est aussi ce qui régne dans tout l'Ouvrage. L'Auteur s'y soutient parfaitement d'un bout à l'autre, dans l'idée qu'il nous a donné de lui dès l'entrée, comme il paroîtra par toute cette Défense. Je vais le faire toucher au doigt par quelques remarques générales, avant que d'entrer dans le fond de la matiére.

§. V. Le P. *Ceillier* ou n'a point compris, ou a changé tout exprès l'état de la question. Il suppose, comme on le voit par ce que je viens de dire, que j'ai voulu mêler ici les points controversez entre l'Eglise Romaine & les Protestans. Or, si l'on fait attention & au but de ma Préface, & à ce que j'ai dit sur les Péres de l'Eglise, on se convaincra que je n'y pensois nullement. C'est par une pure inadvertence, comme je le déclarerai en son lieu, que, dans un

(b) Voiez ci-dessous, Chap. III. §. 2, & suiv.
(b) passage de Mr. Dupin, j'ai laissé quelque chose qui regarde le *Culte des Anges*. Car, pour ce qui est des idées de l'Eglise Romaine sur le Célibat & la Virginité, elles sont trop liées avec la connoissance des principes de la Morale

---

(1) Voici ce que je viens de lire dans l'Ouvrage d'un Jesuite. " Il est vrai, que la Révé-
„ lation marque des régles de Morale, qui
„ n'ont point été suivies dans le monde, où
„ l'on s'est abandonné à un déréglement com-
„ me universel ; & auquel les Philosophes
„ Païens, avec leurs plus belles maximes,
„ n'ont point apporté un remède suffisant.
„ Mais si la Révélation nous a aidé en ce

„ point, c'est un secours, qui, pour ainsi di-
„ re, a rendu la Raison à elle-même, & qui
„ l'a fait rentrer dans ses droits. Les Lumié-
„ res Surnaturelles, toutes divines qu'elles
„ sont, ne nous montrent rien, par rapport
„ à la conduite ordinaire de la Vie, que les
„ Lumiéres Naturelles n'adoptent par les ré-
„ flexions exactes de la pure Philosophie : les
„ maximes de l'Evangile, ajoûtées à celles des
„ Philo-

rale Naturelle, dont je traitois, pour que je dûsse garder le silence là-dessus. C'est un exemple sensible des cas où (a) les Péres, comme je le leur ai reproché, *mettent une trop grande différence entre l'Homme & le Chrétien, &, à force d'outrer cette distinction, prescrivent des Régles impraticables.* La plûpart des Devoirs, dont l'Evangile exige l'observation, sont au fond les mêmes, que ceux qui peuvent être connus de chacun par les seules lumiéres de la Raison. (1) La Religion Chrétienne ne fait que suppléer au peu d'attention des Hommes, & fournir des motifs beaucoup plus puissans à la pratique de ces Devoirs, que la Raison abandonnée à elle-même n'est capable d'en découvrir. Mais la Sagesse de DIEU n'a pas jugé à propos de ne rien laisser à faire aux Chrétiens, dans une Connoissance qui est à la portée de tous les Hommes. Elle s'est contentée de leur ouvrir les sources, & de les mettre par là dans l'obligation, aussi bien qu'en état de les creuser avec succès, pour les suivre pié-à-pié dans tous les ruisseaux qui en découlent. C'est à chacun à chercher avec soin le vrai fondement des Préceptes généraux; à les developper, autant qu'il lui est possible; à en tirer, par de justes conséquences, des Régles particuliéres, applicables aux divers états de la Vie, & à une infinité de cas qui se présentent tous les jours. Ceux qui sont appellez à enseigner les autres, sur tout les Ministres Publics de la Religion, doivent en faire leur étude capitale, &, après avoir approfondi la Morale, l'expliquer de vive voix, ou par écrit, de la maniére la plus propre à l'insinuer dans les Esprits. Il s'agit de savoir, si les Péres l'ont fait. J'ai soûtenu, que non; & je le soûtiens encore. Voilà à quoi aboutit manifestement tout ce que j'ai voulu prouver dans l'Article de ma Préface, que je défens.

(a) Préface, § IX. pag. XLI.

§. VI. CELA me conduit à une autre remarque, d'où il paroîtra encore mieux, combien le P. *Ceillier* s'est éloigné de l'état de la question. Il raisonne par tout comme si je prétendois, que les Péres n'ont pas reconnu & proposé dans l'occasion les Préceptes généraux de Morale qui se trouvent répandus dans l'Ecriture. Je n'ai rien dit, ni insinué, de tel. Je me suis plaint seulement, que la plûpart de ces anciens Docteurs s'étoient beaucoup plus attachez aux Dogmes de pure spéculation, ou aux matiéres de Discipline Ecclesiastique, qu'à une étude sérieuse de la Morale : Qu'on ne trouve guéres chez eux que des généralitez, des Discours vagues, quelques Questions particuliéres traitées par-ci par-là fort légérement, des décisions & des moralitez tirées, non de leurs vrais fondemens, mais de raisons foibles ou étrangéres, & le plus souvent d'Allégories forcées : Que, pour avoir négligé la connoissance des Langues Originales & des Régles de la Critique; ils ont très-souvent mal expliqué les Passages les plus clairs de l'Ecriture : Qu'ils ont donné dans une infinité de

Décla-

„ Philosophes, sont moins de nouvelles ma-
„ ximes, que le renouvellement & l'éclair-
„ cissement de celles qui étoient gravées au
„ fond de l'Ame Raisonnable..... La Révé-
„ lation facilite la pratique de ces maximes,
„ par les motifs & les secours puissans qu'elle
„ fournit : mais la Raison en a le principe
„ dans elle-même. Si l'on supposoit qu'elle
„ en fût tout-à-fait incapable, au lieu de l'hu-
„ milier, on excuseroit ses égaremens, & ils
„ sont inexcusables. L'Apôtre ST. PAUL re-
„ proche formellement aux Gentils, d'avoir
„ pû connoître & d'avoir connu même ce
„ qu'ils devoient faire, sans l'avoir voulu
„ pratiquer &c." BUFFIER, *Traité de la Société Civile*, Liv. I, Chap. III. pag. 12, 13.

Déclamations, & qu'ils ne se sont guéres mis en peine de l'ordre & de la méthode : Que de là sont nées, comme il devoit arriver naturellement, diverses erreurs où ils sont tombez, & cela sur des questions nullement difficiles à décider pour des gens qui auroient bien pénetré les véritables principes de la Morale.

§. VII. Tout ce que j'ai dit au sujet des Péres, se rapporte à quelcun de ces chefs, comme il paroît par les paroles qui précédent immédiatement l'article d'*Athenagoras*. Cependant mon Censeur voudroit faire accroire, qu'il n'y a pas un mot où il ne doive, selon moi, se trouver quelque erreur en fait de Morale. J'avouë, qu'ici j'ai eu d'abord de la peine à en croire mes yeux. Voici pourtant dequoi n'en plus douter. J'avois rapporté un exemple (a) palpable des *pauvretez* que St. Augustin débite en expliquant l'Ecriture allégoriquement. On tombe d'accord, que, *selon le jugement des Docteurs Catholiques les plus attachez aux sentimens des Péres*, (b) *St. Augustin, comme les autres, n'est pas toûjours heureux dans ses Allégories* ; & *que même, pour ce qui regarde le sens littéral de l'Ecriture, il avouë, dans le Livre d'où est tirée l'objection que je fais,* (c) *qu'il ne l'a pas toûjours bien compris*, parce qu'*il s'étoit preßé pour refuter les Manichéens*. *Cet Ouvrage* (ajoûte-t'on) *mérite donc quelque indulgence, tant pour le sens littéral, que pour le sens spirituel* ; *mais on ne trouvera pas qu'il ait rien avancé qui soit contraire à la pureté de la Morale de J. Christ* ; qui est ce que doit prouver Mr. Barbeyrac. Mais ne me suffit-il pas, pour mon but, qu'il y ait ici, & ailleurs, dans *St. Augustin*, des explications morales & allégoriques, comme celle que je rapporte, & que mon Censeur ne sauroit nier être mal fondées ? D'ailleurs, il ne s'agit plus en cet endroit, de la Morale des Péres toute seule. Le passage est tiré de l'Article ajoûté à la Seconde Edition, où je traite en général (d) *de la justesse d'Esprit, de la solidité des Pensées, & de l'étenduë des Connoissances*, qu'ont eû les Péres, sur toute sorte de sujets. Le P. *Ceillier* croit-il, que personne ne pourra consulter ma Préface, ou prend-il pour duppes tous ses Lecteurs ?

§. VIII. Mais voici quelque chose de plus plaisant. J'avois dit (e), que Grégoire le Grand, *selon Mr.* Dupin, *est diffus, & quelquefois trop long dans ses explications de Morale, & trop subtil dans ses Allégories. Que ses* Morales *ou Commentaires sur* Job, *sont un des plus grands repertoires qu'il y ait : mais qu'il ne s'arrête presque point à l'explication de la Lettre : que ce ne sont que des Allegories & des Moralitez qu'il applique au Texte de* Job, *dont la plûpart pourroient être aussi bien appliquées à tout autre endroit de l'Ecriture*. Le P. Ceillier me répond (f) là-dessus : *Cette critique de Mr. Dupin est judicieuse* ; *mais que fait-elle au but de Mr. Barbeyrac ? S'ensuit-il de là que Saint Grégoire ait négligé la Morale ; qu'il ait prescrit des Régles de vie impraticables* ; *qu'il ait été un mauvais maître & un pauvre guide en matière de Morale ? Tout ce qu'on en peut tirer, est que Saint Grégoire n'a pas donné un Commentaire littéral, mais spirituel, de quelques Livres de l'Ecriture* ; *& même que ses explications morales sont trop longues, & souvent trop générales, en sorte qu'elles peuvent convenir à plusieurs Textes différens*. Mais en quoi cela nuit-il à la bonté & à la solidité de la Morale qu'il enseigne ? Le P. Ceillier, comme on voit, m'en avouë là plus que je n'en veux. Qu'il y ait autant de *bonté* & de *solidité* qu'il lui plaira, dans les Moralitez de St. Grégoire

goire confiderées en elles-mêmes, ce n'eſt point de cela que j'ai parlé : c'eſt aſſez pour moi qu'il appuie ſa Morale ſur de mauvais fondemens, & qu'il la débite d'une manière peu propre à éclairer, & à produire une perſuaſion raiſonnable. *Au reſte* (ajoûte mon Cenſeur) *il eſt aſſez ſurprenant que Mr. Barbeyrac trouve mauvais que Saint Grégoire ſe ſoit beaucoup étendu ſur la Morale, & que ſes Livres en ſoient* un des plus grands repertoires, *lui qui affecte de ſe plaindre, que dans la prétenduë nouvelle Réforme il n'y a preſque point d'Auteurs qui s'appliquent à traiter cette matiére* (a). Il eſt en vérité beaucoup plus ſurprenant, que le P. *Ceillier* aît trouvé ici la moindre apparence de contradiction, & qu'il ait allegué en preuve cela même qui devoit l'empêcher de prendre ma penſée tout de travers. Puis que j'ai blâmé tous ceux qui ont négligé d'étudier la Morale, ſans en excepter nos Auteurs mêmes ; y a-t-il quelcun d'aſſez ſtupide, pour ſe mettre dans l'eſprit, que ma critique tombe ſur la *quantité* de choſes appartenantes à la Morale, qui ſe trouvent dans les Ecrits de *St Grégoire*? C'eſt un fait, que j'ai rapporté tout ſimplement, après Mr. *Dupin*, dont je ne fais que copier les propres termes, & dont le P. *Ceillier* lui-même trouve la *critique judicieuſe*. Ce Docteur Catholique Romain devroit donc avoir le prémier *trouvé mauvais que St. Grégoire ſe ſoit beaucoup étendu ſur la Morale* &c. D'ailleurs, le *mais*, qui ſuit, ne montre-t-il pas bien clairement, que ce qu'on vient de remarquer eſt louable en ſoi, & n'annonce-t-il pas ce que l'on va trouver à redire dans ce *Repertoire*, *un des plus grands* que les Péres de l'Egliſe nous aient laiſſez, c'eſt-à-dire, qu'il n'a pas autant de juſteſſe & d'exactitude, que d'étenduë. Après une objection fondée ſur un malentendu ſi pitoiable, il ne faut pas s'étonner que mon Cenſeur n'ait pas apperçû & tâché d'éluder la conſéquence qui naît manifeſtement de tout ceci en faveur de ma théſe générale, c'eſt que les *Morales* de *St. Grégoire* étant *un des plus grands Repertoires qu'il y ait* en ce genre parmi les Ecrits des Péres ; & ce Répertoire n'étant, de l'aveu de mon Cenſeur, qu'un tas *d'Allégories*, & *d'explications trop longues, & ſouvent trop générales* : il s'enſuit, que les Péres, dont les meilleurs Livres de Morale ſont ainſi faits, ſont *de pauvres Maîtres & de mauvais guides* dans l'étude d'une Science ſi néceſſaire.

§. IX. Il y a bien d'autres choſes, en quoi le P. *Ceillier* diſpute avec moi d'une manière qui fait pitié. Il va, par exemple, chercher de toutes parts dequoi m'oppoſer des paſſages de quelques Auteurs Proteſtans, qui ou paroiſſent de même ſentiment que les Péres de l'Egliſe ſur les Articles à l'égard deſquels j'ai prétendu que ceux-ci ſont tombez dans quelque erreur, ou témoignent en général un reſpect outré pour l'Antiquité Eccléſiaſtique. Et cependant il reconnoît, ce qu'il ne ſauroit nier, que j'ai rejetté ſans façon l'Autorité de CALVIN & de BÉZE, quand il m'a paru que ces grands Hommes ne ſuivoient pas eux-mêmes les principes de la Réformation, dont ils ont été en partie les inſtrumens. N'eſt-ce pas là porter des coups en l'air, & donner lieu de croire qu'on eſt bien deſtitué de bons argumens? Il me ſeroit d'ailleurs facile de montrer, que très-ſouvent mon Cenſeur appelle à faux en garantie les Auteurs Proteſtans, qu'il cite. Mais je ne ſuis pas d'humeur de perdre mon tems à une choſe ſi inutile. Dès-là que je ſoûtiens, comme je fais par tout, le perſonnage d'un Proteſtant, qui, ſans avoir égard à aucun ſentiment particu-

(a) *Préface*, pag. 67.

lier,

lier, suit exactement les principes communs de la Réformation, reconnus de tous ceux qui se sont séparez de l'Eglise Romaine, & qu'aucun d'eux n'oseroit nier, lors même qu'il parle ou qu'il agit d'ailleurs d'une maniére qui ne s'y accorde pas ; on aura beau m'objecter les Autoritez les plus respectables & les plus respectées, tous ces traits ne feront que blanchir contre le Bouclier impénétrable de l'Autorité de l'Ecriture Sainte & de la Raison, dont je me croirai muni. Et en cela j'ai un avantage confidérable, par rapport à mon Adversaire. Car lui, qui reconnoît une Autorité infaillible, doit se soûmettre humblement à ce qu'elle a une fois décidé, quelque inintelligible, quelque absurde que lui paroisse la décision. De sorte que je puis l'accabler, en lui opposant les *Péres* mêmes, les *Papes*, les *Conciles*, ou en les mettant aux prises les uns avec les autres. Au lieu que moi, qui ne compte pour rien aucune Autorité Humaine, qu'autant qu'elle est conforme à l'Ecriture Sainte & à la Raison, je ne dois m'embarrasser en aucune maniére de répondre aux objections tirées de Livres ou de Synodes mêmes des Protestans, puis que, posé qu'elles fussent bien fondées, ces Auteurs étant dans le même principe que moi, ne se donnent point & ne peuvent se donner pour infaillibles. Je laisserai donc tout cela à part ; d'autant plus que j'ai trop de matiére pour m'étendre au delà de ce qu'il faut. Mon plus grand soin, après celui de l'exactitude, doit être ici d'abréger.

(a) *Diss. Prélimin.* pag. XXXIII.

§. X. Le P. *Ceillier* s'est flatté sur tout de me battre en ruine par l'Autorité de GROTIUS (a), sous ombre que j'ai donné de grands Eloges à cet Illustre Ecrivain. Mais ce n'est là encore qu'une Dialectique de préjugé. J'ai loué, il est vrai, & je loue encore GROTIUS, comme un des plus Grands Hommes qui aient jamais paru, & qui lui seul a eu plus de lumiéres, plus de jugement & plus d'érudition, que tous les Péres ensemble. Mais s'ensuit-il de là, que je le regarde comme infaillible ? Mon Censeur pouvoit avoir remarqué, dans l'Ouvrage même de PUFENDORF, à la tête duquel est la Préface attaquée, que je n'étois pas toûjours du sentiment de GROTIUS. Et il s'en fera depuis pleinement convaincu, s'il a daigné jetter les yeux sur les Notes qui accompagnent ma Traduction du *Droit de la Guerre & de la Paix*, c'est-à-dire d'un des plus excellens Ouvrages de cet Auteur. Il y peut voir en particulier, que je ne l'ai pas épargné (b) sur la trop haute opinion qu'il avoit des Péres. Et j'ose dire, que c'est la source des Erreurs les plus considérables, auxquelles il s'est laissé entraîner.

(b) *Diss. Prélimin. du Droit de la Guerre, & de la Paix*, §. 52. Not. 2, 3.

(c) *Dissert. Prélim.* pag. VII.

§. XI. La prévention aveugle si fort mon Antagoniste, qu'il en vient à me reprocher, prémiérement, la briéveté de ce que j'ai dit sur l'Article des Péres, & puis le soin que j'ai eu de me munir de l'approbation de divers Auteurs de toute Communion, qui ont remarqué les défauts de la Morale & des raisonnemens de ces anciens Docteurs de l'Eglise. Je n'ai fait, dit-il (c), *qu'un petit Ecrit*. Falloit-il donc, que dans une Préface fort longue d'ailleurs, & au devant d'un Ouvrage en deux assez gros volumes, je m'étendisse beaucoup sur un sujet qui ne faisoit qu'une très-petite partie du vaste plan que j'avois embrassé, & dont je fus même obligé de retrancher quelque chose ? Si j'avois eu la démangeaison de faire un gros Livre, comme le P. *Ceillier* ; rien n'auroit été plus facile. Je n'avois qu'à prendre par-ci par-là, dans les Péres,

des

des exemples particuliers de ce que je n'ai pû indiquer qu'en général, copier les paſſages, & y ajoûter les réflexions néceſſaires. De cette maniére, il peut être aſſûré, qu'un Volume *in folio* ne me coûteroit pas beaucoup. Mais on voit aſſez, que mon *petit Ecrit* n'a été que trop long, au gré de l'Apologiſte des Péres, puis qu'après avoir mis au jour contre moi un Livre *in quarto* de plus de cinq cens pages, il a encore laiſſé bien des choſes ſans y répondre, & entr'autres ce que j'ai dit aſſez au long ſur le ſophiſme tiré de ce que *les Propagateurs de la Religion Chrétienne devoient être des gens véritablement pieux & éclairez.*

§. XII. L'AUTRE reproche eſt encore plus ridicule. *J'ai* (a) *pillé*, dit-il, *dans le Traité de* DAILLE' De l'uſage des Péres, *& dans la* BIBLIOTHE'QUE UNIVERSELLE, *preſque tout ce que j'ai dit des Péres.* Pourquoi ne parle-t-il pas de Mr. l'Abbé DUPIN, que je cite auſſi ſouvent, & preſque toûjours en propres termes ? Que n'y joignoit-il encore USSERIUS, Mr. BAYLE, Mr. BERNARD, Mr. CLAUDE, Mr. LA PLACETTE, Mr. BUDDEUS, Mr. NOODT, Mr. l'Abbé FLEURY, Mr. GRABE, Mr. LA CROZE, & autres que je cite, les uns plus, les autres moins ? Mais d'où vient qu'il n'a pas trouvé bon de rapporter auſſi ce que j'ai déclaré moi-même (b), *que j'avois choiſi tout exprès des exemples qui ont été déja produits, & qui ſe trouvent remarquez dans des Livres très-communs ?* Eſt-ce là *piller* ? A ce compte, on peut dire, & avec beaucoup plus de raiſon, que le P. *Ceillier* a *pillé* tout ſon gros Livre. Car, outre qu'en général il ne fait que repeter ce que tant d'autres avoient dit avant lui, il y a bien des endroits où je m'engagerois, ſi cela en valloit la peine, de lui montrer, jeu ſur table, qu'il a *pillé* au pié de la lettre des Auteurs dont il ne fait aucune mention.

(a) *Ubi ſupra.*

(b) *Préfact.* §. X. p. LXII.

§. XIII. MAIS voici un crime atroce, & qui crie vengeance au Ciel. J'ai (c) *dit des injures groſſiéres*, à ces anciens Docteurs de l'Egliſe, (d) *qui ſont dignes d'être écoutez avec autant de déférence, que l'Ecriture Sainte,* comme étant les *Dépoſitaires de la Tradition.* Quelles ſont ces injures ? J'ai dit, *Qu'il eſt ridicule de crier que tout eſt perdu, ſi l'on n'a pas une grande vénération pour les Péres, & ſi l'on dit d'eux ſans façon le bien & le mal: Que les diviſions qu'ont produit dans l'Egliſe leur ignorance, leurs paſſions, & leurs vaines ſubtilitez, ne ſervent pas peu à nous aſſûrer qu'il ne s'eſt pas gliſſé dans l'Ecriture Sainte de corruption conſidérable, puis que le parti oppoſé n'auroit pas manqué de le reprocher à l'autre: Que les Péres ſont preſque tous tombez, au ſujet de la Morale, dans des erreurs fort groſſiéres: Que les plus célebres Docteurs des ſix prémiers Siécles de l'Egliſe, ſont de mauvais Maîtres & de pauvres Guides en matière de Morale: Qu'il y a des Ouvrages entiers, qui ne ſont qu'un tiſſu perpétuel de pauvretez, comme, par exemple, le Commentaire de* St. AUGUSTIN *ſur les* PSEAUMES: *Que c'eſt un reſte viſible de Papiſme, dans quelques Proteſtans, de prendre avec chaleur le parti des Péres, & de vouloir, à quelque prix que ce ſoit, impoſer aux autres le même joug.* Si ce ſont-là des *injures*, le P. *Ceillier* en dit auſſi aux Péres: car, comme il paroît par l'échantillon que j'en ai donné ci-deſſus, & comme il paroîtra par toute ma Défenſe, il avoue une bonne partie de ce que je leur ai reproché, & il ſe ſauve, pour le reſte, à la faveur de ſon grand Princpe, que les Péres, comme Dépoſitaires de la Tradition, ſont dignes d'être écoutez avec autant de déférence que l'Ecri-

(c) *Diſſert. Prélim.* pag. VII, & ſuiv.

(d) *Ibid.* pag. XXXIV.

l'Ecriture. Mais c'eſt cela même qui eſt en queſtion entre nous : & ainſi, juſqu'à ce que le P. *Ceillier* m'aît convaincu de la fauſſeté de ce que j'ai dit au deſavantge des Péres, il ne ſauroit raiſonnablement traiter cela *d'injures*, moins encore *d'injures groſſiéres*. Je puis me tromper : mais pendant que je ſuis dans cette perſuaſion, que les Péres n'étoient nullement infaillibles, ni exempts de Paſſions, ni fort éclairez ſur bien des choſes, ni d'un eſprit fort juſte, ni d'une conduite ſans reproche, & que je crois l'avoir prouvé clairement par un grand nombre d'exemples tirez de leurs Ecrits, & de faits atteſtez par toute l'Hiſtoire Eccléſiaſtique ; veut-on que je les éléve juſqu'au troiſiéme Ciel, que je les donne pour des modelles parfaits de Savoir, de Jugement, & de Vertu ? Sur ce pié-là, un Hiſtorien, qui, après une recherche exacte de la vérité des faits, *dit le bien & le mal* de ceux dont il parle, pourra être accuſé de leur dire des injures. J'avouë, que bien des gens voudroient que les Hiſtoires des Anciens ou Modernes, qu'ils eſtiment, ſur tout celles des Eccléſiaſtiques, ne fuſſent que des Panégyriques pompeux. Mais ce n'en eſt pas moins une loi inviolable de l'Hiſtoire, de rapporter fidélement les erreurs & les fautes des plus grands Hommes & des plus grands Saints. C'eſt la méthode, que les Ecrivains Sacrez ont tenuë. Je ne me répens point de l'avoir ſuivie, en donnant l'Hiſtoire de la Morale, tant à l'égard des Auteurs Chrétiens, qu'à l'égard des Auteurs Païens.

(a) *Préface,* §. X. pag. LI.

§. XIV. Je m'étonne que mon Cenſeur aît ſupprimé ce que j'avois dit à la ſuite du dernier paſſage de ceux que je viens de copier après lui : (a) *Ils ne peuvent ſouffrir, qu'on témoigne avoir des Péres une idée moins relevée, que celle qu'ils s'en ſont faite eux-mêmes, & ſe déchaînent contre des Vivans, pour venger des Morts, à la mémoire deſquels on ne fait d'autre injure, que celle de ne pas admirer aveuglément leurs fauſſes penſées & leur mauvaiſe conduite*. Mais il a peut-être ſenti, que c'étoit là ſon portrait, tiré d'avance. Il ſe déchaîne contre moi en vrai Miſſionaire, qui veut cependant ſe faire honneur d'une apparence d'honnêteté. Les reproches *d'ignorance*, de *mauvaiſe foi*, de *cœur gâté* &c. coulent de ſa plume à tout bout de champ. Il ſe pique, à la fin de ſon Ouvrage, *d'être demeuré dans les termes de la modération la plus ſcrupuleuſe*. Il déclare, que, *s'il lui étoit échappé des termes trop aigres, il les deſavouë très-ſincerement*. Cependant, dans ſon Epître Dédicatoire, qui a été apparemment compoſée & imprimée la derniére, il m'appelle un *nouveau Docteur d'iniquité*: il dit, que *je me donne bien des mouvemens pour inſpirer aux Cantons Suiſſes, un mépris* SACRILEGE *pour les Saints Péres* &c. C'eſt ainſi que ces Saints Péres, qu'il égale à l'Ecriture, ou plûtôt qu'il met effectivement au deſſus d'elle, vantoient leur modération, après avoir vomi des torrens d'injures contre ceux qui n'étoient pas en tout de leur ſentiment, & dont ils outroient ou déguiſoient les Opinions, pour les rendre plus odieuſes. Mais des gens, qui, comme fait ſans détour le P. *Ceillier*, s'attribuent le droit de perſécuter ceux qu'ils flétriſſent à leur gré du nom *d'Hérétiques*, peuvent ſe diſpenſer d'affecter même quelque modération envers eux dans les Diſputes. Quand on en eſt quitte pour des injures, de la part d'un homme qui croit pouvoir & devoir nous enlever nos biens & nos vies, on doit s'eſtimer heureux, & lui en tenir compte ; ſauf toûjours à ſe bien donner de garde de tomber entre

ſes

ſes pattes. Pour moi, ſans m'engager à rien, & ſans me piquer d'une modération, dont le P. *Ceillier* me diſpenſeroit, de la maniére qu'il s'y eſt pris, je laiſſe aux Lecteurs équitables à juger, ſi je me ſerai tenu dans les juſtes bornes de ce que demandoit la nature même de ma Défenſe. Si j'avois ſenti quelque émotion, à la prémiére Lecture du Livre de mon Cenſeur, dequoi aſſûrément je ne me ſuis point apperçû ; pluſieurs années, écoulées depuis, m'auroient laiſſé du tems de reſte, pour me mettre dans cette ſituation tranquille que demande une Diſpute, où l'on ne ſe propoſe que de défendre la Vérité.

CHAPITRE II.

Sur ce que l'on a dit de JUSTIN, Martyr.

§. I. POUR garder l'ordre des tems, je vais commencer par JUSTIN, *Martyr*, & par SAINT IRENE'E, dont le P. *Ceillier* ne traite que dans les deux derniers Chapitres de ſon *Apologie*. Il eſt vrai, que, dans ma Préface même, ATHE'NAGORAS paroît le prémier ſur la ſcène. Mais c'eſt qu'alors il ne s'étoit rien préſenté à moi, touchant les deux prémiers Péres, qui eût du rapport à la Morale, dont je traitois. J'eus enſuite occaſion de rapporter des exemples de leurs erreurs & de leurs faux raiſonnemens, dans la Seconde Edition, où je fus obligé d'ajoûter un long paragraphe, qui rendoit la queſtion plus générale. A préſent qu'il s'agit de défendre tout cela contre les attaques de mon Cenſeur, il faut remettre les choſes dans leur ordre naturel. Cependant, pour l'uniformité, je joindrai ici de nouveaux exemples, tirez de la Morale de ces deux Péres, les plus anciens dont il nous reſte des Ecrits de quelque étenduë ; & je ne crois pas que le P. *Ceillier* trouve ces paſſages ni dans le Livre de DAILLE', ni dans la BIBLIOTHE'QUE UNIVERSELLE.

§. II. JE n'avois dit (a) que deux choſes, touchant JUSTIN, *Martyr*. Le P. *Ceillier* n'a pû nier, ni l'une, ni l'autre. Voici comme il parle ſur le prémier article. (b) *Il eſt vrai*, dit-il, *que la plûpart des prémiers Péres de l'Egliſe, imbus d'une mauvaiſe Philoſophie, ont été dans l'erreur, au ſujet du commerce des mauvais Anges avec les Femmes. Ils vivoient dans un tems où l'on croyoit aſſez communément que les Anges bons & mauvais étoient corporels, & par conſequent ſujets aux mêmes paſſions que nous, leur état n'étant pas encore fixé, au moins ſelon l'opinion de* Lactance, *& de quelques anciens. Ce ſentiment leur paroiſſoit d'ailleurs favoriſé, & même établi dans les Livres Saints, & d'autres, qui avoient aſſez de credit de leur tems, tel qu'étoit celui* d'Hénoch, *cité dans l'Apôtre St. Jude. En effet, au lieu que nous liſons aujourdhui dans le Chap.* VI. *de la Geneſe, verſ.* 2. *que les Enfans de Dieu voyant que les Filles des Hommes étoient belles, prirent pour leurs Femmes celles d'entr'elles qui leur avoient plûës ; on liſoit dans pluſieurs exemplaires des Septante dont les anciens ſe ſervoient, les Anges voyant les*

(a) *Préface,* §. X. pag. LX.

(b) *Apologie,* pag. 452.

Filles

Filles des Hommes &c..... *C'eſt dans le Livre d'Enoch, ſelon la remarque*
(a) *de* Fabricius, *que les Péres avoient puiſé ce qu'ils ont débité touchant le mariage des Anges & des Filles des Hommes. Mais, dans la ſuite des tems, les Péres, après avoir mieux examiné & connu la nature des Anges, qui ſont tout ſpirituels, ont ſoûtenu avec raiſon, que les Eſprits n'étoient capables d'aucune paſſion pour les Femmes, & que par les* Enfans *& les* Anges de Dieu, *dont il eſt parlé dans l'Ecriture, on doit entendre les* Filles des Hommes, *celles de la race de* Caïn &c. (b)

(a) *Cod. Apocryph.* N. T. pag. 179.

(b) *Chryſoſt.* in Gen. *Homil.* XXII. *Auguſtin.* De C. Dei, Lib. XV. Cap. 23.

§. III. Voila donc, de l'aveu de l'Apologiſte des Péres, *la plûpart* de ceux des prémiers Siécles (il devoit dire, *tous* ceux dont (1) nous avons les Ecrits, & qui ont eu occaſion de parler de ceci) parfaitement d'accord entr'eux, ſur une erreur groſſiére, à cauſe d'une *mauvaiſe Philoſophie*, dont ils étoient imbus, & par crédulité pour des *Livres Apocryphes*, ou dans la fauſſe ſuppoſition que la Verſion des *Septante Interprétes* étoit inſpirée. Que le P. Ceillier nous vienne, après cela, donner le *conſentement des Péres* pour une marque ſûre de la Tradition, dont ils étoient les *Dépoſitaires*. S'ils ont pû ſe tromper ſi groſſiérement en matiére de tels ſujets, quel fonds pouvons-nous faire ſur leur conſentement le plus unanime, en fait d'autres choſes où ils ont été pour le moins auſſi expoſez aux égaremens d'une fauſſe Critique, & d'une mauvaiſe Philoſophie ? Cet exemple ſeul de (2) *l'inſpiration des* Septante, qui a été cruë généralement avant St. Jerome, a tant d'influence ſur une infinité d'erreurs, qui devoient en réſulter naturellement, qu'il ſuffit pour renverſer de fond en comble toute l'Autorité des Péres, & de la Tradition, qu'on oſe égaler à l'Ecriture. J'aurai occaſion, ſur l'article (c) de St. Augustin, de rapporter un principe de Morale, le plus faux & le plus pernicieux qui ait jamais été inventé, appuié par ce Pére ſur une addition de cette Verſion Gréque, entenduë même autrement qu'il ne faut, & que d'autres Péres l'ont expliquée.

(c) *Chap.* XVI. §. 13, *& ſuiv.*

§. IV. L'autre choſe, que j'avois notée, c'eſt que Justin, *Martyr, trouve la* Croix *dans les Antennes & les Mâts des Vaiſſeaux, dans les Charuës, dans les Hoiaux &c. Le P. Ceillier répond: (d) Pour ce qui eſt de la Croix, que Saint Juſtin affecte de remarquer par tout ; quel mal y a-t-il qu'un homme, qui veut perſuader que ce ſigne ſalutaire ne doit pas être en horreur, ni un ſujet de ſcandale, diſe à ceux à qui il écrit, qu'ils ſe ſervent de cet inſtrument dans un grand nombre de rencontres ?* Mais l'horreur & le ſcandale de ce ſigne ſalutaire ne venoit pas de la figure même de la *Croix.* Si on avoit fait mourir Nôtre Seigneur de quelque autre genre de ſupplice auſſi ignominieux, l'horreur & le ſcandale auroient été les mêmes, quoi que l'inſtrument du Supplice fût différent. C'étoit donc l'ignominie ſeule, attachée à la Crucifixion, ou plûtôt la cauſe de cette ignominie,

(d) *Pag.* 453.

(1) Voiez, outre les Auteurs, que j'ai indiquez en marge, dans ma Préface, les Notes des Interprétes, ſur la II. *Apologie de Juſtin*, (mal regardée comme la I.) Cap. VI. pag. II. *Ed. Oxon.* & la Diſſertation de Mr. Whitby, *De S. Scriptur. Interpretat. ſecundum Patrum Comment.* pag. 5, *& ſeqq.*

(2) Voiez Humfred. Hody, *De Bibl. Text. Original.* Lib. III.

(3) Κατανοήσατε γὰρ πάντα τὰ ἐν τῷ κόσμῳ, εἰ ἄνευ τȣ̂ σχήματος τȣ́τȣ διοικεῖται, ἢ κοινωνίαν ἔχειν δύναται. Θάλασσα μὲν γὰρ ȣ̓ τέμνεται, ἢν μὴ τȣ̂το τὸ τρόπαιον, ὃ καλεῖται ἱσίον, ἐν τῇ νηῒ σῶον μείνῃ. Γῆς δὲ ȣ̓κ ἀρȣ́ται ἄνευ τȣ́τȣ. Σκαπανεῖς δὲ τὴν ἐργασίαν ȣ̓ ποιȣ̂νται, ȣ̓δὲ Βαναυσȣργοὶ ὁμοίως, εἰ μὴ διὰ τῶν τὸ σχῆμα τȣ̂το ἐχόντων ἐργαλείων. Τὸ δὲ ἀνθρώπειον σχῆμα ȣ̓δενὶ ἄλλῳ τῶν ἀλόγων ζώων διαφέρει, ἢ

minie, c'eſt-à-dire, la condamnation à mort, décernée contre JESUS-CHRIST, comme digne du Supplice; qui faiſoit la matiére des reproches & des railleries du Paganiſme. Auſſi *Juſtin*, pour lever le ſcandale, s'attache-t-il à (a) prouver, que cela avoit été prédit par les Prophétes. Mais, au lieu de s'en tenir à l'eſſentiel, & d'alleguer là-deſſus de bonnes preuves, il s'arrête à des circonſtances peu importantes, comme eſt celle de la figure de la Croix. Et la lettre ne lui fourniſſant ici rien, il ſe jette ſur les types & les Symboles. (3) *Conſiderez*, dit-il, *que rien ne ſe fait en ce Monde, ſans cette figure* (de la Croix,) *& qu'il ne peut y avoir entre les Hommes aucun commerce ſans elle.* Après en avoir donné pour exemple les Antennes & les Mâts des Vaiſſeaux, les Charues, les Hoiaux, les Inſtrumens des Artiſans; il ajoûte, que *ce qui diſtingue le plus les Hommes d'avec les Bêtes, par rapport à la figure, c'eſt* (4) *qu'étant droits, ils peuvent étendre leurs mains, & qu'ils portent ſur leur viſage un Nez, par où ils reſpirent, étendu vers le front des deux côtez, ce qui repréſente la Croix. Et c'eſt ainſi que le Prophéte a dit:* L'Eſprit au devant de notre face, le Chriſt, le Seigneur. Ces derniéres paroles ſont tirées du Livre des *Lamentations de* JÉRÉMIE, *Chap.* IV. *verſ.* 20. & il y a dans l'Hébreu: *L'eſprit de nos narines*, (ou de nôtre viſage, car le mot de l'Original eſt équivoque) *l'Oint du Seigneur, a été pris dans leurs foſſes*. Il s'agit là d'un Roi vaincu qui eſt ou *Joſias*, ou *S. décias*, comme le remarque (b) GROTIUS. Je ne ſai ſi *Juſtin* avoit lû dans ſon exemplaire de la Verſion des Septante, de la maniére qu'il cite, ou s'il avoit changé les termes dans ſa mémoire; car aujourdhuî il y a ſimplement, *l'Eſprit de nôtre face* &c. ce qui ne ſignifie autre choſe, ſi ce n'eſt que le Roi, dont il s'agit, étoit comme l'ame de ſon Peuple. Mais *Juſtin* y trouve bien plus de myſtére. *L'eſprit au devant de la face*, c'eſt, ſelon lui, le *Nez*, par lequel on *reſpire*: or le *Nez* a la figure d'une *Croix*: voilà la Croix bien clairement prouvée par les Prophetes. Que devoient dire les Empereurs, auxquels il s'addreſſoit, d'une preuve ſi convaincante? Et de celle qu'il ajoûte, tirée des *Etendars* & des *Trophées*, portez devant les Empereurs, ou élevez en leur honneur après leur mort? Mais il faut avouer, qu'il n'eſt pas le ſeul qui aît ainſi trouvé la Croix dans des paſſages du Vieux Teſtament, où il eſt auſſi difficile de la découvrir, que dans celui qu'on vient de voir. Pluſieurs autres Péres en ont uſé de même. On n'a qu'à conſulter les échantillons, que Mr. (c) WHITBY en a donnez.

§. V. PASSONS à de nouvelles remarques, qui feront plus à nôtre ſujet principal. Les paroles de (d) Nôtre Seigneur, où il ſemble défendre abſolument de jurer, ont été un écueil dans lequel pluſieurs Péres ont donné, comme nous le verrons ailleurs, faute de faire attention à la ſuite du diſcours, qui ſeule auroit dû les obliger à reſtreindre convenablement la généralité des termes.

(a) *Apolog.* II. (ou plûtôt I.) pag. 68, & ſeq. Ed. Sylb.

(b) *Adnot. in h. l.*

(c) *Diſſ. de Scrip. Interpr.* pag. 8, & ſeq. pag. 60. pag. 62, & ſeq. pag. 71, & alib.
(d) *Matth.* V, 34.

τῷ ὀρθόν τι εἶναι, καὶ ἔκτασιν χειρῶν ἔχειν, καὶ ἐν τῷ προσώπῳ ἀπὸ τοῦ μετωπίου τεταμένον τὸν λεγόμενον μυξωτῆρα φέρειν, δι᾽ οὗ ἥτε ἀναπνοή ἐστι τῷ ζώῳ, καὶ οὐδὲν ἄλλο δείκνυσιν ἢ τὸ σχῆμα τοῦ σαυροῦ. καὶ διὰ τοῦ Προφήτου δὲ ἐλέχθη ὕτως, Πνεῦμα πρὸ προσώπου ἡμῶν, Χριστὸς Κύριος. Apolog. I. (vulgo II.) pag. 70, 71. *Ed. Sylburg.*

(4) Pluſieurs autres Péres ont employé ces belles idées, & entr'autres MINUTIUS FELIX, qui en conclut, que le ſigne de la Croix ou eſt naturel, ou entre dans la Religion même des Paiens: *Ita ſigno Crucis aut ratio naturalis innititur, aut veſtra Religio formatur.* Apologet. Cap. XXIX. Voiez là-deſſus la Note de Mr. DAVIES.

mes. Il est difficile de ne pas croire, que *Justin*, qui a si mal entendu d'autres passages infiniment plus clairs, ne se soit pas trompé dans celui-ci, quand on voit de quelle manière il s'exprime, (1) JESUS CHRIST (dit-il) *nous a commandé de ne point jurer du tout, & de dire toûjours la vérité* ; Ne jurez point du tout, mais que vôtre *Oui* soit *oui* &c. Les *Paiens*, à qui il parloit, ne pouvoient guéres entendre autrement la régle, proposée ainsi sans aucune restriction ni explication. Il demeure, du moins, douteux, par rapport à nous, si ce Pére croioit qu'on pût jurer quelquefois ; car il ne s'en explique ailleurs nulle part. Ainsi son autorité, supposé qu'elle fût de quelque poids par elle-même, ne nous serviroit de rien sur cet article ; & il n'y auroit pas moien de satisfaire un *Anabaptiste*, qui voudroit s'en prévaloir.

§. VI. DANS un autre endroit de cette Apologie, après avoir dit que les Chrétiens ou ne se marioient que pour avoir & élever des Enfans, ou vivoient dans une Continence perpétuelle, il ajoûte (2): „Un de nos Jeu-
„ nes Hommes s'est même résolu, pour vous persuader que nous n'avons pas
„ en secret ces commerces pêle-mêle dont on nous accuse, de présenter re-
„ quête à *Felix*, Gouverneur d'*Aléxandrie*, pour qu'il voulût bien permettre
„ à un Médecin (ou Chirurgien) de lui faire une opération qui le rendît Eu-
„ nuque ; les Médecins lui aiant dit, que cela ne leur étoit pas permis sans
„ une telle permission. Mais *Felix* aiant absolument refusé d'accorder la Re-
„ quête, le Jeune Homme, demeurant comme il étoit, se contenta du té-
„ moignage de sa conscience, & de celle des autres personnes de sa Religion.
Voilà un fait singulier, qui donne lieu à une question de Morale, dont l'importance paroîtra ci-dessous par la maniére dont *Origéne* pratiqua actuellement ce dont le Jeune Homme d'*Alexandrie* ne put obtenir permission. J'avouë, que la seule exposition de ce fait pouvoit suffire par rapport au but de dissiper la calomnie des *Paiens*. Mais *Justin* ne devoit-il pas du moins insinuer, qu'il n'appouvoit pas l'action en elle-même, au lieu d'en parler d'une manière qui semble plûtôt emporter une entiére approbation ? Seroit-il fort surprenant, qu'il eût pris à la lettre les paroles de Nôtre Seigneur, dont la fausse interpretation coûta depuis si cher à un des Péres qui a eu le plus de Savoir & de Critique ?

§. VII. CE qui peut confirmer un tel soupçon, c'est que *Justin* paroît avoir eu, sur le Célibat & la Continence, des idées fort outrées, telles qu'en ont eues plusieurs Péres des prémiers Siécles, dont (a) nous parlerons plus bas, & qui leur faisoient regarder le Mariage comme aiant par lui-même quelque chose d'impur. Un long Fragment du Traité *De la Resurrection*, que feu Mr. GRABE, grand Admirateur des Péres, n'a pas manqué d'inserer dans
son

(a) *Chap.* IV.
§. 6, & *suiv.*

(1) Περὶ δὲ τ̃ μὴ ὀμνύειν ὅλως, παλιν δὲ λέγειν ἀεὶ, ὅτως παρεκελεύσατο. Μὴ ὀμόσητε ὅλως &c. pag. 49. Ed. Sylb.

(2) Καὶ ἤδη τις τῶν ἡμετέρων, ὑπὲρ τ̃ πεῖσαι ὑμᾶς ὅτι οὐκ ἔστιν ἡμῖν μυστήριον ἡ ἀνέδην μίξις, βιβλίδιον ἡ ἀνέδωκεν ἐν Ἀλεξανδρείᾳ Φίληκι ἡγεμονεύοντι, ἀξιῶν ἐπιτρέψαι ἰατρῷ τοὺς διδύμους αὐτ̃ ἀφελεῖν· ἄνευ γὰρ τ̃ τ̃ Ἡγεμόνος ἐπιτροπῆς

τ̃το πράττειν ἀπειρῆσθαι οἱ ἐκεῖ ἰατροὶ ἔλεγον· καὶ μηδ᾽ ὅλως βουληθέντος Φίληκος ὑπογράψαι, ἐφ᾽ ἑαυτ̃ μείνας ὁ νεανίσκος, ἠρκέσθη τῇ ἑαυτ̃ καὶ τῶν ὁμογνωμόνων συνειδήσει. pag. 55.

(3) Ἄλλαι κ̃ μὴ στεῖραι μὲν ἐξ ἀρχῆς, παρθενεύονται δὲ, κατῄρνησαν τὴν συνουσίαν. ἔπειτ᾽ δὲ καὶ ἀπὸ χρόνου. Ἄρρενας μὲν τοὺς μὲν ἀπ᾽ ἀρχῆς παρθενεύοντας ὁρῶμεν, τοὺς δὲ ἀπὸ χρόνου
ὥστε

son Recueil, contient des choses, auxquelles il est bien difficile de donner un autre sens. *Justin* s'étant proposé l'objection tirée de ce que, si les Corps entiers ressuscitoient, tous les Membres exerceroient les mêmes fonctions qu'icibas, & par conséquent celles de la Génération ; répond là-dessus, qu'il n'est pas nécessaire que chaque Membre fasse les fonctions auxquelles il est naturellement propre : & il le prouve, entr'autres raisons, (3) *parce qu'il y a* (dit-il) *des Femmes, qui n'étant pas d'abord stériles, sont demeurées Vierges, & se sont abstenuës de tout commerce charnel : d'autres, qui s'en sont abstenuës, depuis un certain tems. Il y a aussi des Hommes, qu'on voit garder la Continence dès le commencement ; & d'autres, depuis un tems, en sorte qu'ils renoncent à* l'USAGE ILLÉGITIME DU MARIAGE, *par lequel on satisfait le désir de la Chair* ; c'est-à-dire, qu'ils vivent dans le Mariage comme s'ils n'étoient pas mariez. Voilà nôtre Martyr, qui, pour relever le mérite d'une Continence purement volontaire, traite d'*illégitime* l'usage du Mariage le plus légitime. Le nouvel Editeur de ce Fragment se tourmente en vain (a) pour adoucir le sens du terme de l'original, qui, étant appliqué aux choses, ne signifie jamais que *contraire à la Loi*, ou *injuste, criminel*. Il voudroit lui faire signifier ici *indifférent*, ou qui n'est prescrit par aucune Loi : mais il n'en apporte aucun exemple. Et ce qui ne laisse aucun lieu à de telles conjectures, c'est que *Justin* emploie peu après, par deux fois, le même terme, & sur le même sujet, d'une manière qui ne sauroit être prise en bonne part. Il dit, (4) Que, *si Nôtre Seigneur* JESUS-CHRIST *est né d'une Vierge, ce n'est pas pour autre raison, que pour abolir la génération qui se fait par un désir* ILLÉGITIME, *& pour montrer que* DIEU *peut former un Homme sans aucun commerce charnel. . . .* ; Que, *si la Chair ici-bas est privée du Boire, du Manger, & des Vêtemens, elle périra ; mais qu'elle ne souffrira point de mal, si elle est privée du commerce charnel* ILLÉGITIME (5). Il venoit de remarquer, que c'est *le seul des désirs de la Chair, que Nôtre Seigneur s'est abstenu de satisfaire.* Je laisse aux Théologiens à examiner, si la raison que ce Pére donne de ce que Nôtre Seigneur a du naître d'une Vierge, seroit la *seule*, supposé qu'elle fût vraie. Mais, à la considerer en elle-même, & de la manière que *Justin* l'exprime, ne diroit-on pas, que, selon lui, DIEU s'est proposé, dans cette circonstance de la naissance de son Fils, de détourner les Chrétiens du Mariage, comme n'étant point conforme à la sainteté du Christianisme ? Mr. GRABE a reconnu, que ces expressions dures, & autres semblables, donnèrent lieu depuis à Tatien, Disciple de *Justin*, de traiter nettement le *Mariage de débauche* & *de fornication* réelle. De tels Ecrivains sont-ils donc plus clairs, que l'Ecriture, comme le prétend leur Apologiste ?

§. VIII.

ὅτι δὲ λοιπὸν καταλύεσθαι τὸν δι' ἐπιθυμίας ἈΝΟΜΟΝ γάμον. Spicileg. Tom. II. pag. 180. Ce Fragment conservé dans les *Paralléles* de JEAN de Damas, avoit été publié par HALLOIX, Tom. II. dans sa Vie de JUSTIN, Martyr. Mr. GRABE fait voir assez vraisemblablement, que le Traité *de la Resurrection*, d'où il est tiré, étoit une partie des Discours de *Justin* contre MARCION.

(a) *Spicileg. Partium*, Tom. II. pag. 247, 248.

(4) Καὶ ὁ Κύριος δὲ ἡμῶν Ἰησοῦς Χριστὸς, δι' ἄλλο τι ἐκ παρθένου ἐπέχθη, ἀλλ' ἵνα καταργήσῃ γέννησιν ἐπιθυμίας ἈΝΟΜΟΥ, καὶ δείξῃ ὅτι καὶ δίχα συνουσίας ἀνθρωπίνης δυνατὸν εἶναι τῷ Θεῷ τὴν ἀνθρώπου πλάσιν. Ibid. pag. 180, 181.

(5) Τροφῆς μὲν γὰρ, καὶ πότε, καὶ ἐνδυμάτων ὑστερουμένη σὰρξ, καὶ διαφθαρείη ἂν· συνουσίας δὲ ὑστερουμένη ἈΝΟΜΟΥ, οὐδὲν ἔτι πάσχει κακόν. Ibid.

§. VIII. JUSTIN parle, en (1) deux endroits différens, de ceux d'entre les *Chrétiens* qui se dénonçoient & s'alloient eux-mêmes offrir au Martyre: mais bien loin de donner aucun indice qu'il desapprouve ce zéle outré, on peut inferer, qu'il l'approuve, de ce qu'il dit dans un de ces passages. Il se propose cette objection: (2) *On nous dira peut-être; Puis que vous voulez tant mourir, pour aller à* DIEU, *tuez-vous tous vous-mêmes, & ne donnez plus d'occupation à nos Tribunaux.* Les Interprêtes n'ont pas manqué de citer ici un mot, que TERTULLIEN (a) rapporte, d'un Proconsul d'*Asie*, qui, las de condamner à mort les *Chrétiens* d'une Ville de sa Province, qui venoient en foule se déclarer à lui ce qu'ils étoient; après en avoir envoié quelques-uns au supplice, dit aux autres: *Hé! malheureux! si vous voulez tant mourir, n'avez-vous pas des Précipices, ou des Cordes?* Que répond *Justin* à un tel raisonnement? Il ne nie point le fait, ni ne blâme l'action: il se contente de nier la conséquence. *La raison* (dit-il) *pourquoi nous ne nous donnons pas la mort à nous-mêmes, c'est que nous avons appris que* DIEU *n'a pas créé le Monde en vain, mais pour l'amour du Genre Humain; & que, comme nous l'avons dit ci-dessus, il se plaît, d'un côté, à ceux qui imitent ses perfections, &, de l'autre, il hait ceux qui s'adonnent au mal ou en paroles, ou en actions. Si donc nous nous donnions tous la mort à nous-mêmes, nous serions cause, qu'il ne nâquit pas des personnes, qui pourroient être instruites de la Doctrine divine, & même, entant qu'en nous est, que le Genre Humain ne subsistât plus; en quoi nous agirions contre la volonté de* DIEU. On peut inferer de là, que *Justin* ne regarderoit pas un Chrétien comme véritablement cause de sa mort, lors que, par un désir mal reglé du Martyre, il s'y va offrir de lui-même. Nous traiterons amplement cette matiere, sur l'article de (b) ST. CYPRIEN.

(a) *Ad Scapul. Cap. ult.*

(b) *Chap. VIII. §. 34, & suiv.*

§. IX. UN (c) Auteur Moderne, qui n'a pas pris garde à la vraie matiére de critique que ce passage fournit, y en trouve d'autres, qui ne me paroissent pas tout-à-fait bien fondées: Il dit qu'il y a là une pétition de principe, en ce que *Justin* pose en fait ce dont les *Paiens* ne convenoient pas, savoir, *que les Chrétiens imitassent* DIEU, *& qu'ils ne s'adonnassent au mal ni en paroles, ni en actions.* Mais on peut dire, que ce Pere parle de la nature de la Religion Chrétienne, & de la conduite des Chrétiens qui vivent selon ses Maximes, lesquelles il montre ailleurs ne tendre qu'à la Piété & à la Vertu. On prétend encore, que les paroles, dont il s'agit, renferment une conséquence cachée, qui seroit bien dangereuse, c'est que, selon le principe de *Justin*, les Méchans, & tous ceux qui ne croient pas à la Révélation, pourroient sans crime se donner

(c) *Observ. Hall. Tom II. Obs. VII, § 16.*

---

(1) Voici l'un de ces endroits; où il représente le mépris que les *Chrétiens* avoient pour la Vie: Τίς γ̓... ὐκ ἐκ παντὸς ζῆν μὲν ἀεὶ τὴν ἐυθάδε βιοτὴν, ᾗ λανθάνειν τοὺς ἄρχοντας ἐπειρᾶτο· ἐξ ὅτι γε ἑαυτὸν κατήγγελλε φονευθησόμενος; Apolog. II. (vulg. I.) Cap. XII. pag. 31. Ed. Oxon.

(2) Ὅπως δὲ μή τις εἴπη Πάντες ὖν ἑαυτοὺς φονεύσαντες, πορεύεσθε ἤδη παρὰ τὸν Θεὸν, καὶ ἡμῖν πράγματα μὴ παρέχετε· ἐρῶ δὲ ἐν' αἰτίαν τῦτο ὖ πράττομεν..... Ὀυκ εἰκῇ τὸν κόσμον πεποιηκέναι τὸν Θεὸν δεδιδάγμεθα, ἀλλ' ἢ διὰ τὸ ἀνθρώπειον γένος· χαίρειν τε τοῖς τὰ προσόντα αὐτῷ μιμουμένοις προσέφημεν, ἀπαρέσκεσθαι δὲ τοῖς τὰ φαῦλα ἀσπαζομένοις, ἢ λόγῳ, ἢ ἔργῳ. Εἰ δὲ πάντες ἑαυτοὺς φονεύσομεν, τῦ μὴ γεννηθῆναί τινα, καὶ μαθητευθῆναι εἰς τὰ θεῖα διδάγματα, ἢ καὶ μὴ εἶναι τὸ ἀνθρώπειον γένος, ὅσον ἐφ' ἡμῖν, αἴτιοι ἐσόμεθα, ἐναντίον τῇ τῦ Θεῦ βυλῇ καὶ αὐτοὶ ποιῶντες, ἵαν τῦτο πράξωμεν. ibid. Cap. IV. V. pag. 9, 10.

ner la mort à eux-mêmes. Je ne vois pas, pour moi, que cela suive nécessairement de la raison alleguée par *Juſtin*, qui doit être jointe à celle qu'il tire de la conſervation du Genre Humain en général : or celle-ci comprend tous les Hommes, bons ou méchans. Mais après tout, (dit-on) le Monde auroit-il été créé en vain, ſi les Chrétiens de ce tems-là s'étoient donnez la mort à eux-mêmes? Ce n'eſt pas non plus la conſéquence que *Juſtin* tire. Il veut dire ſeulement, que le Monde périroit, s'il étoit permis à chacun de ſe tuer; & il eſt certain qu'une telle permiſſion tend à cela de ſa nature. Le raiſonnement revient au principe de PYTHAGORE (a), & de PLATON, que l'on donne pour meilleur, & qui a le même fondement. Le P. *Ceillier* verra ici, que je ſuis auſſi diſpoſé à défendre les Péres, quand je crois qu'ils ont raiſon, qu'à les critiquer, quand ils le méritent. Il ſeroit ſeulement à ſouhaitter, que *Juſtin* eût mieux dégagé ſes raiſons, & qu'en parlant du *Mariage*, il eût pris garde que, ſi chacun ſe figuroit une ſainteté particuliére dans le *Célibat* ou la *Continence*, cela ne tendroit pas moins à la deſtruction du Genre Humain, que ſi chacun ſe croioit permis de ſe donner la mort à ſoi-même.

(a) Voiez ma *Préface*, §. XVIII.

CHAPITRE III.

Sur ce que l'on a dit de SAINT IRENE´E.

§. I. VENONS à SAINT IRENE´E. J'avois rapporté ce que PHOTIUS en a dit, (3) *qu'il a corrompu, par des raiſonnemens étrangers & peu ſolides, la ſimplicité & l'exacte vérité des dogmes de l'Egliſe.* Le P. *Ceillier* (b) répond, *qu'il y a lieu de s'étonner que je n'aie pas vû dans la* Bibliothéque Univerſelle *de Mr.* LE CLERC, (c) *que c'eſt la coûtume de Photius, de maltraiter les Auteurs les plus anciens, lors qu'il y trouve des ſentimens qui n'étoient pas reçûs de ſon tems, ou des maniéres de parler qui ne ſont pas aſſez fortes à ſon gré, pour exprimer des penſées qu'il croioit que l'Antiquité devoit avoir euës, parce que c'auroit été une héréſie dans ſon Siécle, que de ne pas les avoir. C'eſt donc aſſez* (ajoûte-t-on) *que Saint Irenée ait été dans l'opinion des* (4) Millenaires; qu'il ait (5) eu, *ſur le temps de la mort de Jeſus-Chriſt, un ſentiment particulier; qu'il n'ait pas exprimé aſſez fortement ſon ſentiment ſur l'Immortalité de l'Ame... pour s'être attiré une rude cenſure de la part de Photius.*

(b) *Apolog.* pag. 454.

(c) Tom. X. pag. 226.

§. II.

(3) Ἐι κȣ ἐν ποιν ἀυτῶν [συγγεαμμάτων] ἡ τῆς κατὰ τὰ Ἐκκλησιαςικὰ δόγματα ἀληθίας ἀκρίβεια νόθοις λογισμοῖς κιβδηλεύεται. Cod. CXX. pag. 301. Edit. *Rothom*, 1653.

(4) Notez, que cette opinion du Régne de mille ans a été la doctrine commune des Péres des deux prémiers Siécles. Voiez la Préface de feu Mr. WHITBY, pag. 70, & ſeqq. & les MEMOIRES *pour l'Hiſt. Eccleſ.* de Mr. DE TILLEMONT, Tom. II. part. II. pag. 243, & ſuiv. Ed. de *Bruxell*.

(5) St. *Irenée* croioit, que JESUS-CHRIST avoit plus de quarante ans, quand il commença à prêcher l'Evangile; & il prétendoit le prouver par la *Tradition* de tous les Prêtres d'*Aſie*, qui l'avoient ouï dire à St. *Jean*, ou à d'autres Apôtres, avec qui ils avoient converſé, *Lib.* II. *Cap.* XXII. Fiez-vous, après cela, à la Tradition.

§. II. Mais, de ce que *Photius* aura fait ce qu'on lui attribuë, & pour les raisons qu'on en donne, s'ensuit-il qu'il l'ait fait toûjours? ou que, lors même que ces raisons ont pû avoir quelque part à la maniére desavantageuse dont il parloit des Anciens, son jugement soit pour cela tout-à-fait faux? D'ailleurs, il ne s'agit point ici des opinions erronées de *St. Irenée*, mais de la maniére peu solide, dont il s'est pris à établir des Véritez reconnuës. Après tout, s'il ne nous restoit aucun Ouvrage de *St. Irenée*, il pourroit y avoir lieu à former des soupçons contre ce savant Patriarche, le premier des Journalistes Litéraires. Mais le Traité *Contre les Héréfies* est assez plein de raisonnemens subtils, embarrassez, ou faux, pour laisser à *Photius* la louange d'avoir ici, comme en bien d'autres endroits, porté un jugement que le Bon-Sens lui dictoit.

(a) Pag. 451.

§. III. Aussi le P. *Ceillier* approuve-t-il lui-même ensuite ce jugement. *Photius*, dit-il (a), *ne veut dire autre chose, sinon que Saint Irenée n'a pas traité les Véritez de la Religion avec la gravité & la majesté qui leur convient; & qu'il* (1) *a souvent appuié les dogmes de nôtre Foi sur de si foibles raisons, qu'elles les affoiblissent eux-mêmes en quelque façon*. Mais, ajoûte l'Apologiste des Péres, *quel est l'Auteur qui puisse se vanter d'avoir combattu ses Adversaires par autant de démonstrations qu'il apporte de preuves? Ne sait-on pas que tous les coups ne portent pas, & que, dans un discours, toutes les raisons ne sont pas également solides?* D'accord: mais autre chose est, de ne rien dire qui ne soit démontré; autre chose, d'avancer à tout bout de champ de pauvres raisons. Plus la matiére est importante, & plus on doit être attentif à ne point alleguer de preuves foibles. Ceux qui le font souvent, ne sont pas au moins des Auteurs, qu'on doive prôner, & donner pour de *bons guides*.

§. IV. Le P. *Ceillier* semble ensuite vouloir réduire les *raisons peu concluantes*, qu'on trouve dans *St. Irenée*, à des argumens *ad hominem*. Il prétend en particulier, qu'il faut rapporter à cela les froides raisons dont on a dit que ce Pére se servoit, pour prouver qu'il n'y avoit que quatre Evangiles. C'étoit, selon lui, un argument sans réplique contre les *Gnostiques*, qui tiroient des preuves de la nature des Nombres, pour établir leurs erreurs. Mais qu'on lise tout le passage de *St. Irenée*, & on n'y verra rien d'où l'on puisse inferer avec la moindre apparence, qu'il ne raisonnât pas selon ses propres idées. Il suivoit ici, comme ailleurs, les principes mystiques, dont il avoit l'esprit tout rempli. Le P. Massuet (b) en convient: & il se contente de dire, que *St. Irenée* a voulu donner des *raisons mystiques*, & non pas des *démonstrations*.

(b) Dissert. III. in Iren. Cap. I. Pag. 109.

Il

---

(1) Mr. de Tillemont (Mémoires pour l'Hist. Ecclés. Tom. III. Part. I. pag. 155. Ed. Brux.) rejette cette explication de Mr. Dupin: *Quelques-uns*, dit-il, *entendent, que St. Irenée affoiblit quelquefois les choses certaines, en les fondant sur des raisons peu solides*. Mais Photius auroit-il remarqué un défaut général dans tous ceux qui parlent? Cette raison seroit bonne, si *Photius* n'avoit voulu parler que de quelques legéres inexactitudes, qui peuvent échapper aux meilleurs Ecrivains. Mais il donne assez à entendre, que quelques-uns des *Ecrits* de ce Pére sont pleins de faux raisonnemens.

(2) Le voici; *Neque autem plura numero, quàm hæc sunt, neque rursus pauciora* CAPIT *esse Evangelia* Lib. III. Cap. XI. §. 8. Ed. Massuet. Au mot de *capit* de cette Version barbare, répondoit apparemment en Grec χωρεῖ, qui est la même chose qu' ἐγχωρεῖ, & signifie, qu'il n'y a pas lieu à une chose, qu'elle ne se peut faire. Dans le Glossaire publié par Henri Etienne, on trouve: *Capit*, Χωρεῖ, Λαμβάνει. Et la Vulgate a rendu par

Il cite d'autres Péres, qui se sont servis des mêmes raisons, & entr' autres (a) St. JÉROME, qui a trouvé le nombre des *Quatre Evangiles* représenté par les *Quatre Animaux* de la Prophétie d'EZÉCHIEL. Il se fâche fort seulement, de ce qu'on a entendu les paroles de *St. Irenée*, comme s'il vouloit dire, qu'*il ne pouvoit y avoir que quatre Evangiles*, quoi qu'il n'y ait pas moien d'expliquer (2) autrement le passage, sans prevention. Après quoi il se déchaîne contre les Protestans, qui, par une mauvaise délicatesse de goût, ne se veulent pas paier de ces mystiqueries, si fort approuvées de tant de Péres de l'Eglise: & de cette approbation seule, comme d'une démonstration, il conclut, en leur appliquant ces paroles de *St. Irenée*, *Qu'il vaut mieux radoter avec ces Idiots religieux, que d'être sage avec ces Sophistes blasphémateurs & impudens.* L'Editeur Bénédictin a trop bien peint ici le génie des Admirateurs outrez de l'Antiquité Ecclésiastique, pour ne pas mériter que j'exposasse ici le portrait naturel qu'il donne de lui & de ses semblables. On peut lui répondre tout simplement: *Qui vult decipi, decipiatur.*

(a) Præfat. in Matth.

§. V. POUR revenir à mon Censeur, il dit (b), que, quelque *ridicule* que cette manière de raisonner sur la *combinaison de certains Nombres paroisse à nôtre Siècle, elle étoit bien reçuë dans les tems où vivoient ces Saints Docteurs: & qu'ils s'en servoient principalement à cause des Philosophes Païens, parmi lesquels cela étoit très en usage.* Il a oublié de que nous lui avons vû avouer ci-dessus, que les Péres étoient *imbus d'une mauvaise Philosophie*. Et certainement il faut s'aveugler, pour ne pas voir, dans les Ecrits de la plûpart, une teinture profonde des fausses idées de la Philosophie Païenne, qu'ils avoient ou retenuës depuis leur conversion, ou embrassées avidement dans le sein du Christianisme; de sorte qu'il n'y a peut-être rien qui ait-eu plus d'influence sur leurs opinions. Mais que les argumens, dont il s'agit, aient été bons autrefois tant qu'on voudra: il me suffit, que, comme on l'avouë, ils ne servent de rien aujourdhui. Ainsi, bien loin que la lecture des Péres, qui sont tout pleins de pareilles choses, soit fort utile pour l'instruction des Chrétiens d'aujourdhui; il est fort dangereux, qu'à force de les admirer, on ne prenne un tour d'esprit & une manière de raisonner, dont personne n'oseroit se faire honneur ouvertement.

(b) Pag. 456.

§. VI. EN voilà assez, pour répondre au P. Ceillier. Voici ce que j'ai à dire de nouveau, & par rapport à la Morale. *St. Irenée* est, à l'égard du *Serment*, dans le même cas que JUSTIN, *Martyr*. Il pose (3) tout simplement, & sans distinction, que l'Evangile défend de jurer. Ainsi il suffit de renvoier aux reflexions que j'ai faites (c) sur le passage du dernier Pére.

(c) Chap. II. §. 5.

§. VII.

capiunt, le verbe χωρῶσι, qui est dans l'Original, MATTH. XIX, 11. Mr. GRABE, qui n'est ici guéres plus modéré, que le Pére MASSUET, veut qu'on traduise, *non congruum erat*. Mais il ne prenoit pas garde, que cela revient à la même chose. Car l'impossibilité, que *St. Irenée* concevoit, étoit fondée sur les pretenduës raisons de *convenance*, qu'il allègue. Mais ce qui ne laisse ici aucun lieu de douter, c'est que TERTULLIEN, qui, comme le P. MASSUET le remarque (*Dissert.* II. Art. II. pag. 101.) avoit vû cette Version, se sert très-souvent de la même façon de parler, *capit, non capit*, pour, *potest, non potest*. Il suffit d'en alleguer un exemple. *Quod si NON CAPIT animale corpus dici aut inanimale quod est anima* &c. De Anim. Cap. VI. JAQUES GODEFROI, sur un exemple qui se presente dans le II. Liv. *Ad Nationes*, dit qu'elle répond au Grec, δὺ ἐνδέχεται: ce qui est la même chose au fond.

(3) *Et non solum non perjerare, sed nec jurare præcepit.* Lib. II. Cap. 32. (vulg. 56.)

§. VII. Je ne fai fi le P. *Ceillier* voudroit approuver une maxime, que St. *Irenée* pofe, & qui a été fuivie de plufieurs autres Péres, c'eft que, toutes les fois (1) que l'Ecriture Sainte rapporte quelque action des Patriarches, ou des Prophétes, fans la blâmer, quelque mauvaife qu'elle nous paroiffe d'ailleurs, il ne faut pas la condamner, mais y chercher un type. Sur ce fondement, il excufe l'Incefte des Filles de *Loth*, & celui (a) de *Thamar*. La raifon qu'il en donne, c'eft que nous ne devons pas être plus fages que Dieu; & qu'il n'y a rien d'oifif dans ce que l'Ecriture rapporte fans le blâmer. Mais s'enfuit-il de là, qu'on doive changer le mal en bien, & faire du Crime une action indifférente? Eft-ce être plus fage, que Dieu, que de juger de la qualité morale d'une Action, par les idées ou de la Loi Naturelle, ou de la Loi Revelée? Quand on auroit quelque principe fûr pour trouver des fignifications typiques, le Type peut-il effacer le Crime de l'Action mauvaife, qu'il accompagne? Le recit des fautes & des foibleffes, dans lefquelles les Saints Hommes font tombez, n'eft pas non plus *oifif*, encore qu'il ne foit accompagné d'aucune condamnation expreffe. C'eft une leçon tacite d'Humilité, qui doit engager à fe tenir fur leurs gardes ceux qui croient avoir fait le plus de progrès dans la Piété & dans la Vertu. Pour ne rien dire des autres vuës, que les Ecrivains Sacrez peuvent avoir euës en rapportant de tels faits. Je n'ai garde d'attribuer à *St. Irenée* les mauvaifes conféquences, qui naiffent de fon principe : mais d'autres peuvent les tirer, & il eft furprenant qu'il ne les ait pas lui-même apperçuës. Vouloir faire paffer pour fort éclairez, des gens qui ont befoin de tant d'indulgence, c'eft manifeftement raifonner fur le préjugé de l'Autorité.

(a) *Lib.* IV. Cap. 25. (vulg. 42.)

§. VIII. Dans un autre endroit, *St. Irenée* traitant de la permiffion du *Divorce*, accordée aux anciens *Juifs pour la dureté de leur cœur*, met au même rang les (2) *confeils* que St. Paul donne (b) fur le *Mariage*, & principalement ce qu'il dit aux perfonnes mariées, de *retourner enfemble*, pour fe rendre le devoir conjugal, *de peur que Satan ne les tente à caufe de leur incontinence*. Si donc (dit-il) *fous le Nouveau Teftament les Apôtres accordent par indulgence quelques préceptes*, *à caufe de l'incontinence de quelques-uns, de peur que s'endurciffant, & desefpé-*

(b) I. *Corinth.* VII, 12; 6, 25, 5.

---

(1) *De quibus autem Scripturæ non increpant, fed fimpliciter funt pofita, nos non debere fieri accufatores (non enim fumus diligentiores Deo, neque fuper magiftrum poffumus effe) fed typum quærere. Nihil enim otiofum eft eorum, quæcunque inaccufabilia pofita funt in Scripturis. Quemadmodum & Loth, qui eduxit de Sodomis filias fuas, quæ conceperunt de patre fuo* &c. Lib. IV. Cap. 31. (vulg. 50, 51.)

(2) *Et propter hoc aptum duritiæ eorum repudii præceptum à Moyfe acceperunt. Et quid dicimus de veteri Teftamento hæc? quandoquidem & in novo Apoftoli hoc idem facientes inveniuntur propter prædictam caufam, ftatim dicente Paulo*: Hæc autem ego dico, non Dominus. Et iterum: Hoc autem dico fecundùm indulgentiam, non fecundùm præceptum. *Et iterum*: De virginibus autem præceptum Domini non habeo; confilium autem do, tamquam mifericordiam confequutus à Domino, ut fidelis fim. *Sed & alio loco ait*: Ne tentet vos Satanas propter incontinentiam veftram. *Si igitur & in novo Teftamento, quædam præcepta fecundùm ignofcentiam Apoftoli concedentes inveniuntur, propter quorumdam incontinentiam, ut non obdurati tales, in totum defperantes falutem fuam, apoftatæ fiant à Deo; non oportet mirari, fi & in veteri Teftamento idem Deus tale aliquid voluit fieri pro utilitate populi, illiciens eos per prædictas obfervationes, ut per eas faltem* (le P. Massuet a raifon de lire ainfi, au lieu de *falutem*) *Decalogi obfervantes fint, & detenti ab eo non reverterentur ad idololatriam, nec apoftatæ fierent à Deo* &c. Lib. IV. Cap. 15. (vulg. 29.)

(3) *Si enim non in typica profectione hoc confen-*

espérant entièrement de leur Salut, ils ne tombent dans l'apostasie de DIEU; il ne faut pas s'étonner, que, sous le *Vieux Testament*, DIEU ait voulu faire quelque chose de semblable pour le bien de son Peuple, les attirant par les susdites Ordonnances, afin qu'ils observassent du moins le Décalogue, & qu'étant retenus par lui, ils ne retournassent pas à l'Idolatrie &c. Ce raisonnement suppose, que, sous l'Evangile, l'usage le plus légitime du *Mariage* a quelque chose de vicieux, comme l'usage de la permission du *Divorce*, sous la Loi: autrement la comparaison est tout-à-fait fausse. Il ne faudroit pas être surpris, que *St. Irenée* eût eû de telles idées du Mariage, après ce que nous (a) avons vû de JUSTIN, *Martyr*; & ce que nous aurons occasion de montrer, dans le Chapitre suivant, au sujet de plusieurs des plus fameux Péres de l'Eglise.

(a) *Chap. II. §. 7.*

§. IX. ENCORE un autre exemple, avant que d'expédier *St. Irenée*. Voici de quelle maniére il traite la question de l'emprunt que firent les *Israëlites* des Vases d'or & d'argent des *Egyptiens*. Il rapporte la raison, que (b) PHILON, Juif, avoit déja alleguée, pour justifier les *Israëlites*: mais au lieu de s'en tenir à celle-là, & de la bien développer, il insiste sur d'autres fort étrangéres, & dit là-dessus des choses bien scabreuses. Les *Marcionites*, qui croioient deux Principes, l'un bon, qui étoit, selon eux, le Dieu Auteur de l'Evangile, l'autre mauvais, qui étoit le Dieu Auteur de la Loi; se servoient, entr'autres, de cet exemple. Ils disoient, que les *Israëlites*, par ordre de DIEU, avoient volé les *Egyptiens*, & emploié après cela leur vol à la construction du Tabernacle. Cet usage, détaché de la maniére injuste dont ils prétendoient, qu'avoient été acquis les Vases d'or, n'étoit pas ce qu'ils reprochoient précisément. *St. Irenée* fait neanmoins rouler là-dessus le fort de sa réponse, & suppose qu'on lui objectoit que des Vases, qui avoient appartenu à des Infidéles, ne devoient pas être emploiez par des Fidéles, moins encore à un usage sacré. Voici ce qu'il dit: (3) ,, Si DIEU, dans ce départ typique (des *Israëlites*) ,, n'avoit pas consenti à cela (ou, à cet emprunt): aujourdhui, dans nôtre ,, véritable départ, c'est-à-dire, dans la Foi, dans laquelle nous sommes éta- ,, blis & par laquelle nous sommes mis hors du nombre des Gentils, personne ,, ne pourroit être sauvé. Car nous tous avons de grands ou de petits biens,

(b) *De vit. Mos.* pag. 624. Voiez *Grotius, Droit de la Guerre* &c. Liv. III. Chap. VII. §. 6. Note 12.

,, que

sensisset Deus, hodie in vera nostra profectione, id est, in fide in qua sumus constituti, per quam de numero Gentilium exempti sumus, nemo poterat salvari. Omnes enim nos aut modica, aut grandis sequitur possessio, quam ex Mammona iniquitatis adquisivimus. Unde enim domus, in quibus habitamus, & vestimenta quibus induimur, & reliqua omnis ad diuturnam vitam nostram ministratio, nisi ex his, quæ, quum Ethnici essemus, de avaritia adquisivimus, vel ab Ethnicis parentibus, aut cognatis, aut amicis, de injustitia adquirentibus, percepimus? Ut non dicamus, quia & nunc in fide existentes adquirimus. Quis enim vendit, & non lucrari vult ab eo qui emit? Quis autem emit, & non vult utiliter sécum agi ab eo qui vendit? Quis autem negotians non propterea negotiatur, ut inde alatur? Quid autem & hi, qui in Regali aula sunt, fideles,

nonne ex eis, quæ Cæsaris sunt, habent utensilia, & his qui non habent, unusquisque eorum secundùm virtutem præstat? Ægyptii Populi erant debitores non solùm rerum, sed & vitæ suæ, propter Patriarchæ Joseph præcedentem benignitatem: nobis autem secundùm quid debitores sunt Ethnici, à quibus & lucra, & utilitates percipimus. Quæcumque illi cum labore comparant, his nos, in fide cum sumus, sine labore utimur. Lib. IV. Cap. 30. (vulg. 49.) *Et illos quidem non signatum aurum & argentum in paucis vasculis, quemadmodum prædiximus, accipientes, injustè fecisse dicunt; semetipsos autem (dicatur enim quod verum est, licet ridiculum esse videatur) ex alienis laboribus insigne aurum, & argentum, & æramentum, cum inscriptione & imagine Cæsaris, in zonis suis ferentes, justè facere dicunt.* ibid. num. 2.

,, que nous avons aquis du *Mammon* ou des Richeſſes d'iniquité. En effet,
,, d'où viennent les Maiſons, où nous logeons, les Habits que nous portons,
,, les Vaſes dont nous nous ſervons, & toutes les autres choſes qui nous ſont
,, d'uſage pour les beſoins de la Vie, ſi ce n'eſt de ce que nous avons aquis
,, par avarice, pendant que nous étions Païens, ou que nous tenons de Péres,
,, Parens, ou Amis Païens, qui l'avoient aquis injuſtement? Pour ne pas dire,
,, que, depuis même que nous ſommes dans la Foi, nous aquérons de la même
,, maniére. Car qui eſt-ce qui vend, & qui ne veut pas gagner ſur l'Ache-
,, teur? Qui eſt-ce qui achéte, & qui ne ſouhaitte pas que le vendeur l'accom-
,, mode? Quel Négociant ne négocie pas pour ſon entretien? Bien plus: les
,, Fidéles, qui ſont à la Cour de l'Empereur, n'ont-ils pas, de ce qui appar-
,, tient à *Céſar*, les Utenſiles (ou les choſes néceſſaires à la Vie:) & chacun
,, d'eux n'en fournit-il pas, par charité, à ceux qui en ont beſoin? Les *Egyp-*
,, *tiens* étoient redevables au Peuple d'*Iſraël* non ſeulement de ce qu'ils poſſe-
,, doient, mais encore de leur vie, à cauſe du bien que leur avoit fait le Pa-
,, triarche *Joſeph*: & les Païens, de qui nous tirons du profit & de l'utilité,
,, nous ſont Débiteurs en quelque maniére. Tout ce qu'ils aquiérent par leur
,, travail, nous, qui ſommes Fidéles, nous en jouïſſons ſans travail….. Il y
,, a des gens qui diſent, que les *Iſraëlites*, prenant de l'or & de l'argent non
,, monnoié, ou quelque peu de Vaſes de ces métaux, ont agi injuſtement: &
,, néanmoins ils prétendent eux-mêmes (car il faut dire la vérité, quelque ri-
,, dicule qu'elle paroiſſe à quelques-uns) ils prétendent, dis-je, ne rien faire
,, que de juſte, en portant, dans leur bourſe, de l'Or, de l'Argent, & du
,, Cuivre, monnoié par le travail d'autrui, avec l'inſcription & l'image de *Cé-*
,, *ſar!* Si l'on compare nôtre état, & le leur, quels croira-t-on avoir reçu plus
,, juſtement, ou le Peuple d'*Iſraël* des *Egyptiens*, qui étoient leurs Débiteurs
,, en tout, ou nous des *Romains*, & des autres Nations, qui ne nous doivent
,, rien de tel? Au contraire, c'eſt par leur moien, que nous avons la paix,
,, que nous marchons ſans crainte dans les Chemins, & que nous navigeons en
,, ſureté où il nous plaît &c.

§. X. Je demande au Lecteur, s'il trouve quelque choſe de raiſonnable
dans ce paſſage. *St. Irenée* ſuppoſe, que tout ce que les Infidéles ont ou aquiérent, ils l'ont & l'aquiérent injuſtement. Et cependant il veut, que les
Fidéles le reçoivent d'eux légitimement. Il prétend de plus, qu'ils aquiérent
eux-mêmes de la même maniére ſans injuſtice. De ce que le Patriarche *Joſeph*
avoit fait du bien aux *Egyptiens*, s'enſuit-il, que les *Iſraëlites* puſſent les voler?
Quelle comparaiſon y a-t-il entre cet emprunt, & l'Argent monnoié, qui roule
dans le Commerce? Que veut dire ceci, que tous les *Païens* en général, à l'é-
gard de leurs Biens, ſont *Débiteurs* des *Fidéles*; & que ceux-ci ont droit de *jouïr
ſans travail* des choſes que les prémiers *ont aquiſes par leur travail?* Je ne m'étonne pas, ſi, comme *St. Irenée* nous l'apprend lui-même, ſes raiſonnemens paroiſſoient *ridicules* à quelques perſonnes. Vers la fin du Chapitre, il (1) cite

a) Luc XVI 3: ce paſſage: (a) *Faites-vous des amis des Richeſſes d'iniquité, afin que, quand vous*
ſerez

(1) *Quemadmodum Dominus ait*: Facite vo- quando fugati fueritis, recipiant vos in æter-
bis amicos de Mammona iniquitatis, ut hi, na tabernacula. *Quacumque enim, cùm eſſe-*
mus

ferez mis en fuite (c'eſt ainſi qu'il exprime le terme de l'original, *quand vous viendrez à manquer*) *ils vous reçoivent dans les Tabernacles éternels.* Après quoi il ajoûte : *Car tout ce que nous avons aquis injuſtement, pendant que nous étions Païens, ſi, après avoir cru, nous le convertiſſons à l'uſage du Seigneur, nous ſommes en cela reconnus juſtes.* Quelles idées, bon Dieu ! Et que de machines ne faudroit-il pas, pour les rectifier d'une manière plauſible ? Je ſuis fâché d'y appercevoir les ſemences d'une opinion que nous verrons ci-deſſous ſoûtenuë ouvertement par (a) St. Augustin, c'eſt *que tout appartient aux Fidéles,* ou aux *Juſtes.*

(a) *Chap.* XVI. §. 14, & ſuiv.

CHAPITRE IV.

*Sur ce que l'on a dit d'*Athénagoras.

§. I. ON a ſouvent allegué un paſſage d'Athénagoras, où il traite les *Secondes Nôces d'honnête adultére ;* & il faiſoit trop à mon but, pour l'oublier. Je voulus le citer d'après Mr. Dupin, de l'autorité duquel je me ſuis muni, autant que j'ai pû, comme d'un Docteur célébre de la Communion Romaine, & qui s'eſt aquis beaucoup de réputation par ſon grand Ouvrage. Mais il arriva, je ne ſai comment, que je copiai auſſi ce qu'il attribue à *Athénagoras, d'avoir établi le culte des Anges.* Cela n'entroit pas dans mon plan, & ne peut d'ailleurs être vérifié. J'en conviens aiſément avec mon Cenſeur. On ne le verra plus dans la nouvelle Edition de ma Préface ; & ſans m'arrêter ici à des excuſes plauſibles, qui ne me manqueroient pas, je paſſe condamnation. Le P. Ceillier ſera content, je l'eſpére, de ma docilité ſur ce point : il le ſeroit ſur tout autre, s'il m'avoit allegué de bonnes raiſons.

§. II. Il me permettra néanmoins de remarquer ce que je crois avoir donné lieu à Mr. Dupin, de poſer en fait, qu' *Athénagoras* établit le Culte des Anges. Voici ce que dit ce Pére, en repouſſant le reproche d'Athéiſme, dont on chargeoit les Chrétiens. (2) *Qui ne s'étonnera, qu'on nous traite d'Athées, nous qui reconnoiſſons Dieu le Pére, Dieu le Fils, & le Saint Eſprit ; qui montrons & leur puiſſance dans l'unité, & leur diſtinction dans l'ordre ? Nôtre Théologie n'en demeure pas même là : nous diſons encore, qu'il y a une multitude d'Anges & de Miniſtres, que Dieu, le Créateur & l'Architecte du Monde, a, par ſa parole, diſtribuez & ordonnez, pour avoir ſoin des Elémens & des Cieux, du Monde & de tout ce qu'il*
con-

imus Ethnici, de injuſtitia adquiſivimus, hac, cùm crediderimus, in dominicas utilitates converſantes, juſtificamur. Ibid. num. 3.

(2) Τίς ἂν ἂν ἀπορήσαι, λέγοντας Θεὸν πατέρα, ϰ̓ υἱὸν Θεὸν, ϰ̓ πνεῦμα ἅγιον, δεικνύντας αὐτῶν ϰ̓ τὴν ἐν τῇ ἑνώσει δύναμιν, ϰ̓ τὴν ἐν τῇ τάξει διαίρεσιν, ἀκόσας ἀθέες καλεμένες ; ϰ̓

ἐκ ἐπὶ τέτοις τὸ θεολογικὸν ἡμῶν ἵςαται μέρος, ἀλλὰ ϰ̓ πλῆθος Ἀγγέλων ϰ̓ λειτεργῶν φαμὲν, ἕς ; ὁ δημιεργὸς ϰ̓ ποιητὴς κόσμε Θεὸς διὰ τε παρ' αὐτε λόγε διέταξε, ϰ̓ διέταξε περὶ τε τὰ ςοιχεία εἶναι ϰ̓ τὰς ἐρανὰς, ϰ̓ τ κόσμον ϰ̓ τὰ ἐν αὐτῷ, ϰ̓ τὴν τέτων εὐταξίαν. Legat. Cap. X. *Ed. Oxon.*

contient, & pour y entretenir un bon ordre. Comme *Athénagoras* (1) eft tout plein d'idées Platoniciennes, Mr. *Dupin* fe fera imaginé, qu'il en tiroit auffi les conféquences, & que, felon la doctrine de (2) PLATON, il donnoit à entendre qu'on devoit rendre aux *Anges*, ou Miniftres du Dieu Suprême, un Culte proportionné à la dignité de leur nature & de leur rang. Je ne fai même, fi, de la maniére que cette juftification eft tournée, les Paiens, à qui s'adreffoit *Athénagoras*, ne pouvoient pas en inferer plaufiblement qu'elle fe réduifoit à ceci: „ Vous avez grand tort de nous accufer d'Athéïfme. Non feulement „ nous reconnoiffons quelque Divinité, mais encore, comme vous, nous en „ reconnoiffons plufieurs, quoi que d'un autre genre, & à chacune desquelles „ nous rendons le Culte qui lui eft dû. Nous avons Dieu le Pére, Dieu le „ Fils, & le Saint Efprit, unis à la vérité d'une certaine maniére, mais néan„ moins diftincts, & aiant leur ordre entr'eux. Nous avons auffi des Divini„ tez inférieures à celles-là, qui ont reçu du Pére le pouvoir de gouverner le „ Monde, & tout ce qu'il contient". De bonne foi, que l'on fe mette à la place des Empereurs *Antonin* & *Commode*, auxquels *Athénagoras* parloit: que l'on confidére, combien chacun prend aifément le change, & raméne à fes idées les expreffions d'autrui, fur tout quand elles ont une grande reffemblance: n'aura-t-on pas lieu de croire, que des Paiens devoient entendre la doctrine des Chrétiens ainfi propofée, comme une efpèce de *Polythéïfme*, par la repréfentation duquel on vouloit en même tems diffiper l'accufation d'Athéïfme, & infinuer que les Chrétiens devoient être tolerez, comme les Paiens fe toleroient les uns les autres, malgré la diverfité prodigieufe des Divinitez qu'ils adoroient? Au fond, pourquoi parler ici des Anges? Il s'agiffoit feulement de faire voir, que les Chrétiens n'étoient point Athées: & ne fuffifoit-il pas pour cela de dire, qu'ils adoroient un Dieu, unique à la vérité, mais d'une nature fort élevée au deffus de toutes les fauffes Divinitez des Paiens. A quoi bon ajoûter: *Nôtre Théologie n'en demeure pas même là?* Si *Athénagoras* vouloit feulement parler de la Providence, étoit-il néceffaire de faire ici mention des Anges? Ce qu'il y a de *plus*, que dans ce qu'il venoit de dire, ne femble-t-il pas tomber fur le nombre des Divinitez, & non fur quelque attribut d'une Divinité unique? Encore un coup, quelle impreffion cela n'étoit-il pas capable de faire fur l'efprit d'un Lecteur Paien?

§. III. JE ne dis rien des fauffes idées au fujet de la Trinité, qu'on a reprochées à ce Pére, (3) & dont il n'eft pas encore juftifié. Cela eft trop éloigné de mon fujet. Mais ce qu'il établit ici touchant les Anges, & fur quoi il s'explique ailleurs plus fortement, m'avoit autorifé à rapporter, comme une erreur, que *les Anges*, felon lui, *ont été créez, pour avoir foin des chofes d'ici-bas* (4). Il ne laiffe à DIEU qu'une *Providence générale*: il abandonne la *Providence partic*u-

(1) On peut voir là-deffus les Notes des Commentateurs de ce Pére; & l'*Hiftoire Eccléfiaftique* de Mr. LE CLERC, fur l'année 166.
(2) Voiez PLATON, *De Legibus*, Lib. IV. pag. 717. Tom. II. Ed. H. Steph.
(3) Voiez les *Origeniana* de feu Mr. HUET, Lib. II. Cap. III. §. 6. & Mr. LE CLERC, *ubi fupra*.

(4) Τοῦτο γὰρ ἡ τῶν Ἀγγέλων σύςασις τῷ Θεῷ ἐπὶ προνοίᾳ γέγονε τῆς ὑπ᾽ αὐτῷ διακεκοσμημένοις, ἵνα τὴν μὲν παντελικὴν καὶ γενικὴν ὁ Θεὸς τῶν ὅλων πρόνοιαν, τὴν δὲ ἐπὶ μέρους οἱ ἐπ᾽ αὐτοῖς ταχθέντες Ἄγγελοι &c. Cap. XXII. C'eft auffi le fentiment de JUSTIN, *Martyr*, Apolog. II. (vulg. I.) Cap. V. Ed. Oxon.
(5) Ce Pere croioit qu'il étoit indigne de
DIEU,

ticuliére de toutes choses aux Anges, que Dieu a établis sur chacune. Les Commentateurs d'*Athénagoras* l'ont remarqué, il y a long tems, & y ont trouvé de la conformité avec les idées (5) d'Arnobe, d'ailleurs beaucoup plus éloignées de la vérité. Le P. *Ceillier* (a) altére ici visiblement la pensée d'*Athénagoras*. Il lui fait dire, que *les Anges ont soin de tout*, LORS QUE *Dieu leur en donne la commission*. Ce n'est point cela. Les termes de ce Pére donnent clairement à entendre, & ici, & dans le passage cité plus haut, qu'il n'y a rien dans le Monde, du soin dequoi Dieu ne se soit d'avance déchargé en particulier sur quelque Ange, se reservant à lui seulement une Providence générale. Or cela choque directement l'Ecriture Sainte, qui nous fait regarder par tout la Providence de Dieu comme s'étendant aux moindres choses; ainsi que le prouvent les Théologiens, en traitant cette matiére.

(a) *Apol*. Chap. 1. pag. 25.

§. IV. Il ne sert donc de rien à mon Censeur, d'étaler ici plusieurs passages de l'Ecriture, où il est parlé d'Anges Tutélaires, qui prennent soin des Nations, ou même de chaque Personne. Sans examiner, si les passages qu'il cite sont bien entendus & bien appliquez (dequoi on doutera, quand on en (6) verra un, cité sur la Version des *Septante*, fort différente du Texte Hébreu) & sans m'arrêter à rechercher l'origine de l'opinion des anciens Juifs sur cet emploi des Anges : il me suffit que tout cela ne s'accorde point avec l'opinion d'*Athénagoras*, que l'on représente autre qu'elle n'est. D'ailleurs, j'ai aussi effacé, dans la nouvelle Edition, ce que j'avois dit là-dessus, après Mr. *Dupin*, comme étant hors d'œuvre. C'est assez pour moi, que j'ai dequoi montrer que ma critique, sur l'article des Secondes Nôces, subsiste en son entier, malgré les grands efforts de l'Apologiste des Péres.

§. V. Il faut néanmoins, avant que d'en venir là, dire un mot du Lieu Commun sur le *Culte des Anges & des Saints*, dans lequel le P. *Ceillier* se jette à corps perdu. Il ne s'agissoit pourtant que du Culte des Anges. Et quelque rapport qu'il y ait entre ces deux sortes de Culte, en ce qu'ils n'ont ni l'un, ni l'autre, aucun fondement dans l'Ecriture, & que la Superstition méne aisément de l'un à l'autre ; leur usage n'est pas d'une égale antiquité, ni leur origine précisément la même. Le *Culte des Anges*, né manifestement des principes de la *Philosophie Platonicienne*, cherchoit à se glisser parmi les Chrétiens, du tems même des Apôtres, puis que Saint Paul (b) s'y oppose, & le condamne formellement. D'où il paroit, que, si *Athénagoras*, imbu qu'il étoit du Platonisme, avoit donné dans cet abus, il n'y auroit pas beaucoup dequoi en être surpris. C'est en vain que le P. *Ceillier* voudroit, après ceux de sa Communion, éluder la force victorieuse du passage si souvent ob-

(b) Coloss. II, 18, 19.

Dieu, d'avoir créé, par exemple, les Mouches, & les autres Insectes. Il ne vouloit pas même, qu'il eût créé les Ames des Hommes. Voiez son II. Livre *Adversus Gentes*, pag. 74, *& seqq*. Ed. Lugd. Bat. 1651.

(6) Deuteron. XXXII, 8. où il y a dans l'Original : *Quand le Très-Haut distribuoit les Terres aux Nations, quand il dispersoit les Enfans d'Adam, il établit les limites des Peu-* *ples, selon le nombre des* Enfans d'Israel. Les *Septante* ont ici traduit, *selon le nombre des* Anges. Tout ce qu'on peut inferer de là, c'est ou qu'il y avoit faute dans l'exemplaire de ces Interprètes, ou qu'ils ont accommodé le texte à leurs idées : ce qui n'est d'aucun poids, qu'en supposant leur prétenduë inspiration, cruë par les Péres, comme nous l'avons vû ci-dessus.

28 TRAITÉ DE LA MORALE

objecté, & si souvent défendu contre les fausses gloses des Controversistes. L'Apôtre (a), dit-il, en veut à *certains Juifs mal convertis, qui adoroient les Anges*, & qui, par une fausse *humilité*, s'imaginoient que les Hommes ne pouvant avoir accès auprès de DIEU par eux-mêmes, devoient être comme introduits par les Anges, auxquels ils rendoient leurs hommages dans cette vuë. Mais *St. Paul* condamne la chose, aussi bien que le motif. Et la condamnation de ce motif, qui étoit la couleur la plus spécieuse qu'on pût donner au Culte des Anges, montre seule, que rien ne sauroit rendre légitime un acte religieux comme celui-là, qui est illicite par cela seul que DIEU ne l'ordonne point. Qu'on l'appelle *Idolatrie*, ou de tel autre nom qu'on voudra; peu m'importe: il me suffit que, de l'aveu du P. *Ceillier*, nous *n'avons* (b) *là-dessus aucun précepte dans l'Ecriture, ni dans la Tradition de l'Eglise*. Dès-là c'est un abus, & un abus que sa nature seule rend d'une conséquence très-dangereuse, quand la chose ne paroîtroit pas d'ailleurs par l'expérience, & par les efforts qu'on fait pour pallier la pratique du Culte des Anges & des Saints. Si ce Culte étoit *bon & utile*, comme on le prétend, d'où vient que ni JESUS-CHRIST, ni ses Apôtres, ne le recommandent jamais? D'où vient que *St. Paul*, dans le passage dont il s'agit, où l'occasion étoit si belle, ne dit pas la moindre chose du bon usage qu'on en pourroit faire, & que toute la suite de son discours tend, au contraire, à faire regarder le Culte des Anges comme une Invention humaine, comme le fruit malheureux d'une Curiosité téméraire, qui *veut penetrer dans les choses qu'on n'a point vuës*, & qui est incompatible avec les sentimens où les Chrétiens doivent être, d'attendre tout de *leur Chef*? Bien plus: il dit que par cette pratique *on ne demeure point attaché au Chef*; ce que le (1) *Concile de* LAODICÉE a expliqué d'une espèce *d'apostasie*, par laquelle *on abandonne l'Eglise de Jesus-Christ Nôtre Seigneur*. Du reste, le P. *Ceillier* ne faisant que repeter ce à quoi on a mille fois répondu, je le renvoie, comme j'ai déja fait, & comme je le ferai toûjours sur ces sortes de choses, aux Auteurs Protestans, qui en ont traité. J'ajoûterai seulement, qu'en lui accordant même que (c) cette *pratique a été approuvée & soûtenuë par de très-saints & très-doctes Interprétes de l'Ecriture, & par les Evêques de toute la Terre, dans les tems les plus florissans de l'Eglise*; il n'y auroit là rien, qui me fît peur pour moi. J'en conclurois, qu'il y avoit alors bien peu de bons Interprêtes de l'Ecriture; puis que ceux qui approuvoient & soûtenoient un Culte si contraire à l'Ecriture, passoient pour *très-doctes*: qu'on n'en est pas plus éclairé, pour avoir

---

(1) Tenu vers le milieu du IV. Siécle. Ὅυ δεῖ Χριστιανὲς ἐγκαταλείπειν τὴν Ἐκκλησίαν τῶ Θεῶ, καὶ ἀπιέναι, καὶ Ἀγγέλες ὀνομάζειν, καὶ συνάξεις ποιεῖν &c. Can. XXXV. Il appelle ce Culte, un peu plus bas, une Idolatrie déguisée, κεκρυμμένη εἰδωλολατρεία. ST. CHRYSOSTOME, que le P. *Ceillier* tâche de mettre dans son parti, dit formellement, que *c'est le* DIABLE *qui a introduit le Culte des Anges, par envie pour l'honneur que les Hommes ont de s'adresser à* DIEU: Que les *Anges*, les *Archanges*, les *Chérubins*, bien loin de recevoir de tels hommages, *les rejettent, comme injurieux à l'honneur de leur Maitre* &c. Διὰ ταῦτα ὁ Διάβολος τὴ τ̇ Ἀγγέλων ἐπινόησε, βασκαίνων ἡμῖν τῆς τιμῆς. Τ̇ Δαιμόνιον τοιαύται αἱ ἐπῳδαί... ἐπεὶ οἰδὲ αὐτοι αἱ Δυνάμεις καταδέξονται, ἀλλὰ καὶ ἀποσίσονται, ὅταν ἰδωσι τ̇ Δεσπότην ἀπιμαζόμενον &c. Homil. IX. in Coloss. Tom. IV. pag. 139. Ed. Eton. Savil.

(2) Ἡ οἷ⊙ τις ἐνέχθη, μένει, ἢ ἐφ᾽ ἱνὶ γάμῳ. ὁ γὰρ δεύτερ⊙, εὐπρεπὴς ἰσὶ μοιχεία. ὅς γὰρ ἂν ἀπολύσῃ, φησὶ, τὴν γυναῖκα αὐτῶ, καὶ γαμήσῃ ἄλλην, μοιχᾶται. Ὅτι ἀπολύειν ἐπιτρέπων εἰς ἔπειτα

avoir obtenu le titre de *Saint*, & que ce titre s'aquéroit à bon marché : enfin, que la prospérité de l'Eglise, comme elle n'est pas une marque de sa vérité, n'est pas non plus le tems où il faut s'attendre de trouver moins d'Erreurs & de Pratiques superstiticuses. Et cela étant, faut-il s'étonner, que la même chose soit arrivée par rapport aux régles de la Morale, dont l'étude demande beaucoup d'attention & de jugement, pour en connoître les vrais principes, & les appliquer par de justes conséquences ? Les idées d'*Athénagoras*, & de tant d'autres Péres, sur les *Secondes Nôces*, en sont une bonne preuve, comme nous allons le montrer présentement.

§. VI. Voici le passage tout entier. *Chacun de nous*, dit *Athénagoras*, (2) *ou demeure tel qu'il est venu au monde, ou ne se marie qu'une fois. Car les Secondes Nôces sont un honnête adultére.* En effet, celui qui répudiera sa Femme, & en épousera une autre, commet adultére, *dit le Seigneur ; ne permettant ni de répudier une Femme à qui l'on a fait perdre sa virginité, ni d'en épouser une autre. Car celui qui se dépouille d'une prémiére Femme, quoi que morte, est adultére d'une maniére cachée, en ce que non seulement il fait quelque chose de contraire à l'ouvrage de Dieu (car au commencement Dieu créa un seul Homme & une seule Femme) mais encore il sépare la chair d'avec la chair à laquelle elle étoit unie par une société pour la conjonction des deux Sexes.* Pour peu qu'on fasse attention à la force des termes, & à toute la teneur de ce passage, on conviendra que j'avois fait grace à l'Auteur, de n'en rapporter qu'une petite partie.

§. VII. Chacun *de nous ou demeure tel qu'il est venu au monde* &c. Voilà qui ou ne signifie rien, ou insinue une fausse idée. *Athénagoras* doit avoir raisonné sur ce principe, Que l'état de Virginité étant celui où les Hommes se trouvent en venant au monde, le Mariage a quelque chose de contraire à la destination du Créateur, ou du moins n'y est pas aussi conforme. Le prémier est manifestement faux, puis que la différence des Séxes, qui paroît dès le moment de la naissance, montre d'abord par elle-même que les Hommes sont faits pour le Mariage. L'autre n'est pas moins insoûtenable, quoi que St. Ambroise l'ait soutenu (3) tout ouvertement. *Quand une Vierge*, dit-il, *perd sa Virginité, dans le Mariage, elle perd ce qui lui est propre, en le mêlant avec quelque chose d'étranger. Nôtre vrai état est celui où nous naissons, & non pas dans lequel nous passons par un changement : c'est celui, que nous avons reçû du Créateur, & non pas celui où nous entrons par le Mariage.* Mais l'union des deux Séxes étant nécessaire pour la conservation du Genre Humain, que Dieu s'est sans doute proposée, il s'ensuit, au contraire, que généralement parlant un Mariage

---

ἔπαυσε τις τὴν πορθνείαν, ὅτι ἐπιζαμέν. ὁ γὰρ ἀπωτερῶν ἑαυτὸν τῆς προτέρας γυναικὸς, κἂν ἡ τέθνηκε, μοιχός ἐςι παρακεκαλυμμένος, παραβαίνων μὲν τὴν χεῖρα τῇ Θεῷ (ὅτι ἐν ἀρχῇ ὁ Θεὸς ἕνα ἄνδρα ἔπλασε, καὶ μίαν γυναῖκα) λύων δὲ τὴν σύρκα πρὸς σάρκα κατὰ τὴν ἕνωσιν, ἐπὶ μίξιν τῷ γένες κοινωνίαν. Legat. Cap. XXVIII. Mr. de Tillemont est si éloigné d'aller chercher ici de quoi faire l'apologie d'*Athénagoras*, qu'il dit, que *la maniére dont il parle des Secondes Nôces peut donner lieu de craindre*,

qu'il n'ait été engagé dans le parti des *Montanistes*, qui commençoient alors à troubler l'Eglise. Memoires pour l'Hist. Eccl. Tom. II. Part. II. pag. 279. Ed. de Bruxel.

(3) *At vero, quum usu conjugii juvencula defloratur, amittit quod suum est, quando ei miscetur alienum. Illud ergo verum, quod nascimur, non in quod mutamur : quod à Creatore accepimus, non quod de contubernio adsumpsimus.* Ad Virgin. Exhort. col. 120. B. Ed. Paris. 1569.

ge honnête est plus conforme à la Nature & aux desseins du Créateur, que la Continence ou le Célibat. Et de là vient que Nôtre Seigneur représentant la différence de l'état où les Hommes seront dans la Vie à venir, d'avec celui où ils se trouvent ici bas par un effet de leur constitution naturelle, dit (a), qu'*après la Résurrection, on ne se mariera point, mais qu'on sera comme les Anges de* DIEU, *qui sont dans le Ciel.* ATHENAGORAS prétend ailleurs (1), que *le Célibat unit davantage les Hommes avec* DIEU. Si cela est, comme chacun doit ne rien négliger de ce qui peut entretenir ou augmenter son union avec DIEU, chacun devra aussi aspirer au Célibat. Or, si chacun en (2) usoit ainsi, que deviendroit le Genre Humain? On dira peut-être, que la Continence est un don de DIEU, & que, ce don étant rare, ceux qui ne l'ont pas, sont par là autorisez à se marier. Mais cette rareté même est une preuve, que l'état du Mariage convient mieux en général aux desseins du Créateur; autrement il faudroit bien appeller au Célibat, d'une maniére ou d'autre, un plus grand nombre de gens. Je n'en dirai pas davantage là-dessus, me reservant à traiter plus amplement la matiére, sur l'article de (b) ST. CYPRIEN. Voions l'autre alternative d'*Athénagoras*.

§. VIII. OU *ne se marie qu'une fois; car les Secondes Nôces sont un honnête adultére.* Je demande à tout Lecteur raisonnable, si ces paroles & en elles-mêmes, & comparées avec la suite du discours, ne représentent pas les Secondes Nôces comme aiant de leur nature quelque chose de mauvais, & si une personne, qui feroit profession ouverte de les regarder sur ce pié-là, pourroit s'exprimer plus clairement & plus fortement. On ne devineroit jamais, comment le P. *Ceillier* se tire d'affaires. Il faut bien, dit-il, qu'*Athénagoras*, & les autres Péres de l'Eglise, (c) *reconnussent que les Secondes Nôces étoient permises & licites, puisqu'ils ne les auvoient pas appellées* honnêtes: *car ce qui est honnête, est aussi permis.* Mais le mot d'*honnête*, joint à quelque autre, qui donne l'idée d'un Crime, peut-il signifier qu'on regarde la chose comme innocente? Rien n'est plus commun dans le langage ordinaire, & dans toutes les Langues, que de qualifier *honnêtes*, ou de quelque autre épithéte semblable, des choses que l'on veut faire entendre n'en être pas moins criminelles, pour être autorisées par les Loix, ou par l'usage, & pratiquées communément sans deshonneur selon le monde. LACTANCE, parlant des Guerres injustes que les *Romains* entreprenoient par ambition (3), dit qu'*ils faisoient des* INJUSTICES LEGITIMES. Prétendoit-il donc, que ces Guerres étoient véritablement *permises?* Le Philosophe SENEQUE, dans un endroit où il peint vivement les mœurs corrompuës de son siécle, reproche aux Dames Romaines, que (4) *l'Adultére étoit* LA PLUS HONNETE *maniére de Fiançailles*, par laquelle elles se fraioient le chemin à un nouveau Mariage. A-t-il voulu donner

(a) *Matth.* XXII, 30.

(b) *Chap.* VIII. §. 12, & *suiv.*

(c) *Pag.* 41.

(1) Ἐι δὲ τὸ ἐν παρθενίᾳ καὶ ἐν εὐνουχίᾳ μεῖναι μᾶλλον παρίστησι τῷ Θεῷ &c. Cap. XXIX. pag. 129. Ed. Oxon.

(2) C'est la raison pourquoi quelques-uns de la Secte des *Esséniens*, quoi que d'ailleurs fort auſtéres, diſoient, qu'il ne falloit pas s'abstenir du Mariage: Μέχεσον γὰρ ὑπολείπειν οἴοντας τῷ βίῳ μέρος, τὴν διαδοχὴν, τὰς μὴ γαμοῦντας, μᾶλλον δὲ εἰ πάντες τὸ αὐτὸ φρονήσειαν, ἐκλιπεῖν ἂν τὸ γένος τάχιστα. JOSEPH. De Bell. Jud. Lib. II. Cap. VIII. §. 13. *Ed. Hudſ. Lugd. B.*

(3) *Qui* [Populus Romanus] *per Feciales bella indicendo,* & LEGITIME *injurias faciendo, ſemperque aliena cupiendo atque rapiendo, poſſeſſionem ſibi totius orbis comparavit. Verum*

nèr cet Adultére pour innocent? Pas plus que VALERE MAXIME, qui appelle ces fréquens changemens de Mari par des Divorces (5), une *intempérance* LEGITIME. Ainsi lors qu' *Athénagoras* traite les Secondes Noces d'*honnête Adultére*, sa pensée est manifestement, qu'elles ont quelque chose de vicieux en elles-mêmes, quoi qu'elles ne soient pas défendues par les LOIX, ni reputées deshonnêtes, au jugement des Hommes. Les raisons qu'il donne ensuite de cette proposition, ne permettent pas de douter du sens. Si elles sont fausses, & absurdes, cela même rend moins surprenant, qu' *Athénagoras*, qui a été capable de les produire, se soit mis dans l'esprit le principe, à l'établissement duquel il les fait servir.

§. IX. LA prémiére est tirée d'un passage de l'Evangile, entendu & appliqué comme font ordinairement ces *très-saints & très-doctes Interprétes de l'Ecriture*, dont on voudroit que l'Autorité nous servît de régle. Dans ce passage, Nôtre Seigneur condamne le Divorce, que les *Juifs* se permettoient ou sans aucune raison, ou pour des sujets frivoles. Il dit, qu'un Homme, qui répudie ainsi sa Femme (a), & en épouse une autre, commet adultére. Qui auroit cru, que quelcun pût trouver là les Secondes Noces, où l'un des Mariez s'engage après la mort de l'autre, condamnées par nôtre Seigneur, & flétries du nom d'*Adultére*, qui ne sauroit jamais leur convenir, qu'en supposant qu'elles soient absolument défendues? L'Adultére, il est vrai, n'est pas ici palpable, selon *Athénagoras*, mais il n'en est pas moins réel, quoi qu'un peu caché; parce que celui qui se remarie, après la mort de sa Femme, *fait quelque chose de contraire à l'ouvrage de* DIEU, il agit contre la volonté de DIEU, déclarée par la maniére dont il donna naissance au Genre Humain. DIEU ne créa au commencement qu'*un seul Homme* & *une seule Femme*; il ne créa pas plusieurs Hommes & plusieurs Femmes, afin que, l'un ou l'autre venant à mourir, le Survivant trouvât à qui se remarier: Donc les *Secondes Nôces* sont *un honnête* (6) *adultére*. C'est-là sans doute un raisonnement sans réplique. Mais en voici un autre, aussi concluant. Le Marié, qui reste, avoit contracté une Société avec le Défunt, en vertu de laquelle leurs *chairs étoient unies* pour la propagation de l'espéce. En se remariant, il rompt cette Société: il est donc un Infidéle, & un Adultére. Reste à savoir, comment une Société, & une Société de cette nature, qui consiste dans des engagemens purement personnels, peut subsister entre un Vivant & un Mort: & comment accorder cela avec ce que dit ST. PAUL (b), que, *quand un Mari est mort, sa Veuve est dégagée de la loi qui le lioit à lui*, & qu'*ainsi, si elle se remarie, elle n'est point adultére*.

§. X. LE P. *Ceillier* veut sauver cette raison (c), en l'expliquant ainsi:
Que

(a) *Matth.* XIX, 9.

(b) *Romains*, VII, 3.

(c) *Apolog.* Chap. I. pag. 41.

hi se justos putant, si CONTRA LEGES *suas nihil faciant* &c. Inst. Divin. Lib. VI. Cap. IX. num. 4, 5.

(4) *Hinc* DECENTISSIMUM *sponsaliorum genus*, ADULTERIUM: *& in consensu viduï cœlibatus, nemo uxorem duxit, qui non abduxit.* De Benef. Lib. I, Cap. 9.

(5) *Multorum matrimoniorum experientiam quasi* LEGITIMA *cujusdam intemperantia sig-*

num esse credentes. Lib. II. Cap. I. num. 4.

(6) Mr. BAYLE, dans l'Article d'*Athénagoras*, trouve ici une défense d'épouser aussi un Veuf, ou une Veuve. Note E. *pag.* 369. de la 3. Edition. Ce Pére ne le dit pas formellement: mais on peut le déduire des principes qu'il pose, par la raison alleguée dans le *Dict. Historique & Critique*.

Que les Secondes Nôces ont quelque ressemblance avec l'Adultére, en ce que celui qui se remarie, même après la mort de sa prémiére Femme, rompt en quelque maniére le nœud indissoluble, que le Mariage avoit mis entre lui & sa prémiére Femme, puis que, non-obstant cette union, qui n'aiant fait qu'une même chair du Mari & de la Femme, sembloit devoir toûjours durer; néanmoins le Mari s'unit de nouveau avec une autre Femme. Mais les expressions d'*Athénagoras* n'ont rien qui marque une simple comparaison; & la comparaison seroit toûjours ridicule. Que le *nœud du Mariage* soit *indissoluble*, tant qu'on voudra, comme on le suppose selon les faux principes du *Droit Canon*, qui n'excepte pas même le cas d'*Adultére*; cette indissolubilité ne fournit aucun fondement raisonnable de comparer un homme, qui se remarie après la mort de sa Femme, à celui qui en prendroit une autre, du vivant de la prémiére. Dans le prémier cas, le nœud indissoluble s'évanouït de lui-même; & celui qui se remarie, peut dire, avec la sœur de *Didon*, dans le Poëte Latin (1):

> *D'une nouvelle amour les douces aventures*
> *Troublent-elles les Morts aux noires sépultures?*

Il n'y a plus de *lien*, du moment que l'une ou l'autre des deux choses liées est détruite, ou séparée. L'engagement du Mariage entre deux personnes mortelles, ne sauroit s'étendre au delà de la mort de l'une ou de l'autre. Après tout, une simple comparaison, quand même elle auroit quelque apparence de fondement, n'est pas une raison solide: & cependant on nous la donne pour telle.

§. XI. MAIS on trouve, sinon les mêmes raisonnemens, du moins d'aussi pitoiables, & pour le fond la même idée du vice des Secondes Nôces, dans un grand nombre d'autres Péres. D'où il paroît, quel étoit le tour d'esprit de ces tems-là, & combien aisément les fausses pensées faisoient fortune, sous les apparences de piété dont elles étoient revêtuës. Il n'y a point ici d'adoucissement qui tienne contre la force & l'énergie des expressions. C'est vouloir justifier les Péres en dépit d'eux. Leur Apologiste même en avouë assez, pour me donner gain de cause. *Il* (a) *ne faut pas*, dit-il, *le dissimuler: on trouve dans les prémiers Péres de l'Eglise, sur tout parmi les Grecs, des expressions fort dures au sujet des Secondes Nôces; & si l'on veut prendre à la lettre ce qu'ils en ont dit, sans faire attention à l'esprit qui les animoit, il seroit difficile de ne pas les accuser de n'avoir pas été tout-à-fait exacts sur ce point....* Il (b) *est échappé à leur zéle des expressions un peu fortes*, & (c) *trop aigres.... Quelques-uns* même (d) *semblent avoir cru que les Secondes Nôces renferment à la vérité l'idée d'un adultére, mais que Dieu les aiant permises comme un reméde à l'incontinence des Hommes, cette espéce d'adultere est devenuë par là, honnête & légitime*. C'est le sentiment exprès de l'Auteur de l'Ouvrage imparfait sur Saint Matthieu, qui, bien que faussement attribué à St. Chrysostome, ne laisse pas d'être fort ancien. ,, Les Secondes Nôces, dit cet Auteur (2),
,, sont

(a) Pag. 31.
(b) Pag. 40.
(c) Pag. 32.
(d) Pag. 41, 42.

---

(1) *Id cinerem aut manes credis curare sepultos?*
VIRG. Aen. IV, 34. Les vers François sont de SEGRAIS.

(2) *Apostoli præceperunt secundas adire nuptias, propter incontinentiam hominum. Nam secundam quidem accipere, secundùm præceptum Apostoli est; secundùm autem veritatis rationem*
VERE

„ *sont conformes* au précepte de l'Apôtre, mais selon leur nature c'est une véri-
„ table fornication. Cependant Dieu les aiant permises lors qu'on les contrac-
„ te publiquement, & en la manière qu'il est ordonné, cette fornication de-
„ vient par là honnête & exempte de crime.

§. XII. Voila donc, de l'aveu de mon Censeur, les *prémiers Péres de l'Eglise*, qui, sur un point de Morale des plus faciles à décider, emploient des *expressions trop aigres*, & *fort dures*, en sorte que, pour sauver leur honneur, il ne faut pas prendre *à la lettre* ce qu'ils disent, mais *faire attention à l'esprit* qui les animoit. Sont-ce là de bons Maîtres, & de bons guides? Une personne, qui, pleine pour eux de respect, se mettra à les lire, sans être déja bien instruite, & bien munie contre le sens qui se présente d'abord, le saisira aisément, & pourra s'en entêter si bien, qu'elle ne prendra pas garde aux autres endroits, supposé qu'il s'en trouve, qui corrigent en quelque maniére la dureté des expressions, reconnuë telle par l'Apologiste des Péres, qu'à s'arrêter là, *il seroit difficile de ne pas les accuser de n'avoir pas été tout-à-fait exacts sur ce point*. Ces expressions, dites-vous, *ont échappé à leur zéle*. Tant pis. Il n'y a rien, où l'on doive être si fort en garde contre les excès du Zéle. Si l'on n'apporte pas une Raison tranquile à l'examen du Vrai, il est impossible qu'elle soit bien éclairée; & cela a lieu en matiére de Morale, plus que dans toute autre Science. On n'est plus sur ses gardes, dès qu'on se flatte d'agir par un mouvement de zéle. Tout paroît bon alors; & plus on outre les choses, plus on s'en félicite secrétement. On se livre aux idées les plus superficielles, les plus mal liées, les plus étranges, les plus fausses; que l'on regarde ensuite comme des choses sacrées, à quoi l'on feroit conscience de toucher, pour examiner de nouveau sur quel fondement on se les est mises dans l'esprit.

§. XIII. Le P. *Ceillier* nous en fournit lui-même une preuve, tirée d'un Auteur, dont l'Ouvrage, *fort ancien*, a été assez estimé pour passer sous le nom de St. Chrysostôme. Ce Docteur a cru, que *les Secondes Noces renferment véritablement l'idée d'un Adultére*. Mais admirez la solidité & la liaison des principes, sur lesquels il raisonne. Il n'y avoit pas moien de nier formellement, que *les Secondes Nôces soient conformes au précepte de l'Apôtre*, & que Dieu par conséquent *les permette*. Cela ne l'embarrasse pourtant point, & ne l'empêche pas d'y trouver une *vraie fornication*. Pour accorder cette contradiction manifeste, il prétend, que la *permission de* Dieu rend ici la *fornication honnête*. Ainsi un Dieu très-saint permet une chose mauvaise de sa nature, & par là, de deshonnête qu'elle étoit, il la fait devenir honnête. Voilà le Juste & l'Injuste, l'Honnête & le Deshonnête, le Bon & le Mauvais, dépendant d'une volonté de Dieu purement arbitraire! L'Evangile, qui condamne tout ce que Dieu, comme Législateur Politique des anciens *Hébreux*, avoit toléré, ou laissé impuni, *à cause de la dureté de leur cœur*; cet Evangile, selon un Docteur Chrétien, permet expressément des choses d'ailleurs reconnuës deshonnêtes, pourvû qu'on les fasse avec certaines formalitez!

§. XIV.

VERE FORNICATIO *est: Sed dum, permittente Deo, publicè & licenter committitur, fit* HONESTA FORNICATIO. Homil. XXXII.

In Cap. XIX. Matth. Ce passage se trouve cité dans le Droit Canonique, *Caus.* XXXI. *Quæst.* I, Can. 9.

34 TRAITÉ DE LA MORALE

§. XIV. Franchement le nombre des Péres de l'Eglise, qui condamnent les Secondes Nôces, est trop grand, leurs expressions ont trop de rapport ensemble, pour admettre un sens favorable, & pour ne pas donner lieu de croire, que ceux qui se sont exprimez moins durement, que les autres, n'en étoient pas moins au fond dans les mêmes idées, qui se sont introduites de fort bonne heure.

Theophile d'Antioche (1) dit simplement, que les *Chrétiens*, comme tels, gardent la Continence, & *se donnent garde de se marier plus d'une fois*. Mais St. Irenée (2) traite la *Samaritaine* de *Fornicatrice*, pour *s'être mariée plusieurs fois*. Pensée que l'on trouve aussi dans (a) St. Basile, & dans (b) St. Jerome.

(a) Ad Amphiloch. Can. IV.
(b) Contra Jovinian. Lib. I. pag. m 28. D. Tom. II.

§. XV. Clement d'Aléxandrie (3) définit le *Mariage, la* première *union qui se fait, selon la Loi, entre un Homme & une Femme, pour procréer des Enfans legitimes*. Une seconde union n'est donc pas un vrai *Mariage*, selon cette définition. *Chacun de* (4) *nous* (dit-il ailleurs) *a le pouvoir d'épouser, selon la Loi, quelle Femme il veut; j'entends, en premiéres Nôces*. Enfin, il (5) compare les *Secondes Nôces* à l'*Idolatrie*, & il dit, qu'elles sont une fornication, parce que ceux qui se remarient s'éloignent de l'unité, comme ceux qui adorent plusieurs Dieux.

§. XVI. Tertullien, dans son *Apologétique*, répond aux accusations d'impurté intentées contre les *Chrétiens*, que, bien loin de s'abandonner à rien d'approchant (6), *ils bornent même à une seule Femme l'usage naturel du Séxe dans le Mariage*. Quand ce Pére eût donné depuis dans le *Montanisme*, il ne fit que s'exprimer plus fortement sur ce sujet. En vain le P. Ceillier (c) allégue-t-il ici un passage du Second Livre écrit *à sa Femme*, dans lequel *Tertullien* semble reconnôtre *ces secondes alliances pour licites*. Car, dans ce Traité même, il dit (d) des choses fort injurieuses, à la réitération du Mariage: & s'il paroît permettre les Secondes Nôces, ce n'est tout au plus que comme le moindre de deux maux; ainsi que nous le verrons dans (e) l'article de ce Pére.

(c) Pag. 35.

(d) Lib. I. Ad Ux. v. Cap. I, Cap. V.
(e) Chap. VI. §. 30.

§. XVII. Minucius Felix (7) dit, qu'*un Chrétien ou ne se marie jamais,*

---

(1) Παρὰ Χριστιανοῖς σωφροσύνη πάρεστιν, ἐγκράτεια ἀσκεῖται, μονογαμία τηρεῖται, ἁγνεία φυλάσσεται. Ad Autolyc. circa med. J. B. Cotelier rapporte, ou indique, la plûpart des passages, qu'on va voir.

(2) *Miserante Domino Samaritanæ illi prævaricatrici, quæ in uno viro non mansit, sed fornicata est in multis nuptiis.* Lib III. Cap. XVII. Ed *Massuet*. (vulg. 19)

(3) Γάμος μὲν, ὅς ἐστι σύνοδος ἀνδρὸς καὶ γυναικὸς ἡ πρώτη κατὰ νόμον, ἐπὶ γνησίων τέκνων σπορᾷ. Strom. *Lib.* II. *Cap.* XXIII. pag. 502. Ed. Oxon. Potter.

(4) Ἀλλ' ὁ καθ' ἡμῶν, ὃν ἂν βούληται, κατὰ τὸν νόμον γαμεῖν, ἢ πρώτην λέγω γαμεῖν, ἔχει τὴν ἐξουσίαν. Lib III. Cap. XI. p. 544.

(5) Καὶ ὡς εἰδωλολατρεία ἐκ τοῦ ἑνὸς εἰς τὰ πολλὰ ἐπινέμησίς ἐστι Θεοῦ οὕτως ἡ πορνεία, ἐκ

τοῦ ἑνὸς γάμου εἰς τοὺς πολλοὺς ἐστιν ἔκπτωσις. Strom. Lib. III. Cap. XII. pag. 552.

(6) *Christianus ad sexum nec fœmina mutat.* Apolog. *Cap.* XLVI. C'est ainsi que ce passage est expliqué par Rigault, & par Cotelier.

(7) *Unius matrimonii vinculo libenter inhæremus: cupiditatem procreandi aut unam scimus, aut nullam.* Octav. Cap. XXXI.

(8) *Alia sacra coronat univira, alia* multivira, *& magnâ religione conquiritur, quæ plura possit* adulteria *numerare.* Cap. XXIV.

(9) *Nunc vero & secundæ, & tertiæ, & quartæ nuptiæ, ut de pluribus taceam, reperiuntur: & non ignoramus, quòd tale conjugium ejiciet nos de regno Dei.* In Luc. Homil. XVII. Voiez les *Origeniana* de Mr. Huet, Lib. II. Quæst. XIV. §. 3.

(10)

mais, ou ne se marie qu'une fois. Il semble ailleurs (8) faire regarder les Secondes Nôces, comme un *adultére*.

§. XVIII. ORIGENE (9) pose en fait, comme une chose indubitable, que *les Secondes Nôces excluent du Roiaume de* DIEU. Et comme cette défense de se remarier après la mort d'une Femme (10) lui paroissoit d'abord contraire à ces paroles de Nôtre Seigneur; (a) *Si vous étiez Enfans d'Abraham, vous imiteriez les actions d'Abraham,* c'est-à-dire, selon lui, *toutes les actions de ce Patriarche, qui cependant épousa une autre Femme dans sa vieillesse;* il se tire d'affaires, en disant, que toute l'Histoire d'*Abraham* est allégorique, de sorte que nous devons faire *spirituellement,* ce qu'il a fait corporellement.

(a) Jean, VIII, 39.

§. XIX. SAINT BASILE, parlant de ceux qui ont épousé plus de deux Femmes, dit, que (11) *cela ne s'appelle plus un Mariage, mais une* POLYGAMIE, *ou plûtôt une* FORNICATION *mitigée.*

§. XX. SELON la pensée de GREGOIRE de Nazianze (12), *un prémier Mariage est légitime: un second se permet par indulgence: un troisiéme est une iniquité: un quatriéme ne convient qu'à des Pourceaux.*

§. XXI. POUR ce qui est de SAINT JEROME, ce Pére est si plein d'invectives contre les Secondes Nôces, qu'on pourroit en faire un gros Recueil. Contentons-nous d'en donner quelque échantillon. (13) *L'Apôtre* (dit-il) *a été contraint de permettre* (b) *aux Jeunes Veuves de se remarier, de peur de la fornication. Il s'en explique aussi tôt: Déja, dit-il, quelques-unes se sont détournées, pour suivre Satan: D'où il paroît, qu'il ne leur donne pas une couronne, comme si elles étoient debout, mais qu'il leur tend la main, pour les relever de leur chûte. Vous voiez ce que c'est qu'un Second Mariage, on le préfére seulement à une prostitution publique:* Parce que quelques-unes se sont détournées, pour suivre SATAN. *Si donc une jeune Veuve ne peut, ou ne veut pas garder la Continence, qu'elle prenne un Mari, plûtôt que le Diable. La belle chose, & bien à souhaitter, où il s'agit de choisir, entr'elle & Satan! .... L'Apôtre, en accordant aux Veuves un second Mari, leur en accorde aussi un troisiéme, s'il leur plaît, & un vingtiéme, pour leur apprendre, qu'on ne veut pas tant leur donner des Maris, que leur retrancher des Adultéres. ...*

(b) I. Timoth. V, 11, & suiv.

(10) Μήτε μετὰ τὴν τελευτὴν τῆς μεμνηςευμένης ἐν γήρᾳ ἄλλην γυναῖκα λαβεῖν, ἢ κατὰ τὸ σωτήριον ὑφήγησιν ἐθέλοντα τίκνον ἀποδειχθῆναι τῷ Ἀβρααμ, ἐκ τῷ ποιεῖν τὰ ἔργα τῷ Ἀβρααμ. σαφῶς καὶ ἐντεῦθεν μανθάνομεν, ὅτι δεῖ πᾶσαν τὴν ἱεραν τ᾽ Ἀβραὰμ ἀλληγοροῦντα ἱερείαν, ἑκαστον πνευματικὸν ποιήσαι τ᾽ πεπραγμένων ὑπ᾽ αὐτοῦ &c. In JOANN. Tom. XXI. pag. 295. A. vol. II. Ed. Huet.

(11) Ὀνομάζουσι δὲ τὸ τοιοῦτον οὐκ ἔτι γάμον, ἀλλὰ πολυγαμίαν, μᾶλλον δὲ πορνείαν κεκολασμένην. Ad Amphiloch. Can. IV.

(12) Τὸ πρῶτον, νόμος· τὸ δεύτερον, συγχώρησις· τὸ τρίτον, παρανομία· ὁ δὲ ὑπὲρ τοῦτο, χοιρώδης &c. Orat. XXXI. pag. 501. A. Tom. I. Edit. Colon. (seu Lips. & Francf.)

(13) *Unde illud Apostoli, quod, fornicationis metu, indulgere compellitur, scribens ad* TIMOTHEUM: Volo adolescentulas nubere &c. Cur indulserit, statim subjecit: Jam quædam declinaverunt post Satanam. Ex quo intelligimus, illum non stantibus coronam, sed jacentibus manum porrigere. Vide, qualia sint secunda matrimonia, quæ lupanaribus præferuntur: Quia declinaverunt &c. Ideo adolescentula vidua, quæ se non potest continere, vel non vult, maritum potius accipiat, quàm Diabolum. Pulchra nimirum, & adpetenda res, quæ Satanæ comparatione suscipitur.... Ita secundum indulgens [Apostolus] maritum, ut & tertium, si liberet, etiam vicesimum, ut scirent sibi non tam viros datos, quàm adulteros amputatos. Ad SALVINAM, De servanda Viduit. pag. 77. B. Tom. I. Ed. Basil. 1537.

res.... CONSIDEREZ *bien*, (dit (1) ailleurs ST. JEROME) *qu'une Veuve, qui a eû deux Maris, quelque vieille, décrépite, & pauvre, qu'elle soit, n'est pourtant pas digne de recevoir les charitez de l'Eglise. Or, si on la prive du pain d'Aumône, combien plus doit-elle être privée du Pain qui est descendu du Ciel, lequel ceux qui mangent indignement, sont coupables d'avoir violé le Corps & le Sang de* CHRIST?

§. XXII. JE ne comprens pas, comment on ose penser à justifier sérieusement des expressions & des pensées, comme celles que je viens de rapporter. Mais ce qui exclut toute interprétation favorable, c'est qu'on n'en est point demeuré à la simple spéculation. La pratique parle. On commença par interdire les *Secondes Nôces* aux *Ecclésiastiques*: & l'on fut ravi de s'y croire autorisé par quelques passages de SAINT PAUL, qui contiennent à la vérité une expression équivoque, mais dont il n'étoit pas difficile de découvrir le vrai sens, si l'on eût fait attention aux circonstances du tems, auquel l'Apôtre écrivoit. Quoi que JESUS-CHRIST eût condamné la licence des Divorces, tolerée par la Loi de MOÏSE, il étoit difficile que les *Juifs* convertis ne se trouvassent pas souvent dans le cas. Il pouvoit même y en avoir, qui avoient en même tems plusieurs Femmes; ce qui, quoi que défendu par le Droit Romain, fut permis aux *Juifs* (a) jusqu'au régne de THEODOSE I. L'Apôtre ordonna donc, qu'on n'admît (b) au ministére de l'Eglise, aucun Homme qui eût ainsi plus d'une Femme, ni aucune Diaconisse, qui eût ainsi plus d'un Mari. Il s'explique ailleurs si clairement (c) sur la permission des Secondes Nôces, après la mort de l'un ou l'autre des Mariez, qu'il n'y avoit aucun lieu à étendre raisonnablement jusques-là ces expressions, *Mari d'une seule Femme*, ou *Femme d'un seul Mari*. Mais, avec le tems, les Docteurs Chrétiens s'étant entêtez de la Sainteté imaginaire d'une Continence ou perpétuelle, ou après le Mariage, & dans le Mariage même; donnérent tête baissée dans une explication conforme à leurs préjugez. Des gens, qui, avec tout leur zéle, avoient le goût si peu critique, & tordoient souvent les passages les plus clairs, n'auroient-ils pas mis à profit l'ambiguité de ceux, dont il s'agit? Ce seroit merveille, qu'ils eussent laissé échapper ce qu'il y a là de spécieux.

§. XXIII. DÈs le *Second Siécle*, ou le commencement du *Troisiéme*, l'exclusion des Ecclésiastiques Bigames, établie sur ce fondement, se trouve rapportée comme 'aiant passé en coûtume. On a là-dessus des témoignages exprès de (d) TERTULLIEN, & (e) d'ORIGENE, auxquels nous en croions sans

(a) Voiez *Leg. VII. Cod. De Judæis &c.*
(b) I. *Timoth.* III, 2, 9, 12. *Tit.* I, 6.
(c) *Rom.* VII, 3. I. *Cor.* VII, 39.

(d) *De exhort. Cast.* CAP. 7. *Ad Uxor.* Lib. I. Cap. 7. *De Monogam.* Cap. II.
(e) *Homil.* XVII. *in Luc.* Cap. XI.

---

(1) *Simulque considera, quòd quæ duos habuit viros, etiamsi anus est, & decrepita, & egens, Ecclesiæ stipes non meretur accipere. Si autem panis illi tollitur eleemosynæ, quanto magis ille panis qui de cœlo descendit, quem qui indignè comederit, reus erit violati corporis & sanguinis Christi.* Contra Jovinian. Lib. I. pag. 28. D. Tom. II.

(2) Il prive un Evêque du pouvoir d'ordonner, si le sâchant il a admis un Ecclésiastique, qui a épousé une Veuve, ou une Femme répudiée, ou une seconde Femme: *Ordinandi potestate privetur Episcopus, si sciens ordinaverit eum Clericum, qui viduam, aut repudiatam, uxorem duxerit, aut secundam.* Can. LXIX.

(3.) Voiez les Notes de GUILLAUME BEVEREDGE, sur le XVII. des CANONS APOSTOLIQUES; & les *Antiquitez Ecclésiastiques* de Mr. BINGHAM, Liv. IV. Chap. V.

(4) Voiez le docte SELDEN, *De Uxore Hebr.* Lib. II. Cap. XXIV. Il y a là-dessus un passage exprès de ST. CHRYSOSTÔME, Orat.

fans peine, fur un fimple fait de cette nature; fans recufer même les (a) CA- (a) *Can.* XVII.
NONS APOSTOLIQUES, qui, bien que fauffement attribuez aux Apôtres,
femblent être d'une grande antiquité. Le IV. *Concile* de (2) CARTHAGE,
tenu fur la fin du IV. Siécle, & plufieurs autres depuis, renouvellérent les
défenfes; & la pratique fe confirme de plus en plus, par le témoignage des
Péres de ces tems-là. Tout ce qu'il y a, c'eft (3) qu'elle ne fut pas univer-
felle, & qu'entre ceux même qui l'adoptérent, on varia fur le tems, auquel
un Paien converti, qui demandoit l'Ordination, avoit eû deux Femmes: quelques-uns fe contentent, qu'il ne les eût pas euës depuis fon Bâtême; & d'autres étendant les défenfes jufqu'au tems qui précédoit fa Converfion. Il ne
fut pas même permis aux Eccléfiaftiques, d'époufer une Veuve; comme il
paroît par le Concile de *Carthage*, dont je viens de parler.

§. XXIV. MAIS on étoit en trop beau chemin, pour en demeurer là.
On flétrit enfin, autant qu'on pût, les Secondes Nôces des *Laïques*; & on
impofa quelque Pénitence à ceux qui ne fe contentoient pas des prémiéres.
L'*Eglife Gréque*, fur tout, fignala ici fon zéle. Ceux qui fe marioient en fe-
condes Nôces, étoient privez (4) de la Couronne, qu'on mettoit fur la tête
des Mariez. Le *Concile de* NEOCESARE'E, tenu en l'année CCCXIV. défend aux (5) *Prêtres, de fe trouver aux Feftins de Nôces des Bigames,* de peur
que, par leur préfence, ils ne paroiffent approuver de tels Mariages, pour
lefquels, dit-il, les Mariez doivent faire pénitence. Peut-être en étoit-ce une
pour plufieurs Prêtres. Le refus de la Bénédiction Sacerdotale étoit, à plus
forte raifon, ordonné en ces cas-là; & il (6) s'introduifit enfuite chez les
Latins. La Pénitence, qui confiftoit à être fufpendu de la Communion, crois- (b) Voiez *St.*
foit, à proportion du nombre (b) de Mariages. On en vint à perfuader à *Bafil.* ad Am-
l'Empereur BASILE *le Macedonien*, d'ordonner (7) que les *Quatriémes Nôces* philoch. *Can.*IV.
fuffent déclarées *nulles*, & les *Enfans*, qui en étoient nez, *bâtards*. Un (8)
Patriarche de *Conftantinople* excommunia l'Empereur LEON, furnommé *le Philofophe*, qui n'aiant point de Succeffeur, fe remarioit avec *Zoé*, en quatriémes
Nôces.

§. XXV. SI tout cela ne fuffit pas, pour prouver clairement, que les Péres de l'Eglife des prémiers Siécles concevoient les Secondes Nôces, comme
aiant de leur nature quelque chofe de mauvais; je ne fai ce qu'il faudroit, pour
convaincre les gens, qu'un Auteur, dont on ne peut favoir les fentimens que
par des Ecrits anciens, a été dans telle ou telle penfée. L'Apologifte des Péres

Orat. II. *Ad junior. Viduam*, Tom. VI. pag. 306. Edit. *Eton. Savil.*

(5) Πρεσβυτέρους εἰς γάμους διγαμούντων μὴ ἐστιᾶσθαι ἐπὶ μετανοίαν ἀπαιτοῦντος τοῦ διγάμου, τίς ἔσται ὁ πρεσβύτερος, ὁ διὰ τῆς ἑστιάσεως συγκατατιθέμενος τοῖς γάμοις; Can. VII. On trouve ce Canon traduit dans le DROIT CANONIQUE, Cauf. XXXI. Quæft I. Cap. 8.

(6) *Nemo enim cum fecunda* (Uxore) *benedicitur,* dit l'Auteur du Commentaire, attribué à SAINT AMBROISE, in I. TIMOTH. III, 12. Voiez les réflexions de Mr. DE BEAUSOBRE, fur un autre paffage de cet Auteur, dans la BIBLIOTHEQUE GERMANIQUE, Tom. III pag. 37. Joignez-y SELDEN, *de Uxore Hebr.* Lib. II. Cap. XXVI.

(7) *Jur. Graco-Rom.* pag. 86, 498. Voiez COTELIER, fur les *Conftitutions Apoftoliques*, Lib. III. Cap. 2. *Patr. Apoft.* Tom. i. pag. 278, 279. *Ed Amft.* 1724.

(8) *Nicolas le Myftique:* Voiez ZONARE; in *Leon.* CEDREN. pag. 495. Ed. Bafil. 1566. LEO Grammat, Cap. V. CUROPALAT. &c.

res n'apporte ici que des preuves aussi foibles, & des idées aussi confuses, que celles dont il a pris la défense. Il confond (a) d'abord la *validité* des *Secondes Nôces*, avec ce qu'il y avoit de *mauvais* & de *vicieux*, selon les Péres, dans *l'engagement* par lequel on les contractoit. Ils n'ont pas osé dire, que de tels Mariages fussent *nuls*. Et qui sait, s'ils ne les auroient pas déclaré tels, sans l'impossibilité manifeste, de s'opposer à l'autorité des Loix? Mais pour ce qui est du *péché* qu'ils trouvoient dans l'acte même de l'engagement, considéré en lui-même, sans distinction d'aucun cas; tous leurs discours, toute leur conduite, montrent clairement, qu'ils l'ont regardé comme inséparable des Secondes Nôces. Et s'ils les ont aussi envisagées comme un obstacle à cette prétenduë perfection Evangélique, qui faisoit, selon eux, l'objet d'un *Conseil;* ç'a été sans préjudice de l'autre raison, bien plus propre au but qu'ils avoient d'empêcher, autant qu'il leur étoit possible, qu'on ne se remariât.

(a) *Apolog*. pag. 40.

§. XXVI. Ainsi on n'avance rien, en nous alléguant quelques endroits, où ces Péres disent, qu'ils ne condamnent pas entiérement les Secondes Nôces. C'est-là ce qu'on peut appeller, avec les Jurisconsultes, *Protestatio facto contraria.* St. Jerome, par exemple, après avoir tant déclamé contre les Mariages réiterez, & les avoir peints des plus noires couleurs, se sauve, en faisant une telle déclaration. Et peut-on la croire bien sincére, ou l'entendre autrement, que selon la distinction que je viens de développer? Vous allez voir, comment il témoigne une espéce de dépit, de ce qu'il est contraint d'admettre tellement quellement les Secondes Nôces: (1) *Je ne condamne pas*, dit-il, *ceux qui se marient pour la seconde fois, ni pour la troisiéme, ni pour la huitiéme. Je dirai plus: je reçois même un Fornicateur pénitent. Il faut peser à la même balance, ce qui est également permis.* N'est-ce pas là ôter d'une main, ce que l'on donne de l'autre? *St. Jérome* fait regarder sans façon les Secondes Nôces comme permises de la même maniére, que les commerces impurs hors du Mariage. Il soûmet sur le même pié à la Pénitence les Fornicateurs, & les Bigames. Il paroît par les passages alleguez ci-dessus, que la permission qu'il donne de se remarier, n'aboutit qu'à empêcher, de deux maux, le plus grand. La Bigamie, selon lui, est moins mauvaise, que la Fornication, mais elle (2) est toûjours mauvaise. Ainsi il vaut mieux être Bigame, que Fornicateur; mais, si l'on faisoit bien, on ne seroit ni l'un, ni l'autre. Il falloit bien trouver quelque expédient, pour ne pas paroître contredire Saint Paul, qui a si clairement permis les Secondes Nôces, mais qui n'a attaché ni aux Secondes, ni aux suivantes, aucune idée de péché que l'on commette en s'y engageant.

§. XXVII. Mais, dit l'Apologiste des Péres (b), *leurs censures & leurs invectives ne tombent que sur l'esprit d'incontinence, qui conduit pour l'ordinaire ceux qui s'engagent plusieurs fois dans le Mariage.* ,, Il y en a, dit (3) St. Chryso-

(b) *Pag.* 39.

(1) *Non damno digamos, immo nec trigamos; &, si dici potest, octogamos. Plus aliquid inferam, etiam scortatorem recipio pœnitentem. Quidquid æqualiter licet, æquali lance pensandum est.* Contra Jovinian. *Lib.* I. pag. m. 29. A. Tom. II.

(2) St. Augustin, en parlant du Mariage, raisonne fort bien, & d'une maniére d'où il s'ensuit que ceux qui regardoient les Secondes Nôces comme un moindre mal, ne pouvoient que les reputer mauvaises de leur nature. *Quod non sic dicimus bonum, ut in fornica-*

sostôme, „ qui, après avoir été mariez, recherchent de nouveau cet état, „ dans la feule vûe de satisfaire leurs passions charnelles. L'*esprit d'incontinence* n'est donc pas *toûjours*, mais seulement *pour l'ordinaire*, le motif qui porte à se remarier. Et cependant on supposoit toûjours ce motif dans ceux qui contractoient des Secondes Nôces, puis qu'on imposoit la Pénitence à tous les Bigames sans distinction. N'y avoit-il pas de l'injustice à punir indifféremment l'Innocent & le Coupable?

§. XXVIII. De plus, je voudrois bien savoir ce que l'on entend par cet *esprit d'incontinence*, par ce *désir de satisfaire des passions charnelles*. Pour moi, il me semble qu'on devroit plûtôt l'attribuer à ceux qui aiment mieux s'exposer aux tentations de la chair hors d'un Mariage honnête, que de s'y engager de nouveau. Effectivement un Voluptueux (4) prendra plûtôt le prémier parti, pour se débarrasser des incommoditez de la Société Conjugale. Celui qui veut se remarier ou peut s'en passer, ou non. S'il ne peut s'en passer, faute d'avoir le don de Continence, il est dans le cas où l'Apôtre lui *permet* non seulement, mais lui *ordonne* de se remarier. Or je demande, quel est le plus grand nombre, de ceux qui ont ce don, ou de ceux qui ne l'ont pas? On doit tomber d'accord, que c'est des prémiers, puis que c'est l'*esprit d'incontinence* qui porte *pour l'ordinaire à s'engager plusieurs fois dans le Mariage*. Ainsi, bien loin de déclamer contre les Secondes Nôces en général, il faudroit plûtôt les recommander, si l'on suivoit le précepte de St. Paul, & le génie de l'Evangile.

§. XXIX. Que si une personne peut à la rigueur se passer d'un Second Mariage, par l'effet de son tempérament & de sa disposition, qui ne lui rend pas fort redoutables les tentations de l'Impureté; cela même la met à l'abri de tout juste soupçon d'un mouvement déréglé, qui la porte à s'engager de nouveau dans une *Société* (a) *honnête pour tous les Hommes*, & nécessaire par elle-même aux vûës du Créateur. L'Apôtre, qui qualifie ainsi le *Mariage*, ne parle point d'un prémier Mariage, à l'exclusion d'un second ou d'un troisième. Il considére le Mariage en général, selon sa nature, qui n'est nullement bornée à des Nôces uniques. Il ne l'oppose qu'à la *Fornication* & à l'*Adultére*. On n'y voit aucune trace de la fausse définition de Clement d'Alexandrie, rapportée (b) ci-dessus.

(a) Hébreux, XIII, 3.

(b) §. 15.

§. XXX. Il n'y a pas de milieu. Ou il faut dire, que l'on fait mal en ne se passant pas de satisfaire un désir innocent de lui-même, ou il faut regarder comme mauvais de sa nature le désir qui porte à se remarier. Le prémier est faux & absurde: car il suffit, au contraire, qu'un désir soit innocent en soi, pour qu'on puisse ou le satisfaire, ou ne pas le satisfaire, comme on le juge à propos, en se tenant dans les justes bornes jusqu'où il demeure tel. Que l'on puisse s'en passer aisément, ou non, cela n'en rend pas la satisfaction moins légi-

---

nicationis comparatione fit bonum: alioquin duo mala erunt, quorum alterum pejus: aut bonum erit & fornicatio, quia est pejus adulterium... & bonum adulterium, quia est pejus incestus &c. De bono Conjug. Cap. VIII. §. 8.

(3) Il parle des Femmes: Ἐισὶ ἣ αἱ ... ἀκρα-

τῶς μόνη κρατούμεναι, ἐπὶ τὰ πρότερα πάλιν ἐπανέρχονται &c. De non iterando Conjugio, Tom. VI. pag. 305. Ed. Savil.

(4) Voiez la *Critique générale de l'Histoire du Calvinisme de* Maimbourg, par feu Mr. Bayle, Lettre IX.

légitime. Or le désir, qui porte à se remarier, est le même qui a porté à se marier pour la prémiére fois: l'un & l'autre vient également du fond de la constitution naturelle des Hommes, sagement établie par le Créateur pour la conservation du Genre Humain. S'il y a une *incontinence* vicieuse dans celui qui fait rechercher des Secondes Nôces, pourquoi ne diroit-on pas la même chose de celui qui a fait rechercher les prémiéres? La privation de l'usage du Mariage est d'ailleurs, généralement parlant, plus difficile à supporter, pour ceux qui y étoient accoutumez, & qui sont encore d'un âge où le désir n'est pas amorti, que l'abstinence ne l'est, pour ceux qui n'ont pas été encore mariez. Je puis me munir ici de l'autorité (1) de CLEMENT d'*Aléxandrie.*

§. XXXI. LA vérité est, que les Péres de l'Eglise regardoient du moins implicitement le désir du Mariage, second ou prémier, comme aiant par lui-même quelque chose d'impur, & *qui tient de la corruption de nôtre Nature*; ainsi que s'est expliqué nettement l'Auteur de (a) L'ART DE PENSER, en parlant des actions par lesquelles on satisfait ce désir (2). Ils n'osoient cependant avouer la chose tout crûment. D'autant plus qu'il falloit éloigner les soupçons de conformité avec les *Montanistes*, les *Novatiens,* & ceux qui, du tems même des Apôtres, donnérent occasion à SAINT PAUL de (b) condamner d'avance toute erreur injurieuse à l'innocence du Mariage. Peut-être même que ces Hérétiques pressoient les Péres par des conséquences tirées de ce qu'ils établissoient eux-mêmes au sujet des Secondes Nôces, & les réduisoient par là à la nécessité de faire, par rapport aux Prémiéres & aux Secondes, ces aveus si peu d'accord au fond avec leurs idées.

§. XXXII. AINSI un Jurisconsulte Moderne n'a pas eû tant de tort, d'apostropher ainsi SAINT JEROME (3): „ Je vous entends: je ne vous im-
„ pute rien à faux. Vous avez beau vous recrier, vous condamnez les prémié-
„ res Nôces, & les Secondes encore plus. Car tous vos discours vont à com-
„ bat-

(a) I. Part. Chap XIV. pag. 138. *Ed. Amst.* 1697.

(b) I. *Timoth.* IV, 3.

(1) Ὁ δ'αὐτὸς καὶ περὶ ἡδονῆς λόγος. μίγνυσθαι γὰρ ἐν πείρα γινομένος, εἶτα ἀποχέων &c. Stromat. *Lib.* VII. *Cap.* XII. pag. 877. Voiez aussi *Lib.* III. *Cap.* XVI. pag. 558. & là-dessus Mr. POTTER, qui rapporte des passages semblables, de TERTULLIEN, de ST. CYPRIEN, & de ST. JEROME.

(2) Feu Mr. NICOLLE s'expliqua encore plus clairement dans ses *Essais de Morale,* où il dit, qu'encore que le Mariage fasse un bon *usage de la Concupiscence, elle est néanmoins en soi toûjours mauvaise & déréglée.* Tom. III. *Traité de la Comédie,* Chap. III. pag. 206. *Edit. de la Haie.*

(3) *Aperui aures*, HIERONYME*. non tibi obtrector. Proclames, quantum voles: & primas damnas, & magis secundas. Nam sic disputas contra Nuptias: &, more Socratico, concedis quidem verbo, quas rationibus negas.* ALBERIC. GENTIL. De Nuptiis, *Lib.* VI. *Cap.* XXII. pag. m. 564.

(4) *Quòd si objeceris, antequàm peccarent, sexum viri & fœminæ fuisse divisum, & absque* peccato eos potuisse conjungi: *quid futurum fuerit, incertum est.* Contra JOVINIAN. *Lib.* I. pag. m. 37. A. Tom. II.

(5) *Seminaret igitur prolem vir, susciperet fœmina genitalibus membris, quando id opus esset, voluntate motis, non libidine concitatis* &c. De Civit Dei, *Lib.* XIII. *Cap.* XXIV. §. 1. Voiez ce qui précéde, & *De Genesi ad liter.* Lib. IX. Cap. X. §. 16. *De bono Conjugii,* Cap. II.

(6) Ὡς γὰρ ὁ γεωργὸς καταβαλὼν εἰς γῆν τὰ σπέρματα, ἄκμητα περιμένει, οὐκ ἐπισπείρων, καὶ ἡμῖν μέτρον ἐπιθυμίας, ἡ παιδοποιία. Legat. Cap. XXVIII.

(7) Οὐδέ ποτε ᾧ παλαιῶν Ἑβραίων ἐγκύμονι τῇ αὐτοῦ γυναικὶ συνιόντα παρήγγειλεν. Ἐμπαλιν δ' ὁ Μωσῆς, ἐπειδὴ τ̄ ἐγκύων τοὺς ἄνδρας, ἄχρις ἂν ἀποκυήσωσιν &c. Pædagog. *Lib.* II. Cap. X. pag. 225. *Ed. Oxon.* On ne trouve rien de tout cela, ni dans JOSEPH, qui, comme on sait, ajoûte tant de choses à l'Ecriture; ni dans PHILON: quoi que ces deux Auteurs Juifs parlent de l'autre cas, où CLEMENT
d'Aléx-

„ battre le Mariage en général : & fidéle imitateur de la méthode de disputer, „ que suivoit *Socrate*, vous parlez d'une maniére à paroître tenir le Mariage „ pour légitime, pendant que vous le niez par ses raisons. Effectivement, comme l'a remarqué (a) JEAN DAILLE', dans ce Traité *de l'Emploi des Péres*, qui, pour le fond, demeure jusqu'ici au dessus de toute atteinte ; on peut inferer cette idée odieuse du Mariage, de la maniére dont St. *Jérôme* décide la question, *Si, supposé qu'*Adam *&* Eve *fussent demeurez dans l'Innocence, ils se seroient rendus le devoir conjugal* ? Il n'y a pas à balancer là-dessus, quand on est bien convaincu de l'honnêteté entiére du Mariage; que la maniére seule dont (b) MOÏSE en exprime l'institution, établit si clairement. Cependant nôtre Prêtre (4) n'ose se déterminer, craignant sans doute les conséquences qu'on auroit pû tirer contre lui, s'il avoit dit nettement ce qu'il pensoit. SAINT AUGUSTIN se découvre mieux : car, quelque problématiquement qu'il parle sur la maniére dont le Genre Humain se seroit conservé & multiplié, si *Adam* & *Eve* n'eussent point péché; il prétend, que supposé qu'il y eût eû une union des Séxes (5), elle n'auroit été accompagnée d'aucun désir, ni d'aucune sensibilité. SAINT CHRYSOSTÔME (c), & quantité d'autres Péres, ont donné dans de semblables imaginations.

(a) *De Usu Patrum*, Lib. II. Cap. IV. pag. 277.

(b) *Genes.* II; 18, & *suiv*,

(c) *De Virginitate*, Cap. XIV, & *seqq*.

§. XXXIII. UNE autre chose, qui me paroît confirmer l'idée d'impureté, que les Péres concevoient dans le Mariage le plus légitime, c'est que la plûpart en ont borné l'usage à la propagation de l'espéce, regardant comme illicite tout acte du Devoir Conjugal qui ne tend pas là directement. ATHENAGORAS, & CLEMENT *d'Alexandrie*, s'expliquent formellement là-dessus. Le prémier se sert de la comparaison du (6) Laboureur, qui, après avoir semé, attend la Moisson. Le dernier pose d'ailleurs en fait (7), que MOÏSE défendit aux Maris d'avoir commerce avec leurs Femmes enceintes; ce qui ne se trouve nulle part dans le *Pentateuque*, ni directement, ni indirecte-

d'Alexandrie défend aux Maris d'approcher de leurs Femmes, par une raison qui suppose au contraire qu'elles ne sont pas enceintes. Voiez JOSEPH, *Antiq. Jud.* Lib. III. Cap. XII. § 1. Ed. Huds. Lugd. B. & PHILON, *De Legib. Special.* Lib. II. pag. 781. Ed. Paris. Bien loin de là, l'Historien Juif rapporte comme une chose singuliére, que les *Esséniens*, non pas tous, mais ceux d'un certain ordre, n'avoient point commerce avec leurs Femmes enceintes : & cela à dessein de faire voir, qu'ils se marioient, non pour le plaisir, mais pour avoir des Enfans : Ταῖς ᵹ ἐγκύμοσιν ὑκ ὁμιλοῦσιν, ἐνδεικνύμενοι, τὸ μὴ δι᾽ ἡδονὴν, ἀλλὰ τέκνων χρείαν, γαμεῖν. *De Bell.* Jud. *Lib.* II. *Cap.* VIII. § 13. Voilà justement l'idée des Péres de l'Eglise, qui pourroient bien l'avoir prise de là. Pour ce qui est de PHILON, c'est par une bevuë assez plaisante, que COTELIER (à l'endroit que je vais indiquer dans la Note suivante) le cite, comme s'il avoit dit, que le Patriarche *Abraham* fit conscience d'appro-

cher de sa Femme enceinte. Dans le Livre *sur Abraham*, qu'il indique, il s'agit d'*Hagar*, que *Sara* donna à son Mari, pour en avoir de la lignée. Là-dessus PHILON dit, qu'aussitôt que cette Servante fût grosse, le Patriarche s'abstint de tout commerce avec elle, soit par un effet de sa continence naturelle, ou pour témoigner à *Sara*, son Epouse, la considération qu'il avoit pour elle : Ἄχρι ᵹ μόνον ἐγκύμονα γενέσθ͂· γενομένης δ᾽ ὐκ εἰς μακρὰν ἀποσχών, Διὰ τε φυσικὴν ἐγκρατείαν, κ᾽ τὴν τιμὴν, ἣν ἐπένειμε τῇ γαμετῇ. *Lib. De* ABRAHAM. pag. 384, 385. Il n'y a rien là, qui insinuë, que l'abstinence d'*Abraham* fût fondée sur l'état où il avoit mis *Hagar*. PHILON veut seulement faire voir, que ce ne fut point par débauche que le Patriarche eut commerce avec *Hagar*, mais pour plaire à sa Femme, qui vouloit avoir quelque Enfant de leur Servante : à cause de quoi, dès que la Servante fut enceinte, il la laissa-là.

rectement. Il va jusqu'à dire, que cela n'étoit pas non plus permis avant la Loi; & il en donne cette belle raison, que *Moïse* ne fait mention nulle part d'aucun *Hébreu* qui aît rendu le devoir conjugal à sa Femme en cet état-là. On cite (1) encore ORIGENE, ST. CHRYSOSTÔME, ST. JEROME (a), & plusieurs autres Péres, des Conciles mêmes, qui ont condamné un tel usage du Mariage, par un effet de la même prévention.

(a) In Epist. ad Ephes. Cap. V. vers. 25.

§. XXXIV. REMONTONS à la prémiére origine de toutes ces fausses idées. CLEMENT d'*Aléxandrie* l'exprime clairement, dans le passage, que je viens d'indiquer (2). *Ne se proposer*, dit-il, *que le simple Plaisir, même dans le Mariage, c'est une chose contraire à la Loi, injuste, & déraisonnable*. Voilà le nœud de l'affaire. On se figuroit les Plaisirs les plus naturels, comme aiant quelque chose de mauvais en eux-mêmes; & la permission, que DIEU donnoit de les goûter, comme une espéce de *tolérance* & *d'indulgence*, à laquelle l'*infirmité humaine* l'avoit forcé en quelque manière, pour éviter un *plus grand mal*.

§. XXXV. IL ne faut pas s'étonner, après cela, si l'on en est venu à outrer les choses & sur le Mariage, & sur l'usage de tous les Plaisirs en général. Un principe si fécond ne pouvoit que mener, de conséquence en conséquence, aux plus grandes absurditez. L'Evangile veut qu'on *renonce à soi-même*. Ce renoncement mal entendu a été un nouveau prétexte de faire regarder le Christianisme comme détruisant la Nature. De là est née la *Vie Monastique*: de là tant d'austéritez & de mortifications inutiles: de là ces *Vœux de Célibat*, si témérairement formez, & qui, étant mal gardez, ont produit tant de désordres: de là la nécessité du Célibat, imposée enfin aux *Prêtres*, & suivie d'inconvéniens horribles, pour l'éloignement desquels toutes les plaintes & les représentations des Peuples n'ont pû rien obtenir du prétendu Chef de l'Eglise, qui s'en est servi à établir & conserver sa domination.

§. XXXVI. POUR revenir aux *Secondes Nôces*, le P. Ceillier nous allégue (b) une autre raison, capable, à son avis, de justifier les *expressions trop dures & trop aigres* des Péres de l'Eglise, c'est que ces Docteurs *vouloient faire entendre que les Secondes & Troisièmes Nôces ne pouvoient plus avoir une véritable ressemblance au Mariage de Jésus-Christ avec son Eglise, qui est le grand modéle des Mariages Chrétiens*. C'est effectivement un des argumens de (c) TERTULLIEN, de (d) GREGOIRE *de Nazianze*, de (e) ST. JEROME &c. mais qui ne sert qu'à nous fournir une nouvelle preuve de ce qu'on a dit, Que les Péres font flèche de tout bois. Déja, les Comparaisons n'ont par elles-mêmes d'autre fin, que d'illustrer la matière; & elles ne prouvent rien au delà. Mais comment a-t-on pû s'aviser de prétendre, que la chose comparée dût être le mo-

(b) *Apolog.* pag. 51.

(c) *De Monogam.* Cap. VI.
(d) *Orat.* XXXI. pag. 501. A.
(e) *Contra Jovinian.* pag. m. 29. Tom. II.

(1) Voiez les *Origeniana* de feu Mr. HUET, Lib. II. Quæst. XIV. §. 3. & les *Constitutions Apostoliques*, Lib. VI. Cap. XXVIII. avec les Notes de COTELIER, pag. 360. *Patr. Apostol.* Tom. I.

(2) Φιλὴ γὰρ ἡδονὴ, κἂν ἐν γάμῳ παραληφθῇ, παράνομός ἐςι, καὶ ἄδικος, καὶ ἄλογος. Ubi supr. pag. 225.

(3) *Hac idcirco, Domina mi* EUSTOCHIUM, *scribo*. DOMINAM *quippe vocare debeo Sponsam Domini mei*. Puis parlant à la Mére d'*Eustochium*: *Indignaris, quòd nolui Militis esse Uxor, sed Regis? Grande tibi beneficium præstiti*. SOCRUS DEI *esse cœpisti*. HIERONYM. Epist. ad EUSTOCHIUM, *De custodia Virginitatis*. C'est ce que remarque Mr. LE CLERC, sur la II. des nouvelles Epîtres de SULPICE SEVERE,

modéle de l'autre à laquelle on la compare; & que, parce que l'union de Jesus-Christ avec son Eglise est représentée sous l'emblême d'un Mariage, la régle de celle-là soit précisément la régle de celui-ci? Ce seroit plûtôt tout le contraire, si l'on pouvoit (ce qui est ridicule) étendre une Comparaison au delà de la face sous laquelle on envisage la chose comparée, qui est
comme le sujet passif, par rapport à celle d'où la comparaison est tirée. De
plus, le Mariage, aussi ancien que le Monde, peut-il avoir pour régle l'union
mystique de Jesus-Christ avec son Eglise, dont on n'a pû avoir connoissance que par la Révélation de l'Evangile? Enfin, s'il faut presser la comparaison sur ce pié-là, j'en conclurai contre les Péres & leur Apologiste,
qu'ils doivent sans détour reconnoître que les Secondes Nôces sont mauvaises
de leur nature, puis qu'il est impossible, que Nôtre Seigneur ait plus d'une
Epouse, & l'Eglise plus d'un Epoux: de même que, par une fausse conséquence tirée de cette comparaison, l'Eglise Romaine a rendu le Mariage indissoluble, après l'avoir mal-à-propos érigé en Sacrement. De là vient aussi, que
le nom d'*Epouse* de Jesus-Christ, dont les Apôtres ne se servent que
pour désigner toute l'Eglise Chrétienne, est, depuis long tems, affecté aux
personnes de l'un & de l'autre Séxe, qui ont fait vœu de Célibat. Et la mé-
taphore a été poussée (3) jusqu'à appeller une Nonnain, *Ma Maîtresse*; & sa
Mére, *la Belle-Mére de* Dieu.

§. XXXVII. Je crois avoir mis dans une pleine évidence une erreur, qui
tient à d'autres grossiéres, & telles qu'il ne peut qu'en naître une infinité de
semblables. *Athénagoras*, qui m'en a fourni l'occasion, laisse entrevoir assez
clairement des idées outrées sur d'autres sujets. Il fait regarder comme
une chose illicite aux Chrétiens, (4) d'assister au Supplice des Criminels même
justement condamnez; comme si par là on se rendoit complice d'un Meurtre.
Voici ce qu'il dit, en parlant de la pratique des Chrétiens, comme conforme
aux régles de l'Evangile: (5) *Nous méprisons ces choses* (c'est-à-dire, la honte,
les pertes, le dommage) *quoi que communément on y soit si sensible: car non seulement nous ne nous défendons pas contre ceux qui nous frappent, & nous n'intentons
point de Procès à ceux qui nous prennent ou nous enlèvent nos biens; mais nous avons
encore* APPRIS *à présenter aux prémiers une autre partie de nôtre tête, après avoir
reçu d'eux un Soufflet, & à donner aux autres nôtre Manteau, lors qu'ils nous ont
ôté la Tunique.* Voilà les préceptes de l'Evangile pris à la lettre, ou du moins
conçus de telle maniére, qu'on ne peut savoir si *Athénagoras* les a réduits aux
justes bornes de l'expression proverbiale bien expliquée. Il est difficile de ne
pas sentir là une grande conformité avec l'opinion de plusieurs Péres, qui,
comme nous le verrons en son lieu, ont condamné nettement la juste Défense
de

Vere, Cap. II. pag. 551. Not. 3.

(4) Ὅυς γὰρ ἴσασιν ἠδ᾽ ἰδεῖν κὰν δικαίως Φο-
νευόμενον ὑπομείνοντας &c. Legat. Cap. XXX.
Minutius Felix s'explique encore plus
clairement là-dessus: *Nobis homicidium nec videre fas, nec audire.* ,, Il ne nous est permis
,, ni de voir un Meurtre, ni d'en entendre
,, parler. *Octav. Cap. XXX.*

(5) Τούτων [ἐπηρείας, αἰσχύνης, βλάβης]

γὰρ καταφρονοῦμεν, κᾂν τοῖς πολλοῖς δοκῇ σπου-
δαῖά γε ὄντα· ἃ μόνον τῷ μὴ ἀντιπαίειν, ἠδὲ μὴν
δικάζεσθ τοῖς ἄγκσι κὰ ἁρπάζουσιν ἡμᾶς, μεμα-
θηκότες· ἀλλὰ τοῖς μὲν, κὰν κατὰ κόῤῥης παίσυ-
πληκτίζουσι, κ τὸ ἕτερον πωεῖν παρέχειν τ̃ κεφαλῆς μέρος· τοῖς δὲ, ἧ τ̃ χιτῶνα ἀφαιροῦντο,
ἐπιδιδόναι κὰ τὸ ἱμάτιον &c. Legat. Cap. I.
pag. 10. *Ed.* Oxon.

de foi-même & de ses biens; la Guerre, les Procès, sans distinction; les Magistratures, & toute participation au Supplice des Criminels; comme autant de choses absolument incompatibles avec la Sainteté du Christianisme. On peut assûrer, qu'il n'y a presque rien sur quoi les Péres de l'Eglise soient plus d'accord ensemble, que sur des erreurs palpables, ou des maximes outrées.

CHAPITRE V.

Sur ce que l'on a dit de CLÉMENT D'ALÉXANDRIE.

(a) *Préface*, pag. 41, 42.
(b) *Apolog.* pag. 43.

§. I. LE P. *Ceillier* est fort scandalizé du jugement que j'ai porté (a) de l'Ouvrage de CLÉMENT *d'Aléxandrie*, qui a pour titre, le *Pédagogue*. Selon lui, (b) *l'Antiquité Chrétienne n'a rien produit de plus beau que ce Livre.... Après nos Livres Saints, on ne trouve nulle part une Morale si pure... & si bien digerée*. Pour moi, je prends droit sur cet aveu, &, dût mon Censeur me charger encore plus d'injures, qu'il ne fait ici, j'en conclus, que ce n'est donc pas chez les Péres de l'Eglise qu'il faut aller chercher une Morale bien exacte, bien digerée, & bien instructive. Car je soûtiens, que toute personne éclairée, & non prévenuë, qui lira le *Pédagogue* de *Clément*, se convaincra, qu'en général rien n'est plus imparfait, ni plus superficiel; qu'il n'y a presque aucun ordre; que ce Pére ou omet, ou ne fait qu'indiquer en passant des Articles de très-grande importance, pendant qu'il s'étend sur d'autres beaucoup plus qu'il n'étoit nécessaire; que ses raisonnemens sont d'ordinaire vagues, obscurs, embarrassez, fondez ou sur de pures subtilitez, ou sur de vaines allégories, ou sur de fausses explications de passages de l'Ecriture; qu'il jette sur le papier tout ce qui lui vient dans l'esprit, sans s'embarrasser s'il est à propos, ou non, & étalant même quelquefois une érudition fort mal placée; qu'en criant contre les mœurs de son Siécle, il distingue rarement l'usage légitime des choses indifférentes de leur nature, d'avec l'abus le plus criminel; enfin, qu'il débite quelquefois des maximes ou visiblement fausses, ou fort outrées.

§. II. J'IMITERAI ici mon Censeur: &, pour me justifier, je donnerai, à ma maniére, une idée générale des trois Livres du *Pédagogue*. J'y joindrai des exemples de tout ce que je viens de dire, autant que le comporte la nature d'un Extrait. Et malgré la briéveté que je cherche, j'en dirai assez, pour mettre les Lécteurs en état de juger qui a raison de nous deux.

§. III.

---

(1) Ἴασις δὲ τ̄ ὁπαθῶν ἐνθάδε ἔπεται κατὰ τὰς παραμυθίας τ̄ εἰκόνων, ἐπιρρωνύντ@ τ̄ Παιδαγωγοῦ τὰς ψυχὰς, καθάπερ ἠπίοις φαρμάκοις, ὑποδήκαις φιλανθρώποις εἰς τὴν παντελῆ τῆς ἀληθείας γνῶσιν τοὺς κάμνοντας διαιτωμένε. Lib. I. Cap. I. pag. 98. Ed. Oxon.

(2) Feu Mr. DE FENELON, Archevêque de *Cambrai*, met le *Pédagogue* au rang des *Catechéses*. Dialog. sur l'Eloquence, pag. 107. Ed. d'Amst.

(3) J'expliquerai plus bas, § 53. de quelle maniére *Clément* entend cela.

(4) Τὴν ἀκούσιον ἁμαρτίαν, ἀφίλιδον θάνατον ἐσπόσιον μινένειν δ᾽ αὐτὸν λέγει κηλιδοῦντα τὴν ψυ-

DES PERES. Chap. V.

§. III. Je remarque d'abord, que, selon le dessein même de *Clément d'Alexandrie*, il manque ici la prémiére & fondamentale partie de la Morale, je veux dire, les Devoirs qui regardent Dieu directement. Il renvoie (a) là-dessus à son *Exhortation aux Gentils*, dans laquelle néanmoins il s'attache plus à combattre le Paganisme, qu'à établir les fondemens & les principes de la Religion Chrétienne. Il déclare, que le *Pédagogue*, c'est-à-dire, *la Raison*, ou le *Fils de Dieu*, sous la direction duquel il écrit, ne donnera ici que des Préceptes & des Exemples, pour régler les *Actions extérieures* & les *Passions*. Il distingue (1) même ces *Préceptes*, propres à guérir les maladies de l'Ame, des *Instructions exactes*, auxquelles ils servent seulement d'introduction. Ce n'est donc ici qu'une espéce (2) de Catéchisme, ou d'Elémens de Morale, pour les Commençans, mais où l'on trouvera que, sur ce pié-là même, la proportion n'est point gardée; car, dans le détail, ou il y a trop, ou trop peu.

(a) *Lib. I. Cap. I.*

§. IV. Aprés ce préambule, *Clément* entre en matiére, & il remarque d'abord (b), Qu'il n'y a que le *Pédagogue*, ou Nôtre Seigneur Jesus-Christ, qui ait été (3) absolument exemt de Passions Humaines & de Péché. A cette occasion, il dit, que le meilleur est, de ne point pécher du tout, ce qui n'appartient qu'à Dieu: que le second degré de Vertu est, de ne commettre *aucun Péché volontaire*, ce qui est le propre du *Sage*: le troisième, *de ne pas tomber dans un grand nombre de Péchez involontaires*, ce qui convient à ceux qui ont été *bien instruits par le Pédagogue*: le dernier, enfin, *de ne pas demeurer long tems dans le Péché*, & *de se relever bien tôt par la Repentance*. Il ne se met point en peine d'expliquer ce qu'il entend par *Péchez volontaires*, & *Péchez involontaires*. Mais il allégue là-dessus un passage du Livre des (c) Nombres, où Moïse dit, en parlant de ceux qui ont fait vœu de *Naziréat*: *Si quelcun meurt subitement auprès d'eux, la tête de leur vœu sera souillée, & ils se feront raser, le jour de leur purification, ou le septiéme jour* (4). Cette *mort subite*, selon Clément, est *le Péché involontaire, qui souille l'Ame*. Le *Pédagogue* conseille-là de *raser incessamment la Tête*, c'est-à-dire, la *Chévelure d'ignorance*, qui offusque la *Raison*, dont le siége est dans le Cerveau. Au verset 12. *Moïse* dit, que *les jours écoulez avant que le Naziréen fût souillé ne seront comptez pour rien*. Mais nôtre Docteur, trompé par l'équivoque du terme dont la *Version des* Septante (5) se sert, l'a ainsi entendue: *ces jours seront déraisonnables*; ce qui ne fait assurément aucun sens raisonnable. Cependant admirez la conclusion qu'il en tire: *Voilà qui signifie clairement les Péchez contraires à la Raison*. Le reste du Chapitre II. n'est qu'une répétition de ce que *Clément* avoit dit au Chapitre I. de la guérison des maladies de l'Ame: il y ajoûte seulement quelque chose de la remission des Péchez.

(b) *Cap. II. pag.* 99.

(c) *Chap. VI. vers.* 9.

§. V. Dans le Chap. III. il veut prouver, que Dieu *aime les Hommes:*
& ,

Ψυχῶν διὸ κ᾽ τὴν θεραπείαν, ἢ τάχος, ὑποτίθεται, ξυμᾶς πυραχρῆμα τὴν κεφαλὴν συμβελεύων, τὰς ἐπισκοιαζούσας τῷ λογιστικῷ τ᾽ ἀγνοίας κόμας ἀποψήξαι τ᾽ πυρινῶν. *Cap.* II. *pag.* 100.

(5) Καὶ αἱ ἡμέραι αἱ πρότεραι ἄλογοι ἔσονται. Ἄλογος signifie *déraisonnable*; & aussi *ce dont on ne tient compte*. Il saute aux yeux, que le dernier sens est le seul qui convient ici. C'est dommage, que *Clément* n'ait un peu entendu l'Hébreu, où il y a mot à mot: *Ces jours* tomberont, יפלו. Il auroit trouvé là une autre allégorie aussi bien fondée, & la chûte auroit été le *Péché*.

&, sur une chose si claire, il se sert de raisonnemens fort embrouillez. Il déclare pourtant, qu'il y auroit à dire là-dessus pour les *Epoptes*, ou Initiez (1), des *choses subtiles, spirituelles, exactes*, qu'il renvoie ailleurs.

§. VI. IL s'avise ensuite de faire voir, dans le Chap. IV. que JESUS-CHRIST est également le *Pédagogue* des *Hommes* & des *Femmes*. Question fort difficile, & sur quoi, après avoir dit ce qui se présente à chacun (a), il prouve, que le mot d'*Homme* est commun aux deux Séxes. *C'est ainsi* (ajoûte-t-il) *que les Attiques se servent du mot* Παιδάριον, *dans le Genre Commun, pour designer le Mâle & la Femelle*. Là-dessus, il cite un passage du Poëte MENANDRE. Puis il remarque, que le mot d'Ἄρνες, qui signifie *Agneaux*, est aussi du Genre Commun: or, dit-il, DIEU *est nôtre Pasteur; &, sans Pasteur, ni les Brebis, ni rien autre ne peut vivre: par conséquent ni les Enfans sans Pédagogue, ni les Domestiques sans Maître.*

§. VII. DE là *Clément* passe, dans le *Chap.* V. à montrer, que tous les Hommes sont *Enfans*, & qu'ainsi ils ont besoin de *Pédagogue*. A cette occasion, il bat la campagne, sur le mot d'*Enfans* ou de *petits Enfans*, & autres expressions allégoriques, par lesquelles l'Ecriture désigne la simplicité des Fidéles. Tout cela est plein de digressions inutiles, & de passages mal appliquez. Voici, par exemple, une autre remarque Grammaticale, fort curieuse. Après avoir cité ce passage d'un (b) PSEAUME: *Enfans, louez le Seigneur;* & cét autre d'ESAIE (c); *Me voici, & les Enfans, que* DIEU *m'a donnez*: il ajoûte: (2) „ Vous étonnez-vous, que le Seigneur donne ainsi le nom d'*Enfans* aux „ Hommes d'entre les Gentils? Il me semble que vous n'entendez pas le lan- „ gage Attique. Aprenez-le: vous saurez, que, dans cette dialecte, on ap- „ pelle Παιδίσκαι (*Petites Filles*) les Jeunes Filles, belles, bien faites, & de „ condition libre: au lieu que les Esclaves s'appellent Παιδισκάρια, (comme „ qui diroit, *Petites Fillettes*) Et même quand celles-ci sont encore jeunes, & „ qu'on veut les caresser, on les honore du nom de Νεάνιδες (ou *Jeunes Fil-* „ *les*) à cause de la fleur de leur âge tendre. On ne devineroit jamais, comment il fait venir ici une belle allégorie de l'endroit de la GENESE (d) où il est dit, qu'*Abimelech*, Roi de *Guérar*, vit ISAC *qui se jouoit avec* Rebecca. Il est vrai qu'il n'en est pas l'auteur; car il l'a prise de (e) PHILON, Juif, comme le remarque le dernier Editeur. *Clément* applique aux *Enfans*, dont il traite, le mot d'*Isàc*; parce qu'*Isàc* signifie *rire*; & c'est le propre des Enfans, de rire. (3) *Abimelech*, ce Roi curieux, *est une Sagesse au dessus de celle du Monde. Rebecca*, est la Patience. Or cette *Sagesse étoit attentive à considerer le mystére du jeu. O sage jeu!* (s'écrie nôtre Docteur) *ô divin jeu! C'est le même jeu,* qu'HERACLITE *dit que son* Jupiter *joue*. Car qu'y a-t-il, qui convienne mieux à

Marginal notes:
(a) *Pag.* 103, 104.
(b) *Pseaum.* CXIII, 1.
(c) VIII, 18.
(d) XXVI, 7, 8.
(e) *De plantatione Noë*, in fin. *pag.* 238. *Ed. Paris.*

---

(1) Θάτερον εἶδος τ. λόγων, τὸ διδασκαλικόν, ἰσχνόν τέ ἐστι καὶ πνευματικόν, ἀκριβολογίας ἐχόμενον, τὸ ἐποπτικόν. Pag. 102.

(2) Θαυμάζετε ἀκούων τοὺς ἄνδρας τοὺς ἐν Ἔθνεσι, παῖδας διὰ Κυρίου; οὔ μοι δοκεῖς Ἀττικῆς ἐπαΐειν φωνῆς, παρ᾽ ἧς ἐστιν ἐκμαθεῖν, τὰς καλὰς καὶ ὡραίας, ἔτι δὲ καὶ ἐλευθέρας νεανίδας, Παιδίσκας καλουμένας· Παιδισκάρια δὲ, τὰς δούλας

καὶ Νεανίδας δὲ καὶ αὐτάς, πρὸς τὸ ἰθαλὲς τῆς παιδικῆς ἡλικίας, ὑποκοριστικῶς τιμωμένας. Pag. 105. Voilà ce que c'est, que d'avoir étudié à *Athénes*. On y aprenoit de belles choses, pour l'explication de l'Ecriture.

(3) Βασιλεύς μοι δοκεῖ [ὁ περίεργος] Ἀβιμέλεχ ὄνομα αὐτῷ· σοφία τις εἶναι ὑπερκόσμιος κατασκοποῦσα τ. παιδιὰς [c'est ainsi qu'il faut lire

§. III. Je remarque d'abord, que, selon le dessein même de *Clément d'Alexandrie*, il manque ici la prémiére & fondamentale partie de la Morale, je veux dire, les Devoirs qui regardent Dieu directement. Il renvoie (a) là-dessus à son *Exhortation aux Gentils*, dans laquelle néanmoins il s'attache plus à combattre le Paganisme, qu'à établir les fondemens & les principes de la Religion Chrétienne. Il déclare, que le *Pédagogue*, c'est-à-dire, *la Raison*, ou le *Fils de Dieu*, sous la direction duquel il écrit, ne donnera ici que des Préceptes & des Exemples, pour régler les *Actions extérieures* & les *Passions*. Il distingue (1) même ces *Préceptes*, propres à guérir les maladies de l'Ame, des *Instructions exactes*, auxquelles ils servent seulement d'introduction. Ce n'est donc ici qu'une espéce (2) de Catéchisme, ou d'Elémens de Morale, pour les Commençans, mais où l'on trouvera que, sur ce pié-là même, la proportion n'est point gardée; car, dans le détail, ou il y a trop, ou trop peu.

(a) *Lib.* I. *Cap.* I.

§. IV. Aprés ce préambule, *Clément* entre en matiére, & il remarque d'abord (b), Qu'il n'y a que le *Pédagogue*, ou Nôtre Seigneur Jesus-Christ, qui ait été (3) absolument exemt de Passions Humaines & de Péché. A cette occasion, il dit, que le meilleur est, de ne point pécher du tout, ce qui n'appartient qu'à Dieu: que le second degré de Vertu est, de ne commettre *aucun Péché volontaire*, ce qui est le propre du *Sage*: le troisiéme, de ne pas tomber dans *un grand nombre de Péchez involontaires*, ce qui convient à ceux qui ont été bien instruits par le *Pédagogue*: le dernier, enfin, *de ne pas demeurer long tems dans le Péché*, & de se relever bien tôt par la Repentance. Il ne se met point en peine d'expliquer ce qu'il entend par *Péchez volontaires*, & *Péchez involontaires*. Mais il allégue là-dessus un passage du Livre des (c) Nombres, où Moïse dit, en parlant de ceux qui ont fait vœu de *Nazireat*: *Si quelcun meurt subitement auprès d'eux, la tête de leur vœu sera souillée, & ils se la feront raser, le jour de leur purification, ou le septiéme jour* (4). Cette *mort subite*, selon Clément, est le *Péché involontaire*, qui *souille l'Ame*. Le *Pédagogue* conseille-là de *raser incessamment la Tête*, c'est-à-dire, la *Chévelure d'ignorance*, qui offusque la *Raison*, dont le siége est dans le Cerveau. Au verset 12. Moïse dit, que *les jours écoulez avant que le Naziréen fût souillé ne seront comptez pour rien*. Mais nôtre Docteur, trompé par l'équivoque du terme dont la *Version des* Septante (5) se sert, l'a ainsi entenduë: *ces jours seront déraisonnables*; ce qui ne fait assurément aucun sens raisonnable. Cependant admirez la conclusion qu'il en tire: *Voilà qui signifie clairement les Péchez contraires à la Raison*. Le reste du Chapitre II. n'est qu'une répétition de ce que *Clément* avoit dit au Chapitre I. de la guérison des maladies de l'Ame: il y ajoûte seulement quelque chose de la remission des Péchez.

(b) *Cap.* II. *pag.* 99.

(c) *Chap.* VI. *vers.* 9.

§. V. Dans le Chap. III. il veut prouver, que Dieu *aime les Hommes:*
&

ψυχὴν διὸ καὶ τὴν θεραπείαν, ἣ τάχος, ὑποτίθεται, ξυρᾷν παραχρῆμα τὴν κεφαλὴν συμβουλεύων, τὰς ἐπισκιαζούσας τῷ λογισμῷ τ̃ ὑγιείας κόμας ἀποψήξαντας παρειμένας. *Cap.* II. *pag.* 100.

(5) Καὶ αἱ ἡμέραι αἱ πρότεραι ἄλογοι ἔσονται. Ἄλογος signifie *déraisonnable*; & aussi *ce dont on ne tient compte*. Il saute aux yeux, que le dernier sens est le seul qui convient ici. C'est dommage, que *Clément* n'ait si peu entendu l'Hébreu, où il y a mot à mot: *Ces jours* TOMBERONT, יִפֹּלוּ. il auroit trouvé là une autre allégorie aussi bien fondée, & la chûte auroit été le *Péché*.

46 TRAITÉ DE LA MORALE

&, fur une chose si claire, il se sert de raisonnemens fort embrouillez. Il déclare pourtant, qu'il y auroit à dire là-dessus pour les *Epoptes*, ou Initiez (1), des *choses subtiles, spirituelles, exactes,* qu'il renvoie ailleurs.

§. VI. IL s'avise ensuite de faire voir, dans le Chap. IV. que JESUS-CHRIST est également le *Pédagogue* des *Hommes* & des *Femmes* Question fort difficile, & sur quoi, après avoir dit ce qui se présente à chacun (a), il prouve, que le mot d'*Homme* est commun aux deux Séxes. *C'est ainsi* (ajoûte-t-il) *que les Attiques se servent du mot* Παιδάριον, *dans le Genre Commun, pour designer le Mâle & la Femelle.* Là-dessus, il cite un passage du Poëte MENANDRE. Puis il remarque, que le mot d'Ἄρνες, qui signifie *Agneaux*, est aussi du Genre Commun : *or,* dit-il, DIEU *est nôtre Pasteur; &, sans Pasteur, ni les Brebis, ni rien autre ne peut vivre: par conséquent ni les Enfans sans Pédagogue, ni les Domestiques sans Maître.*

(a) Pag. 103, 104.

§. VII. DE là *Clément* passe, dans le *Chap.* V. à montrer, que tous les Hommes sont *Enfans,* & qu'ainsi ils ont besoin de *Pédagogue*. A cette occasion, il bat la campagne, sur le mot d'*Enfans* ou de *petits Enfans*, & autres expressions allégoriques, par lesquelles l'Ecriture désigne la simplicité des Fidéles. Tout cela est plein de digressions inutiles, & de passages mal appliquez. Voici, par exemple, une autre remarque Grammaticale, fort curieuse. Après avoir cité ce passage d'un (b) PSEAUME : *Enfans, louez le Seigneur ;* & cét autre d'ESAÏE (c) ; *Me voici, & les Enfans, que* DIEU *m'a donnez.* il ajoûte : (2) ,, Vous étonnez-vous, que le Seigneur donne ainsi le nom d'*Enfans* aux ,, Hommes d'entre les Gentils ? Il me semble que vous n'entendez pas le lan-,, gage Attique. Aprenez-le : vous saurez, que, dans cette dialecte, on ap-,, pelle Παιδίσκαι (*Petites Filles*) les Jeunes Filles, belles, bien faites, & de ,, condition libre : au lieu que les Esclaves s'appellent Παιδισκάρια, (comme ,, qui diroit, *Petites Fillettes*) Et même quand celles-ci sont encore jeunes, & ,, qu'on veut les caresser, on les honore du nom de Νεάνιδες (ou *Jeunes Fil-*,, *les*) à cause de la fleur de leur âge tendre. On ne devineroit jamais, comment il fait venir ici une belle allégorie de l'endroit de la GENÈSE (d) où il est dit, qu'*Abimelech*, Roi de *Guérar*, vit ISAC *qui se jouoit avec* Rebecca. Il est vrai qu'il n'en est pas l'auteur; car il l'a prise de (e) PHILON, Juif, comme le remarque le dernier Editeur. *Clément* applique aux *Enfans*, dont il traite, le mot d'*Isâc*; parce qu'*Isâc* signifie *rire*; & c'est le propre des Enfans, de rire. (3) *Abimelech,* ce Roi curieux, *est une Sagesse au dessus de celle du Monde. Rebecca,* est *la Patience*. Or cette *Sagesse étoit attentive à considerer le mystére du jeu. O sage jeu!* (s'écrie nôtre Docteur) *ô divin jeu!* C'est le même jeu, qu'HÉRACLITE *dit que son* Jupiter *joue*. Car qu'y a-t-il, qui convienne *mieux à*

(b) *Pseaum.* CXIII, 1.
(c) VIII, 18.

(d) XXVI, 7, 8.

(e) *De plantatione Noë*, in fin. pag. 238. Ed. Paris.

un

---

(1) Θάτερον εἶδος τ̃ λόγων, τὸ διδασκαλικὸν, ἰσχνόν τέ ἐστι καὶ πνευματικὸν, ἀκριβολογίας ἐχόμενον, τὸ ὑποπτικόν. Pag. 102.

(2) Θαυμάζετε ἀκούων τοὺς ἄνδρας τοὺς ἐν ἔθνισι, παῖδας τῷ Κυρίῳ· ἔμοι δοκεῖς Ἀττικῆς ἐπαΐειν φωνῆς, παρ᾽ ἧς ἐστιν ἐκμαθεῖν, τὰς καλὰς καὶ ὡραίας, ἐπ᾽ ᾗ καὶ ἐλευθέρας νεανίδας, Παιδίσκας καλουμένας· Παιδισκάρια δ᾽, τὰς δούλας

καὶ Νεανίδας δ᾽ καὶ αὐτὰς, πρὸς τὸ εὐθαλὲς τῆς παιδικῆς ἡλικίας, ὑποκοριστικῶς τιμωμένας. Pag. 105. Voilà ce que c'est, que d'avoir étudié à *Athènes.* On y apprenoit de belles choses, pour l'explication de l'Ecriture.

(3) Βασιλεύς μοι δοκεῖ [ὁ περίεργος·] Ἀβιμέλεχ ὄνομα αὐτῷ· σοφία τις εἶναι ὑπερκόσμιος κατασκοποῦσα τ̃ παιδιὰς [c'est ainsi qu'il faut
lire

DES PERES. Chap. V.

un homme sage & parfait, que de jouer & de se réjouïr avec la patience des belles choses, & la pratique de l'Honnête, en célébrant des Fêtes avec Dieu? Pour ne pas demeurer en reste, *Clément* ajoûte de son chef une autre allégorie, par laquelle il trouve qu'*Abimelech, regardant par la fenêtre,* est Jesus-Christ, *nôtre Roi, qui regarde du Ciel nôtre ris, c'est-à-dire, nos actions de graces, nôtre bénédiction, nos transports de joie* &c. (4) *Mais, où étoit la Fenêtre, par laquelle le Seigneur se montroit? C'étoit sa Chair, par laquelle il s'est manifesté.*

§. VIII. Clement emploie le Chap. VI. qui est fort long, à refuter ceux, qui, du titre d'*Enfans* donné aux *Chrétiens*, inferoient, que la Doctrine de l'Évangile est *puérile & méprisable*. Il faudroit bien suer, pour faire une analyse de tout ce qu'il débite ici, & le réduire à quelque chose qui fît un peu au sujet. Ce qu'il y a d'étrange, c'est qu'à l'occasion du mot de *Lait*, dont St. Paul (a) se sert, il explique au long, comme seroit un Médecin (b), la maniere dont le sang d'une Femme, qui a accouché, se change en lait. Voulez-vous savoir, pourquoi Homere (5) parlant de certains Peuples, qu'il représente comme des *Hommes Justes*, (c) les appelle *Mangeurs de lait?* Nôtre Docteur vous apprendra, que c'est parce que le Poëte a deviné, malgré lui, que la *Raison Eternelle* s'appelle du *Lait* allégoriquement, & que Dieu promet ce *Lait* aux *Justes*. Madame Dacier a oublié d'orner ses Notes d'une si belle prophétie de son Poëte. Pour moi, je ne donnerai guéres plus d'échantillons de pareilles choses : il y en a trop par tout dans le *Pédagogue* ; & cela me meneroit bien loin.

(a) *Galat.* IV, 1, & *suiv.*
(b) Pag. 121, & *seqq.*
(c) *Iliad.* Lib. XIII. vers 6.

§. IX. Au Chap. VII. *Clément* explique ce que c'est que *Pédagogue*, & *Pédagogie*; & de quelle maniere la *Raison* a, selon lui, exercé cet emploi, sous la Loi, & sous l'Evangile. Il débite encore là-dessus des minuties Grammaticales ; & il étale son érudition dans l'Antiquité Profane. S'attendroit-on à trouver ici (d) *Phénix*, Précepteur d'*Achille*; *Adraste*, des Enfans de *Crœsus*; *Léonide*, d'*Aléxandre le Grand*; *Nausithoüs*, de *Philippe de Macédoine* &c. Y chercheroit-on l'origine d'une *Danse*, appellée *Sicinnis*?

(d) Pag. 130, &c.

§. X. Dans les Chapitres VIII. IX. & X. *Clément* tâche de concilier la *Bonté* de Dieu, avec sa *Justice*, par laquelle il menace & il châtie. Ce qu'il y a de solide, est étouffé sous le grand nombre de raisonnemens subtils & embarrassez, & de choses étrangères, qu'il y mêle.

§. XI. Il revient, dans le Chap. XI. à la maniére dont la *Raison* Eternelle a fait l'office de *Pédagogue* sous les deux Dispensations. Dans le XII. il montre encore, comment le *Pédagogue* mêle la sévérité avec la douceur ; & il exhorte à écouter ses leçons, dont la pratique n'est ni impossible, ni trop difficile. Il ne fait qu'indiquer cette derniére proposition, qui lui ouvroit un si vaste champ.

§. XII.

---

life ici, & plus bas pour παιδείας, comme le remarque Mr. Potter] τὸ μυςήριον· Ὑπέρχεται ἣ ἑρμηνεύσειν ὑπισχνοῖτ'. Ὢ τ̃ Φρονίμε παιδιᾶς. καὶ αὕτη ἡ θεία παιδιά. Τοιαύτην τινα παίζειν παιδιάν τ̃ ἑαυτοῦ Διὰ, Ἡράκλητος λέγει. Τί γὰρ ἄλλο ἐυπρεπὲς ἔργον σοφῷ καὶ τελείῳ, ἢ παίζειν καὶ συνευφραίνεσθαι τῇ τῶν καλῶν ὑπομονῇ, καὶ τῇ διοικήσει τῶν καλῶν, συναναπανγυρίζοντα τῷ Θεῷ; Pag. 110, 11.

(4) Καὶ πού ἄρα ἦν ἡ θυρὶς, δι' ἧς ὁ Κύριος ἐδείκνυτο; Ἡ σάρξ, δι' ἧς πεφανέρωται. Ibid.

(5) Εἰκότως Γάλα αὖθις ὑπισχνεῖται τοῖς δικαίοις ὁ Κύριος..... ὁ Λόγος ἀλληγορέμενος Γάλα. Τοιοῦτόν τι καὶ Ὅμηρος ἄκων μαντεύεται, τοὺς δικαίους τῶν ἀνθρώπων, Γαλακτοφάγους καλῶν. Pag. 119.

TRAITÉ DE LA MORALE

§. XII. DE LA il vient, dans le Chap. XIII. à poser ce principe, *Que le Péché est tout ce qui répugne à la droite Raison*. Mais il ne le prouve point par la Raison même. Il se contente d'alleguer quelques définitions vagues des Philosophes. Il déclare nettement (1), sur la fin du Chapitre, qu'il laisse à quartier, comme trop connus, les Préceptes qu'on donne pour vivre honnêtement, en sage Paien; & qu'il ne veut que recueillir en abrégé ceux que l'Ecriture propose, pour parvenir à la Vie Eternelle. Comme si le fond de la Morale Evangélique n'étoit pas le même, & fondé sur les mêmes principes, que la Lumière Naturelle pouvoit fournir aux Paiens, quelque différence qu'il puisse y avoir d'ailleurs pour les motifs de l'observation des Régles!

§. XIII. VOILA en gros le contenu du I. Livre, qui fait plus du tiers de tout l'Ouvrage. *Clément* commence le II. par prescrire la qualité & la quantité des Alimens, dont on doit user. Il dit là-dessus d'assez bonnes choses, qu'il emprunte néanmoins des Philosophes, ou autres Auteurs Paiens, contre (a) *Pag. 165, 166.* la déclaration qu'il venoit de faire. Il se fâche fort (a) contre ceux qui donnoient le nom d'*Agapes* à des Festins ordinaires, quoi qu'il n'y eût point d'excès, & seulement à cause qu'on ne les faisoit pas tout exprès pour l'entretien des Ecclésiastiques & des Pauvres, mais pour se réjouïr ensemble honnêtement. Comme si c'eût été un crime, d'étendre ce nom à des Repas, où l'on pouvoit entretenir d'une autre manière la Charité & la Bonne Union! Il fonde sa censure, sur ce que Nôtre Seigneur ne les a point appellez *Agapes*, mais *Dîner*, *Souper*, ou de quelque autre nom semblable. Mais JESUS-CHRIST (b) Voïez *Jude*, Ep. vers. 12. n'a non plus jamais parlé d'*Agapes*, dont l'usage & le nom ne (b) s'introduisirent qu'après sa mort. A cette occasion, *Clément* se jette sur le Lieu Commun de la Charité envers les Pauvres. Pour ce qui est de l'usage légitime des Alimens & de la Boisson, il le borne si fort à ce que demande la conservation de nôtre Vie, qu'il exclut toute vuë de Plaisir. On diroit, que le Plaisir ou est incompatible avec l'Utilité, ou ne peut jamais être goûté sans elle. Pour détourner de la Gourmandise & de la Friandise, *Clément* se sert entr'autres de cette raison, Qu'il y a un *Démon* particulier, grand glouton, qui préside à la (c) Κοιλιο- δαίμων. Pag. 174. Bonne Chére ou au Luxe de la Table. Il l'appelle (c) *Démon du ventre*, & exhorte à ne pas recevoir un tel Hôte, qui est le plus méchant & le plus pernicieux des Diables. Il met au rang des excès de bouche condamnables, l'usage du *pain blanc*: c'est (2), dit-il, *efféminer & tourner un aliment nécessaire en opprobre de Volupté*.

§. XIV. LA Boisson revient, dans le Chap. II. Après avoir dit, que la (d) *Pag. 177.* naturelle est l'*Eau*, *Clément* remarque, que ce fut (d) celle que DIEU fit sortir du Rocher pour les *Israëlites*, & non pas du *Vin*, parce qu'ils devoient être

---

(1) Ὅσα μὲν οὖν πρὸς τὸ ἐθνικὸν ἔχει διαγγέλλεται ταῦτα καὶ διὰ τοῖς πολλοῖς δεδήλωται· ἃ δὲ πρὸς τὸ εὖ ζῆν ἁρμόττει, ἐξ ὧν τὸ ἀΐδιον ἐκεῖνο περιγίνεται ζῆν, ταῦτα δὴ ἐν ὑπογραφῆς μέρει ἐξ αὐτῶν ἀναλεγομένοις τ῀ Γραφῶν, ἐξέσω σκοπεῖν. Pag. 160.

(2) Ἀλλὰ καὶ τὴν ἔγκολον βρῶσιν, τ῀ ἄρτον, ἐκθηλύνουσι, διαπνέοντες ῀ πυρὶ τὸ τρόφιμον,

ὡς τὸ ἀναγκαῖον τ῀ τροφῆς ὀνειδος γίνεσθαι ἡδονῆς· Pag. 164, 165.

(3) Σώφρονι συμπότῃ Διόνυσος εἷς, ἑνὸς γεωργίου Θεός. τί γὰρ οὐκ ἐπαρκεῖ ὁ ἐπιχώριος ἐπιπληρῶσαι τὴν ἐπιθυμίαν; Εἰ μή τι καὶ τὸ ὕδωρ ἐποιήσαντο, ὡς οἱ βασιλεῖς οἱ ἀνόητοι. Χοάσπης ποταμὸς ὁ τῶν λεγόμενος τ῀ Ἰνδικῆς ἃ κάλλιστον ὕδωρ εἰς πόσιν τῶ Χοάσπιον. Pag. 185.

(4)

DES PE'RES. Chap. V.

être sobres dans le Desert où ils erroient: mais qu'ensuite, lors qu'ils furent en repos, après tant de courses, la *Sainte Vigne* poussa le *Raisin prophétique*, le *grand Raisin*, que les *Espions* apportérent; par où il entend JESUS-CHRIST, pressé pour nous, & son *Sang*, ou le Vin de l'Eucharistie, mêlé avec de l'Eau, selon l'usage de ces tems-là. Il pousse ces idées mystiques; & puis entrant enfin en matiére (a), il représente les effets du Vin sur la Jeunesse, en se servant d'expressions & d'images un peu bien vives, pour ne rien dire de pis. Il défend le Vin aux Jeunes Gens, à cause de cela: il n'en permet l'usage qu'à ceux qui sont en la fleur de l'âge, & aux Vieillards. Il prescrit, de quelle maniére on doit en user, pour éviter l'Yvresse, dont il donne ici, & ailleurs, des descriptions étenduës. Il blâme sans distinction tous ceux qui font venir des Vins agréables de quelque Païs étranger, comme s'il y avoit toûjours du mal à ne pas se contenter de celui qui croît chez nous (3). Par la même raison, il traite d'*insensez* les Rois de *Perse*, qui se faisoient apporter du *Choaspe*, Fleuve des *Indes*, une Eau, qu'ils trouvoient excellente. Il entre ensuite dans un détail des régles de Bienséance qu'il faut observer en prenant le Verre, & avalant la Boisson. Il en donne de particuliéres aux deux Sexes: & il dit (4), que, si le contraire est mal séant à un Homme, à plus forte raison l'est-il à une Femme, *qui doit avoir honte de penser même qu'elle est Femme*. Il passe de là, dans le Chap. III. aux *Vases*, & autres Meubles, dont il fait une longue énumération. Il condamne absolument tout ce qui est d'or, d'argent, ou de quelque autre matiére, dont l'emploi n'est pas nécessaire pour les besoins de la Vie. On n'y trouvera du moins rien qui tende à distinguer le Luxe, d'avec l'usage innocent qu'on peut faire de ces sortes de choses; sur tout quand la Coûtume y a attaché une espéce de bienséance, par rapport aux personnes d'une certaine condition. Voici une raison, dont *Clément* se sert d'abord, pour décrier les Vases d'or & d'argent (5): *Si vous y versez*, dit-il, *quelque liqueur chaude, vous ne pouvez les toucher, sans vous brûler*: *que si la liqueur est froide, la matiére, dont ils sont composez, leur communiquant sa qualité, corrompt la liqueur. Et ainsi une Boisson dans des Vases riches est nuisible*.

(a) Pag. 178. & seqq.

§. XV. LE Chapitre IV. enseigne, comment on peut se réjouïr dans les *Festins*. *Clément* en bannit tout *Instrument de Musique*, & toute *Chanson*: il permet seulement d'y chanter ou de la voix seule, ou sur la Lyre, ou sur le Luth, quelque Cantique Spirituel. Il remarque en particulier, que la *Flûte* convient plus aux Bêtes, qu'aux Hommes. On ne devineroit jamais pourquoi (6): c'est que les Biches se plaisent au son de cet Instrument, par lequel on les attire dans les Filets de Chasse: & que, quand on fait couvrir les Cavales, on leur joüe de la Flûte. Il parle dans le Chap. V. de la maniére dont on doit

rire,

(4) Οὐδεὶς γὰρ ψόγος οἰκεῖος ἀνδρὶ λογικῷ, ἔπι δὲ μᾶλλον γυναικί, ἣ καὶ τὸ συνειδέναι αὐτῇ ἑαυτῇ, ἧπις ἵνη μόνον, αἰσχύνην φέρει. Pag. 186.

(5) Εἴπη γὰρ αὐτοῖς ἐγχέαις τις θερμὸν κεράσματος, διαπυρωμένον τῶν σκευῶν ἐπαφώμενος ἡ λῆψις· εἴπη δ᾽ αὖ ψυχρόν· πάλιν ἐγχέας, μεταδίδως τῇ ποιότητος ἡ ὕλη, λυμαινομένη τὸ κρᾶμα· καὶ ἐςὶν ἐπιβλαβὴς ἡ πόσις ἡ πλουσία. Pag. 188.

(6) Καὶ γὰρ ὡς ἀληθῶς ἡ ἐπιπομπεία τὰ ὄργανα ταῦτα, νηφαλίῳ συμποσίῳ, θηρίοις μᾶλλον, ἢ ἀνθρώποις κατάλληλα, καὶ ἀνθρώπων τοῖς ἀλογωτέροις· τὰς μὲν γὰρ ἐλάφους ταῖς σύριγξι κηλοῦμεν πυρσολαμβάνει, καὶ ἐπὶ τὰς ποδάγρας πρὸς ᾖ κυνηγῶν θηρευομένας, ἄγεται τῷ μέλει· ταῖς δ᾽ ἵπποις μιγνυμέναις, οἷον ὑμέναιος, ἐπαυλοῦντι νόμος αὐλῳδίας &c. Pag. 192.

rire, & composer son visage. Il traite, dans le VI. des *Paroles* & des *Spectacles deshonnétes.* Il continuë, dans le VII. à donner des Régles de Bienséance pour les Festins; & c'est ici qu'il entre dans le plus grand détail.

§. XVI. A cette occasion, il condamne, dans le Chap. VIII. les *Couronnes de fleurs*, & les *Huiles odoriférantes*, dont on regaloit alors les Conviez. Il s'objecte lui-même, au sujet des Parfums (a), que Nôtre Seigneur ne fit pas scrupule de s'en laisser oindre à la Femme pécheresse: mais il se tire d'affaires, en tournant cela en allégorie. A l'égard des Couronnes, il dit (1), qu'elles refroidissent le Cerveau; Que ceux qui les portent, ne sentent ni ne voient les Fleurs qui ne sont faites que pour cela, & dont tout autre usage est pure débauche: Que (b) c'est insulter à la Passion de Nôtre Sauveur, qui a été couronné d'épines: & autres raisons de cette force.

(a) *Pag.* 205.

(b) *Pag.* 214.

§. XVII. Au Chap. IX. *Clément* régle le tems du *Sommeil*, & la maniére dont on doit se coucher. Il ne veut rien ici de précieux, ni de moû (c). Il tourne en exemple à imiter par obligation, ce que *Jacob* (d) fit par nécessité; & il dit, que ce Patriarche fut jugé digne d'une Vision céleste, pendant qu'il avoit une Pierre pour oreiller.

(c) *Pag.* 217.

(d) *Génèse*, XXVIII, 21, & *suiv.*

§. XVIII. Ceci conduit *Clément* à traiter du *Mariage*, dans le Chap. X. Nous avons vû ci-dessus, par occasion (e), qu'il en borne entierement l'usage à procréer lignée; & que tout ce qui ne tend pas directement à cette fin, est, selon lui, illicite. Du reste, en voulant détourner les Chrétiens des diverses sortes d'Impureté, il en fait des peintures si grossiéres, & où la Pudeur est si peu ménagée, que cela seul est plus capable de faire de mauvaises impressions sur l'esprit de la Jeunesse, qu'il veut instruire, que tout l'Ouvrage n'en peut faire de bonnes. On ne comprend pas d'ailleurs, à quoi bon il s'érige en Physicien (f) si mal à propos, sur l'*Hyéne*, par exemple, & sur *l'accouplement des Liévres:* non plus que sur la maniére dont se fait (g) la *Soie*, à l'occasion des *Habits*, dont il vient en suite à parler. Il condamne ici absolument toute *teinture d'Etoffes* (2). C'est, selon lui, une chose & inutile, & qui donne atteinte à la Vérité. Il n'y a que le *Blanc*, qui convienne à la *Candeur* du Chrétien (h): & c'est la couleur des Vêtemens sous lesquels Dieu a paru dans les Visions Prophétiques. Il n'en faut donc point d'autre dans nos Habits; à moins qu'elle ne soit naturelle à la matière de l'Etoffe. Dans le Chap. XI. *Clément* passe à la *Chaussure*. Et dans le XII. ou dernier de ce Livre, il défend de porter aucun *Or*, aucunes *Perles*, aucunes *Pierreries.*

(e) *Chap.* IV. §. 12.

(f) *Pag.* 221, 223.

(g) *Pag.* 234.

(h) *Pag.* 235.

§. XIX. Il commence le III. Livre, par montrer, à sa maniére, que véri-

---

(1) *Pag.* 211. Voiez ce que nous dirons sur l'article de *Tertullien*, Chap. suivant, § 14, & *suiv.*

(2) Παρατηρητέον ᾗ τ̈ βαφῆς τῆς βαφῆς αὐτῇ γ̈ πέρω καὶ τ̈ χρείας, καὶ τ̈ ἀληθείας, πρὸς τῇ καὶ διαβολὴν ἣ ψύχης ἐξανδεῖν ὅτι γὰρ ἡ χρῆσις ὠφέλιμος· ὁ γὰρ πρὸς τὸ κρύος ἔνδετος, ὅτι πρὸς σκέπην ἔχει τι πλεῖον ἐπὶ τὴν ἄλλην ἐσθῆτα, ἢ τ̈ ψόγον μόνον. Pag. 234.

(3) Εἰ δὲ δὲ μίαν εἰκόνα ὁ Μωσῆς παραγγέλλει ποιεῖσθαι τοῖς ἀνθρώποις, ἀνάπηχυον τῇ Θεῷ, πῶς ἂν εὐλόγως ποιοῖεν αἱ γυναῖκες αὐταί, σφῶν κατὰ ἀνάκλασιν ἀπομιμούμεναι τὰς εἰκόνας, εἰς ἢ ἀπόπτωμα τῆς ψευδοποιίας; Pag. 258. Mr. l'Evêque d'Oxford cite ici ce passage de Tertullien: *Jam vero ipsum opus personarum quaero an Deo placeat, qui omnem similitudinem vetat fieri, quanto magis imaginis suae?* De Spectacul. Cap. XXIII. Il s'agit là des Comédiens, que ce Pére condamne, par la raison qu'en

véritable *Beauté* consiste dans la *Vertu*, & non pas dans la *Parure*. Il continuë, dans le Chap. II. à s'étendre là-dessus, & à censurer en détail les excès où les *Femmes* tombent sur cet article. Il déclame, entr'autres, contre l'usage des *Miroirs*, & le fait regarder comme une espèce d'Idolatrie. *Si* Moïse (3), dit-il, *a défendu de représenter* Dieu *par aucune Image, les Femmes peuvent-elles raisonnablement se peindre elles-mêmes dans un Miroir, qui renvoie leur fausse image?*

§. XX. De là il vient aux *Hommes*, dans le Chap. III. & non content de blâmer en eux tout ce qui a quelque chose d'efféminé, il va jusqu'à taxer de crime (a) ceux qui se font *raser* la Barbe. Il y trouve même de l'*impiété* (4), par cette raison, que la *Barbe* distingue le Mâle de la Femelle. Outre que, dit-il, *les Cheveux de nôtre tête sont tous comptez* (b); par conséquent aussi les poils de la Barbe, & de tout le reste du Corps. Il permet seulement ailleurs, d'en couper (c) un peu; ajoûtant, qu'une Barbe entiérement rasée est un fort vilain spectacle. Sur la fin du Chapitre, il parle de la défense de manger du *Sang*, comme d'une Loi Naturelle & immuable (5). *Périssent* (dit-il) *ces Bêtes féroces, qui se nourrissent de Sang. Car il n'est pas permis aux Hommes de manger du Sang, puis que leur Corps n'est autre chose qu'une Chair entretenuë par le Sang.*

(a) *Pag.* 263.
(b) *Matth.* X, 39.
(c) *Cap.* XI. *pag.* 291.

§. XXI. Au commencement du Chap. IV. *Clément* s'apperçoit, que, par ses digressions, il a interrompu la suite de son Ouvrage; & il y revient, en blâmant le grand nombre d'*Esclaves*, qu'on possède, ou qu'on aquiert. Il fait une longue énumération de leurs différens emplois, & de la maniére dont les Femmes abusoient des Esclaves à divers égards. Il blâme aussi l'attachement qu'elles ont à nourrir de *petits Chiens*, des *Perroquets*, & autres sortes d'*Animaux*; pendant qu'elles exposent quelquefois leurs propres Enfans, & qu'elles négligent la Charité envers les Orphelins, & les Vieillards nécessiteux. Il censure, au Chap. V. l'immodestie qu'elles témoignoient dans les *Bains*.

§. XXII. Dans le Chap. VI. il dit un mot de l'usage des Richesses; & il applique aux Chrétiens le paradoxe de la Philosophie Stoïcienne, *Que le seul Sage est riche*, parce que les Biens de l'Ame sont ce qu'il y a de plus précieux. Il revient, dans le Chap. VII. à crier contre les *Voluptez*, & le *Luxe*, pour exhorter les Chrétiens à la Frugalité. Il fait voir, dans le VIII. l'utilité des *Exemples*, pour détourner du Vice.

§. XXIII. Au Chap. IX. il reconnoît encore qu'il a fait des digressions; &

qu'en représentant un personnage étranger, ils péchent contre le second Commandement du Décalogue, qui défend, dit-il, de *faire aucune ressemblance*, & à plus forte raison de Dieu même.

(4) Τὸ ἐν τᾷ ἀνδρώδες φύσεως σύμβολον, τὸ λάσιον, ἐκϑυμεῖν ἀνόσιον... Ἀλλὰ καὶ αἱ τρίχες τῆς κεφαλῆς ὑμῶν πᾶσαι ἠριϑμημέναι, φησὶν ὁ Κύριος· ἠριϑμηνται δὲ καὶ ἐπὶ τῷ γενείῳ, καὶ ἐπὶ ταῖς καὶ αἱ πᾶν' ὅλον τὸ σῶμα. Pag. 263. L'Auteur des Constitutions Apostoliques défend aussi de toucher à la Barbe, parce que c'est un changement contraire à la Nature: Χρὴ ἢ ἐδὲ γενεία τρίχα διαφϑείρειν, καὶ τὴν μορφὴν τῦ ἀνϑρώπου πρὸς φύσιν ἐξαλλάσσειν. Lib. I. Cap. III.

(5) Ὄλοιντο ἂν οἱ ϑῆρες οἱ φυλακτικοὶ, οἷς τὸ αἷμα ἡ τροφή· ἐδὲ γὰρ ϑέμιν αἷμα τοῖς ἀνϑρώποις ϑέμις, οἷς τὸ σῶμα ἐδὲν ἀλλ' ἢ σάρξ ἐστιν αἵματι γεωργουμένη. Ibid. *pag.* 267.

52 TRAITÉ DE LA MORALE

& il revient aux *Bains*, dont il condamne tout usage, qui est purement (1) pour le plaisir, comme *une volupté impudente*. Il ne les permet, que tiédes, & pour la propreté, ou pour la santé, aux Femmes; aux Hommes, pour la santé seulement. Point de (2) *Bains chauds*; parce, dit-il, qu'il y a d'autres moiens de se rechauffer. Dans le Chapitre suivant, il défend toute sorte de Bains aux Jeunes Gens: il veut qu'ils se contentent des Exercices de la Lutte, de la Course, & autres alors communs. Il montre ensuite, que de tels Exercices ne conviennent point aux Femmes, & les renvoie à leur ménage. Aprés quoi il parle des Exercices, qui sont bons pour les Hommes faits.

§. XXIV. Le Chap. XI. n'est presque qu'une répétition de bien des choses déja dites, sur le *Luxe* des *Habits*, sur la *Tempérance*, sur la *Frugalité* &c. *Clément* y parle des *Bagues*, & veut que les Hommes n'en portent qu'au petit doigt (a). Comme on gravoit alors quelque figure sur ces Bagues, qui servoient de Cachet, il défend non seulement d'y représenter des Nuditez, ou quelque fausse Divinité, mais encore une *Epée*, ou un *Arc*, parce que ce sont des Instrumens qui ne conviennent point à la Paix; ou un *Gobelet*, parce qu'il sert à l'Intempérance. Il revient ensuite à la *Chévelure*; à la *Barbe*; aux *Coëffures* des Femmes. Il traite de *grande impiété* (3) l'usage des *Faux-Cheveux*; & cela par des raisons qui devoient lui faire regarder sur ce pié-là les Perruques, si l'usage en eût été commun de son tems. Il y a là, dit-il, de la tromperie. C'est une injure qu'on fait à DIEU, puis qu'on l'accuse de ne nous avoir pas donné une assez belle Chévelure. La Tête de celle, qui porte de faux cheveux, n'est plus la même (4): & ainsi quand le Prêtre, dans quelque fonction de son ministére, impose les mains à une Femme, ce n'est plus cette personne, qu'il bénit, c'est une autre. *Clément* traite aussi des régles de Bienséance, que les Femmes doivent observer dans leurs regards, dans leurs discours, dans leurs gestes, dans leur démarche. Il dit quelque chose, en passant, de la douceur avec laquelle un Maître doit traiter ses Esclaves. Il condamne (5) absolument les *Jeux de Hazard*, comme mauvais de leur nature. Il se déchaine

con-

(a) Pag. 288, 289.

(1) Ἡδέης μὲν ὧν ἕνεκα λούσασθαι, ἀποτρεπτέον· ἄλλως γὰρ τὴν ἀκαταίσχυντον ἡδονὴν ἐκκοπτέον. Pag. 281.

(2) Περιττὸν δὲ τὸ τ' ἁλέας [λυτρόν] ἐξὸν ἢ καὶ ἄλλως ἀποθεραπείας τὰ καταπεπληκὸς ὑπὸ κρύους. Ibid. Voiez une Note de J. B. COTELIER, sur les CONSTITUTIONS APOSTOL. Lib. I. Cap. IX. pag. 211, & seqq. Tom. I. *Patr. Apostolic.* Ed. Amst. 1724.

(3) Ἀλλοτρίων ἢ αἱ προσθέσεις [ou προσθέτεις] τριχῶν, τέλεον ἔκβλητοι· ἀθνείας τι ἐπιεικνυάζειν τῇ κεφαλῇ τὰς κόμας, ἀθεώτατον· τεκερῆς ἐνδιδυσκεάσαις πλοκαμοῖς τὸ κρανίον.... Καταινγίασθω δὲ τ' Κύριον, τὸ ὅσον ἐπ' ἀυταῖς, ἑταιρικῶς κεκοσμημένοις, εἰς ἀπάτην ἀληθείας· καὶ τὴν ὄντως ἰδίαν κομψὴν, βλασφημοῦσι κεφαλὴν. Pag. 291.

(4) Τίνι γὰρ ὁ Πρεσβύτερος ἐπιτίθησι χεῖρα; τίνα ἢ εὐλογήσει; ἦ τὴν γυναῖκα τὴν κεκοσμημένην, ἀλλὰ τὰς ἀλλοτρείας τρίχας, καὶ δι' αὐτῶν ἄλλην κεφαλὴν. Pag. 291.

(5) Κυλυτέα μὲν ἔτι καὶ ἡ διὰ τ' κύβων πικρία· πρὸς δὲ καὶ ἡ διὰ τ' ἀσεργάλων μελέτη πλεονεξίας &c. Pag. 297.

(6) Καὶ ὁ πωλῶν τε ᾦ ὠνούμενος, μήποτε ἴτω δύο τιμὰς ἐπ' ὧν ᾦ ὀνήται ᾗ πιπράσκῃ· ἀπλῆν δὲ εἰπὼν, καὶ ἀληθεύειν μελετῶν, ἄν μὴ τυγχάνῃ ταύτης, τυγχάνειν τ' ἀληθείας, πλωτεῖ, τῇ διαθέσει ὀρθῇ, ἐπαινεῖτω· ἢ ὅρκος περὶ πάντων ᾧ πωλεμίτω ἀπίστω· ἀπίστω ἢ καὶ ἐπὶ τ' ἄλλων ὁ ὅρκος. Pag. 299. Je suis surpris, qu'aucun des Interprétes de *Clément d'Aléxandrie* n'ait remarqué qu'il a eû ici devant les yeux PLATON le Philosophe, & non pas le Poëte, dont le dernier Editeur cite une Sentence Proverbiale, qui avoit, dit-il, passé en proverbe: Ὅρκος περὶ παντὸς ἀπίστω. Voici le passage du Philosophe: Ὁ πωλῶν ἐν ἀγορᾷ ὁπουῶν, μηδέποτε ἴτω δύο τιμὰς ὧν ἄν πωλῇ. ἀπλῆν ἢ εἰπὼν, ἄν μὴ τυγχάνῃ ταύτης, ἀπαφερέτω, ὀρθῶς ἄν ἀποφέροι καὶ ταύτης τ' ἡμέρας μὴ τιμῶν πλείοσος, μηδ' ἐλάττοσος. ἐπει-

contre toute sorte de Spectacles. Il enchasse, je ne sai comment, dans ce qui suit, une maxime copiée tacitement de PLATON (6), c'est qu'un Vendeur, ou un Acheteur, ne doit avoir qu'un mot; & qu'il faut s'abstenir de jurer dans les Contracts, ou autres affaires de la Vie. Il passe ensuite à composer l'extérieur des Hommes, & des Femmes, qui vont à l'Eglise, ou en reviennent. Il ne veut pas, que les Chrétiens *se saluent en vuë*, comme si (7) c'étoit une *liberté insensée*, & une vaine ostentation aux yeux des Paiens.

§. XXV. ENFIN, au Chap. XII. & dernier, il défend d'abord aux Maris (8) de donner jamais un baiser à leurs Femmes, en présence des Domestiques. Tout le reste n'est qu'un tas confus de Passages de l'Ecriture, & de Préceptes généraux, sur la Tempérance, l'Amour de DIEU & du Prochain, la Chasteté, la Justice, la Charité, le Jeûne, l'amour des Ennemis, la Modération, les Devoirs réciproques des Péres & des Enfans, des Maîtres & des Esclaves. Il renvoie ailleurs les régles de conduite pour les (a) *Personnes élues*, c'est-à-dire, les *Evêques*, les *Prêtres*, les *Diacres*, & les *Veuves*.

(a) Πρόσωπα ἐκλεκτά. Pag. 309.

§. XXVI. VOILA une idée générale, mais exacte, des trois Livres du *Pédagogue*. Je souhaitte qu'on la compare avec l'Original. On y trouvera encore plus de défauts, que mon Extrait n'a pû en représenter. Il n'étoit pas possible sur tout de faire sentir le peu de liaison & le grand désordre des pensées; ce qui seul diminueroit beaucoup le prix d'un Ouvrage beaucoup mieux raisonné, que celui-ci.

§. XXVII. A L'E'GARD du fond des choses, mis à part tout ce qui est étranger, qu'on me montre dans le *Pédagogue* une seule Vertu, dont *Clément* ait expliqué la nature & les fonctions, d'une maniére & dans une étenduë capable d'éclairer, de convaincre, de toucher, pour mettre suffisamment en état de la pratiquer comme il faut: qu'on m'y montre un seul Devoir, qui y soit bien établi, & bien poussé: Une seule des Conditions & des Rélations qu'il y a entre les Hommes, dont les engagemens soient rapportez à leurs véritables principes, & développez autant qu'il est nécessaire, pour en tirer les conséquences

---

ἔπαινος ᾖ ὅρκος τε περὶ παντὸς ᾗ πωλουμένε ἀπέ-
σω. De Legib. Lib. XI. pag. 917. B. C. Tom. II. Ed. H. Steph. La ressemblance des prémiéres & des derniéres paroles, dans les deux passages, saute aux yeux: & elle seroit encore plus grande, si les Copistes de *Clément* n'avoient gâté le texte, en mettant, Ἔπαινος ᾖ ὅρκος &c. pour Ἔπαινος ᾖ ὅρκος τε &c. Et que ce ne soit pas un changement fait par ce Pére, il paroît non seulement de ce que le mot ἔπαινος ne convient point ici (d'où vient que le Traducteur Latin l'a omis, ne sachant sans doute comment l'exprimer) mais encore par *Clément* lui-même, qui rapporte ailleurs ces paroles, comme de *Platon*, & dans les termes mêmes du Philosophe: Τῇ ᾖ περὶ ᾗ ὀμόσαι διηγορευμένη συνάδει ἤδη ἡ ἐν τῇ δεκάτῃ ᾗ Νόμων λέξις· Ἔπαινος ᾖ ὅρκος τε περὶ παντὸς ἀπέστω. J'admire encore plus, que les Interprétes ne se soient pas avisez de comparer ces deux passages de *Clément*, dont le dernier, en leur indiquant la source du prémier, les auroit menez à la correction sûre que je viens de découvrir. Il paroît de là encore, qu'il faut lire, περὶ παντὸς, au lieu de περὶ παντῶν. *Clément* cite le *dixiéme* Livre *des Loix*, pour le *onziéme*; ce qui est cause peut-être qu'aucun Interprete n'a trouvé le passage dans l'Original. La même faute, pour le nombre, se trouve dans les Extraits d'EUSEBE, *Præp. Evangel.* Lib. XIII. Cap. XIII. pag. 673. Edit. 1688.

(7) Ἀλλὰ μὴν κ᾿ αἱ κατὰ τὰς ὁδοὺς ἀγαπωῶν ἀσπασμοὶ, παῤῥησίας ἀνόητα γέμοντες, καταφανεῖς τοῖς ἐκτὸς εἶναι βουλομένοις, ὀυδὲ ἐλαχίστης μετέχουσι χάριτος. Pag. 301.

(8) Ἐγὼ ᾖ κ᾿ τοῖς γεγαμηκόσι διηγόρευσαιμι ἂν, ὅποι τὰς γυναῖκας τὰς σφῶν, μήποτε κατὰ πρόσωπον οἰκετῶν φιλεῖν, Cap. XII. init. pag. 302.

ces que demande l'application aux différens cas. La *Témpérance* en général est la Vertu, sur quoi nôtre Docteur s'étend le plus: mais au bout du compte, après bien du verbiage, tout se réduit à des généralitez, & des généralitez outrées, ou proposées, ce qui revient à peu près au même, d'une maniére à ne pas distinguer l'usage innocent d'avec l'abus. Les régles de la *Justice*, qui sont d'une si vaste étendue, n'entrent pour rien dans tout cet Ouvrage: à peine y en voit-on quelque trace. On diroit, que les Hommes ne sont pas aussi sujets à se faire ici des illusions dangereuses, que sur l'usage des choses indifférentes de leur nature. Disons la vérité: *Clément d'Aléxandrie*, comme les autres Péres, s'étoit fort peu attaché à mediter & approfondir les matiéres de Morale, dont l'étude demande bien autre chose, que de lire à la hâte l'Ecriture Sainte, sans aucun goût critique, & avec un esprit entêté d'allégories. Ces bonnes gens ne savoient pas même mettre à profit la lecture des Philosophes Païens. Ils négligeoient les secours qu'ils pouvoient en tirer ici; pendant que, sur d'autres choses, ils en prenoient ce qu'ils auroient dû laisser.

(a) *Apolog.* Chap. II. pag. 54.
(b) Voiez aussi mon *Traité du Jeu*, Liv. I. Chap. III. §. 3.
(c) Pag. 55.
(d) Lib. V. §. 5.
(e) §. XXVII.
(f) *Apolog.* pag. 56.

§. XXVIII. Le P. *Ceillier* (a) m'accuse fort injustement, de *prendre presque toûjours en mauvaise part la conformité de sentiment qui se trouve quelquefois entre les Péres de l'Eglise, & les Philosophes Païens*. Toute ma Préface (b) est une preuve parlante, que, si je blâme cette conformité, ce n'est que quand les Péres ont suivi sans jugement les subtilitez ou les erreurs des Philosophes Païens. Ainsi il est ridicule à mon Censeur de nous venir citer (c) un passage de MARC ANTONIN (d), où il y a quelques maximes générales, *qu'on n'oseroit*, dit-il, *blâmer*. Il n'est aucune Secte des anciens Philosophes, que j'aie plus loué dans ma Préface (e), que celle des *Stoïciens*, par rapport à leur Morale, considérée en elle-même: & j'ai même donné un Abrégé assez étendu de leurs principes. Mais j'ai aussi noté librement ce qu'il y avoit à reprendre, & entr'autres les *Paradoxes* qu'ils y mêloient. Ainsi je n'avois garde d'approuver, que *Clément d'Alexandrie*, instruit dans une meilleure Ecôle, les eût imitez, en disant, que *le seul Chrétien est riche*, comme les *Stoïciens* l'ont dit de leur *Sage*. Le P. *Ceillier* (f) ose néanmoins m'objecter, que *dans la critique que j'ai fait des sentimens des Stoïciens, je n'ai pas censuré cette maxime*, Que le seul Sage est riche. Falloit-il donc, que je rapportasse en détail tous leurs *Paradoxes*? Et ne suffit-il pas, que je les aie blâmez en général? Mais mon Censeur n'a pas non plus compris le fondement de cette critique; car il se tuë de prouver qu'on peut expliquer en un bon sens ces paroles, *Que le seul Chrétien est riche*. Je n'ai jamais prétendu le contraire. Ma pensée étoit, & est encore, que l'air de Paradoxe, qu'on donne aux Maximes les plus vraies de Morale, ne leur convient nullement, & est plus propre à révolter l'esprit des Lecteurs, qu'à les convaincre. Prenons la vérité, qui peut être contenuë dans le Paradoxe, dont il s'agit. Il ne sera pas difficile de l'établir, & on réussira cent fois mieux à la persuader, en disant tout simplement, Que l'Homme ici-bas n'a pas besoin de tant de biens: Qu'on peut vivre content dans une condition médiocre, & même dans une espèce d'indigence: Que celui qui a trouvé le moïen de se contenter de son sort, comme chacun le peut & le doit, est par là aussi heureux, & souvent plus heureux, que ceux qui sont dans l'abondance: que les grandes Richesses nuisent souvent, plus qu'elles ne servent, à la véritable Félicité:

licité: Que du moins la Vertu, & la Piété, procurent des avantages beaucoup plus réels, & dans cette Vie, & par rapport à l'autre &c. Mais poser d'abord pour une maxime, sur laquelle on veut bâtir, *Que le seul Sage*, ou *le seul Chrétien, est riche;* c'est ou rebutter entiérement un Lecteur, qui s'imaginera qu'on lui veut faire accroire, qu'il a beaucoup de bien, pendant qu'il sait qu'il n'a rien; ou courir risque de lui faire regarder les Richesses, comme absolument incompatibles avec la Vertu & la Piété. *Clément* devoit d'autant plus s'abstenir d'une conformité si palpable avec la méthode des *Stoïciens*, qu'il savoit bien que leurs Paradoxes étoient liez avec l'idée fausse & superbe qu'ils se faisoient de leur *Sage*. Comment ne craignoit-il pas, & que cela fît sur l'esprit des *Chrétiens* des impressions contraires à l'*Humilité* que l'Evangile recommande si fort, & que l'on n'en prît occasion de tourner le Christianisme en ridicule, de la même maniére que les Paradoxes de la Philosophie Stoïcienne étoient sujets aux railleries de plusieurs même d'entre les Païens?

§. XXIX. AUTRE mal entendu. Le P. *Ceillier* (a) me reproche, que j'ai entrepris de décrier le *Pédagogue* de Clément d'Aléxandrie, *parce qu'on y établit des maximes contraires aux coûtumes de nôtre Siécle*. D'où il conclut hardiment, *que mes sentimens sur la Morale sont bien relâchez*. Mais, de ce que j'ai dit (b), après Mr. LE CLERC, *que ce Pére mêle dans son Ouvrage des maximes extrémement sévéres, & bien éloignées des coûtumes d'aujourdhui*, s'ensuit-il, que, selon moi, toute maxime qui n'est pas conforme à nos mœurs d'aujourd'hui, soit par cela même fausse? Est-il pardonnable à un homme, qui prend la plume contr'un autre, de n'avoir pas pris garde à l'épithéte d'*extrémement sévéres*, appliquée d'abord aux maximes de *Clément*, que l'on remarque ensuite être *contraires aux Coûtumes de nôtre Siécle*? La prémiére qualification détermine manifestement le sens & l'étenduë de la derniére, ou la raison pourquoi, & jusqu'où, l'on fait valoir cette différence des idées & des Coûtumes modernes, d'avec les maximes d'un ancien Pére. Dès-là qu'on trouve ces maximes fort outrées, on peut bien alleguer, comme un préjugé de leur trop grande rigueur, qu'aujourdhui même elles paroissent telles communément. Si les idées & la pratique de nôtre tems ne sont pas par elles-mêmes une preuve de la vérité de certaines Maximes de Morale, elles ne sont pas non plus une marque infaillible de leur fausseté, par opposition à celles des Siécles passez. Le jugement de mon Censeur ne sera pas d'assez grand poids, ni pour faire disparoître ce qu'il y a de faux ou d'outré dans les opinions de *Clément d'Aléxandrie*, ni pour faire paroître déraisonnable la pratique commune de nôtre tems, par cela seul qu'elle y est contraire. Il y en a même, sur lesquelles les Docteurs de la Communion Romaine sont généralement d'un tout autre avis.

(a) *Pag. 43, 44.*

(b) *Préface, pag.* XLII.

§. XXX. IL est donc fort inutile à mon Censeur (c), d'en appeller & à l'Evangile, & aux Prophétes, qui condamnent fortement la Mollesse, le Luxe, la Débauche, l'attachement aux Richesses. Nous n'avons entrepris l'apologie d'aucun Vice; & ce n'est pas dequoi il s'agit. La question est de savoir, si pour détourner de ceux-là, il faut, comme *Clément*, faire main basse sur les Plaisirs les plus innocens, & confondre ou donner lieu de confondre l'usage légitime des choses indifférentes en elles-mêmes, avec l'abus le plus énorme. Ce ne sera pas du moins des Auteurs qui écrivent ainsi, que l'on devra pren-

(c) *Pag. 49, & suiv.*

dre pour maîtres ou pour modéles, en matiére de Morale; non plus que ceux, qui, pour *être lûs de tout le monde*, ont besoin qu'on en *retranche* des endroits peu édifians.

(a) *Pag. 53.* §. XXXI. Sur ce dernier article (a), le P. *Ceillier* est obligé d'avouer la dette. Il trouve *très-juste & très-véritable*, le jugement de Mr. Dupin, qui conseilloit de *retrancher tous les endroits du Pédagogue, où il est parlé de Péchez contraires à la Chasteté, ou de défendre la lecture de ces endroits jusqu'à un certain âge.* Ainsi, de l'aveu de l'Apologiste des Péres, *le plus bel Ouvrage que l'Antiquité Chrétienne ait produit* sur la Morale, contient des choses dont la lecture est fort dangereuse.

§. XXXII. Il *ne s'ensuit nullement de là*, dites-vous, *que ces Livres soient mauvais*. Mais il me suffit, qu'il y ait quelque chose de mauvais, & que vous reconnoissez capable de faire de mauvaises impressions sur les Esprits. De plus, mis à part les imperfections & les défauts considérables qu'il y a d'ailleurs dans cet Ouvrage, & que je viens de montrer; cela seul qu'il ne peut être lû sans danger de tout le monde, est un fâcheux préjugé contre le jugement de l'Auteur. Que diroit-on aujourdhui d'un Moraliste, qui, dans un Traité sérieux, feroit des leçons de Médecine ou d'Anatomie sur ce qui regarde la *Génération*, ou rapporteroit quelque Conte de Bocace, ou de La Fontaine? Croiroit-on lui faire tort, de dire, qu'il prend plaisir à penser & à parler naturellement de pareilles choses? Pour moi, il me semble que le meilleur tour qu'on puisse donner à ce contraste, en sauvant la pureté du cœur de *Clément d'Alexandrie*, c'est d'avouer que son zéle étoit bien peu éclairé. Mais aussi cette simplicité, si grossiére & si imprudente, est un juste sujet de se défier de ses lumiéres & de son exactitude sur tout le reste.

(b) *Pag. 54.* §. XXXIII. Pour la justifier, mon Censeur (b) veut se prévaloir de la maniére dont est écrit le Cantique des Cantiques, & de la défense que faisoient les *Juifs* de lire ce Livre avant l'âge de trente ans. Mais le *Cantique des Cantiques* est un Epithalame, & non pas un Livre de Morale: ainsi il n'y a nulle comparaison à faire. La nature même du prémier autorise des images & des expressions, qui siéroient très-mal dans l'autre. Il s'en faut bien d'ailleurs, que celles de Salomon approchent de l'obscénité avec laquelle s'exprime le *Pédagogue* de *Clément d'Aléxandrie*. Et le *Cantique des Cantiques* étant supposé un Livre Canonique de l'Ecriture, dès-là on peut & l'on doit être persuadé, qu'il n'y avoit rien qui fût capable de faire de mauvaises impressions, selon le langage & les idées des Hommes de ce tems-là. Au lieu que les obscénitez de *Clément d'Aléxandrie* paroîtront telles en toute Langue &

en

(1) Voici ce que dit feu Mr. de Fenelon, Archevêque de *Cambrai*, en traitant de l'*ordre*, par rapport à toute sorte de Discours, & Profanes, & Sacrez. ,, Tout Auteur, qui ne donne pas cet ordre à son ,, Discours, ne posséde pas assez sa matiére. ,, Il n'a qu'un goût imparfait, & qu'un demi ,, génie. L'ordre est ce qu'il y a de plus ra- ,, re dans les opérations de l'Esprit.... Mais ,, il faut avoir tout vû, tout penetré, & ,, tout embrassé, pour savoir la place précise ,, de chaque mot. C'est ce qu'un Déclama- ,, teur, livré à son imagination, & sans scien- ,, ce, ne peut discerner. *Réflex. sur la Rhétorique*, pag. 23. Ed. *d'Amst.*

(2) Mr. de Tillemont l'avoüe de bonne foi. *Clément*, dit-il, *fait profession d'observer peu de méthode dans le Pédagogue.* Memoires pour l'Hist. Eccl. Tom. III. Part. I. pag. 314. *Ed. de Bruxell.* Voici les paroles qu'il

en tout tems. Enfin, il y a une grande différence entre les *Juifs*, qui vivoient sous les Elémens de la Loi, & les *Chrétiens* éclairez des lumiéres de l'Evangile, à la faveur desquelles ils peuvent & doivent s'élever à ce qui est le plus raisonnable. Comment est-ce que le P. *Ceillier*, qui prêche tant une perfection surérogatoire, fondée sur de prétendus *Conseils Evangeliques*, ose prendre la défense de la liberté que se donnoient les Péres de l'Eglise, d'écrire d'une maniére si peu conforme à la Bienséance & à la Pureté, qui est certainement de *précepte*?

§. XXXIV. DE cette derniére considération il s'ensuit aussi, que tout ce qui est le plus propre à donner des idées justes de Morale, & à les imprimer dans les Esprits, doit être mis en usage par un Chrétien, qui se mêle d'enseigner cette importante Science. Ainsi (1) l'ordre des matiéres, & la liaison des pensées, ne sont nullement des choses inutiles, ou indifférentes, comme le prétend mon Censeur, contraint d'avouer (a), que *les Livres des Stromates sont écrits sans beaucoup d'ordre, & que Saint Clément l'a fait à dessein*. Il n'en veut pas tomber d'accord, à l'égard des *Livres du Pédagogue*: mais en cela il donne un démenti à son (2) Auteur, qui le déclare d'avance. Du reste, je laisse au Lecteur à juger par l'Extrait que j'en ai donné, & mieux encore par la lecture des Livres mêmes, s'il y a beaucoup plus d'ordre dans le *Pédagogue*, que dans les *Stromates*.

(a) *Pag.* 51.

§. XXXV. AU FOND, pourquoi mon Censeur cherche-t-il à mettre de la différence, à cet égard, entre les Ouvrages de ce Pére, puis que, selon lui, on n'a que faire de s'embarrasser de l'ordre & de la liaison, en expliquant la Morale, & qu'il croit en démontrer l'inutilité par la maniére dont les Ecrivains Sacrez l'ont traitée. (b) *Quel ordre y a t-il* (nous dit-il) *dans le Livre des Proverbes de* SALOMON? *Quelle liaison entre les Préceptes de Morale, dont il est rempli? Souvent autant de versets traitent autant de points différens*. Mais c'est-là prendre le change, ou vouloir le donner grossiérement. J'ai déclaré moi-même (c), que tous les Ecrivains Sacrez n'ont eu dessein de nous donner que des Préceptes généraux, proposez dans l'occasion, sans aucun *systême méthodique*; & j'ai inféré de cela même la nécessité d'étudier & d'enseigner la Morale, en faisant usage des lumiéres de la Raison, pour développer, approfondir, & arranger, ces Préceptes, d'une maniére qui réponde au but que DIEU s'est proposé en nous mettant sur la voie. C'étoit aussi sans doute l'intention de *Clément d'Aléxandrie*: autrement à quoi bon écrivoit-il? Il n'avoit qu'à recommander la lecture de l'Ecriture Sainte, ou rassembler, comme il fait souvent, les passages dispersez, qui se rapportent à quelque point de Morale. Il a voulu

(b) *Pag.* 53.

(c) *Préface*, §. 32. *pag.* CXXIV. *& suiv.*

qu'il indique: Προακτικὸς, ἢ μεθοδικὸς ὢν ὁ Παιδαγωγός &c. Lib. I. Cap. I. *pag. m.* 98. Il venoit de remarquer, que *Clément ne cherche pas à y donner aux hommes de* GRANDES LUMIERES, *mais à leur enseigner à guérir leurs passions, & à devenir bons, plutôt que Savans* &c. La question est de savoir, si, pour guérir les Passions, il ne faut pas d'aussi grandes lumiéres qu'il est possible d'en donner. Car il ne s'agit point ici d'*Erudition*, mais des principes de Morale que la Raison & l'Ecriture fournissent, dont on peut & l'on doit tirer des conséquences, proportionnées à la capacité de toute sorte de gens. Ce n'est pas du moins par de fausses lumiéres, comme celles dont le *Pédagogue de Clément* est si rempli, que l'on réussira à guérir des Passions, qui résistent souvent aux lumiéres les plus pures & les plus vives.

lu certainement donner autre chose, que des Sentences détachées: & ceux-même qui se bornent là, ne sauroient y bien réussir, s'ils n'ont médité avec soin sur les principes, qui en sont le fondement, & par conséquent s'ils ne se sont conduits par ordre dans leurs recherches. Les Ecrivains Sacrez, guidez par le Saint Esprit, pouvoient à coup sûr, sans art & sans étude, ne rien dire que de vrai, de quelque maniére qu'ils le dissent. Mais des Hommes, qui n'ont que la Raison en partage, s'égareront infailliblement, ou auront du moins des idées peu exactes & peu étenduës, s'ils ne se servent bien de tous les secours que cette Raison leur offre. Rien ne prouve mieux cela, que le *Pédagogue*, & les *Stromates* de *Clément d'Aléxandrie*. Comme ce Pére n'avoit rien dans la tête, que de fort confus & de fort superficiel, tout est aussi tel dans ses Ouvrages. Peut-être sentoit-il lui-même, que, du tour d'esprit dont il étoit, il auroit eu bien de la peine à suivre quelque ordre. Il prit donc le parti de mépriser ce qui étoit au dessus de sa portée, & de se vanter même de son désordre, en justifiant par l'utilité mal entenduë des Lecteurs dignes de lui, ce qui étoit un effet de son incapacité, ou de sa paresse.

(a) Pag. 51, 52.

§. XXXVI. CEPENDANT mon Censeur, qui sacrifie sa Raison à l'Autorité des Péres, voudroit nous persuader (a), que, dans ce désordre même, il y a un *grand art*: & que, si *Clément* a tout exprès *embrouillé les choses* dans ses *Stromates*, c'est par l'effet d'une *prudence* & d'une sagesse exquise. Il vouloit que les *Païens ne pussent rien comprendre aux Dogmes* de la Religion Chrétienne: c'est pour cela qu'*il passe presque à tout moment d'une matiére à une autre, & que souvent ses phrases signifient toute autre chose, que ce que les Païens y concevoient*. Voilà cette *Discipline du Secret*, que quelques Auteurs de la Communion Romaine font valoir, pour fonder sur une prétenduë *Tradition orale*, des Dogmes qui ne se trouvent nulle part dans l'Ecriture, ou y sont même contraires. Je n'entre point dans cette dispute, qui est trop éloignée de mon sujet. Je remarquerai seulement, que la *Discipline du Secret*, quelle qu'elle fût, & sur quel fondement qu'on l'eût introduite, d'un côté, n'étoit pas encore née, puis que, de l'aveu de (1) L'AUBESPINE, on n'en voit aucune trace avant le *Quatriéme Siécle*; de l'autre, regardoit seulement les Cérémonies, ou les Mystéres, que l'on cachoit aux Catéchuménes, & nullement la Morale, dont il s'agit.

§. XXXVII. SI *Clément d'Alexandrie*, & *plusieurs* autres Péres, y ont fraié le chemin, par la maniére dont ils écrivoient, ils n'en ont pas mieux fait pour cela. *Ils craignoient* (nous dit-on) & *Clément* allégue lui-même cette raison, *que jettant des perles devant les Pourceaux, ils ne les foulassent aux pieds*. Nouvel exemple des fausses explications, qu'ils donnoient à des passages très-clairs. Dans celui-ci, Nôtre Seigneur parle uniquement des précautions que les Apôtres devoient observer, en commençant de prêcher son Evangile. Il veut, qu'ils prennent garde de ne pas s'adresser d'abord à des personnes mal disposées,

---

(1) *Observat.* Lib. I. Cap. XIII. Voiez DAILLÉ, *De Libris suppositis Dionys. Areopagit.* Lib. I. Cap. 22. WILH. ERNEST. TENTZELIUS, *Exercit. Select.* II. Part. BINGHAM, *Origin. Ecclesiastic.* Liv. VIII. Chap. VIII. §. 6.

(2) Καὶ νῦν ἔτι εὐλαβῶς ἔχει, ἤ φησιν, ἥμασθαι τῶν χοιρῶν τοὺς μαργαρίτας βάλλειν.... Σοφοὶ δ᾽ οὐκ ἐκφέρουσιν ἐκ στόματος, ἀ διαλεγόμενοι ἐν συνειδρίῳ. Ἀλλ᾽ ὁ ἀκόη εἰς τὸ δε, φησιν

fées, qui non seulement ne recevroient pas leur Doctrine, mais encore les persécuteroient, & par là les empêcheroient de faire du fruit ailleurs. Cependant, comme (a) le remarque très-bien GROTIUS, *si JESUS-CHRIST défend de prêcher l'Evangile uniquement pour l'amour de gens ainsi faits, il ne prétend pas pour cela, qu'à cause d'eux, on s'abstienne de le publier.* En effet, Nôtre Seigneur étoit si éloigné d'exiger, qu'on cachât à personne les Véritez Evangéliques, qu'il commande expressément le contraire à ses Disciples: (b) *Ce que je vous dis dans les tenèbres,* (c'est-à-dire, en particulier) *dites-le en plein jour; & ce que vous m'entendez dire à l'oreille, prêchez-le du haut des toits,* ou, publiez-le par tout. *Clément* cite lui-même ce passage: mais on auroit de la peine à croire, si on ne le voioit, comment il le tord, d'une manière à le ramener au sens directement contraire, qu'il vouloit suivre dans la pratique. JESUS-CHRIST (2), dit-il, *ordonne de recevoir les instructions secrètes de la vraie Connoissance, expliquées dans un sens haut & sublime; &, comme nous les avons reçuës à l'oreille, de ne les proposer aussi qu'à ceux à qui il convient d'en faire part: défendant de prêcher à tous sans distinction, ce qu'il leur disoit en paraboles.* Faut-il, que le P. *Ceillier* me fournisse lui-même tant d'occasions de montrer par des exemples incontestables, l'abus horrible que ces *excellens Interprètes* font des passages les plus clairs de l'Ecriture?

(a) *Annot. in* Matth. VII. 6.

(b) *Matth.* X, 27.

§. XXXVIII. IL est vrai, que Nôtre Seigneur, pour des raisons de prudence, comme celles sur quoi étoit fondée la défense de *jetter les perles aux Pourceaux,* a quelquefois parlé aux Troupes en *paraboles,* dont elles ne comprenoient pas le sens. Il est vrai encore, que, par d'autres raisons, aussi pleines de sagesse, il ne permettoit pas à ses Disciples, de dire ouvertement (c), qu'il fût le *Messie.* Mais toutes ces raisons n'aiant lieu, que pour le tems qu'il seroit lui-même encore sur la Terre, les défenses cessoient aussi dès-lors; & l'ordre général, donné d'avance, de *prêcher sur les toits,* déploioit désormais toute sa force. Aussi ses Disciples le suivirent-ils exactement. *L'Apôtre des Gentils* en particulier craignoit si peu de choquer les Paiens, en leur proposant à découvert les mystéres les plus sublimes de l'Evangile, qu'il fait profession (d) *d'annoncer par tout* JESUS-CHRIST *crucifié,* quoi que ce soit *un scandale pour les Juifs, & une folie pour les Gentils.*

(c) Voiez le *Christianisme Raisonnable,* de Mr. *Locke,* I. Part. Chap. VIII.

(d) I. *Corinth.* I, 23.

§. XXXIX. C'EST donc & contre le génie & contre les préceptes de l'Evangile, que *Clément* vouloit en cacher les Véritez aux Paiens. Mais c'est des Paiens eux-mêmes, qu'il tenoit cette méthode. (3) C'est dans l'Ecôle des *Egyptiens,* & après eux d'un PYTHAGORE, ou d'un PLATON, qu'il avoit appris à ne se communiquer qu'aux Initiez. Et comment ne prenoit-il pas garde, que cela même étoit nuisible aux Chrétiens, pour qui il écrivoit? Car, enfin, étoient-ils tous assez instruits de ces *principes des Philosophes, dont il enveloppoit les mystéres de l'Evangile,* pour les démêler, & pour bien entendre les Veritez ainsi enveloppées? Cet aveu, au reste, que fait ici mon Censeur du

φησὶν ὁ Κύριος, κηρύξατε ἐπὶ τ̃ δωμάτων· τὰς ἀποκρύφως τ̃ ἀληθοῦς γνώσεως διαδόσεις, ὑψηλῶς τε καὶ ἐξόχως ἑρμηνευομένας ἐνδεχομένας κελεύων· καὶ καθάπερ ἠκούσαμεν εἰς τὸ οὖς, οὕτω καὶ παραδιδόναι εἰς οἷον ὑπὸ ᾗ πᾶσιν ἀνέδην παραδιδόναι τὰ ἐν παραβολαῖς εἰρημένα πρὸς αὐτοῖς, διεγγίσκων. Stromat. Lib. I. Cap. XII. pag. 348.

(3) Voiez les *Stromates,* Lib. V. Cap. V, *& seqq.* Conferez ce que dit ISAAC CASAUBON, *Exercit. in Baron. Exerc.* XVI.

du mélange des principes de la Philosophie Païenne avec ceux du Christianisme, devoit seul l'engager à ne point chercher de vains subterfuges, pour éluder la force des exemples, par lesquels j'ai montré clairement, que *Clément d'Alexandrie*, entêté de cette Philosophie, en a pris des Dogmes ou entiérement faux, ou extrémement outrez, qu'il a confondus avec la Doctrine de l'Evangile.

§. XL. T E L est le raisonnement, par lequel il fonde le précepte de *fuïr*, en tems de *Persécution*, *sur les principes des* S T O Ï C I E N S, *qui nioient que la Douleur fût un mal*. Le P. *Ceillier* a beau le nier: la chose est claire comme le jour, pour peu que l'on compare le passage que j'ai cité, avec la description que *Clément* fait ailleurs de son *Gnostique*, ou parfait Chrétien, & qui sera rapportée un peu plus bas.

§. XLI. C'E S T sortir entiérement de l'état de la question, que de dire, comme (a) fait mon Censeur, que *Clément* permet & conseille même de fuïr la Persécution, quand il n'y a aucune nécessité de la souffrir: qu'il n'exige nullement *cette constance chimérique, ou plûtôt cette folle vanité, qui faisoit affronter la mort aux* Stoïciens, *ou se la donner à eux-mêmes* &c. Je n'ai rien dit, qui approche de cela: & le P. *Ceillier* est bien peu clairvoiant, ou peu sincére, d'étaler le *long tems qu'il a été à examiner quel mauvais sens je pouvois donner aux paroles de St. Clément*, & cependant de n'avoir pas encore apperçû, sur quoi tombe ma critique. C'est, d'un côté, sur la raison que *Clément* rejette, comme n'autorisant pas la Fuite, dans les cas mêmes où il est permis de fuïr la Persécution; de l'autre, sur celle qu'il donne pour le fondement propre & unique d'une Fuite légitime.

§. XLII. A L'E G A R D du prémier, il est clair, que *Clément* fait regarder comme une mauvaise raison, la crainte de la *Persécution* & de la *Mort*, envisagées comme un *Mal*. Et ce n'est point du tout dans le sens favorable, qu'y veut trouver mon Censeur, comme si ce Pére disoit seulement (b), Qu'au lieu de *craindre la Mort*, on doit s'estimer *heureux, quand on souffre persécution pour la Justice*, &, *avec le secours de la Grace, vaincre la répugnance que la Nature ressent pour ce terrible passage* &c. *Clément* ne parle point du cas, où l'on est appellé à souffrir la Persécution: tout ce qu'il dit ici, regarde au contraire le cas ou l'on peut fuïr, selon la permission de Nôtre Seigneur, parce qu'il n'y a aucune raison qui demande que nous nous exposions à être persecutez. Il explique la raison, pourquoi on peut alors légitimement fuïr, & il dit, que ce n'est point parce que les Souffrances sont un véritable *Mal*. Et elles ne sont pas un *Mal*, selon lui, parce qu'un parfait Chrétien est un Homme *sans passions*. Pour s'en convaincre, on n'a qu'à lire le passage même, que je vais rapporter, traduit fidélement, avec toute la suite du discours, & non pas d'une ma-

(1) Ἐπὰν δ' ἔμπαλιν εἴπη, Ὅταν διώκωσιν ὑμᾶς ἐν τῇ πόλει ταύτη, φεύγετε εἰς τὴν ἄλλην, οὐχ ὡς κακὸν τὸ διώκεσθαι φεύγειν παραινεῖ, οὐδ' ὡς θάνατον φοβουμένους, διὰ φυγῆς ἐκκλίνειν παραινεῖ τοῦτον, βούλεται δὲ ἡμᾶς μηδενὶ αἴτιος μηδὲ συναιτίους κακοῦ τινος γίνεσθαι, σφίσιν τε αὐτοῖς, ϕησὶ δὲ, καὶ τῷ διώκοντι, καὶ τῷ ἀναιροῦντι· τρόπον γάρ τινα παρεγγυᾷ ἑαυτοῦ περιίστασθαι· ὁ δὲ παρακούων, τολμηρὸς καὶ ῥιψοκίνδυνος. Εἰ δὲ ὁ ἀναιρῶν ἄνθρωπον Θεῷ, εἰς Θεὸν ἁμαρτάνει, καὶ ὁ ἁμαρτάνων αὐτὸς ἔνοχος καθίσταται, ὁ ἑαυτὸν παράγων τῇ διακρίσει, οὗτος δ' ἂν εἴη ὁ μὴ παριστάμενος τῷ διώκοντι, ἀλλ᾿ ἅμως διὰ θράσους παρέχων ἑαυτόν. οὗτός ἐςι, τὸ ἑαυ

manière imparfaite, & peu exacte, comme le P. *Ceillier* le donne. „ Quand
„ JESUS-CHRIST (a) ajoûte: (1) *Si l'on vous persécute dans une Ville, fuiez* (a) *Matth.* X,
„ *dans une autre;* il n'exhorte pas à fuir, comme si c'étoit un MAL d'être per- 23.
„ sécuté, ou comme si l'on devoit éviter la fuite par la CRAINTE DE LA
„ MORT: mais il veut que nous ne soyions ni cause que quelcun fasse du
„ mal, ni complices du mal, soit par rapport à nous-mêmes, ou par rapport
„ à ceux qui nous persécutent & qui nous font mourir. Il nous avertit seu-
„ lement par là en quelque manière, de prendre garde à nous-mêmes : de sor-
„ te que celui qui n'obéït pas à ce précepte, est un téméraire, & un homme
„ qui s'expose étourdîment aux dangers. Si donc celui qui fait mourir un
„ *Homme de Dieu*, (ou un Chrétien) péche contre DIEU; celui qui va de
„ lui-même se présenter aux Juges, se rend aussi coupable du crime de celui
„ qui le condamne à la mort. Or tel est celui qui ne fuit point la Persécu-
„ tion, se laissant prendre par l'effet d'une hardiesse téméraire : il coopére, en-
„ tant qu'en lui est, à la méchanceté du Persécuteur. Que si outre cela il
„ l'irrite, il est parfaitement la cause du mal que fait ce Persécuteur, comme
„ s'il avoit agacé une Bête féroce. De même que, quand on fournit quelque
„ occasion de Combat, ou de Dommage, ou d'Accusation intentée en Justi-
„ ce, ou d'Inimitié, on est cause des Persécutions à quoi tout cela donne lieu.
„ C'est pour cela qu'il nous est ordonné, de ne rien retenir des choses de cet-
„ te Vie, mais, *si quelcun veut prendre nôtre Manteau, de lui donner aussi la Tuni-*
„ *que:* non seulement afin que nous demeurions ainsi EXEMTS DE PAS-
„ SION, mais encore de peur qu'en voulant réclamer ces sortes de choses,
„ nous n'irritions contre nous les Juges, & les excitions à diffamer le nom
„ Chrétien, à nôtre occasion.

§. XLIII. Les derniéres paroles de ce passage, sont le commentaire des
prémiéres. Un Chrétien parfait, selon *Clément*, doit être *exemt de passion* : &
comme tel, il n'est sensible, ni à la perte de ses *biens*, ni aux *souffrances* de son
Corps, ni à la *Mort*. Si quelquefois il fuit ces choses, ce n'est pas comme
des *Maux* réels, elles ne le sont pas pour lui; mais par d'autres raisons, comme celles que nôtre Docteur allégue.

§. XLIV. OR, à l'égard de la *Persécution*, la seule raison pourquoi *Clément*
permet de la fuïr, c'est que l'Homicide étant un Crime, & les Persécuteurs,
qui font mourir un Chrétien à cause de sa Religion, se rendant coupables
d'Homicide; le Chrétien, qui s'expose sans nécessité à la Persécution, est par
là *cause, ou complice, du mal qu'on lui fait; il coopére, entant qu'en lui est, à
la méchanceté du Persécuteur.* La vuë du danger, considéré en lui-même,
n'entre ici qu'indirectement, & par une suite de l'obligation où l'on est de ne
pas fournir occasion à un Homicide: JESUS-CHRIST *nous avertit par là*
EN QUELQUE MANIÉRE *de prendre garde à nous-mêmes*.

§. XLV.

ἐφ' ἑαυτῷ, ὁ συνεργὸς γινόμενος τῇ τοῦ διάκοντος ἡμῖν, ἀλλὰ κ̀ τῇ ἅιρηση τὸ ἱμάτιον, καὶ τ̀ χι-
πονηρία: εἰ δὲ κὰ παροξύζοι, τέλεον ἅιτιος, ἐκ- τῶνα προσδιδόναι· ἐχ ἵνα ἀπροσπαθεῖς διαμέ-
καλεσάμενος τὸ θηρίον· ὡς δ' αὕτως, κὰν αἰτίας νῳμέν μόνον, ἀλλ' ὡς μὴ ἀντιποιώμενοι, τὰς ἐπιδι-
μάχης παρέχῃ τινα, ἢ ζημίας, ἢ δίκης, ἢ ἔχ- καζομένους ἐφ' ἑαυτὰς ἀγελαίνωμέν, κ̀ δι' ἐμῶν
θρας, ἀφορμὴν ἐγείρῃ διωγμῦ. Διὰ τοῦτ' ὖν ἐπὶ τῷ τοῦ ὀνόματος λακωνικὸν βλασφημίας.
μηδενὸς ἀντέχεσθαι τῶν ἐν τῷ βίῳ προστέτακται. Strom. Lib. IV. Cap. X. pag. 597. 598.

H 3

62 TRAITÉ DE LA MORALE

(a) Pag. 62, 63.

§. XLV. Le P. *Ceillier* perd ici (a) du papier à faire voir, que la *raison tirée de ce qu'on donneroit lieu aux Persecuteurs de commettre un Homicide*, est très-légitime. On ne le nie point: mais ce n'est qu'une raison *accessoire* & *indirecte*, qui n'exclut nullement celle qui est prise de l'aversion naturelle & légitime, que les Hommes ont tous pour le *Mal* ou la *Douleur*. C'est, au contraire, la raison *directe* & *principale*, puis que de là dépend l'obligation naturelle où les Hommes sont de se conserver. Et l'Evangile ne détruit point la Nature. Les *Chrétiens*, comme les autres Hommes, peuvent & doivent fuïr la *Douleur*, qui tend à leur destruction, tant qu'ils ne sont point appellez à la souffrir, par quelque autre obligation plus forte, & bien claire. Cependant on voit, par le passage dont il s'agit, que *Clément* rejette cette raison, comme ne convenant point à un Homme *exemt de passions*, tel qu'est, selon lui, le Chrétien parfait.

§. XLVI. Mais les principes de la Philosophie Stoïcienne, sur lesquels il raisonne ici, sont trop clairement expliquez ailleurs, pour laisser aucun lieu à une apologie raisonnable de ce Père. Il ne faut qu'en rapporter quelques traits. (1) ,, Nous devons donc soûtenir (dit *Clément*) que nôtre *Gnostique*,
,, ou parfait Chrétien, est exemt de toute Passion de l'Ame. Car la Connois-
,, sance produit l'Exercice: l'Exercice produit l'Habitude ou la Disposition:
,, une telle situation produit l'Apathie, ou l'exemtion de toute Passion,
,, & non pas une simple force de modérer les Passions: cette
,, *Apathie* est le fruit d'un entier retranchement de tout Désir. Mais le *Gnos-*
,, *tique* n'est pas non plus sensible à ces Biens que l'on vante tant dans le
,, monde, je veux dire, aux Biens passifs qui ont quelque liaison avec les
,, Passions. Par exemple, il n'est pas susceptible de Joie; car la Joie est join-
,, te avec le Plaisir: ni de Tristesse; car la Tristesse est jointe avec la Dou-
,, leur: ni de Méfiance; car la Méfiance suppose la Crainte: ni de mouvement
,, subit de Colère; car ce mouvement est voisin de la Colère même: quoi que
,, quelques-uns disent, que ces Passions (étant modérées) ne sont plus mau-
,, vaises, mais même bonnes. Car il est impossible, que celui qui est une
,, fois rendu parfait par la Charité, qui goûte perpétuellement, & sans se ras-
,, sasier, le plaisir infini de la Contemplation, se plaise à des choses petites &
,, basses, comme celles-là..... Un tel homme aiant mortifié ses désirs, ne
,, sert plus de son Corps; il lui permet seulement d'user du nécessaire, pour
,, ne pas être cause qu'il soit dissous. Quel besoin a-t-il donc, après cela, de
,, *Force d'esprit*, ou de *Courage*, puis qu'il ne sent point les atteintes de l'Afflic-
,, tion, & qu'il n'est pas même présent ici-bas, étant déja tout entier avec ce-
,, lui

(1) Ἐξαιρετέον ἄρα τ̅ Γνωστικὸν ἡμῖν ϗ τέλειον, διὰ παντὸς ψυχικὰ πάθη· ἡ μ̅ γ̅ γνῶσις, συνάσκησιν· ἡ συνάσκησις δ̅, ἕξιν ἢ διάθεσιν· ἡ κατάστασις δ̅ ἡ τοιάδε, ἀπάθειαν ἐργάζεται, ὰ μετριοπάθειαν· ἀπάθειαν δ̅ καρπὸν τὴν παντελῆς τ̅ ἐπιθυμίας ἐκκοπή. Ἀλλ' ἐδὲ ὲκείνων τ̅ θρυλλουμένων ἀγαθῶν, τουτέςι, τ̅ σωματικῶν παθηκῶν ἀγαθῶν, μεταλαμβάνει ὁ Γνωστικός· οἷον ἐυφροσύνης, λέγω, ἥτις παρόκκειται τῇ ἡδονῇ· ϗ κατηφείας· c'est ainsi

qu'on lit, avec raison, pour κατηφεία] αὕτη γὰρ τῇ λύπῃ παρεζεύκται ϗ ἐυλαβείας [ici encore il y a mal, ἐυλαβεία] ἐυπίσαλκει γὰρ τῷ φόβῳ· ἀλλ' ἐδὲ τ̅ θυμῷ δ-ρ̅α τὴν ὀργὴν οὕτω τέτοκται· κἂν λέγωσι τινες μηκέτ' εἶναι ταῦτα κακὰ, ἀλλ' ἐδὲ ἀραδα· ἀδύνατον γὰρ τ̅ ἅπαξ πληρωθέντα δί ἀγάπης, ϗ τὴν ἀπλήρωτον τ̅ θεωρίας ἐυφροσύνην αἰδίως ϗ ἀκορέστως ἐσιωμένον, ἐπὶ τοῖς μικροῖς, ϗ χαμαιζήλοις ἐπιτρέπεσθ'..... Ζῇ τ̅ ἂν ἐκπρίσας τὰς ἐπιθυμίας, ϗ οὐκ

DES PERES. Chap. V.

„ lui qu'il aime? Qu'est-il besoin aussi de *Tempérance*, à celui qui n'a pas oc-
„ casion d'en faire usage? Car avoir des Désirs tels, qu'il faille de la Tempé-
„ rance pour les MODERER, cela appartient à un homme qui n'est pas en-
„ core pur, mais sujet aux Passions &c. *Clément* avoit dit un peu plus haut,
en parlant de quelques Passions: (2) „ Encore même qu'on accorde, que les
„ mouvemens de ces Passions, étant réglez par la Raison, peuvent être bons,
„ on ne sauroit absolument l'admettre, quand il s'agit d'un Homme Parfait,
„ qui n'a pas besoin, par exemple, de Courage, n'étant point exposé aux at-
„ teintes de l'Affliction, puis que rien ne lui paroît fâcheux en cette Vie &c.

§. XLVII. IL faut se crever les yeux, pour ne pas voir dans ces passages le Stoïcisme tout pur. Ces Philosophes, qui croioient que les Passions n'étoient point mauvaises de leur nature, & qu'elles étoient même bonnes, quand on les réduisoit, par le frein de la Raison, à une juste médiocrité, c'étoient, comme chacun sait, les *Péripatéticiens*. Les *Stoïciens* combattoient cette opinion. *Clément* le fait aussi. Et si, dans le dernier passage, il semble ne pas s'y opposer, c'est par un *dato, non concesso*. En accordant sur ce pié-là, que les Passions peuvent n'être pas mauvaises, il soutient qu'au moins rien de tel ne convient à son *Gnostique*, ou Chrétien parfait, qui est exemt de toute Passion. Il conclut de là, que le *Gnostique* n'a plus besoin des Vertus, dont l'office consiste à moderer les Passions. Ceux qui sont versez dans l'Antiquité Philosophique, verront d'abord ici une réponse tacite à une des raisons dont les *Péripatéticiens* se servoient contre les *Stoïciens* (3), c'est que, sans les Passions, il n'y a ni *Tempérance*, ni *Force*, ni *Modération d'ame* &c. Qu'importe? dit nôtre Docteur Chrétien. Ces Vertus sont hors d'œuvre pour un *Gnostique*. Il faut les laisser aux Commençans.

§. XLVIII. LE P. *Ceillier*, pour éluder la force de ces passages, auxquels on pourroit en joindre d'autres, en oppose quelques-uns (a), d'où il prétend inferer, que *jamais Saint Clément d'Aléxandrie n'a été plus opposé aux* Stoïciens, *que sur le sujet de l'insensibilité de l'Homme aux mouvemens de la Cupidité*. Supposé qu'il y eût des passages bien clairs, où *Clément* témoignât ainsi rejetter les idées des *Stoïciens*, cela ne détruiroit pas la clarté de ceux que je viens de rapporter, où il les adopte visiblement. Tout ce qui s'ensuivroit de là, c'est qu'il n'étoit pas bien d'accord avec lui-même; chose qui n'est pas rare chez les Péres de l'Eglise. Il resteroit alors à savoir, laquelle des deux opinions contraires devroit être préferée; & on demeureroit dans l'incertitude de ce que pensoit *Clément*.

§. XLIX. MAIS il faut lui rendre toute la justice qui lui est duë; on peut le

(a) Pag. 64, suiv.

οὐκ ἔτι συγχρῆται τῷ σώματι· μόνοις δ᾽ αὐτῷ ἐπι-
τρέπει χρῆσθαι ταῖς ἀναγκαίαις, ἵνα μὴ τὴν αἰτίαν τῆς διαλύσεως παράσχῃ. πῶς οὖν ἔτι τούτῳ τῆς
ἀνδρείας χρεία; μὴ γινομένῳ ἐν δεινοῖς, τῷ μὴ
παρόντι, ὅλῳ δὲ ἤδη συνόντι τῷ ἐρατῷ. τίς δὲ καὶ σωφροσύνης ἀνάγκη, μὴ χρῄζοντι αὐτῆς; τὸ γὰρ ἔχειν
τοιαύτας ἐπιθυμίας, αἷς σωφροσύνης δεῖται πρὸς
τὴν τούτων ἐγκράτειαν, οὐδέπω καθαροῦ· ἀλλ᾽ ἐμ-
παθοῦς, &c. Stromat. Lib. VI. Cap. IX. pag. 777, 778.

(2) Κἂν γὰρ μὴ λόγῳ γινόμενα τὰ προειρημέ-
να ἀγαθά τις ὑποδέχηται, ἀλλ᾽ ἐν ᾧ μετὰ πλείω
ἢ πράττειν ὁς ὅτι θαρσῶν ἔχει· οὐδὲ γὰρ ἐν
δεινοῖς γίνεται, μηδὲν δεινὸν ἡγούμενος τοῦ ἐν τῷ
βίῳ &c. Pag. 775, 776.

(3) Voiez LACTANCE, *Instit. Divin.* Lib. VI. Cap. XV. num. 5, *& seqq.* & JUSTE LIPSE, *Manuduct. ad Philosoph. Stoic.* Lib. III. Diss. VII.

le sauver au moins de contradiction. Voici le prémier passage, que mon Censeur allégue *Quelque parfait* (1) *que soit l'Homme*, dit *Clément*, en parlant de cette insensibilité prétenduë, *il ne parviendra jamais à être semblable à* Dieu. *Car nous sommes bien éloignez du sentiment impie des* Stoïciens, *qui admettent dans* Dieu *& dans l'Homme une vertu égale.* Ces paroles prouvent seulement, que nôtre Docteur Chrétien n'adopte pas, à tous égards, les idées de la Philosophie Stoïcienne. Il n'auroit pû le faire ici, sans détruire entiérement la nature du vrai Dieu, & les principes les plus évidens de l'Ecriture. Autre chose est, de dire, que le Chrétien parfait est, comme tel, éxemt de Passions; autre chose, de l'égaler à Dieu en cela, & de concevoir *la Vertu de* Dieu *& des Hommes comme la même* précisément. Qui pose le prémier, ne pose pas pour cela nécessairement le dernier. Car, outre que toute Perfection de l'Homme, & du Chrétien, n'est pas naturelle, mais aquise; la plus grande Perfection d'une Créature, n'empêche pas qu'elle ne soit toûjours Créature, & par conséquent redevable à Dieu de tout ce qu'elle est, qui ne peut être que borné, & fort au dessous de la Perfection Infinie du Créateur. Ainsi, en supposant même le Chrétien ici-bas exemt de Passions, il n'est pas plus pour cela d'une Vertu égale à celle de Dieu, qu'il ne le sera dans le Ciel, où néanmoins sa condition doit être beaucoup plus parfaite. *Clément* ne pouvoit donc pousser plus loin ici sa conformité avec les *Stoïciens*, que d'admettre quelque ressemblance, & non pas une entière égalité, entre le Chrétien devenu inaccessible aux Passions, & Dieu toûjours incapable de Passion.

§. L. Un autre endroit, que le P. *Ceillier* cite, c'est celui où (2) *Clément* dit, que *le Gnostique borne ses désirs à la possession & à l'usage des choses de ce Monde, n'allant point au delà de ce qui est nécessaire à la Vie.* Mais il n'y a non plus ici rien de contraire aux Passages alléguez ci-dessus, & pris dans le sens naturel, que nous leur donnons. Mon Censeur aide à la lettre, en traduisant, pour y trouver son compte: *Le Gnostique met un frein à ses Passions, & empêche qu'elles ne passent les bornes, soit dans la possession, soit dans l'usage des choses nécessaires à la Vie.* Mais *Clément* ne veut dire ici autre chose, que ce qu'il exprime ailleurs ainsi. (3): *Tel est le* Gnostique, *qu'il n'est sujet qu'aux seules affections corporelles qui sont nécessaires pour la conservation du Corps, comme la Faim, la Soif, & autres semblables.* C'est-à-dire, que ce Pére n'étendoit pas l'insensibilité du Chrétien parfait jusqu'au désir de manger, de boire, & autres nécessitez naturelles. Mais il n'exceptoit aucun des autres désirs ou mouvemens de l'Ame, comme la *Crainte*, la *Joie*, la sensibilité à la *Douleur* &c. ainsi qu'il s'en explique plus bas. Et même après le passage qu'on m'objecte, il dit, que son

Gnosti-

---

(1) Ἀλλ' οὐδὲν τοιοῦτον, καί τοι μέγιστον ὂν, εἰς ὁμοιότητα Θεοῦ ἀναλαμβάνεται. οὐ γὰρ, καθάπερ οἱ Στωϊκοί, ἀθέως πάνυ τὴν αὐτὴν ἀρετὴν Ἀνθρώπου λέγομεν καὶ Θεοῦ. Lib. VII. Cap. XIV. pag. 886. Voiez encore ici Juste Lipse, *Manud. ad Philosoph. Stoic.* Lib. III. Diss. XIV.

(2) Διόπερ τὰς ἐπιθυμίας ὁ Γνωστικὸς ἀναγράφει κατά τε τὴν κτῆσιν, κατά τε τὴν χρῆσιν, οὐχ ὑπερβαίνων ἢ τ΄ ἀναγκαίων ὅρον. Strom. Lib. VI. Cap. XII. pag. 790.

(3) Τοιοῦτος γὰρ ὁ Γνωστικὸς, ὡς μόνοις τοῖς διὰ τὴν μόνην τοῦ σώματος γινομένοις πάθεσι περιπίπτειν, οἷον πείνῃ, δίψει, καὶ τοῖς ὁμοίοις. Lib. VI. Cap. IX. pag. 775.

(4) Τοῖς μὲν οὖν ἐξ ἁμαρτιῶν μετανενοηκόσι καὶ μὴ στερεῶς πεπιστευκόσι, διὰ τ΄ εὐχῶν παρέχει ὁ Θεὸς τὰ αἰτήματα· τοῖς δ' ἀναμαρτήτοις καὶ γνωστικῶς

Gnostique (4) *vit sans péché*. Il le distingue par là des autres Chrétiens, qui n'ont point atteint ce point de perfection. Sur quoi (pour le dire en passant) il ajoûte une autre différence chimérique, c'est que *ceux qui se repentent de leurs Péchez, & qui n'ont pas une Foi bien affermie, doivent nécessairement prier Dieu de bouche, s'ils veulent être exaucez; au lieu que le* Gnostique, *étant impeccable, n'a besoin que de penser*. *Clément* cite là-dessus ici, & (a) ailleurs, un passage de quelque Livre Apocryphe, qu'il ne nomme point.

(a) *Stromat.* Lib VI Cap. IX. pag. 778. Lib. VII. Cap. XII. pag. 876. &c.

§. LI. MON Censeur objecte encore ce que dit *Clément*, que, *si le Gnostique s'apperçoit qu'il s'est présenté à ses yeux un objet dont la vuë a commencé à lui causer quelques plaisirs ; dès le moment il y met remède, en mortifiant ce sens*. Traduction encore plus fausse, que la précédente. Voici ce que dit l'Original. (5) *Si le* Gnostique *semble voir des choses qu'il ne voudroit pas voir, il retient sa vuë, du moment qu'il s'apperçoit qu'il pourroit prendre plaisir à l'objet: car il ne veut voir & entendre que ce qui lui convient*. Voilà une pensée bien différente. Le *Gnostique* de *Clément* ne reçoit point les impressions des objets capables d'exciter quelque Passion, mais il a le don de les prévenir, par l'habitude qu'il s'est faite d'un pressentiment, qui lui fait d'abord détourner ses Sens de ces Objets.

§. LII. LES deux derniers passages, alleguez par mon Censeur, sont aussi mal entendus, faute de faire attention au systême de *Clément*, & à la suite du discours. Dans l'un & dans l'autre, il ne s'agit point du *Gnostique*, mais de celui qui aspire encore à le devenir. Au prémier endroit, ce Pére montre la différence qu'il y a, selon lui, entre l'*Apathie* ou l'insensibilité de JESUS-CHRIST, & celle du *Gnostique*. *Nôtre doux & bénin Seigneur*, est (6) (dit-il) *le seul qui* DÈS LE COMMENCEMENT *a été exemt de tout Désir*, ou de toute Passion. *Mais tous ceux qui travaillent à imiter le modéle qu'il nous a donné, s'efforcent, par l'exercice, de devenir exemts de tout Désir. Car celui qui* A SENTI *des Désirs* (il ne dit pas, *celui qui les sent encore*) *& qui se retient dans la suite, est comme une Veuve, qui en gardant le Célibat, redevient Vierge*. Ainsi, selon nôtre Docteur, tant qu'on n'en est pas encore venu à ce point, que d'être insensible à tout mouvement de Passion, on n'est pas encore vrai *Gnostique*, on s'efforce seulement *de le devenir*. Cela paroit clairement par le prémier passage (b), que j'ai cité ci-dessus, où il décrit la maniére dont on parvient à ce point de perfection, qui fait le *Gnostique*. Il faut dire la même chose des autres paroles, que le P. *Ceillier* rapporte, comme étant à peu près au même endroit, mais qui se trouvent bien loin de là. Les veici, traduites plus exactement: (7) *Peut-être aussi qu'un* Gnostique *s'abstiendra de manger de la viande, en vuë de l'Ex-*

(b) §. 47.

κῶς βιᾶσιν, ἐννοησαμένοις μόνον δίδωσι. Pag. 790.
(5) Κἂν βλέπειν δοκῇ ἃ μὴ βλέπειν ἐθέλῃ, κολάζων τὸ ὁρατικόν, ὅταν ἡδομένη ἑαυτῷ κατὰ τὴν προσβολὴν τῆς ὄψεως συναίσθηται· ἐπεὶ τοῦτο μόνον ὁρᾷν βέλεται κ̀ ἀκέειν, ὁ προσήκειν αὐτῷ. Lib. VII. Cap. XII. pag. 877, 878.
(6) Εἰς μὲν δὴ μόνος, ὁ ἀνεπιθύμητος ἐξ ἀρχῆς ὁ Κύριος ὁ φιλάνθρωπος... ὅσοι δὲ ἐξομοίωσιν σπεύδουσι τῷ ὑπ᾽ αὐτοῦ δεδομένῳ χαρακτῆρι,

ἀνεπιθύμητοι ἐξ ἀσκήσεως γενέσθαι βιάζονται. ὁ γὰρ ἐπιθυμήσας, κ̀ κρατήσας ἑαυτοῦ, καθάπερ ἡ χήρα διὰ σωφροσύνης αὖθις πάρθενος. Strom. Lib. VII. Cap. XII. pag. 875.
(7) Τάχ᾽ ἂν τις τῶν Γνωστικῶν, κ̀ ἀσκήσεως χάριν σαρκοφαγίας ἀπόσχοιτο, κ̀ τοῦ μὴ σφριγᾶν περὶ τὰ ἀφροδίσια τὴν σάρκα. Lib. VII. Cap. VI. pag. 850.

l'Exercice, (c'est-à-dire, de celui par lequel il aspire à la perfection) *de peur que la Chair n'excite en lui des mouvemens qui tendent à l'Impureté.* Il s'agit encore ici du *Gnostique*, non parfait, mais occupé à *l'Exercice*, par lequel il deviendra enfin inaccessible aux Passions, & méritera ce nom dans toute son étenduë.

§. LIII. Voila' les idées, & le vrai système de *Clément*, sur cette matiére. Plus on lira ses Ecrits, & plus on se convaincra, que le P. *Ceillier* veut en vain le disculper de l'*Apathie* Stoïcienne, ainsi accommodée au Christianisme. Mr. Potter, Evêque d'*Oxford*, qui nous a donné la derniére & la meilleure Edition de *Clément d'Alexandrie*, avouë la chose assez clairement; (a) *Clément*, dit-il, *parle à la maniére des Stoïciens, qui représentoient leur Sage comme un homme absolument sans passions. Il mêle aussi ailleurs dans ses discours les dogmes & les expressions de la Philosophie Stoïcienne.* Il est vrai, que cet Evêque, en un autre endroit, cherche à adoucir la pensée de *Clément*, sous prétexte de ce qu'il dit dans le *Pédagogue*, comme nous l'avons déja (b) vû, (1) *Qu'il n'y a que Jésus-Christ, qui soit entiérement exemt de passion & de péché: Mais pour nous*, ajoute-t-il un peu après, *tâchons de commettre le moins de Pechez que nous pourrons, autant qu'il sera en nôtre pouvoir.* Mr. Potter conclut de là, que l'*Apathie*, dont *Clément* parle ailleurs, doit être ainsi restreinte. Mais l'Editeur n'a pas pris garde, que, dans cet endroit, comme dans tout le reste du *Pédagogue*, il ne s'agit point du *Gnostique*, ou Chrétien parfait, mais des *Commençans*, qui travaillent à le devenir. Ainsi ce passage doit être expliqué par les autres, que nous avons citez ci-dessus: & l'*impeccabilité*, que *Clément* attribuë ici à Jésus-Christ seul, entenduë, de même que l'*Apathie*, ou exemtion de Passions, d'une impeccabilité perpétuelle, distinguée de celle du *Gnostique*, qui ne l'a pas *d'abord*, mais *l'aquiert par l'Exercice*. Il seroit très-facile de montrer, que c'est ainsi qu'il faut expliquer les autres passages indiquez par l'Evêque d'*Oxford*, & copiez par mon Censeur.

§. LIV. Mais il est d'autant plus inutile de s'y arrêter, que le P. *Ceillier* perd toute créance, par la hardiesse avec laquelle il nie les choses les plus claires. Cela paroit de plus en plus, par la maniére dont il tord le sens des paroles, où *Clément* dit, que Nôtre Seigneur, & ses Apôtres, depuis sa Résurrection, n'avoient été susceptibles d'aucun mouvement des Passions les plus légitimes, excepté ceux de la Faim, de la Soif, & autres sentimens nécessaires pour la conservation du Corps. Il ne faut qu'exposer le passage aux yeux du Lecteur: ,, Tel (c) est (dit *Clément*) le *Gnostique* (ou parfait Chrétien) ,, qu'il n'est sujet qu'aux seules affections corporelles qui sont nécessaires pour ,, la conservation du Corps... (2) Mais, dans Nôtre Sauveur, il seroit ridi- ,, cule de s'imaginer, que son Corps, comme Corps, eût demandé les secours ,, nécessaires pour subsister: car il mangeoit, non à cause de son Corps, qui ,, étoit

(a) *Pag. 775. Not. 5.*

(b) §. 4.

(c) Voiez ci-dessus, §. 50.

(1) Ὅπερ [Πατρὸς] ἐστιν υἱὸς ἀναμάρτητος, ἀνεπίληπτ⊙, ᾗ ἀπαθὴς τῶ ψυχῶ.... ἡμεῖς δ, ὅσον δυνάμις, ὡς ἐπ' ἐλάχιστα ἁμαρτάνειν πειράμιθα. Pædagog. *Lib.* I. *Cap.* II. pag. 99.

(2) Ἀλλ' ἐπὶ μὲν τῇ Σωτῆρ⊙ τὸ σῶμα ἀπαιτεῖν, ὡς σῶμα τὰς ἀναγκαίας ὑπηρεσίας εἰς δια-μονὴν, γέλως ἂν εἴη. ἔφαγεν γὰρ ἃ δ/α τὸ σῶμα, δυνάμει συνεχομενον ἁγία· ἀλλ' ὡς μὴ τοὺς συνόντας ἄλλως περὶ αὐτὸ φρονεῖν ὑπεισέλθῃ· ὥσπερ ἀμέλει ὕστερον δοκήσει τινες αὐτὸν πεφανερῶσθαι ὑπέλαβον· αὐτὸς δὲ ἁπαξαπλῶς ἀπαθὴς ἦν, εἰς ὃν οὐδὲν παρεισδύεται κίνημα παθητικὸν, ἔτ' ἡδο-νῆς,

„ étoit soûtenu par sa sainte Puissance, mais afin que ceux qui conversoient
„ avec lui, ne vinssent à avoir de lui une autre opinion : comme en effet il y
„ a eû depuis des gens, qui ont crû qu'il ne s'étoit manifesté qu'en apparence.
„ Cependant il étoit absolument exemt de toute Passion ; il n'entroit en lui
„ aucun mouvement dont il ressentît les impressions, ni Plaisir, ni Douleur.
„ Pour ce qui est des Apôtres, après avoir, en excellens *Gnostiques*, surmon-
„ té la Colére, la Crainte, les Désirs, par la vertu de la Doctrine de leur
„ Maître, ils ne furent plus susceptibles, pas même des mouvemens de Pas-
„ sion qui paroissent bons (ou innocens) comme de Courage, d'Emulation,
„ de Joie, de Désir ; étant devenus incapables de changement par l'état ferme
„ & inébranlable de leur ame, & demeurant constamment tels dans l'habitude
„ qu'ils avoient contractée par l'Exercice, du moins après la Résurrection de
„ Nôtre Seigneur.

§. LV. QUE dit là-dessus mon Censeur ? Il n'ose démentir JESUS-CHRIST (a) *Matth.*
lui-même, qui a témoigné être *saisi* (a) *de tristesse jusqu'à la mort.* Mais, pour XXVI, 38.
sauver à quelque prix que ce soit l'erreur absurde de *Clément*, il prétend, que (b) Pag 68, &
(b), selon lui, & les autres Péres de l'Eglise, *ce mouvement ne se fit en Jésus-* *suiv.*
Christ, que parce qu'il le voulut bien, au lieu que dans nous les Passions préviennent
ordinairement nôtre volonté, & s'emparent des puissances de nôtre ame, souvent malgré
nous &c. C'est là entasser erreur sur erreur, & non pas dissiper l'erreur objectée. Il n'y a pas la moindre trace de cette distinction dans *Clément d'Alexan-*
drie : il nie le fait purement & simplement : il regarde comme une chose *ridi-*
cule, de penser que Nôtre Seigneur ait pû sentir ou actuellement senti quelque
mouvement de Plaisir, de Douleur, ou d'autre Passion semblable.

§. LVI. POUR ce qui est de la distinction en elle-même, sur quoi fondé
prétend-on, que les mouvemens de Passion excitez en Nôtre Seigneur JE-
SUS-CHRIST, dependoient de sa volonté ? Il ne s'agit point ici de sa *Divini-*
té, qui est impassible, mais de son *Humanité.* Or à cet égard, il étoit *sembla-* (c) *Hébreux* IV,
ble (c) *à nous en tout, hormis le Péché.* Ainsi il ne dépendoit pas plus de sa vo- 15.
lonté, qu'il ne dépend de la nôtre, d'être insensible aux impressions des objets,
qui excitent en nous naturellement certains mouvemens de joie, ou de tristesse, ou de quelque autre Passion. Mais il le donne lui-même à entendre
clairement lors qu'il dit, à l'approche de ses souffrances : (d) *Mon Pére, fai-* (d) *Matth.*
tes, s'il est possible, que cette Coupe s'éloigne de moi. Néanmoins qu'il en arrive, XXVI, 39.
NON COMME JE LE VOUDROIS, *mais comme il vous plaît.* Est-ce là le
langage d'une personne, qui ne sent la Douleur, que parce qu'elle veut bien
la sentir ?

§. LVII. LE P. *Ceillier* (e) cite un passage, où *Clément* dit, que JESUS- (e) *Apolog.* pag.
CHRIST a *souffert en sa chair.* Ce sont les propres termes de l'Ecriture, en 69.
plusieurs endroits : *Clément* ne pouvoit que parler avec l'Ecriture. La question
est

ἴν, ὅτι λύπη. Οἱ ϝ Ἀπόστολοι, ὀργῆς, ϗ̀ φό- δῳ πιὶ ἢ διανοίας καταστάσει μηδὲ καθοποιῶν με-
βυ, ϗ̀ ἐπιθυμίας, διὰ ἢ κυριακῆς διδασκαλίας ταβαλλόμενοι· ἀλλ᾽ ὃν ἔξες ἀσκήσεως ἀεὶ μένοντες
γνωστικώτεροι κρατήσαντες, ϗ̀ τὰ δοκοῦντα ἀγαθὰ ἀναλλοίωτοι, μετά γε τίω ἢ Κυρίω ἀνάστασιν.
ἢ παθηκῶν κινημάτων, οἷον θάρσος, ζῆλον, Strom. *Lib.* VI. Cap. IX. pag. 775.
χαρὰν, ἐπιθυμίαν, οὐδ᾽ αὐτὰ ἀντιδέξαντο, ἐμπί-

est de savoir, comment il entendoit cela; & le passage allegué l'explique. Il ne peut être entendu, que d'une maniére à favoriser l'erreur des *Docétes*, en même tems qu'il semble la rejetter. Si Nôtre Seigneur n'étoit point susceptible de *Douleur*, ses Souffrances n'ont été qu'apparentes; & ainsi il pouvoit tout aussi bien n'avoir qu'un Corps apparent. Il n'avoit pas même besoin, selon nôtre Docteur, de manger & de boire; & s'il le faisoit, c'étoit afin qu'on ne prît pas son Corps pour un fantôme. Ho! dit le P. *Ceillier* (a), *Clément* n'allégue *cette raison, que parce qu'elle étoit suffisante, pour convaincre ces Hérétiques. . . . il n'exclut pas les autres raisons, comme celle de reparer les forces de son Corps atténué par les fatigues de ses voyages. Il suggére même cette derniere raison;* puis qu'il avouë *que le Corps du Sauveur n'avoit pas absolument besoin de nourriture, étant soûtenu dans sa vigueur par la vertu de Dieu.* Admirons ce raisonnement. *Clément* veut que le Corps de Nôtre Seigneur *n'eût pas absolument besoin de nourriture,* parce que la vertu de DIEU le soûtenoit: & cependant il insinuë par là, que *Jésus-Christ* mangeoit & beuvoit pour *reparer les forces de son Corps.* Ainsi il avoit besoin de nourriture, & il n'en avoit pas besoin. Et de ce qu'il n'en avoit pas besoin, il s'ensuit qu'il mangeoit pour le besoin. A l'égard des *Docétes*, comment peut-on dire, que ce fût *une raison suffisante pour les convaincre* de leur erreur, de prétendre que JÉSUS-CHRIST mangeoit & beuvoit, *de peur de passer pour un Spectre?* Ce n'étoit, au contraire, qu'une miserable pétition de principe. Ils pouvoient répondre: ,, C'est-là ce qui est en question entre vous, & ,, nous, si Nôtre Seigneur avoit un vrai Corps. Vous avouez, qu'il sembloit ,, être sensible à la Faim, à la Soif, aux autres mouvemens naturels, & que ,, cependant il ne l'étoit pas. Pourquoi ne pouvoit-il pas aussi paroître avoir ,, un Corps, quoi qu'il n'en eût point? L'un n'est pas plus difficile, que ,, l'autre.

§. LVIII. MAIS, dit le P. *Ceillier*, JÉSUS-CHRIST *avoit le pouvoir de conserver son Corps sans le secours de la nourriture matérielle, sans laquelle les nôtres seroient bien tôt détruits.* Cela empêche-t-il, que son Corps ne fût de la même nature que le nôtre, & qu'ainsi il n'eût également besoin de nourriture? Il pouvoit aussi, s'il l'eût voulu, *conserver le Corps des autres Hommes, sans ce secours*, de même qu'il les ressuscitoit, quand il le jugeoit à propos. Mais *Clément* ne parle point d'une simple *possibilité*: il dit, qu'*actuellement* le Corps de Nôtre Seigneur, *comme tel*, & en cela différent des nôtres, *étoit soûtenu par sa sainte Puissance;* & qu'ainsi, s'il mangeoit, c'étoit uniquement pour empêcher de croire que son Corps ne fût pas un vrai Corps. Ainsi ce Pére concevoit manifestement le Corps de JÉSUS-CHRIST, comme aiant été ici-bas, à cet égard, dans le même état où il est depuis sa glorification. Il n'y a point d'échappatoire, qui tienne contre la force des termes. Ce que *Clément* ajoute, au sujet des *Apôtres*, & sur quoi le P. *Ceillier* ne répond rien, confirme de plus

(1) *Pag. 70.*

(1) Ἐπειδὴ γὰρ ᾔδει ὁ Θεὸς, ἅτε προγνώσης ὢν, μὴ πιστεύσοντας τοῦτον [Ἐθνικὸν,] οὐδὲν ἧττον ὅπως τὴν γε καθ᾽ ἑαυτὸν ἀπαδίξηται πλείοσιν, ἔδωκεν μὲν φιλοσοφίαν αὐτοῖς, ἀλλὰ πρὸς τῆς πίστεως ἔδωκε ἢ τὸν Ἥλιον καὶ τὴν Σελήνην καὶ τὰ ἄστρα εἰς θρησκείαν. Ἀπείπησι ὁ Θεὸς τοῖς Ἔθνεσιν, φησὶν ὁ Νόμος· ἵνα μὴ τέλεον ἄθεοι γινόμενοι, πλέως ἢ διαφθαρῶσι. οἱ δὲ, κἂν ταύτῃ γινόμενοι τῇ συντάξει ἀγνώμονες, γλυπτοῖς προσσχόντες ἀγάλμασι, κἂν μὴ μετανοήσωσι, κριθήσονται· οἱ μὲν, ὅτι δυνηθέντες, οὐκ ἠθέλησαν πιστεῦσαι τῷ Θεῷ· οἱ δὲ, ὅτι ἐθελήσαντες, οὐκ ἐξεποίησαν αὐγασθῆναι πι-

plus en plus l'état d'*insensibilité*, qui rend, selon lui, un vrai *Gnostique*, ou parfait Chrétien, inaccessible à tout mouvement de Passion le plus légitime.

§. LIX. Il ne reste plus qu'à examiner les moiens de défense qu'emploie mon Censeur, pour mettre son Client à couvert du reproche d'*avoir imprudemment justifié l'Idolatrie des Paiens*. Voici le (1) passage entier, & traduit fidèlement. ,, Quoi que Dieu connût par sa Prescience, que les Gentils ne
,, croiroient point, cependant, afin qu'ils pussent aquérir la perfection qui leur
,, convenoit, il leur a donné la Philosophie, mais avant la Foi. Il leur a aussi
,, donné le Soleil, la Lune, & les autres Astres, pour leur rendre un Culte
,, religieux: *Lesquels* Dieu *a fait pour les Gentils*, dit la Loi: de peur que,
,, s'ils étoient entiérement sans Divinité, ils ne fussent perdus sans ressource.
,, Mais eux ne faisant pas même attention à ce précepte, se sont attachez à
,, adorer des Images taillées ; de sorte qu'à moins qu'ils ne se soient repentis,
,, ils sont condamnez : les uns, parce que pouvant croire en Dieu, ils ne
,, l'ont pas voulu ; les autres, parce que, quoi qu'ils le voulussent, ils n'ont
,, pas fait tous leurs efforts, pour devenir Fidéles. Bien plus : ceux-là mêmes,
,, qui ne se sont pas élevez du Culte des Astres à leur Créateur, seront aussi
,, condamnez ; car c'étoit-là un chemin, que Dieu avoit ouvert aux Gen-
,, tils, afin que, par le Culte des Astres, ils s'élévassent à Dieu. Pour
,, ceux, qui n'ont pas voulu s'en tenir aux Astres, lesquels leur avoient été
,, donnez (pour les adorer) mais se sont abaissez jusqu'aux Pierres & au Bois,
,, ils sont, dit l'Ecriture, *reputez comme la poussière de la Terre, & comme une*
,, *goutte d'un Seau*, n'entrant point en ligne de compte pour le Salut, & étant
,, retranchez du Corps (de ceux qui peuvent être sauvez).

§. LX. Pour mettre le Lecteur au fait, il est bon de remarquer, que *Clément*, comme il paroît par tous ses Ouvrages, croioit le *Salut des Paiens* (a), & regardoit la *Philosophie* comme le moien que Dieu leur avoit donné pour y parvenir. Mais aiant consideré, que l'étude de la Philosophie n'est pas pour tous les Hommes, il chercha une autre voie plus commode & plus aisée, qui fût exposée aux yeux des plus ignorans & des plus grossiers. Il n'y en a aucun, qui ne soit frappé de la vue du Soleil, de la Lune, & des Etoiles. Dieu a allumé ces Flambeaux dans le Ciel, pour se rendre comme sensible aux Hommes les plus stupides, & les engager à lui rendre leurs hommages. Clément persuadé, comme les autres Péres, de l'inspiration de la *Version des* Septante, y trouve (b) là-dessus un passage, qui, quoi que condamnant le Culte des Astres, lui paroît dire, que la défense n'est que pour les *Juifs*, & que Dieu permet non seulement, mais ordonne ce Culte aux *Gentils*. Il n'en faut pas davantage à nôtre Docteur Chrétien, pour fonder le système qu'on voit ici, & que le P. Ceillier n'a point compris. Il distingue les *Paiens*, qui se privent du Salut par leur propre faute, en trois classes : les uns, qui pouvant

(a) Voiez *Is. Casaubon.* Exerc. in Baron. Annal Exerc. I, num. I.

(b) *Deuter.* IV, 19.

croire

τοῖ ναὶ μὲν κέκεινοι οἱ διὰ τῆς τῶν ἄστρων σεβήσεως μὴ ἐπιδραμόντες ἐπὶ τὸν τούτων ποιητήν· ὁδὸς γὰρ αὕτη δέδοται τοῖς ἔθνεσιν, ἀνακύψαι πρὸς Θεὸν διὰ τῆς τῶν ἄστρων θρησκείας· οἱ δὲ μὴ ἐπὶ τούτοις θελήσαντες ἐπιμεῖναι τοῖς δοθεῖσιν αὐτοῖς ἄστροις, ἀλλὰ καὶ τούτων ἀποπεσόντες εἰς λίθους καὶ ξύλα, ὡς γῆς, φησὶν, ἐλογίσθησαν, καὶ ὡς στάγων ἀπὸ κάδου· οἱ δὲ περισσοὶ εἰς σωτηρίαν, οἱ ὑπερεκπίπτοντες τοῦ σώματος. Stromat. *Lib.* VI. *Cap.* XIV. pag. 795, 796.

croire en Dieu, c'est-à-dire, parvenir, par le moien de la Philosophie, à la connoissance du vrai Dieu, n'ont pas fait un bon usage de ses lumiéres, qui auroient été pour eux ce que la *Prophétie* étoit pour les Juifs: les autres, qui, étant destituez du secours de la Philosophie, ont bien adoré les Astres, selon la permission & le commandement tacite de Dieu, mais se sont abbaissez en même tems au Culte du Bois, & de la Pièrre, ce qui étoit contre la volonté de Dieu: les derniers, qui adorant les Astres seuls, ne se sont point élevez par là à la connoissance du Créateur. Tous ceux-là, selon *Clément*, sont exclus du Salut, par les raisons indiquées. D'où il s'ensuit, que les Paiens, au contraire, qui ou se sont bien servis de la Philosophie, ou, sans Philosophie, ont adoré les Astres seuls, en sorte que par là ils sont venus à reconnoître leur Auteur, ont été sauvez.

(a) *Pag.* 70. 71.

§. LXI. Ainsi il est merveilleux de voir, que (a) le P. *Ceillier* prétend trouver *l'Idolatrie des Paiens condamnée expressément dans ce même passage*; sous prétexte que *Clément* y condamne *ceux qui du culte des Astres ne se sont pas élevez à celui de Dieu*. La condamnation ne tombe nullement sur le culte des *Astres*, consideré en lui-même, qu'il fait regarder comme étant non seulement permis,

(b) Ταύτῃ τῇ ἐντολῇ &c.

mais encore *commandé* (b) aux Paiens: il la fonde, d'un côté, sur ce que quantité de Paiens, non contens d'adorer les Corps Célestes, se sont abbaissez au Culte de choses viles & basses, où il n'y avoit rien qui sentît la Divinité; de l'autre, sur ce que ceux qui n'adoroient que les Astres, sont demeurez à moitié chemin, & n'ont pas fait tout ce que Dieu s'étoit proposé en mettant les Astres devant leurs yeux pour être adorez, c'est-à-dire, ne sont pas venus à le reconnoître comme le grand Dieu, & le Créateur des Astres. Tout cela suppose, qu'il n'y a point eu d'Idolatrie dans l'adoration même des Astres; & que, si elle n'a pas été utile pour le Salut des Paiens, ç'a été ou par le défaut de ce qui devoit l'accompagner, ou par l'addition de ce qu'il ne falloit pas y joindre. Mr. l'Evêque d'*Oxford* n'est point allé ici chercher de vains palliatifs. (c) *Clément* (dit-il) *a cru, que* Dieu *avoit permis aux Gentils d'adorer les Corps Célestes, parce qu'il vaut mieux regarder comme Dieux ceux qui ne le sont pas véritablement, que de vivre sans Religion: & il a ainsi entendu les paroles du* Deuteronome: Lesquels Dieu *a distribuez aux Nations. Ainsi il veut, que l'Idolatrie des Paiens consiste principalement en ce que, laissant les Luminaires du Ciel, ils ont adoré des Images taillées.*

(c) *Pag.* 795. *Not.* 5.

(d) *Pag.* 73.

§. LXII. Le P. *Ceillier* (d) fait de vains efforts, pour justifier les expressions de *Clément*, par celles de l'Ecriture. Il dit, que ce Pére, & les autres, *ont lû dans leurs exemplaires*: Lesquels (Astres) Dieu a fait pour les adorer, *& non pas*, pour le service de toutes les Nations: *& ainsi, que cette maniére de lire des Anciens soit bonne, ou non,* St. *Clément n'en doit pas répondre*. Mais il est faux, que les Péres aient ainsi lû. *Clément d'Aléxandrie*, dans le passage dont nous traitons, dit simplement: Lesquels Dieu *a fait pour les Gentils*. En quoi il

(1) ἃ ἀπένειμε Κύριος ὁ Θεός σου αὐτὰ πᾶσι τοῖς ἔθνεσι τοῖς ὑποκάτω τ̅ οὐρανοῦ.

(2) Ἀπόδειξιν ἡμῖν, ὅτι ἕτερος Θεός, ὁ δὲ τ̅ ποιητὴς τ̅ ὅλων ὑπὸ τ̅ προφητικοῦ πνεύματος.

ὁμολογήτω εἶναι. φυλαξάμενος λέγειν τ̅ Ἥλιον κỳ τὴν Σελήνην, ἃ γέγραπται τοῖς ἔθνεσι συγκεχωρῆσθαι τ̅ Θεὸν ὡς Θεοὺς προσκυνεῖν κỳ τούτῳ τῷ λόγῳ, ὥσπερ χρώμενοι προφήτῃ πολλάκις. Ὁ Θεός

il change seulement le terme des *Septante*, qui (1) signifie, *a distribuez*. Justin, *Martyr*, que mon Censeur cite, ne rapporte pas les propres termes de
la Loi, mais le sens qu'il leur donnoit, & qui est le même, que nôtre
Clément y trouve. Il introduit *Tryphon*, Juif, disant (2), que les Prophétes
du Vieux Testament n'annoncent point d'autre Dieu, que le *Créateur de
l'Univers*; & qu'on ne peut pas se prévaloir de ce que l'Ecriture dit, *que
Dieu a permis aux Gentils d'adorer le Soleil & la Lune, comme des Dieux;*
parce que le mot de *Dieux* se prend là improprement, de même que quand
elle parle ainsi: *Ton Dieu est le Dieu des* Dieux, *& le Seigneur des Seigneurs*.
Pour Saint Augustin, que le P. *Ceillier* cite aussi, il traduit exactement d'une maniére qui répond à ce que porte aujourdhui la Version des
Septante: (3) *Lesquels Dieu, ton Dieu, a distribuez à toutes les Nations* &c. Si
j'imitois mon Censeur, je pourrois lui dire ici, qu'il ne doit pas *se mêler de
Critique*, non plus que de *Morale*, & de *Logique*. La vérité est, est que
tout ce que les anciens Péres ont dit du Culte des Astres permis aux Gentils,
n'étoit fondé que sur une fausse interpretation de ces mots, *Lesquels* Dieu *a
distribuez aux Gentils* &c. Et c'est apparemment pour aller au devant de cette
erreur, que la Vulgate a ainsi traduit: (4) *Lesquels* Dieu *a créez pour le service* (ou l'usage) *de toutes les Nations qui sont sous le Ciel*.

§. LXIII. Mais le P. *Ceillier* ajoûte ici d'autres échantillons de son excellente *Critique*. (a) Il allégue quelques maniéres de parler, qui lui paroissent *toutes semblables à celles que Saint Clément a empruntées des exemplaires de l'E-
criture de son tems*. Il devoit, avant toutes choses, nous dire comment étoient
conçûs les termes Grecs de la Version des *Septante*, afin que nous pussions juger de leur conformité avec ceux du Nouveau Testament qu'il cite. Mais
c'est ce qu'il ne fait, ni ne sauroit faire. D'ailleurs, il s'agit ici de la maniére
dont *Clément* a exprimé le sens qu'il trouvoit dans le passage du Deute'ro-
nome. Or il dit clairement, que Dieu *a donné aux Gentils le Soleil, la Lune, & les autres Astres* (b), *pour leur rendre un Culte religieux;* & que ce Culte étoit *un chemin qu'il leur avoit ouvert, de peur qu'ils ne fussent sans Divinité*
&c. Quel rapport y a-t-il entre des expressions si claires, & celles-ci: *Que
Dieu a livré les Gentils* (c) *aux desirs de leurs cœurs* &c. *Que le Seigneur*
(d) *a livré à la mort les Juifs:* Que Dieu (e) *abandonna les Juifs pour adorer
l'Armée du Ciel*, c'est-à-dire, les Astres? Tout cela, selon le stile certain, &
les idées constantes des Auteurs Sacrez, exprimées clairement en une infinité
d'endroits, n'emporte autre chose qu'une simple *permission de fait*, destituée de
toute approbation, ou un refus des moiens que Dieu auroit pû employer,
pour réprimer l'Idolatrie des *Juifs*, & la Corruption des *Païens*. Quelque
grande que soit l'autorité de Grotius (f), qu'on m'oppose, elle ne me
persuadera jamais, ni à quiconque y pensera bien, que, dans ce passage de
Clément d'Alexandrie, le mot de *donner* doive se prendre pour *permettre* simplement.

(a) *Pag.* 73, *& suiv.*
(b) Ἐις θρησκείαν.
(c) *Rom.* I, 24.
(d) II. *Chron.* XXX, 7.
(e) *Ad.* VII, 42.
(f) *In loc. Deuteron.*

Θεὸς τῶ Θεὸς τῶν Θεῶν ἐςὶ, καὶ Κύριος τῶν Κυ-
ρίων &c. Dialog. cum Tryphon. pag. 158. Ed.
Oxon 1719.
(3) *Quæ distribuit Dominus Deus tuus en
omnibus gentibus, quæ sunt sub cœlo.* Quæst. in

Deuteronom. Lib. V. Qu. VI. Voiez aussi
Origene, in Joann. pag. 48. Tom. II. Ed.
Huet.
(4) *Quæ creavit Dominus, Deus tuus, in
ministerium cunctis gentibus, quæ sub cœlo sunt.*

ment. Il n'y a pas moien d'ailleurs d'accorder ce sens avec la raison que ce Pére allégue, *de peur que les Païens ne fussent sans Divinité ;* & avec la qualité de *précepte* (a) ou d'*Ordonnance*, par laquelle il exprime le dessein de DIEU, *en donnant aux Gentils le Soleil, la Lune, & les autres Astres, pour leur rendre un Culte religieux.* GROTIUS lui-même ne se fie pas à l'explication, que le P. *Ceillier* adopte. Il en apporte une autre, mais qui n'est pas mieux fondée. Et je doute que jamais on en invente aucune de plausible, qui suffise ici pour justifier *Clément.*

(a) ʹΕντολῇ.

(b) §. 41.

§. LXIV. QUAND il se seroit expliqué ailleurs d'une autre manière, je n'aurois qu'à répondre ce que j'ai dit (b) ci-dessus, par rapport à un autre article. Mais le passage, que mon Censeur allégue, tiré de l'*Exhortation aux Gentils*, n'a rien qui ne puisse être aisément ramené au sens de celui-ci, tel que je viens de le démontrer. *Clément* dit, en parlant des *opinions erronées & pernicieuses* du Paganisme (1), *Que les uns, trompez d'abord par la contemplation des Cieux, & ne croiant qu'à leurs yeux, ont été ravis en admiration à la vuë du mouvement des Astres, & les ont érigez en Divinitez.* Cela signifie seulement, que les *Païens*, dont il parle, *ne se sont pas élevez du Culte des Astres* à la connoissance de DIEU, qui les a faits. Ils se sont arrêtez à ces Luminaires, comme aux seules *Divinitez*, & ne pénétrant pas plus loin que *leurs yeux*, ils n'ont pas joint, comme ils le devoient, le Culte du Créateur, avec le Culte de ces nobles Corps, que DIEU leur avoit permis & ordonné dans cette vuë, d'une manière proportionnée à la différence qu'il y a entre le Créateur & la Créature. Il exhorte ensuite, il est vrai, les *Païens*, à renoncer au Culte de tout autre, que du vrai DIEU : mais c'est aux Païens de son tems qu'il parle : & il a dit clairement, dans le passage des *Stromates* en question, que les seules lumiéres de la Philosophie, & à plus forte raison le Culte des Astres, ne devoient servir aux Païens pour le Salut (c), *qu'avant la Foi,* c'est-à-dire, jusqu'au tems de la prédication de l'Evangile. Le voilà encore ici assez d'accord avec lui-même, sur une erreur considérable.

(c) Ἀλλὰ πρὸ τῆς Πίστεως &c.

CHAPITRE VI.

Sur ce que l'on a dit de TERTULLIEN.

(d) *Apolog.* Chap. III, pag. 76.

§. I. LE Pére *Ceillier* (d) se délecte ici d'abord à décharger sa bile contre moi. Il a cru, que je lui donnois beau jeu, dans les citations de quelques Livres de TERTULLIEN, composez depuis qu'il fût devenu Mon-

(1) Οἱ μὲν γὰρ εὐθέως ἀμφὶ τὴν Οὐρανοῦ θέαν ἀπατώμενοι, καὶ ὄψει μόνῃ πεπιστευκότες, τῶν ἀςέρων τὰς κινήσεις ἐπιςεώμενοι, ἐθαύμασάν τε, καὶ ἐξεθείασαν &c. Pag. 22.

(2) Le P. *Ceillier* met ici le Livre de l'*Exhortation à la Chasteté*, au rang de ceux que

Tertullien a composez, étant *Montaniste.* Mais écoutons Mr. DE TILLEMONT : *Ce Traité assûrément est bien fort contre les Secondes Nôces. Néanmoins il nous paroit difficile de pouvoir assûrer, que Tertullien l'ait fait depuis son schisme. Au moins il n'y parle jamais de* MONTAN, *quoi*

DES PÈRES. Chap. VI.

Montaniste, & par conféquent qu'il n'étoit plus *Pére de l'Eglife*. Mais, ce qu'il y a de plaifant, mon Cenfeur lui-même, pour établir l'autorité de la *Tradition*, dans fa Differtation Préliminaire (a), a cité plufieurs paffages du Livre des *Prefcriptions*, écrit par *Tertullien* Montanifte, comme le reconnoiffent la plûpart des Savans, par exemple, Pamelius, & Mr. Dupin. Et nous le verrons (b) plus bas fe munir de l'autorité du Traité *de la Monogamie*, qu'il me fait un crime d'avoir cité. De plus, le P. *Ceillier* veut que nous ôtions à *Tertullien*, encore Pére de l'Eglife, des Ouvrages qu'il reconnoît avoir été faits avant fa chûte, comme le Traité *de l'Idolatrie*, & celui *des Spectacles*. C'eft ainfi qu'il accommode les chofes à fon gré, felon qu'il croit y trouver fon compte. Mais il ne prend pas garde, qu'il me fournit lui-même la réponfe à fes invectives.

(a) *Pag.* XX, XXI.

(b) *Chap.* VIII. §. 7.

§. II. Je ne dirai pas, qu'il y a bien des conteftations entre les Savans, fur la datte des (2) Ouvrages de *Tertullien*, & qu'ainfi il eft fouvent fort difficile d'appliquer la diftinction, que mon Cenfeur fait tant valoir. Il me fuffit, que, de fon propre aveu, & de celui de feu Mr. Dupin, qu'il copie, *Tertullien* a débité, étant encore dans le fein de l'Eglife, des régles de Morale, dont le moins qu'on puiffe dire, c'eft qu'elles font exceffivement outrées. Il commençoit, nous dit-on, à être dans les fentimens des Montaniftes. Et moi, je foûtiens, qu'en embraffant cette Secte, il n'a fait que mieux exprimer, & pouffer à fon aife, les idées, dont il avoit été toûjours rempli. Ce n'eft point ici le jugement d'un Proteftant prévenu: que le P. Ceillier voie ce que difent les *Jéfuites* de Trevoux, en réfutant l'opinion de feu Mr. Allix fur la datte de quelques Traitez de *Tertullien*: (c) *La Morale févére, & même outrée, qu'on remarque dans ces Livres, n'eft pas une preuve fuffifante pour fuppofer, qu'ils ont été compofez par Tertullien depuis fa féparation d'avec l'Eglife. Le génie auftére de cet Auteur fuffifoit feul, pour le porter à ces excès: & il a fait paroître, dès fes prémiers Ouvrages, beaucoup de panchans aux fentimens les plus rigides.*

(c) *Mémoires pour l'hift. des Sciences &c.* Juillet 1703, pag. 46. *Ed. d'Amft.*

§. III. En effet, qu'on life les Ouvrages de ce Pére le plus inconteftablement écrits avant qu'il donnât dans le Montanifme, tout y refpire ce tour d'efprit, qui ne fait ce que c'eft que de penfer naturellement, & de garder un jufte milieu; cette Imagination Africaine, qui groffit ou qui brouille tous les objets; cette impétuofité, qui ne laiffe le tems de rien confiderer avec attention, & qui fait faire des écarts perpétuels. C'eft auffi cela même qui le jetta aifément dans une Secte fi conforme à fes difpofitions naturelles, auxquelles il fe laiffoit aller fans retenuë.

§. IV. Il ne fuffit donc pas, pour fauver l'honneur de *Tertullien*, comme Pére de l'Eglife, de dire, que tels ou tels Paffages alleguez font de quelque Ouvrage compofé depuis fa chûte: il faut faire voir encore, qu'il avoit été auparavant d'une autre opinion, & que ce qu'il débite, étant déja Montanifte, a une

quoi que fa matiére l'y portât d'elle-même: & il eft certain qu'il eft affez différent du Livre de la Monogamie, qu'il fit fur le même fujet depuis fa chûte. Memoires pour l'Hift. Eccl. Tom. III. *Part.* I. pag. 342. *Ed. de Brux.* Voiez la Note indiquée ici, *pag.* 535, 536. où l'Auteur réfute une raifon dont Mr. Allix s'étoit fervi, pour donner ce Traité à *Tertullien* Montanifte.

a une liaison nécessaire avec le fond des visions & des pensées particulières de la Secte, lesquelles rouloient principalement (a) sur des points de Discipline Ecclésiastique. Du reste, j'ai cité, par rapport à mon but, assez de passages, tirez de Livres reconnus de tout le monde pour écrits dans le tems que *Tertullien* étoit encore *Orthodoxe*; & c'est même le plus grand nombre de ceux qu'on voit indiquez dans ma Préface. Si le P. *Ceillier* croit pouvoir éluder la force de ces passages, en supposant que *Tertullien étoit déja Montaniste dans le cœur*, il me sera permis, avec plus de raison encore, de supposer qu'à l'égard des choses contenuës dans les autres passages pris de Livres composez par *Tertullien* Montaniste, ce Pére avoit été toûjours au fond de même sentiment. Ainsi la distinction de mon Censeur devient inutile, & il doit ou abandonner entiérement *Tertullien* à sa mauvaise (1) fortune, comme *Hérétique*, ou trouver bon, que l'on se prévaille de ce que dit *Tertullien*, en quel tems qu'il l'ait dit, tant qu'il ne paroit pas manifestement avoir changé d'opinion. Mais on verra, après tout, une grande conformité entre les pensées sur lesquelles j'ai cité quelque Ouvrage composé par *Tertullien* depuis sa chûte, & celles qui se trouvent dans des Livres publiez auparavant.

(a) Voiez *Daillé, De usu Patrum*, Lib. II. Cap. IV. pag. 259, 260.

§. V. POUR entrer maintenant en matière, le P. *Ceillier* ne répond rien à ce que j'avois dit d'abord (b), après Mr. DUPIN, que TERTULLIEN *semble étendre un peu trop en quelques rencontres ce principe très-véritable, que tous ceux qui favorisent les Méchans dans leur Vice, ou qui contribuent de quelque manière que ce soit au mal, sont coupables.* C'est ainsi que, dans le Traité *De l'Idolatrie*, qu'on reconnoît écrit avant qu'il fût Montaniste, il condamne absolument tout Mêtier, toute Profession, tout Commerce (2), qui regarde des choses dont les Païens peuvent faire quelque usage pour des actes d'Idolatrie; quand même on n'auroit pas d'autre moien de subsister. Selon ce principe, il ne devroit pas être permis à un Chrétien, de vendre du *Vin*, des *Armes*, rien en un mot, qui, quoi que bon & utile en soi, peut être un instrument de Débauche, ou de quelque Crime, dans la main de ceux qui en abusent. Et de quoi n'abuse-t-on pas?

(b) *Préface*, pag. XLIII.

§. VI. FAUT-IL s'étonner, après cela, si *Tertullien* regarde la Vie Militaire comme absolument incompatible avec les régles de l'Evangile. Mon Censeur avouë (c), que ses *expressions* là-dessus *sont un peu trop fortes*: il veut néanmoins, qu'*elles ne contiennent rien de contraire à l'esprit du Christianisme*. Il tombe d'accord, que (d) non seulement dans le Livre *sur la Couronne d'un Soldat*, composé depuis la chûte de *Tertullien*, mais encore dans celui *de l'Idolatrie*, écrit auparavant, ce Pére *semble défendre aux Chrétiens de porter les Armes*. Et il n'y

(c) Pag. 72.

(d) Pag. 73.

(1) On sait cependant, quel cas ont fait de lui d'autres Péres, & sur tout ST. CYPRIEN, qui ne passoit point de jour, sans lire quelque chose de *Tertullien*, & qui disoit à son Copiste, en lui demandant les Ouvrages de ce Pére: *Donnez-moi mon Maitre*. C'est ce que ST. JEROME dit tenir du Copiste même, *Catalog. Scriptor. Ecclesiast.* pag. 284. Tom. I. Edit. Basil. 1537.

(2) *Nulla igitur ars, nulla professio, nulla negotiatio, quæ quid aut instruendis, aut formandis idolis, administrat, carere poterit titulo idololatria.... Malè nobis de necessitatibus humanæ exhibitionis supplaudimus, si post fidem obsignatam dicimus, Non habeo, quo vivam* &c. De Idololatr. Cap. XI, XII. pag. 92. Edit. Paris. 1664.

(3) *Quomodo autem bellabit* Fidelis], immo *quomodo etiam in pace militabit, sine gladio, quem Dominus abstulit? Nam etsi adierant milites ad* Joannem, *& formam observationis acceperunt*

n'y a pas moien d'en douter, quand on lit ces paroles: (3) *Comment est-ce qu'un Chrétien ira à la Guerre, comment portera-t-il les Armes, même en tems de Paix* (c'est-à-dire, quand les Chrétiens ne sont expozés à aucune Persécution) *puis que le Seigneur nous a ôté l'Epée?* Car, quoi que Jean Baptiste ait reçû des Gens-de-guerre, & leur ait prescrit la maniére dont ils devoient se conduire; quoi que le Centenier depuis ait cru: cependant Nôtre Seigneur, en (a) *désarmant* Pierre, *a* DE´SARME´ *enfin* TOUS LES SOLDATS: *il n'y a point pour nous de régle qui rende licite cet* ACTE ENTIE´REMENT ILLICITE. Le Savant RIGAULT avouë ici de bonne foi, que *Tertullien* condamnoit toute Guerre, toute Milice, tout usage de l'Epée, même dans les Tribunaux de Justice, où il ne croioit pas qu'un Chrétien pût en conscience être assis; de quoi nous parlerons plus bas. (a) *Matth.* XXVI, 52.

§. VII. LE P. *Ceillier* oppose à tout cela deux passages de l'*Apologétique*, qu'il donne pour un seul; dans lesquels *Tertullien* (4) dit, que *les Chrétiens remplissent les Villes, les Iles, les Forteresses... les* ARME´ES &c. *Qu'ils vont à la Guerre avec les Païens* &c. Mais cela prouve seulement, que tous les Chrétiens n'étoient pas du sentiment de ce Pére: & il suffisoit ici pour son but, que le fait fût vrai. L'apologie du Christianisme n'en demandoit pas davantage, quelle que fût l'opinion de *Tertullien*. Bien loin de là: s'il eût insinué, que l'Evangile défendoit de porter les Armes, il auroit lui-même donné lieu aux Païens d'accuser les Chrétiens d'être de mauvais Sujets, qui refusoient d'aller à la Guerre, même pour la défense de l'Etat.

§. VIII. IL est vrai, qu'il semble (5) ailleurs permettre la profession des Armes à ceux qui y étoient déja engazez avant leur Batême. Mais, outre que cette distinction n'a aucun fondement dans l'Evangile, si l'on y regarde de près, on verra qu'il la rend lui-même fort inutile. Car il dit, que (6), *selon les Loix de la Guerre, il n'est pas permis de s'abstenir de choses par lesquelles on offense* DIEU. Et nous allons voir, qu'il étendoit cela si loin, qu'il n'y avoit pas moien de profiter jamais de cette permission apparente, & démentie par les autres passages, où il défend la Guerre à tout Chrétien, comme tel.

§. IX. MAIS, ajoûte (b) mon Censeur, *ne pourroit-on pas dire, que Tertullien ne défend de porter les armes, qu'à cause que même pendant la Paix les Soldats étoient souvent obligez à faire certaines actions qui étoient contraires aux Loix du Christianisme? Il falloit quelquefois se couvronner de Fleurs aux Pompes profanes, jurer par le nom des Faux Dieux, Mars & Jupiter, veiller pour la défense des Idoles, manger des viandes immolées, & faire quantité d'autres choses, qui, quoi que renfermées dans le devoir des Soldats, devoient cependant être regardées comme autant de péchez* (b) *Pag.* 75.

ceperant, si etiam Centurio crediderat; omnem postea Militem Dominus in Petro exarmando discinxit. nullus habitus licitus est apud nos illicito actui adscriptus. Ibid. Cap. XIX. pag. 97.
(4) *Hesterni sumus, & vestra omnia implevimus, Urbes, Insulas, Castella, Municipia, Conciliabula, Castra ipsa* &c. Cap. XXXVII. pag. 30. *Navigamus & nos vobiscum, & vobiscum militamus* &c. Cap. XLII. pag. 34. Voiez, au reste, sur l'exaggeration qu'il y a dans ce que dit ici *Tertullien*, la BIBLIOTHEQUE ANGLOISE, Tom. XIV. pag. 535. *& suiv.*
(5) *De Corona Milit.* Cap. XI. J'ai rapporté le passage, sur GROTIUS, *Droit de la Guerre & de la Paix*, Liv. I. Chap. II. §. 9. Note 5.
(6) *Aut omnibus modis cavitandum, ne quid adversus Deum committatur: qua nec ex militiâ permittuntur* &c. Ibid.

chez par les Chrétiens, & que Tertullien croioit être véritablement mauvaises. Il est vrai, je l'avouë, qu'ici, comme sur plusieurs autres sujets, les abus, auxquels l'usage de certaines choses innocentes de leur nature pouvoit donner occasion, ont été cause que plusieurs Docteurs Chrétiens l'ont défendu. Mais il ne s'ensuit point de là qu'ils aient condamné l'abus seul, & gardé le juste milieu. Leur zéle, louable en lui-même, mais souvent peu éclairé, les a terriblement séduits: & un tour d'esprit, que leur donnoit le climat, le tempérament, ou l'éducation, les portoit d'ailleurs à outrer tout. Il y en a trop d'exemples, pour laisser aucun doute là-dessus. Ainsi ceux qui se piquoient le plus de suivre exactement les Régles de l'Evangile, & qui agissoient même de bonne foi par ce principe, donnoient tête baissée dans des extrémitez vicieuses. Ne pénétrant guéres dans les vrais fondemens des devoirs de l'Homme & du Chrétien, & se remplissant l'esprit d'idées creuses, il leur sembloit que, plus ils s'éloignoient de la pratique & des maximes communes, & plus ils se conformoient à la Morale de JESUS-CHRIST. Ainsi ce seroit grand' merveille, si, avec de telles dispositions, ils n'avoient enveloppé les abus les plus énormes, & l'usage le plus légitime, dans une même condamnation. *Tertullien* est celui de tous les Péres de l'Eglise, de qui l'on doit moins trouver étrange, qu'il ait donné dans cet écueil. La généralité avec laquelle il s'exprime dans les passages alleguez ci-dessus, & la maniére dont il explique ce que Nôtre Seigneur dit à *St. Pierre;* ne sont susceptibles d'aucun adoucissement.

§. XI. §. X. LES exemples mêmes alleguez par mon Censeur, d'*actions* qui étoient, selon *Tertullien*, contraires aux Loix du *Christianisme*, servent à montrer de plus en plus, combien ce Pére étoit sujet à condamner sans distinction des choses innocentes en elles-mêmes. Il regardoit comme un acte d'Idolatrie, la nécessité où se trouvoit quelquefois un Soldat Chrétien, *de faire* (1) *sentinelle devant la Porte du Temple de quelque fausse Divinité*. Or assurément il n'y a là qu'un vain scrupule. Les Temples des Faux-Dieux étoient des Bâtimens Publics, qui appartenoient au Souverain. Et en qualité de Souverain, il avoit droit d'en commettre la garde, tout comme des autres Lieux, à ceux mêmes de ses Sujets qui n'étoient pas Soldats de profession. C'étoit un ministére purement civil. On ne se proposoit point, par cela seul qu'on mettoit un Chrétien en sentinelle devant le Temple de *Mars* ou de *Jupiter*, de l'engager à reconnoître ces faux Dieux pour de véritables Divinitez, & à participer au Culte qu'on leur rendoit. Ainsi il y avoit là encore moins d'apparence d'Idolatrie, que dans la manœuvre qu'*Alexandre le Grand* exigea des *Juifs* qui étoient à sa solde, pour aider à rebâtir un Temple de *Bel* dans la Ville de *Babylone:* ce que ces Soldats refusérent par une crainte aussi mal fondée, comme je l'ai (a) remarqué sur mon GROTIUS.

(a) *Liv.* II. *Chap.* XXVI. §. 3. *Not.* 22.

(1) *Et excubabit pro Templis, quibus renuntiavit? De Corona Milit. Cap.* XI.

(2) *Certi enim esse debemus.... etiam otiorum Deos, apud Romanos, Cardeam à cardinibus adpellatam, Forculum à foribus, & Limentinum à limine, & ipsum Janum à januâ... Etiam apud Græcos, Apollinem Thyræum, & Antelios Dæmonas, ostiorum præsides legimus.... Si autem eorum sunt quæ in ostiis adorentur, ad eos & lucerna, & laurea pertinebunt. Idolo feceris, quidquid ostio feceris. De Idololatr. Cap.* XV. pag. 94, 95.

(3) *Adeo apud Deum, in hujusmodi, etiam disciplinâ familiæ nostræ æstimamur.* Ibid. pag 95.

(4) *Prohibendi etiam, ne Lucernas publicè accendant* [Fideles]. *Si facere contra interdictum voluerint, abstineant à communione.* Cap. XXXVII.

(5)

§. XI. Il faut dire la même chose du crime que *Tertullien* trouve dans plusieurs autres choses, hors de la Guerre, comme à orner la Porte de sa Maison de Lampes & de Lauriers, dans une Réjouïssance publique, ordonnée par le Prince. La raison, qu'il en donne, est (2), que les Païens reconnoissoient & adoroient de fausses Divinitez, ou des *Démons*, comme présidant aux Portes & aux Pôteaux des Maisons. Mais s'ensuit-il de là, qu'un Chrétien, qui faisoit profession ouverte du Christianisme, pût être aussi censé reconnoître & adorer de telles Divinitez, lors qu'il mettoit sur sa Porte des Lampes & des Lauriers, chose fort innocente en elle-même, & qui, dans la circonstance, n'avoit aucun rapport avec l'Idolatrie? N'étoit-ce pas, au contraire, desobéïr au Souverain sans aucune nécessité, & se faire soupçonner d'un chagrin secret de la prosperité de l'Etat, par le refus de prendre part à la joie publique des Citoiens? Il fait beau voir *Tertullien*, après bien de pauvres raisonnemens, rapporter ici l'exemple d'un Chrétien, en l'absence duquel ses Domestiques aiant d'eux-mêmes *couronné* la Porte de sa Maison, sur un ordre venu subitement pour une Réjouïssance publique, il eut, dit-il, la même nuit une vision, dans laquelle il fut rudement censuré de cela, quoi qu'il ne l'eût ni fait, ni ordonné: (3) *tant il est vrai*, ajoûte-t-il, *que, devant* Dieu, *en matière d'Idolatrie, nous sommes responsables même de ce que font nos gens.* Mais, supposé qu'il y eût ici une vraie Idolatrie, pouvoit-on l'imputer en aucune manière à un homme, sans l'ordre & la participation duquel ses Domestiques avoient mis sur sa Porte des Lampes & des Lauriers? L'injustice seule de la censure ôte ici tout crédit à la vision.

§. XII. On cite (a) ici, après (b) Rigault, *un Canon du Concile d'*Elvire, *où il est défendu aux Chrétiens d'allumer des Lampes, à l'imitation des Gentils* (4). Ce Canon ne dit point, en quelle occasion, & pourquoi sont allumées les Lampes qu'il défend d'allumer. Que si le Concile a voulu défendre cela, dans les cas mêmes où le Souverain le commandoit, comme un simple acte de Réjouïssance publique, & sans aucun dessein de faire participer les Chrétiens à quelque chose qui sentît l'Idolatrie ; il a eu tort de prétendre, sous un prétexte frivole, engager les Chrétiens dans une desobéïssance mauvaise en elle-même, & sujette à de très-fâcheux inconveniens par rapport à l'intérêt du Christianisme. Mais je voudrois bien que le P. Ceillier m'expliquât, pourquoi, contre les défenses d'un autre (5) Canon de ce Concile, on en est venu depuis à allumer des Cierges en plein jour, dans les Cimetiéres & dans les Eglises, comme on fait encore aujourdhui? D'où vient qu'on n'a plus trouvé bonnes les raisons de *Tertullien*, Que (6) c'est brûler le Jour avec des Flambeaux, contre la Nature & la Raison ; & donner aux Maisons

(a) *Apolog.* pag. 82.
(b) In *Tertull.* Lib. II. *Ad Uxor.* Cap. VI, pag. 170.

(5) *Cereos per diem placuit in Cœmeterio non incendi. Inquietandi enim Sanctorum spiritus non sunt. Qui hæc non observaverint, arceantur ab Ecclesiæ communione.* Can. XXXIV. On voit là, que ces bons Péres s'imaginoient, que les Cierges allumez en plein jour dans les Cimetiéres, troubloient le repos des Saints, qui y étoient ensévelis.
(6) *Cur die lato non laureis postes obumbra-mus, nec lucernis diem infringimus? honesta res est, solennitate publicâ exigente, induere domui tuæ habitum alicujus novi lupanaris!* Apologetic. Cap. XXXV. pag. 28, 29. *Quis enim Philosophum sacrificare, aut dejerare, aut lucernas meridie vanas prostituere compellit?* Ibid. Cap. XLVI. pag. 35. Voiez aussi *De Idololat. Cap.* XV.

fons un air de lieu de Débauche? La prémiére de ces raisons fait voir, que ce n'étoit pas seulement à cause d'un mêlange d'Idolatrie, que *Tertullien* condamnoit les Lampes allumées en plein jour; mais parce qu'il croioit la chose mauvaise en elle-même, dans quelle vuë & à quelle occasion qu'on la fît, L'autre n'est d'aucune force, qu'en supposant qu'il faut s'abstenir de tout ce que font les Débauchez, quelque indifférent qu'il soit de sa nature. D'ailleurs, les Savans (1) ont remarqué, que ce n'étoit pas de jour, mais à l'entrée de la nuit, qu'on pendoit une Lampe sur la porte des mauvais lieux.

(a) *Pag. 83.*

§. XIII. A L'E'GARD des *maniéres de parler usitées*, qui ont quelque rapport à *l'Idolatrie*, quoi qu'elles n'en emportent nullement une approbation, il n'est pas vrai, que, comme le (a) prétend mon Censeur, *Tertullien n'en trouve l'usage mauvais, qu'autant que nous contribuons par là au culte des Idoles.* Il permet seulement quelques-unes de ces expressions: mais en même tems il en condamne d'autres, qui ne sont pas plus mauvaises. (2) Si l'on peut dire, comme il en convient, *Un tel est dans le Temple d'Esculape, Je demeure dans la Ruë d'Isis, Un tel a été fait Prêtre de Jupiter;* pourquoi, en parlant d'*Esculape*, d'*Isis*, de *Jupiter* &c. ne pourra-t-on pas les appeller *Dieux*, sans ajoûter aussi tôt quelque chose par où l'on déclare expressément qu'on les tient pour faux? C'est néanmoins ce que *Tertullien* défend. Mais, quand on dit, *le Temple d'Esculape*, cela seul n'emporte-t-il pas, que cet Edifice est consacré à *Esculape*, comme à une Divinité? Ainsi c'est la même chose, que si l'on disoit, *le Temple du Dieu Esculape.* Quel mal y aura-t-il donc à s'exprimer ainsi, par exemple: *Il y a tant de Dieux, adorez à Rome,* ou qui y ont des *Temples*, & des *Prêtres*? La necessité de la Conversation, & la nature du Langage, demandent autant ce tour, que les précedens. Il suffit que celui qui parle, fasse d'ailleurs profession ouverte du Christianisme, pour qu'on voie d'abord, dans l'une & dans l'autre expression, qu'il n'entend point par là des Dieux, qui, selon lui, soient de vrais Dieux.

§. XIV. TERTULLIEN est encore plus mal fondé à condamner l'usage des *Couronnes*. Et son Apologiste prend tous ses Lecteurs pour duppes, de vouloir leur persuader, que ce Pére ne blâme qu'un usage où il entroit de l'Idolatrie. Quiconque jettera les yeux sur le Livre *de la Couronne d'un Soldat*, reconnoîtra aussi tôt, que *Tertullien* regardoit comme une chose contraire à la Loi Naturelle, & par conséquent mauvaise en elle-même, de porter des Couronnes, de quelle maniére & pour quel sujet qu'on les portât. Il commen-

(b) *De Coron. Milit. Cap. I.*

ce par répondre à (b) l'objection qu'on lui faisoit, Où est-ce que l'Ecriture Sainte

(1) Voiez JUSTE LIPSE, *Elector. Lib. I. Cap. III.* où il a le prémier établi & illustré cet usage.

(2.) *Deos Nationum nominari Lex prohibet, non utique ne nomina eorum pronuntiemus, quæ nobis ut dicamus conversatio extorquet: nam id plerumque dicendum est,* In Templo Æsculapii illum habes, *&,* Vico Isidis habito, *&* Sacerdos Jovis factus est, *& multa alia in hunc modum, quando & hominibus hoc genus nomina inducuntur.... Quòd si Deos dicendum erit, ad-jiciendum est aliquid, quo adpareat, quia non ego illos Deos dico. Nam & Scriptura* Deos nominat, *sed adjicit* suos, vel Nationum &c. De Idololatr. *Cap.* XX. *pag.* 97, 98.

(3) *At enim ubi scriptum est, ut coronemur?... Immo prohibetur, quod non ultro est permissum.* De Coron. Milit. Cap. II. *pag,* 101.

(4) *Quum illas* [observationes] *etiam Natura defendit, quæ prima omnium disciplina est.* Ibid. *Cap.* V. *pag.* 103.

(5) *Ceterum in capite quis sapor floris? qui*
Co-

Sainte défend de porter des Couronnes? Et, après avoir allégué la pratique des Chrétiens, qui en croioient l'ufage illicite, il répond, Qu'il fuffit (3) que l'Ecriture Sainte ne le permette nulle part. Faux principe, dont nous verrons ailleurs (a) que d'autres Péres de l'Eglife fe font fervis. Il dit enfuite, qu'on doit d'autant moins refufer de fe conformer aux idées & à la coûtume des Chrétiens, que la (4) *Nature même, la prémiére & la plus ancienne de toutes les Régles de conduite*, défend l'ufage des Couronnes, comme *ne convenant pas à la Tête d'un Homme;* & en particulier celles de *Fleurs*, dont il s'agiffoit principalement. Il allégue là-deffus de pauvres raifons, femblables à celles dont nous (b) avons vû que CLE'MENT d'Aléxandrie faifoit fon fort. DIEU, dit-il, l'Auteur de la Nature, a affigné à chaque Sens fon fiége propre. L'Ouïe eft dans l'Oreille, la Vuë dans les Yeux &c. Or la couleur & l'odeur des Couronnes fe rapportent à la Vuë & à l'Odorat: Il eft donc abfurde, de les mettre fur la Tête, où celui qui les porte ne les voit, ni ne les fent. (5) *Il eft auffi contraire à la Nature, de faire ufage des Fleurs, en les portant fur fa Tête, que de vouloir recevoir le Son par le Nez*. Or, ajoûte *Tertullien*, tout ce qui eft contre la Nature, doit être tenu pour un Monftre chez tous les Hommes: *&*, parmi nous, Chrétiens, il mérite de plus le nom de Sacrilége, commis contre DIEU, le Maître & l'Auteur de la Nature. Demandez-vous donc encore ici *une Loi de* DIEU? La voilà, cette Loi commune du Genre Humain, écrite *fur les Tables de la Nature*, auxquelles l'Apôtre en appelle fi fouvent &c. Puis il déclare, qu'il va, *par furabondance de droit*, alléguer d'autres raifons, qui prouveront, felon lui, qu'un Chrétien ne peut porter aucune forte de Couronnes, encore qu'elles ne paroiffent pas, comme celles de Fleurs, defenduës par la Nature même.

(a) Voiez *Chap.* XIII. §. 19.

(b) *Chap.* V. §. 16.

§. XV. ET que le P. *Ceillier* ne vienne pas nous dire, que ce Livre *de la Couronne* eft de *Tertullien* déja Montanifte. On voit clairement les mêmes idées & les mêmes principes, dans l'*Apologétique*, reconnu pour compofé dans le tems que *Tertullien* étoit encore Membre de l'Eglife. Voici comme il parle là: (6) *Je n'achéte point de Fleurs, pour en faire une Couronne qui me ceigne la Tête. Que vous importe, à quel ufage je veux me fervir des Fleurs, que j'achéte? Elles me paroiffent plus agréables, quand elles font libres, déliées, & épanchées fans ordre: Pour celles qui font difpofées en forme de Couronne, nous nous contentons de les flairer, en les approchant de nôtre Nez. Que ceux qui les mettent fur leur Tête, voient comment ils peuvent flairer par les Cheveux*. Mais, outre CLE'MENT d'Aléxandrie, nous voions que (7) MINUCIUS FE'LIX condamne auffi fans diftinction l'ufage des Couronnes de Fleurs, précifément par la même raifon. Ce n'étoit donc

---

Coronæ fenfus? nifi vinculi tantum: quo neque color cernitur, neque odor ducitur aes teneritas commendatur? Tam contra Naturam eft, florem capite fectari, quàm fonum nare. Omne autem, quod contra Naturam eft, monftri meretur notam penes omnes, penes nos vero etiam elogium Sacrilegii in Deum, Naturæ dominum & auctorem. Quæris igitur Dei legem? Habes communem iftam in publico mundi, in naturalibus tabulis, ad quas & Apoftolus folet provocare &c. De Coron. Milit. *Cap.* V. pag. 103.

(6) *Non emo capiti Coronam. Quid tuâ intereft emptis nihilominus floribus quomodo utar? Puto gratius liberis & folutis, & undique vagis. Sed etfi in Coronam coactis, nos Coronam naribus novimus. Viderint, qui per capillum odorantur*. Apologet. *Cap.* XLII. pag. 54.

(7) *Sanè quòd caput non coronamus, ignofcite. Auram boni floris naribus ducere, non occipitio capillifve folemus haurire*. Octav. *Cap.* XXXVIII. pag. 183. Ed. Davis. 1712.

donc pas un sentiment particulier de *Tertullien* Montaniste, qui n'a fait alors que donner l'essor de plus en plus à son génie auſtére & à son Imagination déréglée.

(a) *Carol. Paſ-chal. Coronar. Lib. I Cap. XV. pag. 46. 47. Ed. Pariſ. 1610.*

§. XVI. Voici le jugement qu'en porte un Savant (a) Auteur de la Communion Romaine. „ *Tertullien* (dit-il) ſe déchaine par tout contre les „ Couronnes, il les tourne en ridicule, il les ravalle ſi fort, qu'il n'en laiſſe „ d'autre uſage légitime, que celui de s'en lier la Tête. Avec la permiſſion „ de ce Pére, j'en appelle de ſa grande piété à ſon érudition ſinguliére.... „ Où eſt-ce que l'Ecriture Sainte défend les Couronnes? Il n'y a rien, au „ contraire, dont elle faſſe plus ſouvent mention: tant la beauté des Fleurs, „ & l'uſage des Couronnes, a plû même au Saint Eſprit! Dans l'Apoca- „ lypse, on voit non ſeulement les vint & quatre Anciens, mais enco- „ re Jésus-Christ lui-même repréſenté avec une Couronne, non d'Epi- „ nes, comme celle que le Bourreau lui mit ſur la tête, mais de la nature de

(b) *Prudent. En-chirid. num. 20.*

„ celles dont il s'agit, une Couronne, comme celle que Prudense (b), „ Poëte Chrétien, attribuë auſſi à Nôtre Seigneur, faite d'Olivier, c'eſt-à- „ dire, une Couronne de Victoire, & une Couronne de Triomphe. Il ſe- „ roit inutile, & même ridicule, de donner un tel ornement à Nôtre Sei- „ gneur, ſi l'opinion de *Tertullien* étoit recevable.

(c) *Pag. 84.*

§. XVII. Il eſt faux d'ailleurs, que, comme le veut (c) mon Cenſeur, après *Tertullien*, toutes ſortes de Couronnes, & principalement celles de *Laurier*, contre leſquelles il déclame, euſſent du rapport à l'Idolatrie. Quoi que le *Laurier* fût regardé par les Païens, comme un Arbre conſacré à *Apollon*, ou à *Bacchus*, il ne s'enſuit nullement de là, que, toutes les fois qu'on mettoit ſur ſa tête une Couronne de Laurier, on la prît en vuë de cette conſécration religieuſe. La Religion n'y entroit pour rien, ſur tout dans le cas, qui donna occaſion à *Tertullien* de ſe déchainer contre les Couronnes. (d) „ C'étoit

(d) *Bingham, Antiquities of the Chriſtian Church, Liv. XVI, Chap. IV, Sect. 1.*

„ un pur acte Civil, en l'honneur des Empereurs, aux Jours que les Soldats „ recevoient d'eux quelques Largeſſes. Le Laurier étoit ſeulement une mar- „ que de Victoire: &, quoi qu'il fût conſacré à *Apollon*, cela n'en rendoit pas „ l'uſage illicite; autrement il faudroit auſſi regarder ſur ce pié-là l'uſage des „ quatre Elémens, & de pluſieurs autres Arbres, ou Plantes, ou Animaux,

(e) *Epiſt. XLVII. (vulg. 154) ad Publicol. num. 3. Edit. Benedictin.*

„ qui, comme (e) St. Augustin le remarque, étoient conſacrez à quel- „ ques fauſſes Divinitez. Mais il eſt inutile d'inſiſter là-deſſus, puis que *Tertullien*, comme d'autres anciens Docteurs, condamne abſolument l'uſage des Couronnes par des raiſons qui ne ſuppoſent aucun danger d'Idolatrie.

§. XVIII. Pour revenir à la *Profeſſion des Armes*, *Tertullien* la condamne auſſi abſolument, non parce que *c'étoit une profeſſion dangereuſe*, ſoit par rapport à l'Idolatrie, ou par rapport à d'autres Péchez, ainſi que le prétend (f) mon Cenſeur, mais comme étant toûjours défenduë par l'Evangile, *lors même qu'elle n'expoſe point à la néceſſité de ſacrifier aux faux Dieux, ou d'exercer l'office de Juge Criminel* (ce que *Tertullien* croioit auſſi illicite.) C'eſt ainſi qu'il poſe l'état de

(f) *Pag. 85.*

(z) *At nunc de iſto quæritur, An Fidelis ad militiam converti poſſit, & an militia ad fidem admitti, etiam caligata, vel inferior quoque, cui non ſit neceſſitas immolationum, vel capitalium judiciorum. Non convenit ſacramento divino & humano, ſigno Chriſti, & ſigno Diaboli, caſtris lucis*

de la question, & qu'il la décide, dans son (1) Traité *de l'Idolatrie*, que nous ne repeterons plus être de lui encore *Pére de l'Eglise*. J'ai déja (a) dit ce qu'il (a) §. 1. faut penser de la distinction qu'il semble faire, dans le Livre *de la Couronne*, entre les *Chrétiens* qui étoient déja Gens-de-guerre avant leur conversion au Christianisme, & ceux qui s'enrôlloient depuis. Mais supposé qu'il eût eû sincèrement de l'indulgence pour les prémiers, j'en infèrerois, qu'il n'étoit donc pas plus rigide, devenu Montaniste, qu'auparavant. Et, au fond, les raisons qu'il allégue dans l'un & l'autre de ces Ouvrages, ou ne vallent rien du tout, ou ne laissent aucun lieu à donner plus de privilége aux Gens-de-guerre qui se font Chrétiens, qu'à ceux qui étant Chrétiens veulent prendre le parti des Armes. Il n'y a point de milieu : ou il faut le défendre à tous, ou il faut le permettre à tous.

§. XIX. Passons à un autre sujet. J'avois blâmé les *déclamations* & les *fausses pensées* de *Tertullien*, au sujet de la *Comédie*. Le P. *Ceillier* (b) est obli- (b) Pag. 85, 86. gé de passer condamnation. *Je ne voudrois pas*, dit-il, *adopter toutes les expressions ni tous les raisonnemens dont* Tertullien *s'est servi dans le Traité* Contre les Spectacles. *Il y donne souvent dans l'hyperbole, & ses raisonnemens ne sont pas toûjours concluans*. En voilà pour moi de reste. Quand même l'exemple, que j'ai allegué, ne seroit pas tout-à-fait bien choisi, il y en auroit assez d'autres, de l'aveu de mon Censeur. Ainsi qu'il perde du papier, tant qu'il lui plaira (c), à étaler les mauvais effets des Spectacles, tels qu'ils étoient en ces tems- (c) Pag. 86, & là, cela ne fait rien contre moi, qui ne veux nullement justifier les abus ou *suiv.* les excès. Il s'agit de savoir, si *Tertullien* a pris la bonne voie, pour y remédier. Or, à mon avis, plus les abus sont grands ou communs, & plus il faut éviter non seulement les fausses pensées, mais encore tout ce qui sent la Déclamation ou l'Hyperbole (d) : autrement on ne fait que battre l'air, & (d) Voiez ce bien loin de réussir à détourner les gens des plaisirs auxquels ils ne peuvent la Préface de renoncer qu'avec peine, on les rend plus rebelles aux rémontrances. La cho- mon Traité du se doit arriver ainsi naturellement ; & l'expérience ne la confirme que trop. *Jeu.*

§. XX. Mais les aveus de mon Censeur sont toûjours accompagnez de quelque chose, qui marque avec quelle peine on les lui arrache. Après ce que nous venons de voir, il voudroit néanmoins sauver la fausse pensée, que j'ai donnée pour exemple. (e) *Quant à ce que dit Tertullien* (2), *que c'est le Diable* (e) Pag. 89. *qui chausse les brodequins aux Acteurs, c'est* (prétend-il) *une expression figurée, qui ne veut dire autre chose, sinon que les Acteurs s'ornoient de cette chaussure par l'inspiration du Démon, ce qui est très-vrai*. Car quel étoit le motif des Acteurs en empruntant cet ornement? *La vanité seule étoit leur principe ; le désir de paroître d'une stature grande & majestueuse, lors qu'ils représentoient le personnage de quelques Héros, leur faisoit emprunter de l'Art, ce que la Nature leur avoit refusé*. Pour moi, je ne veux ni ne dois ici examiner, si, sans l'inspiration du Diable, dont Nôtre Seigneur a tant bridé le pouvoir, les Passions Humaines ne sont pas seules capables de produire les mauvais effets des Spectacles, & dans le cœur des Acteurs,

---

lucis & castris tenebrarum : *non potest una anima duobus deberi, Deo & Cæsari.* De Idolo-latr. Cap. XIX. pag. 97.

(2) *Sic & tragœdos cothurnis extulit* [Dia-bolus,] *quia nemo potest adjicere cubitum unum ad staturam suam. Mendacem facere vult* Christum. De Spectacul. Cap. XXIII. pag. 82.

teurs, & dans celui des Spectateurs. Mais je doute, qu'on persuade aux uns ou aux autres, que le Diable intervienne ici, toutes les fois qu'un Comedien prend le brodequin: & il n'y en aura pas un, qui n'entende ainsi les termes de *Tertullien*, qu'il regardera du moins comme une hyperbole excessivement outrée. Je ne sai si bien des gens ajoûtérent foi à ce que raconte *Tertullien* (a). *Qu'une Femme étant allée au Théatre, en revint possedée du Démon: & que, dans les exorcismes que l'on faisoit sur cette Femme, pour en chasser le malin Esprit, on demanda au Démon pourquoi il avoit été assez hardi pour s'attaquer à une Chrétienne: A quoi il répondit:* „ J'ai eû raison, je l'ai trouvée chez moi". Mais on a tant découvert de *fraudes pieuses* mises en usage par les Péres de l'Eglise, que de tels contes aujourdhui seront du moins sujets à caution. Pour le motif de *vanité* que le P. *Ceillier* attribuë aux Acteurs, *qui empruntent cet ornement*, il ne peut pas non plus être regardé, généralement parlant, comme l'*unique principe* qui leur fait *emprunter ici de l'art, ce que la Nature leur refuse*. Ils ne pensent guéres qu'à bien joüer leur rôlle, comme chacun cherche à faire son métier. Et on sait, que les Comédiens s'ennuient souvent, & sont fort peu sensibles à toute leur parure, par la nécessité où ils se trouvent de divertir les autres dans le tems qu'ils sont eux-mêmes peu disposez à y prendre un plaisir, que l'accoûtumance diminuë tous les jours. Quoi qu'il en soit, ma critique tomboit principalement sur la fausse application des paroles de Nôtre Seigneur (b), *Que personne ne peut ajoûter une coudée à sa stature*. Et de cela même il paroît, que mon Censeur prête à *Tertullien* tout ce qu'il dit du motif de *vanité*, qui fait agir les Acteurs. Car la raison pourquoi ce Pére condamne la chaussûre des *Brodequins*, c'est parce qu'il croit, que, dans quelle vuë qu'on la prenne, la chose est mauvaise en elle-même, comme étant, selon lui, contraire & à la Nature, & à la déclaration de Nôtre Seigneur, que l'on accuse ainsi de *mensonge*. Le P. *Ceillier* avouë, au moins par son silence, que cette pensée est insoûtenable.

§. XXI. Il se tourmente ensuite inutilement, pour mettre *Tertullien* à couvert du reproche de condamner absolument la recherche & l'exercice des Emplois Publics, sur tout de ceux qui imposent la nécessité de condamner à mort les Criminels. Il veut que ce Pére (c) *propose seulement les grands dangers auxquels s'expose un Chrétien en s'engageant dans les Emplois Publics*. Pour détruire cette interprétation forcée, il ne faut que rapporter les paroles (1) mêmes de *Tertullien*. „ On demande (dit-il) si un Serviteur de Dieu peut se charger
„ de quelque Dignité ou de quelque Magistrature, supposé que par faveur,
„ ou même par adresse, il trouve moien de s'exenter de tout ce qui a la
„ moin-

(a) *Ceillier*, pag. 89. *Tertull. de Spectac. Cap.* XXVI. *pag.* 83.

(b) *Matth.* VI. 27.

(c) *Pag.* 80.

(1) *Hinc proximè disputatio oborta est, An servus Dei alicujus dignitatis aut potestatis administrationem capiat, si ab omni specie idololatriæ intactum se, aut gratiâ aliquâ, aut astutiâ etiam, præstari possit? secundum quod & Joseph, & Daniel, mundi ab idololatriâ, & dignitatem & potestatem administraverunt, in ornamento præfecturâ totius Ægypti, sive Babyloniæ. Cedamus itaque, succedere alicui posse, ut in quoquo honore in solo honoris nomine incedat, neque sacrificet, neque sacrificiis auctoritatem suam adcommodet, non hostias locet, non curas Templorum deleget, non vectigalia eorum procuret, non spectacula edat de suo, aut de publico, aut edendis præsit; nihil solenne pronuntiet, vel edicat, ne juret quidem: jam vero, quæ sunt potestatis, neque judicet de capite alicujus, vel pudore (feras enim de pecuniâ) neque damnet, neque*

,, moindre apparence d'Idolatrie? comme autrefois *Joseph*, & *Daniel*, furent
,, revêtus de leur Dignité & exercérent leur Emploi, dans le Gouvernement
,, de toute l'*Egypte*, ou du païs de *Babylone*, sans se souiller d'Idolatrie en au-
,, cune façon. Soit donc: accordons, que quelcun puisse, dans toute Char-
,, ge honorable, joüir seulement des honneurs qui y sont attachez, en sorte
,, qu'il ne soit obligé ni de sacrifier aux faux Dieux, ni d'autoriser les Sacri-
,, fices, ni de faire marché avec des gens qu'il choisit pour fournir les Victi-
,, mes, ni de commettre à d'autres le soin des Temples, ni d'en faire recueil-
,, lir les revenus, ni de donner des Spectacles à ses dépens, ou à ceux du Pu-
,, blic, ni d'y présider; ni de prononcer, ou ordonner par ses Edits, rien qui
,, contienne des expressions consacrées à l'Idolatrie; ni même de faire aucun
,, Serment. Supposons encore qu'il se dispense de ce qui appartient propre-
,, ment aux fonctions de sa Magistrature, qu'il ne juge personne, dans les cas
,, où il s'agit de la Vie, ou de l'Honneur (car s'il n'est question que d'une
,, Amende, passe pour cela) qu'il ne prononce aucune Sentence de condamna-
,, tion, ni ne fasse aucune Loi qui l'autorise; qu'il ne décréte contre person-
,, ne les Fers, ou la Prison, ou la Torture; si néanmoins il est croïable, qu'il
,, soit en son pouvoir de s'abstenir de tout cela.

§. XXII. Voilà les *dangers* de contrevenir à quelque Précepte de l'Evangile, regardez par *Tertullien* comme inséparables de l'exercice des Emplois publics. Et il met en ce rang non seulement toutes les fonctions qu'il croit avoir
le moindre rapport avec l'Idolatrie; non seulement (ce qu'il est bon de noter)
l'obligation de *faire Serment*, dont il semble condamner entiérement l'usage:
mais encore la (2) nécessité de *juger dans les cas où il s'agit de la Vie ou de l'Honneur*, *de prononcer quelque Sentence de Condamnation*, *ou de faire des Loix qui l'au-
torisent*, d'ordonner *qu'on mette quelcun aux fers, ou en Prison, ou à la Torture*:
toutes choses, qu'il suppose par là manifestement être incompatibles avec la
qualité de Chrétien. Mon Censeur (a) tord ici plaisamment les derniéres paroles du passage: *Si hæc credibile est fieri posse*. Il y fourre une interrogation, &
il traduit: *Mais est-il croïable, qu'il ne puisse pas s'abstenir de toutes ces actions?* Il
devoit aussi, de sa pure autorité, ajoûter un *non* dans le Texte: autrement le
moindre Ecôlier lui dira, que ces paroles ne peuvent jamais signifier que le
contraire de ce qu'il y trouve. Où en est-on réduit, quand on veut ainsi
justifier les Péres à quelque prix que ce soit? Je ne remarquerai pas ici, &
ailleurs, les autres fautes grossiéres que mon Censeur commet, en traduisant
quelques passages des Péres mêmes. Le principal, auquel je me borne, me
fournit assez de preuves, que l'Apologiste des Péres n'est pas aussi grand *Critique* qu'il se l'imagine. §. XXIII.

(a) *Pag.* 91.

neque pradamnet, neminem vinciat, neminem recludat, aut torqueat; si hæc credibile est fieri posse. De Idololatr. Cap. XVII. pag. 96.
(2) C'est ce qu'a reconnu le célébre Mr. Nicole, dans ses *Essais de Morale*: Tertullien (dit-il) *enseigne*, dans son Traité de l'Idolatrie, qu'il est absolument défendu aux Chrétiens de juger de la vie & de l'honneur des Hommes: ce qui manifestement est contre la doc- trine & contre la pratique de l'Eglise. Tom. II. Disc. de la Grandeur, 1. Part. Chap. IV. pag. 142. Ed. de la Haie. Il venoit de parler de l'ex- cès visible de ce Pére, au sujet des marques de dignité & de puissance, & des ornemens attachez aux Charges, qu'il regarde comme défendus aux Chrétiens; ce qui est défendre les Char- ges mêmes.

§. XXIII. Mais il est si aveuglé, qu'il ne prend pas garde, qu'en supposant même bonne sa Traduction ridicule, il n'a rien avancé pour justifier *Tertullien*. Car quand ce Pére auroit voulu dire, qu'un Magistrat Chrétien peut trouver moïen de s'abstenir des Jugemens Criminels, il demeureroit toûjours vrai, que, selon lui, ce sont des fonctions dont tout Chrétien, comme tel, doit s'abstenir, sans quoi la Magistrature lui est interdite, quoi qu'*elles lui appartiennent proprement*. Y a-t-il d'ailleurs la moindre chose, qui insinuë, que *Tertullien* parle seulement d'une *crainte de punir des Innocens*, ou même de mettre à *mort des Coupables*, *qui pourroient changer de vie si on les punissoit moins rigoureusement*; comme le prétend (a) mon Censeur? S'il est permis d'aider ainsi à la lettre, on fera dire à un Auteur tout ce qu'on voudra, le blanc & le noir en même tems. Mais *Tertullien* condamne si clairement dans la suite la recherche & l'exercice des Emplois Publics, tant Civils, que Criminels, par des raisons tirées de leur propre nature, & indépendantes de l'abus, que j'ai peine à comprendre, comment on peut se flatter d'en imposer ici aux Lecteurs.

(a) *Pag. 91.*

§. XXIV. Ce Pére, après avoir fait, par un *dato*, *non concesso*, la supposition qu'on vient de voir, dit, que le seul appareil des marques de Dignité qui sont attachées aux Charges Publiques, les doit faire fuïr à un Chrétien: Et sa raison est, que (1) la *Pourpre*, les *Prétextes*, les *Trabées*, les *Laticlaves*, que portoient les Magistrats, & les *Faisceaux de Verges*, qu'on portoit devant eux, sont des choses *originairement consacrées à l'Idolatrie*: outre qu'on les emploie aussi en l'honneur des Idoles. Car, ajoûte-t-il, *les Démons sont les Magistrats de ce Siécle*: ainsi il ne faut pas s'étonner, qu'ils aient les Faisceaux & la Pourpre, qui sont les marques de dignité de leurs Collégues. Il répond ensuite à l'argument tiré de ce que *Joseph* & *Daniel* avoient été dans les plus hautes Dignitez, & il se tire d'affaires en distinguant le tems de la *Loi*, où les Fidéles étoient *dans une condition d'Esclaves*, d'avec celui de l'*Evangile*, où personne n'est Esclave que de Jésus-Christ, qui a *délivré ses Disciples de la captivité du Siécle*. Il propose enfin l'exemple de Jésus-Christ lui-même, que tout Chrétien doit imiter. Or, ajoûte-t-il, (2) *Nôtre Seigneur a vécu dans l'humilité & dans l'obscurité*, *n'aiant pas même de domicile fixe*,... *sans aucune parure dans ses Habits*,... *dépoüillé en un mot de toute gloire dans son visage & dans son aspect*, comme Esaïe *l'avoit prédit*. S'il n'a exercé aucune Autorité, pas même sur les siens, auxquels il a au contraire rendu des services bas & abjects; s'il a évité soigneusement d'être fait Roi ici-bas, sâchant bien le Roïaume qui lui convenoit: il a par là donné à ses Disciples un modéle très-parfait, afin d'abbattre toute élévation & tout Tribunal, tant

de

(1) *Ceterum purpura, vel cetera insignia dignitatum & potestatum, inserta dignitati & potestatibus, idololatriæ ab initio dicata, habent profanationis suæ maculam. Quum præterea ipsi etiam idolis induantur prætexta, & trabeæ, & laticlavi, fasces quoque & virgæ præferantur; & merito. nam Dæmonia Magistratus sunt seculi: hujus collegii insignia fasces & purpuras gestant.* De Idololatr. Cap. XVIII. pag. 96.

(2) *Ille Dominus in humilitate & ignobilitate incessit, domicilio incertus... vestitu incultus...: vultu denique & adspectu inglorius, sicut & Esaias pronuntiaverat. Si potestatis jus quoque nullum ne in suos quoque exercuit, quibus sordido ministerio functus est, si Regem denique fieri, conscius sui regni, refugit, plenissimè dedit formam suis, dirigendo omni fastidio & suggestu, quàm dignitatis, tam potestatis. Quis enim magis iis usus fuisset, quàm Dei Filius? quales, & quanti, eum fasces producerent? qualis purpura de humeris ejus floreret? quale aurum de capite radiaret? nisi gloriam seculi alienam & sibi, & suis,*

ju--

de Dignité, que de Puissance. Car qui pouvoit mieux s'en servir, que le Fils de Dieu? *Quels & combien de grands Faisceaux n'auroit-il pas pû faire marcher devant soi? Quelle Pourpre ne pouvoit-il pas faire briller sur ses Epaules, quels raions d'Or sur sa Tête? s'il n'avoit estimé la Gloire du Siécle ne convenir ni à lui, ni à ses Disciples? Il a donc rejetté cette Gloire, parce qu'il ne l'a pas voulüe, & en la rejettant, il l'a condamnée; en la condamnant, il l'a regardée comme la pompe du Diable. Car il n'avoit garde de condamner, que ce qui ne lui appartenoit point: & ce qui n'est pas de* Dieu, *ne peut être que du Diable.* On voit, dans ces paroles, toute Dignité, toute Magistrature, Civile ou Criminelle, regardée généralement & sans distinction comme défenduë aux *Chrétiens*, indépendamment de tout abus, & par cela seul qu'elle fait partie de la *Gloire du Siécle*, à laquelle on doit renoncer, pour suivre l'exemple d'*Humilité* que Nôtre Seigneur nous a donné, & pour n'être pas *Collégue du Diable, à qui toute cette pompe appartient.* Si le P. *Ceillier* peut fermer les yeux à une telle lumiére, c'est son affaire, & non pas la mienne. Je ne ferai pas l'affront à mes Lecteurs, de m'arrêter à les convaincre qu'il est jour en plein midi.

§. XXV. Les passages, que le P. *Ceillier* (a) oppose ensuite, s'ils étoient alleguez à propos, prouveroient seulement une contradiction grossiére de *Tertullien* sur cet article. J'ai déja dit (b) ce qu'il faut penser de celui de l'*Apologétique*, où il fait sonner haut, que les *Chrétiens sont avec les Paiens, dans les Armées, dans le Palais, dans le Sénat.* Voici les autres, que mon Censeur cite, sur la foi de (c) *Grotius*, sans savoir l'endroit où ils se trouvent. J'ai déja déterré le prémier, dans mes Notes (d) sur le *Droit de la Guerre & de la Paix.* Il est du Livre *des Spectacles*, où *Tertullien* veut prouver, qu'il n'est jamais permis à un Chrétien d'assister aux Spectacles, pas même quand des Criminels y sont condamnez à se battre avec des Bêtes. (3) Il s'objecte là-dessus, que le Bien Public demande que les Criminels soient punis. Mais, répond-il, il ne s'ensuit point de là, qu'on puisse innocemment être témoin de leur Supplice, parce que c'est en quelque maniére s'en réjouir, au lieu qu'on doit les plaindre de ce qu'ils l'ont mérité: outre qu'ils peuvent y avoir été condamnez injustement. Je ne vois rien là, qui marque un autre sentiment, que celui qui est si clairement exprimé dans les paroles alleguées ci-dessus. *Tertullien* ne refuse point aux Magistrats Paiens le droit de faire mourir les Criminels atteints & convaincus: il avouë même, que cela est avantageux à la Société. Mais il ne permet pas pour cela aux Chrétiens d'exercer l'office de Juge. Il le donne ici même à entendre, un peu plus bas, où il dit: (4) *Mais cette réponse, que je viens de faire, n'est que pour les Paiens* &c. Et dans son Traité de l'*Ame* (5), il ap-

(a) *Pag.* 90, 91.

(b) § 7.

(c) *Annot. in Matth* V, 40. *pag.* m. 124.

(d) *Liv.* I *Chap.* II. § 9. *Not.* 2.

---

judicasset? Igitur, quam noluit, rejicit: quam rejecit, damnavit: quam damnavit, in pompâ Diaboli deputavit. Non enim damnasset, nisi non sua: alterius autem esse non possent, nisi Diaboli, quæ Dei non sunt. Ibid. *pag.* 97.

(3) *Bonum est, quum puniuntur nocentes: quis hoc, nisi nocens, negabit? Et tamen innocens de supplicio alterius latari non potest; quum magis competat innocenti dolere, quòd homo, par ejus, tam nocens factus est, ut tam crudeliter impendatur. Quis autem mihi sponsor est, nocentes semper vel ad bestias, vel ad quodcumque supplicium decerni* &c. De Spectaculis, *Cap.* XVIII. *pag.* 81.

(4) *Sed hæc Ethnicis respondi.* Ibid. *Cap.* XIX.

(5) *Quis non præferat* Seculi justitiam, *quam & Apostolus non frustra gladio armatam contestatur, quæ pro homine, seviendo religiosa est?* De Anim. *Cap.* XXXIII. *pag.* 289.

appelle l'ufage du *Glaive*, que St. Paul attribuë aux (a) Puiſſances, *la Juſtice du Siécle;* par où il infinuë clairement que l'exercice de cette Juſtice ne convient qu'aux *gens du Siécle*, comme étant joint avec la *Gloire du Siécle*, qui accompagne les Emplois Publics, que nous avons vû qu'il défend aux Chrétiens par cette raiſon. Et les paroles de l'Apôtre, qu'il cite, nous découvrent une autre ſource de l'illuſion qu'il s'eſt faite ici. Comme St. Paul parle de l'autorité des Puiſſances établies de ſon tems, qui étoient Paiennes; il s'eſt imaginé, qu'il n'y en pouvoit avoir de Chrétiennes. Rien n'eſt plus ordinaire chez lui, & chez les autres Péres, que de pareilles conſéquences. Ainſi le dernier paſſage, cité par mon Cenſeur, & qui ſe trouve dans le même Traité *De l'Ame* (1), ſignifie encore moins; puis que *Tertullien* y parle ſimplement des *morts violentes*, que quelques perſonnes ont ſouffertes *par l'ordre de la Juſtice, qui punit les violences.* Il ne varie donc point ici. Tout ce qu'il y a, c'eſt qu'on peut refuter ſa fauſſe maxime, par l'aveu qu'il fait lui-même dans le paſſage du Livre *ſur les Spectacles*. Car, ſi le bien de la Société demande que les Malfaiteurs ſoient punis, ſi la choſe ne peut être conteſtée de ceux qui ont mérité eux-mêmes le Supplice: la Religion Chrétienne, qui n'a rien aboli de ce qui eſt néceſſaire pour le bien de la Société, & qui au contraire en recommande l'uſage plus fortement encore que la Loi de Moïſe, ne ſauroit, ſans ſe démentir elle-même, interdire aux Chrétiens les Emplois qui tendent à cette fin.

§. XXVI. Aprês tout ce que nous venons de voir, il n'y a nul ſujet de s'étonner, que *Tertullien* ait regardé comme incompatibles, la qualité d'*Empereur*, & celle de *Chrétien*. On doit même le dire pour ſon honneur, afin qu'il raiſonne conſéquemment. S'il ne croioit pas, qu'un Chrétien pût exercer la moindre Magiſtrature, à cauſe qu'elle ſe rapportoit à la *Gloire du Siécle* & à la *pompe du Diable;* comment auroit-il permis d'aſpirer au plus haut rang de l'Etat, & d'être revêtu de la Souveraineté, d'où émanent toutes les Dignitez & tous les Pouvoirs? Il donne même à entendre le contraire, par ce que nous avons vû qu'il (b) dit de Jesus-Christ, dont il propoſe ici l'exemple à imiter en tout & par tout, Qu'il ne voulut pas ſe laiſſer établir *Roi*. *Tertullien* parle là auſſi en général de *toute élévation*, *de tout Tribunal*, tant de *Dignité*, *que de Puiſſance*, comme d'une Grandeur, que tout Chrétien doit fouler aux pieds, avec la *Gloire du Siécle* & la *pompe du Diable*, à qui elle appartient en propriété. Auſſi le docte Rigault, quoi que Membre de la Communion Romaine, n'eſt-il point allé chercher ici de fineſſe. Il (c) avouë de bonne foi, que, quand *Tertullien* dit (2), que *les Céſars auroient cru en* Jesus-Christ, *ſi leur Gouvernement n'étoit pas néceſſaire au Siécle, ou ſi des Chrétiens avoient pû être Empereurs;* cela ſignifie, qu'un vrai Chrétien ne ſauroit, demeurant tel, être élevé à l'Empire. On changea bien de langage, ajoûte-t-il, ſous *Conſtantin*.

(a) Rom. XIII, 4

(b) §. 24.

(c) Not. in Apologet. Cap. XXI. pag. 21.

(1) Nec iſti porro exitus violenti, quos Juſtitia decernit, violentia vindex. Cap. LVI. pag. 305.

(2) Sed & Cæſares credidiſſent ſuper Chriſto, ſi aut Cæſares non eſſent ſeculo neceſſarii, aut ſi & Chriſtiani potuiſſent eſſe Cæſares. Apologet. Cap. XXI.

(3) Il voulut mettre Jesus-Christ au nombre des Dieux, & bâtir un Temple en ſon honneur: Christo Templum facere voluit, eumque inter Deos recipere. Lamprid. in Alex. Sever. Cap. XLIII. Cet Hiſtorien ajoû-

On appelle ce Prince, le *Gouverneur du Siécle*, on dit qu'il pouvoit être Chrétien avec la Pourpre: & quels mouvemens l'Eloquence Gréque ne se donnat-elle pas pour le prouver? Je ne m'intéresse point au passage d'OPTAT de *Miléve*, que *Rigault* cite, & que (a) le Pére *Ceillier* prétend être mal entendu. Si j'ai renvoié à la Note de ce Savant, ce n'est qu'à cause qu'il entend, comme moi, la pensée de *Tertullien*. (a) *Apolog.* pag. 94, 95.

§. XXVII. C'EST au Lecteur à voir, quel sens est le plus *raisonnable*, ou celui qui saute aux yeux, & qui s'accorde si bien avec les idées de *Tertullien* clairement expliquées dans le Traité *de l'Idolatrie*, ou celui qu'y veut trouver mon Censeur, & qu'il reduit à ceci (b), *qu'eû égard aux circonstances des tems, un Empereur ne pouvoit sans danger de sa vie, & sans causer de grandes séditions dans l'Empire, faire profession ouverte du Christianisme.* Cela est aussi peu probable, que la raison qu'allégue ensuite le P. *Ceillier*, où il fait dire à *Tertullien* ce qu'il ne dit pas; & ce que *Tertullien* dit véritablement est fort sujet à contestation. Voici les paroles de mon Censeur. (c) *Tibére, selon* (d) *que l'affure* Tertullien, *reconnut dans son cœur la Divinité de Jésus-Christ, il alla même jusqu'à proposer sa croiance au Sénat, demeura toûjours constant dans l'estime qu'il avoit conçue de la Religion Chrétienne, & menaça tous ceux qui oseroient accuser les Chrétiens…* Tertullien *n'ignoroit donc pas, combien Tibére étoit porté pour la Religion Chrétienne, & il pouvoit dire avec autant de vérité de cet Empereur, ce qu'il dit de Pilate*, Qu'il étoit Chrétien *dans le cœur. Mais parce que la Religion Chrétienne ne faisoit que de naître dans le monde, que les maximes qu'elle préchoit, étoient entiérement opposées à celles du Paganisme…. voilà pourquoi Tertullien semble soûtenir, qu'on ne peut être Empereur & Chrétien en même tems.* (b) *Pag.* 93. (c) *Pag.* 93, 94. (d) *Apologet.* *Cap.* V.

§. XXVIII. MAIS *Tertullien* ne dit point, que *Tibére* aît véritablement *connu la Religion Chrétienne*, moins encore qu'il fût *porté* à l'embrasser, & qu'il eu aît été détourné par la sévérité de ses maximes, ou par la crainte de quelque Sédition. Ce qu'il rapporte, supposé qu'il fût vrai, seroit un effet de la Superstition de cet Empereur, plûtôt que d'un attachement sincére & éclairé au Christianisme: il n'auroit fait, que ce que voulut faire depuis (3) *Aléxandre Sévére*, un de ses Successeurs à l'Empire. *Tibére*, sur le rapport que *Ponce Pilate* lui avoit fait des Miracles de JESUS-CHRIST, reconnut en lui quelque *Divinité*, à la manière du Paganisme: il voulut augmenter le Calendrier Romain de ce nouveau Dieu: il en fit la proposition au Sénat: & n'aiant pû lui persuader de mettre JESUS-CHRIST au nombre des Divinitez reconnuës par autorité publique, il se réduisit à défendre, sous menaces de son indignation, de dénoncer les Chrétiens pour être punis comme tels. Voilà tout ce que dit *Tertullien*. Et quand il attribuë à *Pilate*, *d'être déja Chrétien dans le cœur*, il semble le distinguer à cet égard de *Tibére*, puis que c'est immédiatement après qu'il ajoûte, en parlant des (4) Empereurs en général: *Mais les*

Cé--

ajoûte, qu'on disoit la même chose d'*Hadrien*. Mais voïez la Note d'ISAAC CASAUBON, qui fait voir, que c'est une fable, & en découvre l'origine. D'où il paroit, combien aisément on inventoit de pareilles choses, & combien aisément on les croioit.

(4) *Ea omnia super Christo* Pilatus, *& ipse jam pro sua conscientia* Christianus, Cæsari tunc Tiberio *nuntiavit. Sed & Cæsares credidissent super Christo, si aut Cæsares non essent seculo necessarii, aut si & Christiani potuissent esse Cæsares*. Apologet. *Cap.* XXI.

Céfars *même auroient cru en Jéfus-Chrift, s'ils n'étoient pas néceffaires au Siécle.* Voilà le même fyftême, que nous avons vû qu'il fait, au fujet des Magiftrats fubalternes. L'ordre de la Société Civile demande les uns & les autres. Mais comme on auroit pû dire, que les Empereurs ne feroient pas moins utiles à l'Etat, & qu'ils le feroient même davantage, s'ils étoient Chrétiens; nôtre Apologifte de la Religion Chrétienne prévient l'objection en ajoûtant, *ou fi des Chrétiens pouvoient être Empereurs*, c'eft-à-dire manifeftement, que la Dignité d'Empereur étant incompatible, felon lui, avec la qualité de Chrétien, il eft de l'ordre de la Providence, qu'aucun Empereur n'embraffe le Chriftianifme.

§. XXIX. Pour ce qui eft du fait, qui regarde *Tibére*, mon Cenfeur ignore-t-il, ou devoit-il paffer fous filence, ce que Mr. Dupin feul (a) pouvoit lui apprendre? *Il y a*, dit cet Abbé, *plufieurs Savans, qui doutent de la vérité de cette Hiftoire, qui dans le fond a très-peu de vraifemblance. Car quelle apparence, que Pilate écrivît à Tibére ces chofes d'un homme qu'il avoit condamné à mort? Et, quand il les lui auroit écrites, eft-il vraifemblable que Tibére eût propofé au Sénat de mettre cet homme au nombre des Dieux, fur la fimple rélation d'un Gouverneur? Et, s'il l'eût propofé, qui peut douter que le Sénat ne fe fût auffi tôt rendu à fon fentiment?* On trouvera ces raifons, & autres auffi folides, pouffées avec beaucoup de force, dans une Lettre (b) Latine du Savant Tanneguy le Fevre. Elles demeurent (1) jufqu'ici pour le fond au deffus de toute atteinte; & ce dont quelques (2) Savans, trop prévenus, n'ont pû venir à bout, il n'y a pas d'apparence que le P. *Ceillier* y réuffiffe jamais, s'il l'entreprenoit.

§. XXX. Il eft prefque inutile de s'arrêter maintenant à juftifier ce que j'ai dit de *Tertullien*, qu'il condamnoit les *Secondes Nôces*. Après la maniére dont nous avons (c) vû ci-deffus que tant d'autres Péres ont parlé fur ce fujet, ce feroit une efpéce de miracle, fi *Tertullien*, du génie qu'il étoit, avoit eu ici des idées plus juftes & plus moderées. La réponfe de (d) mon Cenfeur, fondée fur ce que les Livres *de la Monogamie*, & *de l'Exhortation* (e) *à la Chafteté*, ont été compofées par *Tertullien* Montanifte, a été refutée d'avance par Pame'lius, Editeur & Evêque Catholique-Romain, qui (f) reconnoît, que *les deux Livres que Tertullien écrivit à fa Femme* (étant encore Catholique) *ne font pas exemts d'erreur à cet égard*. Il y a, dans ces Livres, des expreffions qui tendent à faire regarder & les Secondes, & les Prémiéres Nôces, comme
aiant

(a) *Diffect. prélimin. fur la Bible*, Liv. II. Chap. VII. § 3.

(b) *Lib.* II. *Epift.* XII.

(c) *Chap.* IV. § 13, & *fuiv.*

(d) *Pag.* 95.
(e) Mais voiez ci-deffus, § 2. dans la *Note*.
(f) *Paradox.* XXV.

---

(1) Voiez Mr. Le Clerc, *Hift. Eccl.* pag. 325. *Biblioth. Univerf.* Tom. IX. *pag.* 142, & *feqq.* Van Dale, *De Oraculis*, Differt. II. Cap. II. pag. 443, & *feqq.* Edit. 2. & Mr. Havercamp, fur le paffage même de *Tertullien*, pag. 57, & *feqq.*
(2) Iean Pearson, *Oper. Pofthum.* Lect. IV. § 14. Il a paru depuis une petite Differtation là-deffus, à *Witemberg*, en 1722. intitulée: M. Arnoldi Grevii, *Tertulliani teftimonium de ἀποθεώσει Chrifto à Tiberio decretâ* &c. mais qui laiffe fubfifter les raifons de l'opinion contraire.

(3) *Nihil tunc inter nos dedecoris voluptuofi refumetur: non enim tam frivola, tam fpurcâ Deus fuis pollicetur.* Ad Uxorem, *Lib.* I. *Cap* I. pag. 162. Mr. de Tillemont avoue, que *Tertullien étant encore Catholique*, parle *très-fortement* contre les *Secondes Nôces*, *comme une chofe odieufe, dans le prémier Livre à fa Femme*: Me'moires pour *l'Hift. Eccles.* Tom. III. Part. I. *pag.* 368. *Ed. de Brux.*

(4) Les Interprétes Catholiques Romains ont déja noté cette bevuë. Le paffage eft dans
l'Evan-

ayant de leur nature quelque impureté. TERTULLIEN, parlant de l'état des Hommes après la Résurrection, y dit: (3) *Nous ne ferons plus alors usage d'aucune* TURPITUDE VOLUPTUEUSE; *car* DIEU *ne promet pas aux siens, des choses si frivoles, si* SALES. En répondant à ceux qui disoient qu'ils vouloient se remarier, parce qu'ils n'avoient pas le don de Continence, & qu'ils étoient bien aises d'avoir des Enfans; il rejette ces raisons, & compare les personnes qui les alleguoient, aux Habitans de *Sodome* & de *Gomorrhe*, au sujet desquels il fait dire à Nôtre Seigneur (4) ce qu'il a dit des Hommes avant le Déluge: (5) *Ils se marioient, & ils achetoient* &c. *Cela désigne*, ajoûte-t-il, *les Vices les plus considérables de la Chair & du Siécle, qui détournent le plus des régles de la Discipline de* DIEU; *l'un, par la Volupté de la Chair; l'autre, par le désir d'aquérir. Et cependant on étoit encore alors bien loin de la* (a) *fin du Monde, & dans un Siécle peu éclairé. Comment est-ce donc que le Seigneur ne nous défendroit pas aujourdhui, ce qui étoit alors* SI DÉTESTABLE *devant lui?* Un peu plus bas, il soûtient (6), que *les Secondes Nôces font une* GRANDE BRECHE A' LA FOI, *& sont extrêmement* CONTRAIRES A' LA SAINTETÉ: ce qu'il prouve par la raison que l'Eglise les interdit aux *Evéques*, aux *Prêtres*, & aux *Veuves*; & cela, à ce qu'il prétend, en conséquence de la défense de ST. PAUL, mais très-mal entenduë, comme nous (b) l'avons fait voir ci-dessus. Dans le Livre contre HERMOGENE, que plusieurs (c) croient écrit avant sa chûte (on ne sauroit au moins prouver le contraire) il se déchaine contre cet homme, entr'autres raisons, parce qu'il s'étoit marié plusieurs fois, & qu'il croioit qu'on pouvoit le faire innocemment. Il appelle cela (7) *se munir de l'autorité de la Loi de* DIEU, *pour autoriser l'Impureté.* Il dit, qu'*Hermogène* n'est qu'*un tas d'*ADULTÉRES, qu'il est *puant de la* SOUILLURE *des Nôces.* Y a-t-il grande différence entre de pareilles expressions, & celles du Traité de la *Monogamie*, ou *de l'Exhortation à la Chasteté*? Quand donc il parle quelquefois d'une manière à paroître ne pas desapprouver entiérement les Secondes Nôces, il ne faut que le rembarrer de la même maniére que nous (d) avons vû qu'ALBÉRIC GENTIL rembarre ST. JÉROME sur ce sujet.

§. XXXI. COMME dans les Livres de la *Monogamie*, & de *l'Exhortation à la Chasteté*, Tertullien ne fait que se déclarer plus nettement & plus fortement contre les Secondes Nôces; on peut dire la même chose de la condamnation de la Fuite en tems de Persécution. Il a développé & poussé de toute sa force dans le Livre qu'il fit tout exprès là-dessus étant Montaniste, cette opinion rigide

(a) Voiez là-dessus la Note de *Rigault.*

(b) *Chap.* IV. §. 21.

(c) Comme *Pamelius*, in ann. 206. *Mémoires de Trévoux*, Tom. VI. pag. 46. Ed. d'*Avost.*

(d) *Chap.* IV. §. 31.

l'Evangile de ST. MATTHIEU, *Chap.* XXIV. vers. 37, 38. & de ST. LUC, XVII, 26, 27.

(5) *Nubamus quotidie, & nubentes à die illo timoris deprehendamur, ut Sodoma & Gomorrha. Nam illic non utique nuptias & mercimonia solummodo agebant: sed quum dicit*, Nubebant & emebant, *insigniora ipsa carnis & seculi vitia denotat, quæ à divinis disciplinis plurimum avocent: alterum, per lasciviendi voluptatem, alterum, per adquirendi cupiditatem. Et tamen illa tunc cœcitas longè à finibus seculi habebatur. Quid ergo fiet, si quæ olim detestabilia sunt penes* Dominum, *ab iis nunc nos arceat? Ibid. Cap.* V. *pag.* 164.

(6) *Quantum detrahant fidei, quantum obstrepant sanctitati Nuptiæ secundæ, disciplina Ecclesiæ, & præscriptio Apostoli declarat, quum digamos non sinit præsidere, quum viduam allegi in ordinem, nisi univiram, non concedit* &c. *Ibid. Cap.* VII. *pag.* 165.

(7) *Nubit assiduè: legem Dei in libidinem defendit.... totus adulter, & prædicationis, & carnis; siquidem & nubentium contagio fœtet* &c. Adversus Hermogen. *Cap.* I. *pag.* 233.

rigide & fausse, dont on voit l'ébauche dans les Ouvrages écrits avant sa séparation. Voici un passage, qui prouve en même tems son uniformité constante sur ces deux erreurs. (1) „ Pour ce qui est écrit (dit-il *à sa Femme*) *Il
„ vaut mieux se marier, que de brûler;* quel bien est-ce là, je vous prie, qui
„ n'est tel que par comparaison avec un mal ? en sorte que, s'il est mieux de
„ se marier, ce n'est que parce que brûler est quelque chose de pis ? Mais
„ n'est-il pas beaucoup mieux, & de ne point se marier, & de ne pas brûler ?
„ Dans les *Persécutions* aussi, il vaut mieux user de la permission de fuïr d'une
„ Ville dans une autre, que de s'exposer, en se laissant prendre, à renier la
„ Religion Chrétienne dans les tourmens : mais ceux-là sont plus heureux,
„ qui ont le courage, en ne fuïant point, de ne pas manquer l'occasion de
„ rendre un témoignage glorieux à la Vérité, par leurs souffrances. Je puis
„ dire : *Ce qui est permis, n'est pas bon.* Car quoi ? Il faut ou fuïr, ou mou-
„ rir. Si la vuë de la mort m'épouvante, il est bon alors de fuïr. Mais cette
„ crainte même me rend suspecte la cause pourquoi la fuite m'est permise. Or
„ personne ne permet ce qui est meilleur ; car, par cela même qu'il est meil-
„ leur, on ne sauroit douter de son innocence, dont il porte en lui-même des
„ caractéres manifestes &c. Qui ne voit, dans ces paroles, la permission de
fuïr, que *Tertullien* ne pouvoit nier avoir été expressément donnée par JE-
SUS-CHRIST, envisagée, aussi bien que celle des Secondes Nôces, comme
une de ces tolérances, que la Politique est contrainte d'avoir, pour éviter de
deux maux le pire ? On peut fuïr la Persécution, mais ce n'est qu'au cas qu'on
ne se sente pas assez de courage, pour souffrir les tourmens sans abjurer le
Christianisme. Le soin de nôtre propre conservation, recommandé à chacun
par la Nature, & dont l'Evangile ne nous dispense, que quand l'observation
de quelque autre de ses préceptes le demande clairement ; n'entre ici pour rien,
selon ce Pére de l'Eglise. La crainte de la Mort & des Souffrances, lui est
suspecte : ce mouvement naturel ne lui paroît pas exemt de tâche. Si l'on étoit
intrépide, comme il insinuë que chacun doit l'être, on ne fuïroit point la Persécution, on s'y livreroit sans autre examen. Il dit même immédiatement après,
(2) que *ces sortes de choses sont en quelque façon défenduës, en comparaison de celles qui sont représentées comme meilleures.* Il n'y a qu'un pas de là à soûtenir
sans détour, que la Fuite est toûjours mauvaise par elle-même. Je ne dis rien
de cette fausse idée de *Permission :* j'en ai assez (a) parlé ci-dessus.

(a) *Chap.* IV. §.
13, 25, *& suiv.*

§. XXXII. RESTE l'erreur de *Tertullien*, au sujet de la *Patience Chrétienne*.
Le respect, que j'ai pour cette Vertu bien entenduë, m'empêche de repous-

(b) *Pag.* 97.

ser ici les injures grossiéres & les fausses imputations du Pére (b) *Ceillier*,
comme elles le mériteroient. Parce que j'ai dit, que *Tertullien* outre beaucoup
les choses, & qu'il ne reconnoît point de juste Défense de soi-même contre un
injuste Aggresseur, mon Censeur ose me reprocher, que *je condamne dans* Tertul-

(1) *Quod denique scriptum est*, Melius est nubere, quàm uri ; *quale hoc bonum est, oro te, quod mali comparatio commendat ? ut ideo melius sit nubere, quia deterius est uri. At enim quanto melius est, neque nubere, neque uri ? Etiam in persecutionibus melius est, ex permissu* fugere de oppido, quàm comprehensum, & distortum, negare : atqui isto beatiores, qui valent beatâ testimonii confessione non excidere. Possum dicere, Quod permittitur, bonum non est. Quid enim ? Necesse est mori mihi. Si ploro, bonum est. Quòd si timeo, quod permittitur, suspectam habet

tullien *des points de Morale qui nous ont été enseignez par la Vérité même*. Il voudroit me faire passer pour l'Apologiste de la *Vengeance*, qui ne cherche qu'à rendre le mal pour le mal. Je laisse la qualification de ce procedé à ceux qui ont lû ou qui liront mon PUFENDORF, où j'ai non seulement approuvé par mon silence tout ce que l'Auteur dit pour montrer que la *Vengeance*, proprement ainsi dite, est contraire à la Loi Naturelle, aussi bien qu'à l'Evangile; mais encore je me suis expliqué là-dessus de mon chef dans (a) une Note.

(a) *Droit de la Nat. & des Gens,* Liv. III. Chap. I. §. 6. *Note* 3.

§. XXXIII. DU RESTE, il me sera très-facile de montrer, que je n'ai rien attribué à *Tertullien*, qui ne soit très-conforme à sa pensée. Et d'abord, je défie le P. *Ceillier* de me montrer, dans tout le Livre que *Tertullien* a écrit *sur la Patience*, étant encore *Catholique*, un seul endroit où l'Auteur insinuë, que, sans donner atteinte à cette Vertu, l'on peut user de quelque sorte de Défense contre un injuste Aggresseur. Est-il possible, que, dans un Traité entier fait exprès sur ce sujet & qui paroît un des plus travaillez de ce Pére, il n'eût pas dit un seul mot, pour prévenir les impressions que l'idée qu'il donne de la Patience Chrétienne devoit faire d'abord sur l'esprit de ses Lecteurs? Quoi qu'il ne faille pas attendre des anciens Docteurs de l'Eglise, & sur tout de celui-ci, toute l'exactitude d'un Moraliste, qui a du jugement, & qui a bien médité sa matière; je n'ai garde de croire *Tertullien* si stupide, ou si emporté par son feu Africain, qu'il n'aît pas vû, que, de la manière qu'il s'exprimoit, on ne pouvoit qu'en inferer, que la Patience, qu'il exige d'un Chrétien, est absolument sans bornes.

§. XXXIV. MAIS les passages mêmes, que mon Censeur étale, prouvent, que c'étoit là l'idée de *Tertullien*. L'Apologiste des Péres n'est pas prudent, d'exposer aux yeux de ses Lecteurs, dequoi le confondre. Il est vrai, qu'il supprime des choses, qui mettent dans un trop grand jour les principes, sur lesquels *Tertullien* raisonne. Nous allons les représenter fidélement. Ce Pére, recherchant les causes du (b) Vice opposé à la Patience, commence par le dommage que l'on reçoit d'autrui en ses *biens*, dont on ne peut pas soûtenir constamment la perte. (3) *Celui*, dit-il, *qui n'a pas le courage de souffrir qu'on lui fasse perdre quelque chose ou par un larcin, ou par un enlévement de vive force, ou même par quelque imprudence, pourra-t-il aisément, ou de bon cœur, se voler lui-même, pour faire l'aumône?* Remarquons bien ceci. Est-ce pour *se venger* d'un Larron, ou d'un Brigand, ou de ceux qui, par leur faute, nous ont causé quelque dommage en nos biens, qu'on cherche à les recouvrer, ou par les voies ordinaires de la Justice, ou en repoussant la force par la force? Ce désir si naturel, & si légitime, de conserver ou de défendre ce que l'on a, contre les insultes & l'injustice d'autrui, ne peut-il s'exercer sans quelque mouvement d'Animosité? On ne pense d'abord, en de telles occasions, qu'à ne pas perdre ce que l'on n'est pas obligé de laisser prendre. S'il s'y mêle ensuite quelque esprit

(b) *Impatientia.*

---

habet permissionis suæ causam. Quod autem melius est, nemo permisit, ut indubitatum, & suâ sinceritate manifestum. Ad Uxorem, Lib. I. Cap. III. pag. 162, 163.
(2) *Non propterea adpetenda sunt quædam, quia non vetantur: etsi quodammodo vetantur,*

quum alia illis præferuntur. Ibid.
(3) *Jam qui minutum sibi aliquid aut furto, aut vi, aut etiam ignaviâ, non constanter sustinere constituit, nescio an facilè, vel ex animo, ipse rei suæ manum inferre posset, in causâ eleemosynæ.* De Patientia, Cap. VII. pag. 144.

esprit de Vengeance, ce n'est que par accident : cela n'a pas une liaison nécessaire & inséparable avec le désir de maintenir ses justes droits, & n'en diminuë
même rien par rapport à l'Aggresseur, tant qu'on ne va pas au delà des justes
bornes de ce qu'on peut faire contre lui. Aussi n'est-ce point là-dessus que
Tertullien fonde principalement l'obligation de la Patience, qu'il prescrit. Il
veut purement & simplement, qu'on souffre la perte, il ne distingue aucun
cas, il n'a point d'égard à la qualité ou la quantité du Dommage : il faut toûjours, selon lui, le supporter constamment. Pourquoi ? Parce qu'on est obligé, selon tous les préceptes de l'Ecriture, *de méprifer les biens de ce Monde*, à
l'exemple de Nôtre Seigneur JE'SUS-CHRIST, *qui n'avoit rien*. (1) *Si nous
ne devons pas* (dit-il) *rechercher les biens de ce Monde, parce que Nôtre Seigneur ne
les a pas recherchez, nous ne devons pas non plus être fâchez de les perdre en partie, ou même tous, quand on nous les ôte*. Il allégue là-dessus cette raison subtile, pour ne rien dire de pis : *La Cupidité, qui est la racine de tous maux,
comme le St. Esprit le dit par la bouche de l'Apôtre, ne consiste pas seulement à
convoiter le bien d'autrui, mais encore nôtre propre bien : car ce qui semble être
nôtre, n'est pas à nous ; il appartient à* DIEU, *comme toutes les autres choses,
& nous-mêmes. Si donc nous sommes sensibles à la perte de ce qu'on nous enléve, cette sensibilité pour la perte d'un bien qui n'est pas nôtre, est une espéce de Con-
voitise*. *Tertullien* ajoûte, que c'est préférer les Choses Terrestres aux Célestes, &
ainsi *pécher presque contre* DIEU directement. Il allégue, un peu plus bas, les
paroles de Nôtre Seigneur, prises à la lettre, *Si quelcun vous ôte la Tunique, aban-
donnez-lui aussi le Manteau*. Ainsi la grande raison, sur quoi il se fonde, se réduit au mépris des biens de ce Monde. Le moindre effort qu'on feroit pour
défendre, ou pour recouvrer ce que quelcun nous veut prendre, ou nous a
pris, seroit une preuve qu'on en fait cas. Il n'y a point ici de trace d'exception, que *Tertullien* apporte à une chose toûjours accompagnée, selon lui,
de la violation d'un Précepte, confirmé par l'exemple même de JE'SUS-
CHRIST.

§. XXXV. LA suite ne dément point ce début. *Tertullien* y suit un *argumens*

---

(1) *Nec major ad pecuniæ contemtum exhor-
tatio subjacet, quàm quòd ipse Dominus in nullis divitiis invenitur.... Quod ergo nobis adpetere minimè opus est, quia nec Dominus adpeti-
vit, detruncatum, vel etiam ademptum, non
ægrè sustinere debemus. Cupiditatem omnium
malorum radicem* Spiritus Domini *per Apostu-
lum pronuntiavit : eam non in concupiscentiâ
alieni tantum constitutam interpretemur. Nam
& quod nostrum videtur, alienum est : nihil enim
nostrum, quoniam Dei omnia, cujus ipsi quoque
nos. Itaque si, damno adstёli, impatienter sen-
serimus, de non nostro amissum dolentes, adfines
Cupiditatis deprehendemur. Qui damni impa-
tientiâ concitatur, terrena cælestibus anteponen-
do, de proximo in Deum peccat.... Alioquin quomodo duas habens tunicas, alteram earum nudo
dabit, nisi idem sit, qui auferenti tunicam, etiam*
pallium *offerre possit* ? Ibid.

(2) *Ipsam animam, ipsumque corpus, in seculo isto expositum omnibus ad injuriam gerimus,
ejusque injuriæ patientiam subimus : minorum deliberatione lædemur* ? *Absit à servo Christi tale
inquinamentum, ut patientia, majoribus tenta-
tionibus præparata, in frivolis excidat !* Ibid.
Cap. VIII. Les paroles, *minorum deliberatione
lædemur* ? sont mal expliquées par le Savant
RIGAULT, comme si *deliberatio* signifioit *li-
beratio*. Elles souffrent le sens, que j'ai exprimé, & qui convient très-bien à la suite du
discours. On pourroit cependant conjecturer,
qu'il faut lire, *minorum* DELIBATIONE :
comme si *Tertullien* vouloit dire : *serons-nous
blessez de moindres injures, qui ne font que nous
effleurer* ? En quoi il y auroit une opposition
au *corpus expositum omnibus ad injuriam* &c.

Mais

ment *du plus au moins*. Si nous devons, dit-il, souffrir toute injure qu'on nous fait en nôtre personne, jusqu'à celle qui menace nôtre Vie ; à plus forte raison devons-nous souffrir la perte de nos biens ; (2) *Nôtre Ame, & nôtre Corps, sont exposez à plein en ce monde aux injures de chacun, & la patience de ces injures nous est imposée: serons-nous blessez de la pensée des moins considérables ? A Dieu ne plaise qu'un Serviteur de* CHRIST *s'abandonne à une si grande infamie, que sa patience, qui doit être à l'épreuve de bien plus grandes tentations, succombe dans des choses de néant.* Je ne sai comment on pourroit expliquer plus clairement une obligation de tout souffrir, qui ne laisse aucun lieu à la Défense. Aussi *Tertullien* applique-t-il encore ici les paroles proverbiales de Nôtre Seigneur JE′SUS-CHRIST entenduës au pié de la lettre : *Si quelcun vous frappe sur le visage, présentez lui l'autre joüe.* Vôtre Patience, ajoûte-t-il, lassera le Méchant, qui vous attaque. Chaque coup, (3) qu'il vous donne, plus il vous cause de douleur & d'affront, & plus il en sera puni de DIEU rigoureusement : plus vous supportez ses coups, & plus rudement vous le frappez. (4) Il y a même du plaisir à souffrir ainsi. Toute injure faite de la Langue, ou de la Main, se brise ou s'émousse contre la Patience, comme un Dard lancé contre un dur Rocher ; &, comme lui, quelquefois elle revient frapper avec plus de force celui de qui part le coup. L'Offenseur veut vous chagriner & vous causer de la douleur : par vôtre insensibilité vous le frustrez de son attente, vous le privez du fruit de son injustice, vous lui causez vous-même de la douleur : vous avez en même tems le plaisir de lui voir manquer son but, & vôtre DE′FENSE dans le chagrin qu'il en a. Voilà, dit-il, *le plaisir & l'utilité de la Patience. Tertullien* exclut si bien tout acte de juste Résistance, qu'il parle (5) ensuite du *désir de se venger*, comme d'une raison accessoire. Il condamne cet esprit de Vengeance, parce qu'*il vient ou de gloire, ou de malice.* La *Gloire* n'est certainement que vanité ; & la *Malice,* toûjours odieuse à DIEU, l'est d'autant plus ici, qu'en se défendant, on s'érige en Juge & en Vengeur de l'injure. L'Aggresseur fait la prémiére, & l'Offensé la seconde : il n'y a de différence que pour le tems, ou le lieu. L'un & l'autre est coupable devant DIEU
d'avoir

Mais je ne voudrois rien changer, contre les Manuscrits.

(3) *Fatigetur improbitas patientiâ tuâ. Quivis ictus ille sit dolore & contumeliâ constrictus, gravius à Domino vapulat. Plus improbum illum cadis sustinendo.* Ibid.

(4) *Hic jam de Patientiæ voluptate. Nam omnis injuria, seu linguâ, seu manu incussa, quum patientiam offenderit, eodem exitu dispungetur, quo telum aliquod in petrâ constantissimâ duritiâ libratum & obtusum. Concidet enim ibidem irrita opera & infructuosa, & nonnumquam repercussum in eum, qui emisit, reciproco impetu sæviet. Nempe idcirco quis te lædit, ut doleas ; quia fructus lædentis in dolore læsi est : ergo, quum fructum ejus everteris non dolendo, ipse doleat necesse est amissione fructûs sui. Tunc tu non modo illæsus abis, quod etiam solum tibi sufficit, sed insuper adversarii tui & frustratione oblectatus, & dolore defensus. Hæc est Patientiæ utilitas & voluptas.* Ibid. pag. 145.

(5) *Est & alius summus impatientiæ stimulus, Ultionis libido, negotium curans aut gloriæ, aut malitiæ. Sed & gloria utique vana, & malitia numquam non Domino odiosa, hoc quidem loco maximè, quum alterius malitiâ provocata, superiorem se in exsequendâ ultione constituit, & remunerans nequam, duplicat quod semel factum est.* . . . *Quid enim refert inter provocantem, & provocatum, nisi quod ille prior in maleficio deprehenditur, at ille posterior ? Tamen uterque læsi hominis Deo reus est* . . . *Nulla in maleficio ordinis ratio est : nec locus secernit, quod similitudo conjungit.* Ibid. *Cap.* X. pag. 145.

d'avoir fait du mal à un Homme. (1) *Il est donc*, ajoûte-t-il, *absolument défendu de rendre le mal pour le mal. L'action étant la même, rend également coupable.* Or comment pratiquerons-nous cette règle, si, lors qu'on a témoigné du mépris pour nous en nous offensant, nous ne méprisons d'en tirer raison? Quel honneur rendrons-nous à DIEU nôtre Seigneur, si nous nous arrogeons le droit de (a) NOUS DÉFENDRE *selon nôtre propre jugement?* .... Lors que Nôtre (b) Seigneur dit: *Ne jugez point, de peur que vous ne soiez jugez vous-mêmes*; ne nous demande-t-il pas-là la Patience? Car qui est-ce qui observe cette défense de ne point juger, *si ce n'est celui qui* SOUFFRE (c) SANS SE DEFENDRE? Voilà un passage bien appliqué. JESUS-CHRIST veut nous détourner des Jugemens téméraires, à l'égard du Prochain: & *Tertullien* y trouve, qu'une personne offensée ne doit pas, en se défendant, s'ériger en Juge de la maniere dont elle peut repousser l'injure. Mais, afin qu'on ne s'imaginât pas, que c'est seulement quand il s'agit d'une perte ou d'une douleur peu considérable, qu'il faut relâcher de son droit, il a eû soin de rejetter cette distinction: (2) *Les petites Offenses*, dit-il, *doivent être méprisées à cause de leur médiocrité: il faut ceder aux plus grandes, par cela même qu'elles sont portées à un si haut point. Quand l'Injure est petite, il n'y a aucune nécessité de se laisser aller à l'Impatience: que si elle est grande, il est alors plus nécessaire d'avoir recours au remède de la Patience.* Encore un coup, peut-on, sans se crever les yeux, ne pas voir, que *Tertullien* veut qu'un Chrétien souffre tout, purement pour exercer sa Patience; & qu'il ne lui laisse aucune ressource dans la Défense, soit qu'il s'agisse de ses biens, ou de ses Membres, ou de sa Vie?

(a) *Arbitrium defensionis.*
(b) *Matth.* VII, 1.
(c) *Qui patiens erit non defenderetur.*

CHAPITRE VII.

Sur ce que l'on a dit d'ORIGENE.

§. I. J'AVOIS dit (d), qu'ORIGENE tire de l'Ecriture la plûpart de ses moralitez, *à force d'allégories*. Le P. *Ceillier* (e) s'en prend là-dessus aux Protestans en général, ou aux *Novateurs*, comme il les appelle. *Peu instruits*, dit-il, *des richesses infinies qui sont renfermées dans nos Livres Saints, la plûpart d'entre ces Novateurs croient l'Ecriture épuisée par le seul sens littéral: ou, s'ils reconnoissent quelques sens allégoriques, ce n'est que lors que l'Ecriture les a développez*;

(d) *Préface*, pag. 43.
(e) *Apolog.* pag. 103.

(1) Ces paroles sont rapportées en original, dans ma Préface. Le P. *Ceillier* (pour le dire en passant) traduit les mots: *Si fastiditi ante in fastidio ultionis non erimus*: ,, Si par ,, vengeance nous méprisons celui qui a té- ,, moigné quelque dédain pour nous". Mais il y a, *in fastidio* NON *erimus*: & ainsi il faudroit, en suivant ce sens, traduire: *nous* NE *méprisons* &c. De sorte que *Tertullien* recommanderoit la Vengeance. Le sens, que j'ai exprimé, convient très-bien à la pensée de ce Père. Et RIGAULT fait ici une correction fort inutile, de sa pure autorité.

(2) *Sed parvula de suâ mediocritate contemnas, maximis pro suâ exuperantiâ cedas. Ubi minor injuria, ibi nulla necessitas impatientia: at, ubi major injuria, ibi necessarior injuria medela, patientia.* Cap. XI. pag. 146.

(3) *Ita luserunt multi ex Veteribus Sacro Dei verbo, tamquam pilâ versatili.* Apud WITHBY, Præf. pag. LVIII. (4)

pez, *rejettant d'ailleurs ceux que les Péres de l'Eglise ont cru y pouvoir trouver.* (3) CALVIN *accuse* Origéne, *& les autres Anciens, de s'être jouez de l'Ecriture, comme d'une plotte, lors qu'ils ont voulu l'interpreter dans un sens allégorique. Le Sieur* WITHBY *a fait* (4) *un Livre exprès, pour rendre ridicules les sens allégoriques, que les Péres ont donné à plusieurs passages de l'Ecriture. Il traite par tout ces explications, d'impertinences & d'inepties.* Voilà une grande audace! Cependant mon Censeur avouë lui-même, quelques pages après (a), que *toutes les Allégories d'*Origéne, *& de beaucoup d'autres Péres, ne sont pas toûjours bien fondées* ; & il croit les excuser, en disant, que *le goût de leur Siécle étoit de tout allégoriser*, & que les Péres ont *aimé à le faire*. N'est-ce pas avouer bien nettement, ce que l'on venoit de nier avec aigreur contre ceux qui le soûtiennent? Si les Péres ont *aimé à tout allégoriser*, si c'étoit-là *le goût de leur Siécle*, qui étoit un goût mauvais, puis qu'il portoit à de tels excès ; ne doit-on pas s'attendre à trouver leurs Ouvrages pleins d'allégories, dont il y en aura du moins beaucoup de *mal fondées*? Et comment distinguerons-nous les cas où ils ont suivi le mauvais penchant que leur donnoit le goût de leur Siécle, d'avec ceux où ils ont été dirigez par un esprit sobre, supposé même qu'on puisse aller ici au delà des *sens allégoriques, que l'Ecriture a elle-même développez*? Je pourrois en demeurer-là. Il ne faut d'ailleurs que lire les Péres, presque à l'ouverture du Livre, pour y trouver les Allégories les plus insipides & les plus étranges. Mais, comme la matiére est importante, & qu'il n'y a rien où l'abus des Allégories soit de plus dangereuse conséquence, qu'en matiére de Morale, de quoi il s'agit ici ; il faut suivre mon Censeur, & lui montrer la foiblesse des raisons qu'il emploie, pour changer le mal en bien.

(a) Pag. 107.

§. II. QUOI *donc*? (dit (b) le P. *Ceillier*) *ne sera-t-il pas permis aux Péres de l'Eglise, d'imiter ce qu'ont fait les Apôtres, & ce qu'a fait Jésus-Christ même*? Il faut imiter JESUS-CHRIST, & ses *Apôtres*, sans doute : mais, comme il y a des choses, où il est impossible de les imiter, quand on voudroit, parce qu'elles dépendent de la Toute-puissance de DIEU ; il y en a aussi, qu'ils n'ont point proposées à nôtre imitation. (5) *Nôtre Seigneur s'est livré lui-même à la mort*, pouvant l'éviter. il n'avoit qu'à *prier son Pére* (c), *les Légions d'Anges seroient venuës à son secours*. Il ne prétend pas néanmoins que ses Disciples, & les Apôtres mêmes, négligent les moiens qu'ils trouvent de se dérober à la Persécution, moins encore qu'ils aillent s'y offrir d'eux-mêmes : il se contente, qu'ils souffrent constamment la mort, à son exemple, quand ils sont tombez entre les mains de l'Ennemi, & qu'ils ne peuvent s'en délivrer que par la violation de quelque Précepte de l'Evangile : du reste, il veut, que

(b) Pag. 103.

(c) Matth. XXVI, 53.

---

(4) En voici le titre : *Dissertatio de Scripturarum interpretatione secundum Patrum Commentarios* &c. *Auctore* Dan. WHITBY, *Ecclesiæ Sarisburiensis Præcentore*. Ceux qui ne connoissent pas encore les Péres de l'Eglise, trouveront dans ce Livre un si grand nombre de fausses explications, & d'erreurs, de toutes les sortes : qu'ils en seront étonnez, & qu'ils ne pourront comprendre comment on ose tant respecter & admirer de tels Ecrivains. L'Ouvrage a été imprimé à *Londres*, en 1714. Le Pére *Ceillier* auroit eu là dequoi exercer amplement son zéle apologiste, qui ne lui a permis que d'effleurer un ou deux endroits, *pag.* 105, 106.

(5) Voiez JEAN DAILLÉ, *De Jejuniis & Quadragesima*, Lib. III. Cap. XVII. *pag.* 625, *& seqq*.

que, (a) *quand on les persécutera dans une Ville, ils fuient dans une autre.* JE´SUS-CHRIST, & ses *Apôtres*, pardonnoient les *Péchez* avec plein pouvoir: ses Disciples, & les Ministres mêmes de l'Evangile, peuvent seulement déclarer aux Pécheurs, que leurs Péchez leur sont pardonnez, supposé qu'ils soient véritablement dans les dispositions que l'Evangile demande. Il en est de même de tout ce qui dépend d'une Connoissance & d'une Autorité, que Nôtre Seigneur & ses Apôtres avoient, mais qu'aucun n'a euë après eux. Enfin, ils ont quelquefois agi d'une certaine maniére, par des raisons qui avoient du rapport aux circonstances, dans lesquelles les choses se trouvoient de leur tems, ou aux Personnes, avec qui ils avoient à faire; lesquelles raisons aiant cessé depuis, ne laissent aucun lieu à l'imitation. Telle est l'indulgence, que les Apôtres ont euë pour les *Juifs* convertis, qui mêloient l'observance des Cérémonies de la Loi Mosaïque, avec la Foi en JE´SUS-CHRIST, & la pratique de ses Préceptes. Admettroit-on aujourdhui un *Juif* au Christianisme, sur ce pié-là? Il s'agit donc de savoir, si l'usage des *Explications Allégoriques de l'Ecriture* est du nombre des choses, où l'on peut imiter JE´SUS-CHRIST, & ses Apôtres?

(a) Matth. X, 23.

§. III. PUIS QUE ST. PAUL (continuë (b) l'Apologiste des Péres) *avance comme un article indubitable, que tout ce qui arrivoit aux Juifs étoit figuré; pourquoi trouver mauvais qu'outre le sens litteral, on en cherche un mystique?* L'Apôtre ne dit point, ce qu'on lui fait dire. Le P. *Ceillier* a eu sans doute dans l'esprit (car il n'indique pas même l'Epître) les paroles de ST. PAUL, I. CORINTH. *Chap.* X. vers. 11. que la Vulgate traduit ainsi: *Hæc autem omnia in figura contingebant illis.* Mais 1. il ne s'agit point là de *tout ce qui étoit arrivé aux Juifs*, en quel tems que ce fût. *Toutes ces choses,* dit la Vulgate même, c'est-à-dire, celles dont l'Apôtre venoit de parler; & il ne parle que de ce qui étoit arrivé aux *Israëlites* dans le Désert. 2. D'ailleurs, on suppose gratuitement, que le terme de l'Original, τύποι, signifie *en figure.* L'autorité de l'ancien Interprête Latin n'est pas plus grande ici, que celle des autres anciens Docteurs, ou des Modernes, qui y trouvent le sens qu'ils ont attaché au mot de *Type*, tiré de là. Τύπος, en Grec, a diverses significations: & en ce cas-là, il faut choisir celle qui convient à la suite du discours, qui demande ici qu'on traduise *exemple*, & dans le verset 11. & dans le 6. où l'Apôtre dit la même chose. (1) *Or ces choses sont des* EXEMPLES *pour nous, afin que nous ne nous abandonnions pas à de mauvais désirs, comme ils firent. ..... Toutes ces choses, qui leur arrivérent, étoient autant d'*EXEMPLES, *& elles ont été écrites, pour nous instruire, nous qui nous trouvons dans les derniers tems.* Dans les versets entre-deux, St. *Paul* parle de la punition terrible, que s'attirérent les anciens *Israëlites*, par leurs murmures & leur desobéissance: ce sont-là certainement des exemples de la Justice Divine, propres à intimider & à retenir dans le devoir les Hommes de tous les Siécles, qui y feront attention. Faut-il ici aller chercher d'autre mystére?

(b) Pag. 103, 104.

§. IV.

(1) Ταῦτα ᾖ τύποι ἡμῶν ἐγενήθησαν, εἰς τὸ μὴ εἶναι ἡμᾶς ἐπιθυμητὰς κακῶν, καθὼς κἀκεῖνοι ἐπεθύμησαν.... Ταῦτα ᾖ πάντα τύποι συνέβαινον ἐκείνοις, ἐγράφη ᾖ πρὸς νουθεσίαν ἡμῶν, εἰς ὅς τὰ τέλη ᾇ αἰώνων κατήντησεν.

(2) PHILIPPIENS, III, 17. II. THESSALON. III, 9. I. TIMOTH. IV, 12. TITE, II, 7. I. PIERRE, V, 3. Voiez les Ad-

§. IV. Il est vrai, que, dans les verſets 2, 3, & 4. il y a quelque comparaiſon du *Batême* avec les eaux de la *Mer rouge*, & la *Nuée*, qui ſuivoit les *Iſraëlites*; & de Je'sus-Christ, avec la *Manne*, & l'Eau du *Rocher*. Mais ce n'eſt qu'une ſimple comparaiſon: & quand elle emporteroit quelque choſe de plus, il ne s'enſuivroit point de là, que la ſignification du mot τύποι, dans les verſets 6. & 11. dût être déterminée par là, plûtôt que par les paroles qui ſuivent immédiatement, & qui demandent l'idée d'*exemple* inſtructif. On ne trouve même ailleurs nulle part, dans le Nouveau Teſtament, τύπ۞, pris pour *figure*, ou *type*, de la maniére qu'on a entendu, & que l'on entend encore ce mot dans nos Langues Vulgaires. Au lieu qu'il y a (2) pluſieurs paſſages, où il ſe prend pour *exemple*: & d'autres, en des ſens qui n'ont aucun rapport avec celui qu'on cherche ici.

§. V. Pour ce qui eſt de la choſe même, j'avouë que Nôtre Seigneur, & ſes Apôtres, ont parlé quelquefois de certaines Choſes, de certaines Perſonnes, & de certains Evénemens, du tems de l'ancienne Loi, comme étant des images de Je'sus-Christ, & de ce qui devoit arriver ſous l'Evangile. Mais il y a ici pluſieurs réflexions à faire, d'où il paroitra clairement, que cela ni ne juſtifie les excès prodigieux des Péres de l'Egliſe, ni n'autoriſe en aucune maniére les Chrétiens à s'engager dans la recherche des Allégories, comme ſi c'étoit une étude fort utile, & dans laquelle on pût ſe flatter de réuſſir.

§. VI. Je remarque d'abord, que, ſi Je'sus-Christ, & ſes Apôtres, ont propoſé des Images & des Allégories, comme celles dont il s'agit, ce n'a été que rarement, avec beaucoup de ſobriété, & d'une maniére à faire ſentir, qu'ils ne les donnoient que comme des choſes propres à illuſtrer, & à rendre en quelque façon ſenſibles au Vulgaire groſſier, les Véritez qu'ils avoient fondées ſur des principes également ſimples, ſolides, & ſuffiſans par eux-mêmes. Nôtre Seigneur eſt ſur tout celui qui a le moins fait d'uſage de pareilles idées. On en trouve très-peu dans les Evangiles. Cela ſeul eſt un grand préjugé, qu'elles n'étoient pas de grande importance pour les Chrétiens en général, dans tous les tems & dans tous les lieux; & que ceux qui *aiment à tout allégoriſer*, ont un *goût* bien différent de celui de l'Auteur & des prémiers Miniſtres de la Religion Chrétienne.

§. VII. Je ne nie pas, que Dieu n'aît pû préfigurer les choſes du Nouveau Teſtament, par celles de l'Ancien. (3) Mais pour ſavoir s'il l'a fait, il faut ou que Nôtre Seigneur, & ſes Apôtres, qui étoient inſtruits des vuës de Dieu, nous découvrent ces Figures, ou qu'ils nous enſeignent le moien de les découvrir nous-mêmes. Tout ce qu'ils nous diront clairement avoir été, dans l'intention de Dieu, une image de telle ou telle choſe à venir, nous devons le reconnoître tel, ſur leur autorité ſeule. Il ne s'enſuit pourtant pas de là, que nous puiſſions de nous-mêmes ſuppoſer & chercher de ſemblables repréſentations dans d'autres faits ou d'autres événemens, à moins qu'ils ne

---

Additions de Mr. Le Clerc aux Notes de Hammond, ſur le paſſage dont il s'agit.
(3) Conferez l'Extrait qu'on trouve du Livre Anglois de Mr. Sykes, intitulé, *Eſſai ſur la Vérité de la Religion Chrétienne* &c. dans la *Bibliothéque Anc. & Moderne* de Mr. Le Clerc, Tom. XXIV. pag. 341, & ſuiv.

ne nous donnent là-dessus des ouvertures suffisantes. Et on n'en trouve ici aucune.

§. VIII. Déja ils ne nous exhortent nulle part à une telle recherche; ils ne disent rien, qui insinuë, que chacun peut, à leur exemple, se donner ici l'estor. Bien loin de là: St. Paul réprime assez clairement cette démangeaison, & la fait regarder comme très-dangereuse, en défendant (a) *de s'amuser à des Fables, & à des Généalogies sans fin*, par lesquelles *on s'égare de la Vérité*, & qui, bien loin d'*édifier*, ne produisent que des *disputes*: car tout cela étoit le fruit du génie Allégorique des *Juifs*, dont nous parlerons plus bas.

(a) I. Timoth. I, 4. Tite, I, 14.

§. IX. Mais en vain Jesus-Christ, & ses Apôtres, auroient-ils recommandé ou autorisé l'étude des Types & des Allégories, au delà des Choses, ou des Personnes, dans lesquelles ils nous ont eux-mêmes déchiffré l'énigme, s'ils ne nous avoient en même tems donné quelque Régle claire & sûre, pour se conduire dans de pareilles recherches. Autrement ç'auroit été abandonner les Chrétiens, sans Flambeau, dans les Ténébres, ou sans Pilote & sans Gouvernail, en pleine Mer. Certainement les rapports qu'il peut y avoir entre les faits ou les événemens anciens, & les nouveaux, ne sont point fondez sur la nature même des choses, ni sur aucun principe de la Raison Humaine. Il n'y a que la volonté de Dieu, qui ait pû les y attacher. Comment est-ce donc que, sans une révélation distincte ou de ces rapports, ou de la régle qu'il faut suivre pour les découvrir, les Chrétiens se promettroient raisonnablement de les deviner? Il ne suffit pas de voir quelque conformité entre ce que l'on prend pour Figure, & ce que l'on croit être Figuré: il faut encore être assûré, que cette ressemblance a été dans l'esprit & dans l'intention de Dieu; sans quoi l'on court grand risque de donner ses propres fantaisies pour les vûës de la Sagesse Divine. Rien n'est plus différent, que le tour d'esprit des Hommes: & il y a une infinité de faces, par lesquelles on peut envisager le même objet, soit en lui-même, ou en le comparant avec d'autres. Ainsi l'un trouvera une conformité, l'autre une autre, aussi spécieuse, quoi que différente, & même contraire. Celle qui nous paroissoit la mieux fondée, sera effacée par une nouvelle, qui nous a frappé depuis. De sorte qu'ainsi l'Ecriture Sainte sera en butte à tous les jeux de l'Imagination Humaine. Mais l'expérience a assez fait voir, dans quels égaremens on se jette ici, faute de régle & de boussole. Les Péres de l'Eglise, que leurs Adorateurs mêmes n'osent justifier entièrement là-dessus, suffiroient de reste, quand ils n'auroient jamais eû d'imitateurs, pour montrer le péril de cette manière d'expliquer le Livre le plus respectable.

§. X. Enfin, il y a toutes les apparences du monde, que Jesus-Christ, & ses Apôtres sur tout, en proposant des Figures & des Allégories, ont voulu, sinon toûjours, du moins la plûpart du tems, s'accommoder aux idées de ceux à qui ils parloient, pour mieux réussir à leur faire goûter les Véritez de l'Evangile, après les avoir établies sur leurs propres fondemens. L'Eglise naissante étoit, & devoit être, selon le plan de Dieu, composée de

(1) Voiez les *Origeniana* de feu Mr. Huet, Lib. II. Cap. II. *Quæst.* XIII. & Mr. Le Clerc,

de *Juifs*, qui étant Profélytes d'une Religion, fur laquelle la Chrétienne étoit entée, fe dépouilloient beaucoup plus difficilement, que les Païens mêmes, de leurs anciens préjugez, confondus avec ce qu'ils reconnoiffoient de plus vrai. Il ne faut, pour cet effet, que confiderer les ménagemens que les Apôtres furent obligez d'avoir pour un grand nombre d'entr'eux, au fujet de l'obfervation des Cérémonies. Or il est certain, que les *Juifs*, depuis le grand commerce qu'ils eurent avec les *Grecs*, avoient (1) appris d'eux à allégorizer, fi bien qu'ils faifoient leurs délices de cette étude. Les Livres de PHILON en feroient feuls une preuve convaincante. Nôtre Seigneur donc, & fes Apôtres, aiant à faire à des gens ainfi difpofez, ou convertis, ou à convertir; uférent d'une fage condefcendance, en leur propofant quelquefois, outre les *Prophéties* du Vieux Teftament, qui regardoient les tems du Meffie, des rapports fymboliques ou allégoriques, entre les chofes qui étoient arrivées fous la Loi, & celles qui arrivoient fous l'Evangile. Cela aidoit merveilleufement à attirer l'attention & gagner le cœur de gens accoûtumez à une telle manière d'envifager le fens de la Loi & des Prophétes: on pouvoit même en tirer contr'eux de ces argumens *ad hominem*, ou perfonnels, que l'on fait être fi puiffans. Le Livre, où l'on trouve le plus d'explications myftiques, eft l'*Epître aux Hébreux*, dont l'Auteur, foit que ce fût *St. Paul*, ou quelque autre, écrivoit aux *Juifs* convertis. Mais de ce que les Apôtres, comme ils s'en glorifient eux-mêmes, fe (a) *faifoient tout à tous*, en cela & en plufieurs autres chofes, felon que le demandoient les circonftances, il ne s'enfuit pas que les Miniftres Ordinaires de l'Evangile, qui, après eux, l'annoncent à tous les Peuples, doivent ou puiffent fuivre ici la même méthode au pié de la lettre. Elle n'étoit que pour ces tems-là, où les nouveaux Chrétiens tenoient encore de l'Enfance de la Loi. Le génie & le but de l'Evangile tendoit à mettre au plûtôt fes Difciples en état de goûter par elles-mêmes les Véritez qu'il propofe, fans le fecours de ce qui flatte agréablement l'Imagination. Le Culte de l'Evangile eft un (b) *Culte raifonnable*: tout y refpire la Raifon la plus épurée, & cette aimable fimplicité, qui charme des Efprits bien faits.

(a) 1. *Corinth*. IX, 22.

(b) *Rom*. XII, 1

§. XI. APRE's tout, il eft certain, que les Apôtres ne nous ont pas donné la clef des Figures ou des Allégories qu'il pourroit y avoir dans l'Ecriture Sainte, outre celles qu'ils ont eux-mêmes développées. Et cela fuffit pour reprimer une curiofité, que nous n'avons pas le moien de fatisfaire. Pourquoi voudrions-nous être plus fages, qu'eux, & chercher à pénétrer des chofes impénétrables? N'y a-t-il pas d'ailleurs affez dequoi exercer nos Efprits? Quelle ample matière ne fourniront pas toûjours à nôtre méditation les Dogmes Sublimes, & les Saints Préceptes de l'Evangile, confiderez en eux-mêmes? Avons-nous fur tout le moindre befoin d'Allégories ou de Figures, pour expliquer la Morale Evangélique, toute fondée fur les lumières les plus fimples & les plus pures de la Raifon? N'eft-il pas au contraire fort dangereux, qu'en courant après des chofes, qui ne pourroient tout au plus fervir qu'à l'illuftration, on ne néglige la connoiffance & l'on ne perde même le goût des princi-

pes

CLERC, *Hiftor. Eccleſ.* Prolegom. *Sect.* I. *Cap.* V. § 8. comme auffi la BIBLIOTHE- QUE ANGLOISE, Tom. XII. pag. 474, & *fuiv.*

§. XII. Qu'on y prenne garde : on verra, que les matiéres, sur quoi les Ecrivains Sacrez ont proposé quelques Images & quelques Figures tirées de l'Ancien Testament, se rapportent presque toutes aux Dogmes ou aux Mystéres de la Religion Chrétienne, comme à la Mort de JESUS-CHRIST, à son *Sacrifice*, à sa *Résurrection*, à la *Vie à venir* &c. A peine trouve-t-on un ou deux exemples de quelque chose de semblable, qui regarde la Morale. Telle est l'explication symbolique, que (a) ST. PAUL donne de la Loi (b), qui défend *d'emmuseler le Bœuf, qui foule le Grain* : & la comparaison qu'il fait de la *Sincérité* & de la *Vérité* (c), avec (d) les *Pains sans levain*. Encore le dernier exemple peut-il très-bien être regardé comme une simple allusion, fondée sur des expressions communes à toutes les Langues : & (1) il y en a aussi, qui contestent le prémier. Le passage de (e) l'EXODE, que cet Apôtre (f) cite ailleurs, au sujet de la *Manne*, dont ceux qui en avoient recueilli beaucoup, n'avoient pas plus, que ceux qui en avoient recueilli moins ; n'est qu'une comparaison, tendante à montrer, que les personnes accommodées doivent subvenir de leur superflu aux nécessitez des Pauvres.

§. XIII. C'EST néanmoins sur la Morale, que les Pères de l'Eglise se sont beaucoup donné carriére, pour en fonder les Véritez sur des Allégories. Et ils le font d'une maniére, qui montre également le plaisir qu'ils prennent à ces jeux de leur Esprit, & le peu de connoissance qu'ils ont des véritables raisons, tirées de la nature même des Préceptes. S'ils eussent bien pénetré celles-ci, par une étude profonde de cette *Loi*, que DIEU *a gravée dans le cœur de tous les Hommes* ; ils n'auroient eû que du dégoût & du mépris pour l'Allégorie. Mais il est beaucoup plus facile de trouver du mystére dans de legéres ressemblances, fondées au gré de chacun, que de méditer sur la Morale, & de la creuser.

§. XIV. QUELLE pitié, de voir, par exemple, comment *Origéne* tourne en moralitez les Préceptes Cérémoniels, que DIEU (g) donne, au sujet des *Sacrifices salutaires*, ou Sacrifices de prospérité ? ,, La (2) *Graisse* (dit-il) est ,, l'ame de JESUS-CHRIST, qui est l'Eglise de ses Amis, pour lesquels il ,, a donné son ame. Il peut donc se faire qu'ici, où il est défendu de *manger* ,, *des graisses*, ce soit ce que Nôtre Seigneur a dit : (*) *Que personne ne four-* ,, *nisse occasion de broncher à un des plus petits qui croient en lui*. La *Queuë*, qui ,, est la fin du Corps, est le symbole de la consommation & de la persévéran-
ce

(a) I. Corinth. IX, 9, 10.
(b) Deuter. XXV, 4.
(c) I. Corinth. V, 7, 8.
(d) Exod. XII, 19.
(e) Chap. XVI. vers. 18.
(f) II. Corinth. VIII, 14, 15.

(g) Levit. I, 2, & suiv.

(*) Matth. XVIII, 6.

(1) Voiez l'Extrait d'un Livre Anglois de Mr. CHANDLER, dans l'Extrait, déja cité, de la BIBLIOTHEQUE ANGLOISE, Tom. XII. pag. 475.

(2) *Adipes animam diximus Christi, quæ est Ecclesia amicorum ejus, pro quibus animam suam posuit. Potest ergo fieri & in hoc loco, ut quod mandatur, ne quis adipes edat, hoc sit, quod & Dominus dixit, Ne quis scandalizet unum ex minimis his, qui credunt in eo. Cauda, quæ finis est corporis, symbolum est consummationis & perseverantiæ in bonis operibus.* Homil. V. in LEVITIC. fol. 67. A. Mr. WHITBY cite ce passage, pag. 22, 23.

(3) *Quod ergo est Sacerdotis pectus, aut quale ? Tale ego puto esse, quod plenum sit sapientiâ, plenum scientiâ, plenum omni divinâ intelligentiâ. Immo quod plenum sit Deo.* Homil. III. fol. 59. A.

(4) Ἐὰν ἴδω ἐπὶ τοῦ χωρίου ἔτι τῶν Προφητῶν, ἔτι τῶν Ἀποστόλων, ἔτι κ᾽ ἐπισκόπων ὀμοίως Ἀγγέλων, λέγω ὅτι πάντες οἱ Χρισῷ μιμηταὶ ὦσι

DES PERES. Chap. VII.

„ ce dans les Bonnes Oeuvres..... (3) La *Poitrine*, qui étoit pour le Sacri-
„ ficateur, c'est un cœur plein de sagesse, plein de science, plein de toute
„ intelligence divine ; ou plûtôt plein de Dieu même.

§. XV. Le Prophéte Jérémie, prédisant la Captivité de *Babylone*, & ses suites, dit, de la part de Dieu: (a) *Je leur envoierai* [aux *Juifs*] *plusieurs Chasseurs, & ils les chasseront de toute Montagne, de toute Colline, & des Cavernes des Rochers*. Par ces *Rochers*, (4) Origéne entend, *le Chœur des Prophétes, des Apôtres, & des Saints Anges*. Pourquoi ? Jésus-Christ est appellé le (b) *Rocher* : donc tous les imitateurs de *Jésus-Christ*, sont des *Rochers*. Mais, comme Dieu dit à Moïse: (c) *Je te mettrai dans la fente du Rocher, & tu verras mon derriére, mais tu ne verras pas mon visage ;* il faut savoir ce que c'est que cette *fente*. C'est la venüe de Jésus-Christ: (5) car, à travers elle, on voit le *derriére de* Dieu. Et de même, chacun de nous, qui laisse entrer dans son esprit les paroles de Jésus-Christ, par lesquelles on connoît Dieu, se fait par là en lui-même une *fente du Rocher*.

(a) *Chap.* XVI. *verſ.* 16.

(b) I. *Corinth.* X. 4. *Pſeaum.* XXXIX, 3.

(c) *Exod.* XXXIII, 22.

§. XVI. Origéne trouve aussi dans le Nouveau Testament de semblables Allégories. Quand Nôtre Seigneur fit le miracle de la *multiplication des Pains*, il (d) ordonna, que *toute la Multitude s'assit sur l'herbe*. Croiroit-on que c'est parce qu'Esaïe (e) avoit dit : *Toute Chair est comme l'Herbe* ? Mais il y a plus : en faisant ainsi asseoir ceux qui le suivoient, le Sauveur donnoit à entendre qu'on doit *mettre dessous la Chair* (6), & *soûmettre la prudence de la Chair*, pour être participant des Pains, que Jésus-Christ bénit. Ce peuple s'assit par troupes, les unes de *cent*, les autres de *cinquante* : parce qu'y aiant divers ordres de gens qui ont besoin de la nourriture spirituelle de Jésus-Christ, ils doivent être ou du nombre des *Cent*, qui est *sacré, & consacré à* Dieu, *à cause de l'unité*, ou de celui des *Cinquante*, nombre *qui marque la rémission, selon le mystére du Jubilé, qui se célébroit tous les cinquante ans*, ou de la *Fête de Pentecôte*. Les *douze Corbeilles*, c'étoient les *douze Siéges, sur lesquels les Apôtres doivent un jour être assis, pour juger les douze Tribus d'Israël*.

(d) *Marc*, VI, 39, 40.

(e) XL, 6.

§. XVII. Le *Statére* (f), que *St. Pierre* devoit trouver dans le prémier poisson qu'il prendroit, c'est l'*Avarice*, dont l'Apôtre guériroit les Hommes. (g) L'*Avare* n'a dans la *bouche*, que l'*argent* : il est dans la *Mer*, dans les occupations *améres* de la Vie, dans les *flots* des soucis & des chagrins que lui cause le désir d'avoir : mais on l'en tire avec l'*hameçon de la Raison*.

(f) *Matth.* XVII, 27.

(g) *Comm. in Matth. pag.* 317, 318. Tom. I.

§. XVIII.

ὡς ἐκεῖνο πέτρα ἐςί, πέτρα γίνονται. In Jerem. Homil. XIV. pag. 152. C. Tom. I. Ed. Huet.

(5) Τίς ἡ ὀπὴ ἡ ἐν τῇ πέτρᾳ; ἐὰν ἴδης τὸν Ἰησοῦν ἐπιδημίαν, ὅλον αὐτὸν τοιοῦτον πέτραν, ὄψει τὴν ὀπὴν κατὰ τὴν ἐπιδημίαν αὐτῆ, δι᾽ ἧς ὀπῆς διωρεῖται τὸ μζ᾽ τ᾽ Θεὸν.... Τὸν αὐτὸν τρόπον ἕκαστος εἰς ἑαυτὸν δέχεται τὸν Θεὸν, διὰ τ᾽ λεγομένων ὑπ᾽ αὐτῇ, ποιεῖ ἐν αὐτῇ ὀπήν. Ibid. C. D.

(6) Τάτοις, ὑποκάτω ποιήσατε τὴν σάρκα, καὶ τὸ φρόνημα τ᾽ σαρκὸς, ἵν᾽ οὕτω τις δυνηθῇ φαγεῖν τῶν ἄρτων Ἰησοῦς μεταλαβεῖν. Εἶτα ἐπὶ ἐξήγματα διαφορά ἐςι τ᾽ δυομένων τῇ ἀπὸ Ἰησοῦ τροφῆς, μὴ πάντων τοῖς ἴσοις λόγοις τρεφομένων.... δεῖ τοίνυ ἐν ἐξήγματι εἶναι τ᾽ ἑκαστον ἰεροῦ ἀριθμῷ, κατὰ τῷ Θεῷ διὰ τὴν μονάδα ἀνακειμένῳ, ἢ ἐν ἑξήγματι τ᾽ πεντήκοντα, δορυφορῷ μὲν τὴν ἄφεσιν, καὶ τὸ μυστήριον τὸ Ἰωβηλαίου, γινομένῳ διὰ πεντήκοντα ἐτῶν, καὶ διὰ τὴν πεντηκοστὴν ἑορτήν. Οἶμαι δ᾽ ὅτι οἱ δώδεκα κόφινοί εἰσιν αἱ διὰ τοῖς μαθηταῖς, πρὸς ἃς εἴρηται· Καθήσεσθε ἐπὶ δώδεκα θρόνους, κρίνοντες τὰς δώδεκα φυλὰς τ᾽ Ἰσραήλ. In Matth. Comment. pag. 237. Tom. I.

TRAITÉ DE LA MORALE

(a) *Matth.* XXII, 21.

§. XVIII. Rendez (a) *à César, ce qui appartient à César, & à* Dieu, *ce qui appartient à* Dieu. Rien n'eſt plus clair, que ces paroles, & on ne ſoupçonneroit pas que Jesus-Christ eût voulu dire autre choſe, que ce que chacun y voit d'abord. Mais on n'y entend rien: l'œil perçant d'*Origéne* y découvre des ſens bien plus cachez. (1) ,, Nous ſommes compoſez de ,, *Corps* & d'*Ame*.... *César* eſt ici le *Prince des Corps*, auquel nous devons paier ,, une eſpéce de *Tribut*, c'eſt-à-dire, nôtre propre Corps, auquel nous ſom- ,, mes obligez de fournir les choſes néceſſaires à la Vie, ſavoir, la Nourri- ,, ture, les Habits, le repos néceſſaire, & le Sommeil; leſquelles choſes ren- ,, ferment l'image corporelle du *Prince des Corps*. L'*Ame* eſt, de ſa nature, ,, faite à l'*image* de Dieu: nous devons à Dieu, qui eſt ſon *Roi*, les cho- ,, ſes qui ſont utiles & convenables à la nature & à la ſubſtance de l'Ame, ,, c'eſt-à-dire, les moiens de parvenir à la Vertu, & les Actions conformes à ,, ce but". Mais *Origéne* nous montre lui-même après cela, qu'il en eſt ici comme du ſon des Cloches, auxquelles on fait dire ce qu'on veut. Car il alléguë une autre explication myſtique, tout auſſi bien fondée, quoi que très-différente, & *commune*, à ce qu'il dit. (2) *César*, c'eſt le *Diable*; & Dieu demeure le *Roi des Siécles, ſans aucun ſymbole*. Il faut rendre au *Diable* tout ce qu'on tient de lui, c'eſt-à-dire, ſe dépouiller de tout ce qui eſt mau- vais, pour s'aquitter de ce que l'on doit à Dieu.

§. XIX. Il ſeroit inutile d'alléguer un plus grand nombre d'exemples, des (3) Allégories chimériques d'*Origéne*. L'abus qu'il en faiſoit, lui a mê- me attiré de rudes cenſures de pluſieurs autres Péres de l'Egliſe. Le Sa-

(b) *Origeniana.* Lib. II. Cap. II. Quæſt. XIII.

vant Evêque d'*Avranches* (b) nous en donne la liſte, avec l'indication de quantité d'endroits où *Origéne* détruit le ſens littéral de l'Ecriture, pour y ſub- ſtituer ſes Allégories. Le malheur eſt, que ceux qui le blâment le plus ſur cet article, un St. Jerome, un St. Chrysostôme, un St. Au- gustin, un St. Hilaire, un St. Ambroise, un St. Gre'goi- re, font ſouvent eux-mêmes ce qu'ils condamnent en lui. Et il ne faut pas s'en étonner. Quand on n'a point de guide ſûr pour ſe conduire, on ne peut que s'égarer, l'un d'une façon, l'autre de l'autre: & celui qui croit avoir pris le meilleur chemin, eſt quelquefois celui qui en eſt le plus éloigné. Mr. Huet n'a rien trouvé de meilleur, pour juſtifier *Origéne*, que de lui ôter la gloire d'être le prémier Auteur de la méthode d'expli- quer allégoriquement l'Ecriture Sainte. Mon Cenſeur avouë même, que

(c) *Pag.* 111.

(c) *c'eſt celui de tous les Péres de l'Egliſe, qui a le plus donné dans l'Allégorie.*

Pour-

---

(1) Συνεστήκαμβρ ἐκ ψυχῆς κỳ σώματ©... κỳ ὀφείλομβρ τινα διδόναι ὡσπερὶ φόρον σωμάτων ἄρχοντι λεγομένῳ Καίσαρι, ὧ ἀναγκαῖα τῷ σώ- ματι, ἔχοντα τὴν εἰκόνα ὦ Τ σωμάτων ἄρχοντος σωματικὴν ὦτα ᾗ ἐςι τροφή, κỳ σκέπη, κỳ ἀναγ- καία διαπαύσις, ὧ ὕπνοι, κỳ ἄλλα ὀφειλό- μβρ, ἐπεὶ ἡ ψυχὴ φύσει κατ᾽ ἐικόνα ἐςὶ Θεοῦ, τῷ βασιλεῖ αὐτῆς Θεῷ, ἅπερ ἐςὶ συμφέροντα, κỳ κα- τάλληλα τῇ Τ ψυχῆς φύσει κỳ ὀυσία ὦτα ᾗ εἰσὶν αἱ ἐπ᾽ ἀρετὴν ἄγοντες ὀδοί, κỳ αἱ κατ᾽ ἀρετὴν πρά- ξεις. Comment. in Matth. *pag.* 483; 484.

(2) Ἴδια ᾗ κỳ ἄλλῳ εἰς Τ τόπον τοιούτῳ φερομένῳ διήγησιν ὁ μὲν ἄρχων Τ αἰῶνος τέτε ἐν τροπολογίᾳ καλεῖται Καῖσαρ· ὁ ᾗ Τ αἰώνων βασιλεὺς ἐν ὀδενὶ συμβόλῳ τυγχάνει, Θεὸς παν- ταχοῦ ὀνομάζεται· ἐπεὶ τοίνυν ἔχομβρ ἄνα Τ ἄρ- χοντος Τ αἰῶνος τέτε, τοτέςι ὁ κακοῦ τὴν κα- κίαν, κỳ ὕςερον δυνάμεθα ἀποδιδόναι ἐκ Τ Θεοῦ τῷ Θεῷ, ἐὰν μὴ ἀποδῶμβρ ἀπόθυμοι πάντα &c.

Pourquoi me vient-il donc faire quérelle, à moi qui n'en ai pas tant dit, & qui me suis contenté de parler de ses fréquentes Allégories, sans lui donner le prémier rang, entre les anciens Docteurs, pour la manie de tout allégoriser?'

§. XX. AUTRE chicane du P. Ceillier. J'avois dit: (a) *On sait que ce fameux Docteur prenant d'abord à la lettre, par une erreur assez grossiére, ces paroles de* JESUS-CHRIST, *que* (b) *quelques-uns se font Eunuques pour le Roiaume du Ciel, pratiqua lui-même ce précepte ou ce conseil mal-entendu.* Mon Censeur s'écrie là-dessus: (c) *N'auroit-il pas été de l'honneur de Mr.* Barbeyrac, *ou de taire cette faute d'*Origéne, *puis qu'elle étoit pardonnable à son zéle encore peu éclairé, ou du moins de joindre à la mauvaise interprétation, que ce Pére avoit faite des paroles du Sauveur, ce* (d.) *qu'il a écrit* (4.) *depuis pour expliquer dans un sens allégorique ce que Jésus-Christ avoit dit dans l'Evangile des trois sortes d'Eunuques... Est-il jamais permis de reprocher une faute à un homme, qui confesse publiquement qu'il est coupable? Un esprit bien fait se laisse toucher de compassion envers une personne de ce caractére: mais Mr.* Barbeyrac *avoit envie de condamner* Origéne, *& non pas de l'excuser.* Voilà une déclamation bien pathétique, mais qui n'est fondée sur rien. Est-il *de l'honneur de l'*Apologiste *des Péres,* de ne pas voir, ou de dissimuler, ce qui saute aux yeux, que je n'ai point omis la condamnation qu'*Origéne* semble avoir fait lui-même de son erreur, & de la faute commise en conséquence? Que signifient donc ces mots: *On sait que ce Docteur prenant* D'ABORD *à la lettre* &c. Qui dit *d'abord*, n'insinue-t-il pas, qu'il y a eu *depuis* du changement? Et n'en est-ce pas assez dans une histoire si connuë? Mon dessein n'étoit nullement, ni ne devoit être, de donner la Vie d'*Origéne*, & des autres Péres de l'Eglise. J'alleguois des exemples de leurs fausses explications de l'Ecriture Sainte, en matiére de Morale, & celui-ci étoit trop remarquable pour l'omettre, puis qu'il avoit porté *Origéne* à violer actuellement, sous prétexte de Piété, une des Loix les plus évidentes de la Nature. Mais mon Censeur n'est point content, si on ne *tait* les fautes les plus inexcusables des Péres de l'Eglise, aussi bien que leurs erreurs les plus grossiéres. Il sent bien, quel besoin il a de cela, pour soûtenir la *Tradition*, dont il les fait *dépositaires*, quoi qu'il n'ose les donner pour *infaillibles* chacun en particulier. Qu'on *pardonne la faute au zéle peu éclairé d'*Origéne, je ne m'y oppose pas. Il demeure toûjours vrai, que ce zéle a été capable de le jetter dans une erreur monstrueuse, & de le faire agir conséquemment à cette erreur. Or dès-là, on a tout lieu de présumer, qu'il peut

(a) *Préface*, pag. 43.
(b) *Matth.* XIX, 12.
(c) *Apolog.* p. 112.
(d) *Tract.* VII. *in Matth.* pag. 43 Ed. Genebrard.

ἐν τ' ἀρκίας τῆς Καίσαρος & τ' Καίσαρος. Ibid. pag. 484. C. D.
(3) Voici ce qu'en dit Mr. DE TILLEMONT: ,, Il affoiblit souvent par là les plus ,, beaux endroits de l'Evangile. Il n'est jamais si beau & si utile, que quand il s'étend sur la Morale: & cependant il la regardoit comme beaucoup au dessous des ,, sens mystiques. MÉMOIRES *pour l'Hist. Eccles.* Tom. III. Part. III. *pag.* 218. *Ed. de Bruxel.*

(4) Voiez les Notes de feu Mr. HUET, sur son ORIGÉNE, *pag* 65. où il remarque, que ce Pére, prenant aussi à la lettre les paroles de Nôtre Seigneur, LUC, XXII, 35, 36. ne s'étoit réservé qu'une tunique, marchoit piez nuds, & négligeoit de se pourvoir pour le lendemain, des choses nécessaires à la Vie. Voiez EUSÈBE *Hist. Eccl.* Lib. VI. Cap. 3. p. 261.

peut aisément (1) s'être égaré, par le même principe, sur d'autres choses moins évidentes, & n'avoir pas depuis reconnu son erreur, comme à l'égard de celle-ci, qui étoit d'une nature à frapper, & en elle-même, & par ses suites. Il paroit assez, par tous ses Ouvrages, & par les erreurs que lui reprochent encore aujourdhui ceux qui admirent d'ailleurs les Péres, qu'il conserva toûjours le tour d'esprit, qui l'avoit séduit si grossiérement dans l'explication de ce que Nôtre Seigneur dit des *Eunuques*. Peut-être même, que, comme (a) on l'a remarqué, les reproches sanglans, que ses Ennemis lui faisoient là-dessus, aidérent beaucoup à lui arracher quelque espéce d'aveu de son erreur, & de sa faute. *Démétrius*, au reste, qui changea du blanc au noir, au sujet de ce Pére, est également blâmable & du motif de ce changement, & de son *admiration* précedente. Un zéle mal réglé peut être excusé en quelque façon, mais jamais il ne doit être admiré. C'est rendre à l'Erreur & à l'Infirmité Humaine, un hommage qui n'est dû qu'à la Vérité & à la Sagesse. La qualité des Personnes, & leurs meilleures intentions, ne changent point le Faux en Vrai, ni le Mal en Bien.

(a) *Bibliothéque Univers.* Tom. VI. pag. 36.

CHAPITRE VIII.

Sur ce que l'on a dit de St. Cyprien.

§. 1. Passons encore ici les injures, que le P. *Ceillier* (b) me dit d'abord, & que je dois partager avec Mr. LE CLERC, dont j'ai employé les (c) propres termes; quoi que mon Censeur ici, comme presque partout, s'en prenne à moi uniquement, sur ce que j'ai dit après d'autres. Il en use aussi avec la même équité, & la même bonne foi, qu'il a fait (d) au sujet de CLEMENT *d'Aléxandrie*. Il suppose, que je ne reconnois *de Vertu solide, que celle qui est conforme aux usages de la Vie commune du Siécle*. Mais puis qu'il ac-

(b) *Apolog.* Chap. V. pag. 115, 116.
(c) *Bibl. Univ.* Tom. XII. pag. 215.
(d) Voiez ci-dessus, *Chap.* V. § 30.

(1) C'est ainsi qu'il a toûjours regardé la Profession Militaire, comme interdite aux Chrétiens. Il se déclare là-dessus, de la maniére la plus forte, à la fin de son Traité *contre* CELSE, où il dit, que les Chrétiens se contentent de prier DIEU pour l'Empereur, mais qu'ils ne portent point les armes pour lui, quand même il voudroit les y contraindre: Ἡμεῖς κỳ μᾶλλον ὑπερμαχοῦμῳ τ̄ Βασιλέως, ᾗ ὐ συςρατινόμεθα μὶν αὐτῷ, κἀν ἐπείγῃ συςρατευόμεθα ᾗ ὑπὲρ ἀυτοῦ, ἴδιον ςρατόπεδον ἐυσεβείας συγκροτοῦντες, ᾄ τ̄ πρὸς τ̄ Θεὸν ἐντύξεων. Lib. VIII. pag. 427. *Edit. Cantabr.* Il condamne, un peu plus bas, l'exercice de toute Magistrature: & ailleurs il rend raison, à sa maniére, de la différence qu'il y a, selon lui, à cet égard, entre les *Juifs*, & les Chrétiens, Lib. V. pag. 253. Lib. VII. pag. 348, 349. Ainsi on ne peut pas opposer à des passages si clairs, ce qu'il dit dans le même Ouvrage, en parlant des Abeilles, que l'ordre qu'il y a dans leur petite République enseigne à obéir aux Puissances, & à faire une distribution convenable des fonctions utiles, entre les Citoiens; peut-être aussi à faire, quand il en est besoin, des Guerres justes & bien réglées, à l'exemple de celles des petits Animaux: Καθιστοῦντές τι μελίσσας, πειθομένας μὲν ἡγεμονίαις, διαιροῦντας ᾗ τὰ χρήσιμα τ̄ πολιτείας ἔργα πρὸς σωτηρίας τ̄ πάντων. εἴχε ᾗ ᾗ οἱ οἰκοῖοι πόλεμοι τ̄ μελισσῶν, διδασκαλία ἔγκειται πρὸς τὸ δικαίως κỳ τεταγμένως πολέμους, εἴποτε δέοι γίγνεςθαι ἐν ἀνθρώποις. Lib. IV. pag. 217. Il n'y a point là de con-
112-

DES PERES. Chap. VIII.

accorde lui-même, que cela peut être vrai *à proportion que l'on y vit selon les loix de la Raison & de l'Evangile*, pourquoi veut-il que nous ne l'aiyons pas ainsi entendu? La conformité, que l'on a remarquée en même tems, entre la *Rhétorique* de *St. Cyprien*, & celle de son Siécle, que l'on condamne comme fausse & nuisible, montre assez, qu'on n'a entendu parler d'autres *usages de la Vie Commune*, que de ceux qui s'accordent avec des idées justes de Vertu. Et nous ferons voir aisément, que celles que les Péres de l'Eglise avoient alors de la Continence, n'étoient rien moins que fondées sur ce que *les Loix de l'Evangile & de la Raison* nous enseignent.

§. II. On avoit dit (a) que *St. Cyprien*, concevant *quelque espéce de Sainteté à vivre dans le Célibat, se separa de sa Femme, & garda la continence, avant même que d'être bâtisé*. Mon Censeur soûtient (b), que *c'est une pure imagination*, puisque ce Saint ne fut jamais marié. Le Mariage de *St. Cyprien* est pourtant reconnu de divers Auteurs de la Communion Romaine, entr'autres du (c) Cardinal Baronius, & de son Critique même (d), le Pére Pagi. C'est aussi le sentiment de l'Evêque Fell, le *nouvel Editeur des Oeuvres de St. Cyprien*, qui s'exprime ainsi positivement, sur le passage, dont nous allons parler: (2) *St Cyprien étoit donc marié*. Et je ne sai où le P. Ceillier a pêché ce qu'il lui (e) fait dire: *Ponce a en vuë l'histoire de Job*, non plus que l'Edition de *St. Cyprien*, qu'il (f) attribuë à Pearson. Le dernier, à la (f) vérité, rejette, comme mon Censeur, les preuves tirées des passages, qu'on a citez de la Vie de ce Pére, écrite par le Diacre Ponce. Mais, si on examine bien ces passages, on sera obligé de convenir, qu'on ne peut guéres les entendre autrement. (3) L'Historien dit, que *St. Cyprien, dès qu'il commença à embrasser la Foi Chrétienne, se proposa, sur toutes choses, comme ce qu'il jugeoit le plus digne de* Dieu, *de garder la Continence: car il croïoit*, ajoûte-t-il, *que le cœur ne pouvoit être bien disposé, ni parvenir à goûter & à comprendre à fond la Vérité, qu'après avoir foulé aux pieds le désir de la Chair, avec une robuste & entière vigueur de sainteté. Qui a jamais ouï parler d'un si grand miracle? Une seconde naissance n'avoit pas encore éclairé le nouvel homme de tout l'éclat de la Lumiére Divine, & voilà que l'approche seule de la Lumiére surmontoit les anciennes ténébres!* De bonne foi, des expressions si emphati-

(a) *Préface*, pag. XLIII, XLIV.
(b) *Apolog.* pag. 116, 117.
(c) Ad ann. 250. § 10.
(d) *Critic.* in Baron. ad ann. 248. num. 4.
(e) *Apolog.* pag. 119.
(f) *Pag.* 149. Not. lett. e.
(f) *Annal Cyprian.* ad ann. 246.

tradition, comme l'a cru Grotius, Liv. I. Chap. II. § 9. *num.* 2. & s'il y en avoit, elle seroit bien peu d'honneur au jugement d'*Origéne*, se trouvant dans un seul & même Ouvrage. Mais on n'a pas pris garde, qu'il parle ici des *Hommes* en général, & non pas des *Chrétiens* en particulier, qui demeurent exceptez de ce qu'il dit. C'est le même Systême, que *Tertullien*, & autres Péres, se sont fait ici. Ils croioient que les Magistratures, & les Guerres, étoient nécessaires, pour l'entretien de la Société Civile, & la défense des Peuples. Ainsi ils en tenoient l'usage légitime par rapport aux anciens *Juifs*, & aux *Paiens*, mais non pas pour cela par rapport aux *Chrétiens*, à qui ils s'imaginoient que l'Evangile le défendoit. Voiez ci-dessus, *Chap.* VI. § 25, & *suiv.*

(2) *Non uxoris suadela*] Conjugatus ergo erat *Cyprianus*. Vit. Cypr. per Pontium, pag. 3. *Ed. Erem.*

(3) *Inter fidei suæ prima rudimenta, nihil aliud credidit Deo dignum, quàm ut continentiam tueretur: tunc enim posse idoneum fieri pectus, & sensum ad plenam veri capacitatem pervenire, si concupiscentiam carnis robusto atque integro sanctimoniæ vigore calcares. Quis umquam tanti miraculi meminit? Nondum secunda nativitas novum hominem splendore toto divinæ lucis oculaverat, & jam veteres ac pristinas tenebras sola lucis paratura vincebat*, Pag. 3.

phatiques peuvent-elles emporter seulement, que St. *Cyprien* renonça à des commerces illicites, qu'il ne commit plus d'Adultére, ou de Fornication &c. Seroit-ce là un si *grand miracle*? Aucun Paien n'a-t-il connu, ni pratiqué la Chasteté hors du Mariage? Faut-il pour cela seul *une robuste & entiére vigueur de sainteté*? Le Diacre parle, selon toutes les apparences, d'un effort extraordinaire de Vertu, qui faisoit renoncer St. *Cyprien* à des plaisirs même légitimes de leur nature. Et cela paroît encore, par l'autre exemple qu'il ajoûte des progrès rapides de ce nouveau Converti, dans les choses les plus difficiles, qu'il croioit agréables à DIEU: (1) *Il vendit tous ses biens, pour les donner aux Pauvres*. Par la marche précipitée de sa Piété, il fut presque parfait, *avant que d'avoir appris ce que c'étoit que la Perfection*. *Quel des anciens, je vous prie, a fait de pareilles choses? Quel de ceux qui ont le plus vieilli dans la Piété?... En lui quoi que Néophyte, tout a été d'abord incroiable*. Encore un coup, peut-on borner des éloges si magnifiques, qui tombent sur le prémier exemple, aussi bien que sur le second, à une simple abstinence de grossiére Impureté? On ne peut pas dire non plus, qu'il s'agisse seulement d'un dessein de garder la Continence hors du Mariage; puis que ce n'étoit nullement une chose nouvelle: & mon Censeur doit en convenir, plus que tout autre. Cependant PONCE dit: *Quel des Anciens a fait de pareilles choses?* Il ajoûte: *Quel de ceux qui ont* LE PLUS VIEILLI *dans la Piété?* D'où il paroît, que son admiration est fondée sur la nature même de la chose, & non pas uniquement, comme le veut mon Censeur, sur ce que St. *Cyprien embrassa la Continence même avant que d'être bâtizé*. Autrement il faudroit dire, qu'avant St. *Cyprien* personne n'avoit embrassé la Continence, & la Pauvreté. Ainsi il faut nécessairement rapporter ici ce que Ponce dit plus bas: (2) *Les persuasions de sa Femme ne pûrent le détourner; & la peine cruelle de son propre corps ne l'ébranla point*. En vain le P. *Ceillier* veut-il, que *ce soit seulement une réflexion sur la vie du Saint homme Job*. Il ne prend pas ou ne veut pas prendre garde, que ce que le Diacre fait dire à St. *Cyprien* au sujet de *Job*, est tourné de telle manière, que chaque article convient à l'un & à l'autre; à *Job*, comme modéle, & à St. *Cyprien*, comme imitateur.

(2) *Pag*. 129. §. III. C'EST toûjours une pure chicane du P. *Ceillier*, de me (a) reprocher, que j'ai parlé de la *Continence*, comme *inconnuë aux prémiers Siécles, & aiant commencé seulement du tems de* St. *Cyprien*. J'ai dit, après Mr. LE CLERC, qu'on *commençoit depuis ce tems-là, à regarder comme une grande Vertu*, CETTE NOUVELLE ESPECE *de Continence, qui avoit été inconnuë aux Siécles précédens*. Ainsi il est clair que je ne parle pas de toute sorte de Continence, mais de celle qui consiste à vivre dans le Mariage, comme si l'on n'étoit point marié; & mon Censeur ne prouvera pas, qu'elle fût fort commune, avant le tems de St. *Cyprien*. A la vérité, on s'étoit fait de bonne heure des idées qui menoient-là. Mais il y a du progrès dans les Erreurs, comme en toute autre chose:

(1) *Distractis rebus suis ad indigentiam pauperum sustentandam, tota prædia pretio dispensans..... & præproperà velocitate pietatis, pene ante cœpit perfectus esse, quàm disceret. Quis, oro, de veteribus hoc fecit? Quis de antiquissimis in fide senibus, quorum mentes & aures per plurimos annos divina verba pulsaverant, tale aliquid impendit, quale adhuc rudis fidei homo, & cui nondum forsitan crederetur, supergressus vetustatis ætatem, gloriosis & admirandis operibus, perpetravit?... In illo omnia incredibilia cucurrerunt*. Ibid.

(2)

chose: on ne les pousse pas toûjours du prémier coup, aussi loin qu'elles peuvent aller. Mon Censeur cite ici quelques passages d'ATHÉNAGORAS (3), de (a) CLÉMENT d'Aléxandrie, de (b) TERTULLIEN, d'ORIGÉNE (c), d'EUSEBE (d), de SOCRATE (e), de (f) SOZOMÉNE; où néanmoins il s'agit seulement du Célibat.

§. IV. MAIS peu m'importe, que ces fausses idées aient été plus tôt, ou plus tard, portées aux plus grands excès: il faut venir au fond même de la question. Il s'agit de savoir, si la Continence, ou dans le Mariage, ou à l'exclusion du Mariage, a, de sa nature, par opposition à l'état & à l'usage légitime du Mariage, quelque sainteté particuliére, selon les maximes de l'Evangile; comme le prétend mon Censeur, Religieux de profession. Il avoue (g) d'abord, qu'il n'y a point de *commandement* là-dessus dans l'Evangile, & il en fait la matiére d'un *Conseil*. Voilà déja un grand préjugé contre cette prétendue sainteté de l'*état de Continence*. Car si elle avoit quelque fondement, il est inconcevable que JÉSUS-CHRIST, & ses Apôtres, n'en eussent imposé la nécessité à personne. Comme il y a des Vertus, qui sont nécessaires aux uns, & non pas aux autres, à cause de la différente situation où ils se trouvent: on peut dire aussi, que tout ce qui a une véritable *sainteté*, doit être d'une obligation indispensable, du moins pour quelques personnes, & sur tout pour celles qui sont appellées à servir d'exemple aux autres. S'il y a quelcun, à qui cela convînt, c'étoient sans contredit les Apôtres eux-mêmes. Mais on voit, au contraire, que la plûpart de ces Saints Hommes ont été mariez.

§. V. LE P. *Ceillier* (h) prétend, qu'il n'y a eu que *St. Pierre*. *Nous ne connoissons* (dit-il) *que lui, qui ait eu une Femme; & si les autres en ont eu, il faut qu'ils aient renoncé à l'usage de leur Mariage; puis que dans l'histoire il n'est fait aucune mention de leurs enfans.* Il fonde cela sur l'autorité de (4) TERTULLIEN, & de ST. JÉROME (5). Mais il y a ici bien des choses à opposer.

§. VI. 1. CE seroit toûjours beaucoup, que le *Prince des Apôtres*, celui à qui l'Eglise Romaine donne tant de prééminences, & en sa personne, & en celle de ses prétendus Successeurs, ait été incontestablement marié. En quel des Apôtres devoit-on voir plûtôt cette *sainteté* du Célibat, pour servir d'exemple aux Fidéles, & sur tout aux Ministres de l'Evangile? Et quels airs de triomphe ne se donneroit-on pas, si seulement l'Histoire Sainte n'eût rien dit, d'où il parût qu'il fût marié?

§. VII. 2. MAIS le silence seul de l'Ecriture ne prouveroit rien, & il ne prouve pas plus à l'égard des autres: moins encore peut-on en inferer, comme fait mon Censeur sur la foi de *Tertullien* & de *St. Jérôme*, que ceux qui ont eû des Femmes, aient *renoncé à l'usage de leur Mariage*. Il faudroit que les Ecrivains

(a) *Strom* Lib. III, Cap. 13. & 12 pag. 467, 462. Ed. Paris.
(b) *Apologet.* Cap. IX.
(c) *Contra Cels.* Lib. VII pag. 365. Ed. Cantabr.
(d) *Demonstr. Evang.* Lib. I. Cap. IX. pag. 32.
(e) *Inst. Eccl.* Lib. I. Cap. II.
(f) Lib. I. Cap. 23.
(g) *Pag.* 120.

(h) *Pag.* 126.

(2) *Non uxoris suadela deflexit: non proprii corporis dira pœna concussit.* Pag. 4.
(3) C'est celui-là même, que j'ai examiné ci-dessus, *Chap.* IV. § 6, & *suiv.*
(4) *Petrum solum invenio maritum, per socrum... ceteros quum maritos non invenio, aut spadones necesse est intelligam, aut continentes.* De Monogam. Cap. VIII. pag. 529.
(5) *Apostoli, vel virgines, vel post nuptias continentes.* Apolog. adversus JOVINIAN. in fin.

vains Sacrez eussent eû quelque raison nécessaire, ou quelque occasion indispensable, de ne pas omettre de tels faits: & c'est ce qu'on ne peut montrer. Peut-être même ne saurions-nous rien du Mariage de *St. Pierre*, si les Evangélistes n'avoient jugé à propos (a) de rapporter la guérison miraculeuse de sa *Belle-Mére*, operée par Nôtre Seigneur, lors qu'il vint chez son Apôtre; ce qui nous apprend, d'une manière seulement indirecte & accidentelle, que St. Pierre avoit une Femme. L'argument, que le P. *Ceillier*, de son chef, tire ensuite de ce *qu'il n'est fait aucune mention d'Enfans* nez aux Apôtres, est encore plus ridicule. Car cela ne prouve, ni que les Apôtres n'aient pas été mariez, puis que *St. Pierre* l'étoit certainement, & qu'il n'est fait néanmoins aucune mention de ses *Enfans*; ni qu'étant mariez, ils aient renoncé à l'usage du Mariage, puis qu'ils pouvoient avoir un Mariage stérile.

(a) *Matth.* VIII, 14, & suiv.

§. VIII. 3. ADMIRONS encore ici un plaisant contraste dans la manière dont le P. *Ceillier* dispute contre moi. Nous avons (b) vû, avec quelle hauteur il m'a reproché d'avoir cité quelque peu d'endroits des Ouvrages de *Tertullien* Montaniste, & entr'autres de celui *de la Monogamie*. Et cependant il fait valoir ici l'autorité de ce Pére, dans ce même Traité, qui est d'ailleurs celui où il a le plus décrié & les *Secondes Nôces*, & le *Mariage* en général. Mon Censeur cite encore ST. JEROME, qui a été, comme je l'ai fait (c) voir, aussi outré, que *Tertullien*, sur cet article: & il reconnoît, que *l'Antiquité est assez partagée sur le mariage de St. Paul*. Mais d'où vient qu'il a ou ignoré, ou supprimé, ce qu'on trouve dans d'autres Péres, de l'autorité desquels il est, & doit être, pour le moins autant jaloux, que de celle de *Tertullien* & de *St. Jérome*? CLEMENT d'Aléxandrie (1) parle & de *St. Pierre*, & de *St. Philippe*, comme aiant eû des *Enfans*; & le dernier, des Gendres. ST. BASILE (2) dit en général, que *St. Pierre*, & *tous les autres Apôtres, ont été mariez*. ST. AMBROISE (3) le pose aussi en fait, de *tous les Apôtres*, excepté *St. Jean*, & *St. Paul*. Le Savant COTELIER cite (4) encore là-dessus ORIGE'NE, EUSE'BE, ST. CHRYSOSTOME, ST. EPIPHANE, & autres Ecrivains postérieurs. Pourquoi est-ce donc qu'on en croira moins à ce grand nombre de Péres de l'Eglise, qu'à *St. Jérome*, ou à *Tertullien*, & à *Tertullien* Montaniste? Mon Censeur prétend se sauver, en disant, que *la doctrine ne fait rien ici contre* Tertullien: *que c'est un fait, dont tout homme qui sait lire peut s'assûrer: que la force de l'argument négatif tiré de ce qu'il n'y a rien d'écrit touchant le Mariage des Apôtres, est la même dans toutes sortes de personnes, dans toutes sortes de tems, puis qu'on n'en peut contester la vérité.* Mais les autres Péres n'ont-ils pas sû lire? N'ont-ils pas pû *voir la force de cet argument négatif*? Qu'est donc devenuë cette *Tradition*, que mon Censeur prône tant, & qu'il fonde sur le

(b) *Chap.* VI §. 1.

(c) *Chap.* IV. § 22.

con-

(1) Ἡ καὶ τοὺς Ἀποστόλους δοκιμάζεσι; Πέτρος μὲν γὰ καὶ Φίλιππος, ἐπαιδοποιήσαντο· Φίλιππος δὲ καὶ τὰς θυγατέρας ἀνδράσιν ἐξέδωκε. Strom. Lib. III. Cap. VI. pag. 535. Ed. Oxon.
(2) Ἐν δὲ τῇ νέᾳ Διαθήκῃ, οἷ Πέτρος ἦν, καὶ οἱ λοιποὶ τῶν Ἀποστόλων [ἔλθοντες ἐπὶ συνοίκησιν γυναικός]. Ascetic. *De abdicatione rerum*, Tom. II. pag. 371. D. *Ed. Paris.* 1637.

(3) Ou l'Auteur fort ancien des Commentaires, qui portent le nom de ce Pére: *Excludis ab hac gloria Sanctos: quia omnes Apostoli, exceptis Joanne & Paulo, uxores habuerunt.* In II. CORINTH. XI, 2. col. 1960. A. *Ed. Parif.* 1569. Le docte COTELIER dit mal-à-propos, que cet Auteur n'excepte que *St. Jean*: *Not. in* IGNAT. interpol. Epist. ad Philipp.

confentement des Péres de l'Eglife? S'il y a quelque chofe, qui foit de fon reſ-
fort, c'eſt fans contredit des faits de la nature de celui-ci. Et rien ne paroît
plus facile à fe transmettre par cette voie, & par conféquent devoir être plus
généralement reconnu, que de favoir, fi les Apôtres avoient eû Femme & Enfans. Cependant voilà les Péres de l'Eglife, qui ne s'accordent ici, ni en général, ni pour ce qui regarde tel ou tel Apôtre en particulier. Toûjours eſt-
il certain, que mon Cenfeur pèche ici contre fa propre régle, puis qu'il donne la préférence à l'autorité du plus petit nombre, & à celle qui eſt par elle-
même de moindre poids. Les Péres, qui parlent du Mariage des Apôtres,
s'accordant en gros dans les fauſſes idées de la fainteté du Célibat, ceux qui
font plus grand le nombre des Apôtres mariez, font par là plus à croire, que
ceux qui le diminuent: il y a préfomtion, que la force de la vérité, foit réelle, ou fondée fur l'opinion de leur Siécle, a prévalu, dans l'efprit des premiers, fur l'intérêt de leurs préjugez communs. A l'égard de *St. Paul*, il n'eſt
nullement *indubitable*, comme (a) le prétend mon Cenfeur, que, *quand il écri-* (a) *Pag.* 127.
voit fon Epître aux Corinthiens, il fit profeffion de vivre dans la continence, fuppofé
qu'il eût été marié; parce qu'il dit: (b) *Pour ceux qui ne font pas mariez, &* (c) I. *Cor.* VII, 7,
pour les Veuves, je leur dis qu'il leur eſt avantageux de demeurer comme moi. Il s'enfuit de là feulement, que, dans les circonſtances où il fe trouvoit, il jugeoit
plus à propos de ne pas s'embarrafler d'une Femme; comme il le confeille,
fur ce pié-là, aux Fidéles de fon tems, ainfi que nous le ferons voir plus bas.
Du refte, il parle ailleurs d'une maniére, qui fuppofe clairement, & que la
plûpart des Apôtres étoient mariez, & que rien n'empêchoit que les autres ne
le fuffent, s'ils vouloient: (c) *N'avons-nous pas* (dit-il) *le pouvoir de mener avec* (c) I *Cor.* IX, 4,
nous une Femme Sœur, c'eſt-à-dire, une Epoufe *Sœur* en JESUS-CHRIST, & *fuiv.*
ou Chrétienne. Et il donne là à entendre, que, s'il n'ufoit pas de cette liberté, s'il ne prenoit point avec lui de Femme, c'étoit afin de n'être point à
charge aux Eglifes, & pour être d'ailleurs plus en état d'exercer commodé-
ment les fonctions de fon Miniſtére (5).

§. IX. L'EXEMPLE des Saints Apôtres fert donc à détruire la prétenduë
fainteté de *l'état de Continence*, bien loin de la confirmer. Il n'y a non plus aucun paſſage, bien entendu, dans lequel eux, ou Nôtre Seigneur, nous faffent
envifager fous l'idée de *perfection*, cet état, confidéré en lui-même. Les paroles de JESUS-CHRIST, que mon Cenfeur cite, ne contiennent pas plus cela, que la fauſſe penfée par laquelle ORIGENE fe laiffa féduire groffiérement. (d) *Il y a des Eunuques, qui fe font faits eux-mêmes Eunuques pour le* (d) *Matth.* XIX,
Roiaume du Ciel. Que celui qui eſt capable de cela, l'entreprenne. Nôtre Seigneur 12.
veut dire feulement, qu'il y a des perfonnes qui ont renoncé à l'ufage du Mariage,

lipp. Tom. II. Part. I. pag. 77. *Not.* 28. Ed. *d'Aléxandrie*, de ce que *St. Paul*, qu'il fup-
Patr. Apoftolic. Amſtel. 1724. pofe marié, fur ce qu'on lit PHILIPP. IV,
(4) Dans l'endroit, que je viens d'indiquer. 3. ne menoit point avec lui fa Femme:
Voiez auffi les Commentateurs fur le paſſage Παῦλος οὐκ ὀκνεῖ ἒν τινι Ἐπιτολῇ τὴν αὐτοῦ
de CLEMENT *d'Aléxandrie*, rapporté ci-deſ- προσαγορεύειν σύζυγον, ἣν ὁ περιεκόμιζεν, διὰ
fus. τὸ τῆς ὑπηρεσίας εὐπαλές. Strom. *Lib.* III. *Cap.*
(5) C'eſt la raifon que donne CLEMENT VI. pag. 535.

riage, pour vaquer plus aisément à la pratique de certains Devoirs particuliers. Or autre chose est, de vivre dans la Continence, en la regardant comme un *moien* qui facilite certaines Vocations ; autre chose, de s'y dévouer, purement & simplement à cause d'elle-même, & comme renfermant de sa nature une *sainteté* particuliére. Il y a bien d'autres objets légitimes de nos désirs, dont on peut & l'on doit même quelquefois s'abstenir, dans la prémiére vue, sans que cette abstinence renferme aucune sainteté, par opposition à l'usage innocent que font de ces objets d'autres personnes qui ne sont pas dans le même cas. Pour les derniéres paroles : *Que celui qui est capable de cela, l'entreprenne ;* elles n'emportent que la difficulté de se passer ou de se sevrer de la satisfaction d'un désir si naturel : & elles tendent plûtôt à détourner les Chrétiens d'aspirer témérairement au Célibat, sans avoir assez consulté leurs forces, qu'à les exhorter de faire de grands efforts pour vivre dans cet état : *Que celui qui est capable de cela, l'entreprenne.* Comme si Nôtre Seigneur eût dit : „ Ne vous imaginez „ pas néanmoins, que chacun doive ou puisse penser à se rendre Eunuque de „ cette maniére ; la chose n'est pas aisée". Cette difficulté a d'ailleurs un fondement, qui, comme nous le verrons, fournit par lui-même dequoi nous convaincre, que DIEU n'a point attaché de *sainteté* particuliére à la Continence.

§. X. LE passage de ST. PAUL, où l'on a cru la trouver, n'est pas mieux entendu, ni mieux appliqué. La distinction, née de là, entre les *Conseils*, & les *Préceptes Evangéliques*, est une des choses qui font le mieux voir, combien les Péres de l'Eglise étoient mauvais Critiques, & mauvais Interprêtes de l'Ecriture. Mon Censeur m'oppose encore ici l'autorité de GROTIUS. Mais j'ai déja dit (a) là-dessus ce qu'il falloit. Et en commentant l'excellent Ouvrage du *Droit de la Guerre & de la Paix*, j'ai, ce me semble (b), renversé, en peu de mots, tout le fondement des *Conseils Evangéliques*, que ce grand Homme avoit adoptez, par un respect pour le jugement des Péres, qui l'a empêché de faire usage du sien propre.

(a) *Chap.* I. §. 10.
(b) *Liv.* I. *Chap.* II. §. 9. *Note* 19

§. XI. VENONS au fait, & voions dequoi il s'agit dans le Chapitre VII. de la I. *Epître aux* CORINTHIENS, dont la fausse intelligence a été la principale occasion d'erreur. L'Apôtre y decide divers cas, qu'on lui avoit (c) proposez, & il donne là-dessus des régles de Prudence Chrétienne, non pour tous les Chrétiens, dans quelque état & en quel tems qu'ils puissent être, mais pour les Chrétiens de ce tems-là, & eû égard à la situation présente des choses. Ainsi tout ce qu'il dit, n'a pû être appliqué depuis, qu'à ceux qui étoient précisément dans les mêmes circonstances. C'est la clé de ce Chapitre ; & faute d'y faire attention, on a donné dans des pensées les plus éloignées de celles de ce Saint Homme.

(c) *Vers.* 1.

§. XII. LES *Chrétiens*, dans ces commencemens de la Prédication de l'Evangile, étoient exposez à de fréquentes Persécutions, ou en un lieu, ou dans l'autre. *St. Paul* nous l'apprend lui-même, lors qu'il dit : (d) *J'estime donc, qu'à cause des* AFFLICTIONS PRÉSENTES, *il est avantageux à l'Homme de demeurer ainsi*, ou comme il se trouve. *Etes-vous lié avec une Femme ? ne cherchez point d'en être séparé ? Etes-vous libre de Femme ? n'en cherchez point. Si pourtant vous vous mariez, vous ne péchez point : & si une Fille se marie, elle ne péche pas non plus : Mais ces personnes auront des afflictions en la chair ; or je voudrois vous*

(d) *Vers.* 26, & *suiv.*

les

les épargner. Pouvoit-on marquer plus clairement, que ce sont ici des avis, accommodez à l'état présent des choses? Le P. *Ceillier*, qui l'a bien senti, tord le sens des prémiéres paroles, pour le rendre général, & il fait dire à *St. Paul* (a), qu'*à cause des* FACHEUSES NE'CESSITEZ DE LA VIE PRE'SEN-TE, *il est avantageux à l'Homme de ne se point marier*. Cela s'appelle, *servir* *cauße*. Il n'y a, dans l'Original, rien qui marque la *Vie* en général: il porte (b) mot-à-mot, *à cause de la nécessité présente*; & le terme de *nécessité*, qui signifie diverses choses, & entr'autres, quelque *affliction*, est ici déterminé, par toute la suite du discours, aux *Persécutions* à cause de l'Evangile, pour lesquelles il se prend aussi (c) en d'autres passages. Les *Corinthiens* avoient donc consulté *St. Paul*, sur ce qu'il falloit faire, par rapport à l'usage ou à l'abstinence du Mariage, dans de telles circonstances. Quelques-uns apparemment s'imaginoient, qu'elles devoient faire perdre toute envie de se marier; la joie du Mariage paroissant incompatible avec le malheur des tems; & les personnes mariées ne pouvant esperer de vivre ensemble avec quelque tranquillité, dans la crainte perpétuelle de quelque Persécution. L'Apôtre répond (d), qu'à la vérité, dans une telle situation, le meilleur parti à prendre, est de ne se point marier; mais que néanmoins, si quelcun n'a pas le don de Continence, il peut, & il doit même, penser au Mariage, sans être rebutté par tous les inconvéniens auxquels il l'exposera. Bien plus: comme il pouvoit arriver, & il étoit peut-être arrivé, entre des personnes mariées, que l'une, sous prétexte de la tristesse des tems, voulût se dispenser de rendre le devoir conjugal à l'autre, qui n'étoit pas dans les mêmes dispositions; *St. Paul* (e) condamne fortement ce refus, comme contraire aux engagemens du Mariage, quelque couvert qu'il pût être d'une apparence de sainteté. Après quelques autres questions, qui ne font pas à nôtre sujet, l'Apôtre vient aux *Vierges*, & il leur parle (f), comme *n'aiant point de commandement du Seigneur*: mais il *leur donnera*, dit-il, *un conseil, en qualité de* Ministre *fidéle par la grace de* DIEU. Remarquons bien ceci. S'il y avoit véritablement des *Conseils Evangéliques*, distinguez des *Préceptes*, ne devroient-ils pas venir originairement de l'Auteur de la Religion Chrétienne? Tous les articles de cette Sainte Religion ne sont-ils pas fondez sur ce que JE'SUS-CHRIST ou a dit lui-même, ou a enseigné à ses Apôtres, avec ordre de l'annoncer en son nom? Cependant voici *St. Paul*, qui déclare n'avoir reçu de Nôtre Seigneur aucune instruction sur le sujet dont il s'agit: ce qui seroit faux d'ailleurs, si, comme on le prétend, JE'SUS-CHRIST, en parlant des *Eunuques*, qui se rendent tels *pour le Roiaume des Cieux*, avoit voulu représenter l'état de *Continence* comme une *perfection*, ou une *sainteté* extraordinaire; car c'est-là ce qui fait la matière des prétendus *Conseils Evangéliques*, que les Péres trouvent ici. Mais cela même que *St. Paul* oppose les *Conseils* qu'il va donner, au *défaut de Commandement*, de la part de Nôtre Seigneur, insinue assez, que ces *Conseils* rouleront également sur ce que les *Corinthiens* sont *obligez* de faire, selon les régles générales de l'Evangile, qu'il interprète comme fidéle Ministre, & sur ce qu'ils peuvent faire ou ne pas faire, sans préjudice de leur Devoir. Au fond, le terme de l'Original ne signifie autre chose, que, *je vous dis ma pensée* (g): & il n'y a nulle nécessité de restreindre cette idée générale, à celle de *Conseil*, proprement ainsi nommé. Voyons donc, quelles sont les

in-

(a) *Apolog.* pag. 120.

(b) Διὰ τὴν ἐνεςῶσαν ἀνάγκης.

(c) *Luc.* XXI, 23 II *Cor.* VI, 4. Voyez là dessus *Grotius*.

(d) *Vers.* 1, 2.

(e) *Vers.* 3, 4.

(f) *Vers.* 25.

(g) Γνώμην δὲ δίδωμι &c.

(a) Vers. 26.
(b) Vers. 27.
(c) Vers. 22.

instructions, que l'Apôtre donne. Il (a) *estime, qu'à cause des afflictions* (ou *des Persécutions*) *présentes, il vaut mieux demeurer dans le célibat*, ou (b) *dans le Veuvage*; mais que néanmoins (c) on *ne péche*, ni en *se mariant*, ni en *se remariant*; quoi qu'on s'expose par là, dans les circonstances présentes, à *des afflictions, qu'il se propose de leur épargner*, en leur conseillant de s'abstenir, s'ils peuvent, du Mariage. Il leur représente ensuite ces afflictions; comme prochaines; & effectivement il paroît par l'Histoire, que les Persécutions se ren-

(d) Vers. 29.

forcérent sous Neron. (d) *Le tems va venir* (dit-il) *auquel ceux qui ont des Femmes seront comme s'ils n'en avoient point*, c'est-à-dire, que la Persécution les mettra dans un danger perpétuel d'être réduits à se separer l'un de l'autre. Ici

(e) Siecl. pag. 121.

le P. *Ceillier* (e) traduit encore, pour y trouver son compte, contre toutes les régles de la Critique: *Le tems* (de la Vie) *est court: ainsi que ceux qui ont des Femmes, soient comme n'en aiant point*. Il ne devoit pas abandonner, en cet endroit, Grotius, de l'autorité duquel il se prévaut d'ailleurs, & qui a traduit & expliqué, comme je fais, ces paroles. Elles ne peuvent recevoir d'autre sens, selon le stile de *St. Paul* : & tout ce que mon Censeur dit de la *briéveté de la Vie*, qui doit faire craindre que *la Mort ne sépare bien tôt l'Homme de sa Femme, & la Femme de son Mari*, pour en inferer un conseil perpétuel & général de *vivre dans le Mariage sans attachement*; en tout cela, il prête ses propres pensées à l'Apôtre, qui ne parle que de l'approche d'un tems de Persécution. *St. Paul* propose ensuite un autre inconvénient du Mariage, dans de tel-

(f) Vers. 32, 33.

les circonstances, c'est que (f) *celui qui est marié, s'inquiette pour les choses du monde, & comment il plaira à sa Femme*, au lieu que *celui qui n'est pas marié, s'occupe avec grand soin de ce qui regarde le Seigneur, & comment il plaira au Seigneur*. C'est-à-dire, que l'on est plus en état de se préparer à souffrir constamment la Persécution, quand on est seul, que quand on est marié: parce que, d'un côté, un Homme marié aiant à entretenir une Femme & des Enfans, se résout plus difficilement à perdre ou quitter ses biens pour la cause de l'Evangile; de l'autre, il a à soûtenir des tentations de la part même de sa Femme, qu'il aime, & qui quelquefois, n'aiant pas le courage de se résoudre à cette perte, le sollicitera vivement à l'éviter en trahissant son devoir. Il n'est pas nécessaire de pousser plus loin l'explication de ce Chapitre. Le sens, que j'ai donné, de ce qu'il y a de principal, qui fait au sujet, me paroît très-simple & très-naturel. Mais, pour achever de détruire les fausses idées qu'on a bâties sur une mauvaise interprétation des paroles de *St. Paul*, il faut sapper le fondement de la prétenduë sainteté du Célibat.

§. XIII.

(1) Veut-on savoir, comment St. Jerome répond à cette raison ? Donc, dit-il, il ne faut jamais laisser enfouir le talent, de peur qu'il ne nous ait été donné en vain. Donc il ne sera pas permis à une Veuve de vivre dans le Célibat, si nous sommes nez pour vivre à la maniére des Bêtes. Et qu'importe à un Mari, que sa Femme ait commerce avec un autre Homme ? C'est comme s'il lui faisoit un crime de ce qu'un autre lui donne du Pain, qu'il ne peut pas lui fournir lui-même, quand elle a bien faim. *Spectatum admissi risum teneatis, Amici.* Voici l'Original, qui est plus fort que ma traduction. *Sed quoniam ipsa organa & genitalium fabrica, & nostra seminarumque discretio, & receptacula vulvæ, ad suscipiendos & coalendos fœtus condita, sexûs differentiam prædicant, hoc breviter respondebo. Numquam ergo cessemus à libidine, ne frustra hujuscemodi membra portemus. Cur enim Maritus se abstineat ab Uxore ? Cur casta Vidua perseveret, si ad hoc tantum nati sumus, ut pecudum*

DES PERES. Chap. VIII.

§. XIII. Il est certain, que l'Evangile ne détruit point la Nature, & qu'il n'a rien de contraire ni au bien de la Société Humaine en général, ni à l'avantage des Sociétez Civiles en particulier. Or la (1) Nature a manifestement établi la différence des Séxes, afin qu'ils s'unissent ensemble, pour la conservation & la multiplication du Genre Humain, qui, sans cela, ne pourroit subsister, dans l'état de Mortalité où sont les Hommes. C'est aussi pour cela, qu'elle a (2) disposé les choses en sorte, qu'il y a bien peu de gens qui soient d'une constitution à ne pas sentir des désirs qui les portent à rechercher cette union, ou à pouvoir aisément en être maîtres: le plus grand nombre y a toûjours été sensible d'une maniére à être, plus ou moins, dans l'état que St. Paul (a) représente vivement sous l'image d'un feu, qui *brûle*. Et de là il paroît encore, que ces désirs si communs & si forts, venant de l'Auteur même de la Nature, n'ont rien par eux-mêmes que de très-légitime, quand leur satisfaction ne tendroit pas directement à la propagation de l'espéce, ou qu'elle se trouveroit inutile pour cette fin, comme il arrive quelquefois ou par accident, ou à cause de l'âge un peu avancé. Tout ce qu'il y a, c'est qu'on doit toûjours suivre ici les régles, que la Nature même prescrit aussi par les lumiéres de la Raison, pour prévenir les désordres & les inconvéniens fâcheux qui naîtroient d'un accouplement semblable à celui des Bêtes. En un mot, il faut qu'il y ait des Loix de Mariage, lesquelles, bien observées, rendent cet état (b) *honnête pour tous les Hommes*, ou *à tous égards;* car on peut trouver l'un & l'autre sens dans cet éloge qu'en fait l'Auteur de l'Epître aux Hébreux.

(a) 1. Corinth. VII, 9.

(b) Hébreux, XIII, 4.

§. XIV. Le Mariage n'est pas moins honnête, ni moins nécessaire, dans les Sociétez Civiles. On sait, que tous les Sages Legislateurs l'ont favorisé, & ont emploié les expédiens qu'ils jugeoient les plus efficaces, pour y engager les Citoiens.

§. XV. Cela étant, supposons un Peuple tout composé de vrais Chrétiens, qui fussent persuadez qu'il y a dans la Continence depuis un tems, & plus encore dans la Continence perpétuelle, une *sainteté* particuliére, qui rende les Hommes *plus agréables à* Dieu, que l'état du Mariage. Ces Chrétiens, comme tels, ne pourront qu'aspirer à une telle perfection. Ils le devront même, contre ce que l'on suppose. Car toutes les exhortations des Ecrivains Sacrez tendent à imposer l'obligation indispensable de se perfectionner (c), & de se rendre chacun de plus en plus agréable à Dieu. En vain répondroit-on, que tous les Chrétiens n'ont pas le don de Continence: car, selon (d) le P. *Ceillier*, il ne tient qu'à eux de l'avoir, Dieu ne le refusant jamais à ceux qui

(c) Voiez Philipp. III, 12. IV, 8, &c.

(d) *Apolog.* pag. 119, 120.

---

cudum more vivamus? Aut quid mihi nocebit, si cum Uxore meâ alius concubuerit? Quomodo enim dentium officium est mandere, & in alvum ea, quæ sunt mansa, transmittere, & non habet crimen, qui conjugi meæ panem dederit: ita, si genitalium hoc est officium, ut semper fruantur naturâ suâ, meam lassitudinem alterius vires superent: & Uxoris, ut ita dixerim, ardentissimam gulam, fortuita libido restinguat. Adverf. Jovinian. Lib. I. pag. 42. A. Tom. II.

(2) On ne sauroit plus fortement exprimer ceci, qu'a fait St. Basile, tout grand Partisan qu'il étoit de la Continence: "Ουτε γδ τ̃ θ̃ Θηλυ⊙ ἐπιθυμίας κεφρέσιν, ἢ γυναιξὶ τ̃ ἄρρεν⊙, σφοδροτέροις κ̀ βιαιοτέροις εὑροι τις ἂν ἐγκειμένην τῇ φύσει τ̃ σώματος κ̀ μάλα γε εἰκότως· οἷα δὴ περὶ τὴν τ̃ ἐκρύου βλάσιν συνίσαδ πεφυκυῖαν, ὡς καιριωτάτην ἔχων ὠφέλειαν, ἐμεσε δὲ κ̀ τὴν ῥύμην σφοδροτέραν ἐπιμίξ." Constitution. Monastic. Præfat. pag. 746. A. B. Tom. II.

qui le lui *demandent*, & qui *ne s'en sont pas rendus indignes*. Qu'arriveroit-il donc de là? Il n'est presque pas nécessaire de le dire. Chacun voit d'abord, qu'une telle Société, si sainte, & si propre à donner exemple aux autres, s'éteindroit en peu de tems, pour avoir voulu suivre un *Conseil Evangélique*, & rechercher la *perfection* du Chrétien? Si d'autres l'imitoient, elles auroient le même sort: & ainsi à la fin le Genre Humain periroit.

§. XVI. Qu'on ne dise pas, que la supposition est impossible, sur le pié que les choses vont parmi le Genre Humain. Car, quelque impossible qu'elle soit, il n'est pas moins nécessaire de l'accorder avec l'esprit du Christianisme, qu'une autre supposition également impossible, d'une Société toute composée de Chrétiens, qui, sans s'embarrasser de prétendus *Conseils*, observeroient exactement les *Préceptes* de l'Evangile. Mon Censeur voudroit-il accorder aux Libertins, qu'une telle Société ne pourroit subsister, par une suite infaillible de l'attachement que chacun y auroit à son Devoir?

§. XVII. Voions pourtant, en quoi pourroit consister cette prétendue *sainteté*. Ceux qui la recherchent, ou sont disposez de manière à se passer aisément du Mariage, ou ne sauroient s'en passer qu'avec beaucoup de peine. Quel mérite y a-t-il, dans le prémier cas? Et pour l'autre, c'est celui où St. Paul (a) ordonne expressément de se marier, parce qu'*il vaut mieux* le faire, que *de brûler*.

(a) I. *Cor.* VII, 9.

§. XVIII. Si l'on dit, que les derniers, en domtant leur chair, remportent une victoire qui rend l'abstinence *sainte*, on suppose, ou l'on doit supposer, que l'usage est en lui-même mauvais. Autrement, quelle *sainteté* y a-t-il à se donner la gêne, pour reprimer des désirs naturels & innocens? La vérité est, que, quoi qu'on n'ose le dire, on conçoit quelque chose d'impur & de vicieux dans l'usage le plus légitime du Mariage, comme (b) je l'ai déja remarqué.

(b) *Chap.* IV. § 26, & *suiv.*

§. XIX. Il ne sert de rien non plus, de prétendre, que l'état de Continence est plus commode pour servir Dieu, que l'état du Mariage. Déja cette plus grande facilité de servir Dieu, suppose des personnes qui puissent aisément se passer du Mariage. Car si elles sont d'un tempérament contraire, les combats qu'elles auront à essuïer, la peine qu'elles auront à domter leur chair, l'incertitude du succès, balanceront pour le moins les tentations & les obstacles, auxquels le Mariage peut donner lieu.

§. XX. Mais ces inconvéniens du Mariage ne sont ni une suite inséparable de cet état, ni insurmontables: & il s'en faut bien qu'on voie en général plus de sainteté, parmi ceux qui se dévouent au Célibat, qu'entre les gens mariez. D'ailleurs, une personne bien instruite des Régles de l'Evangile, & qui a son devoir à cœur, trouve ici une grande ressource dans le secours de la Grace Divine, qu'elle a lieu de se promettre certainement, si elle l'implore comme il faut, parce qu'elle use d'une chose très-licite, & nécessaire même aux vûës de Dieu. Comparons enfin ceux qui vivent dans le Mariage, avec ceux qui vivent dans le Célibat: je soûtiens que, si les prémiers sont exposez à de plus grandes tentations, comme on le prétend, & qu'ils les surmontent, ils montrent par là plus

de

de Sainteté, que les autres qui n'ont pas eû à les combattre. On ne sauroit nier, que, plus il y a d'Ennemis puiſſans à vaincre, & plus la victoire ne ſoit glorieuſe.

§. XXI. J'ai ſuppoſé juſqu'ici, que le Célibat ſoit véritablement chaſte, & que ceux qui le gardent, pratiquent d'ailleurs les Devoirs indiſpenſables de tout Chrétien. La fauſſeté de cette ſuppoſition achévera de détruire la prétenduë ſainteté d'un tel état, par oppoſition à celui du Mariage.

§. XXII. Et prémiérement, il faudroit que ces gens-là fuſſent déja d'une ſainteté parfaite, par rapport à l'obſervation des *Préceptes Evangéliques*, qui devroit ſans contredit marcher avant la pratique des *Conſeils*. Or je demande, ſi aucun de ceux qui ſe ſont dévouez au Célibat, a pû ſe flatter d'avoir toutes les Vertus Chrétiennes, & d'être aſſez affermi dans cette perfection & cette ſainteté néceſſaire, pour aſpirer à une perfection & une ſainteté non-néceſſaire?

§. XXIII. On dira peut-être, que l'on ſe ſert du Célibat comme d'un *moien* pour mieux parvenir à l'aquiſition ou à l'augmentation des Vertus indiſpenſables. Mais, pour ne rien dire encore de l'expérience, qui prouve aſſez le contraire, ſi ce n'eſt qu'un *moien*, la *Fin* vaut donc mieux; & par conſéquent il y a moins de ſainteté dans le Célibat, que dans les Vertus dont la pratique eſt néceſſaire à chacun. De plus, cette ſuppoſition renverſe toûjours l'ordre naturel des choſes., puis qu'une Sainteté extraordinaire même ainſi à une Sainteté ordinaire. Enfin, ſi le Célibat eſt un moien d'aquérir ou d'augmenter les Vertus indiſpenſables, il ne ſera plus l'objet d'un *Conſeil*, mais d'un *Précepte*. Car tous les moiens qui ſervent à la pratique de nos Devoirs, vont du même pas avec les Devoirs, & ſont d'une égale néceſſité.

§. XXIV. On doit être aſſûré, que Dieu bénira l'uſage de tous les moiens néceſſaires ou utiles pour parvenir à cette fin. Mais ſur quoi fondé compteroit-on, qu'il veuille bénir l'uſage de celui-ci, toutes les fois qu'on s'aviſera de l'emploier, contre la force des déſirs naturels & innocens, qu'il a lui-même établis pour la conſervation du Genre Humain? Il faudroit ici des promeſſes bien claires & bien préciſes. La Nature, & la Grace, ſont certainement mieux d'accord enſemble: La derniére ne fait des exceptions & n'apporte du changement à la prémiére, que pour de grandes raiſons, & dans des cas extraordinaires. Si le Célibat étoit néceſſaire à une perſonne, pour rendre quelque ſervice important à la Religion, ou au Genre Humain, elle ſeroit alors bien fondée à eſperer, que Dieu lui accorderoit le don de Continence, par cela même qu'elle auroit une telle Vocation. Et ce ſeroit-là juſtement le cas des Apôtres, ſuppoſé qu'aucun d'eux n'eût été marié, & qu'ils euſſent tous pris à tâche de vivre dans le Célibat. Mais il ne s'enſuit point de là, que l'on puiſſe rechercher le Célibat uniquement pour lui-même, & comme un degré éminent de ſainteté, dans la pourſuite duquel chacun indifféremment aît lieu de ſe promettre l'aſſiſtance d'une Grace particuliére.

§. XXV. St. Jérome, ce Partiſan ſi zélé de la Virginité & du Célibat, avouë avoue (1) lui-même, qu'il avoit beau jeûner, prier, pleurer, & se mortifier de toutes les maniéres dans un Desert, où les Scorpions & les Bêtes farouches étoient ses seules compagnes; le désir de la chair, bouillant encore dans son cœur, le transportoit par son imagination au milieu des Danses des Jeunes Filles. Mais il n'y a rien, sur quoi l'on puisse produire une expérience plus longue & plus constante, depuis l'introduction des fausses idées sur ce sujet. De sorte que, plus on accordera au P. *Ceillier*, que l'usage d'embrasser le Célibat, comme un état de sainteté particuliére, est ancien, & plus on aura dequoi montrer, combien les Péres de l'Eglise ont de bonne heure abandonné la simplicité de la Morale Evangélique, pour courir après des chiméres, & des chiméres sujettes à de très-fâcheux inconvéniens. C'est une chose certaine par l'Histoire Ecclésiastique de tous les Siécles, qu'à mesure que l'estime & la recherche du Célibat se sont accruës, les désordres & les crimes, auxquels cette pratique a donné lieu, se sont aussi multipliez de jour en jour.

§. XXVI. DE s le tems de *St. Cyprien*, où l'on ne (2) faisoit encore aucun vœu solennel de Virginité ou de Célibat, & l'on n'imposoit non plus aux Ecclésiastiques aucune nécessité de s'abstenir du Mariage, au moins d'un prémier; on voit, que des Filles, qui faisoient profession de Continence, demeuroient non seulement avec des Hommes, mais encore couchoient avec eux dans un même Lit, & soûtenoient néanmoins qu'elles ne donnoient pour cela aucune atteinte à leur Chasteté, offrant d'être visitées par des Expertes. Ce Pére (3) en censure quelques-unes, à qui cela étoit arrivé avec un *Diacre*: & ailleurs (4) il se plaint, que plusieurs Confesseurs avoient fait la même chose. L'usage de ces (5) *Femmes introduites*, comme on les appella ensuite, parce que les Ecclésiastiques les introduisoient chez eux comme des *Compagnes*, des *Aides*, des *Sœurs Spirituelles*, & sous divers autres prétextes; cet usage, dis-je, devint si commun, que divers *Conciles*, & entr'autres (6) celui de *Nicée*, furent obligez de le défendre. Mais tout cela ne servit de rien. L'abus s'augmenta si fort, que les Empereurs Chrétiens cherchérent à y remédier par l'autorité de leurs Loix. Celle d'HONORIUS & de (7) THEODOSE ne fut pas

---

(1) On ne peut rien voir de plus énergique, que la manière dont il représente ces sentimens: *O quoties ego ipse, in eremo constitutus, & in illâ vastâ solitudine, quæ exusta Solis ardoribus, horridum Monachis præbet habitaculum, putabam me Romanis interesse deliciis! Sedebam solus, quia amaritudine repletus eram. Horrebant sacco membra deformia, & squallida cutis situm Æthiopicæ carnis obdurat. Quotidie lacrimæ, quotidie gemitus: & si quando repugnantem somnus imminens oppressisset, nuda humo ossa vix hærentia collidebam. De cibis vero & potu taceo... Ille igitur ego, qui, ob gehennæ metum, tali me carcere ipse damnaveram, scorpionum tantùm socius & ferarum, sæpe choris interseram puellarum. Pallebant ora jejuniis, & mens desideriis æstuabat in frigido corpore, & ante hominem suum jam carne præmortuâ, sola libidinum incendia bulliebant.* Epist. ad EUSTOCHIUM, De custodia Virginitat. Tom. I. pag. 136. D. Edit. Basil. 1537.
(2) Voiez le *Jus Ecclesiasticum Protestantium* de Mr. BOEHMER, Lib. III. Tit. III. §. 5, & seqq. & le *Préservatif contre la réunion avec le Siége de Rome*, par Mr. LENFANT, IV. Part. Lett. I. pag. 27, & suiv. comme aussi BINGHAM, *Antiquities of the Christian Church*, Liv. IV. Chap. V.
(3) *Quid nobis de iis virginibus videatur, quæ cùm in statu suo esse, & continentiam firmiter tenere decreverint, detectæ sunt postea in eodem lecto pariter mansisse cum masculis: Ex quibus unum Diaconum esse dicis: plane easdem, quæ se cum viris dormisse confessæ sint, adseveraræ se integras esse &c.* Epist. IV. pag. 7. Edit. Brem. Fell.

(4)

DES PERES. Chap. VIII.

pas encore une assez forte barriére: il fallut que JUSTINIEN (a) la renouvellât.

§. XXVII. La nécessité du Célibat des Ecclésiastiques, qui commençoit à s'introduire du tems de (8) *Théodose*, étoit un grand obstacle à l'observation de sa Loi. Les Papes ensuite se servirent de ce moien (9) pour étendre & affermir leur domination, sans se mettre en peine des désordres affreux qui en provenoient. Nous avons une Lettre d'UDALRICH (10), Evêque d'AUGSBOURG, qui vivoit au *Neuviéme Siécle*, dans laquelle, pour engager NICOLAS I. à moderer la Loi du Célibat des Prêtres, il fait une peinture naturelle des débauches horribles des Prélats de son tems. Et (b) BARONIUS n'en avouë guéres moins, des Papes mêmes, pour ce Siécle, & pour le *Dixiéme*. Dans le *Onziéme* (c), ,, l'Abbé PIERRE DAMIEN fit de
,, très-graves plaintes à LÉON IX. dans un Livre qu'il intitula GOMOR-
,, RHE, où il représente très-vivement l'horrible luxure du Clergé. Mais ce
,, Pape, au lieu d'y remedier, en permettant aux Ecclésiastiques de se marier,
,, favorisa le désordre, en rétablissant, comme il fit, Grégoire, Evêque de
,, *Verceil*, qu'il avoit deposé pour adultere & pour inceste (d). Le même
,, Pontife fit encore quelque chose de bien pis; Car il fit brûler un Livre du
,, Moine *Nicétas Pectoratus* contre les *Latins*, où entr'autres choses il les blâ-
,, moit d'avoir défendu le Mariage aux Ecclésiastiques, & il excommunia le
,, Patriarche (e) *Michel Cerularius* pour la même raison. *Pierre Damien* renou-
,, vella inutilement ses plaintes, & ses remontrances, sous NICOLAS II. &
,, sous ALEXANDRE II. Ces Papes furent encore plus ardens défenseurs
,, du Célibat, & punirent le Mariage des Prêtres plus sévérement que leurs
,, Prédécesseurs, & ils se montrérent beaucoup plus indulgens, pour la pail-
,, lardise, que pour le Mariage. Il est même fort remarquable, qu'*Alexandre*
,, II. supprima le Livre de *Pierre Damien*, parce qu'il découvroit trop visible-
,, ment la turpitude des Ecclésiastiques. (f) Il lui fit dérober son Ouvrage,
,, sous prétexte d'en avoir copie, & il refusa de le rendre, quelque instance
,, que fit *Pierre Damien* pour le ravoir (g).

§. XXVIII.

(a) *Cod.* Lib. I. Tit. III. De *Episcop. & Clerir. Leg.* XIX. Voiez aussi *Novell.* VI Cap. V.

(b) *Ad ann.* 897. num. 4. 908. num. 3, 4.

(c) *Lenfant, P eservatif*, Tom. IV. pag. 50, & suiv.

(d) *Hermann, Contract. ann.* 1051.

(e) *Apud Coxlist. de conjug. Cericor. pag.* 392.

(f) *Ibid. pag.* 411.
(g) Voiez son Article, dans le D. H. Hist. & Crit. de Mr. Bayle.

---

(4) *Non deesse, qui Dei templa, & post confessionem sanctificata, & illustrata priùs membra, turpi & infami concubitu suo maculent, cubilia sua cum foeminis promiscua jungentes* &c.

(5) Συνείσακτοι. Voiez H. DE VALOIS, sur ÉUSEBE, *Hist. Ecel.* VII. 30. HENRI DODWELL, *Dissertat. Cyprianic.* III. § 3, & *seqq.* MERILLIUS, *Observ.* VI, 1. BINGHAM, *Antiq. Eccl.* Lib. VI. Cap. II. § 13. & le *Jus Eccles. Protestant.* de Mr. BOEHMER, Lib. III. Tit. II.

(6) Μήτε Ἐπισκόπῳ, μήτε Πρεσβυτέρῳ, μήτε Διακόνῳ, μήτε ὅλως τινὶ τῷ ἐν κλήρῳ, ἐξεῖναι συνείσακτον γυναῖκα ἔχειν πλὴν εἰ μὴ ἄρα μητέρα, ἢ ἀδελφὴν, ἢ θείαν, ἢ ἃ μόνα πρόσωπα πᾶσαν ὑποψίαν διαπέφευγεν. Canon. III.

(7) *Eum, qui probabilem saeculo disciplinam agit, decolorari consortio Sororiae appellationis non decet &c.* COD. THEODOS Lib. XVI. Tit. II. Leg. XLIV. Voiez là-dessus le docte JAQUES GODEFROI, Tom. VI. pag. 86, & *seqq.*

(8) Voiez ci-dessous, Chap. XV. § 17. dans la derniére Note.

(9) Voiez le *Jus Eccles. Protestant.* de Mr. BOEHMER, Lib. III. Tit. III. § 12, & *seqq.*

(10) Il y a eû deux Evêques d'*Augsbourg*, de ce nom. Par où tombent les objections qu'on a faites contre cette Lettre. Voiez le *Préservatif* de Mr. LENFANT, Tom. IV. pag. 45, & *suiv.* Et conferez ce qui est dit dans la BIBLIOTHEQUE UNIVERS. Tom. XIX. pag. 334, & *suiv.*

§. XXVIII. GREGOIRE VII. le plus infléxible de tous les Papes, aux instances qu'on lui faisoit sur le Mariage des Ecclésiastiques, & qui porta sa tyrannie jusqu'à défendre à tout le monde d'entendre la Messe d'un Prêtre marié; avoit lui-même toûjours à ses côtez une (a) Maitresse, qui le gouvernoit absolument. Le Concubinage devint public & général, parmi les Ecclésiastiques de tout ordre. (b) ST. BERNARD, dans le XII. Siécle, & GUILLAUME DURAND, dans le XIII. (1) s'en plaignirent hautement aux Papes, qu'ils ne trouvérent pas plus disposez à les écouter. ALVARE PELAGE, dans le XIV. Siécle, composa un Traité, sous le titre de *Lamentation de l'Eglise*, où il représente, comme horribles, les débordemens des Ecclésiastiques d'*Espagne*. ROBERT HOLKOT, Dominicain Anglois, en dit encore plus des Prêtres Concubinaires de ce tems-là. On a de semblables témoignages, dans le XV. Siécle, de l'Archevêque de *Palerme*, dit PANORMITANUS; de POLYDORE VIRGILE; & qui plus est, d'ÆNEAS SYLVIUS, qui fut depuis Pape. (2) Enfin, ces abus allant toûjours en augmentant, les Princes, de toutes parts, demandérent, comme on sait, au *Concile de* TRENTE, l'abrogation de la Loi du Célibat, qui les produisoit: mais leurs plus fortes représentations demeurérent inutiles; & l'obstination de l'Eglise Romaine sur cet article, laissera toûjours apparemment la porte ouverte à une des plus grandes sources de corruption.

XXIX. IL faut être horriblement aveuglé par l'esprit de Parti, de Superstition, & d'Intérêt, pour s'imaginer, après une telle expérience de tant de Siécles, qu'un état violent, comme l'est le *Célibat* pour la plûpart des personnes de l'un & de l'autre séxe, puisse être l'objet d'un *Conseil évangélique*. Ces fausses idées, pardonnables au commencement, en faveur d'un zéle peu éclairé, qui ne prévoioit pas les suites, ne peuvent aujourdhui être adoptées & soûtenuës, qu'en dépit du Sens Commun. Mais, mis à part les péchez contre la chasteté, si communs parmi ceux qui font profession de Continence, a-t-on vû, ou voit-on, généralement parlant, chez les Prêtres & les Moines, plus de ces Vertus dont la pratique est nécessaire à tous les Chrétiens, que chez les Laïques mariez? La Religion ne leur sert-elle pas de prétexte à vivre, pour la plûpart, dans une *pieuse oisiveté*? Ceux qui font en même tems *vœu de Pauvreté*, sont-ils pour cela moins avides des biens de ce monde, moins attentifs à aquérir, souvent par des voies illégitimes, des richesses immenses pour les Convents & les Monastéres? Les Haines, les Cabales, les Divisions, ne régnent-elles pas dans ces saints lieux, pour le moins autant qu'ailleurs? Les *Religieux*, degagez du soin des affaires de la Vie, ne sont-ils pas par cela même plus exposez à bien des tentations, dont les occupations honnêtes délivrent les gens du monde? Quelle prise sur tout l'Orgueil n'a-t-il pas, dans le cœur de gens qui

---

(a) Voiez *Lambert. Schafnaburg* ad ann. 1077. *vox* 535. *Ed. Argentor.* 1609.

(b) Voiez, sur tout ceci, le *Préservatif de Mr. Lenfant*, Tom. IV. pag. 51, *& suiv.* & *Calixte*, qu'il cite.

(1) Voiez aussi l'article de *Robert de Corceone*, dans le *Dict. Histor. & Critique* de BAYLE: & l'Extrait des *Rerum Italic. Scriptor.* de Mr. MURATORI, dans la *Bibl. Anc. & Mod.* de Mr. LE CLERC, Tom. XXV. pag. 48, *& suiv.*

(2) Voiez un passage de NICOLAS DE CLEMANGIS, cité dans le même Dictionnaire, Article de HALL, lett. F. pag. 1392. b. de la 3. Edit. & ce qui est rapporté dans l'Article d'ORICHOVIUS Note B. pag. 3053. Joignez-y la *Critique générale de l'Hist. du Calvinis.*

qui se flattent d'une perfection extraordinaire, par laquelle ils se croient fort élevez au dessus du Commun des Chrétiens ? L'esprit de domination sur les Consciences, ce zéle furieux qui a enfanté les Tribunaux de l'Inquisition, & qui en produiroit par tout, s'il pouvoit ; où le trouve-t-on, si ce n'est chez ces Prêtres & ces Reclus, qui ont renoncé au Mariage ? L'Ambition, portée jusqu'à attenter sur les droits de tous les Souverains, jusqu'à s'arroger le pouvoir de déposer les Têtes Couronnées, & d'absoudre les Sujets du serment de fidélité ; ne se communique-t-elle pas du superbe Chef, entre les mains duquel le Célibat est un puissant instrument de Domination & Spirituelle & Temporelle, au moindre de ceux qui se soûmettent à ce joug, ou qui sans nécessité en font le vœu téméraire ? Quel vaste champ mon Censeur ne m'ouvre-t-il pas ici ? Mais la chose est trop connuë : & je n'ai pas besoin de pousser à toute outrance les avantages qu'on me donne.

§. XXX. Revenons à *St. Cyprien*. Sur ce que l'on avoit dit (a) de son *Stile*, le P. *Ceillier* (b) n'ose le *justifier*. Cependant, pour ne demeurer pas tout-à-fait court, & pour montrer, à son ordinaire, combien il est fâché d'être contraint d'avouer la moindre chose qui n'est pas à l'honneur des Péres ; il a recours ici au préjugé de l'Autorité. Il cite les éloges que Lactance (3), & (4) St. Jérome, ont fait de l'Eloquence de St. *Cyprien*. Mais les Auteurs de ces éloges avoient eux-mêmes une idée de l'Eloquence, qui n'est nullement incompatible avec la louange des défauts qu'on a remarquez dans le stile de ce Pére. Le *goût*, pour *l'Eloquence*, étoit *dépravé*, *dans les tems où les Péres ont vécu* (c), comme le reconnoît un des plus éloquens Ecrivains de la Communion Romaine, le célèbre Fenelon, Archevêque de *Cambrai*. Il dit en particulier de *St. Cyprien* (d), que ce Pére est *bien enflé* ; & qu'on ne pouvoit guéres être autrement dans *son Siécle & dans son païs* : que *son stile & sa diction sentent l'enflure de son tems, & la dureté Africaine* : qu'*on y trouve des ornemens affectez*, par exemple, dans *l'Epître à* Donat, que St. Augustin cite néanmoins comme une piéce pleine *d'Eloquence*. Mais cela seul, que *St. Cyprien* prit *Tertullien* pour modéle, auroit suffi pour le jetter dans une fausse Rhétorique. Lactance se garda bien de les imiter l'un ou l'autre pour le tour des expressions : & par son exemple il contredit les louanges qu'il donne à *St. Cyprien* sur la facilité & la netteté du stile. Car, à l'égard des pensées, il donne assez lui-même dans la Déclamation, pour être recusable, quand il parle si généralement des raisonnemens de *St. Cyprien* comme aiant une grande force de persuader ; à moins que cette persuasion ne soit bornée aux personnes qui ne savent pas distinguer le brillant d'avec le solide. Le jugement de *St. Jérôme* est encore de moindre poids, puis que ce Pére est un des plus grands Déclamateurs. Erasme, à qui mon Censeur en

(a) *Préface*, pag. XLIV.
(b) *Apolog.* pag. 133.

(c) *Réflexions sur la Rhétorique*, pag. 25. Ed. d'Amst.
(d) *Dialog. sur l'Eloquence*, pag. 109.

vinisme, par le même Auteur, *Lett.* IX. §. 4. & la *Défense de la Réformation*, par Jean Claude, I. Part. Chap. II.

(3) *Unus igitur præcipuus & clarus exstitit Cyprianus, qui & magnam sibi gloriam ex artis oratoriæ professione quæsierat.... erat enim ingenio facili, copioso, suavi, & (qua sermonis maxima est virtus) aperto : ut discernere nequeas, utrumne ornatior in eloquendo, an facilior in explicando, an potentior in persuadendo fuerit.* Instit. Divin. Lib. V. Cap. I.

(4) *Beatus Cyprianus, instar fontis purissimi, dulcis incedit, & placidus.* Epist. ad Paulin. De Instit. Monach. Tom. I. pag. m. 104. D.

en appelle encore, loué seulement le (1) zéle de *St. Cyprien*; & ce n'est pas dequoi il s'agit. L'éloge du nouvel Editeur ne regarde point le stile; & d'ailleurs est temperé en sorte que ce Savant Anglois donne à entendre qu'il y a dans les Ouvrages de *St. Cyprien* des choses à reprendre, ou qui ont besoin d'indulgence. (2) S'il en fait le nombre *très-petit*, c'est néanmoins en dire beaucoup (3) pour un Editeur, & un Editeur du caractére dont étoit l'Evêque FELL. Mais après tout, on a les Ouvrages de *St. Cyprien*: c'est aux *Critiques habiles & non passionnez* à voir si ce n'est pas en *dire trop*, que de poser en général, comme fait feu Mr. DUPIN, dans les paroles approuvées par mon Censeur, que *l'Eloquence de St. Cyprien est très-naturelle, & très-éloignée du stile d'un Déclamateur*. S'il falloit décider la question par l'Autorité, je crois que celle de feu Mr. DE FENELON en vaudroit bien toute seule plusieurs comme celles-ci.

(a) *Préface, pag.* XLIV.

(b) *Apolog. pag.* 135.

(c) *Pag.* 136.

§. XXXI. ON avoit (a) critiqué une fausse raison, dont se sert *St. Cyprien* pour détourner les Filles du Luxe. Mon Censeur commence ici, comme il a fait ailleurs, par (b) insinuer contre moi des soupçons malins, comme si j'approuvois le *Luxe*; & il s'amuse encore à prouver, que DIEU le défend. Cependant il est contraint d'avouer (c) ensuite, que *ce n'est sans doute qu'aux raisons dont se sert St. Cyprien, que j'en veux.* Il auroit mieux vallu, pour son honneur, le dire d'abord, & se contenter, s'il le pouvoit, de justifier les raisons mêmes.

§. XXXII. IL prétend, que *cette proposition:* Tout ce qui naît est l'ouvrage de DIEU; tout ce à quoi l'on change quelque chose est l'ouvrage du Diable; *n'est point générale dans St. Cyprien, comme je le voudrois faire accroire: elle est restreinte* (ajoûte-t-il) *aux seuls changemens que l'on fait sans aucune nécessité ni utilité, & par un pur esprit de vanité & de déréglement, tel qu'étoit celui des Filles de Sion, qu'il donne pour exemple.* Mais le P. Ceillier nous permettra d'en croire plûtôt *St. Cyprien* lui-même, qui s'est trop clairement expliqué, pour admettre de tels adoucissemens. Il déclare formellement, que la principale raison, & celle qui suffit par elle-même, c'est que de tels changemens, quels qu'ils soient, de l'état où sont nos Corps en sortant des mains de DIEU, sont un insigne outrage fait à ce grand Ouvrier; & il ne regarde que comme un accessoire *l'esprit de vanité & de déréglement* qui porte à changer ainsi l'ouvrage de DIEU:

(4)

(1) *Non alium video, inter eos qui Latinè scripserunt, qui ad Apostolici pectoris vigorem propius accedat: ubique sentias Pastorem loqui ac martyrio destinatum.* Lib. II. Epist. 18.

(2) *Illa fuit eximia & pene singularis Cypriani felicitas, ut paucissima apud eum sint, quæ aut censuram metuant, aut veniam requirant.* JOANN. FELL. Præfat. in CYPRIAN.

(3) Celui-ci déclare assez qu'il a été dans la disposition ordinaire des Éditeurs: *Si cui Martyris nostri placitis addictior æquo subinde videar, cogitet me Notas ad Cyprianum, non in eum scripsisse.* TUTELÆ *quoddam genus suscipit* EDITOR; *nec propriam liberat fidem, nisi Auctoris sui tueatur.* Peut-on se déclarer mieux le Protecteur de l'Auteur qu'on publie de nouveau?

(4) *Manus Deo inferunt, quando id, quod ille formavit, reformare & transfigurare contendunt: nescientes quia opus Dei est omne quod nascitur; Diaboli, quodcumque mutatur.... Ut enim impudica circa homines, & incesta fucis lenocinantibus non sis; corruptis violatisque, quæ Dei sunt, pejor adulterâ detineris.* De Habitu Virginum, *pag.* 99.

(5) *Num sinceritas perseverat & veritas, quando quæ sincera sunt polluuntur colorum adulteriis, & medicaminum fucis in mendacium vera mutantur?* Ibid. Il appelle ailleurs les Cheveux teints, *Capilli* MENDACIO *colorati*. De Lapsis, *pag.* 123.

(6) *Tu exsecraris canitiem, detestaris alborem,*

(4) *Quand même*, dit-il aux Femmes, *quand avec vos fards vous ne feriez coupables d'aucune impudicité ni d'aucune impureté envers les Hommes ; par cela seul que vous avez corrompu & violé l'ouvrage de* Dieu, *vous êtes pires, que les Femmes Adultéres.* Il ajoûte, que *c'est pécher contre la Sincérité & la Vérité*, & (5) commettre une espéce de *mensonge*. Il applique ici, selon la maniére d'interpreter commune aux Péres, les *pains sans levain de sincerité & de vérité*, dont parle (a) St. Paul. Il dit ensuite, que c'est vouloir faire trouver Dieu menteur, parce qu'on entreprend une chose qu'il a lui-même donnée pour impossible. Il cite un peu après ce qui est dit dans (b) l'Apocalypse, que *la Tête & les Cheveux de Nôtre Seigneur étoient blancs comme la Laine & comme la Neige:* & puis il apostrophe ainsi les Dames : „ Quoi! vous avez en horreur les Che-
„ veux blancs de vôtre tête, & une blancheur qui vous fait ressembler à vô-
„ tre Sauveur! Ne craignez-vous pas, Femme, qui êtes telle, qu'au Jour de
„ la Resurrection vôtre Créateur ne vous reconnoisse point, & que vous re-
„ prenant d'un ton de Censeur & de Juge, il ne vous dise, après vous avoir
„ éloignée & exclue de l'effet de ses Promesses: *Ceci n'est pas mon ouvrage, &*
„ *ce n'est pas ici nôtre image. Vous avez souillé vôtre peau avec du fard, vous avez*
„ *changé la couleur de vos Cheveux avec des couleurs étrangéres, vôtre face a été vain-*
„ *cuë par le mensonge, vôtre figure a été corrompuë, c'est un autre visage que vous*
„ *avez; vous ne pouvez voir* Dieu, *puis que ces yeux ne sont pas ceux que* Dieu
„ *vous a faits, mais des yeux corrompus par le Diable* (6). Je laisse aux Lecteurs à juger, si *St. Cyprien* ne donne pas ici pour criminel le soin de se teindre les Cheveux, indépendamment de tout motif de vanité ou de déréglement, & à cause du changement seul de leur couleur naturelle. Et faut-il s'en étonner, après ce que nous avons vû ci-dessus (c) de Clement d'Aléxandrie, qui condamne par de semblables raisons, & avec la même généralité, non seulement la teinture des *Cheveux*, mais encore celle des *Etoffes*; comme aussi l'usage des *Faux-cheveux*. Mais ce qui ne laisse aucun lieu de douter, que *St. Cyprien* ne raisonne sur le principe qu'on lui a attribué, c'est qu'il suit ici manifestement les idées de Tertullien, dont il étoit grand admirateur. L'Evêque d'*Oxford* a produit & comparé, dans ses Notes, les passages des deux Péres. *Tertullien* dit (7), que les Femmes, qui teignent leurs Cheveux, font Dieu menteur,

(a) I. Corinth. V, 7.

(b) I. 14

(c) Chap. V. § 18, 24.

(6) rem, qui sit ad Domini caput similis! Non metuis, oro, quæ talis es, ne, quum Resurrectionis dies venerit, artifex tuus te non recognoscat, & ad sua præmia & promissa venientem removeat & excludat? increpans vigore Censoris & Judicis dicat: Opus boc meum non est, nec imago hæc nostra est; cutem falso medicamine pollusti, crinem adultero colore mutasti; expugnata est mendacio facies, figura corrupta est, vultus alienus est, Deum videre non poteris, quando oculi tibi non sunt, quos Deus fecit, sed quos Diabolus infecit. Ibid. pag. 100.

(7) Sed enim Dominus ait, Quis vestrûm potest capillum atrum ex albo facere, aut album ex atro? Itaque revincunt Deum......

Adfigitis prætereà nescio quas enormitates capillorum, nunc in galeri modum, quasi vaginam capitis & operculum verticis, nunc in cervicum retro suggestum. Mirum quòd non contra Dominica præcepta contenditur. Ad mensuram neminem sibi adjicere posse pronuntiatum est. Vos vero adjicitis ad pondus, colluras quasdam, vel scutorum umbilicos, cervicibus adstruendo &c. De Cultu Feminar. Cap. VI. VII. pag. 156, 157. Voici ce que dit St. Cyprien: Dominus tuus dicit; Non potes facere capillum unum album, aut nigrum: & tu, ad vincendam Domini tui vocem, vis te esse potiorem? Ubi supr.

(a) *Matth.* V. 36.

(b) *Pag.* 137.

(c) *Pag.* 138, 139.

teur, en contredisant ce mot de Nôtre Seigneur: (a) *Quel de vous peut faire un Cheveu noir, de blanc qu'il étoit ; ou, de noir, blanc?* Il se sert d'un pareil raisonnement, contre les Faux-cheveux, & autres ornemens que les Femmes mettoient sur leurs têtes: *C'est*, dit-il, *ajoûter à sa taille, & à son poids, contre les préceptes de Nôtre Seigneur.*

§. XXXIII. Mon Censeur prétend (b), que, *quand il seroit vrai de dire, que l'application que St. Cyprien a faite de ces paroles de* Jésus-Christ, Vous ne pouvez pas faire un de vos cheveux blanc, ou noir, *est plus ingénieuse, que solide, je n'en serois pas mieux fondé à décrier la manière d'écrire de ce Père. On sait assez*, ajoûte-t-il, *qu'en fait de Discours Moraux on n'exige pas que toutes les preuves soient concluantes dans une rigueur métaphysique.* Le P. Ceillier peut croire ce qu'il lui plaira. Je sai aussi, qu'il n'y a que trop de gens qui, dans des Discours Moraux, se contentent, & croient pouvoir paier les autres, de *preuves qui ne sont point concluantes.* Mais il faudroit faire voir, que cette méthode est bonne, ou supportable. Elle n'est fondée ni sur l'Ecriture Sainte, ni sur la Raison: l'une & l'autre, au contraire, la condamnent. Qu'on nous montre, que les Auteurs Sacrez ont emploié, pour porter les Hommes à la pratique de leurs Devoirs, des raisons *plus ingénieuses, que solides?* Cela est si indigne d'Ecrivains dirigez par le Saint Esprit, que, si on y trouvoit quelque chose qui parût tel, il faudroit plûtôt soûtenir qu'on n'entend pas bien leur pensée, & qu'il doit y avoir quelque chose de caché, dont l'ignorance empêche d'en voir le vrai fondement. La Raison, & l'Expérience, concourent aussi à montrer, que des preuves foibles, & plus encore de pures Déclamations, comme celles qui sont si communes chez les Péres, ne font qu'apprêter à rire aux Mondains, & les confirmer dans leur train de vie. Mais c'est faire bien peu d'honneur à la Morale, ou être dans une crasse ignorance de ses véritables principes, que de s'imaginer, qu'ils ne soient ni assez féconds, ni assez puissans, pour fournir tout ce qui peut éclairer l'Esprit, & toucher le Cœur: qu'il faille emprunter le secours du Mensonge, ou des Jeux d'imagination, pour suppléer à la force des raisons tirées de la nature même de nos Devoirs: & que ni les conséquences qui se tirent évidemment de cette *Loi gravée dans le cœur de tous les Hommes*, ni les motifs clairs & simples que l'Evangile nous fournit en particulier, ne doivent pas reprimer toute démangeaison d'abandonner ces sources pures, pour aller puiser dans des Citernes bourbeuses? Est-il possible, que des gens, qui font profession d'une Religion toute raisonnable, osent justifier des abus comme ceux-là?

§. XXXIV. Passons à l'article du *Martyre.* Mon Censeur (c) m'accorde ici libéralement plus que je ne veux. *Non seulement* (dit-il) *Saint Cyprien ne paroît pas fort éloigné du sentiment de ceux qui veulent qu'on puisse desirer le Martyre, mais il y invite lui-même, & y exhorte avec beaucoup de force. Il ne faut que lire la Préface de son Livre* Du Martyre, *adressé à* Fortunat, *pour y voir sans ambiguité ce qu'il pensoit sur ce sujet-là. Après avoir décrit tous les avantages du Martyre au dessus du Baptême,* (1) *il ajoûte que toutes nos prières doivent se terminer à demander à Dieu qu'il nous fasse la grace de répandre nôtre sang pour l'honneur de son nom,*

(1) *Amplectenda res est, & optanda, & omnibus postulationum nostrarum precibus expetenda,* &c.

nom, *afin qu'en même tems que nous sommes ses serviteurs, nous soyions aussi ses amis, c'est-à-dire, que nous l'aimions d'un amour parfait*. Le P. Ceillier s'engage donc à défendre, comme vraies, les *fausses idées*, que j'ai dit *qu'on se faisoit en ce tems-là*, du *Martyre*. Nous allons voir, de quelle manière il s'y prend.

§. XXXV. S'il n'est pas permis (a), dit-il, *de souhaitter le Martyre, il ne l'est pas non plus de le rechercher, ou de ne pas l'éviter quand on peut*. Sans doute. Si le simple *souhait* du Martyre *suppose*, comme nous l'avons dit, *une disposition bien différente des sentimens de celui qui disoit, sur le point de souffrir le supplice de la Croix*; Ah! si cette coupe pouvoit s'éloigner de moi! une *recherche* actuelle du Martyre, ou un dessein formé *de ne pas l'éviter*, quoi qu'on le puisse sans préjudice de son Devoir, s'accordent encore moins avec les sentimens de Nôtre Sauveur, qui néanmoins étoit appellé indispensablement à souffrir la mort. Mais le P. *Ceillier* n'aiant ici, comme ailleurs, que des idées fort confuses de la matière, brouille tout, & voudroit nous faire (b) regarder comme *dirigée par la Prudence Chrétienne*, une recherche, proprement ainsi nommée, du Martyre. Il faut lui faire voir dequoi il s'agit.

(a) Pag. 118.
(b) Pag. 148.

§. XXXVI. Il y a ici deux choses à distinguer: la *disposition à souffrir le Martyre*, supposé qu'on vienne à y être appellé; & le *souhait* ou la *recherche* du Martyre en lui-même, & pour lui-même. La prémière n'emporte qu'une parfaite résignation à la volonté de Dieu, au cas qu'il juge à propos d'appeller le Chrétien à souffrir la mort pour la cause de l'Evangile. L'autre est un *désir direct* du Martyre, purement & simplement comme tel, un souhait qui précède non seulement les occasions, mais qui les fait chercher, & qui porte à s'y offrir avec ardeur. On peut & l'on doit être tout prêt à souffrir le Martyre, sans que la répugnance naturelle, & les précautions innocentes, qui tendent à éviter la mort, perdent pour cela leurs droits. Mais d'avoir un empressement pour le Martyre, à cause de lui-même, & jusqu'à le rechercher de propos délibéré, ou à ne pas l'éviter, quand on le peut; c'est ce qu'on ne sauroit faire, sans témoigner des sentimens, qui ne sont conformes ni à ceux dont Nôtre Sauveur a donné l'exemple, ni à ce qu'il dit à ses Disciples (c), *de fuir d'une Ville, où l'on les persecuteroit, pour aller dans une autre* où ils espéreroient d'être à l'abri des Persécutions.

(c) Matth. X, 23.

§. XXXVII. Ce désir du Martyre est également contraire & à la Nature; & au génie de l'Evangile, qui ne détruit point la Nature. Jesus-Christ n'a point abrogé cette Loi Naturelle, une des plus évidentes & des plus indispensables, qui veut que chacun travaille, entant qu'en lui est, à sa propre conservation. L'avantage de la Société Humaine, & celui de la Société Chrétienne, demandent également, que les Gens-de-bien, & les vrais Chrétiens, ne soient enlevez du monde que le plus tard qu'il est possible, & par conséquent qu'ils ne s'exposent pas eux-mêmes à périr sans nécessité. Ces raisons sont si claires, & si fortes, qu'elles rendent très-suspect ou d'ignorance, ou de vanité, ou de témérité, un zéle qui les foule aux pieds, pour se faire une gloire du Martyre en lui-même, & le rechercher sur ce pié-là. Le Cœur des Hommes, quelque bonne que soit leur intention, est sujet à bien des erreurs

&

---

ut qui servi Dei sumus, simus & amici. Præfat. *De Exhortat. Martyrii*, in fin. pag. 169.

124 TRAITÉ DE LA MORALE

& des foiblesses. Elles se glissent dans les meilleures actions, dans les plus héroïques & les plus éclattantes. Une humeur mélancholique peut aussi produire, ou seconder, de pareilles illusions. Rien après tout ne seroit plus propre à détruire le Christianisme, que si ces idées du Martyre, désirable par lui-même, devenoient communes dans les Sociétez des Chrétiens. On devroit s'attendre naturellement à voir arriver de là quelque chose de semblable à ce que l'on raconte de l'effet que produisirent sur l'esprit des Auditeurs, les discours véhémens d'un (a) ancien Philosophe sur les miseres de cette Vie.

(a) *Hégésias.* Voïez la Preface. §. 23 à la fin.
(b) *Ubi supra.*

§. XXXVIII. MAIS, dit mon Censeur (b), *nous voions que Jesus-Christ, les Apôtres, & un grand nombre de Martyrs célèbres dans l'Eglise, ont fait l'un & l'autre,* c'est-à-dire, n'ont pas évité le Martyre, quoi qu'ils le pussent, & l'ont même recherché. L'exemple des *Martyrs célèbres dans l'Eglise,* est ici une pure pétition de principe: car c'est cela même qui est en question entre nous, si les idées qui ont porté ces Martyrs à rechercher volontairement le Martyre, & l'approbation qu'y donne *St. Cyprien,* sont bien fondées. Pour ce qui est de JESUS-CHRIST, je ne comprens pas comment mon Censeur ose tirer à conséquence pour tous les Chrétiens, *la pleine & libre volonté* avec laquelle *il s'est offert à la mort, & est allé au devant de ceux qui le cherchoient* pour cela. Ignore-t-il, ou croit-il que l'on ignore le caractére le plus essentiel des souffrances de celui qui devoit être par là le Rédemteur du Genre Humain? Et l'imitation a-t-elle ici plus de lieu, que dans le mérite & la vertu des Souffrances mêmes? Mais il n'y a point de barriére assez forte contre l'Erreur & la Prévention. En vain le Messie a-t-il pris soin de condamner le désir téméraire du Martyre, & par un mélange de la répugnance de sa Nature Humaine, avec une résignation au bon plaisir de son Pére, & par une permission expresse, un ordre même *de fuïr* des Souffrances auxquelles on n'est appellé par aucun Devoir : tout cela n'a point empêché qu'on ne voulût, par une imitation mal placée, lui ravir en quelque façon la gloire propre & incommunicable d'un Martyre entiérement volontaire. Le P. *Ceillier* (c) dit, que, *si Jesus-Christ, prêt de souffrir le supplice de la Croix, a fait paroître plus de crainte de la mort, que les Martyrs, qui ont recherché les Persécutions, c'est qu'il le voulut ainsi.* Qui en doute? Si la *Divinité,* qui habitoit en lui, eût voulu déploier sa Toute-puissance, elle l'auroit certainement rendu plus intrépide encore que tous ces Martyrs. Mais par cela même qu'elle ne l'a pas voulu, elle a donné aux Disciples de celui qui étoit Homme, comme eux, une leçon bien forte, de ne jamais affecter une constance au dessus de la Nature, & de ne rien faire qui sentît cette vaine ostentation de Courage, par laquelle des Païens ont bravé la mort. Mon Censeur (d) allégue ensuite *le secours de la Grace toute puissante de Dieu, qui rendoit les Mar-*

(c) *Pag. 142.*

(d) *Pag. 143, 144.*

---

(1) Εἰς ὃ, διάγματι Κόϊντος, Φρύξ, προσφάτως ἐληλυθὼς ἀπὸ τῆς Φρυγίας, ἰδὼν τὰ θηρία, ἐδειλίασεν. Οὗτος ὃ ἦν ὁ ἐκβιασάμενος ἑαυτόν τε κỳ τινας προσελθεῖν ἑκόντας. τοῦτον ὁ Ἀνθύπατος πολλὰ ἐκλιπαρήσας, ἔπεισεν ὀμόσαι καὶ ἐπιθύσαι. Διὰ τοῦτο οὖν, ἀδελφοὶ, οὐκ ἐπαινοῦμεν τὰς προδιδόντας ἑαυτοὺς ἐπειδὴ οὐχ οὕτως διδάσκει τὸ εὐαγγέλιον. Epist. Eccl. Smyrn. de Martyrio Polycarpi, § 4. pag. 196. Tom. II. Part. I. *Patrum Apostolic.* Ed. Amst. 1724. Voïez EUSEBE, *Hist. Eccl.* Lib. IV. Cap. XV. pag. 164. Ed. Cantabrig. 1720. & une Lettre d'ISAC VOSSIUS, qui se trouve dans la II. Partie du II. Volume des *Patres Apostolici,*

pag.

DES PERES. Chap. VIII.

Martyrs, dont il s'agit, *plus forts que la Mort même*. Mais où est-ce que Dieu a promis d'assister extraordinairement ceux qui désirent le Martyre pour lui-même, & qui, dans cette pensée, s'y offrent sans aucune nécessité? Bien loin de là : il a témoigné hautement qu'il ne vouloit point être ainsi tenté. Il a souvent confondu une témérité, qui comptoit trop ou sur ses propres forces, ou sur des secours qu'elle n'avoit aucun lieu d'attendre pour un sacrifice non nécessaire. On en voit des exemples dans l'Histoire Ecclésiastique, & des exemples fort anciens. Un Chrétien de *Phrygie*, nommé *Quintus*, qui s'étoit présenté au Martyre de son propre mouvement, & avoit engagé d'autres personnes à l'imiter, fut saisi de fraieur à la vuë des Bêtes, qui devoient le devorer : le Proconsul lui aiant offert la vie, il la racheta en jurant par le Génie de l'Empereur, & en sacrifiant aux Idoles. L'Eglise de *Smyrne*, qui rapporte le fait, dans sa Lettre Circulaire au sujet du Martyre de *Polycarpe*, ajoûte sagement : (1) *A cause de cela, Mes Frères, nous n'approuvons pas ceux qui se présentent d'eux-mêmes; car l'Evangile ne l'enseigne pas ainsi*. Quel jugement sera ici de grand poids, ou celui de l'Eglise de *Smyrne*, ou celui de *St. Cyprien*? On voit par là aussi, avec combien peu de fondement le P. *Ceillier* met (a) *Polycarpe* au nombre des Martyrs, qui ont recherché d'eux-mêmes le supplice. L'Eglise de *Smyrne* auroit-elle loué en lui, ce qu'elle condamnoit généralement? Elle remarque même (b) en propres termes, que ce saint homme *ne pouvoit plus demeurer caché*. Il est vrai qu'elle dit, que, quand les Archers furent venus dans la Maison où il étoit, il auroit pû se retirer dans quelque autre endroit du voisinage, & qu'il ne le voulut pas. Mais apparemment il jugea, que cela seroit inutile, & qu'il n'y avoit plus moien d'échapper.

(a) Pag. 140, 141.

(b) § 6, 7.

§. XXXIX. A L'EGARD de *St. Ignace*, dont le P. *Ceillier* allégue encore l'exemple, on ne sauroit nier qu'il ne souhaittât le Martyre avec une ardeur extrême : & tout ce qu'on peut dire, pour l'excuser, c'est qu'il étoit déja pris, de sorte qu'il n'y avoit pas d'apparence qu'il pût éviter la mort. Mais après tout, si les Apôtres eux-mêmes n'ont pas été exemts d'erreurs & de foiblesses, faut-il s'étonner que leurs Disciples les plus zélez en aient été susceptibles? Les régles invariables de l'Evangile & de la Raison, ne changent point pour cela : & les exemples ne sont à imiter, qu'autant qu'ils y sont conformes. Dieu a pû, en considération des dispositions pieuses & sincéres de quelques Martyrs, comme celui-ci, avoir leur zéle pour agréable, quoi que mêlé d'imperfection. Louons le zéle en lui-même, & contentons-nous d'excuser ce qui a eu besoin d'indulgence. Il n'y a pas moien de regarder autrement (2) ces instances véhémentes que faisoit *Ignace* aux *Romains*, de ne pas travailler, quand il les en prieroit lui-même, à le garantir du supplice, comme si par là ils lui en-

---

pag. 448. Conferez aussi les Notes des Interprétes sur la II. *Apologie* de Justin, Martyr, Cap. XII. dans l'Edition d'*Oxford*.

(2) Βασκανία ὑμῖν μὴ καταλειπέτω μηδ᾽ ἂν ἐγὼ ὑμᾶς παρακαλῶ, πιθῆτέ μοι... ζῶν γὰρ γράφω ὑμῖν, ἐρῶν τοῦ ἀποθανεῖν. Epist. ad ROMAN. § 7. Παρακαλῶ ὑμᾶς, μὴ ἔυνοια ἄκαιρος γένησθέ μοι· ἄφετέ με θηρίων εἶναι βοράν.

δι᾽ ὧν ἔνεστι Θεοῦ ἐπιτυχεῖν.... μᾶλλον κολακεύσατε τὰ θηρία. ἵνα μοι τάφος γένωνται..... Ὀναίμην τῶν θηρίων τῶν ἐμοὶ ἡτοιμασμένων. ἐὺ χομαι σύντομά μοι εὑρεθῆναι ἃ ἢ κολακεύω, συντόμως με καταφαγεῖν, οὐχ ὥσπερ τινῶν δειλαινόμενα οὐχ ἥψαντο &c. § 4, 5. Pag. 27, et seqq.

envioient la Couronne du Martyre; ces exhortations à flatter les Bêtes Féroces, afin qu'elles le dévorassent entièrement; ce dessein où il témoigne être de les irriter lui-même, de peur qu'elles ne le respectassent, comme il étoit arrivé à quelques Confesseurs &c. Les *Apôtres* n'ont jamais eû une telle ardeur pour le Martyre; quoi qu'en dise mon Censeur (a). La *joie* (b) qu'ils témoignérent *d'avoir été jugez dignes de souffrir des opprobres pour le nom de* Jesus, n'étoit nullement l'effet d'un désir direct & anticipé des souffrances, quoi qu'endurées pour la cause de l'Evangile. C'est la vocation glorieuse de Dieu, & l'heureux succès de leur constance, qui les remplissoit d'une douce consolation, par laquelle ils surmontoient le chagrin & l'amertume de leurs souffrances. Leur joie étoit plûtôt un défaut de tristesse, qu'un sentiment agréable, par rapport aux souffrances considérées en elles-mêmes: &, s'ils goûtoient quelque plaisir, c'étoit uniquement en vûë de la cause pour laquelle ils avoient été appellez à souffrir. Ils ne séparoient point cette *cause* d'avec la *vocation* même; & ils ne croioient pas, que la *joie* de souffrir de mauvais traitemens, moins encore, comme le prétend le P. Ceillier (c), *le désir du Martyre, fût toûjours louable, quand il s'agit de la cause de la Vérité*. S'ils ne se sauvérent pas, ou ne cessérent pas de prêcher, *comme on le leur avoit ordonné dans le Sanhédrin*, s'ils ne craignirent pas de s'exposer à de plus grandes peines & à la mort même; c'est qu'ils étoient appellez à annoncer l'Evangile, prémiérement en *Judée*, & puis par tout le monde: cette vocation indispensable leur imposoit une vraie nécessité de ne craindre ni fuïr aucun péril, tant que l'exercice de leur Ministére le demandoit. Et c'est ce que St. Paul (d) donne à entendre, quand il dit aux *Philippiens: Quand même mon sang devroit servir d'aspersion sur le sacrifice & l'offrande de vôtre foi, je m'en réjoüirois, & je vous en féliciterois tous*. S'ensuit-il de là, que tout Chrétien puisse, sans une semblable vocation, & sans aucune nécessité, s'exposer au Martyre, par un simple *désir de souffrir pour la cause de la Vérité*? Que l'on doive *inviter & exhorter*, tous les Chrétiens à *désirer* ainsi le Martyre? Que *toutes nos prières doivent se terminer à demander à* Dieu *qu'il nous fasse la grace de le souffrir*? L'autorité de *St. Cyprien* ne nous persuadera pas plus ici que celle de Tertullien, dont le Livre *sur la Fuite de la Persé-cution*

---

(1) On trouvera le passage, cité par Grotius, *Droit de la Guerre & de la Paix*, Liv. I. Chap. III. § 3. num. 3. Le P. *Ceillier*, fort sujet à brouiller tout, n'a pas compris la distinction, que fait St. Augustin, entre un Particulier, qui se défend, de son chef, contre un Brigand; & un Soldat, qui tuë son Ennemi par autorité publique. Il trouve l'action du dernier entièrement innocente, parce qu'il ne fait qu'obéïr à la Loi, & qu'ainsi il peut agir sans passion; quand même celui qui a fait la Loi l'auroit faite lui-même par passion. Mais il déclare, qu'il ne voit pas le moien d'excuser le prémier, encore même que la Loi lui permette de tuer le Brigand, parce, dit-il, qu'elle ne l'y contraint pas, & qu'elle lui laisse la liberté de se laisser tuer, plûtôt que de tuer l'Aggresseur. Or en ce cas-là, il prétend que l'on n'est point autorisé à conserver sa vie, aux dépens de celle de l'Aggresseur; & voici la raison, qu'il en donne. Ou le Brigand peut m'ôter la vie véritablement, dequoi il y a lieu de douter, quoi qu'il semble le faire en tuant mon Corps: ou il ne le peut. S'il ne le peut, je n'ai rien à craindre. Et s'il le peut, je dois néanmoins mépriser la perte que je ferai, malgré moi, d'une chose qu'on ne doit pas aimer, & pour laquelle par conséquent on ne peut se battre sans un mauvais désir: *Quomodo possum arbitrari, carere istos libidine, qui pro iis rebus digladiantur, quas possunt amittere inviti, aut, si non possunt, quid opus est pro his ad hominis necem progredi?.... Jam vero Miles, in hoste inter-*

cution pourroit bien avoir contribué à faire entrer son admirateur dans des principes fort approchans, du moins également faux. Mon Censeur a rejetté ci-dessus les idées de *Tertullien*, comme *Montaniste*: ici il les défend, comme étant de St. *Cyprien*. C'est ainsi que les Partisans zélez des Péres de l'Eglise, sont obligez de dire le blanc & le noir, & de défendre le pour & le contre, selon qu'ils parlent en faveur de tel ou tel Pére en particulier.

XL. Nous allons voir d'autres exemples palpables des embarras & des contradictions de l'Apologiste des Péres, aussi bien que des idées confuses qu'il a des principes les plus clairs du Droit Naturel, & de la Morale. J'avois (a) blâmé St. *Cyprien de détruire le droit naturel d'une juste Défense de soi-même.* Mon Censeur dit, (b) *qu'il n'y a point de doute qu'il ne soit permis de se défendre contre un injuste Aggresseur, lors que la Vie est en danger, pourvû qu'on n'ait point intention de le tuer, mais seulement de conserver sa propre vie.* Il reconnoît, d'autre côté, (c) que *St. Cyprien paroît défendre absolument de tuer celui qui nous attaque; & il ajoûte, qu'on voit la même doctrine dans* St. Ambroise (d), & *dans* (1) St. Augustin. Cependant il veut immédiatement après, que cette doctrine, quelque rigide qu'elle paroisse, ne laisse pas d'être orthodoxe, & ne détruise point la juste Défense de soi-même; parce, dit-il, *qu'elle condamne seulement ceux qui ont intention de tuer l'injuste Aggresseur, & que la haine & la colère portent à cette action.* Mais ces Péres ou condamnent l'action de tuer purement & simplement en elle-même, sans aucun égard à l'intention & à la disposition de celui qui se défend de cette maniére, ou du moins supposent que les mouvemens de Haine & de Colére sont toûjours inséparables de la Défense, comme semble faire ici mon Censeur; ce qui réduit à rien la permission accordée en apparence. Un autre passage de *St. Cyprien*, que mon Censeur cite lui-même, est conçû dans la plus grande généralité. (2) Les Chrétiens, dit ce Pére, *sont invincibles, par cela même qu'ils ne craignent point la mort. Ils ne se défendent point contre ceux qui les attaquent, parce qu'il ne leur est pas permis, tout innocens qu'ils sont, de tuer un injuste Aggresseur; mais ils doivent donner volontiers & leurs ames & leur sang, afin que, vû la Malice & la Cruauté, qui régnent si fort dans le monde, ils sortent au plûtôt du milieu des Méchans & des Cruels.* Remarquons bien

(a) Préface, pag. XLIV.
(b) Apolog. pag. 149.
(c) Pag. 149, 150.
(d) De Offic. Lib. III. Cap. 4.

terficiendo, minister est legis: quare officium suum facilè nullâ libidine implevit. Porro ipsa lex, quæ juendi populi caussâ lata est, nullius libidinis argui potest..... Sed illi homines lege inculpatâ, quomodo inculpati queant esse, non video: non enim lex eos cogit occidere, sed relinquit in potestate. Liberum eis itaque est, neminem necare pro iis rebus, quas inviti possunt amittere, & ob hoc amare non debent. De vitâ enim fortasse cuipiam sit dubium, utrum animâ nullo pacto auferatur: Sed, si auferri potest, contemnenda est; si non potest, nihil metuendum.... Quapropter legem quidem non reprehendo, quæ tales permittit interfici; sed quo pacto istos defendam, qui interficiunt, non invenio. De Libero Arbitrio, *Lib.* 1. num. 11, 12. col. 424, 425. Ed. Benedict. Antuerp. Tom. I. Voilà la défense de tuer un injuste Aggresseur, fondée, selon St. *Augustin*, sur ce que, si on le tuoit, on témoigneroit faire trop de cas de sa propre vie, & ainsi on agiroit par un mauvais désir, *libidine*. Les mouvemens de Colére & de Haine, n'entrent pour rien ici. Voiez ce que je dirai ci-dessous, *Chap.* XVI. § 11.

(2) *Et hoc ipso invictos esse* [Christianos] *quia mori non timent; nec repugnare contra impugnantes, quum occidere innocentibus nec nocentem liceat; sed promptè & animas & sanguinem tradere; ut, quum tanta in seculo malitiâ & sævitia grassetur, à malis & sævis velociùs recedatur.* Epist. LX. pag. 142.

bien cette raison. A-t-elle aucun rapport avec la crainte de se laisser aller, en tuant l'Aggresseur, à des sentimens de Haine & de Colére? N'est-elle pas uniquement fondée sur le dégoût & le mépris de cette Vie, que doit avoir, selon *St. Cyprien*, la personne injustement attaquée? Principe bien assorti, avec ce *désir du Martyre*, dont nous venons de parler.

(a) *Préface*, pag. XLIV.

§. XLI. DANS le passage, que j'avois (a) cité, *St. Cyprien* louë *Abel* de ne s'être pas défendu contre son Frére, & de s'être laissé tuer, comme pour donner un prélude de la constance des Martyrs, & des obligations de la Patience Chrétienne.

(b) Pag. 144, 145.

Le P. *Ceillier* (b) suppose que ma critique est fondée sur ce *que l'on est toûjours obligé de se servir de la permission* de tuer un injuste Aggresseur, & *que celui-là pécheroit toûjours contre la Loi Naturelle, qui aimeroit mieux se laisser tuer, que de se défendre, au péril de tuer l'Assaillant.* Mais est-il possible, qu'on ose falsifier si manifestement la pensée d'un Auteur, que l'on attaque? J'ai dit, que *St. Cyprien détruit ici, & ailleurs, le* DROIT *naturel d'une juste Défense de soi-même*. Je parle donc uniquement du *droit* que l'on a de se défendre, si on le juge à propos, quelque *obligation* qu'il puisse y avoir d'ailleurs dans l'*usage* de ce droit: & j'oppose la *permission* de se défendre, à l'*obligation* où *St. Cyprien* veut au contraire qu'on soit de ne se défendre jamais contre un injuste Aggresseur; car c'est sur ce pié-là certainement qu'il donne de si grands éloges à la non-résistance chimérique d'*Abel*, qui, de la maniére que l'Histoire Sainte s'exprime, paroît plûtôt avoir été tué par trahison, ou sans qu'il eût le tems & le moien de se défendre. Mais voici de nouveaux échantillons de l'habileté du Pére *Ceillier* en Logique & en Morale.

(c) *Droit de la Nat. & des Gens*, Liv. II. Chap. V. § 2. Note 5.

§. XLII. J'AI soûtenu, après d'autres Auteurs (c), dans mes Notes sur PUFENDORF, que l'action de se défendre contre un injuste Aggresseur, jusqu'à lui ôter la vie, s'il le faut, est non seulement licite en général, mais encore qu'il y a ici *quelque obligation*, en sorte qu'on ne peut pas renoncer à ce droit, & se laisser tuer, *toutes les fois qu'on est attaqué par qui que ce soit*. Mon

(d) Pag. 145.

Censeur (d) trouve cette décision *un peu trop hardie*, de plus *moins probable, que le sentiment opposé*, & *peut-être absolument fausse*. La prémière raison, qu'il en donne, est admirable. *Si nous sommes obligez* (dit-il) *de Droit Naturel à nous défendre contre un injuste Aggresseur, il est certain que nous devons le faire en toute occasion; car la Loi Naturelle ne reçoit pas d'exception, comme les Loix Positives*, parce qu'elle est *immuable*. Or Mr. *Barbeyrac* convient, *que l'on peut & que l'on doit*

(e) *Ubi supr.* § 5. Note 2. & § 24. Note 10.

même quelquefois renoncer au droit de se défendre, & il en rapporte (e) *deux exemples: Donc la Loi, qui nous ordonne positivement de nous défendre n'est pas immuable, elle souffre des exceptions, & par conséquent cette Loi n'est pas une Loi Naturelle*. Mon Censeur montre ici, qu'il ne sait ce que c'est que *l'immutabilité* qu'on attribuë avec raison à la Loi Naturelle, ni quelles *exceptions* apportent un véritable changement à toute sorte de Loix, soit Naturelles, ou Positives. L'immutabilité de la *Loi Naturelle* consiste en ce que tout ce qui est commandé ou défendu par cette Loi, demeure toûjours tel, aussi loin que s'étend l'ordonnance ou la défense. Ainsi, pour pouvoir dire que telle ou telle régle générale ne souffre point d'exception, il faut être assûré que les termes dont on se sert pour l'exprimer, ne s'étendent pas plus loin que la régle en elle-même. Tous les Moralistes conviennent, que les *Préceptes Affirmatifs*, ou qui

ren-

renferment quelque commandement, n'obligent point, toutes les fois qu'ils se trouvent en concurrence avec d'autres plus importans, de maniére qu'on ne puisse satisfaire en même tems aux uns & aux autres. La Loi est-elle donc *changée* alors, en matière de ceux qui doivent ceder, & y a-t-il là une véritable *exception*? Pour ce qui est des *Préceptes Négatifs*, quelques-uns à la vérité défendent des choses tellement mauvaises de leur nature, qu'elles ne peuvent être innocentes en aucun cas, comme, par exemple, le *Blasphême*, le *Parjure*, l'*Adultére* &c. mais il y en a aussi qui roulent sur des actions, lesquelles, quoi qu'ordinairement mauvaises & illicites, ne le sont pas en certains cas extraordinaires, où la raison pourquoi elles sont défenduës, n'a pas lieu, & où même quelquefois des raisons tirées de quelque autre Loi Naturelle, demandent une exception apparente. La question même, dont il s'agit, nous en fournit un exemple; qui suffira pour faire comprendre la chose aux personnes les moins versées dans l'étude du Droit Naturel & de la Morale. *Il est défendu à un Homme, par la Loi Naturelle, de tuer un autre Homme, son semblable.* C'est la régle générale, que l'on conçoit ainsi, parce que cette action de *tuer* est le plus souvent criminelle. *Tu ne tueras point*, dit simplement le DÉCALOGUE. Cependant, & par le Droit de Nature, & par la *Loi de* MOÏSE, & par l'*Evangile*, un Homme peut tuer un injuste Aggresseur, en son corps défendant, *cum moderamine inculpatæ tutelæ.* La Guerre, qui par elle-même tend à ôter la Vie aux Ennemis, est non seulement permise, mais encore on est obligé de l'entreprendre, en certaines occasions, pourvû qu'on observe certaines régles. Un Souverain, un Juge, peuvent condamner à mort les Criminels atteints & convaincus de Crimes ainsi punissables selon les Loix; ils le doivent même, le dernier toûjours, parce qu'il n'est pas le Maître des Loix; le prémier ordinairement, parce que le Bien Public demande qu'il n'use qu'avec beaucoup de précautions du droit qu'il a de faire grace. Un Bourreau, en titre d'office, est tenu d'exécuter la Sentence duement prononcée, & de faire mourir le Criminel. Inférerons-nous donc de tout cela, que la Loi qui défend le *Meurtre*, n'est pas une Loi Naturelle? Il le faudroit néanmoins, selon ce beau raisonnement, dont mon Censeur se félicite beaucoup. Les Loix même Positives renferment quelquefois, en conséquence du but de celui qui les a faites, ou par la nécessité de les accorder avec d'autres Loix du même Législateur, des exceptions, qu'on ne regarde pourtant pas comme un véritable changement de la régle générale, mais comme une simple limitation de l'étenduë des termes, conforme à la pensée de celui qui n'a pû ou n'a pas voulu y mettre ni plus ni moins que ce qu'il avoit dans l'esprit, soit parce qu'il ne prévoyoit pas le cas à excepter, ou parce que l'exception lui paroissoit trop claire, pour avoir besoin d'être exprimée.

§. XLIII. J'AI donc pû dire, sans la moindre apparence de contradiction, & qu'il y a en général *quelque obligation* de repousser un injuste Aggresseur jusqu'à lui ôter la Vie, pour sauver la nôtre; & que cependant il y a des cas, *où l'on n'est nullement obligé* de pousser si loin la Défense, d'autres, *où l'on est même obligé de se laisser tuer*, plûtôt que de tuer l'Aggresseur, quoi qu'il le mérite. Tout cela laisse subsister l'immutabilité de la Loi Naturelle, dont je ne fais qu'accorder ensemble les Régles, & fixer, pour ainsi dire, les limites de la Jurisdiction de chacune. Si je voulois user de représailles, je pousserois mon Censeur dans une infinité de conséquences absurdes, qui suivent du principe, par lequel il a cru me terrasser. J'en conclurois, par exemple, à l'égard des choses que la Loi Naturelle permet, comme indifférentes en elles-mêmes, qu'elles doivent toûjours être permises; & qu'ainsi un Supérieur légitime ne peut ni en défendre ni en ordonner aucune, parce qu'autrement la Loi Naturelle, qui laisse à chacun la liberté de les faire ou ne les pas faire, seroit sujette au changement.

(a) *Pag. 147, 148.*

§. §. XLIV. JE pourrois aussi me dispenser de rien répondre à la (a) *seconde raison* de mon Censeur, parce qu'elle roule toute sur cette fausse supposition, ou que l'on doit être toûjours obligé indispensablement à se défendre contre un injuste Aggresseur qui en veut à nôtre vie, ou qu'on n'y peut être jamais tenu. S'il y a, dit-il, *une obligation indispensable de se défendre contre un injuste Aggresseur; pourquoi* JESUS-CHRIST *s'est-il laissé mettre à mort par ses Ennemis, qu'il pouvoit réduire en poussiére*? Mais il me suffit, qu'il y ait des cas où l'on est dispensé de l'obligation de se défendre à toute outrance; & s'il y en a quelcun, c'est celui-ci, qui est même un exemple de ceux où l'on est *obligé de ne se défendre en aucune maniére.* Mon Censeur ne sait ni ce qu'il dit,

(b) *Pag. 305, & suiv.*

ni ce qu'il veut, & ici, & dans (b) l'article de St. *Ambroise*. Il semble avoir dessein de prouver, qu'il est toûjours *permis* de renoncer au droit d'une juste Défense de soi-même: & cependant les raisons qu'il allégue ou ne prouvent rien, ou prouvent qu'on est toûjours *obligé* de se laisser tuer, plûtôt que de mettre en danger la vie de l'Aggresseur. *Dira-t-on* (s'objecte-t-il) *qu'il étoit permis à* Nôtre Seigneur *de subir la mort dans ce cas, parce qu'il le faisoit pour le bien & le salut de tout le Genre Humain? Je l'avoüe: mais un homme, qui aime mieux mourir, que de tuer son Aggresseur, ne le fait que pour lui épargner une mort éternelle.* Le P. Ceillier croit-il donc, qu'il n'étoit que *permis* à Nôtre Sauveur, *de subir la mort* sans résistance, & qu'il auroit pû se dispenser de ce sacrifice, qui étoit le grand but de son Ministére? Que si mon Censeur reconnoît, comme il le doit, que JESUS-CHRIST, selon les conseils de la Sagesse Divine, étoit dans une nécessité indispensable de se laisser ôter la Vie; il s'ensuivra de là, supposé que cette non-résistance soit un modéle à imiter pour tous les Chrétiens, qu'aucun ne peut jamais innocemment se défendre jusqu'à tuer l'injuste Aggresseur. Il faut dire la même chose des

(c) I. *Epît.* III, 16.

paroles de ST. JEAN (c), que le P. Ceillier ajoûte, dans lesquelles l'Apôtre dit, qu'à l'exemple de JESUS-CHRIST, *nous* DEVONS *donner nôtre vie pour nos Fréres.* Voilà une *obligation* expresse, & non pas une simple permission. Ainsi, comme un injuste Aggresseur, qui nous attaque malicieusement, est toûjours en danger du Salut, si on le tuë; il ne sera jamais permis de le tuer, si ce passage signifie, comme il le devroit pour servir à l'Apologiste des Péres, que l'on est toûjours obligé de sacrifier sa vie, plûtôt que de mettre en danger celle d'un homme qui court risque d'être damné. Mais l'Apôtre parle seulement des cas où l'on est appellé à souffrir la mort, d'une maniére d'où il revient un grand avantage aux autres Hommes, qui sont par là ou amenez à la Religion Chrétienne, ou confirmez dans sa profession. Et c'est ainsi que l'entend GROTIUS, de l'autorité duquel mon Censeur se prévaut:

car

car il allégue l'exemple des *Confesseurs* & des *Martyrs*, entre lesquels, & un homme qui est attaqué par des Brigands, il n'y a certainement aucun rapport. Les Confesseurs & les Martyrs étoient-ils en état de se défendre contre les Persécuteurs & les Bourreaux, avec quelque espérance de succès? D'ailleurs, un Brigand, & tout autre Scélérat, qui en veut malicieusement à nôtre Vie, est-ce un *Frére*, dont on ait lieu d'espérer le Salut, si on se laisse tuer, plûtôt que de lui ôter la vie? GROTIUS (a) répond lui-même, dans son Traité *du Droit de la Guerre & de la Paix*, à l'objection tirée de ce passage; & à (b) la raison en elle-même du danger de la Damnation éternelle où se trouve l'Aggresseur, à l'occasion de l'usage qu'on fait du droit d'une juste Défense; sur quoi j'ai ajoûté (c) quelques réflexions.

(a) *Liv.* I. *Chap.* III. § 3. *num.* 10.
(b) *Ibid. num.* 8.

(c) *Ibid.* Note 7.

§. XLV. IL est vrai, comme le remarque le P. Ceillier, GROTIUS (d) dit, que DIEU *a pû nous imposer l'obligation de nous laisser tuer, plûtôt que de tuer l'Aggresseur, dans le cas dont il s'agit*. Mais de ce qu'il l'a pû, il ne s'en-suit pas, qu'il le veuille actuellement: & *la question est*, ajoûte GROTIUS, *de savoir s'il a voulu nous obliger à un si haut degré de patience;* après quoi, il établit fortement le contraire. Il est vrai encore, que GROTIUS (e) trouve *digne de louange, ou même d'admiration, celui qui se laisse ôter la vie, plûtôt que de la sauver en tuant un Aggresseur, quelque Ennemi déterminé qu'il se montre*. Mais, avec tout le respect qui est dû à ce Grand Homme, que je n'ai jamais reconnu pour infaillible, ainsi que le suppose mon Censeur; je ne saurois regarder une patience si outrée, comme digne, généralement & sans restriction, de tant d'éloges. Elle peut l'être en certains cas particuliers, où la considération des personnes & des circonstances la rend telle. Du reste, rien ne seroit plus propre à encourager les Scélérats, & à diminuer ou détruire enfin le nombre des vrais Chrétiens, que si chacun, ébloui de la gloire d'un tel sacrifice, laissoit, en y aspirant, un champ libre à la Malice. Mon Censeur prétend néanmoins, sans aucune raison, que *j'ai enveloppé ici Grotius dans la même censure que St. Cyprien*; puis que leurs idées sont fort différentes, comme il paroît par tout ce que je viens de dire. Il a encore plus mauvaise grace, de m'objecter l'autorité de PUFENDORF (f), dont j'ai expressément abandonné & réfuté l'opinion. Il falloit avoir détruit les raisons, que j'en ai données: mais c'est ce que je ne crains pas que le P. Ceillier fasse jamais. Ce qu'il y a de plaisant, c'est qu'après avoir fait de grands efforts pour justifier *St. Cyprien*, & d'autres Péres, sur ce que je les ai accusez de tenir pour illicite la Défense de soi-même poussée jusqu'à tuer l'injuste Aggresseur; il avoue la chose bien nettement, dans l'article de *St. Ambroise*. (g) *Il est vrai*, dit-il, *que nôtre Saint Docteur,* & BEAU-COUP D'AUTRES PÉRES *qui l'ont* PRECEDE *&* suivi.... *persuadez d'un côté qu'il est presque impossible de se défendre contre un Ennemi ou un Voleur, sans entrer dans des sentimens de colére & de haine contre lui, & sans se mettre en danger de perdre l'innocence; & de l'autre qu'on ne peut ôter la vie du Corps à un Ennemi ou à un Voleur qui nous attaque, sans lui ravir en même tems la vie éternelle; ont enseigné, avec Jésus-Christ, que nous* DEVONS *dans ces occasions donner nôtre vie pour nos fréres, comme le Sauveur a donné la sienne pour nous*.

(d) *Ubi supra*, num. 1.

(e) *Annot. in Matth.* V, 48.

(f) *Droit de la Nat. & des Gens*, Liv. II. Chap. V, § 2.

(g) *Apolog.* pag. 305, 306.

§. XLVI. PASSONS à un autre sujet. J'avois (h) dit, que *St. Cyprien, quand il s'agit de rembarrer ceux qui se rebellent contre les Evêques, se sert d'un rai-*

(h) *Préface*, pag. XLIV, XLV.

sonnement qui prouve qu'il faut obéir aveuglément à tous les Evêques élûs avec les formalitez ordinaires, ou qui ne prouve rien. Mon Censeur n'aiant rien à répondre (a), chicane ici sur ce que St. Cyprien n'a pas dit en autant de termes, qu'il faille obéir aveuglément à tous les Evêques. Là-dessus, il fait un aveu, dont il trouvera bon que nous profitions. On sait, dit-il, que les Evêques étant hommes, ils peuvent quelquefois se tromper, & commander quelque chose que les SUJETS sont obligez d'exécuter : ainsi nous ne devons faire ce qu'ils nous enseignent, que quand il n'y a rien de contraire à la foi & aux bonnes mœurs. Or & le Pape est un Homme, & tous les Conciles ont eté composez d'Hommes, sujets à l'erreur : Donc il n'y a aucune Ordonnance des Papes, aucun Decret des Conciles, dont l'autorité soit de poids, qu'autant que ces décisions n'ont rien de contraire à la Loi de DIEU, qui est la régle de la Foi & des Bonnes Mœurs.

(a) *Apolog.* pag. 151.

§. XLVII. MAIS que *St. Cyprien* ait véritablement raisonné de la maniére que je l'ai dit après Mr. LE CLERC, cela paroît par les réflexions de la *Bibliothéque Universelle*, à laquelle je m'étois contenté de renvoier, parce que le Livre est très-connu & très-commun. Le P. *Ceillier*, qui n'a pû en prétendre cause d'ignorance, devoit les refuter, s'il pouvoit. Je vais les exposer aux yeux des Lecteurs, puis que j'ai ici la place qui me manquoit. (b) ,, *St. Cyprien* applique à ceux qui se rebellent contre les Evêques, divers (c) passa-,, ges de l'Ecriture Sainte touchant les Orgueilleux, & ceux qui s'élevoient ,, contre les Sacrificateurs de l'ancienne Loi. Il soûtient, (1) *que les Hérésies ,, ne sont pas venuës d'ailleurs, & que les Schismes ne sont nez d'autre chose, si ce ,, n'est de ce qu'on n'a pas obéï au Pontife de Dieu, & qu'on n'a pas pensé qu'il n'y ,, a dans l'Eglise qu'un seul Pontife & qu'un seul Juge, établi pour un tems en la ,, place de Jésus-Christ: Que si tous les Frères lui obéïssoient, selon le commandement ,, de Dieu, personne n'entreprendroit rien contre le Collège des Evêques. Et après le ,, jugement de Dieu*, ajoûte-t-il, *après les suffrages du Peuple, après le consente- ,, ment des autres Evêques, personne ne se rendroit Juge, je ne dirai pas d'un ,, Evêque, mais de Dieu... à moins que quelcun ne soit assez témérairement sacri-,, lège & assez perdu, pour penser qu'il se fait un Evêque sans le jugement de ,, Dieu*, puis qu'il dit dans son (d) *Evangile*, qu'un Moineau ne tombe pas à terre ,, sans sa volonté &c. Le défaut de ce raisonnement, c'est prémiérement qu'il ,, prouve qu'il faut obéïr aveuglément à tous les Evêques élûs avec les forma-,, litez ordinaires, ou ne prouve rien. En second lieu, il est contraire à l'ex-,, périence, qui nous apprend qu'une infinité de méchans Evêques & d'Héré-,, tiques avoient été élûs dans toutes les formes, comme les plus Orthodoxes ,, en conviennent à l'égard des Evêques Ariens. En troisième lieu, la per-,, mission de DIEU, à l'égard de certains événemens, ne marque pas qu'il les ,, approuve ; autrement il faudroit dire, que Dieu a approuvé toutes les Usur-,, pations, & qu'il n'étoit pas permis d'y toucher ; ce qui est ridicule & con-
,, tra-

(b) *Bibl. Univers.* Tom. XII. pag. 308, & suiv.
(c) Par exemple, *Habac.* II, 5. *Pseaum.* XXXVI. 37. *Esaïe.* II, 12. *Deuteron* XVII, 12, &c.

(d) *Matth.* X, 29.

(1) *Neque enim aliunde hæreses obortæ sunt, aut nata sunt schismata, quàm inde quòd Sacerdoti Dei non obtemperatur, nec unus in Ecclesia ad tempus Sacerdos, & ad tempus Judex, vice Christi, cogitatur. Cui si, secundùm magisteria divina, obtemperaret fraternitas universa, nemo post divinum judicium, post populi suffragium, post Coepiscoporum consensum, judicem se jam non Episcopi, sed Dei, faceret.... nisi si ita est aliquis sacrilegæ temeritatis, ac perditæ mentis*

,, tradictoire. Mais nôtre Martyr, irrité par les Schismatiques, ne se possède
,, presque pas, dès qu'il tombe sur cette matiére, & oublie souvent les ré-
,, gles du bon raisonnement, de même que celles de la bienséance, com-
,, me lors qu'il dit dans la même Lettre, (2) *Qu'il n'est pas de la dignité*
,, *ni de la majesté de l'Eglise Catholique, de s'informer de ce que l'audace des Hé-*
,, *rétiques, & des Schismatiques entreprend.* Un Sénateur Romain n'auroit pas
,, parlé avec plus de gravité de la Majesté de l'Empire; mais il faut avouer
,, que l'humilité & la douceur du Christianisme n'éclatent pas beaucoup dans
,, ces paroles.

§. XLVIII. L E s mêmes idées & les mêmes principes se trouvent dans
l'endroit qu'on a indiqué, de la Réponse à une Lettre de F L O R E N T P U-
P I E N, Evêque d'*Afrique*. Ce Pére y *égale* véritablement les *Evêques* aux
Apôtres ; & il raisonne d'une manière à *faire dépendre le salut des Peuples de la*
validité de l'élection d'un Evêque ; & la validité de cette élection, de ses bonnes
mœurs. Mon Censeur (a) oubliant ce qu'il venoit de dire de la *faillibili-* (a) *Pag.* 153,
té des Evêques, les égale aussi aux *Apôtres*: *Ils ont*, dit-il, *herité d'eux leurs* & suiv.
siéges, leurs charges, leurs dignitez, leur pouvoir... *ils sont, comme eux, les*
Princes de leurs Peuples. Il bat ensuite la campagne sur ce sujet de l'obéissance duë aux Evêques, avec une contradiction perpétuelle, & sans rien dire
qui aille au fait dont il est question entre nous. Il s'agit de savoir, si le raisonnement de *St. Cyprien* est bon. Le P. *Ceillier* (b) prétend, que *St. Cy-* (b) *Pag.* 156.
prien dans cet endroit ne raisonne pas *sur ses propres principes*, mais *sur ceux de*
Pupien, *qui ne vouloit pas reconnoître pour Evêque, un homme accusé de plusieurs*
crimes: D'où s'ensuivroit nécessairement qu'un homme qui méne une vie déreglée
ne pourroit être ni Evêque, ni Prêtre, ni absoudre les Pénitens, ni donner la paix à
ceux qui sont tombez: Absurditez capables d'ouvrir les yeux à Pupien, *& de l'obli-*
ger à reconnoître St. Cyprien pour Evêque, sans exiger qu'il se justifiât des crimes
qu'on lui imputoit faussement.

§. XLIX. M A I s c'est-là une vaine échappatoire. Il n'y a point ici d'argument *ad hominem*, fondé sur ce que, de l'aveu même de *Pupien*, quand *St.*
Cyprien auroit été coupable des crimes qu'on lui imputoit, il n'en devoit pas
moins être reconnu pour Evêque légitime. *St. Cyprien* prétend, au contraire, que, par cela seul qu'il a été élu Evêque avec les formalitez ordinaires,
Pupien doit, sans autre examen, tenir les imputations pour fausses ; parce
qu'autrement toutes les fonctions de l'Episcopat qu'il a exercées, n'auroient
pas été valides. Il ne faut que rapporter tout du long le passage, pour
convaincre les Lecteurs, que ce Pére raisonne véritablement selon ses propres principes. Mon Censeur ici, comme ailleurs, supprime ce qui sert à
mettre la pensée dans son vrai jour. Voici comme parle *St. Cyprien:* ,, Je le
,, dis sans vanterie, mais avec douleur, vous vous êtes établi Juge de D I E U
,, même,

mentis, ut putet, sine Dei judicio fieri Sacerdo-
tem, quum Dominus in Evangelio suo dicat:
Nonne duo passeres asse veneunt, & neuter
corum cadit in terram sine Patris voluntate?
&c. *Epist.* LIX. *pag.* 129.

(2) *Neque enim ad Catholicæ Ecclesiæ majes-*
tatem, pariter ac dignitatem, pertinere debet,
quid apud se Hæreticorum & Schismaticorum mo-
liatur audacia. Pag. 132.

,, même, qui dit à ses Apôtres, & par là à tous les Conducteurs de l'Eglise,
,, qui succédent aux Apôtres par une ordination qui les met en leur place:
(*e*) *Luc*, X, 16. ,, (1) *Qui vous* (a) *écoute, m'écoute, & qui m'écoute, écoute celui qui m'a envoié:*
,, *qui vous rejette, me rejette, & qui me rejette, rejette celui qui m'a envoié*. Car
,, de là sont venuës & viennent les Hérésies, c'est-à-dire, de ce que l'Evêque,
,, qui est unique, & qui gouverne l'Eglise, est méprisé par l'orgueilleuse pré-
,, somtion de quelques-uns, & que cet homme, honoré du jugement avanta-
,, geux de Dieu, est jugé indigne par les Hommes. Car n'est-ce pas une
,, grande enflûre d'orgueil, une souveraine arrogance, une extrême présom-
,, tion, de s'ériger en Juge des Gouverneurs de l'Eglise & des Prêtres? De
,, sorte que, si nous ne sommes bien justifiez dans vôtre esprit, & absous par
,, vôtre sentence, voilà que, depuis six ans, la Fraternité n'aura point eû
,, d'Evêque, ni le Peuple de Chef, ni le Troupeau de Pasteur, ni l'Eglise
,, de Gouverneur, ni Christ de Prélat, ni Dieu de Prêtre. Que *Pu-*
,, *pien* ait pitié de nous, qu'il ait la bonté de prononcer son jugement, & de
,, tenir quelque compte du jugement de Dieu & de Jésus-Christ, de
,, peur qu'un si grand nombre de Fidéles, qui ont été appellez sous nôtre con-
,, duite, ne paroissent être morts sans espérance de salut & de réconciliation;
,, qu'un nouveau Peuple de Croians soit estimé n'avoir point aquis, par nô-
,, tre moien, la grace du Batême & du Saint Esprit; que la Paix & la Com-
,, munion, que nous avons accordée, après un mûr examen, à tant de Tom-
,, bez & de Pénitens, ne devienne nulle, par l'autorité de vôtre Jugement.
,, Consentez enfin, & daignez prononcer favorablement sur nôtre sujet, afin
,, que Dieu & Jésus-Christ puissent vous rendre graces, de ce que,
,, par vôtre moien, un Prélat & un Prêtre auront été rendus à l'Autel & à
,, leur Peuple. Les Abeilles ont un Roi; les Troupeaux de Bêtail, un Chef.
,, les Brigands gardent la foi qu'ils ont donnée, & obéissent à leurs Chefs
,, avec une obéïssance pleine d'humilité. Combien les Bêtes brutes ont-elles
,, plus de simplicité, & sont-elles meilleures, que vous? Que les Brigands
,, vallent beaucoup mieux, tout sanguinaires qu'ils sont, & pleins de fureur!
,, On reconnoît là & on respecte un Conducteur, qui n'a point été établi par
,, la sentence de Dieu, mais par le consentement d'une faction détestable".
Il y a, je l'avouë, de l'*ironie* dans quelques endroits de ce passage: mais cela
ne prouve point, comme le veut mon Censeur, que *St. Cyprien* raisonnât uniquement sur les principes de l'Adversaire, dont il se moque. Il prétendoit,
que *Pupien* devoit convenir, aussi bien que lui, de la conséquence; & il y trouvoit

(1) *Non hac jacto, sed dolens profero, quum te judicem Dei constituas, qui dicit ad Apostolos, & per hoc ad omnes Præpositos, qui Apostolis vicariâ ordinatione succedunt: Qui audit vos, me audit, & qui me audit, audit eum qui me misit: Et qui rejicit vos, me rejicit, & qui me rejicit, rejicit eum qui me misit. Inde enim Schismata & hæreses obortæ sunt, & oriuntur, dum Episcopus, qui unus est, & Ecclesia præest, superbâ quorumdam præsumtione contemnitur, & homo dignatione Dei honoratus, indignus ab hominibus judicatur. Quis enim hic est superbiæ tumor, quæ adrogantia animi, quæ mentis inflatio, ad cognitionem suam Præpositos & Sacerdotes vocare; ac nisi apud te purgati fuerimus, & sententiâ tuâ absoluti, ecce jam sex annis nec fraternitas habuerit Episcopum, nec Plebs Præpositum, nec Grex Pastorem, nec Ecclesia Gubernatorem, nec Christus Antistitem, nec Deus Sacerdotem. Subveniat Pupianus, & sententiam dicat; & judicium Dei & Christi in acceptum referat: ne tantus fidelium numerus,
qui*

voit tant d'abſurdité, qu'à cauſe de cela il ſe crut en droit de tourner en riſée celui qui lui demandoit une juſtification, à laquelle il s'imaginoit ne pouvoir s'aſſujettir, ſans donner lieu de penſer que le Jugement de DIEU, qui l'avoit établi Evêque, étoit ſujet à réviſion, & que les fonctions Epiſcopales, exercées en vertu de ce Jugement, demeuroient ſans aucun effet. Mais poſé que *Saint Cyprien* n'eût pas été dans cette penſée, l'argument, qu'il faiſoit, étoit deſtitué de toute force. Car s'il eût voulu dire ſimplement, qu'*un homme, qui méne une vie déréglée, peut être Evêque ou Prêtre, abſoudre les Pénitens, & donner la paix à ceux qui ſont tombez*; que faiſoit cela au refus de la juſtification qu'on lui demandoit? *Pupien* auroit pû lui dire: „ Je ne vous conteſte, ni vôtre élec-
„ tion, ni les effets des fonctions de l'Epiſcopat, que vous avez exercées.
„ Mais DIEU permet qu'on éliſe à l'Epiſcopat des gens qui enſuite le desho-
„ norent; & cependant il eſt de l'intérêt de la Religion, que ceux qui ſont
„ tels ſoient retranchez de l'Egliſe. On vous accuſe de crimes horribles. Je
„ ne ſai ſi ces accuſations ſont bien fondées: je veux croire que non: mais,
„ cela étant, il vous ſera facile d'en faire voir la fauſſeté. Jusques-là, vous
„ me permettrez & de ſuſpendre mon jugement, & de ne pas me réunir à vô-
„ tre communion. Le refus même de vous juſtifier, vous peut rendre ſuſpect
„ de quelque reproche de vôtre propre conſcience. Du moins devriez-vous,
„ pour nôtre édification, ne rien négliger de ce qui ſert à effacer les fâcheuſes
„ impreſſions qu'ont fait ſur nôtre eſprit les choſes dont on vous accuſe".
Voilà donc *St. Cyprien* entre deux écueils inévitables. Ou il a fait un raiſonnement qui ne ſignifie rien: ou il a prétendu, que toutes les fonctions Epiſcopales exercées par un Evêque de mauvaiſes mœurs, ſont nulles, & en même tems les effets de ces fonctions, par rapport au Salut des Peuples, qu'il en fait dépendre. Je pourrois montrer, dans cette même Lettre, d'autres faux raiſonnemens, & des traits de vanité, peu convenables au caractére d'un Miniſtre de l'Evangile. Mais il faut, ſelon mon plan, éviter avec ſoin tout ce qui n'a pas quelque rapport avec les choſes ſur leſquelles j'ai à juſtifier ma critique.

§. L. MON Cenſeur (a) rejette, avec des airs de ſuffiſance, qu'il a cru capables de ſuppléer au défaut de bonnes raiſons, ce que j'avois encore remarqué, après Mr. LE CLERC, ſur les paſſages du Vieux & du Nouveau Teſtament, où le mot de *Diſcipline* ſe trouve en Latin, & que *St. Cyprien* applique à la *Diſcipline Eccléſiaſtique*, ſans avoir égard aux circonſtances, qui demandent un tout autre ſens. *Quelle plaie pour la Morale de Jéſus-Chriſt*? s'écrie l'Apo-

(a) Pag. 158.

---

qui ſub nobis accerſitus eſt, ſine ſpe ſalutis & pacis exiſſe videatur; nec novus credentium populus nullam per nos conſequutus eſſe Baptiſmi & Spiritus ſancti gratiam judicetur; ne tot Lapſis & Pœnitentibus pax data, & communicatio noſtrâ examinatione conceſſa, judicii tui auctoritate ſolvatur. Adnue aliquando, & dignare pronuntiare de nobis, & Epiſcopatum noſtrum cognitionis tuæ auctoritate firmare, ut Deus & Chriſtus ejus agere tibi gratias poſſint, quòd per te ſit Antiſtes & Rector, altari eorum, pariter & Plebi reſtitutus. Apes habent Regem, & ducem Pecudes, & fidem ſervant Latrones, mancipi obſequio & pleno humilitatis obtemperant. Quanto ſimpliciores & meliores vobis ſunt brutæ pecudes & muta animalia, & cruenti licet ac furentes inter gladios atque inter arma prædones? Præpoſitus illic adgnoſcitur & timetur, quem non ſententia divina conſtituit, ſed in quem factio perdita & nocens caterva conſenſit. Epiſt. LXVI. pag. 166. 167.

l'Apologiste des Péres. C'en est une du moins pour la *Critique*, ou l'intelligence de l'Ecriture Sainte: & tout autre, que mon Censeur, rougiroit, d'avoir voulu faire accroire (a) aux Lecteurs, qu'en cet endroit-là je traitois de la Morale des Péres; au lieu qu'il est de la derniére évidence que j'y parle en général de leurs erreurs & de leurs fausses pensées, à l'occasion de la thése générale, que je soûtins dans un Article ajoûté à la seconde Edition. Mais je pourrois même faire voir, que la Morale est ici intéressée. Etendre trop loin l'autorité des Ecclésiastiques, & chercher de toutes parts dequoi l'appuier sur des passages de l'Ecriture, où il ne s'agit point de cela, ce n'est pas une chose de peu de conséquence par rapport aux Devoirs des Chrétiens envers leurs Conducteurs Spirituels. L'esprit de domination, dont l'expérience a montré & montre tous les jours tant de fâcheux inconvéniens, se mêle aisément avec un zéle peu éclairé, qui lui aide même à se produire. Et il y a assez de traits dans *St. Cyprien*, qui prouvent qu'avec toute sa piété, il n'a pas été assez en garde contre les illusions de cette passion.

§. LI. MON Censeur dit ensuite, que *les passages de l'Ancien & du Nouveau Testament, où St. Cyprien trouve la Discipline Ecclésiastique dans le mot Latin de Disciplina, ne sont pas si mal employez, que je le prétens. Ce Pére,* ajoûte-t-il, *ne cite pas ces passages pour autoriser les différents points de la Discipline Ecclésiastique considerez en eux-mêmes; mais seulement pour faire voir en général, que l'esprit de l'Ecriture est que nous observions en toutes choses les régles qui nous sont prescrites, & que chacun se contienne dans son devoir.* C'est ainsi que, pour sauver l'honneur des Péres, on suppose tout ce qu'on veut, sans avoir égard à la maniére dont ils s'expriment. Il faut s'aveugler, pour ne pas voir, qu'ici, comme en une infinité d'autres endroits, la moindre ressemblance des termes suffit à *St. Cyprien*, pour trouver dans un passage les choses qui lui tiennent au cœur. Par exemple, au PSEAUME II. (b) le Psalmiste exhorte les Hommes à *recevoir la Discipline*, c'est-à-dire, comme il paroît par toute la suite du discours, à se soûmettre aux ordres de l'*Oint du Seigneur* (1). *St. Cyprien* applique cela tout simplement, & sans aucune apparence de comparaison ou d'accommodation, à la Discipline Ecclésiastique. Dans un autre PSEAUME (c), DIEU dit aux *Pécheurs:* (2) *Vous avez haï la discipline.* Voilà encore la Discipline Ecclésiastique: & cependant il est clair, qu'il s'agit des instructions ou des châtimens de DIEU même. Bien plus: il y a un endroit de JEREMIE, où *St. Cyprien* met le mot de *Discipline*, qui n'est ni dans l'Original, ni dans la Vulgate: (d) *Je vous donnerai des Pasteurs selon mon cœur, & ils vous paîtront avec science & avec intelligence. Par la Discipline,* dit (3) *St. Cyprien. Et le moien,*

(a) Voiez ci-dessus, *Chap.* I. § 7.

(b) *Vers.* 12.

(c) XLIX, 17.

(d) *Jérém.* III, 15.

---

(1) *Et per omnes utilitatis & salutis vias, Ecclesiastica Disciplina servetur, quum Dominus loquatur & dicat: Et dabo vobis pastores secundum cor meum, & pascent vos pascentes cum* DISCIPLINA.... *Et in Psalmis quoque Spiritus Sanctus admoneat, & instruat, dicens:* Continete DISCIPLINAM, *ne forte irascatur Dominus &c.* Epist. IV. *pag.* 7. Voiez aussi *Testimon.* Lib. III. § 66. & *de Habitu Virgin.* init. pag. 92.

(2) *Disciplina custos fidei, retinaculum fidei* &c.... *Tu autem odisti disciplinam, & abjecisti sermones meos retro. De Habitu Virg.* ubi supr. & *Testimon.* Ibid.

(3) Dans tous les endroits, que je viens de citer.

moïen, que s'agiſſant là de Conducteurs, on eût omis la *Discipline Eccléſiaſtique*? Il falloit bien l'y mettre, à quelque prix que ce fût. Il n'eſt pourtant pas ſûr, que ces Conducteurs ſoient les Conducteurs de l'Egliſe : on peut fort bien l'entendre, comme fait GROTIUS, des *Princes*, qui *gouvernent ſagement*.

§. LII. J'AVOIS encore donné pour exemple des fauſſes applications que fait *St. Cyprien* des paſſages de l'Ecriture, le relâchement des *Peines Eccléſiaſtiques*, en conſidération des ordres de quelques Martyrs, comparé bien nettement au *Pardon des Pechez*, que l'Evangile promet en conſéquence du Bâtême. Le P. *Ceillier* (a) avouë, que *le raiſonnement n'auroit rien de ſolide*: mais il prétend (b), que *St Cyprien* parle ſeulement des *peines qui ſont eſſentielles à la vertu de Pénitence*, & non pas des ſimples *Peines Eccléſiaſtiques*. Il entend par les prémiéres, les marques extérieures de triſteſſe & d'humiliation, que donne un Pécheur repentant, comme, *de ſe coucher ſur le ſac & ſur la cendre*, *de négliger ſon corps*, *de ſe mettre au pain & à l'eau*, *de prier & jeûner ſouvent*, *de gémir & pleurer nuit & jour* &c. ce qu'il appelle des *œuvres ſatisfactoires*. (c) *Il falloit bien* (dit-il) *que la demande de* Lucien *fût contre les régles*, *puis que*, *dans la Seconde Lettre qu'il écrivit à St. Cyprien*, *il reſtreignit les indulgences à ceux ſeulement dont la pénitence & le repentir auroient été connus ſûrement*. Mais LUCIEN n'avoit jamais prétendu, qu'en conſidération de l'interceſſion des Martyrs mourans, on dispensât ſans diſtinction des Pénitences Publiques tous les *Tombez*, encore même qu'ils n'euſſent donné par leur conduite aucune marque de repentir. Cela paroît par ſa Lettre à *Célérin*, Confeſſeur Romain, dans laquelle il met expreſſément cette condition, (4) que les *Tombez expoſent leur cauſe à l'Evêque*, *& faſſent une confeſſion authentique de leur péché*. Ainſi il eſt conſtant, que *St. Cyprien* s'eſt ſervi mal-à-propos de ces paroles: *Bâtiſez les Nations au nom du Pére*, *du Fils*, *& du Saint Eſprit*, *& leurs Péchez leur ſeront pardonnez*; pour prouver, qu'on ne doit pas recevoir les Tombez à la paix de l'Egliſe *au nom du Martyr* PAUL. D'ailleurs, quand on demandoit l'exemtion des Pénitences Publiques *au nom des Martyrs*, cela ne ſignifioit pas la même choſe, que *bâtizer au nom du Pére*, *du Fils*, *& du St. Eſprit*. Et Lucien, & les Martyrs, vouloient ſeulement, que, ſelon (5) l'opinion & l'uſage de ce tems-là, on eût égard à l'interceſſion de ces Confeſſeurs, pour épargner aux *Tombez* les rigueurs des Pénitences Publiques.

§. LIII. COMME c'eſt à quoi ſe réduit tout ce que j'ai voulu critiquer, je laiſſe mon Cenſeur battre le lieu commun des *Satisfactions*, & des *Pénitences Eccléſiaſtiques*. Il ſuffit de le renvoïer à nos Auteurs, ſur tout à l'excellent Ouvrage

(a) Pag. 161.
(b) Pag. 150, & ſuiv.

(c) Pag. 164.

(4) *Et ideo*, *frater*, *peto*, *ut ſicut hic quum Dominus cœperit ipſi Eccleſiæ pacem dare*, *ſecundum præceptum* Pauli, *& noſtrum tractatum*, *expoſitâ cauſſâ apud Epiſcopum*, *& factâ exomologeſi*, *habeant pacem*; *non tantum hæ*, *ſed & quas ſcias ad animum noſtrum pertinere*. Epiſt. XXII. pag. 48. Ainſi, quand *St. Cyprien* dit: *Additum eſt planè*: *de quibus ratio conſtiterit*, *quid poſt commiſſum egerint*; (*Epiſt*. XXVII.

pag. 52.) il ne parle nullement d'une reſtriction ajoûtée depuis; mais de la condition préalable, ſous laquelle Lucien, & tous les Confeſſeurs, avoient toûjours demandé l'exemtion des Peines Eccléſiaſtiques pour les *Tombez*. Voïez la *Lettre* XXIII.

(5) Voïez BINGHAM, *Antiq. Eccléſiaſtiq*. Liv. XVI. Chap. III. § 4.

S

vrage de (a) DAILLE'. Il peut voir encore, dans (b) la *Vie de* St. Cyprien, dont j'avois emprunté ceci, les réflexions très-justes qu'on y fait, sur ce que *St. Cyprien*, mettant à quartier les bonnes raisons qu'on pouvoit donner de la sévérité des réglemens Ecclésiastiques au sujet des *Tombez*, ou ne faisant que les effleurer, s'étend sur des *Satisfactions*, dont il ne donne aucune idée claire & distincte: ce qui a fraié le chemin aux fausses pensées des Scholastiques, que l'Eglise Romaine suit aujourdhui. L'Evangile, où Dieu se montre à plein comme (c) *Esprit*, *qui veut que ceux qui l'adorent, l'adorent en esprit & en vérité*; se contente aussi de la pureté du Cœur, & ne demande pas absolument des Pénitences ou des Mortifications extérieures. L'amendement de vie est la seule Pénitence nécessaire. Les plus grands Hypocrites, les gens qui se font à eux-mêmes les plus grossiéres illusions, & qui n'ont aucun dessein sérieux de se convertir, sont d'ordinaire ceux qui se résolvent avec moins de peine à des austéritez & des mortifications extérieures. Tout cela leur est beaucoup plus aisé, que le renoncement à leurs Passions favorites, dans lesquelles au contraire ils se confirment par la fausse pensée où ils sont d'expier leurs péchez de cette manière. On en a une infinité d'exemples dans l'Eglise Romaine; & dans les Cloîtres, plus qu'ailleurs.

§. LIV. Le P. Ceillier passe sous silence ce que l'on avoit remarqué, de *l'indivisibilité de l'Eglise*, figurée, selon *St. Cyprien*, par la *tunique sans coûture de Nôtre Seigneur*. Il faut lui tenir compte, de ce qu'il n'a pas été ici chercher quelque couleur, pour justifier ce type chimérique. Il ne reste plus, que l'article de l'*Aumône*. Sur quoi il faut remarquer d'abord, qu'il n'étoit pas question de savoir, si l'on peut, par l'Aumône, *racheter ses péchez* en un certain sens. Ainsi mon Censeur devoit s'épargner la peine de le prouver (d), aussi bien que ses insinuations malignes sur mon compte. Il s'agit de voir, sur quoi fondé *St. Cyprien* donne plus d'efficace à l'*Aumône*, pour le rachat des Péchez commis après le Batême (1), que pour celui des Péchez commis auparavant; & compare cet effet de l'Aumône, avec la rémission des Péchez conférée par le Batême. Selon les idées de ce Pére, on diroit, qu'avant le Batême, l'Aumône n'est pas une action bonne & agréable à Dieu. Cependant St. Pierre (e) disoit à Corneille, le Centenier, qui n'étoit pas encore batizé: *Vôtre priére a été exaucée, & Dieu s'est souvenu de vos aumônes*. Mais ni avant, ni après le Batême, l'Aumône n'efface (f) pas les Péchez de la même manière, que le sang de Jesus-Christ: & *St. Cyprien* (2) n'y met aucune différence. Le moins qu'on puisse dire, c'est qu'il est là-dessus des idées bien confuses, & peu exactes. Je ne m'arrête pas à la fausse application du passage de l'Evangile: (g) *Toutes choses sont pures pour vous*: ce qui signifie seulement,

---

(1) *Loquitur in Scripturis divinis Spiritus Sanctus, & dicit*: Eleemosynis & fide delicta purgantur. *Non utique illa delicta, quæ fuerant ante contracta: nam illa Christi sanguine & sanctificatione purgantur.* De Opere & Eleemosynis, pag. 197. Le passage cité ici, est des Proverbes, XVI, 6. où l'Hébreu, & la Vulgate, portent; *Par la Miséricorde &* la Vérité (ou la Fidélité) *les Péchez sont rachetez.* Mais St. *Cyprien* a trouvé là l'*Aumône*, & la Foi Evangélique, où l'on entre par le Batême.

(2) *Item denuo dicit* [Spiritus Sanctus] *Sicut aqua extinguit ignem, sic eleemosyna extinguit peccatum. Hic quoque ostenditur, & probatur, quia, sicut, lavacro aquæ salutaris,*

ment, comme toute la suite du discours le fait voir, que Dieu ne tiendra point pour souillez, de la maniére que les *Juifs* l'étoient sous la Loi, ceux qui se contentent de pratiquer les Vertus que l'Evangile demande, & sur tout la Charité, que les *Pharisiens* avares négligeoient le plus, pendant qu'ils étoient grands observateurs des Cérémonies.

§. LV. Mais ce qu'il y a ici de plus considérable, & que j'ai eû principalement en vuë, c'est la maniére dont *St. Cyprien* répond à l'excuse tirée de la *multitude d'Enfans* (3), qui ne permet pas *d'être aussi libéral qu'on le souhaitteroit*. Car la réponse de ce Pére laisse subsister dans toute sa force le fondement de l'excuse. Il est certain, que, plus le nombre des personnes, à la subsistance desquelles on doit pourvoir, est considérable, & moins on est en état de faire de grandes libéralitez. La chose parle d'elle-même. Les Devoirs de la Charité envers les Etrangers, vont sans doute après ce qu'on doit aux siens. Réduira-t-on des Enfans à l'aumône, sous prétexte de *racheter leurs Péchez par des Aumônes*? Ne seroit-ce pas, au contraire, nuire au Salut des Enfans, que de les exposer aux tentations de l'Indigence, par des actes de Charité, qui ne peuvent leur servir de rien, qu'autant qu'ils vivent eux-mêmes selon les régles de l'Evangile? Il falloit donc dire, pour répondre directement & solidement, que l'on ne doit pas étendre trop loin ce que chacun est obligé de fournir aux siens: Qu'ainsi le nombre des Enfans n'oblige pas à la vérité à de plus grandes libéralitez, que si l'on en avoit moins, mais n'excuse pas non plus ceux qui, après les avoir entretenus honnêtement selon leur condition, ont encore assez de superflu: Que si la raison, pourquoi on n'a rien de reste, vient des dépenses qu'on fait pour eux en des choses qui ne servent qu'au Luxe ou à la Débauche, on est doublement coupable, & du mauvais usage de son bien, & de l'impuissance où l'on se met par là d'assister les Nécessiteux &c.

CHAPITRE IX.

Sur ce que l'on a dit de Lactance.

§. I. Commençons par ce que Lactance dit de la *Défense de soi-même*, qu'il condamne absolument, fondé sur des idées fort outrées de la *Patience Chrétienne*. Nous comprendrons mieux alors, pourquoi il veut qu'*un véritable Homme de bien ne porte jamais les armes*. §. II.

gehennæ ignis exstinguitur, ita eleemosynis atque operibus justis delictorum flamma sopitur. Et quia semel in Baptismo remissa peccatorum datur, assidua & jugis operatio, Baptismi instar imitata, Dei rursus indulgentiam largitur. Ibid Voilà encore un autre passage, bien appliqué: *Comme l'Eau éteint le Feu, ainsi l'Aumône éteint le Péché.* Ecclesiastique, III, 33.

L'Eau, c'est ici le *Batême*, selon *St. Cyprien.*

(3) *Sed enim multi sunt in domo liberi... atquin hoc ipso operari ampliùs debes, quo multorum pignorum pater es. Plures sunt, pro quibus Dominum depreceris: multorum delicta redimenda sunt, multorum purgandæ conscientiæ, multorum animæ liberandæ* &c. Ibid. *pag.* 205.

(a) *Liv.* II.
Chap. V. § 14.

§. II. Mon Auteur avoit déja relevé là-dessus ce Pére, dans l'endroit (a) que j'ai indiqué. Mais voici d'autres passages clairs & décisifs, d'où il paroît, que *Lactance* regarde comme une action, qui ne convient nullement à un Homme-de-bien, de causer aucun mal à un injuste Aggresseur, quelque nécessité qu'il y ait de lui en faire pour se défendre, & indépendamment de tout esprit de Vengeance. ,, (1) Que le juste (dit-il) s'abstienne toûjours & par ,, tout, de faire aucun mal à personne. Ce Précepte n'emporte pas seulement, ,, qu'il n'insulte lui-même personne, mais encore qu'il ne repousse point les ,, injures qu'on lui fait. Car il y a un Tribunal, auquel préside le Juge Sou- ,, verain & Très-juste, qui voit tout, & qui est témoin de tout: qu'il le pré- ,, fére donc aux Hommes, qu'il lui laisse le soin de juger de sa cause, puis ,, que personne ne peut éviter, par la protection & la faveur de qui que ce ,, soit, la Sentence de ce Juge. De là il arrive, que l'Homme Juste est mé- ,, prisé de tout le monde: & du moment qu'on croit qu'IL NE PEUT PAS ,, SE DEFENDRE LUI-MEME, on le tient à cause de cela, pour Lâche & ,, Poltron: au lieu que ceux qui se défendent contre leur Ennemi, passent ,, pour braves & courageux; chacun les honore & les respecte..... Mais la ,, Malice des Hommes ne corrompra pas l'Homme Juste, & n'empêchera pas ,, qu'il ne tâche d'obéir à DIEU, & qu'il n'aime mieux s'exposer au mépris, ,, en s'acquittant toûjours du devoir d'un Homme-de-bien, & ne faisant rien ,, qui convienne à un Méchant". Peut-on s'empêcher de voir là toute Défense, même par les voies ordinaires de la Justice, proscrite, comme contraire au Devoir d'un Homme-de-bien, qui ne peut l'entreprendre sans attenter sur les droits du Souverain Juge? Après quoi suivent les paroles, que PUFENDORF a rapportées & refutées. *Lactance* s'explique un peu plus bas aussi nettement, sur la Défense contre un injuste Aggresseur, qui en veut à nôtre vie. (2) ,, Il n'est pas (dit-il) d'un Homme sage & de probité, de vouloir s'en- ,, gager dans aucun combat, & de s'exposer au danger, que l'on court alors; ,, car il n'est pas en nôtre pouvoir de vaincre, & tout combat est douteux; ,, mais il est d'un Homme sage & parfaitement homme-de-bien, non pas de ,, vouloir TUER l'Aggresseur, ce qui NE PEUT SE FAIRE SANS CRI- ,, ME & sans danger, mais de S'ABSTENIR DU COMBAT même, ce qui ,, peut se faire & utilement, & justement. La Patience est donc une excellente

(1) *Innocentiam semper & ubique custodiat. Quod praeceptum non ad hoc tantum valet, ut ipse injuriam non inferat; sed ut illatam sibi non vindicet. Sedet enim maximus & aequissimus judex, speculator ac testis omnium. Hunc homini praeferat; hunc malit de caussâ suâ pronuntiare, cujus sententiam nemo effugere potest, nec defensione cujusquam, nec gratiâ. Ita fit, ut homo justus contemtui sit omnibus: & quia putabitur semet ipsum defendere non posse, habebitur pro segni & inerti, qui autem fuerit ultus inimicum, hic fortis, hic strenuus judicatur: hunc colunt, hunc omnes verentur..... Sed justum pravitas hominum depravare non poterit, quo minus Deo studeat obtemperare; malitque contemni, dummodo semper boni fungatur officio, mali numquam.* Inst. Divin. Lib. VI. Cap. XVIII. num. 12, & seqq. Ed. Cellar.

(2) *Sapientis ergo ac boni viri non est, velle certare, ac se periculo committere, quoniam & vincere non est in nostrâ potestate, & est anceps omne certamen: sed est sapientis atque optimi viri, non adversarium velle tollere, quod fieri sine scelere ac periculo non potest; sed certamen ipsum, quod fieri & utiliter & juste potest. Summa igitur virtus habenda Patientia est, quam ut caperet homo justus, voluit illum Deus; ut supra dictum est, pro inerte contemni. Nisi enim con-*

„ lente Vertu; puis que, selon ce que nous avons dit ci-dessus, Dieu a
„ voulu que l'Homme Juste, pour l'exercer, fût méprisé comme un Lâche.
„ Car, s'il n'avoit point d'insultes à souffrir, on ne verroit pas combien il a
„ de force pour se moderer. Si étant provoqué par quelque injure, il se met
„ à poursuivre l'Aggresseur, le voilà vaincu: mais si, par la force de sa Rai-
„ son, il réprime ce mouvement, alors il peut se gouverner, il est maître de
„ lui-même..... Il est impossible de résister à la Nature, & en vain se flatte-
„ roit-on de ne ressentir aucune émotion : il faut donc étouffer, aussi tôt qu'il
„ se peut, ces mouvemens, avant qu'ils aillent jusqu'à faire du mal à autrui.
Je ne veux ici qu'un Lecteur tant soit peu éclairé. Quel autre sens peut-on
raisonnablement donner à ces paroles, si ce n'est que toute résistance à un injuste Aggresseur est illicite en elle-même, & à cause du danger que l'on court
soi-même, par l'incertitude du succès de la Défense, & parce qu'on court risque de tuer l'Aggresseur, *ce qui ne peut se faire sans crime*; de sorte que, si l'on
ne réprime les prémiers & inévitables mouvemens, par lesquels chacun est naturellement porté à se défendre, si l'on permet qu'ils aillent jusqu'à faire le
moindre mal à l'Aggresseur, on n'observe pas les régles de la Patience, qui demandent qu'on s'expose même à passer pour Lâche en tout souffrant ?

§. III. APRE's cela, faut-il s'étonner, que *Lactance* ne permette pas à un
Chrétien de *porter les Armes*? Le passage, que j'ai cité, est clair & en lui-même, & par la suite du discours. Ce Pére venoit de soûtenir, qu'on ne peut
sans crime assister aux Spectacles, encore même que les Criminels, qui ont
été condamnez à se battre avec des Bêtes feroces, soient bien dignes de mort.
Il fait regarder les simples Spectateurs, comme complices de cet *Homicide public*: & afin qu'on ne s'imagine pas qu'il n'y a point de mal, sous prétexte que
tout le monde tient pour légitime le Supplice des Méchans, il ajoute, qu'il
ne s'ensuit point de là que les Chrétiens puissent innocemment y prendre aucune part, même par la simple vuë. (3) *Car* (dit-il) *quand* DIEU *défend
de* TUER, *il ne défend pas seulement le Brigandage, ce que les Loix Civiles mêmes
ne permettent point; mais il interdit encore tout ce que les Hommes regardent comme
permis sur ce sujet*. Pour le prouver, *Lactance* allégue l'exemple de la *Guerre*,
& des *Accusations* d'un Crime capital. Ainsi, ajoûte-t-il, *il n'est pas permis à un
Homme Juste de porter les Armes, puis qu'il est enrôllé au service de la Justice même*.

*tumeliis fuerit adfectus; quantum habeat fortitudinis in se ipso cohibendo, ignorabitur. Si autem
lacessitus injuriâ lædentem persequi cœperit; victus
est. Si verò motum illum ratione compresserit;
hic planè imperat sibi, hic regere se potest......
Ergo quoniam repugnare naturæ impossibile est &
inutile, ut non commoveamur omninò; priùs tamen quàm commotio illa prosiliat ad nocendum,
quod fieri potest, maturiùs sopiatur.* Ibid. num.
29, *& seqq.*

(3) *Hujus enim publici homicidii socios & participes esse non convenit eos, qui Justitiæ viam
tenere nituntur. Non enim quum occidere Deus
vetat, latrocinari nos tantum prohibet; quod ne
per leges quidem publicas licet; sed ea quoque ne
fiant monet, quæ apud homines pro licitis habentur. Ita neque militare Justo licebit, cujus militia est ipsa Justitia; neque vero accusare quemquam crimine capitali, quia nihil distat, utrumne verbo an ferro potiùs occidas, quoniam occisio
ipsa prohibetur. Itaque in hoc Dei præcepto nullam prorsus exceptionem fieri oportet, quin occidere hominem sit semper nefas, quem Deus sanctum animal esse voluit.* Ibid. Cap. XX. num.
15, *& seqq.*

Il ne lui est pas non plus permis d'accuser personne d'un Crime capital, car c'est tout un, de tuer quelcun avec le Fer, ou par des paroles, parce que L'ACTE DE TUER EST DÉFENDU PAR LUI-MEME. *On ne doit donc faire absolument* AUCUNE EXCEPTION *à ce Commandement de* DIEU, *& c'est* TOUJOURS UN CRIME, *que de tuer un Homme, comme étant un Animal, dont* DIEU *a voulu que la Vie fût sacrée & inviolable.* Le P. *Ceillier* (a) est ici bien embarrassé. La force de la Vérité l'oblige à reconnoître, que *ce passage n'est pas sans difficulté*, & que *ceux qui nous ont donné la Bibliothéque des Péres ont condamné ce Philosophe Chrétien, comme aiant enseigné en ce point une doctrine peu orthodoxe*. Il prétend néanmoins, qu'*on peut donner un bon sens aux paroles de Lactance*; & ce sens se réduit à dire seulement, qu'on ne doit ni tuer, ni accuser personne, avec des *dispositions de cruauté*, contraires à la *Justice*. Je ne m'arrêterai pas à réfuter une explication si visiblement forcée. La simple lecture des paroles, comparées avec toute la suite du discours, suffit pour la détruire. D'ailleurs, ce sont ici précisément les mêmes idées, que nous avons vuës (b), & que nous verrons encore s'être emparées de l'esprit de plusieurs Péres, dont la conformité sur de pareilles choses sert à rendre vains tous les adoucissemens qu'on leur prête malgré eux.

(a) *Apolog.* pag. 202, & *suiv.*

(b) *Chap.* VI. § 33, & *suiv.* *Chap.* VIII. § 40, & *suiv. Chap.* XI. § 1, & *suiv.*

§. IV. CE que *Lactance* dit au sujet du *Trafic dans les Païs Etrangers*, fait voir aussi les extrémitez vicieuses dans lesquelles une apparence de Piété le jettoit sur divers articles, & confirme en même tems son opinion sur la Guerre. „ Pourquoi (1), (dit-il) un Homme Juste iroit-il sur mer, ou qu'iroit-il
„ chercher dans un Païs Etranger, lui qui est content du sien? Pourquoi s'en-
„ gageroit-il à la Guerre, & se mêleroit-il dans les fureurs d'autrui, lui qui
„ entretient dans son cœur une paix perpétuelle avec tous les Hommes? Se
„ fera-t-il un plaisir d'avoir des Marchandises étrangeres, ou de verser le sang
„ humain, lui qui ne sait ce que c'est que de rechercher le Gain, se conten-
„ tant du nécessaire, & qui tient pour un crime non seulement de tuer soi-mê-
„ me quelcun, mais encore d'assister à un Homicide commis par autrui, &
„ de le voir? Mais, (ajoûte *Lactance*) je laisse cela, parce qu'il peut se faire
„ qu'un Homme Juste soit contraint malgré lui de se trouver en ces cas-là". C'est apparemment de ces derniéres paroles, que (c) mon Censeur a inferé, qu'*il peut arriver*, selon *Lactance*, *que cet homme juste se trouve obligé contre son gré & son inclination, à porter les armes, & à trafiquer au delà des mers. Et alors tout ce qu'il exige de lui en général, est que dans tous les dangers où il se trouvera, il leve les yeux au Ciel, & en demande du secours avec confiance.* Mais il ne faut que faire tant soit peu d'attention à la suite du discours, pour se convaincre que c'est la plus fausse explication du monde. (2) *Lactance* veut réfuter la pensée du Philosophe CARNÉADE, qui prétendoit, qu'*un Homme Juste seroit fou, s'il n'ôtoit pas à un autre, quoi que blessé, le Cheval sur lequel il est, pour s'en servir lui-*

(c) *Pag.* 170.

(1) *Cur enim naviget, aut quid petat ex alienâ terrâ, cui sufficit sua? cur autem belligeret, ac se alienis furoribus misceat, in cujus animo pax cum hominibus perpetua versetur? Scilicet peregrinis mercibus, aut humano sanguine, de-lectabitur, qui nec luctum sciat adpetere, cui sufficit victus, & non modo ipse cadem facere, sed interesse facientibus ac spectare, ducat nefas. Sed omitto ista: quoniam fieri potest, ut vel invitus ad hæc subeunda cogatur.* Lib. V. Cap. XVII. num. 12, & *seqq.* (2)

DES PERES. Chap. IX.

lui-même ; & si voiant un autre, plus foible, qui s'est emparé d'une planche du Vaisseau submergé, il ne l'en chassoit, pour s'y jetter lui-même dssus. Nôtre Docteur se sert de ce prémier argument, *Que le cas n'est pas possible*, parce qu'un Homme Juste n'étant Ennemi de personne, n'aura garde d'aller à la Guerre (or on avoit supposé dans le Chapitre précedent, que ce cas du Cheval enlevé arrive dans une déroute d'Armée) & content de ce qu'il a, il n'ira pas non plus sur mer, où il soit exposé, en faisant naufrage, à la nécessité de périr, s'il ne chasse d'une planche celui qui l'avoit occupée le prémier. Après avoir ainsi nié la supposition, comme fondée sur des choses contraires au Devoir & à la disposition d'un vrai Homme-de-bien, il déclare, qu'il ne veut pourtant pas insister là-dessus, parce que, quoi que le *Commerce*, & la *Guerre*, soient ordinairement ce qui donne occasion à de tels cas, ils peuvent néanmoins arriver sans cela. En effet, rien n'empêche qu'on ne se trouve sur mer, sans aucun dessein de trafiquer, & qu'ainsi on ne soit exposé à un Naufrage. Un Homme, qui n'est pas Soldat, peut être réduit à la nécessité de fuïr, & en rencontrer un autre blessé sur son Cheval. Voilà certainement tout ce que *Lactance* veut dire. Mais, quand on accorderoit au P. *Ceillier* ses fausses explications, il lui resteroit encore à montrer, en vertu dequoi *Lactance* ne permettroit de *porter les Armes*, ou de *trafiquer*, que *contre son gré & son inclination*. Car ou la chose en elle-même est légitime, ou elle ne l'est pas. Si elle ne l'est pas, on ne doit jamais la faire, ni de son bon gré, ni contre son gré. Et si elle l'est, comme elle l'est sans contredit, on peut aussi la faire de son bon gré, en observant d'ailleurs les conditions nécessaires pour qu'elle demeure légitime.

§. V. La vérité est, que ce Pére condamne sans distinction & la *Guerre*, & la Défense de soi-même contre un injuste Aggresseur, & le *Trafic* dans des Païs éloignez, comme des choses absolument incompatibles, les deux prémiéres avec le Commandement, *Tu ne tueras point*, & avec la *Patience Chrétienne*; la derniére, avec le mépris des biens de ce monde, que l'Evangile prescrit. Mon Censeur, qui confond toûjours la juste Défense de soi-même & de ses droits, avec l'esprit de *Vengeance* qui peut s'y mêler; a l'audace de m'imputer encore ici, (a) que j'ai corrompu le sens de cette Sentence Proverbiale de Jésus-Christ, *Si quelcun vous frappe sur la joüe, présentez lui encore l'autre*; & que je prétens que Nôtre Seigneur *ne défend là que la vengeance des petites injures, & non pas des grandes*; d'où il s'ensuivra, ajoûte-t-il, *qu'en fait de Vengeance il est permis de commettre de grands Péchez, mais non pas des Péchez legers* &c. On sera surpris de voir, sur quoi ce bénin Réligieux fonde une accusation si atroce. Pufendorf dit, que *la Patience, si fort recommandée aux Chrétiens, n'oblige nullement à supporter toutes sortes d'injures* SANS RESISTANCE. J'ajoûte là-dessus (b) dans une Note: *Cela se peut inferer des paroles mêmes de* Jésus-Christ (Matth. V, 39, 40.) *dans lesquelles la Patience est le plus*

(a) Pag. 399.

(b) Droit de la Nat. & des Gens, Liv. II. Chap. V. §. 14. Note 8.

---

(2) *Justus*, inquit [Carneades] *si ut equum saucio, aut tabulam naufrago, non ademerit, ut ipse animam suam liberet, stultus est. Primùm omnium nego, ullo modo fieri posse, ut homini, qui quidem verè justus sit, ejusmodi casus eveniat: quia justus neque cuiquam nato inimicus est, neque quidquam omnino adpetit alienum. Cur enim* &c. Ibid. num. 10, 11.

plus fortement recommandée. Car ce divin Docteur ne dit pas; Si quelcun veut vous tuer, vous mutiler, ou vous rouer de coups; *mais,* Si quelcun vous donne un Soufflet sur la joue droite &c. *Or un Soufflet est une injure légère en elle-même, & aisée à supporter.* Quiconque lira ceci, dira d'abord: *Où est la bonne foi?* Car en vérité mon Censeur seroit bien stupide, s'il n'avoit pas vû, que je ne parle ni en blanc, ni en noir, de la *Vengeance;* mais seulement d'une *résistance* légitime. Qu'il choisisse néanmoins entre ces deux reproches auxquels il a donné lieu, & dont l'un ou l'autre est nécessairement bien fondé; je lui donne la carte blanche, ici, & (a) ailleurs, où il a usé d'un semblable stratagême.

(a) Voiez ci-dessus, Chap. VI. § 31.

§. VI. Mais nous allons voir d'autres choses, qui feront connoître de plus en plus le génie de mon Censeur. J'avois dit, que Lactance *condamne absolument le Prêt à usure, & le regarde comme une espéce de larcin.* Le P. Ceillier répond d'abord, (b) qu'*il semble que Lactance, dans cet endroit, ne condamne l'usure que par rapport au Pauvre:* cependant, *il reconnoît* ensuite, & *sans peine,* comme une chose *très-certaine, que Lactance condamne absolument tout Prêt à usure, & qu'il le traite effectivement de larcin.* Il avoue encore, que St. Cyprien (c), St. Chrysostôme (d), St. Ambroise (e), St. Grégoire de (f) *Nysse,* St. Basile (g), St. Jerome (h), St. Augustin (i), *& plusieurs autres Péres de l'Eglise,* ont absolument condamné *toute sorte d'usures.* Mais, ajoûte-t-il, *en cela ont-ils enseigné quelque chose contre la bonne Morale?* Oui sans doute, & en même tems contre la bonne manière d'interpréter l'Ecriture Sainte. J'ai dit, & je le répete, Que c'est une des choses qui montre le plus palpablement la crasse ignorance des Péres de l'Eglise, & de leurs Apologistes, en fait de Droit Naturel & de Morale. Mais l'ai-je dit sans preuve? C'est ce que mon Censeur (k s'est mis ridiculement dans l'esprit de pouvoir persuader à ses Lecteurs. *Mr. Barbeyrac* (dit-il) *le suppose, mais il ne le prouve pas. C'est sa coûtume de desapprouver les sentimens des Péres, qu'il trouve opposez aux siens; mais rarement il nous dit pourquoi.* Comment donc? Est-ce qu'en donnant l'histoire de la Morale des Péres, & rapportant quelques-unes de leurs erreurs en ce genre, je devois, à chaque article, faire une Dissertation sur la matière? Qui ne riroit d'une telle censure, quand on pense que tout ce que le P. Ceillier réfute dans son Livre, est tiré d'une Préface mise à la tête d'un Ouvrage en deux Volumes *in quarto,* où l'Auteur donne un Systême du *Droit de la Nature & des Gens?* Sans avoir lû Pufendorf, il n'y a personne, qui ne dise d'abord en lui-même: *Quoi? n'y auroit-il donc rien dans ce grand Ouvrage, sur une question de Droit & de Morale, si agitée & si importante?* Il ne faudra ensuite qu'ouvrir le Livre, pour trouver bien tôt un grand Chapitre sur le *Prêt à consomtion;* & la question de l'*Usure,* ou des intérêts d'un argent prêté, traitée là & dans le Texte, & dans les Notes, avec assez d'étendue. J'y renvoie à divers Auteurs, qui ont épuisé la matière; & d'une manière ou d'autre on y voit renversée d'avance la mauvaise compilation que mon Censeur fait ici de ce qui avoit été dit & redit contre le Prêt à usure en général, mais qui aussi a été refuté avec la derniére force.

(b) *Pag.* 172.

(c) *Testimon.* III. 48.
(d) *Homil.* LVII *in Math.* & XLI. *in Genes.*
(e) *De Tobia,* Cap. XIV.
(f) *Hom.* IV. *in Eccles.*
(g) *Homil.* IV. *in Psalm.* XIV.
(h) *In Cap.* XVIII *Ezech.*
(i) *Lib.* IV. *contra Donatist.* num. 12.
(k) *Pag.* 172, 173.

§. VII. Je pourrois donc me dispenser d'ajoûter ici un seul mot. Cependant, puis que le P. *Ceillier* croit devoir me montrer *que le Prêt usuraire est contraire*
non

non seulement à la *Loi Naturelle*, mais encore aux *Loix Divines & Humaines*; je crois, à mon tour, devoir lui montrer en peu de mots, combien il s'est aventuré mal-à-propos de défendre les erreurs des Pères, sur une Science, qu'il n'a étudiée que chez eux, & qu'il n'entend pas mieux qu'eux. Voici sa prémiére raison. (a) *La Loi Naturelle*, dit-il, *ordonne de ne pas faire aux autres ce qu'on ne voudroit pas qu'on nous fît:* Donc *elle défend l'Usure*. La maxime en elle-même est très-véritable : mais le P. *Ceillier* devoit nous expliquer, comment il l'applique au sujet. A-t-il voulu parler des abus du Prêt à usure, qu'il étale plus bas? Ou bien sa pensée est-elle, que quiconque prête, souhaitteroit, quand il emprunte lui-même, qu'on lui prêtât sans intérêt? Je ne vois point d'autre sens à donner ici. L'abus, quel qu'il soit, ne prouve pas que la chose qu'on ne voudroit pas que les autres fissent à nôtre égard, soit mauvaise; à moins qu'on n'ait montré par de bonnes raisons que l'abus est inséparable de la nature même de cette chose. Que si l'on inféré que le Prêt à usure est mauvais en lui-même, de ce que chacun seroit bien aise d'emprunter de l'argent sans intérêt, il faudra poser pour régle générale, que chacun est obligé de procurer aux autres tout ce qui les accommodera, au préjudice de son propre avantage, & du droit qu'il a sur son propre bien, par cette seule raison qu'il souhaitteroit qu'on en usât ainsi envers lui. Voilà qui produiroit assûrément de nouvelles régles de Morale. Par malheur, ce principe se détruiroit lui-même. Car comme il devroit être pour les uns, aussi bien que pour les autres, celui dont on souhaitteroit d'emprunter de l'argent sans intérêt, diroit pour le moins avec autant de raison, que, si l'Emprunteur étoit à sa place, il ne voudroit pas qu'on le privât de l'usage de son argent, & des risques qu'il court en le prêtant, sans en être dédommagé par quelque petit profit, & qu'ainsi, selon sa propre maxime, il ne doit point exiger qu'on lui prête gratuitement. Je ne pense pas, que le P. *Ceillier* croie, que le Contract de *Louage* soit contraire à la Loi Naturelle. Mais, selon le raisonnement qu'il fait ici, je le défie de me prouver, que ce Contract soit légitime. Un Homme, par exemple, qui n'a point de Maison, souhaitteroit sans doute de trouver quelcun qui lui en fournît une pour rien, autant que celui qui a besoin d'argent voudroit en trouver à emprunter sans intérêt. Et au fond quelle différence y a-t-il entre le *Prêt à usure*, & le Contract de *Louage*, si ce n'est que, dans le dernier, on stipule une certaine somme pour l'usage d'une chose en espéce, qui doit être renduë de même; au lieu, que dans l'autre, on stipule quelque chose pour l'usage d'une somme d'argent, que l'on permet au Débiteur d'emploier comme il voudra, à la charge de nous en rendre une pareille. S'il y avoit quelque injustice dans la derniére Convention, je soûtiens qu'il y en auroit encore plus dans la prémière; parce que celui qui exige un salaire pour l'usage de sa Maison, par exemple, court beaucoup moins de risque de perdre son bien, pour faire plaisir au Locataire, que celui qui prête de l'argent à intérêt ne court risque de perdre le sien, pour faire plaisir au Débiteur. Mais on voit assez que le P. *Ceillier* ne sait ce qu'il dit, & que le vrai sens de la maxime de Nôtre Seigneur lui est entièrement inconnu. GROTIUS, qu'il se pique de citer souvent, auroit pû le lui apprendre. JESUS-CHRIST, (b) dit-il, *veut que nous tâchions de faire envers les autres ce que la Raison nous dit que nous pourrions*

(a) *Pag.* 171.

(b) *Annot. in Matth.* VII, 12.

vions nous-mêmes exiger des autres sans injustice. Et ce Précepte est fondé, sur ce que la plûpart du tems nous voions mieux ce qui est juste, lors qu'il n'y a rien à perdre pour nous: l'*Amour propre* nous faisant juger autrement de ce qui nous regarde, que de ce qui regarde les autres. D'où vient que, comme le dit (1) SALLUSTE, personne ne trouve legéres les injures qu'il a reçuës..... Ainsi, pour bien juger, il faut se mettre à la place des autres; & tenir pour juste & équitable par rapport à eux, ce que nous croirions l'être par rapport à nous-mêmes. (2) Voilà le vrai usage de cette régle, que les *Juifs*, avant Nôtre Seigneur, & les Paiens mêmes, ont donnée. Il suppose toûjours les lumiéres de la Raison, qui, en faisant abstraction de nôtre intérêt particulier, nous découvrent ce que les Hommes, naturellement égaux, peuvent également exiger les uns des autres, selon l'Equité Naturelle, lors qu'ils se trouvent dans les mêmes circonstances. Ainsi il s'en faut bien que l'application dépende ici de tout ce que chacun peut souhaitter, comme y trouvant son avantage. Et il reste à prouver au P. *Ceillier*, que le bien de tous les Hommes, ou de la Société Humaine, demande qu'on prête toûjours de l'argent sans intérêt.

§. VIII. MAIS il ne faut pas attendre ici de mon Censeur des idées tant soit peu distinctes. Il ignore même, ou du moins parle par tout comme s'il ignoroit la distinction si évidente & si nécessaire, qu'il y a ici à faire, entre ce que demande la *Justice*, proprement ainsi nommée, & ce que demande l'*Humanité* ou la *Charité*. Selon les régles de la *Justice*, d'où dépend le *droit* que chacun a sur son propre *bien*, il est entiérement libre à chacun, & de l'accorder ou d'en refuser l'usage à autrui; & de ne l'accorder qu'à telles conditions que bon lui semble. Lors même qu'il est obligé à l'accorder d'une certaine maniére, par quelque raison d'*Humanité* ou de *Charité*, il n'en demeure pas moins maître de son bien, & ainsi il ne fait proprement aucun *tort* à ceux envers qui il manque à s'aquitter de ce devoir, auquel ils ne peuvent le contraindre. L'idée de *larcin*, que mon Censeur, après les Péres, applique ici à la lettre, est donc très-fausse. On ne peut l'admettre, que dans un sens extrémement figuré, qui ne convient point à des Traitez exacts de Morale.

§. IX. CELA posé, considérons maintenant de tous les côtez l'essence du Prêt à usure, pour voir s'il renferme la moindre chose qui répugne au Droit Naturel. Celui qui prête de l'argent à un autre, ou y perd, en ce que, s'il ne l'avoit pas prêté, il auroit pû en tirer du profit; ou il n'y perd rien. Dans le prémier cas, pourquoi seroit-il toûjours obligé indispensablement à préferer l'avantage du Débiteur au sien propre? Dans l'autre, il n'est pourtant pas plus obligé, par cette seule raison, à prêter gratuitement, qu'un Homme, qui a deux Maisons, dont l'une lui est inutile, n'est tenu d'y donner logement à un autre, sans en exiger aucun loier. Qu'on me montre la différence.

§. X. LE Prêt d'argent se fait, ou entre deux Personnes Riches, ou entre un Riche & un Pauvre, ou entre un Pauvre & un Riche, ou entre deux Pauvres. Voilà toutes les combinaisons possibles sur ce sujet.

§. XI. UN Riche, quoi que tel, se trouve avoir besoin d'argent en certaines

---

(1) Dàns la Harangue de *J. Céfar*: *Neque Bell. Catilin. Cap. L. (al. LI) num. 11. cuiquam mortalium injuria sua parva videntur*. (2.) Conferez ici ce qui a été dit dans le *Droit*

nes circonſtances, où il lui importe beaucoup d'en avoir tout prêt. Il emprunte d'un autre Riche. En vertu dequoi le dernier ne pourroit-il pas exiger quelque intérêt du prémier, qui profitera de l'uſage de ſon argent? Eſt-ce parce qu'il eſt riche? Mais l'Emprunteur, comme nous le ſuppoſons, l'eſt auſſi. De quel front celui-ci pourroit-il donc traiter de *larcin*, en quelque ſens qu'on prenne ce terme, le ſurplus qu'on lui demande, comme une eſpéce de loier?

§. XII. A plus forte raiſon, la choſe feroit-elle ſouverainement abſurde & injuſte, ſi le Riche empruntoit d'un Pauvre quelque petite ſomme, que celui-ci avoit ramaſſée à la ſueur de ſon viſage. Ici même un motif de Charité devroit plûtôt porter le Riche à donner au Pauvre un plus gros intérêt, qu'il ne donneroit à un autre Riche.

§. XIII. QUAND un Pauvre emprunte d'un Riche, à la vérité ſi ce Pauvre n'emprunte que pour une grande néceſſité, & qu'avec toute ſon induſtrie il ne ſoit pas en état de paier aucun intérêt, ſans être réduit à la miſére; la Charité veut alors, que le Riche ſe contente de la reſtitution du Capital, & quelquefois même qu'il le remette ou en tout, ou en partie. Mais ſi le Pauvre emprunte, pour faire lui-même des profits conſidérables, pourquoi eſt-ce que le Riche ne pourroit pas exiger légitimement une petite partie du profit que fera celui à qui il fournit ainſi le moien d'accommoder ſes affaires? il n'eſt pas rare, de voir, de cette maniére, des Marchands qui n'avoient rien, devenir, quelquefois en aſſez peu de tems, auſſi riches, ou plus riches, que ceux qui leur avoient prêté pour le prémier fond de leur commerce.

§. XIV. SI enfin nous ſuppoſons, qu'un Pauvre prête de ſes petites épargnes à un autre Pauvre, leur indigence étant égale, le dernier peut-il exiger, avec la moindre apparence de raiſon, que le prémier, pour lui faire plaiſir, s'incommode lui-même, ou perde le profit qu'il pourroit tirer de l'uſage de ſon argent?

§. XV. CELA ſuffit, pour faire voir clairement, que le Prêt à uſure, lorsqu'il n'eſt accompagné ni d'extorſion, ni de violation des Loix de la Charité, ni d'aucun autre abus, eſt auſſi innocent, que tout autre Contract, & principalement celui de *Louage*, dont on peut dire qu'il eſt une eſpéce, à conſiderer ce qu'il y a de principal dans l'un & dans l'autre. Cela n'empêche pourtant pas, qu'à cauſe des abus qu'en peuvent faire les gens avides de gain, ou pour s'accommoder à ce que demande l'intérêt particulier d'un Etat, on ne puiſſe ou défendre abſolument de prêter à intérêt, ou ne le permettre que d'une certaine maniére; comme on en uſe à l'égard de bien d'autres choſes reconnuës innocentes de tout le monde. C'eſt la raiſon pourquoi, comme on l'a tant de fois remarqué, DIEU, entant que Légiſlateur temporel des anciens *Hébreux*, leur défendit de ſe prêter les uns aux autres à intérêt; mais enſorte que, par l'exception qu'il fit à l'égard des Etrangers, il témoigne hautement, dans la défenſe même, qu'il ne condamnoit pas ce Contract comme mauvais de ſa nature. Dès-là, tant que les Loix Politiques de MOÏSE ont ſubſiſté, un Homme-

Droit de la Nature & des Gens, Liv. II. Chap. III. § XIII. ſur la fin; & *Chap.* IV. § 5. Note 3. de la nouvelle Edition: & ce que je dirai encore ci-deſſous, *Chap.* XVI. § 9.

me-de-bien, chez les *Juifs*, ne pouvoit sans contredit prendre aucun intérêt de tout autre de sa Nation; comme, dans chaque Etat, il est d'un Homme-de-bien d'observer les Loix Civiles, qui défendent des choses indifférentes en elles-mêmes, sur tout quand ces Loix sont établies pour une utilité publique très-évidente. C'est tout ce qu'on peut inferer des passages (a) d'Ezéchiel, & (b) des Pseaumes. Pour les paroles de Jesus-Christ (c), que l'on fait sonner si haut, *Prêtez, sans en rien esperer;* elles ne regardent point du tout le *Prêt à usure*, comme je crois l'avoir (d) démontré ailleurs: & j'ajoûterai ici une réflexion, qui achéve de le prouver invinciblement: c'est la raison, que Nôtre Seigneur rend de ce précepte; (e) *Les Pécheurs mêmes*, dit-il, *prêtent aux Pécheurs, dans la vûë de* RECEVOIR LA PAREILLE. Le Prêt à usure consiste certainement à recevoir non *la pareille*, mais quelque chose de *plus.* En un mot, il est clair comme le jour, qu'il s'agit là d'un Prêt d'argent fait à ceux qui en ont besoin, sans aucun rapport à la maniére & aux conditions du Prêt en lui-même. Nôtre Seigneur parle de ceux qui ne prêtent qu'à des gens qu'ils savent être en état de leur prêter à leur tour, quand ils en auront besoin, ou de leur rendre quelque autre service de différente nature; car le mot de l'Original, *sans en rien esperer*, ne se borne point au Prêt, il comprend tout autre office auquel on peut s'attendre, en revanche de celui dont il est question. Jesus-Christ, qui recommande ici une Bienveillance & une Bénéficence générale, envers tous les Hommes, Amis ou Ennemis, blâme, dans cet exemple particulier, toute vûë d'intérêt, qui porte à rendre service au Prochain; il veut qu'on fasse du bien à autrui, toutes les fois qu'on le peut, uniquement pour s'acquitter des devoirs de l'Humanité ou de la Charité, & sans aucun espoir de retour; parce qu'autrement c'est une espéce de commerce, & non un bienfait. *Si vous prêtez à ceux de qui vous esperez de recevoir* (c'est-à-dire, *la pareille*, comme il paroît par les paroles suivantes, qui répondent à celles-ci) *quel gré vous en saura-t-on? puis que les gens de mauvaise vie prêtent aux gens de mauvaise vie, pour en recevoir* LA PAREILLE? En tout cela Nôtre Seigneur applique (f) la maxime, qu'il vient de donner: *Ce que vous voulez que les Hommes fassent pour vous, faites-le pour eux:* & l'application en est bien différente du faux sens que nous avons vû que mon Censeur voudroit y trouver. Il n'y a donc rien là qui tende, ni de près, ni de loin, à condamner absolument le Prêt à intérêt, dont la nature ni n'empêche pas qu'il ne puisse être un service, & un service considérable; ni ne demande pas toûjours, lors qu'il est tel, qu'on n'exige rien au delà de ce qu'on prête. Ce sont les circonstances, & la situation respective des deux Parties, qui déterminent sur quel pié on peut prêter, sans manquer ni aux Devoirs de la Justice, ni à ceux de la Charité: comme elles réglent ce que l'on doit fournir en pur don, & que l'on pourroit se faire bien paier sans cela.

§. XVI. Tout ce que mon Censeur dit & des Loix Civiles, & des Loix Ecclésiastiques, ne fait donc rien absolument contre moi. La soûmission que doivent à ces Loix ceux qui sont dans des lieux où ils en dépendent, ne rend pas

(1) Voiez Pufendorf, *Droit de la Nat. & des Gens*, Liv. V. Chap. VII. § dern.

pas le Prêt à usure criminel par tout ailleurs. Le P. *Ceillier* (a) avoué lui-même, que, malgré l'autorité du Droit Canonique qui a prévalu, il y a bien des gens, *parmi les Catholiques Romains, qui sont,* à son gré, *trop favorables à l'Usure.* Il doit savoir aussi, que l'usage a éludé cette autorité en bien des maniéres : (1) & je voudrois bien qu'il nous expliquât, de quel droit les *Papes* eux-mêmes approuvent des Contracts visiblement usuraires, & auxquels il ne manque que le nom, si le Prêt à usure est contraire & aux Loix Humaines, & aux Divines, & aux Ecclésiastiques, & à la Loi Naturelle. (a) *Apolog.* pag. 195.

§. XVII. JE ne sai où il a appris, que, (b) *dès les prémiers Siécles de l'Eglise,* les *Loix Civiles,* aussi bien que les *Ecclésiastiques, ont défendu l'usure à toute sorte de personnes, Clercs ou Laïques.* Tous les Empereurs Chrétiens, avant & après JUSTINIEN, l'ont hautement permise, & n'ont (2) fait qu'en régler la manière diversement, selon les tems. BASILE *le Macédonien* fut le seul, depuis JUSTINIEN, qui défendit absolument de prêter à intérêt, mais avec si peu de succès, que son Fils & Successeur LÉON, surnommé *le Philosophe,* fut obligé de remettre les choses sur l'ancien pié, par l'expérience du mal qu'avoit produit la défense. (b) *Pag.* 174.

§. XVIII. LE P. *Ceillier* me reproche d'avoir voulu mettre dans mon parti cet Empereur (c), sous prétexte que j'ai dit dans (d) mon *Discours sur la Permission des Loix,* qu'*en levant les défenses, il fut plus Philosophe à cet égard, que son Pére.* Il m'oppose *ce que ce Prince reconnoît de bonne foi, que l'Esprit Saint condamne l'Usure par tout.* Mais il ne faut que lire mes paroles, *plus Philosophe du moins* A CET E'GARD, *que son Pére,* pour voir que j'ai loué seulement cet Empereur, de ce que remarquant les mauvais effets de la Loi de son Pére, il l'avoit abolie incessamment. Et c'en est bien assez pour le qualifier *plus Philosophe à cet égard, que son Pére.* Du reste, il m'importe peu, qu'il ait bien ou mal pensé de la nature même du Contract. On ne sauroit néanmoins tirer là-dessus aucune conséquence sûre de ce qu'il dit d'une prétendue *condamnation,* qui se trouve par tout dans l'Ecriture. Il y a grande apparence, que cela étoit dicté par des Ecclésiastiques jaloux de leurs fausses idées, au mépris du Bien Public. Il voulut peut-être en abrogeant la Loi, qu'ils avoient apparemment extorquée à son Pére, leur laisser le plaisir de croire, qu'il ne le faisoit que pour éviter un plus grand mal. (c) *Pag.* 179. (d) *Pag.* 27. *Ed. d'Amst.*

CHAPITRE X.

Sur ce que l'on a dit de SAINT ATHANASE, *& de* SAINT CYRILLE.

§. I. JE joins ici SAINT ATHANASE, & SAINT CYRILLE, comme ils ne font qu'un seul & petit article dans ma *Préface,* où je me suis

(2) Voiez le beau Traité de feu Mr. NOODT, *De Fœnore & Usuris,* où il donne l'histoire de toutes ces Loix.

(a) Pag. XLV.
(b) Bibl. des Aut. Eccl. Tom II. pag. 54. Ed. de Holl.

§. II. QUAND *il seroit vrai* (répond là-dessus (c) l'Apologiste des Péres)

(c) Apolog. Chap. VII. pag. 211.

suis (a) contenté d'alleguer le jugement de feu Mr. DUPIN, sur ce qu'il y a, dans leurs Ouvrages, qui se rapporte à la Morale. Cet Abbé dit, (b) *qu'il y a peu de principes de Morale dans les Ouvrages de St. Athanase, & que ceux qui s'y rencontrent, si vous en exceptez ce qui regarde la Fuite de la Persécution, & de l'Episcopat, & la Défense de la Vérité, n'y sont pas traitez dans toute leur étenduë.*

§. II. QUAND *il seroit vrai* (répond là-dessus (c) l'Apologiste des Péres) que St. Athanase ne se seroit pas appliqué à écrire de grands Traitez de Morale, on n'en pourroit pas conclure qu'il ait négligé d'en instruire à fond son Peuple dans des Homélies & des Discours particuliers que tous les Evêques de son tems avoient coûtume de prononcer dans toutes les Assemblées. Et pour ce qui est de ses Ecrits, ce qui nous en reste suffit pour nous persuader avec quelle ardeur ce saint Docteur prenoit les intérêts de la Vérité contre les Hérétiques de son tems; avec quel soin il veilloit sur ses ouailles, pour empêcher l'Hérésie de les surprendre; & avec quelle assiduité il les instruisoit des Veritez pratiques & spéculatives de nôtre Religion. Mais, que St. Athanase se soit appliqué, ou non, à écrire de grands Traitez de Morale, ce n'est pas dequoi il s'agit: la question est de savoir, si, par ce qui nous reste de ses Ecrits, on peut juger qu'il avoit assez médité & approfondi la Morale, pour être capable de donner de tels Traitez, composez avec l'exactitude requise, pour *instruire à fond* des matiéres. Or c'est ce qu'on ne sauroit inferer de cela seul qu'il faisoit, comme tous les Evêques de son tems, des *Homélies* prononcées devant son Peuple. S'il en faut juger par les Homélies, que nous avons, d'autres Péres, qui ne sont en rien inférieurs à *St. Athanase*, on ne se piquoit pas, dans ces Discours, d'aller beaucoup au delà des généralitez & des raisonnemens populaires; & on mêloit bien des choses étrangéres, ou peu solides, parmi ce qu'il pouvoit y avoir de bon. *L'ardeur contre les Hérétiques* n'est pas ici un préjugé fort avantageux en faveur de *St. Athanase*. Au contraire, cette même ardeur, jointe à la situation où les affaires étoient du tems de ce Pére, nous donne tout lieu de présumer, qu'occupé de matiéres de pure spéculation, qui lui tenoient fort au cœur, & animé par les Persécutions qu'il eut à essuïer, il tournoit de ce côté-là le fort de ses pensées, de sorte qu'il ne lui restoit pas assez de tems pour étudier la Morale comme il faut, quand même il auroit compris mieux que les autres anciens Docteurs, la nécessité de cette étude; à quoi il n'y a nulle apparence.

(d) Pag. 214, & suiv.

§. III. C'EST donc mal déviner, que de conclure, comme (d) fait mon Censeur, du *catalogue des Ouvrages perdus de St. Athanase*, qu'il s'est adonné très-particuliérement à *l'explication de différents points de la Morale*. En vertu de quoi présumera-t-on, que *les Lettres qu'il écrivit du fond de sa solitude au Peuple d'Alexandrie*, fussent plus instructives à cet égard, & plus exactes, que celles qui (e) Dialog. II. sont parvenuës jusqu'à nous? Le *Livre de la Foi*, dont parle (e) THEODORET, étoit apparemment Théologique, beaucoup plus que Moral; aussi bien (f) Tom. VI. que (f) le *Traité sur ces paroles, Mon ame est troublée jusqu'à la mort*. Et d'ail-Concil. pag. 986. leurs il s'agit, dans toute nôtre Dispute, des Préceptes de l'Evangile qui ont leur fondement dans le Droit de Nature, & dans la Morale Naturelle. Pour (g) Hieron. Catalog. Cap. 87. le Livre de la (g) *Virginité*, qu'y trouverions-nous, que des idées ou entiére-ment fausses, ou fort outrées, sur la sainteté de cet état, telles que nous en

avons

DES PERES. Chap. X.

avons vuës de tant d'autres Péres, & qui paroissent même dans ce que mon Censeur (a) rapporte des Ecrits qui nous restent de celui-ci. *En parlant de la Virginité, il dit,* (b) *qu'entre toutes les graces que Jésus-Christ nous a faites, il nous a donné en la personne des Vierges, le modéle d'une Vie Angélique: Que l'Eglise Catholique a coûtume de nommer les Vierges, les Epouses de Jésus-Christ: Que les Gentils n'en parlent qu'avec admiration, & les regardent comme le Temple du Verbe: Que cette profession sainte n'est en usage que chez les Chrétiens, ce qui prouve que nôtre Religion est la véritable.* Mais en vertu dequoi l'Eglise Catholique a-t-elle affecté aux *Vierges* le titre d'*Epouses de* JESUS-CHRIST, que l'Ecriture Sainte donne au Corps de l'Eglise Chrétienne, composé de tous les Fidéles, mariez, ou non? Et la profession de Virginité, que faisoient plusieurs Vierges Chrétiennes, étoit-elle une fort bonne preuve à alléguer aux Paiens, de la vérité du Christianisme? *St. Athanase* ignoroit-il, ou ne pensoit-il pas, qu'on pouvoit lui opposer tant de gens de l'un & de l'autre sexe, qui, chez les Paiens, se dévouoient à cet état? D'autres Péres même, comme (c) TERTULLIEN, & ST. JEROME, ont relevé l'excellence du Célibat, par cette raison que les Paiens l'avoient reconnuë. Le dernier s'étend beaucoup là-dessus, dans son I. (d) Livre contre *Jovinien*. Et il pourroit bien se faire, que les idées des *Paiens* eussent eû ici, comme en plusieurs autres sujets, quelque influence sur celles des Chrétiens, sortis de chez eux. Mais c'est ainsi que les Partisans zélez de la Virginité font servir tour-à-tour les raisons contraires. Un Auteur (e) Moderne a donné une *Histoire Critique du* CELIBAT, dans laquelle il prétend prouver, *Que le Célibat est aussi ancien, que le Monde; aussi étendu, que le Monde; & qu'il durera autant & infiniment plus, que le Monde.*

§. IV. POUR revenir à *St. Athanase*, que verrions-nous apparemment, dans ses (f) *Commentaires sur le* CANTIQUE DES CANTIQUES, que des Allégories semblables a celles que d'autres Péres ont débitées sur ce Livre? Et pour ceux, qu'il avoit faits sur l'ECCLESIASTE, sur JOB, sur les EVANGILES, en attendant qu'ils se retrouvent, on nous permettra de n'avoir pas meilleure opinion de la maniére dont il peut y avoir expliqué *plusieurs points de Morale,* que de l'abrégé que le P. Ceillier (g) nous donne ici, comme quelque chose de *considérable,* de ce qui se trouve dans les plus complettes Editions des Oeuvres de *St. Athanase*. Il ne faut qu'y jetter les yeux, pour voir d'abord, que ce ne sont que des généralitez, que le moindre Laïque, un peu instruit de sa Religion, pouvoit savoir, aussi bien que lui. Mon Censeur avouë même, que *les points de Morale n'y sont pas en grand nombre, ni traitez fort au long.* (h). Mais, à son ordinaire, il prétend que les Instructions superficielles sont suffisantes. *Est-il essentiel,* dit-il, *à tous ceux qui proposent des régles de vie, de descendre dans un si grand détail?* J'ai déja réfuté cette (i) imagination; comme aussi l'argument que le P. Ceillier croit pouvoir tirer de l'exemple des Ecrivains Sacrez, qui *ne nous ont pas toûjours marqué tous les motifs qui doivent nous engager à pratiquer la Vertu & à fuïr le Vice:* ou, *s'ils l'ont fait, ce n'est presque jamais dans le même endroit, ni tout de suite.* D'accord: mais, comme je l'ai dit, par cela même qu'ils ne l'ont pas fait, ils nous l'ont laissé à faire. Et à quoi bon y auroit-il des gens, dont l'emploi consiste à instruire les autres? Ou peut-on bien instruire les autres, si l'on ne pénétre soi-même suffi-

(a) *Pag.* 225.
(b) *Apolog. ad Constant. pag.* 698. *Ed. Lips.* 1686.

(c) *Ad Uxor. Lib.* I *Cap.* VI. *& seqq.*

(d) *Tom* II. *pag. m.* 47, *& seqq.*

(e) *Mém. de l'A. ad. Rosale des Inscris. Tom.* VII. *pag.* 404, *& suiv. Edit. de La Haie.*
(f) *Phot. Cod.* 139.

(g) *Pag.* 218, *& suiv.*

(h) *Pag.* 230.
(i) *Voiez Chap.* I. *§.* 5. *Chap.* V. *§* 35.

famment les principes & les régles de la Morale, & si on ne les propose d'une maniére propre à convaincre les esprits les plus difficiles? Si *c'est toûjours un bien de développer dans leur entier les Véritez Morales*, comme le reconnoît mon Censeur; négligera-t-on ce bien, & faudra-t-il louer ou excuser ceux qui le négligent? Ce ne sera pas du moins de telles gens qu'il conviendra de prendre pour modéles & pour Maîtres, quand on voudra avoir en matiére de Morale, une connoissance exacte & profonde; qui est celle dont il s'agit entre nous.

§. V. VENONS à SAINT CYRILLE. Je n'ai pas fait difficulté de regarder les *Instructions* qui portent le nom de ce Pére, comme étant véritablement de lui; quoi que le plus grand nombre des Protestans soient d'un autre avis. Et j'ai rapporté simplement ce qu'en avoué Mr. DUPIN, qu'elles sont *faites à la hâte, & sans beaucoup de préparation*. Mon Censeur pouvoit donc s'épargner la peine de ramener ici cette dispute, & de nous dire avec emphase,

(2) Chap. VIII. pag. 234. 2

(a) que *les Protestans chagrins de se voir dans des sentimens directement opposez à ceux de l'ancienne Eglise, confus d'y trouver des pratiques qui sont aujourdhui l'objet de leurs dérisions, ont crû qu'ils n'avoient pas d'autre parti à prendre, que de rayer du nombre des Ouvrages du Quatriême Siécle, les Ecrits de St. Cyrille de Jérusalem, & de les faire passer pour des piéces supposées*. Voilà encore une de ces choses étrangéres, dont le P. Ceillier a voulu grossir son Livre, & sur lesquelles je puis garder un parfait silence. Il faut pourtant lui dire un mot, de peur qu'il ne s'imagine que je favorise son triomphe imaginaire. Il suffit de faire là-dessus deux ou trois réflexions.

§. VI. LE principal point, sur lequel les Catholiques Romains se prévalent de l'autorité de *St. Cyrille*, c'est la *Transsubstantiation*, qu'ils croient trouver dans un endroit de ses *Instructions*. Mais ce passage n'est nullement conçû de telle maniére, qu'on en puisse tirer une preuve convaincante. Nos Auteurs (1) l'ont montré, en le comparant avec d'autres du même Pére, beaucoup plus clairs, dans lesquels il explique figurément les paroles de Nôtre Seigneur, *Ceci est mon corps*. Posé néanmoins que *St. Cyrille* ait eû véritablement une idée de quelque changement réel qui se fasse dans la substance du Pain & du Vin de l'Eucharistie, j'inférerai de cela même, qu'il étoit un très-mauvais Interpréte de l'Ecriture Sainte, puis qu'il a été capable d'entendre si mal des paroles où le sens est manifestement figuré, & d'attribuer à Nôtre Seigneur la plus grande des absurditez qui soient jamais venuës dans l'esprit des Hommes. Je dirai, qu'un Docteur, qui a voulu relever, par un galimatias d'idées inintelligibles, un Sacrement dont la simplicité même porte le caractére de l'Auteur de la Religion Chrétienne, est un très-pauvre guide en matiére de Foi, aussi bien qu'en matiére de Morale. Et aucun autre Auteur de ce tems-là, ni long tems après, n'aiant rien dit d'où il paroisse que l'on crût communément quelque chose de semblable, je regarderai nôtre Catéchiste comme celui qui peut

---

(1) Voiez, par exemple, l'*Histoire de l'Eucharistie*, par LARROQUE, II. Part. Chap. VII. pag. 292, & *suiv*. Edit. d'Amst. 1669. & le *Préservatif contre la réunion avec le Siége de Rome*, par Mr. LENFANT, II. Part. Lett. II. §. 2, & *suiv*. Tom. II. pag. 32, & *suiv*. comme aussi la *Bibliothéque Anc. & Moderne* de Mr. LE CLERC, Tom. XIX. pag. 271, & *suiv*.

peut avoir donné lieu, par son verbiage ténebreux, à concevoir & enfanter peu-à-peu la *Transsubstantiation*, qui feroit la honte du Christianisme, si la Providence n'avoit enfin délivré un grand nombre de gens du joug de l'Ignorance, de la Tyrannie, & de la Superstition, à la faveur desquelles on avoit érigé en article de Foi cette opinion monstrueuse. Par là tombe aussi tout le poids de l'autorité de *St. Cyrille*, dont le P. *Ceillier* se sert pour appuier de faux Dogmes ou des Usages superstitieux: & bien loin qu'elle serve à confondre les *Protestans*, ils peuvent la détruire par la déclaration que ce Pére a faite lui-même, (2) *qu'on ne devoit croire rien de tout ce qu'il disoit, s'il ne le démontroit par l'Ecriture.* J'ajoûterai seulement, que mon Censeur ne devoit pas mettre au rang des Véritez niées par les *Protestans*, *l'inutilité de la Foi, si elle n'est accompagnée des Bonnes Oeuvres.* Il ne lui sied pas bien de renouveller une calomnie, dont on s'est si souvent justifié.

§. VII. Pour ce qui regarde maintenant le sujet de nôtre Dispute, le P. *Ceillier* élude, à son ordinaire, l'état de la question, & la conséquence naturelle du jugement qu'a fait Mr. l'Abbé Dupin, des *Instructions de St. Cyrille*. (a) *Pour avoir été*, dit-il, *faites à la hâte & sans beaucoup de préparation, en sont-elles moins édifiantes, moins solides, moins judicieuses, moins propres à toucher & à instruire ceux pour qui il les faisoit? Etoit-il nécessaire que ce Saint Evêque employât des discours travaillez & composez selon toutes les régles de l'art; qu'il donnât toute son attention à compasser & à limer les périodes de ses Catechéses; qu'il se servît de raisonnemens subtils & de tours d'Eloquence étudiez, pour persuader à des Catéchuménes les véritez de nôtre Religion? ... St. Cyrille parloit à des Catéchuménes; il falloit donc quelque chose de familier.* Mais est-ce d'*Eloquence*, ou de *stile*, qu'il s'agit? Et moi, qui ai blâmé dans plusieurs Péres une affectation mal placée d'Eloquence, pourrois-je trouver à redire que *St. Cyrille* eût évité ce défaut? Des Instructions pour des *Catéchuménes*, posé même qu'elles fussent en leur genre très-bien faites, font-ce des Traitez de Morale, tels qu'ils doivent être, pour mettre chaque matiére dans tout son jour? Et un homme, qui écrit à la hâte, & sans beaucoup de préparation, est-il bien en état de composer de tels Traitez? Mais voici l'idée que le P. *Ceillier* nous donne lui-même des *Instructions de St. Cyrille.* (b) *Elles expliquent*, dit-il, *les mystéres fort clairement..... On y voit, sur chaque matiére, un recueil de Passages de l'Ecriture, très-exact & très-recherché. Il rapporte les sentimens des Hérétiques, il les réfute solidement* &c. Ainsi, selon mon Censeur, nous ne devons pas même attendre de *St. Cyrille*, un Catéchisme de Morale: & ce sera beaucoup si le désir de refuter les Hérétiques, au nombre desquels il a été mis lui-même, ne lui fait passer légérement sur les Dogmes, où il ne trouvera personne à combattre. Mais le Livre est entre les mains du Public; on l'a même en François (c): c'est-à chacun à en juger. J'en ai dit de reste, pour ce qui m'intéresse ici.

(a) *Pag.* 215.

(b) *Pag.* 235, 236.

(c) De la Version de Mr. Grandcolas.

(2) Μηδὲ ἐμοὶ τῷ ταῦτά σοι λέγοντι ἁπλῶς πιστεύσῃς, ἐὰν τὴν ἀπόδειξιν τῶν καταγγελομένων ἀπὸ τῶν θείων μὴ λάβῃς γραφῶν. ἡ σωτηρία γὰρ ἐστι τῆς πίστεως ἡμῶν οὐκ ἐξ εὑρεσιλογίας, ἀλλὰ ἐξ ἀποδείξεως τῶν θείων ἐστὶ γραφῶν. Catechef. IV. Voiez le *Préservatif* de Mr. Lenfant, que j'ai cité, Tom. II. *pag.* 4, & *suiv*.

CHAPITRE XI.

Sur ce que l'on a dit de SAINT BASILE.

(a) *Préface,* pag. 45.

§. I. J'AVOIS dit encore ici, après Mr. DUPIN, que (a) SAINT BA-SILE *veut que celui qui a donné un coup mortel à un autre, soit coupable d'Homicide, soit qu'il l'eût attaqué, soit qu'il l'eût fait en se défendant.* Le passage (1) est si clair, qu'il ne faut que le lire. Cependant mon Censeur, qui, com-

(b) *Chap.* VIII. §. 45.
(c) *Aporing.* Chap. IX. pag. 237.

me (b) nous l'avons vû, dit le blanc & le noir sur cette matière, a recours à ses faux-fuians ordinaires. (c) *On pourroit nier,* dit-il d'abord, *que le Canon dont il s'agit ici, soit bien traduit, puisque le Verbe Grec* ἀμύνω, *que Mr.* Dupin *a rendu en François par se défendre, signifie aussi se venger. L'Editeur des Oeuvres de St.* Basile *l'a pris en ce dernier sens...* Qui mortis ictum dedit proximo, est homicida, sive prior percussit, sive ultus est. *Or dans ce sens le passage de St. Basile ne souffre point de difficulté: celui-là étant véritablement homicide devant Dieu, qui tuë un homme par vengeance.* Mais l'Auteur de la Version Latine de ce Pére, n'a nullement entendu par *ultus est*, la *Vengeance* : & s'il l'avoit fait, il entendroit aussi peu le Latin, & le Grec, que le fait mon Censeur; qui s'imagine qu'*ἀμύνασθαι* peut signifier ici, *se venger;* comme ailleurs, dans des passages de TERTULLIEN & de LACTANCE, il a donné le même sens à *ulcisci*. Mais & le Verbe Latin, & le Verbe Grec, signifient proprement repousser les insultes ou les injures, dans quelque esprit & de quelle manière qu'on le fasse ; & c'est par la suite du discours, qu'il faut déterminer, si l'on y attache quelque idée de *Vengeance:* Or, le passage dont il s'agit, il est de la dernière évidence, que comme *St. Basile* parle de l'acte d'attaquer purement & simplement, *soit*, dit-il, *qu'on ait frappé le prémier*; il parle aussi de l'acte de se défendre en général, dans l'autre partie de l'alternative, qui par conséquent doit être ainsi traduite; *soit qu'on ait frappé en se défendant*:

§. II. Aussi le P. *Ceillier* ne se fie-t-il pas lui-même à son explication, quelque fondée qu'il nous la donne sur les régles de la Critique. Il va chercher un sens caché dans l'intention de l'Auteur, à la faveur duquel il voudroit *expliquer favorablement* ses paroles, entenduës selon la traduction de Mr. *Dupin*. *On peut* (ajoûte-t-il) *dire avec raison, que St.* Basile *n'accuse d'homicide celui qui*
tuë

---

(1) Ὅς θανάτῳ πληγὴν τῷ πλησίον ἔδωκε, φονεύς ἐστιν εἴτε ἦρξε τῆς πληγῆς, εἴτε ἠμύνατο. Epist. ad Amphiloch. Can. XLIII. pag. 33. Tom. III. Ed. Parif. 1638.

(2) Ἐν τοῖς ἀκουσίοις ἐστὶ κἀκεῖνο ὅμοιος τὸ, ἀμυνόμενόν τινα ἐν μάχῃ, ξύλῳ ἢ χειρὶ ἀφειδῶς, ἐπὶ τὰ καίρια τὴν πληγὴν ἐνεγκεῖν, ὥστε κακῶσαι αὐτὸν, οὐχ ὥστε παντελῶς ἀνελεῖν. ἀλλὰ τοῦτο ἤδη προσεγγίζει τῷ ἑκουσίῳ· ὁ γὰρ τοιούτῳ χρησά-

μενος ὀργάνῳ πρὸς ἄμυναν, ἢ ὁ μὴ πεφεισμένως τὴν πληγὴν ἐπαγαγών, δῆλός ἐστι, διὰ τὸ κεκρατῆσθαι ὑπὸ τοῦ πάθους, ἀφειδῶν τοῦ ἀνθρώπου ὁμοίως ἢ ὁ ξύλῳ βαρεῖ καὶ λίθῳ μείζονι τῆς δυνάμεως τῆς ἀνθρωπίνης χρησάμενος, τοῖς ἀκουσίοις συναριθμεῖται, ἄλλο μὲν τι προελόμενος, ἄλλο δὲ ποιήσας· ὑπὸ γὰρ τοῦ θυμοῦ τοιούτῳ ἤνεγκε τὴν πληγὴν, ὥστε ἀνελεῖν καὶ τὸν πληγέντα· καί τοι ἡ σπουδὴ ὣς αὐτῷ συντρίψαι τυχὸν, οὐχ ὣς καὶ παντελῶς.

DES PERES. CHAP. XI.

tué en se défendant, que parce que pour l'ordinaire un homme qui se défend contre un injuste Aggresseur, ne demeure pas dans les bornes d'une juste Défense. Il se laisse emporter à la Colére & à la Vengeance, & poursuit son Ennemi dans l'intention de le tuer. C'est là ce qui s'appelle vouloir déviner. Mais, dit mon Censeur, *St. Basile s'est expliqué lui-même dans un autre endroit.* Il est vrai: mais par malheur il l'a fait d'une maniére à contredire la pensée que son Apologiste lui prête. Voici le passage, dont le P. Ceillier, selon sa coûtume, n'a rapporté qu'une petite partie, pour empêcher qu'on n'apperçût ce qui ne l'accommode pas. St. Basile traite là des *Meurtres volontaires, & involontaires*. Il parle d'abord de ceux qui sont véritablement *involontaires*, & par là tout-à-fait innocens, comme lorsqu'en voulant jetter une Pierre contre un Chien, ou contre un Arbre, on tuë sans y penser quelcun qu'on ne voioit pas; ou quand un Maître, qui se propose simplement de châtier ses Disciples, avec une Courroie, ou une Gaule, leur donne un coup, dont ils meurent; car, dit-il, il n'y a ici aucune intention de tuer. (2) „ On met encore, (ajoûte-t-il) au rang des Meurtres In-
„ volontaires, lors que quelcun se défendant, dans un Combat, soit avec un
„ Bâton, ou avec la Main, dont il frappe rudement, donne un coup mortel
„ à son Adversaire, à dessein de le blesser seulement, & non pas de le tuer.
„ Mais cela approche fort d'un Homicide volontaire. Car celui qui, pour se
„ défendre, s'est servi d'un tel instrument, ou qui a frappé avec force, mon-
„ tre assez que s'étant laissé emporter à sa passion, il n'a point épargné son
„ homme. Il en est de même de celui qui s'est servi d'un gros Bâton, ou
„ d'une Pierre, qu'à peine un Homme peut porter: un tel est aussi mal-à-pro-
„ pos mis au rang de ceux qui commettent un Homicide involontaire, sous
„ prétexte qu'il a voulu une chose, & en a fait une autre: car, dans la colé-
„ re, il a porté un coup mortel, quoi que peut-être il voulût seulement atter-
„ rer son homme, & non pas le tuer. Mais pour celui qui s'est servi d'une
„ Epée, ou de quelque autre semblable Instrument, il est entiérement inex-
„ cusable; & sur tout celui qui a lancé une Hâche; car il ne peut être censé
„ avoir frappé de la main, ensorte qu'il fût maître de régler le coup qu'il don-
„ noit, mais il a lancé l'Instrument de maniére que, par la pesanteur du Fer,
„ ou par la pointe, ou par l'impétuosité du mouvement, il devoit infaillible-
„ ment porter un coup mortel. C'est aussi un Homicide entiérement volon-
„ taire, & sur quoi il n'y a nul doute, que celui que font, par exemple, les
„ Brigands, ou ceux qui se commettent dans les Expéditions Militaires: car
„ les Brigands tuent à cause de l'argent qu'ils prennent, & dans la crainte d'ê-
„ tre découverts; & ceux qui font la Guerre, y vont à dessein de tuer, &
„ non

τελῶς θανατώσαι. ὁ μὲν τοι ξίφει χρησάμενος, ἢ ᾧτινι τοιούτῳ, οὐδεμίαν ἔχει συγγνώμην· καὶ μάλιστα ὁ τῷ ἀξίνῃ ἀκοντίσας. καὶ γὰρ οὐδὲ διὰ χειρὸς φαίνεται πλήξας, ὥστε τὸ μέτρον τῆς πληγῆς ἐπ' αὐτῷ εἶναι, ἀλλ' ἀκόντισιν, ὥστε τῷ βάρει τοῦ σιδήρου, καὶ τῇ ἀκμῇ, καὶ τῇ διὰ πλείστου φορᾷ, ὀλεθρίαν ἀναγκαίως τὴν πληγὴν γενέ{σθαι}. Ἔκσπονδοι δὲ πάλιν παντελῶς, καὶ οὐδεμίαν ἀμφιβο- λίαν ἔχων, ὅσοι εἰσὶ τὸ τῶν λῃστῶν, καὶ τὸ τῶν πολεμικῶν ἐφόδων. οὗτοι μὲν γὰρ διὰ χρήματα ἀνελοῦσι, τὸν ἔλεγχον ἀποφεύγοντες· οἱ τε ἐν ταῖς πολεμίαις ἐπὶ φόνους ἔρχονται, οὔτε φοβῆσαι, οὔτε σωφρονίσαι, ἀλλ' ἀνελεῖν αὐτοὺς ἐναντιουμένους ἐκ τοῦ φανεροῦ προαιρούμενοι. Ubi supra, Canon. VIII. pag. 24.

,, non pas simplement d'épouvanter, ou de corriger, mais ils se proposent ma-
,, nifestement de tuer l'Ennemi.

§. III. QUICONQUE lira ce passage avec tant soit peu d'attention, se convaincra d'abord, que *St. Basile* y regarde comme une espéce d'Homicide volontaire, & toute Défense de soi-même, de Particulier à Particulier, portée jusqu'à tuer l'Aggresseur; & la Guerre Publique, qui tend de sa nature à tuer les Ennemis. Il n'y a ici aucune trace de distinction entre la *Défense poussée au delà de ses justes bornes*, & celle qui se tient dans ces bornes: ni entre les cas où l'on peut se défendre suffisamment, sans mettre en danger la vie de l'injuste Aggresseur, & ceux où l'on est réduit à le tuer pour sauver sa propre vie. *St. Basile* veut, que, par cela seul qu'on s'est servi d'un Instrument capable de donner la mort, ou qu'en usant d'un Instrument, qui de lui-même n'étoit pas si dangereux, on a frappé avec assez de force pour en pouvoir tuer son homme, quoi qu'on n'en eût pas dessein; on commette un Homicide volontaire, & par conséquent criminel. Le mal vient, dans le dernier cas, de ce qu'on ne s'est pas moderé comme on le devoit; & ce Pére suppose qu'on le doit toûjours, de peur de tuer, même malgré soi. Dans l'autre, on est *entiérement inexcusable*, parce que la qualité seule de l'Instrument suffisoit pour faire voir, qu'on pouvoit tuer, avec quelque modération & quelques ménagemens qu'on le maniât.

§. IV. MAIS, quand on se trouve à l'improviste en grand danger de sa vie, peut-on se défendre comme on feroit de sang froid, & en sorte que l'on soit maître des coups qu'on donne? J'en appelle à l'expérience de tous ceux qui ont été ou qui seront dans le cas. *St. Basile* même le suppose; & c'est pour cela qu'il condamne la Défense, comme ne pouvant se faire sans quelque mouvement de *Colére*. Mais ces prémiers mouvemens sont inévitables, & viennent de la Nature, comme nous avons vû (a) que le reconnoît LACTANCE, qui est d'ailleurs ici de même sentiment que *St. Basile*. Ainsi DIEU les aiant mis dans les Hommes, pour les engager à prendre soin de leur propre conservation, ils ne sauroient raisonnablement être regardez comme criminels, tant qu'on en demeure là, & que, le péril passé, on éloigne tout sentiment de Vengeance.

§. V. POUR ce qui est de la qualité des *Instrumens*, est-on toûjours maître, dans les cas dont il s'agit, de choisir les Instrumens qu'on veut, ou plûtôt n'est-on pas d'ordinaire réduit à la nécessité de se servir des prémiers qui nous tombent sous la main? Mais, quand on auroit le choix, suffiroit-il toûjours, pour se défendre, d'en emploier qui par eux-mêmes ne soient pas capables de donner la mort? Si un homme fond sur moi l'Epée à la main, me pourrai-je croire assez fort, par exemple, avec un Bâton? Ainsi donner pour un Homicide volontaire & criminel, toute blessûre faite avec une Epée,
par

(a) *Chap. IX.*
§. 2.

(1) Οἱ τοῖς λῃσταῖς ἀντιπαρεξιόντες, ἔξω μὲν ὄντες τῆς κοινωνίας, εἴργονται τῆς ἀγαθῆς κληρονοί ἢ ὄντες, ὁ βαθμῷ καθαιρήσεται· πᾶς γάρ, φησιν, ὁ λαβὼν μάχαιραν, ἐν μαχαίρᾳ ἀποθανεῖται. *Epist. ad Amphiloch. Can. LV. pag. 35. E. Tom. III.*

(2) Τοὺς ἐν πολέμοις φόνους οἱ πατέρες ἡμῶν ἐν τοῖς φόνοις οὐκ ἐλογίσαντο ἐμοὶ δοκεῖν, συγγνώμην δόντες τοῖς ὑπὲρ σωφροσύνης καὶ εὐσεβείας ἀμυνομένοις. Τάχα δὲ καλῶς ἔχει συμβουλεύειν, ὡς τὰς χεῖρας μὴ καθαρούς, τριῶν ἐτῶν τῆς κοινωνίας

par cela seul qu'on court risque de tuer ainsi son homme, quoi que sans en avoir le dessein; n'est-ce pas visiblement prétendre, que chacun doit toûjours se laisser tuer, plûtôt que de se défendre d'une maniére à mettre en danger la vie d'un Scélérat, qui en veut à la nôtre? Je voudrois bien savoir, quelle ressource il reste, sur ce pié-là, pour exercer le droit de la Défense avec quelque apparence de succès. Mais nôtre Docteur donne ailleurs pour régle expresse, (1) *que tout Laïque qui s'est défendu contre les Brigands, doit être suspendu de la Communion; &, s'il est du Clergé, il doit être déposé.* Car, ajoûte-t-il, *Tous ceux* (a) *qui prennent l'Epée, périront par l'Epée, comme le dit Nôtre Seigneur.* (a) Matth. XXVI, 52.

§. VI. CE que *St. Basile* dit enfin de la *Guerre*, ne laisse aucun lieu de douter qu'il ne fût veritablement dans la pensée que nous lui attribuons. Il ne distingue ni entre Guerre Juste ou Injuste; ni entre Guerre Défensive ou Offensive. Toute Guerre est criminelle, selon lui, par cela seul que *ceux qui la font, y vont à dessein de tuer, & non pas simplement d'épouvanter, ou de corriger.* D'où il paroît encore, que tout ce qu'il permet, à l'égard des *Armes*, c'est de s'en servir à *épouvanter*; mais jamais d'une maniére à courir risque d'ôter la vie à un Ennemi.

§. VII. VOICI comment il s'explique de plus en plus, dans le même Ouvrage. (2) Il y traite d'*indulgence* ou de *relâchement*, l'opinion des *Anciens*, qui tenoient pour innocens les Meurtres faits à la Guerre, *lors qu'on combattoit pour la défense de la Vertu & de la Piété.* Toute la grace qu'il fait à ceux qui ont ainsi souillé leurs mains de sang, c'est de les priver de la Communion, pour trois ans. Pénitence ou très-injuste, ou qui suppose nécessairement que la Guerre est criminelle en elle-même, puis qu'il est impossible de la faire, sans tuer quelques-uns des Ennemis; & que, quand même on n'y tueroit personne (ce qui n'arrivera guéres, pour peu de tems que l'on serve) on est & l'on doit être chaque jour tout prêt à aller aux occasions.

§. VIII. MAIS il paroît, par d'autres exemples que j'ai alleguez, combien *St. Basile* se faisoit des idées outrées de la Patience Chrétienne, de même que d'autres Péres dont nous avons déja parlé. Il prétend, *qu'il est défendu aux Chrétiens d'avoir jamais aucun Procès.* Je l'ai dit, & je le soûtiens encore. Voici le passage entier. (3) *Nous ne devons pas même imiter l'art des Orateurs, qui consiste à mentir. Car ni devant les Tribunaux, ni dans les autres actions de la Vie, le Mensonge ne nous convient point, à nous qui avons choisi le chemin droit & véritable de la Vie, & à qui il est même défendu par la Loi de plaider.* Mon Censeur (b) dit là-dessus, que *St. Basile se contente de dire simplement que la Loi de l'Evangile défend de plaider, sans expliquer en aucune maniére la nature ni l'étenduë de cette défense, & sans y comprendre expressément toute sorte de tems & de causes.* Il voudroit même trouver dans ce passage, dequoi prouver, que ce Pére doit avoir sup- (b) Pag. 244, 245.

νίας μόνης ἀπέχεϟ. Ibid. Canon. XIII. pag. 26.

(3) Καὶ Ῥητόρων ᵹ τὴν περὶ τὸ ψεῦδος τέχνην, ἃ μιμησόμεϑα. ἅτε γδ ἐν δικαςηρίοις, ὅτ᾽ ἐν ταῖς ἄλλαις πράξεσι, ἐπιτήδειον ἡμῖν τὸ ψεῦδος, τοῖς τὴν ὀρϑὴν ὁδὸν κ᾽ ἀληϑῆ ϖξοελομένοις ϑ βίβ. οἷς τὸ μὴ δικάζεϟ νόμῳ ϖξοστεταγμένον ἐςίν. Orat. de legend. Græc. libr. §. 7. Edit. Oxon. 1694.

V 3

suppofé qu'il est quelquefois permis de plaider: *autrement*, dit-il, *pourquoi diroit-il à ceux qu'il inftruit ici, qu'il ne convient pas à un Chrétien d'employer le menfonge foit dans les Procès, foit dans les autres actions de la Vie?*

§. IX. CETTE conféquence n'est rien moins, que juste. St. Basile combat ici la pensée de ceux qui croioient, comme (a) QUINTILIEN, qu'il y a des cas, dans lesquels un Avocat peut user de quelque menterie, pour sauver sa Partie, ou pour empêcher qu'on ne lui fasse injustice. Il dit, que le Menfonge est illicite dans toute sorte d'affaires, & qu'il le seroit par conféquent dans les Procès, supposé que les Procès fussent permis aux Chrétiens. Mais, ajoûte-t-il, les Procès étant défendus aux Chrétiens, ceux qui y mentent, soit pour eux-mêmes, soit en faveur d'autrui, péchent doublement, & parce qu'ils mentent, & parce qu'ils plaident. Que ce soit là le sens de ces paroles, le P. *Ceillier* auroit pû le conclure d'autres endroits, où l'on trouve les Procès condamnez fans distinction. Entre les *Régles de Morale*, que *St. Basile* donne, il y en a une, qui porte, (1) *Qu'un Chrétien ne doit point plaider, pas même pour les Vêtemens qui lui font nécessaires pour couvrir son Corps.* Sur quoi il cite les paroles de Nôtre Seigneur, qu'on voit bien qu'il prend à la lettre, (b) *Si quelcun veut vous ôter vôtre Manteau, laissez-lui encore prendre la Tunique; Ne redemandez pas vôtre bien à celui qui vous l'a pris;* & la défense que (c) ST. PAUL fait aux Chrétiens d'avoir des Procès les uns contre les autres. S'il est défendu de plaider pour les choses les plus nécessaires à la Vie, en quel cas cela sera-t-il donc permis? Dans un autre endroit, (2) St. Basile parlant de (d) *l'accord que Nôtre Seigneur nous ordonne de faire avec une personne qui nous intente procès*, explique non seulement très-mal ces paroles, puis qu'elles supposent que l'on a tort, & que l'autre Partie ne demande que ce qui lui est dû; mais encore y applique en général le précepte (e) *d'abandonner nôtre Manteau à celui qui veut nous faire procès pour nous ôter la Tunique*, ajoûtant, qu'on en doit ainsi user dans toute autre affaire semblable.

§. X. C'EST dans la même généralité, & dans le même esprit, que ce Pére, comme je l'ai remarqué, trouve *quelque chose de fort femblable, dans ce que fit Socrate, lors qu'il se laissa tranquillement rouer de coups* (3) *à un Insolent, qui étoit en fureur contre lui*. En vain mon Censeur (f) veut-il justifier & la maxime, & le parallèle, par la raison qu'*un Chrétien doit être disposé à souffrir toute sorte d'injures, plûtot que de violer la Charité, & de rendre le mal pour le mal*. Est-ce *violer la Charité, & rendre le mal pour le mal*, dans le sens de l'Evangile, que de ne pas se laisser frapper & maltraiter, au gré d'un Insolent, & de ne pas lui présenter à la lettre l'autre Joüé? à quoi le P. *Ceillier* avoüe lui-même (g) qu'*on n'est pas toûjours obligé*. Mais un peu après il ne trouve *rien que d'eftimable & de grand dans la conduite d'un Chrétien, qui ne met aucune borne à sa modération & à sa patience, afin de suivre de plus près l'exemple du Sauveur, qui souf-*

(a) *Inftit. Orator. Lib. II. Cap. 17. Lib. XII. Cap. I.*

(b) *Luc. VI, 29, 30.*
(c) *I. Cor. VI, 7, 8.*

(d) *Matth. V, 25.*

(e) *Ibid. vers. 40.*

(f) *Pag. 246.*

(g) *Pag. 245.*

(1.) "Ὅτι οὐ χρὴ δικάζεσθαι οὐδὲ περὶ αὐτῶν τῶν ἀναγκαίων σκέπῃ τῷ σώματι θελκομένων. Moral. Regul. XLIX. Cap. I. pag. 453. Tom. II.

(2.) Ἐπιτετιμημένως εὐθαῦτα ὁ Κύριος ἀντιδίκων ὀνομάζει τὸν ἀφαιρεῖσθαι τι ἐπιχειροῦντα τῶν διαφερόντων ἡμῖν. ἐνοδὸν μὲν ἦ αὐτῷ, ἐὰν φυλάξωμεν τὸ πρόσταγμα τοῦ Κυρίου, εἰπόντος· Τῷ θέλοντί σοι κριθῆναι, ᾧ τὸν χιτῶνά σε λαβεῖν, ἄφες αὐτῷ ᾧ τὸ ἱμάτιον ᾧ ἐπὶ παντὸς τοιούτου ὁμοίως. Regul. brev. Interrogat. CCXXII. pag. 699, 700.

(3)

DES PERES. Chap. XI.

souffrit tranquillement tant de cruels outrages de la part des Juifs, dont il lui étoit si facile d'arrêter la fureur. C'est ainsi que mon Censeur ôte d'une main, ce qu'il accorde de l'autre. Car ou il faut dire sans détour, que les Chrétiens sont toûjours obligez de tout souffrir, ou une Patience portée au delà des bornes, que la Raison & l'Evangile y ont mises, ne peut tout au plus qu'être excusée en faveur d'un zéle peu éclairé, bien loin de n'avoir rien que d'*estimable* & de *grand*.

§. XI. NE laissons pas passer sans réflexion, celle du P. *Ceillier*, touchant *Socrate*. *Ce que fit alors ce Philosophe peut,* dit-il, *paroître assez ridicule, quand on considére que sa patience n'étoit que l'effet d'une vaine ostentation.* Voilà manifestement le principe de ST. AUGUSTIN, *Que les Vertus des Paiens n'étoient que des Péchez éclattans.* C'est à mon Censeur à accorder cela avec ce que plusieurs autres Péres ont dit du *Salut des Paiens*, un ST. JUSTIN, un (a) CLE-MENT *d'Alexandrie*, un (b) ST. CHRYSOSTÔME &c. Le prémier sur tout, Auteur du Second Siécle, a soûtenu formellement, (4) que, tous les Hommes participant au *Verbe*, ou à la *Raison*, qui est JESUS-CHRIST; ceux d'entre les Paiens qui ont vêcu selon les lumiéres de la Raison, ont été *Chrétiens*, comme un SOCRATE & un HERACLITE. Cette question est d'assez grande importance, dans les principes de l'Eglise Romaine, pour nous faire voir combien le consentement des Péres seroit un moien peu sûr de s'instruire de la Tradition pour l'intelligence de l'Ecriture, s'il falloit se rendre à leur autorité seule.

(a) Vir exemple, *Stromat.* Lib. VI. Cap. V, & *seqq.*
(b) *Homil.* XXXVIII. *in Matth.*

§. XII. UN autre exemple, que j'avois allegué, des opinions outrées de St. *Basile*, c'est le *Serment*, qu'il ne croit *jamais permis*. *Il faut avouer de bonne foi*, dit là-dessus (c) mon Censeur, *que la plûpart des anciens Péres de l'Eglise ont parlé du Jurement en des termes qui donnent lieu de croire qu'ils en ont voulu interdire absolument l'usage.* Cela étant, nous voilà du moins dans l'incertitude, quelle a été leur autorité: ainsi leur autorité devient inutile. Mais, ajoûte-t-il, *il n'y a point de Pére qui ait condamné le Serment d'une maniére plus positive & plus générale que* JESUS-CHRIST *même, dont ils n'ont presque fait autre chose que de repeter les propres termes... il est donc juste de donner la même interpretation aux paroles des Péres, qu'à celles de l'Evangile.* Avec vôtre permission, je nie & le principe, & la conséquence. Cela même, que les Péres, dont il s'agit, se tiennent toûjours dans la généralité des termes de l'Evangile, détachez de la suite du discours, fait voir qu'ils les ont entendus généralement. Autrement ils auroient été bien stupides, de ne pas voir que les personnes peu éclairées se méprendroient aisément, & ne penseroient à aucune exception qu'il y eût ici à faire, quand on leur proposeroit ainsi, sans explication, des maximes conçues en termes généraux, dont la restriction nécessaire ne paroît qu'en faisant bien attention à des choses que tout le monde ne voit pas d'abord? Et sont-ce là de bons

(c) *Pag.* 247.

---

(3) D'autres attribuent ceci à *Cratès*, ou à *Diogéne le Cynique*, ou à *Antisthéne*. Voiez MENAGE, sur DIOGÉNE LAERCE, Lib. VI. § 89.
(4) Καὶ οἱ μετὰ λόγου βιώσαντες, Χριστιανοί εἰσι, κἂν ἄθεοι ἐνομίσθησαν οἷον ἐν Ἕλλησι μὲν Σωκράτης καὶ Ἡράκλειτος &c. Apolog. II. (ou plûtôt I.) *pag.* 65. Edit. *Sylburg.*

bons Interprêtes, font-ce là ceux que l'on prétend avoir été donnez du Ciel pour éclaircir les *obscuritez* impénétrables de l'Ecriture? Ne devoient-ils pas du moins infinuer quelque chofe, qui tendît à avertir, qu'il y a & dans la fuite du difcours de nôtre Seigneur fur le Serment, & dans la comparaifon de fes paroles avec d'autres paffages des Evangiles, & des Epîtres, dequoi montrer, que la défenfe de jurer ne doit pas être prife dans toute l'étenduë des termes? S'il y a quelque chofe, que les Docteurs, qui fe mêlent d'inftruire les Hommes, doivent pratiquer avec foin, c'eft fans contredit de développer le vrai fens des Régles de Morale, qui font énoncées d'une maniére à pouvoir être prifes trop à la rigueur. Mais, pour revenir au paffage de *St. Bafile*, dont il eft queftion, ce Pére y montre affez qu'il ne met aucune reftriction à la défenfe de jurer. Cela paroît par *l'exemple qu'il propofe, d'un Pythagoricien, qui aima mieux perdre trois talens, c'eft-à-dire, environ dix-huit cents Ecus* (fomme affez confidérable pour un Philofophe) *que de faire ferment, quoi qu'il le pût en bonne confcience*. La critique de mon Cenfeur là-deffus, eft merveilleufe. (a) *St. Bafile*, répond-il, *dit feulement, qu*'il femble que ce Pythagoricien avoit dès-lors entendu parler du précepte qui nous interdit le ferment. *Or ce précepte eft véritablement contenu dans l'Evangile..... Pourquoi donc ne feroit-il pas permis à St. Bafile de faire mention de ce précepte?* Mais à quoi bon *St. Bafile* fait-il *mention de ce précepte*, & du deffein qu'avoit, felon lui, *Clinias*, de s'y conformer, dans le fcrupule qui l'empêcha de jurer; fi ce n'eft pour prouver que l'action du Philofophe s'accorde avec la régle de l'Evangile, bien entenduë? Et n'a-t-il pas déclaré d'avance, que les exemples qu'il alloit alleguer, dont celui-ci eft le dernier, (1) étoient des *exemples de belles actions*? Or ce que fit le Philofophe Pythagoricien, fuppofe clairement, qu'il croioit qu'on doit s'abftenir de jurer, pour quelque fujet que ce fût; puis que, s'il y en a quelcun de légitime, c'eft fans contredit lors qu'on peut jurer en bonne confcience, & que fans cela on eft infailliblement expofé à faire une perte confidérable. C'eft donc fur ce pié-là, que *St. Bafile* louë la délicateffe réligieufe de *Clinias*, comme exactement conforme aux paroles de l'Evangile, entenduës dans toute leur généralité.

(a) *Pag*. 246.

§. XIII. Mais les deux paffages, que (b) mon Cenfeur cite lui-même, font voir clairement, que *St. Bafile* défendoit aux *Chrétiens* abfolument de jurer. Le P. *Ceillier*, à fon ordinaire, fupprime ce qui met dans tout fon jour le vrai fens de ces paffages. Voici le prémier. (2) ,, Pour ce qui eft du Ser-
,, ment, par lequel les Grands jurent de faire du mal à ceux qui dépendent
,, d'eux, il faut y remédier avec foin. Pour cet effet, il y a deux moiens:
,, l'un,

(b) *Pag*. 247, 248.

(1) Ἐπαναχωρῶμεν δὲ τὸν λόγον αὖθις πρὸς ὃ τῶν σπουδαίων πράξεων παραδείγματι.... Τὸ δὲ Κλεινίᾳ τῷ Πυθαγόρει γνωρίμων ἑνὸς, χαλεπὸν πιςεύσαι διὰ πευγμάτων συμβῆναι τοῖς ἡμετέροις, ἀλλ' οὔτι μιμησαμένα σπουδῇ.... ἄκυσον, ἐμοὶ δοκεῖν, τῷ προηγμάτων, τὸν ὅρκον ἡμῖν ἀπαγορεύοντος. Ibid. § 13.

(2) Ἄρχεται μέν τι ὀμνύειν, ἐπὶ τὸ κακοποιεῖν τὸς ἀρχομένες, ἡ πάνυ θεραπείας προσ-

ήκει. Θεραπεία δὲ τότων διττή· μία μὲν, μὴ ἐμνύειν αὐτὸς διδάσκειν προχείρως· ἑτέρα δὲ, μὴ ἐπιμένειν ἐν ταῖς πονηραῖς κρίσεσιν. ὥςε ὅρκῳ ληφθείς τις εἰς κακοποιΐαν ἑτέρου, τὴν μὲν ἐπὶ τῇ προπετείᾳ τῷ ὅρκῳ μετάνοιαν ἐπιδεικνύσθω, ἐμ μέντοι προσχήματι εὐλαβείας τὴν πονηρίαν ἑαυτῷ βεβαιότω. οὐδὲ γὰρ Ἡρώδην συνένεγκεν εὐορκήσαντα, ὃς, ἵνα μὴ ἐπιορκήσῃ δῆθεν, φονεὺς ἐγένετο τῷ προφήτε. Ἅπαξ ἢ ὁ ὅρκος ἀπηγόρευται. πολ⟩

souffrit tranquillement tant de cruels outrages de la part des Juifs, dont il lui étoit si facile d'arrêter la fureur. C'est ainsi que mon Censeur ôte d'une main, ce qu'il accorde de l'autre. Car ou il faut dire sans détour, que les Chrétiens sont toûjours obligez de tout souffrir, ou une Patience portée au delà des bornes, que la Raison & l'Evangile y ont mises, ne peut tout au plus qu'être excusée en faveur d'un zéle peu éclairé, bien loin de n'avoir rien que d'*estimable* & de *grand.*

§. XI. Ne laissons pas passer sans réflexion, celle du P. Ceillier, touchant Socrate. *Ce que fit alors ce Philosophe peut*, dit-il, *paroître assez ridicule, quand on considére que sa patience n'étoit que l'effet d'une vaine ostentation.* Voilà manifestement le principe de St. Augustin, *Que les Vertus des Païens n'étoient que des Péchez éclattans.* C'est à mon Censeur à accorder cela avec ce que plusieurs autres Péres ont dit du *Salut des Païens*, un St. Justin, un (a) Clément d'Alexandrie, un (b) St. Chrysostôme &c. Le prémier sur tout, Auteur du Second Siécle, a soûtenu formellement, (4) que, tous les Hommes participant au *Verbe*, ou à la *Raison*, qui est Jesus-Christ; ceux d'entre les Païens qui ont vêcu selon les lumiéres de la Raison, ont été *Chrétiens*, comme un Socrate & un He'raclite. Cette question est d'assez grande importance, dans les principes de l'Eglise Romaine, pour nous faire voir combien le consentement des Péres seroit un moien peu sûr de s'instruire de la Tradition pour l'intelligence de l'Ecriture, s'il falloit se rendre à leur autorité seule.

§. XII. Un autre exemple, que j'avois allegué, des opinions outrées de St. Basile, c'est le *Serment*, qu'il ne croit *jamais permis*. *Il faut avouer de bonne foi*, dit là-dessus (c) mon Censeur, *que la plûpart des anciens Péres de l'Eglise ont parlé du Jurement en des termes qui donnent lieu de croire qu'ils en ont voulu interdire absolument l'usage.* Cela étant, nous voilà du moins dans l'incertitude, quelle a été leur pensée: ainsi leur autorité devient inutile. Mais, ajoûte-t-il, *il n'y a point de Pére qui ait condamné le Serment d'une maniére plus positive & plus générale que Jesus-Christ même, dont ils n'ont presque fait autre chose que de repeter les propres termes... il est donc juste de donner la même interprétation aux paroles des Péres, qu'à celles de l'Evangile.* Avec vôtre permission, je nie & le principe, & la conséquence. Cela même, que les Péres, dont il s'agit, se tiennent toûjours dans la généralité des termes de l'Evangile, détachez de la suite du discours, fait voir qu'ils les ont entendus généralement. Autrement ils auroient été bien stupides, de ne pas voir que les personnes peu éclairées se méprendroient aisément, & ne penseroient à aucune exception qu'il y eût ici à faire, quand on leur proposeroit ainsi, sans explication, des maximes conçues en termes généraux, dont la restriction nécessaire ne paroît qu'en faisant bien attention à des choses que tout le monde ne voit pas d'abord? Et sont-ce là de bons

(a) Vir exemple, *Stromat.* Lib. VI. Cap. V, & seqq.
(b) Homil. XXXVIII, in Matth.

(c) Pag. 247.

---

(3) D'autres attribuent ceci à *Cratès*, ou à *Diogéne le Cynique*, ou à *Antisthéne*. Voiez Menage, sur Dioge'ne Laerce, Lib. VI. § 89.
(4) Καὶ οἱ μετὰ λόγου μετὰ Λόγου ὄντα [τὸν Χριστὸν,] ἃ πᾶν γένος ἀνθρώπων μετέσχε· καὶ οἱ μετὰ λόγου βιώσαντες, Χριστιανοί εἰσι, κἂν ἄθεοι ἐνομίσθησαν· οἷον ἐν Ἕλλησι μὲν Σωκράτης κ᾽ Ἡράκλειτος &c. Apolog. II. (ou plûtôt I.) pag. 65. *Edit. Sylburg.*

bons Interprêtes, font-ce là ceux que l'on prétend avoir été donnez du Ciel pour éclaircir les *obscuritez* impénétrables de l'Ecriture? Ne devoient-ils pas du moins infinuer quelque chofe, qui tendît à avertir, qu'il y a & dans la fuite du difcours de nôtre Seigneur fur le Serment, & dans la comparaifon de fes paroles avec d'autres paffages des Evangiles, & des Epîtres, dequoi montrer, que la défenfe de jurer ne doit pas être prife dans toute l'étenduë des termes? S'il y a quelque chofe, que les Docteurs, qui fe mêlent d'inftruire les Hommes, doivent pratiquer avec foin, c'eft fans contredit de développer le vrai fens des Régles de Morale, qui font énoncées d'une maniére à pouvoir être prifes trop à la rigueur. Mais, pour revenir au paffage de *St. Bafile*, dont il eft queftion, ce Pére y montre affez qu'il ne met aucune reftriction à la défenfe de jurer. Cela paroît par *l'exemple qu'il propofe, d'un Pythagoricien, qui aima mieux perdre trois talens, c'eft-à-dire, environ dix-huit cents Ecus* (fomme affez confidérable pour un Philofophe) *que de faire ferment, quoi qu'il le pût en bonne confcience*. La critique de mon Cenfeur là-deffus, eft merveilleufe. (a) *St. Bafile*, répond-il, *dit feulement, qu'*il femble que ce Pythagoricien avoit dès-lors entendu parler du précepte qui nous interdit le jurement. Or ce précepte eft véritablement contenu dans l'Evangile..... Pourquoi donc ne feroit-il pas permis à St. Bafile de faire mention de ce précepte? Mais à quoi bon *St. Bafile* fait-il *mention de ce précepte*, & du deffein qu'avoit, felon lui, *Clinias*, de s'y conformer, dans le fcrupule qui l'empêcha de jurer; fi ce n'eft pour prouver que l'action du Philofophe s'accorde avec la régle de l'Evangile, bien entenduë? Et n'a-t-il pas déclaré d'avance, que les exemples qu'il alloit alléguer, dont celui-ci eft le dernier, (1) étoient des *exemples de belles actions*? Or ce que fit le Philofophe Pythagoricien, fuppofe clairement, qu'il croioit qu'on doit s'abftenir de jurer, pour quelque fujet que ce fût; puis que, s'il y en a à quelcun de légitime, c'eft fans contredit lors qu'on peut jurer en bonne confcience, & que fans cela on eft infailliblement expofé à faire une perte confidérable. C'eft donc fur ce pié-là, que *St. Bafile* loue la délicateffe religieufe de *Clinias*, comme exactement conforme aux paroles de l'Evangile, entenduës dans toute leur généralité.

(a) *Pag.* 246.

§. XIII. M a i s les deux paffages, que (b) mon Cenfeur cite lui-même, font voir clairement, que *St. Bafile* défendoit aux *Chrétiens* abfolument de jurer. Le P. *Ceillier*, à fon ordinaire, fupprime ce qui met dans tout fon jour le vrai fens de ces paffages. Voici le prémier. (2) ,, Pour ce qui eft du Ser-
,, ment, par lequel les Grands jurent de faire du mal à ceux qui dépendent
,, d'eux, il faut y remédier avec foin. Pour cet effet, il y a deux moiens:
,, l'un,

(b) *Pag.* 247, 248.

(1) Ἐπαναγάγωμεν ἢ τὸν λόγον αὖθις πρὸς ὃ τῶν σπυδαίων πρᾶξιν ὑποδείγμασιν.... Τὸ ἢ Κλεινία τῇ Πυθαγόρου γνωρίμου ἰὸς, χαλεπὸν πιστεύσαι διὰ πάντα μᾶτα συμβῆναι τοῖς ἡμετέροις, ἀλλ᾿ οὐχὶ μιμησαμένω πάθη.... ἄκουσας, ἐμοὶ δοκεῖν, τοῦ προστάγματος, τὸν ὅρκον ἡμῖν ἀπαγορεύοντος. Ibid. § 13.

(2) Ἀρχόντων μὲν τοὶ ὀμνύειν, ἐπὶ τὸ κακοποιεῖν τὰς ἀρχομένας, ἢ πάνυ θεραπευτέας προσήκει. Θεραπεία ἢ τούτων διττή· μία μὲν, μὴ ὀμνύειν αὐτοὺς διδάσκειν προχείρως· ἑτέρα ἢ, μὴ ἐπιμένειν ἐν ταῖς πονηραῖς κέλσεσιν. Εἴ τις ὅρκῳ προληφθεὶς τις εἰς κακοποιίαν ἑτέρου, τὴν μὲν ἐπὶ τῇ προπετείᾳ τοῦ ὅρκου μετάνοιαν ὑποδεικνύσθω, μὴ μέντοι προσχήματι εὐλαβείας τὴν πονηρίαν ἑαυτοῦ βεβαιούτω. Οὐδὲ γὰρ Ἡρῴδην συνήνεγκεν ἐνορκήσαντα, ὃς, ἵνα μὴ ἐπιορκήσῃ δῆθεν, φονεὺς ἐγίνετο τοῦ Προφήτου. Ἅπαξ ἢ ὁ ὅρκος ἀπηγόρευται, πολ-

l'un de leur enseigner à ne pas être promts à jurer; l'autre, de les instruire à ne pas persister dans de mauvaises résolutions. Ainsi que celui qui s'est laissé emporter à jurer de faire du mal à un autre, témoigne du repentir de ce qu'il a été si promt à jurer, mais qu'il n'exécute pas, sous prétexte de piété, son mauvais dessein, par où il confirmeroit sa malice. Car c'est en vain qu'*Hérode* crut devoir tuer un Prophéte, pour ne pas se parjurer. En effet, le Serment est DÉFENDU UNE FOIS POUR TOUTES (c'est-à-dire, purement & simplement:) à plus forte raison faut-il dire, que celui par lequel on s'engage à quelque chose de mauvais, est condamné". Les derniéres paroles servent à expliquer tout le passage. Quand *St. Basile* dit, qu'*on ne doit pas être promt à jurer*, cela signifie seulement, qu'il faut se moderer si bien, qu'on évite toute tentation de se laisser aller à faire serment, ce qui est toûjours, selon lui, défendu par l'Evangile: que si malheureusement on a violé cette prémiére régle, on peut bien alors, & on doit même tenir les Sermens qui regardent des choses innocentes, mais non pas ceux par lesquels on s'est engagé à quelque Crime. Le mal, que ce Pére trouvoit dans le Serment, n'emportoit pas la nullité du Serment même; comme en effet il y a des cas, où, quoi qu'on ait mal fait de jurer, on n'en est pas moins obligé de tenir la parole donnée avec serment. Voilà certainement son systême.

§. XIV. C'EST ce que confirme l'autre passage, où l'on voit en même tems la raison pourquoi *St. Basile* croioit que Nôtre Seigneur avoit défendu de jurer en aucun cas. Ce Pére, expliquant les paroles du PSEAUME XIV. *Celui qui jure à son Prochain, & qui ne trompe pas*; parle ainsi: (3) ,, Qu'est-
,, ce donc? Le Serment fait en bonne conscience, est permis ici, & mis au
,, nombre des bonnes actions, qui conviennent à un Homme parfait: cepen-
,, dant il est entiérement défendu dans l'Evangile.... *Mais moi je vous dis*, *de*
,, *ne point jurer du tout*. Que dirons-nous donc? C'est que Nôtre Seigneur
,, se propose toûjours un même but, qui est de prévenir les effets des Péchez,
,, & de couper le mal dans sa racine. Comme donc, au lieu que l'ancienne
,, Loi disoit, *Tu ne commettras point de fornication*; Nôtre Seigneur dit, *Tu ne*
,, *convoiteras point*: celle-là, *Tu ne tueras point*; mais Nôtre Seigneur donnant
,, une Loi plus parfaite, *Tu ne te mettras point en colére*: de même, le Prophé-
,, te se contente ici d'ordonner, qu'on ne jure qu'en bonne conscience; mais
,, Nôtre Seigneur retranche même toute occasion de Parjure. Car celui qui
,, jure en bonne conscience, peut se tromper malgré lui (c'est-à-dire, croire
,, que la chose sur quoi il jure, est vraie ou possible, quoi qu'elle ne le soit
,, pas) au lieu que celui qui ne jure point du tout, est à l'abri de tout danger
,, de

,, de Parjure". Chacun voit, que *St. Basile* distingue ici entre le tems de la Loi, & celui de l'Evangile. Sous la Loi, Dieu permettoit le Serment, pourvû qu'on le fît en bonne conscience; c'en étoit assez pour cette dispensation, où les Fidéles étoient encore Enfans. Mais Jesus-Christ étant venu donner des Préceptes plus parfaits, défend absolument de jurer, avec quelque bonne conscience qu'on puisse le faire: c'est ce que demande, selon nôtre Docteur, la Perfection Evangélique, & le soin d'éviter toute occasion de Parjure. Peut-on, sans chicaner, donner un autre sens à des paroles si claires? Remarquons, en passant, que l'on voit encore ici combien *St. Basile* avoit des idées peu justes sur le Parjure. Il suppose que c'en est un, lors qu'en jurant on s'est trompé de bonne foi. Or il peut bien y avoir en cela de l'imprudence & de la précipitation: & il est vrai aussi, que de jurer sans avoir bien examiné les faits, ou consulté ses propres forces, c'est ne pas respecter assez la sainteté du Serment. Mais, en ce cas-là même, ce n'est pas un vrai Parjure. Car le Parjure consiste ou à jurer contre sa conscience, ou à ne pas tenir, lors que la chose est possible, ce à quoi on avoit eû dessein de s'engager en jurant. En un mot, il est toûjours accompagné de mauvaise foi.

(a) P.g. 250.

§. XV. *Pour revenir* (en suivant mon Censeur) *à l'exemple du Pythagoricien, il ne sait,* (a) dit-il, *dans quelle vuë je le rapporte: mais certainement ce Philosophe est digne de nôtre estime & de nôtre admiration*. Est-ce donc moi, qui rapporte cet exemple? Qu'ai-je fait, que copier *St. Basile*, qui l'allégue comme une imitation du précepte de l'Evangile, pris dans toute la généralité des termes? Du reste, je ne condamne ni ce Pythagoricien, ni les Chrétiens, qui autrefois, ou aujourdhui encore, s'abstiennent absolument de jurer, dans la fausse persuasion où ils sont que c'est-là le sens des paroles de Jesus-Christ. Ce sont là deux questions bien differentes. Mais la Vérité vaut toûjours mieux, que l'Erreur, quoi qu'innocente; & celle-ci même peut avoir quelquefois des suites nuisibles à la Société, comme je crois que mon Censeur en conviendra. Ainsi *l'indulgence* doit être toûjours ici mêlée avec *l'estime* & *l'admiration* de ceux qui ne font que suivre une Conscience erronée.

§. XVI. Il ne reste plus qu'un mot à dire, sur ce (1) que *St. Basile* déclare, *qu'il vaudroit mieux separer ceux qui ont commis fornication, que de les marier ensemble; mais pourtant que, s'ils veulent s'épouser, on ne les en empêchera pas, de peur qu'il n'arrive un plus grand mal*. Voilà une étrange décision! Car le Mariage n'est-il pas le meilleur moien de réparer & la faute, & le scandale? Ainsi, bien loin d'empêcher que des gens qui ont commis fornication ensemble, ne se marient, il faut les y engager, autant qu'on peut.   §. XVII.

(1) Ἡ πορνεία, γάμος οὐκ ἔστιν, ἀλλ' οὐδὲ γάμου ἀρχή ὥστε, ἐὰν ἦ δυνατόν, τοὺς κατὰ πορνείαν συναπτομένους χωρίζεσθαι, τοῦτο κράτιστον. ἐὰν δὲ ἔρχωσιν ἐκ παντὸς τρόπου τὸ συνοικέσιον, τὸ μὲν τῆς πορνείας ἐπιτίμιον γνωριζέτωσαν, ἐφιείσθωσαν δὲ, ἵνα μή τι χεῖρον γένηται. Epist. ad Amphiloch. Canon. XXVI. pag. 30, 31.

(2) Il y a dans le Grec, comme on voit, *si ces personnes veulent absolument se marier, qu'on les laisse faire* &c.

(3) Il dit, par exemple, qu'une Veuve, qui est maîtresse d'elle-même, en sorte que personne n'a droit de dissoudre son Mariage (συνοικέσιον) peut se marier sans crime: Ἡ ἐν τῇ χηρείᾳ ἰσωσής ἐξουσίαν ἔχουσα, ἀνυπεύθυνος αὐτῇ γάμῳ, εἰ μηδείς ἐστιν ὁ διαλύων τὸ συνοικέσιον. Canon. XLI. pag. 33. On voit là encore le verbe συνοικεῖν, d'où vient συνοικέσιον, pris pour *se marier*. Et c'est ainsi que *St. Basile* l'emploie un peu plus haut, où il dit, qu'une Femme, qui se marie, avant que d'être bien assûrée que son Mari, dont on ne sait

DES PERES. Chap. XI.

§. XVII. Que répond à cela l'Apologiste des Péres? (a) *Saint Basile ne* (a) *Pag. 238.* *dit pas, qu'il vaudroit mieux séparer ceux qui ont commis fornication, que de les marier ensemble. Il dit seulement que la Fornication n'étant ni un Mariage véritable, ni même un commencement de Mariage, on ne doit pas souffrir, autant qu'il est possible, que ceux-là demeurent ensemble, qui ont commis ce crime.* En veut-on la preuve? Mon Censeur la donne, en traduisant, dit-il, *le Texte à la lettre. La Fornication n'est pas un Mariage, ni même un commencement de Mariage; c'est pourquoi il vaut mieux, s'il est possible, séparer ceux qui se sont ainsi unis. Toutefois* (2) *si l'affection est grande, on peut leur permettre de* SE MARIER *ensemble, pour éviter un plus grand mal.* Mais la *séparation*, dont parle St. Basile, est clairement opposée au *Mariage*, & non pas à une simple cohabitation sans Mariage? Et ce qu'il y a de plaisant, mon Censeur traduit lui-même, selon le sens que j'ai donné à ces paroles, après Mr. Dupin: *Il vaut mieux séparer* ces personnes &c. Et: *On peut leur permettre de* SE MARIER *ensemble*; au lieu qu'il devroit y avoir, selon son explication, *de demeurer ensemble*. Mais la raison de la décision, aussi impertinente que la décision même, doit faire trouver la prémiére moins étrange. *La Fornication n'est ni un Mariage, ni un commencement de Mariage.* La *Fornication* ne peut-elle donc jamais être un *commencement de Mariage*? Rien n'est plus commun, que la Fornication commise & dans cette vuë, & avec promesse formelle de Mariage. Lors même qu'il n'y a point d'engagement exprès & réciproque, on doit d'ordinaire le présumer, pour peu qu'il y ait de bonne foi de la part d'une Fille qui s'est laissée abuser dans cette espérance. En ces cas-là, les Parties sont obligées en conscience, de se marier: par conséquent leur commerce peut être regardé comme un *commencement de Mariage*; & bien loin d'empêcher qu'elles ne l'achévent, il faut les y exhorter fortement, & les y obliger, s'il est possible. Mais *St. Basile*, plein d'idées bizarres sur le Mariage, s'imaginoit, que, pour le rendre tout-à-fait légitime, il falloit qu'il n'y eût rien de deshonnête dans toutes ses circonstances; & qu'ainsi *il valloit mieux* empêcher les Mariages précedez de fornication, que de les permettre. C'est pourquoi il ne les permet, que *pour éviter un plus grand mal*, & lors que les Parties, qui ont commis fornication ensemble, *veulent absolument se marier;* parce qu'alors il est à craindre qu'elles ne continuent leur commerce, qui est quelque chose de plus mauvais, que le Mariage entre de telles personnes. Voilà, à mon avis, l'explication naturelle du Canon de *St. Basile*. Et le mot de (b) l'Original, dont il se sert pour dire, *qu'on peut permettre à ceux qui ont* (b) Συνοικεῖν *commis fornication ensemble*, DE SE MARIER, comme le traduit mon Censeur αυτῷ. lui-même; signifie cela, & non pas simplement *demeurer ensemble*, dans (3) plusieurs

fait aucunes nouvelles, soit mort; commet fornication: Ἡ ἀναχωρήσασα ἐξ ἀνδρὸς, καὶ ἀφανοῦς ὄντος, πρὸ τοῦ πιστῶσαι περὶ τοῦ θανάτου αὐτοῦ, ἑτέρῳ συνοικήσασα, μοιχᾶται. Canon. XXXI. pag. 32. Ce Pere se sert, dans le même sens, de συνοίκησις, en parlant des Enfans sous puissance, qui se marient sans le consentement de leurs Péres: Οἱ ἄνευ τῆς γνώμης τῶν πατέρων γάμοι, πορνεῖαί εἰσιν ἔως ἂν ἐν πατράσι ζώντων, ὅτι δεσπότου, οἱ συνιόντες ἀνεύθυνοί εἰσιν, ὡς ἐὰν ἐπινεύσωσιν οἱ κύριοι τὴν συνοίκησιν' τότε

λαμβάνει τὸ τοῦ γάμου βέβαιον. Can. XLII. On voit là clairement, que Συνοίκησις, & Γάμος, sont synonymes. Et si l'un & l'autre se dit aussi des *Esclaves*, dont l'union étoit appellée simplement *Contubernium* selon le Droit Civil; c'est qu'en matiére de Loix Ecclesiastiques dont il s'agit, le Mariage est également légitime, pourvû que le Pére ou le Maître y consentent; comme il paroît par ce Canon même.

X 2

sieurs endroits de ce Pére, & (1) d'autres. Rien n'est plus commun aussi, dans les meilleurs Auteurs Grecs, que d'exprimer le *Mariage* par un autre (a) terme approchant, & par le (b) Verbe, d'où l'un & l'autre dérivent.

(a) Συνοίκησις.
(b) Συνοικίω.

§. XVIII. Cependant le P. *Ceillier* veut qu'il s'agisse ici du *Concubinage*. Et dans cette supposition, *la seule chose qui pourroit faire de la peine, est*, selon lui, *que St. Basile ne dit pas qu'il faille absolument separer ceux qui ont commis fornication, mais seulement, il vaut mieux, s'il est possible*. Il trouve ensuite *la difficulté aisée à résoudre*, par la raison, *que les Loix Civiles tolérant le Concubinage, les Evêques ne pouvoient par leur autorité obliger ceux qui étoient liez de cette maniére à se separer*. Mais de quelles *Concubines* mon Censeur veut-il parler? Car il y en avoit (2) alors de deux sortes: les unes, qu'on prenoit par pure débauche, & pour les renvoier, quand on vouloit: les autres, qui ne différoient d'une Epouse légitime, qu'en ce qu'elles n'en avoient pas le rang, & qu'elles n'avoient pas été épousées publiquement, avec les formalitez ordinaires. Si *St. Basile* avoit voulu parler des prémiéres, auroit-il *permis de les garder*, & se seroit-il contenté d'imposer la Pénitence ordinaire de la Fornication, qui étoit (c) de sept années? Que si le Canon doit être entendu des Concubines, qui étoient en conscience des Femmes légitimes, comment l'accorderons-nous avec la Discipline Ecclésiastique du tems de ce Pére, selon laquelle, comme il paroît par les Constitutions (d) nommées *Apostoliques*, & par (e) le I. *Concile de* Toléde, on admettoit à la Communion, sans aucune Pénitence, ceux qui vivoient dans un tel Concubinage, où l'on ne concevoit point de *fornication*? Pour ce qu'on dit de l'impossibilité où étoient les Evêques, d'obliger ceux qui avoient des Concubines à se separer d'elles, cela ne conclut rien: car ils pouvoient s'y prendre d'une autre maniére. Le *Prêt à usure* étoit certainement permis par les Loix Civiles: & cependant le *Concile d'*Elvire n'avoit-il (3) pas retranché de l'Eglise les Laïques mêmes, qui s'obstinoient à prêter de cette maniére, contre la défense des Loix Ecclésiastiques?

(c) *Epist. ad Amphiloch. Can.* 59.

(d) *Lib.* VIII. *Cap.* 32.

(e) *Canon.* XVII.

§. XIX. Mais, pour achever de démontrer le sens des paroles de *St. Basile*, dont il s'agit, il faut faire attention à ce qu'il venoit d'établir dans le Canon qui précéde immédiatement. (4) *Celui*, dit-il, *qui garde pour sa Femme celle qu'il a abusée, sera soûmis à la Pénitence, que mérite le commerce illicite qu'il en a eû avec elle: mais néanmoins* il lui sera permis *de l'avoir pour Femme*. Est-ce donc, qu'à juger sainement des choses, il y avoit aucun lieu de douter, si un Homme, qui, après avoir abusé une Fille, a réparé son honneur en l'épousant, peut la garder pour Femme? Et doit-il être besoin pour cela d'une *permission*? Il falloit plûtôt certainement défendre le contraire. Mais *St. Basile* étant dans une toute autre pensée, c'est-à-dire, dans celle que nous avons

ex-

(1) Comme dans le *Canon* XXVII. du *Concile de* Chalcédoine: dans Balsamon, sur le V. *Canon Apostolique*: dans les Basiliques, Lib. XXVIII. Tit. VII. pag. 321, 322. Tom. IV. *Ed.* Fabrott. Voiez Guill. Beveredge, sur le Canon cité, pag. 463. Tom. I. *Patr. Apostolic.*

(2) Voiez Grotius, *Droit de la Guerre & de la Paix*, Liv. II. Chap. V. § 15. avec les Notes: & les *Antiquitez Ecclésiastiques de* Bingham, Liv. XI. Chap. VI. § 11.

(3) *Si quis, etiam Laicus, accepisse probatur usuras, si in eâ iniquitate duraverit, ab Ecclesiâ sciat se esse projiciendum.* Canon. XX.

(4)

expliquée, a voulu même reſtreindre, dans le Canon ſuivant, la *permiſſion*, dont il venoit de parler. On auroit pû croire, qu'il falloit toûjours l'accorder. Point du tout, ajoûte-t-il : *ſi l'on peut*, par perſuaſion ou autrement, *engager ceux qui ont commis fornication à ſe ſeparer, c'eſt toûjours le mieux :* que s'il n'y a pas moien, à la bonne heure, qu'on laiſſe alors ſubſiſter ce Mariage, *pour éviter un plus grand mal.*

§. XX. J'avois remarqué enfin, que *St. Baſile* donne, ſur l'extérieur des Moines, *une régle qui paroît directement oppoſée à celle de* Jesus-Christ (a) *dans l'Evangile.* Le P. *Ceillier* (b) dit, qu'*il eſt vrai que ces pratiques ſont contraires à la régle de l'Evangile priſe ſelon la lettre : mais qu'elles y ſont très-conformes, ſi on en prend bien l'eſprit ; & que Nôtre Seigneur condamne ſeulement l'affectation des Phariſiens, qui jeûnant exprès certains jours, que les autres ne jeûnoient pas, & pratiquant des auſtéritez qui n'étoient pas ordonnées à tout le Peuple, faiſoient parade de cette mortification particuliére, & pour cet effet, quand ils paroiſſoient en public, feignoient un accablement extraordinaire ; ſe rendoient le viſage pâle, triſte & défait ; prenoient un air morne & auſtére ; attachoient des épines après leurs habits, afin qu'en étant piquez, le ſang découlât de leur corps ; & ſouvent même ſe donnoient de la tête contre la muraille.* Pour moi, je n'ai point nié, que ce ne ſoit à l'occaſion des *Phariſiens,* & de leur *hypocriſie,* que *Jéſus-Chriſt* diſoit à ſes Diſciples : Lors que vous jeûnez, ne prenez point un air triſte & ſombre, comme font les Hypocrites........ parfumez plûtôt vôtre tête d'oignemens, & lavez-vous le viſage, afin qu'il ne paroiſſe point aux Hommes que vous jeûnez &c. Mais je ſoûtiens, qu'en même tems Nôtre Seigneur condamne ici ces airs ſombres & auſtéres dans le cours ordinaire de la Vie. Car, s'il ne veut pas qu'on les prenne, lors même qu'on fait quelque Jeûne particulier, à plus forte raiſon défend-il de les prendre ordinairement, puis que c'eſt alors fournir une occaſion perpétuelle à ces ſoupçons d'*hypocriſie* qu'il a voulu prévenir. J'en appelle ici d'ailleurs à *l'eſprit de l'Évangile,* que mon Cenſeur croit avoir pour lui. Il a beau battre la campagne, à ſon ordinaire, ſur ce qui ſe pratiquoit chez les *Juifs,* dans les tems d'Humiliation extraordinaire, & ſur les Pénitences que l'ancienne Egliſe impoſoit aux Pécheurs. Tout cela ne prouve ni que l'Evangile exige néceſſairement autre choſe de chacun, que l'amendement de Vie, ni que le but de la Vie Monachale (ſuppoſé même qu'elle fût autoriſée par l'Evangile) demandât que les (5) *Solitaires, pour témoigner leur humilité,* euſſent toûjours *l'œil triſte & baiſſé vers la Terre, la Tête mal peignée, l'habit ſale & négligé ; & qu'ils s'accoûtumaſſent à faire naturellement tout ce que font de propos délibéré ceux qui jeûnent ;* comme *St. Baſile* le preſcrit. Il y auroit toûjours un milieu à obſerver, entre l'extérieur trop gai ou la parure des gens du monde, & ces airs rebarbatifs ou dégoûtans d'un Religieux. Mais faut-il s'étonner, que des Docteurs,

(a) Matth. VI, 16, & ſuiv.
(b) Pag. 240.

(4) Ὁ τὴν διεφθαρμένην ὑπ' αὐτοῦ εἰς γυναῖκα κατέχων, τὸ μὲν ἐπιτίμιον, τὸ ἐπὶ τῇ φθορᾷ, ὑποςήσεται· τὴν ἢ γυναῖκα ἔχειν συγχωρηθήσεται. Canon. XXV. pag. 30.
(5) Ἐπὶ τὴν ἢ τῷ τάπητι ᾧ καταβεβλημένῳ φορυτκατι, ὄμμα συγνόν ᾧ εἰς γῆν συννενευκός, ἐσθῆτι ἠμελημένον, κόμην αὐχμηρᾷ, ἰδὼς ῥυπῶ-

σει· ὥςε ἃ ποιοῦσιν οἱ πενθοῦντες κατ' ἐπιτήδευσιν, ταῦτα ἐκ τ̄ αὐτομάτου ὑμῖν ἐμφαίνεςαι &c. Epiſt. ad Gregor. Tom. III. pag. 45. Conferez ici ce que j'ai remarqué ailleurs par occaſion, de la maxime de *St. Ambroiſe* ſur le *Rire*, par rapport à tous les *Chrétiens* ; *Chap.* XIII. § 25.

166 TRAITÉ DE LA MORALE

qui s'étoient mis en tête une perfection chimérique, qu'ils trouvoient à *sortir du monde*, ce que (a) St. PAUL néanmoins fait regarder comme une chose qui ne se peut ni ne se doit; aient cru d'autant plus aisément parvenir à cette perfection, qu'ils s'éloignoient des usages les plus innocens de la Vie, & en quelque façon de l'Humanité.

(a) I. Corinth. N. 10.

CHAPITRE XII.

Sur ce que l'on a dit de GRÉGOIRE DE NAZIANZE.

§. I. GRÉGOIRE *de Nazianze écrit sans grand ordre.* C'est ce que (b) j'avois d'abord remarqué, après Mr. LE CLERC. Le P. *Ceillier* (c) prend ici, & *ailleurs*, le parti de justifier un défaut, qu'il ne peut nier. J'ai dit là-dessus (d) ce qu'il falloit, à l'occasion de CLEMENT *d'Aléxandrie*. J'ajoûterai seulement, que mon Censeur semble entendre très-mal l'opinion de ceux qui exigent dans des Traitez de Morale cette disposition convenable des matiéres, & des pensées, qu'il ne croit *nullement nécessaire*. Il parle d'*un ordre & d'un arrangement scrupuleux*; comme si l'on prétendoit, que tout dût être mis dans un Ordre Scholastique, ou Géométrique. Ce n'est point cela: & je vais encore produire ici le sentiment d'un célèbre Prélat de l'Eglise Romaine, qui ne doit pas être suspect au P. *Ceillier*. Ce que Mr. DE FENELON, Archevêque de *Cambrai*, disoit des *Prédications*, il l'entendoit sans doute, à plus forte raison, des Livres qu'on donne au Public; & sur tout de ceux qui regardent la Morale. Il s'étonne d'une chose, (e) *qu'il a souvent remarquée*, c'est que, *pendant qu'il n'y a ni Art ni Science dans le monde, que les Maîtres n'enseignent de suite par principes & avec méthode, il n'y a que la Religion qu'on n'enseigne point de cette manière aux Fidéles.* Veut-on savoir ce qu'il entend par cette méthode? Il ne la fait pas consister à proposer toûjours des *divisions*, par lesquelles on expose d'avance toutes les parties du Discours, & le nombre des Preuves: mais il veut qu'il y ait toûjours (f) *une véritable liaison des matières, qui conduise l'Esprit.* (g) *Il faut qu'on distingue soigneusement toutes les choses qui ont besoin d'être distinguées: qu'on assigne à chacune sa place: qu'il y ait un enchaînement de preuves; que la prémière prépare la seconde, & que la seconde soûtienne la prémière. On doit d'abord montrer en gros tout un sujet.... ensuite établir les principes... puis en tirer les conséquences; & disposer le raisonnement de manière que le discours aille*

(b) *Préface*, pag. XLVI.

(c) *Apolog.* Chap. X. pag. 251.
(d) *Chap.* V. §. 26.

(e) *Dialog. sur l'Eloquence*, pag. 106. Ed. n° *Amst.*

(f) *Ibid.* pag. 70, 71.
(g) *Ibid.* pag. 69.

---

(1) Voici le passage, dont le P. *Ceillier* n'indique point l'endroit, non plus que le Collecteur des témoignages mis au devant des Oeuvres de *Grégoire de Nazianze*, sur la foi duquel il le cite: Ἐυρόντες σκεύη ἐκλογῆς ϰỳ Φρέαρ βαθὺ, λέγω δὴ τὸ τῦ Χριστοῦ σόμα Γρηγόριον &c. Epist. CXLI. Tom. III. pag. 163. E.

(2) L'expression de l'Original n'est pas si forte: *Hujus neque.... eloquentia clarius &* il-*lus-*

aille toûjours en croissant, & que l'Auditeur sente de plus en plus le poids de la Vérité. Cet éloquent Archevêque insiste sur tout cela, ici & ailleurs, d'une maniére à faire regarder comme une chose de la derniére importance, pour le but de ceux qui traitent ou les Dogmes, ou la Morale, ce que mon Censeur prétend n'être nullement nécessaire. Mais, ajoûte le P. *Ceillier*, presque tous les anciens Orateurs ont écrit sans beaucoup d'ordre, ainsi que le remarque (a) *l'Auteur de la* Bibliothéque Universelle: *en sont-ils moins pour cela l'objet de l'admiration de nôtre Siécle?* Ce que nous blâmons dans les Péres, nous ne le louerons pas dans les Auteurs Paiens ; & nous ne les donnerons ni les uns, ni les autres, pour des modéles à cet égard. Mais les Péres sont d'autant moins à excuser, qu'ils traitoient de choses infiniment plus importantes, & où l'on ne doit rien négliger de tout ce qui est propre à éclairer & à convaincre. Il vaudroit mieux certainement passer condamnation là-dessus, & rejetter la faute sur le mauvais goût de ces Siécles, que de contredire le Sens Commun & l'Expérience, pour justifier les Péres à quelque prix que ce soit.

(a) Tom. XVIII. pag. 22.

§. II. CE seroit aussi la meilleure apologie, pour le *stile de Grégoire de Nazianze*. On avoit dit, que ce stile est *excessivement figuré, peu châtié, & quelquefois dur.* Le P. *Ceillier*, avec sa modestie forcée, déclare qu'il ne veut *rien prononcer là-dessus:* mais il se munit d'autoritez, qu'il croit assommantes. ST. BASILE (1) nomme nôtre *Grégoire; un puits profond de science, & la bouche de Jésus-Christ.* Eloge & assez outré en lui-même, & où, comme on voit, il ne s'agit pas du stile, mais de la doctrine; à quoi est joint le titre de *vase d'élection.* RUFFIN dit, que *Grégoire* (2) est *d'une éloquence très-sublime,* c'est-à-dire, de celle dont il avoit lui-même l'idée, & on peut juger par ses Ecrits, quel étoit son goût. ST. AUGUSTIN, grand Déclamateur, & dont le stile se sentoit du terroir Africain, trouve les *Discours de Grégoire* (3) *d'une beauté & d'une grace extraordinaire,* dans des *Traductions Latines* d'une Langue qu'il n'entendoit guéres. ERASME loue *la piété & l'éloquence* de Grégoire, comme allant du pair: mais il ajoûte, que ce Pére, dans ses (4) *Discours, affecte les pointes & les jeux de mots.* Mr. l'Abbé DUPIN, (b) après bien des éloges, avoüe, que St. Grégoire de Nazianze *affecte trop les antithéses, les allusions, les similitudes, les comparaisons, & certaines autres délicatesses du discours qui semblent le rendre efféminé.* Voilà des jugemens, ou de très-peu de poids, ou qui s'accordent assez avec celui de Mr. LE CLERC, que j'ai suivi. Mais qu'a fait ST. JEROME au P. *Ceillier*, qu'il l'ait oublié ici? Falloit-il négliger l'éloge *d'homme très-éloquent & très-docte* (c), que cet ancien Docteur de l'Eglise donne à *Grégoire de Nazianze?* Mais ce qu'il y a de fâcheux, c'est qu'il le représente lui-même ailleurs comme un Déclamateur, à qui le Peuple

(b) Bibl. Eccl. Tom. II.

(c) In Ephes. Cap. V. in fin; pag. 236. B. Tom. IX. Ed. Basil. 1537.

lustrius [aliquid] C'est encore une citation tirée du même endroit, sans aucune indication de l'Ouvrage où se trouve le passage.

(3) *Cujus* [Sancti GREGORII *eloquia ingentis merito gratia, etiam in Linguam Lati-*

nam translata usquequaque claruerunt. Contra Julian. Lib. I. Cap. V. § 15. Ed. Benedict. Antuerp. Tom. X. pag. 332. D.

(4) *Sed amat significantes argutias* &c.

ple applaudiſſoit, (1) ſans entendre ce qu'il diſoit. A tous ces jugemens, il nous fera bien permis d'ajoûter celui du même Prélat, que nous venons de ci-ter. (a) Il traite en général de *goût dépravé*, celui des *tems où les Péres ont vécu. Les Etudes d'*Athénes *même étoient déchuës*, dit-il, *quand* SAINT BA-SILE *&* SAINT GRÉGOIRE *de* Nazianze *y allérent. Les rafinemens d'eſprit avoient prévalu. Les Péres, inſtruits par les mauvais Rhéteurs de leur tems, étoient entraînez dans le préjugé univerſel.*

(a) *Réflex. ſur la Rhetor. pag.* 25, 26.

§. III. MAIS voici matiére à des réflexions plus importantes. On avoit dit, (b) que GRÉGOIRE de Nazianze *exaggére fort la hardieſſe des* Ariens *& des* Macédoniens, *qui étoient en auſſi grand nombre pour le moins que les Ortho-doxes, & qui oſoient s'aſſembler & former des Egliſes. Attentat horrible, après la déciſion d'un Concile auſſi bien réglé, que celui que l'on venoit de tenir.* Mon Cen-ſeur, après quelques déclamations bien aſſorties avec le faux zéle dont il prend la défenſe, (c) voudroit éluder ce que l'on a dit de l'irrégularité du *Concile de* CONSTANTINOPLE. *Il eſt vrai*, dit-il, *que, comme on étoit ſur le point de terminer ce Concile, la mort imprévuë de* St. Méléce, *l'un des deux Patriarches d'*An-tioche, *l'aiant fait continuer, on y agita avec beaucoup de chaleur la queſtion, ſi l'on donneroit un Succeſſeur à ce Saint, ou ſi on laiſſeroit* Paulin *ſeul en poſſeſſion de cette Egliſe; ſur quoi les eſprits furent fort partagez. Mais cette brouillerie n'a rien de commun avec les déciſions que le Concile avoit faites auparavant ſur les différens points de nôtre Foi, que l'Héréſie attaquoit. On avoit procédé à ces déciſions avec toute l'union, tout l'ordre & toute l'équité poſſible; & comme la condamnation des* Macédo-niens *avoit été un des principaux objets de la convocation, on avoit auſſi eû ſoin d'y inviter les Evêques de cette Secte. Ils s'y rendirent au nombre de trente-ſix, & on n'oublia rien pour les faire revenir de leurs pernicieux ſentimens; mais ils y demeurérent obſtinez, & après avoir eû l'effronterie de dire qu'ils aimoient mieux embraſſer l'opi-nion des* Ariens, *que d'aquieſcer à la foi de la Conſubſtantialité, ils ſe retirérent de* Conſtantinople, *& écrivirent par tout, pour détourner les Peuples de la foi du Con-cile de* Nicée. *Il eſt vrai auſſi qu'il ne ſe trouva dans tout le Concile de Conſtantinople, que les Evêques de l'Egliſe Gréque; mais cela n'a pas empêché que le conſentement de l'Egliſe d'Occident, & du Pape* Damaſe, *ne lui ait donné le titre de Second Concile Général &c.*

(b) *Préface, pag.* XLVI.

(c) *Pag.* 254, 255.

§. IV. JE n'examinerai pas encore, de quel droit les *Orthodoxes* ſollicitérent l'Empereur à ôter aux *Ariens* leurs Egliſes, qu'ils avoient poſſedées l'eſpace de quarante ans. Mais tout ce que le P. Ceillier nous dit de la liberté & de la régularité du Concile de *Conſtantinople*, eſt démenti par l'Hiſtoire. THÉO-DOSE, gagné par les *Orthodoxes*, s'étoit déclaré hautement contre les *Ariens*, & autres *Hérétiques*, qui s'éloignoient de la Foi du Concile de *Nicée*. Sans ſe met-

---

(1) C'eſt dans une Lettre, où, après avoir frondé les Déclamateurs, il rapporte ce mot fameux de *Grégoire* lui-même, qui avoit été ſon Maître. Il le prioit un jour, de lui ex-pliquer, ce que c'étoit que le *Sabbat ſecond-prémier*, dont il eſt parlé dans ST. LUC. Là-deſſus *Grégoire* lui répondit: ,, Je vous expli-,, querai cela dans l'Egliſe, où, tout le Peu-,, ple m'applaudiſſant par ſes acclamations, ,, vous ſerez contraint de ſavoir ce que vous ,, ne ſavez point; ou ſi vous êtes le ſeul à ,, garder le ſilence, tous les autres vous trai-,, teront de fou". *Epiſt. ad Nepotian. Tom.* I, pag. m. 14. D.

(2) --- Ὁι δ'ἀκριζον ἄλλ. ἄλλοθεν, Δῆμος κολοιῶν εἰς ἓν ἐπιςυαφμένος,

Τοῖς

mettre en peine d'user de persuasion pour les ramener, il avoit commencé par des voies de fait & d'autorité. Il leur avoit non seulement ôté toutes les Eglises qu'ils possedoient dans les Villes, mais encore il avoit ordonné contr'eux des peines civiles. Encore après cela l'accusoit-on de n'avoir pas assez de zéle: on auroit voulu, qu'il eût employé la violence, pour faire rentrer ces *Hérétiques*, bon gré malgré qu'ils en eussent, dans la Communion de ceux dont ils ne pouvoient en conscience embrasser les sentimens; comme nous l'apprend *Grégoire* lui-même, (a) qui désapprouve aussi cet emportement. Les choses étant dans cette situation, que pouvoient espérer les *Ariens* & les *Macédoniens*, d'un Concile où le parti opposé étoit toûjours sûr de l'emporter, à la faveur du Pouvoir Impérial? Aussi est-ce apparemment pour cela, qu'il y vint si peu d'*Evêques de cette Secte*. Contre *trente-six* qu'ils étoient, il y en avoit (b) *cent-cinquante* d'*Orthodoxes*. Autant valloit-il, qu'il n'y en eût aucun des prémiers. Leur parti n'en auroit été ni plus, ni moins, condamné du bonnet. Mais quelles gens étoient-ce, que les Evêques Orthodoxes de ce Concile? C'est au P. *Ceillier* à voir, s'il donnera le démenti à l'ancien Docteur, qu'il défend. *Grégoire de Nazianze* nous représente ces vénérables *Péres de l'Eglise*, comme étant la plûpart de Jeunes Gens, (2) qui *criailloient comme des Pies*, & aux clameurs desquels les vieux Evêques se laissoient entraîner sans résistance. Il compare ce Concile à un *Cabaret*, & à des lieux de prostitution. Il fut lui-même contraint, par l'envie & les cabales qui y régnoient, d'abandonner le Siége de *Constantinople*, où il avoit été d'abord confirmé par ce même Concile. En bonne foi, si des gens ainsi faits s'accordoient à bien décider des points de Religion, n'a-t-on pas tout lieu de croire, que c'étoit par hazard, & non par lumière? Ainsi il est ridicule à mon Censeur, de m'objecter, que (c) *les Protestans ont aussi respecté les décisions du Concile de Constantinople*. Ce n'est nullement à cause de son autorité, c'est parce que les décisions, qui y furent faites, se sont trouvées, n'importe comment, conformes à l'Ecriture, la régle unique d'un Protestant, qui suit ses principes. Ils respecteroient de même les autres Conciles, si, dans le plus grand nombre de ces Assemblées, l'approbation des erreurs & des superstitions n'avoit été jointe aux passions, aux cabales, au tumulte, & autres irrégularitez de toute espéce. Puis que mon Censeur m'y méne, il faut lui rappeler le témoignage que nôtre *Grégoire* rend bonnement aux Conciles en général, & qu'on a déja produit plus d'une fois. Voici comme il répond à une invitation pour une Assemblée d'Evêques, qui devoit se tenir à *Constantinople*: (3) *S'il faut vous écrire la vérité, je suis dans la résolution de fuïr toute Assemblée d'Evêques, parce que je n'ai jamais vû aucun Synode qui ait eû un bon succès, & qui n'ait plûtôt augmenté le mal, que de le di-*

(a) *De Vita sua*; Tom. II. pag. 20, 21.

(b) *Socrat.* Hist. Eccl. Lib. V. Cap. 1. *Sozom*. Lib. VII. Cap. 7.

(c) *Pag.* 2151

Τύρβη νέων τις, κακόν ἐργασίερον.

Τοῖς δ' ἠκολύθει ἡ σπινὴ γερεσία·
Τοιοῦτ' ἀπείχει σωφρονίζειν τὰς νέας &c.
De Vita sua, pag. 27. Tom. I. Edit. Colon. (id est, *Lips*.) 1690.

(3) Ἐγὼ μὲν οὕτως, εἰ δεῖ τἀληθὲς γράφειν, ὥστε πάντα σύλλογον φεύγειν Ἐπισκόπων, ὅτι μηδεμίας Συνόδου τέλος εἶδον χρηστὸν μηδὲ λύσιν κακῶν μᾶλλον ἐσχηκυίας, ἢ προσθήκην. Αἱ γὰρ φιλονεικίαι καὶ φιλαρχίαι (ἀλλ' ὅπως μήτε φορτικὸν ὑπολάβης ὅτω γράφοντα) καὶ λόγου κρείττους &c. Epist. LV. Tom. I. pag. 814. B.

diminuer. *L'esprit de Dispute & celui de Domination (croiez que je parle sans rancune) y sont plus grands qu'on ne sauroit l'exprimer* &c. On trouve bien des plaintes semblables, répanduës dans les Ecrits de *Grégoire*: mais sur tout dans une de ses Poësies, où il fait la même protestation: (1) *Jamais*, dit-il, *je ne me trouverai dans aucun Synode, pour être de compagnie avec des Oies, ou des Gruës, qui se battent à l'étourdie. On n'y voit que division, que querelles, que mystéres honteux qui éclattent, le tout rassemblé dans un même lieu avec des hommes furieux.* Les choses n'allérent pas mieux depuis le tems de *Grégoire*. On ne fit que confirmer la vérité de ce qu'il avoit dit, en renchérissant sur les abus des anciens Conciles.

§. V. CE qu'il y a de surprenant, c'est que *Grégoire* connoissant si bien le caractére des Ecclésiastiques, ne se soit pas garanti lui-même d'une teinture de cet esprit, qui étoit la source de leur mauvaise conduite. C'est ce qui paroît par la déclamation qu'il fait contre *la hardiesse qu'avoient les* Ariens *& les* Macédoniens, *de s'assembler & de former des Eglises*; comme aussi sur la *permission* qu'en donnoit *Nectaire* aux *Apollinaristes*, & par la mauvaise raison qu'il en allégue, c'est que *permettre à ces gens-là de s'assembler*, (2) *c'étoit leur accorder que leur doctrine étoit plus véritable, que celle du Concile*; puis qu'il ne peut pas y avoir *deux véritez.* Comme si souffrir quelcun, c'étoit marquer qu'on croit son senti-

(a) Pag. 257, 258.

ment véritable! Le P. *Ceillier* (a.) trouve ici *la réponse facile*: c'est que *notre Saint Docteur n'étoit pas de mon sentiment sur la Tolérance de toute sorte de Sectes & de Religions.* Si cela est, j'en suis fâché, pour l'amour de celui dont mon Censeur veut faire l'apologie. Car mon opinion, que le P. *Ceillier* n'entend point, est, je crois, celle de tout ce qu'il y a jamais eû de personnes raisonnables, que les préjugez ou les passions n'ont pas aveuglées jusqu'à leur faire dépouiller à cet égard tout sentiment de Modestie & d'Humanité. Le raisonnement, que *Grégoire* fait ici, est un échantillon des raisons pitoiables qu'alléguent les Intolérans, & qui montrent clairement combien ils sont réduits à renoncer en même tems au Sens Commun.

(b) Pag. 258.

§. VI. ACCORDONS pour un moment, que ce soit un moien efficace & légitime de s'opposer à l'Erreur, que d'user de violence pour empêcher les *Assemblées des Hérétiques*; s'ensuit-il de là nécessairement, (b) qu'on *croie la doctrine, dont on n'arrête point* ainsi *le cours, non seulement véritable, mais même plus véritable, que celle qui lui est opposée; & absolument parlant, la seule véritable?* Si quelcun tiroit une conséquence comme celle-là, de ce que des personnes, qui ont en main l'Autorité, n'empêchent pas qu'on ne débite des choses fausses en matiére d'Histoire, ou de quelque Science Humaine, ne se feroit-il pas siffler de tout le monde? Bien plus: le silence même, en des occasions où rien n'oblige à s'expliquer, n'est pas une preuve incontestable qu'on approuve ce que l'on ne condamne point. Pourquoi juger autrement en matiére de Religion? Mais, dit mon Censeur, c'est *un devoir inséparable du caractére d'un Evêque & de son emploi, de ne pas souffrir volontairement & sans aucune opposition, que*

Pon-

(1.) Οὐδέ τι πω Συνόδοισιν ὁμόφρονος ἰσόμ'
ἔγωγε
Χηνῶν ἢ γεράνων ἄκριτα μαρναμένων.

Εἰσ᾽ ἔρις, ἵνθα μῦθος τε, κỳ αἴσχεα κρυπτὰ
παροιθεν
Εἰς ἕνα δυσμενέων χῶρον ἀγειρόμενα.

Carm.

DES PERES. Chap. XII.

l'on tienne, que l'on prêche & que l'on suive publiquement une doctrine fausse & hérétique dans son Diocèse. Soit. Je soûtiens, que tout ce qui s'ensuivra de là, c'est que l'Evêque aura été négligent à faire son devoir: & on peut l'être, sans approuver néanmoins les erreurs auxquelles on ne s'est pas opposé avec assez de vigueur. Je dois instruire quelcun: je ne le fais point, ou je ne le fais pas comme il faut: celui, dont j'ai négligé l'instruction, tombe par là dans des erreurs, & des erreurs considérables: j'en suis la cause, j'en suis responsable; & cependant peut-on inferer de cela seul, que j'approuve ces erreurs? Les Législateurs, pour éviter un plus grand mal, ou par quelque autre raison de Politique, tolérent des choses visiblement mauvaises: s'ensuit-il, qu'ils les regardent comme innocentes, parce qu'ils ne font pas ce qu'ils pourroient pour les empêcher?

§. VII. Ainsi rien n'est plus mal appliqué, que le principe certain en foi, sur lequel mon Censeur raisonne, après *St. Grégoire*, c'est qu'*il est impossible que deux doctrines contraires sur un même point de Foi, soient l'une & l'autre véritables.* N'oublions pas de faire remarquer en passant une autre preuve que le P. *Ceillier* nous donne de sa prévention grossiére. Il me reproche, (a) *que je ne juge des sentimens des Péres, que par rapport aux miens, & que je ne les crois raisonnables, qu'autant qu'ils ont de conformité à mes propres pensées.* Ne diroit-on pas, que tout ce que j'ai dit des Péres, je l'ai dit le prémier? Et cependant mon Censeur venoit (b) de m'appeller *le Compilateur de Mr.* Le Clerc, dont je ne fais même ici que copier les propres paroles; pour ne rien dire de tant d'autres Ecrivains de toute Communion, de l'autorité desquels je me suis muni, non à cause de cette autorité seule, mais pour faire voir que je ne suis pas le seul de mon sentiment. Car, du reste, comment veut-on que je juge, si les sentimens des Péres sont *raisonnables?* Dois-je voir par les yeux d'autrui, & trouver raisonnable ce que d'autres trouvent tel, pendant qu'il ne me le paroît pas à moi-même?

(a) *Pag.* 257.
(b) *Pag.* 258.

§. VIII. Mais revenons au raisonnement de *Grégoire*, & au dogme de la *Tolérance*. Je demande au P. *Ceillier*, si Nôtre Seigneur Jesus-Christ eut raison de refuser à ses Disciples, encore peu éclairez, la demande qu'ils lui faisoient de leur accorder le pouvoir de (c) *faire descendre le feu du Ciel, pour consumer les Samaritains*, gens Hérétiques & Schismatiques sans contredit? Cependant, selon le raisonnement de *St. Grégoire* & de mon Censeur, c'étoit regarder les Dogmes & les Cultes des *Samaritains*, comme *véritables, plus véritables* même, que ceux des *Juifs*, & *seuls véritables*, à parler absolument. Mais le Sauveur étoit si éloigné d'une telle pensée, & de l'esprit d'Intolérance qui la suggére, qu'il le condamne fortement, par cette censure également douce & vive: *Vous ne savez de quel esprit vous êtes animez; car le Fils de l'Homme n'est pas venu pour perdre les ames des Hommes, mais pour les sauver.* Les voies de Rigueur ne sont donc ni propres à procurer le Salut des Hommes, ni un moien conforme au genie de l'Evangile, moins encore au caractére de ses Ministres. Une

(c) *Luc.* IX; 54, & suiv.

Carm. XI. Tom. II. pag. 81.
(4) Ὅτι μὴ συμβαινόντων ἡμῶν οἷς ἐκεῖνοι φρονοῦσι, τὸ λαβεῖν αὐτοὺς ἐξουσίαν συνάξεως, οὐδὲν ἕτερόν ἐστιν, ἢ ἀληθεστέρας ᾧ καθ᾽ ἡμᾶς δόγματος νομισθῆναι. Orat. XLVI. Tom. I. pag. 722. D.

Une autre fois, que Nôtre Seigneur se vit abandonné par plusieurs de ses Disciples, usa-t-il de son pouvoir, pour les ramener, ou pour intimider les autres? Bien loin de là, il dit aux Douze qui lui restoient: (a) *Et vous, ne voulez-vous point aussi vous en aller?* Condamnoit-il donc ainsi sa Doctrine, comme fausse? Et au contraire ne témoignoit-il pas hautement par là, qu'il n'y a rien qui doive être plus libre, que d'embrasser la Religion qu'on croit vraie? Les Apôtres profitérent bien de ces leçons, & de cet exemple. On les a vûs emploier à punir le Vice, le pouvoir céleste dont ils étoient revêtus. *Ananias & Sapphira*, qui *mentirent au St. Esprit*, & l'*Incestueux de Corinthe*, en sont des preuves authentiques. Mais ces saints hommes ont-ils jamais rien fait de semblable, pour convertir les *Juifs*, ou les *Païens*? ST. PAUL sur tout, Persécuteur pendant qu'il étoit Juif, a-t-il continué de l'être depuis qu'il fût Chrétien & Apôtre? Il auroit eû pourtant alors une autre voie de rigueur bien plus efficace, pour *confondre & détruire les Sectes contraires à la vraie Religion*, que la Persécution, que mon Censeur autorise dans cette vuë, & qui, au contraire, comme il paroit par l'expérience de tous les tems, ne sert qu'à confirmer dans l'Erreur ceux qui y sont véritablement. Cela suffiroit, pour renverser & le raisonnement de *Grégoire*, & tout le systême de l'Intolérance, pour laquelle le P. *Ceillier* se déclare avec tant de zéle. Mais la matiére est importante, & une de celles qu'on doit traiter *en tems & hors tems*, à cause de la facilité avec laquelle les Hommes se laissent ici éblouïr d'un prétexte de Piété, que les Passions savent bien mettre à profit. Je rassemblerai, pour n'en pas faire à deux fois, ce que mon Censeur dit ici, & sur l'article de ST. AUGUSTIN.

(a) *Jean*, VI, 67.

§. IX. IL y a deux sortes de *Tolérance*, que mon Censeur confond toûjours, la *Tolérance Ecclésiastique*, & la *Tolérance Civile*. La prémiére consiste à souffrir dans une même Société Ecclésiastique ceux qui ont quelque sentiment particulier. L'autre, à laisser, dans un Etat, la Liberté de Conscience, à ceux qui ne sont pas de la Religion Dominante, ou qui s'en sont separez, ou en ont été exclus, à cause de certaines opinions particuliéres. La prémiére sorte de Tolérance est aussi différente de la derniére, qu'il y a de différence entre la Société Ecclésiastique, & la Société Civile. Chacune de ces Sociétez a ses Loix, mais des Loix d'une nature bien différente. La Force est essentielle aux Loix Civiles. Mais tout ce qui sent la Contrainte, est incompatible avec le but légitime des Loix Ecclésiastiques.

§. X. QUE diroit-on d'une Société de Philosophes, ou autres Gens de Lettres, qui s'étant formée pour l'avancement des Sciences, s'aviseroit de contraindre chacun de ses Membres à croire, contre ses propres lumiéres, ce qui auroit été décidé à la pluralité des voix, & maltraiteroit non seulement ceux qui ne se soûmettroient pas à ses décisions, mais encore, quand elle le pourroit, ceux d'une autre semblable Société, qui seroit dans des idées différentes? Il n'y a aucune personne de bon-sens, qui ne traitât ce procédé d'injustice ridicule. Je ne sai si le P. *Ceillier* lui-même oseroit excuser ces zélez *Aristotéliciens*, qui firent intervenir l'Autorité Souveraine, pour proscrire la Philosophie de DES-

(1) Voiez le *Discours* de feu Mr. NOODT de ma Traduction, 2. *Edit*. avec les Auteurs *sur la Liberté de Conscience*, pag. 367, & *suiv*. indiquez dans les Notes.

Descartes; avec tout le prétexte de Religion qu'on y mêloit. Je ne crois pas du moins qu'il trouvât bon, que l'*Académie Roiale des Belles Lettres*, ou celle *des Sciences*, en vinssent là. Mais une telle conduite est d'autant plus absurde & plus injuste, en matiére de Religion, que la Religion est au dessus des Lettres & des Sciences Humaines, par sa propre nature & par son utilité.

§. XI. Le but commun des Sociétez Ecclésiastiques, & des Sociétez pour les Sciences Humaines, doit être sans doute de chercher soigneusement la Vérité, & d'en convaincre ceux qui l'ignorent. Pour se flatter raisonnablement d'avoir découvert la Vérité, il faut avoir de bonnes raisons des sentimens qu'on croit vrais. Et l'on ne sauroit persuader aux autres ces sentimens, qu'en leur faisant goûter ces raisons. Le seul moien de les leur faire goûter, c'est de les leur proposer avec toute la clarté & toute la force dont on est capable. Si nonobstant cela, ils ne se rendent pas, c'est ou faute de pénétration, ou par prévention, ou, si l'on veut, par une opiniâtreté volontaire (car je n'incidenterai point ici sur la question, s'il y en a de telle (1) dont on puisse être assuré). A quelle de ces causes qu'on attribue l'obstination d'une personne à persister dans ses sentimens, que l'on croit faux; je soûtiens, que les voies de la Force ne sont rien moins que propres à la ramener dans le bon chemin.

§. XII. La Violence n'éclaire point, elle n'a pas la vertu de changer le génie ou la disposition de l'Esprit ou du Cœur de qui que ce soit. Un Homme stupide n'en deviendra pas plus pénétrant. C'est tenter l'impossible, que de vouloir lui faire comprendre ce qui est au dessus de sa portée; & agir en Tyran, que de le contraindre à reconnoître pour vrai ce qu'il n'est pas capable de comprendre. Un Homme prévenu, de quelque maniére que ce soit, d'autres idées qui l'empêchent d'être frappé des plus fortes raisons qu'on y oppose, plus on voudra le forcer à goûter les derniéres, & plus il se roidira à tenir ferme dans les prémiéres; c'est le caractére de la Prévention: on ne peut l'attaquer avec succès, que par des chemins couverts, par des maniéres indirectes, imperceptibles, & engageantes. Un Opiniâtre volontaire, s'il en est ici de tels, commencera à devenir opiniâtre de bonne foi. Les raisons de son sentiment, dont il se défioit peut-être, lui paroîtront fortes, dès-là que les Partisans de l'opinion contraire témoigneront se défier eux-mêmes des leurs, en appellant au secours la Violence. On est porté naturellement à juger ainsi de ceux qui usent d'un tel moien, & ce jugement est très-bien fondé. Quand on se sent assez fort avec les armes naturelles de la Vérité, on n'a garde d'en emprunter d'étrangéres.

§. XIII. L'expérience fait voir, combien les Hommes sont jaloux de la liberté de leurs opinions, & combien ils s'y confirment, dans les choses les plus indifférentes, par la violence qu'on veut faire à leur Jugement. On sait ce que l'Antiquité rapporte de *Philoxéne*, (2) de qui toutes les menaces de la Prison & des Carriéres ne pûrent obtenir qu'il témoignât approuver les Poësies d'un Tyran, qu'il trouvoit mauvaises. Mais c'est sur tout en matiére
de

(2) Voiez Stobé'e, *Serm.* XIII. pag. 145. Tom. II. pag. 34. *Edit. Kuster.* &c. *Ed. Genev.* Suidas, au mot, Ἐις λαμπρίας,

de Religion, que la Contrainte rebutte le plus, & augmente l'éloignement qu'on avoit pour certains Dogmes ou certains Cultes. Tus les Opinions regardent des choses importantes en elles-mêmes, & plus on croit être autorisé à maintenir la liberté de son choix. Plus un Homme est persuadé qu'il y a une Religion, & qu'il n'est pas indifférent à quelle on se range, entre tant de différentes qui divisent le Genre Humain ; & plus il fera conscience d'en embrasser d'autre, que celle qui lui paroît véritable, de quelque maniére qu'elle soit entrée dans son esprit. Ainsi il se confirmera de plus en plus dans celle-ci, à proportion des efforts qu'on fera pour le contraindre à en changer. On se tromperoit fort, si l'on s'imaginoit, que la Violence le portera du moins à examiner, & à revenir par là de sa prévention. Ce qu'il y a qui rebutte, dans la nature même de ce moien, empêche aussi qu'on n'examine. On n'est ni porté à l'examen, ni en état de le faire avec succès, dans l'aversion que la Contrainte inspire en même tems pour ses Auteurs & pour leurs sentimens, & dans le trouble où jettent les maux qu'on souffre, ou dont on est menacé. Ceux mêmes, qui, en ces cas-là, changent de Religion contre les lumiéres de leur Conscience, & qui, pour en appaiser les remords, cherchent à se faire des illusions, ne peuvent guéres venir à bout de se bien convaincre, quelque soin qu'ils prennent d'examiner, pour accorder leur repos & leurs intérêts mondains avec la Piété.

§. XIV. Jusqu'ici j'ai supposé, que la Religion de ceux, qui veulent contraindre les autres à s'y ranger, soit la seule vraie, ou du moins plus saine que celle des gens qu'on force. Mais il s'en faut bien que cette supposition soit indubitable, & telle qu'on puisse s'en servir raisonnablement à justifier l'usage de la Violence, quand il ne seroit pas absurde & injuste de sa nature. C'est cela même qui est en question, si vous, qui voulez me forcer, êtes d'une Religion meilleure que la mienne, ou dans des sentimens plus sains que les miens, sur des points particuliers d'une Religion qui nous est commune. C'est ce qui sera toûjours matiére à dispute, entre des Hommes, dont aucun n'est infaillible, & auxquels Dieu n'a point donné ici-bas de Juge visible, pour décider là-dessus avec plein pouvoir.

§. XV. En vertu dequoi donc voudroit-on empêcher, que chacun ne fût ici Juge pour soi-même ? Il s'agit de l'intérêt de chacun, & de son plus grand intérêt. Chacun a assez à faire à penser au sien, sans se mêler de celui des autres, jusqu'à s'arroger sur leurs Consciences un empire qu'on ne sauroit après tout y exercer efficacement. D'ailleurs, si les uns veulent s'ériger en Juges pour les autres, ceux-ci le feront à leur tour avec autant de raison ; & ainsi la Religion de chacun dépendra de ce qu'il aura plus ou moins de force, pour (1) *contraindre d'entrer*, ou pour y être *contraint* : il n'y aura de Religion, que celle du plus fort, comme, selon quelques-uns, il n'y a de Droit, que celui du plus puissant. En vain voudroit-on se prévaloir de ce qu'on fait le plus grand nombre, en comparaison de ceux qui sont d'un autre sentiment. La supé-

---

(1) Il est à remarquer, que le P. *Ceillier* ne cite jamais ces paroles de la Parabole Evangélique, dont les Persécuteurs Modernes ont fait leur grand Cheval de bataille. Le *Commentaire Philosophique* de feu Mr. Bayle l'a mis en déroute.

(2)

supériorité en nombre ne fait ici que rendre plus fort : il s'en faut bien qu'elle soit une marque sûre de Vérité; elle ne forme pas même un simple préjugé, que l'Opinion la plus commune soit la plus vraie. (2) C'est une maxime des Sages de tous les tems, qu'il faut peser les Voix, & non les compter. Le plus petit nombre est toûjours de ceux qui aiment la Vérité pour elle-même, qui la cherchent de bonne foi, qui ont les talens nécessaires pour la trouver, & qui apportent à cet examen toute l'attention & toute l'application qu'il demande. La plûpart des Hommes se livrent aux préjugez de l'Education, & au torrent de l'Autorité; de sorte qu'ils n'examinent que peu ou point. Lors même qu'ils le font, quelque peu de gens entraînent d'ordinaire les suffrages de la Multitude, qui les suit aveuglément, les uns pour une considération, les autres pour l'autre, tous pour des raisons qui n'ont aucun rapport avec celles qui se tirent du fond même de la chose. Que si les Intérêts temporels, & les Passions, s'en mêlent, comme il arrive très-souvent; on est capable alors de digerer les plus grandes absurditez, & de se faire dans son Esprit un bouclier impénétrable aux plus forts argumens de ceux qui sont d'une autre opinion. Il n'y a rien, en quoi tout cela se vérifie mieux, qu'en matiére de Religion, où ces ressorts étrangers jouent leur jeu avec une force proportionnée au pouvoir que la Religion a naturellement sur les Esprits, & à la confiance qu'inspire un si beau prétexte. C'est ainsi que toutes les fausses Religions se sont introduites. Il est, sans cela, inconcevable, comment des gens, qui ont la Raison, auroient pû se laisser entraîner aux extravagances du Paganisme; puis que, comme le dit (a) l'Apôtre St. Paul, *ce qu'il faut savoir de* Dieu *étoit connu parmi les Gentils* Dieu *le leur aiant manifesté par la seule Révélation de la Nature; & les Perfections invisibles de* Dieu, *sa Puissance Eternelle & sa Divinité, étant devenuës comme visibles depuis la Création du Monde, quand on fait attention à ses Ouvrages, de sorte que ces gens-là étoient inexcusables,* quoi qu'ils n'eussent point de Révélation extraordinaire.

(a) *Romains*, I, 19, 20.

§. XVI. Cette Révélation surnaturelle suppléant au défaut d'attention, & fournissant des lumiéres plus étendües, a bien par là diminué la force des causes & des occasions d'Erreur, mais elle ne leur a pas ôté toute prise, parce qu'elle n'a point changé le naturel des Hommes, qui est la source des mauvais effets qui en proviennent. La *Loi de* Moïse, qui prêche si clairement un Dieu Créateur, seul vrai, seul digne de nos hommages religieux, a-t-elle pû empêcher qu'un grand nombre de *Juifs* n'eussent du panchant à l'Idolatrie, & ne s'y laissassent souvent aller? Il s'est formé enfin, parmi eux, des *Sectes,* qui ont établi des *Traditions Humaines*, également contraires & à la *Loi de* Moïse, & à la *Loi de Nature*. Les *Chrétiens*, qui devoient être plus sages, se sont encore plus divisez. On a vû parmi eux la même Opinion avoir tantôt le dessus, tantôt du dessous; tantôt reçuë, & tantôt condamnée, à la pluralité des suffrages : une même dispute regardée des uns comme de la derniére importance, & des autres comme peu considérable. Les Intérêts & les Passions

(2) On peut voir le Discours de St. Athanase, *contre ceux qui jugent de la Vérité par l'opinion du plus grand nombre.* Conferez les Notes de *Phereponus*, (ou Mr. Le Clerc) sur St. Augustin, *Append.* pag. 605.

sions ont régné ici, pour le moins autant que dans d'autres Religions. Et rien n'est plus vrai, que ce mot de GROTIUS: (1) *Qui lit l'Histoire Ecclésiastique, que lit-il autre chose, que les Vices des Evêques?*

§. XVII. CELA étant, il n'y a point de Société Ecclésiastique, parmi les *Chrétiens*, qui, en ce où elle différe des autres, ne doive être sur ses gardes, dans la crainte que ses opinions particuliéres ne se soient établies de maniére, que l'Ignorance, les Préjugez, les Passions, y aient la plus grande part. La réflexion du sage *Gamaliel* est ici fort de saison: (a) *Qui sait même, s'il ne se trouvera pas enfin, que vous aurez fait la guerre à* DIEU? De sorte que, quand même on supposeroit, ce qui est très-faux, que ceux qui ont la Vérité de leur côté pûssent user de quelque Violence contre ceux de la même Société, ou d'autres, qui refusent de s'y rendre; les sujets de défiance, fondez sur ce qu'une expérience de tous les Siécles nous apprend de la maniére dont les Opinions communes s'introduisent, suffiroient pour ôter tout prétexte à une telle prétension, qui devroit du moins, si elle avoit quelque apparence de justice, être accompagnée d'une certitude incontestable des choses qu'on veut faire recevoir par force.

(a) *Act.* V, 39.

§. XVIII. JE dis plus: il y a même des Opinions contraires, dont on ne peut être assûré que l'une ou l'autre soit nécessairement vraie, parce qu'elles peuvent être toutes deux fausses. Telles sont celles qui regardent les profondeurs de la Nature Divine, l'essence de DIEU, l'étenduë & l'accord de ses Attributs, ses Décrets, la maniére dont il agit &c. DIEU ne nous a revelé ces sortes de choses, que d'une maniére fort obscure; soit qu'elles surpassent entiérement la foible portée de nos Esprits ici-bas, ou parce qu'il n'a pas voulu que nous en sûssions davantage. C'est pourtant sur les questions qui se rapportent à de telles matières, que les *Chrétiens* de tout tems se sont le plus échauffez & divisez. Ils reconnoissent que ce sont des *Mystéres*, & ils s'émancipent à vouloir les pénetrer: semblables à des Aveugles, qui disputeroient entr'eux des Couleurs, & se battroient pour soûtenir chacun son sentiment là-dessus.

§. XIX. MAIS, de toutes les Sociétez Chrétiennes, il n'en est aucune à qui il siée plus mal de condamner toutes les autres, & de les persécuter pour leur faire embrasser sa Communion, que celle qui fait consister une grande partie de ses Dogmes & de ses Pratiques dans des choses dont elle reconnoît elle-même qu'il n'y a rien dans le Nouveau Testament, qui est le Livre & le principe commun de tous les Chrétiens. Elle a beau en appeller à la *Tradition*: elle ne sauroit prouver, comme nous l'avons déja dit, ni que l'Ecriture Sainte nous y renvoie, comme il le faudroit nécessairement, ni qu'il y ait, sur ces sortes de choses, aucune Tradition constante & perpétuelle. Ces prétenduës Traditions sont, au contraire, souvent tout opposées à ce qui se trouve clairement enseigné dans l'Ecriture. Pour les soûtenir, cette Société est réduite à s'arroger sans détour un privilége d'*Infaillibilité*, qui est la chose du monde la plus absurde, & la plus propre à rendre d'abord suspectes de fausseté, des Opinions & des Pratiques que l'on fonde là-dessus; quand même, ce qui n'est pas, on seroit bien d'accord sur le siége de cette Infaillibilité.

§. XX.

(1) *Qui Ecclesiasticam Historiam legit, quid legit, nisi Episcoporum vitia?* I. Part. Epist. XXII.

§. XX. DE tout ce que j'ai dit, il suit évidemment, qu'on doit laisser à chacun la liberté de croire & de professer ce qui lui paroît vrai en matiére de Religion. Personne ne peut donner atteinte à cette liberté, sans empieter visiblement sur les droits de DIEU, qui est seul maître de nos Consciences. Qu'un Homme se trompe ici, tant qu'on voudra, il est certain qu'il doit néanmoins agir selon ses lumiéres, jusqu'à ce qu'il soit desabusé de ses erreurs. C'est au *Scrutateur des Cœurs* à voir, si elles viennent ou de négligence, ou de quelque autre mauvais principe. Il n'y a que lui, à qui l'on soit obligé d'en rendre compte, comme il n'y a que lui qui puisse en juger.

§. XXI. ON ne peut pas néanmoins inferer de là, comme le (a) prétend le P. *Ceillier*, qu'il faille tolerer dans une même Société Ecclésiastique *toute sorte de Sectes & de Religions*. Autre chose est, de ne pas recevoir dans une Société, ou d'en exclure ceux qui ne sont pas de telle ou telle Opinion autorisée; autre chose, de les persécuter, pour les contraindre à abandonner leurs sentimens particuliers, ou à n'en pas faire profession. (a) *Pag.* 257, 258.

§. XXII. POUR m'en tenir aux *Chrétiens*, dont il s'agit entre nous, il y a certainement des Véritez fondamentales, dont les différens Partis qu'il y a eû entr'eux sont convenus de tout tems, parce qu'elles sont si clairement contenuës dans l'Ecriture, & si souvent repetées, qu'on ne peut s'empêcher de les reconnoître, si peu qu'on la lise avec attention. La Tolérance Ecclésiastique n'est pas pour ceux qui voudroient nier de pareilles choses. Mais cependant tout ce qu'on pourroit faire contr'eux, ce seroit de leur déclarer qu'on ne sauroit les reconnoître ou les recevoir pour Membres de la même Eglise. Du reste, bien loin de les persécuter en aucune maniére, il faudroit avoir compassion d'eux, & mettre en usage les voies les plus engageantes de la Persuasion, pour dissiper leur aveuglement. L'intérêt de leur Salut, & l'intérêt de la Vérité, demanderoient également, qu'on s'abstînt envers eux de toute apparence de Véxation; qui ne serviroit qu'à les confirmer dans leurs erreurs, & à leur faciliter le moïen de les répandre. Les Persécutez, qui ne le sont qu'à cause de leur Religion, inspirent de la pitié pour eux à ceux qui ont de l'Humanité, & en même tems de l'aversion pour les Persécuteurs inhumains. On passe aisément de là à avoir moins mauvaise opinion des sentimens des Persécutez, & moins bonne de ceux des Persécuteurs. La Persécution peut faire des Prosélytes pour l'Erreur, comme pour la Vérité.

§. XXIII. DE plus, il se trouve des différentes Sociétez Ecclésiastiques, qui ont des principes fondamentaux directement opposez les uns aux autres, & absolument incompatibles. Ainsi il n'y a pas moïen que de telles Sociétez se réunissent, ou que les Membres de l'une soient reçûs parmi les Membres de l'autre. Je suis fâché de le dire; mais ce n'est pas ma faute, & la chose est évidente : tels sont respectivement les principes de l'*Eglise Romaine*, & ceux des *Protestans* en général. Le mauvais succès de tous ceux qui ont travaillé à concilier les deux Religions, en est une bonne preuve. Une Eglise, qui prétend être infaillible, & qui, sur ce fondement, adopte ou introduit tout ce que bon lui semble, sans s'embarrasser de l'Ecriture; une Eglise, dont les Dogmes & les Pratiques tiennent à tant d'intérêts mondains, des plus puissans; ne recevra jamais dans son sein des gens qui ne reconnoissent d'autre Régle de la Foi & des Mœurs, que des Saints Livres, où rien ne favorise, & où tout condamne, cette Infaillibilité, & l'usage qu'on en fait. Les derniers, par cette même raison, ne sauroient en conscience se ranger à la Communion Romaine, quand même on voudroit les y recevoir: & ils ne peuvent pas plus recevoir dans leur Corps des Catholiques Romains, qui demeureroient dans leur grand principe, supposé qu'il y en eût qui voulussent y entrer sur ce pié-là; ce qu'il n'est guéres possible qu'on fasse de bonne foi de part & d'autre. Pour ne rien dire des Dogmes de l'Eglise Romaine, que les *Protestans* ne devroient jamais approuver, par cette seule raison qu'ils sont aussi contraires à l'Ordre & à la tranquillité des Sociétez Civiles, qu'au bien & à la paix des Sociétez Ecclésiastiques.

§. XXIV. Mais si les principes de deux Sociétez Ecclésiastiques ne sont pas incompatibles, elles doivent certainement chercher à se réunir, ou du moins n'exclure pas légérement de leur Corps ceux qui pourroient être du sentiment de l'autre. C'est ce que la Modestie, la Charité Chrétienne, & le bien de la Paix, demandent également. La simple communion qu'on entretient avec quelcun, n'est nullement une marque qu'on approuve ses sentimens. On témoigne par là seulement, qu'on ne les regarde pas comme dangereux pour le Salut: & y a-t-il rien où l'on doive être plus réservé, qu'à porter un jugement contraire; sur tout s'il ne s'agit, comme il arrive souvent, que de matiéres de pure spéculation, ou d'Opinions que l'on croit sujettes à de mauvaises conséquences, mais que les Partisans de ces Opinions ne reconnoissent ni en elles-mêmes, ni comme suivant de leurs principes? Craignons d'empieter sur les droits de DIEU, & de faire tort à sa Bonté & à sa Sagesse, toutes les fois qu'il s'agit d'exclure du Salut, entant qu'en nous est, des gens que nous excluons de nôtre Société, pour des erreurs, qui nous paroissent damnables, mais qu'il n'y a que DIEU qui puisse savoir certainement si elles le sont. Il est d'ailleurs fort à craindre, que de telles condamnations ne soient secrétement suggérées par un tout autre principe, que par la crainte des mauvais effets de l'Opinion qu'on proscrit. La haine pour les Personnes, se mêle aisément à l'horreur qu'on a de leurs Sentimens. Et l'attachement qu'on a aux siens propres, inspire aisément cette horreur pour ceux d'autrui. Il empêche du moins, qu'on ne voie ou qu'on ne veuille voir les interprétations favorables, que peuvent recevoir des Opinions, qui d'ailleurs paroissent fausses, ou le sont effectivement. C'est un abus, de s'imaginer, que la plus ferme persuasion où l'on est soi-même, & la plus grande évidence qui nous frappe, soit incompatible avec des sentimens de Modestie & de Charité, par rapport à ceux qu'on croit être dans l'erreur. Quand on voit sur tout, que des Opinions, qu'on juge dangereuses, n'ont aucune influence sur la conduite de ceux qui les professent, qu'ils sont autant ou plus exacts à remplir les Devoirs de la Vertu & de la Piété, que les plus zélez pour le sentiment contraire; quelle répugnance ne doit-on pas avoir à témoigner le moins du monde, que l'on regarde comme exclus du Salut, ou en danger de l'être, des gens en qui l'on voit briller les marques les moins équivoques d'une disposition salutaire?

§. XXV. Ce qu'il y a au moins de certain, c'est que, si l'on s'est fait une
Loi

Loi de ne pas souffrir dans la Société Ecclésiastique de certaines Opinions, qu'on croit dangereuses pour le Salut, on n'a ici encore d'autre droit, que de déclarer paisiblement à ceux qui les soûtiennent & qui y persistent, que n'aiant pas les qualitez requises dans les Membres d'un tel Corps, on ne peut plus les regarder comme tels : de même qu'on en use dans toutes les autres Sociétez contractées volontairement & sous certaines conditions. Du reste, on ne peut légitimement user envers eux de la moindre véxation.

§. XXVI. Aussi ne seroit-on pas fort en état de le faire, quand on voudroit, si l'on ne trouvoit moien d'y intéresser la Puissance Civile. Mais cette Puissance, réduite à ses justes bornes, n'a pas plus de droit ici, que les Conducteurs de la Société Ecclésiastique.

§. XXVII. Car 1. La *Puissance Civile*, comme telle, n'agit & ne s'exerce, que par la *Force*. Or la *Force*, mise en usage contre les Errans en matiére de Religion, est par elle-même également absurde & injuste, comme nous l'avons montré ci-dessus. L'Autorité du Souverain ne sauroit certainement la rendre juste & raisonnable.

§. XXVIII. 2. Cet usage de la Force n'a non plus aucun rapport avec le but des Sociétez Civiles, qui est ce qui détermine l'étenduë du Pouvoir des Souverains. Toute Religion, considerée en elle-même, quelque erronée qu'elle puisse être, est absolument hors de leur Jurisdiction, à moins que ceux qui la professent ne fassent ou n'enseignent, sous ce prétexte, quelque chose qui soit ou contraire aux Bonnes Mœurs, ou défendu pour des raisons d'Utilité Publique, quoi qu'indifférent de sa nature : Car alors l'Erreur ne peut guéres être de bonne foi ; & supposé qu'elle le soit, elle n'est pourtant pas excusable, même devant le Tribunal Humain. Le Souverain a un droit incontestable de réprimer & de punir ceux qui font des choses certainement mauvaises, par quelque principe qu'ils les fassent. Mais il n'en est pas de même des Erreurs innocentes par rapport à l'Ordre & à la Tranquillité Publique; quelque dangereuses qu'on les croie pour le Salut de ceux qui en sont prévenus. C'est leur affaire, & non pas l'affaire du Souverain, consideré comme tel, & agissant par le pouvoir qui lui est propre. Les Hommes ne se sont pas unis en un Corps de Société Civile, pour établir ou conserver d'un commun accord une certaine Religion, qu'ils crussent seule véritable. Ils n'avoient rien à craindre de ce côté-là, dans l'indépendance de l'Etat de Nature. Personne ne s'étoit encore avisé de contraindre les autres, ou de les insulter, pour les ramener aux Opinions qu'il avoit lui-même de la Divinité, & à la maniére dont il croioit devoir la servir. Chacun ne pensoit, qu'à trouver dans la réunion des volontez & des forces d'une grande Multitude, des secours qui suppléassent à l'impuissance où il étoit de se défendre lui seul; & une protection publique, à l'abri de laquelle sa vie, ses biens, & ses droits temporels, fussent en sûreté, autant qu'il étoit possible. On se dépouilla pour cet effet d'une partie de sa Liberté Naturelle : &, autant qu'on auroit été sans cela bien aise de la retenir toute entiére, autant fut-on jaloux de ce qu'on s'en reservoit, dont un des droits les plus considérables pour quiconque avoit tant soit peu à cœur la Religion, étoit sans doute celui de servir la Divinité de la maniére qu'il croioit lui être la plus agréable.

§. XXIX.

§. XXIX. 3. Mais, quand même les Hommes auroient été assez insensez, pour soûmettre leur jugement & leurs volontez, en matière de Religion, au jugement & à la volonté du Souverain; celui-ci n'en auroit pas aquis plus de droit à cet égard, parce que ce n'est pas une de ces choses, dont il est libre à chacun de disposer à sa fantaisie. Un Homme ne peut jamais donner à un autre Homme un pouvoir arbitraire sur sa vie, dont il n'est pas maître lui-même. Mais il est encore moins maître de sa Conscience, dont l'empire appartient tellement à Dieu, que les autres Hommes, quoi qu'ils veuillent, quoi qu'ils fassent, ne sauroient véritablement y en exercer aucun. Les plus grands efforts de la Violence n'aboutissent ici, qu'à faire des Hypocrites. On peut faire semblant de croire, mais on n'en croit pas plus pour cela. Quelque envie même qu'on ait de croire, on ne sauroit se persuader à soi-même le contraire de ce qui nous paroît vrai, tant qu'il ne se présente aucune raison capable de faire impression sur nos Esprits. Or, bien loin qu'une Force extérieure puisse produire cet effet, elle en produit un tout opposé; comme nous l'avons dit ci-dessus. Dieu lui-même ne se sert ici de sa Puissance infinie, que d'une manière proportionnée à la nature de la Religion, & de nos Entendemens. Si par lui-même, ou par ses Ministres, il (a) *emméne toutes nos pensées captives, & les soûmet à l'obéissance de* Jésus-Christ, s'il triomphe de nos Erreurs, ce n'est que par l'éclat victorieux de la Vérité, par des *Armes* (b) *non charnelles*. L'Apôtre St. Paul, qui, avant sa conversion, en avoit emploié de *charnelles*, est celui qui depuis déclare hautement, qu'elles ne conviennent point à sa *Milice* : & qu'il a eu besoin de toute la *Miséricorde de* Dieu, pour avoir été (c) *un Persécuteur, un homme violent*, quoi qu'il agît alors *par ignorance* & de bonne foi.

(a) II. *Corinth.* X, 5.

(b) *Ibid.* verf. 3.

(c) I. *Timoth.* I, 13, 14.

§. XXX. 4. Les Hommes n'ont donc ni voulu, ni pû, donner aucun droit au Souverain de les contraindre à pécher contre le principe le plus essentiel de toute Religion, qui est de servir Dieu selon les lumiéres de sa Conscience. Il s'ensuivroit d'ailleurs les plus grandes absurditez du monde, du droit accordé aux Souverains d'emploier la Force pour l'avancement de leur Religion. Car chaque Souverain croiant sa Religion la meilleure, chacun auroit aussi droit de persécuter toutes les autres, & chez lui, & hors de chez lui, quand il le pourroit. Affecter à la vraie Religion ce privilége inhumain, c'est lui faire peu d'honneur, & laisser subsister l'inconvénient dans toute sa force. En attendant que le procès soit vuidé, & que chacun veuille reconnoître pour fausse sa Religion, la Vraie & les Fausses seront également exposées à être persécutées tour-à-tour, tantôt en un lieu, tantôt en l'autre, & dans le même Païs. Car les Souverains qui se succédent les uns aux autres étant également revêtus des droits de la Souveraineté: s'il se trouvoit, comme il peut arriver & il est arrivé quelquefois, qu'un Prince vînt à changer de Religion, ou que plusieurs, qui régnent les uns après les autres en peu d'années, fussent de Religions entiérement opposées; les mêmes personnes seroient ainsi contraintes à changer de Religion, ou exposées à la Persécution, toutes les fois qu'elles changeroient de Maître. Ainsi la Religion deviendroit le jouet de l'ignorance ou du caprice des Souverains.

§. XXXI. 5. Enfin, tout Souverain, comme tel, est tenu de faire ce qui

qui eſt avantageux à l'Etat, & d'éviter ce qui peut lui nuire. Or, à parler généralement, il n'y a rien de plus avantageux à un Etat, que la multiplication des Sujets; rien de plus pernicieux, que ce qui tend à en diminuer le nombre. Mais l'expérience a aſſez fait voir, que l'Intolérance Civile eſt la peſte des Etats à cet égard, comme à tout autre. L'*Inquiſition* a preſque réduit en de vaſtes ſolitudes, les plus beaux Païs du monde. Et ſi, dans d'autres où elle n'a pû s'introduire ſous ce nom & avec toutes ſes horreurs, on vouloit faire attention & parler ſincérement, on reconnoîtroit combien il en coûte d'avoir réduit une infinité de gens à la néceſſité de quitter tout, pour aller ailleurs ſervir Dieu paiſiblement ſelon les lumiéres de leur Conſcience. Qu'on voie au contraire les Païs, où chacun a une honnête Liberté de Conſcience: on trouvera qu'elle contribuë à les faire fleurir, à proportion de l'étenduë qu'on lui donne.

§. XXXII. Rien n'eſt plus faux, qu'une maxime de Politique toute contraire, dont les Eccléſiaſtiques éblouïſſent les Souverains, pour dominer eux-mêmes ſur les Conſciences, & pour avancer d'ailleurs leurs intérêts temporels. Ils font ſonner fort haut, Que le bien d'un Etat veut qu'il n'y ait qu'une Religion, parce, diſent-ils, que la diverſité de Religions produit des diviſions & des troubles. Mais ce n'eſt nullement la diverſité des Religions, qui cauſe par elle-même ces mauvais effets: c'eſt au contraire l'Intolérance, qui veut élever un Parti ſur les ruines de l'autre. Le Souverain n'a qu'à tenir, comme il le peut & il le doit, la balance égale, en ſorte qu'il ne laiſſe à aucun Parti les moiens d'opprimer l'autre: tout ſera bien tôt calme, & la diverſité de Religions ne produira pas plus de diſcorde, pas plus de déſordres, que la différence des goûts ſur toute autre choſe. Ce n'eſt pas ici une prophétie de ſyſtême. Sans remonter juſqu'au Paganiſme, on n'a qu'à jetter les yeux ſur les Païs où l'on permet à chacun de ſervir Dieu à ſa maniére, & de profeſſer la Religion qu'il croit la meilleure. On remarquera, que, plus la Tolérance y eſt exactement obſervée, & plus la paix y régne, nonobſtant la diverſité des Religions. Ceux qui ſeuls mériteroient de n'être pas ſouffert, à cauſe de leurs principes ſuſpects au Gouvernement par tant de raiſons, ſont quelquefois réduits à y venir chercher un azile contre des Perſécuteurs qui les traitent, comme ils feroient eux-mêmes, s'ils ſe trouvoient les plus forts, & comme ils agiroient en pareil cas contre les Habitans des lieux où on leur donne retraite.

§. XXXIII. Au fond, quand il naîtroit quelques inconvéniens de la diverſité des Religions, cela ne ſuffiroit pas pour autoriſer l'Intolérance Civile. Il faudroit toûjours en venir à examiner, ſi l'on a droit d'emploier un tel moien pour prévenir ces inconvéniens. Il en naît quelques-uns par accident, de preſque tout ce qu'il y a de plus légitime. *Nihil eſt ab omni parte beatum.* Jesus-Christ nous a repréſenté (a) ſa Religion même comme étant de cette maniere une ſource de diviſions entre les plus proches. On a d'ailleurs ici de quoi oppoſer inconvénient à inconvénient. Car enfin une force ſupérieure peut bien, tant qu'elle dure, fermer la bouche & lier les mains aux Perſécutez: mais, comme elle ne ſauroit changer leurs Eſprits & leurs Cœurs, il ne faut qu'une occaſion pour leur faire prendre le deſſus avec d'autant plus

(a) *Math.* X, 34, *& ſuiv.*

de vigueur, que le poids, sous lequel ils ont gémi, étoit fort. Les moins zelez pour l'essentiel de la Religion, sont alors les plus ardens à se dédommager de la violence qu'ils ont soufferte par rapport à la liberté de leurs sentimens : & les Sages ont bien de la peine à retenir une fougue, qui se croit autorisée par l'injustice du monde la plus criante.

§. XXXIV. DE tout ce que je viens de dire, il paroît aussi, combien est frivole ce qu'on nous objecte avec emphase, Que, si l'on devoit accorder à chacun la Liberté de Conscience, il y auroit autant de Religions, que de Têtes. Cela est encore démenti par l'Expérience. Dans les Païs où l'on tolére plusieurs Religions, il s'en faut bien que pour cela chacun se fasse une Religion à sa mode. Mais, quand on n'auroit pas là-dessus une expérience contraire, ce seroit sans aucune apparence de raison que l'on appréhenderoit un tel inconvénient. Il faut peu connoître les Hommes, pour ne pas voir, que la plûpart sont beaucoup plus portez à demeurer dans la Religion où ils ont été élevez, que disposez à en chercher une meilleure, pour s'y ranger, ou faciles à écouter ceux qui veulent faire des Prosélytes. Cela demande quelque examen : & combien peu y a-t-il de gens, qui veuillent s'en donner la peine? Il n'y a rien aussi, où l'on soit moins sujet à se laisser gagner par l'appas de la Nouveauté : elle suffit, au contraire, toute seule, pour effaroucher le plus grand nombre de gens, qui se font ici un point de conscience, (1) *de se contenter de la Sagesse de leurs Péres, comme de leur Terre & de leur Soleil.* On peut presque compter à coup sûr, que, quand les Hommes s'empressent à quitter en foule leur Religion, sans qu'il y ait rien à gagner pour leurs intérêts temporels, les erreurs & les abus en doivent être bien palpables. Et combien plus cela est-il à présumer, lors que la crainte des plus grands maux n'est pas capable d'empêcher cette désertion?

§. XXXV. MAIS, bien loin que la Tolérance des Religions doive nécessairement les multiplier à l'infini, je soûtiens au contraire que rien n'est plus propre à en diminuer le nombre, & à réunir les diverses Sectes. On est certainement plus docile, plus porté à examiner, plus en état de le faire comme il faut, lors que ceux qui veulent nous désabuser paroissent, d'un côté, bien convaincus eux-mêmes de la force de leurs raisons, de l'autre, agir uniquement pour nôtre avantage. Or on ne sauroit se persuader qu'ils soient dans de telles dispositions, du moment qu'ils ont recours à la Violence. On voit par là, qu'ils s'érigent en maîtres de nos Consciences, ce qui seul les feroit regarder de mauvais œil : on croit, & on a tout lieu de le croire, que, s'ils ne se défioient eux-mêmes de la vérité de leurs sentimens, ils n'emploieroient pas des armes étrangéres, pour les faire recevoir ; & que, s'ils nous vouloient du bien, ils ne nous feroient pas du mal. Comme la Charité, & l'esprit de Persécution, sont incompatibles, il n'est pas non plus possible de trouver un visage d'Ami dans le visage d'un Persécuteur. Au lieu que, quand on laisse à chacun une pleine liberté de Conscience, & qu'on se contente d'exposer ses raisons dans tout leur jour, d'exhorter les Errans à les examiner, & d'agir envers eux avec toute sorte de douceur ; ces maniéres nobles & engageantes peuvent

(1) Pensée de Mr. DE BALZAC sur laquelle on l'attaqua rudement. Voiez ses *Oeuvres*

vent les ramener peu-à-peu. Mais il paroît assez que les Persécuteurs, avec quelque arrogance qu'ils s'emparent du titre d'*Orthodoxes*, craignent la touche de l'*Hérésie*. Ils sentent bien, que, s'il n'y avoit rien à gagner ou à perdre, à être d'une Religion ou d'une Secte plûtôt que de l'autre, le nombre de leur Parti cesseroit bien tôt d'être le plus fort, & pourroit enfin devenir le *petit Troupeau*. Que la Vérité aît une fois ses coudées franches, qu'il soit libre à chacun d'examiner, sans qu'aucun intérêt mondain vienne à la traverse; elle prévaudra assûrément, tôt ou tard. On apprendra au moins à se familiariser avec les Opinions différentes de la nôtre, & avec ceux qui les professent: on verra que souvent ou il y a du mal entendu, ou les disputes réelles ne sont pas de fort grande conséquence: on s'accoûtumera à supporter & à être supporté réciproquement. On accordera l'amour de la Paix, avec l'amour de la Vérité: & le dernier Devoir ne sera plus un prétexte de violer le prémier. C'est le seul moien de prévenir les inconvéniens de la diversité des Religions, & d'établir en même tems la plus grande uniformité de sentimens qu'il est possible.

§. XXXVI. JE dis, *la plus grande uniformité de sentimens qu'il est possible*. Car, après tout, vouloir les rendre entièrement uniformes, dans la diversité infinie des points de vuë d'où les Hommes envisagent les objets, selon leur génie, leur disposition, & les circonstances où ils se trouvent; cela est aussi impossible en matiére de Religion, qu'en toute autre chose; c'est chercher la *Pierre Philosophale*. L'Eglise Romaine n'a pû en venir à bout, avec toute sa prétenduë *Infaillibilité*, & tous les foudres du *Vatican*. Autre est, sur certains Articles d'assez grande conséquence, la Doctrine de *delà les Monts*; & autre, celle *d'en deçà*: autre la Théologie de *Rome*; & autre, celle de l'*Eglise Gallicane*: autre celle des *Molinistes*; & autre, celle des *Jansénistes*. Les derniers, quelques Ennemis puissans qu'ils aient en tête depuis longues années, n'ont pû encore être extirpez: & peut-être que le nombre en augmente de jour en jour, à mesure que la Persécution redoublant, les tient dans une plus grande gêne.

§. XXXVII. DE la maniére que sont faits les Hommes, il faut nécessairement que les choses aillent ainsi, & cela est dans l'Ordre de la Providence. DIEU l'a prévû; & s'il avoit voulu ramener tous les Hommes ou le plus grand nombre, aux mêmes idées en matiére de Religion, il lui étoit facile d'en indiquer ou d'en procurer les moiens. Mais par cela même qu'il ne l'a pas fait, il témoigne assez vouloir que cette diversité de Sentimens serve de matiére à l'exercice de deux Vertus des plus convenables à un Chrétien, je veux dire, la *Modération*, & la *Charité*. Il faut (a) qu'il y ait parmi vous des *Sectes* (ou des divisions, des Schismes, en matiére de Religion) *afin qu'on puisse connoître ceux qui sont de bon aloi*, ou véritablement gens-de-bien: c'est ainsi que ST. PAUL déclare & explique ici les conseils de DIEU. Ils se terminent à donner lieu aux vrais gens-de-bien de faire paroître qu'ils sont également fermes à ne pas abandonner la Vérité, telle que leur Esprit en est convaincu, & soigneux d'éviter tout défaut de Charité & de Modération envers

(a) I. Corinth. XI, 19.

ceux

ceux qui sont d'un autre sentiment. Prétendre au contraire que, dans cette diversité inévitable d'Opinions qu'il y a eû & qu'il y aura toûjours parmi les Hommes, DIEU autorise la Violence emploiée à maintenir ou à avancer les intérêts de la Vérité, que chaque Parti croit avoir de son côté; c'est dire que cet Etre Tout-Sage & Tout-Bon a voulu mettre en combustion tout le Genre Humain, par une suite nécessaire de ce qu'il ordonne ou qu'il permet.

§. XXXVIII. JE conclus, qu'un Souverain peut à la vérité rendre dominante en quelque façon la Religion qui lui paroit la meilleure, & qu'il doit même travailler à sa propagation par toutes les voies légitimes qu'il a en main: mais qu'il ne sauroit légitimement ni forcer les Consciences, ni priver quelques-uns de ses Sujets, sous prétexte de non-conformité avec la Religion Dominante, des droits qu'ils ont d'ailleurs & entant qu'Hommes, & entant que Citoïens. Si des Etrangers d'une certaine Religion veulent s'établir dans ses Etats, il lui est libre de les recevoir, ou de ne pas les recevoir, par cette raison, comme par d'autres de différente nature: c'est alors à lui à voir seulement, si en refusant l'entrée à de telles gens, il ne péchera pas ou contre la Politique, ou contre la Charité; auquel cas néanmoins il ne leur fait aucun *tort*. proprement ainsi nommé. Mais pour les Sujets Naturels de l'Etat, ou ceux qui ont été Naturalisez, il ne peut, sans une Injustice souveraine, ni les maltraiter en leurs personnes, ou en leurs biens, ni les dépouiller d'aucun de leurs droits ou communs, ou particuliers, uniquement à cause qu'ils ne sont pas de sa Religion, ou qu'ils l'ont abandonnée. Je dis plus: ce qui dépend d'ailleurs de son plein pouvoir, devient illicite, dès-là qu'il le fait pour cette seule raison; parce qu'il ne sauroit exercer alors ses droits qu'en haine ou en punition d'une chose non seulement innocente en elle-même, mais encore louable; chacun étant dans une obligation indispensable de suivre les lumiéres de sa Conscience en matiére de Religion. Ainsi rien n'est plus tyrannique, que les Loix des CODES, THÉODOSIEN & JUSTINIEN, qui ôtent aux *Hérétiques*, par cela seul qu'ils sont Hérétiques, la faculté de *tester*, ou d'*hériter*.

§. XXXIX. VENONS maintenant aux raisons & aux objections du P. Ceillier. Prémiérement, (a) dit-il, *la voie de Tolérance est une nouveauté insoûtenable. Que l'on consulte tous les Conciles & toutes les Assemblées qui se sont tenûës depuis les Apôtres jusqu'au Siécle dernier, on n'en trouvera aucune trace, soit parmi les Catholiques, soit parmi les Hérétiques ou les Schismatiques. On voit au contraire que dans toutes ces Assemblées, chaque Parti différent dressoit un Formulaire ou Profession de Foi, à laquelle on obligeoit les opposans de souscrire autant qu'on le pouvoit.* On diroit d'abord, que mon Censeur veut seulement établir l'*Intolérance Ecclésiastique*, qui consiste à ne recevoir dans la même Communion que ceux qui se con-

(2) *Apolog.* pag. 262.

---

(1) *Videte enim, ne & hoc ad irreligiositatis elogium concurrat, adimere libertatem Religionis, & interdicere optionem Divinitatis, ut non liceat mihi colere, quem velim, sed cogar colere, quem nolim. Nemo se ab invito coli volet, ne homo quidem.* Apologetic. Cap. XXIV. pag. 237. Ed. Havercamp.

(2) *Tamen humani juris & naturalis potesta-* *tis est unicuique, quod putaverit, colere: nec alii obest, aut prodest, alterius Religio. Sed nec Religionis est, cogere Religionem, quæ sponte suscipi debeat, non vi* &c. Ad Scapulam, Cap. II. pag. 69.

(3) Voiez, par exemple, MARC ANTOINE DE DOMINIS, *De Republ. Ecclef.* Lib. VII. Cap. 8. H. GROTIUS, *Droit de la*

DES PERES. Chap. XII.

conforment aux Doctrines reçuës. Mais il fait bien tôt voir, qu'il y renferme l'*Intolérance Civile*, & qu'il ne conçoit point que l'une puisse aller sans l'autre. Car dans les exemples, qu'il allégue, il ne parle pas seulement d'*anathêmes* lancez contre les *Hérétiques*, mais encore de (a) *bannissemens*, d'*exils*, de *relégations*, de PERSECUTIONS &c. Ici je vais le mettre dans un terrible défilé, sur l'Autorité des Péres, dont il a entrepris l'Apologie.

§. XL. C'EST un fait certain, & qui a été cent fois prouvé, Que les Péres les plus zélez pour leur Orthodoxie, ont condamné en termes très-clairs & très-forts la *Persécution* pour cause de Religion. Je me contente de citer là-dessus des paroles de TERTULLIEN: (1) *C'est*, dit-il, *une espéce d'Impiété, d'ôter aux Hommes la liberté en matière de Religion, d'empêcher qu'ils ne fassent choix d'une Divinité, de ne pas leur laisser adorer celles qu'ils veulent, & de les forcer à adorer celle qu'ils ne veulent pas. Aucun Dieu, aucun Homme même, ne voudroit qu'on le servît malgré soi.* .... (2) *Tous les Hommes ont un droit Naturel de servir quelle Divinité il leur plaît; & la Religion de l'un ne fait ni bien ni mal à l'autre. Il ne convient pas non plus à la Religion, de contraindre à en embrasser une, plûtôt que l'autre; parce que toute Religion doit être embrassée volontairement, & non par force.* On a (3) produit des passages semblables de (b) ST. CYPRIEN, de (c) LACTANCE, d'ARNOBE (d), de (e) ST. HILAIRE, de (f) ST. ATHANASE, d'OPTAT (g) *de Miléve*, de (h) ST. AMBROISE, de (i) ST. CHRYSOSTÔME, de (k) SULPICE SEVERE, de (l) SALVIEN, du (m) Pape même GREGOIRE *le Grand*, d'ISIDORE (n), du *Concile* (o) *de* TOLEDE, de (p) ST. BERNARD &c. Cela étant, ou ces Péres parloient de bonne foi, ou ils n'ont débité ces belles maximes que par politique, & à cause qu'ils n'étoient pas les plus forts. Si on dit le prémier, voilà une grossière contradiction entre leurs principes & leur pratique. Sur un point d'aussi grande importance, ils auront dit une chose, & fait un autre: & cependant on voudra nous donner pour régle leur pratique contraire à leurs propres décisions! Que s'ils croioient le contraire de ce qu'ils débitoient, quelle foi pourrons-nous ajoûter à ce qu'ils établissent sur d'autres matiéres de Religion? S'ils ne prêchoient aux *Paiens* & aux *Hérétiques* la Douceur & la Modération, que pendant qu'ils étoient eux-mêmes hors d'état de persécuter, & en attendant d'en trouver les moiens & l'occasion; que peut-on penser d'eux qui leur soit plus honteux? Quoi de plus propre à donner une mauvaise opinion & de leur Esprit, & de leur Cœur? Que leur Apologiste prenne ici tel parti qu'il voudra, il me fournira dequoi décréditer les Péres; il me les aura livrez, dans une chose de la derniére conséquence.

§. XLI. MAIS son zéle pour la *Persécution* l'aveugle si fort, qu'il veut même

(a) *Pag.* 262; 263, *& suiv.*
(b) *Epist.* LIX. pag. 130. *Ed. Fell. Brem.*
Epist. IV. pag. 9. *Epist.* LIV.
(c) *Inst. Div. Lib.* V. *Cap.* XIII *num.* 18; 19 *Cap* XIX. *num.* 12. 17. 23.
Ed. Cellar.
(d) *Lib.* I. *pag.* 11. *Ed. Lugd. B.* 1651.
(e) *Ad Constant. Lib.* I. *pag.* 1221. *Et. Benedict. & Lib. contr. Auxent. Cap.* III. & IV.
pag 1164 1265.
(f) *Epist. ad Solitar. vit. agentes.*
Tom. I. pag. 810. 852 855.
&c. *Edit.* 1686.
Colon. (seu *Lips.*)
(g) *Contra Parmenian. Lib.* II.
(h) *In Luc. Lib.* VII. Cap 10.
(i) *Homil.* XLVII. *in Matth.* Tom. II. pag 297. *Edit. Savil. Eton. Serm. De Anathem. & alib.*
(k) *Hist. Sacr. Lib.* II. *Cap.* 47, *& seqq.*
(l) *De Gubern. Dei, Lib.* V. *Cap.* II. pag. 100. 101. *Ed.* 3. *Baluz.*
(m) *Lib.* II. *Ep. Ind.* II. *Epist.* LII. *Ad Joann. Hierosolym.*
(n) *Chron. Goth. & Vandal.* pag. 224.
Et. Vulcan.
(o) *Can.* IV. Voiez *Dist.* XLV. C. 5. *in Jur. Canon.*
(p) *In Cantic. Canticor. Serm.* LXIV.

la Guer. & de la Paix, Liv. II. Chap. XX. §. 48, *& suiv.* PHILIPPE DE LIMBORCH, *Hist. Inquisit. Lib.* I. *Cap.* II. & V. ELLIES DUPIN, *De antiqua Eccles. Discipl. Diss.* VII. §. 5. Le *Discours contre la Persécution*, au devant du Traité *Des Loix Civiles & Ecclésiastiques, faites contre les Hérétiques*, Ed. de Genève, 1715. &c. Ajoûtons, que SOCRATE,

dans son *Histoire Ecclésiastique*, dit formellement, Que ce n'est pas la coûtume de l'Eglise Orthodoxe, de persecuter: Οὐκ ἔθος ῇ ὀρθοδόξῳ Ἐκκλησίᾳ. *Lib.* VII. *Cap.* III. *init.* Et c'est justement à l'occasion d'un Evêque de *Phrygie*, nommé *Théodose*, qui persécutoit les *Macédoniens*, dont il y avoit grand nombre dans sa Ville.

A a

même se prévaloir ici de la pratique de ceux qu'il regarde comme *Hérétiques* ou *Schismatiques*. C'est se couper la gorge à soi-même, d'alléguer ainsi pour preuve, une chose d'où il résulte un argument invincible en faveur de la Tolérance, comme il paroît par ce que j'ai déja dit. Car, chacun se croiant lui-même *Orthodoxe*, donner à l'*Orthodoxie* le droit de persécuter, c'est le donner aussi aux *Hérétiques* & aux *Schismatiques*; c'est mettre aux mains tous les différens Partis, & faire du Christianisme un Théatre de Guerres perpétuelles, où la Vérité succombera plus souvent, qu'elle ne sera victorieuse; les *Armes charnelles* étant d'ordinaire le partage de l'Erreur & du Mensonge.

§. XLII. POUR ce qui est des *Protestans* en particulier, je voudrois pouvoir les justifier entierement de tout reproche d'*Intolérance*. Mais l'amour de la Vérité me le défend, & les principes communs à tous les Protestans me permettent de la dire, sans que la Religion même en reçoive aucune atteinte. Ce qu'on peut reprocher avec le plus de fondement aux Protestans en général, c'est l'*Intolérance Ecclésiastique*, qui a produit les malheureuses divisions que l'on voit encore entr'eux. Il est vrai que, comme le défaut de *Tolérance Ecclésiastique* méne aisément au défaut de *Tolérance Civile*, il y a eû des tems, & des lieux, où l'on n'a pas toûjours suivi, sur cet article, les principes de l'Evangile & de la Réformation. Mais, graces à DIEU, ce reste de Papisme n'a produit des abus ni si grands, ni si généraux, à beaucoup près, que ce que l'Eglise Romaine pratique constamment, en toute occasion, selon ses principes. De sorte qu'il y a ici une très-grande différence entre la conduite des Protestans, & celle des Catholiques Romains. Lors que les prémiers persécutent, ils n'agissent point conséquemment: ainsi tout le blâme tombe sur les personnes, & non sur la Religion, qui les condamne. Au lieu que, quand les Catholiques Romains persécutent, cela même qu'ils agissent conséquemment, fait que la Religion est responsable de l'injustice, autant que ceux qui la commettent. Il est difficile que les derniers reviennent d'une opinion & d'une pratique fondée sur les principes de leur Religion: aussi en voit-on peu, parmi le Clergé de l'Eglise Romaine, qui détestent la Persécution, ou du moins qui osent témoigner ouvertement ce qu'ils pensent là-dessus. Mais tout Protestant, qui, libre de passion & de prévention, réfléchira tant soit peu sur les principes fondamentaux de sa Foi, ne pourra qu'entrer d'abord dans des sentimens de Tolérance. Déja même les sujets de reproche ont beaucoup diminué & par rapport à la Tolérance Civile, & par rapport à la Tolérance Ecclésiastique. Il y a un grand nombre de Particuliers, qui se déclarent hautement là-dessus, & plusieurs Puissances, des plus considérables, témoignent être dans le même esprit de Modération & de Charité Chrétienne. Il est permis d'esperer que ces leçons & ces exemples feront de plus en plus tant de fruit, qu'il ne faudra que des circonstances favorables pour amener une entière réunion.

§. XLIII. C'EST toûjours de fort mauvaise grace qu'on se sert ici de la voie de rétorsion contre ceux d'entre les Protestans qui suivent exactement leurs principes; comme le P. *Ceillier* en use à mon égard. J'ai desapprouvé hautement ce que CALVIN & BÉZE ont pensé, ou fait, sur l'article dont il s'agit: ainsi mon Censeur devoit bien s'épargner la peine d'aller chercher

d'aud'autres Autoritez, qu'il ne croira pas, je pense, de plus grand poids dans mon esprit, dès-là qu'elles me paroissent également opposées & à l'Ecriture Sainte, & aux grands fondemens de nôtre Réformation. Ce qu'il y a de plaisant, c'est que le P. *Ceillier* (a) m'objecte ici feu Mr. JURIEU, qu'il reconnoît lui-même avoir soûtenu tour-à-tour le blanc & le noir, sur la matiére de la Tolérance; & dont il devoit savoir d'ailleurs que les sentimens, sur plusieurs choses, n'ont pas été approuvez de ceux de sa propre Communion. Ainsi je n'ai que faire de me mêler de ce qu'il dit contre ce Ministre. Je ne dois pas plus prendre ici en main le fait & cause de l'Auteur de la *Dissertation sur la réunion des Chrétiens*, jointe à la Seconde Edition du *Christianisme Raisonnable* de feu Mr. LOCKE. Cet Ecrivain est plein de vie: je lui laisse le soin de se défendre, si tant est qu'il voie jamais l'*Apologie des Péres*, ou que l'aiant luë il juge digne de réponse ce qu'il y a contre lui. Pour moi, je n'ai ni prétendu ni dû prétendre, selon le but de ma Préface, de parler d'autre Tolérance, que de la Civile; & si je relève quelques unes des fausses raisons que mon Censeur allégue contre la Tolérance Ecclésiastique, c'est parce que, chez lui, *ne pas tolerer*, & *persecuter*, sont deux choses inséparables.

(a) *Apolog.* pag. 258, & suiv.

§. XLIV. VOICI un échantillon de ces beaux raisonnemens. Il prétend, (b) que, si l'on toleroit différentes Opinions, que chacun croiroit voir dans l'Ecriture, *il seroit aisé à chaque Particulier, de trouver, ou plûtôt de supposer dans l'Ecriture, dequoi soûtenir son indépendance absoluë de toute Puissance, non seulement Ecclésiastique, mais encore de la Civile. Qui est celui qui ne pourroit pas dire, qu'étant, selon l'Apôtre* Saint Pierre, *Prêtre & Roi tout ensemble, il n'est soûmis qu'à Dieu seul; & sous ce prétexte violer impunément les Loix de l'Eglise & de l'Etat? Qui empêcheroit tous les Peuples d'un Royaume imbû des maximes de la Tolérance, de se soûlever contre leur Prince; de lui refuser tout secours, sous prétexte qu'il seroit défendu dans l'Ecriture de porter les armes?* Mais il faudroit être ou Fanatique fieffé, ou bien malhonnête homme, pour inferer de quelques expressions visiblement figurées, par lesquelles les Apôtres expriment la dignité des Fidéles, que l'Evangile met les Chrétiens dans une entiére indépendance de toute Puissance Humaine: & jamais aucun Défenseur de la Tolerance ne s'est mis dans l'esprit, qu'elle fût pour de telles gens. L'Ecriture Sainte dit trop clairement, que (c) *tout le monde doit être soûmis aux Puissances Supérieures; que quiconque s'oppose aux Puissances, s'oppose à un ordre établi de* DIEU; *que la Conscience, aussi bien que la crainte des Peines,* engage à cette soûmission &c. A l'égard de ceux qui croient, que l'Evangile défend *de porter les Armes*, c'est à la vérité une erreur, où l'on peut être de bonne foi, y aiant certaines expressions qui peuvent éblouir, aidées d'une délicatesse de Conscience peu éclairée. Mais, de la maniére que les choses vont dans la plûpart des Etats, il n'est guéres d'erreur moins dangereuse, que celle-là. On n'a pas grand besoin de forcer les Sujets à porter les Armes: il n'y en a que trop, au contraire, qui faisant de la Guerre un métier, où chacun peut uniquement chercher son propre avantage, sans s'embarrasser si la Guerre est juste ou non, fournissent dequoi choisir, & dequoi refuser; bien loin de mettre dans la nécessité de contraindre. Mais mon Censeur devoit d'autant plus s'abstenir de cet exemple, que la plûpart des Péres, dont il fait l'apologie, ont condamné & la Profession

(b) *Pag.* 270.

(c) *Rom.* XIII, 1, & *suiv.*

Militaire sans distinction, & toute Défense de soi-même; comme je l'ai montré, & comme je le montrerai encore ci-dessous. Il fait beau voir aussi proposer de telles objections, à un Moine dépendant d'une Puissance Ecclésiastique, qui, sous prétexte de Religion, s'est emparée, autant qu'elle a pû, de la domination sur toutes les Puissances Civiles, jusqu'à s'attribuer le droit d'ôter & de donner les Couronnes, & d'absoudre les Sujets du Serment de fidélité.

§. XLV. Je n'ajoûterai plus qu'un mot, sur le fameux passage de St. Paul, où il dit à Tite: (a) *Evitez l'homme Hérétique, après un ou deux avertissemens*. Ces paroles ne font rien ni pour l'*Intolérance Civile*, ni même pour l'*Intolérance Ecclésiastique*. Car il y a une très-grande différence entre les gens dont il est parlé-là, & ceux qu'on a depuis qualifiez *Hérétiques*. Le mot de l'Original, qui ne se trouve qu'en ce seul endroit de l'Ecriture, vient de celui d'*Hérésie*, qui ne signifie proprement que *Secte*, bonne ou mauvaise; & quelquefois les divisions ou les partialitez qui naissent de là. Or il s'agit ici de ceux qui faisoient secte à part du tems des Apôtres, & cela de mauvaise foi; de gens *entièrement pervertis, & que leur propre Conscience condamnoit*; n'y aiant aucune raison tant soit peu plausible, qui pût les engager à s'éloigner de la Doctrine des Apôtres, & à se separer des Eglises que ces Saints Hommes avoient fondées, dans lesquelles ou eux-mêmes, ou leurs Disciples instruits par eux, étoient les interprètes vivans & infaillibles de tout ce qui regardoit la Foi, les Mœurs, ou la Discipline. Quelle comparaison peut-on faire entre de telles gens, & ceux qui, depuis qu'il n'y a plus sur la Terre d'Interprète inspiré du Ciel, croient de bonne foi que telles ou telles choses sont conformes à l'Ecriture, ensorte qu'on ne sauroit les convaincre du contraire, ni d'agir par aucun motif ou d'Intérêt ou de vaine Gloire? Mais, quelque *Schismatiques* que fussent manifestement ceux que *St. Paul* condamne ici, de quelle manière veut-il qu'on agisse envers eux? *Evitez-les*, dit-il, & cela non pas aussi tôt qu'ils se sont separez, mais *après un ou deux avertissemens*. Dans quel Dictionnaire, *éviter*, & *persécuter*, sont-ils synonymes? Et comment pourroit-on avoir commerce avec des gens qui nous fuïent? Ou quelle espérance y auroit-il de les ramener, après qu'ils se sont montrez tout-à-fait incorrigibles? Ainsi on ne sauroit même inferer rien de ce passage, en faveur de l'*Intolérance Ecclésiastique*. Il n'est pas besoin d'exclure de la Société ceux qui s'en sont exclus eux-mêmes. Il n'y a qu'à les laisser là, après avoir fait ce qu'on a pû pour les convaincre du tort qu'ils ont eû de se separer. Voilà tout ce que *St. Paul* permet à son Disciple & Coadjuteur, qu'il avoit envoié en *Crète*, pour *achever de régler* tout ce qui regardoit l'ordre des Eglises de cette Ile. Le Concile de Jerusalem (b) n'ordonna rien de plus, contre les *Juifs* qui vouloient obliger les *Gentils* à se faire circoncire. Et les Apôtres tolérérent ceux qui se contentoient d'observer eux-mêmes les Cérémonies de la Loi, comme devant

être

(a) Tit, III, 10.

(b) Act., XV, 23, & suiv.

---

(1) Καὶ τίνα μὲν τῇ πίστει δοτέον μοῖραν, τίνα δὲ τοῖς λογισμοῖς, ὑπὲρ ὧν τινῶν καὶ πολυπραγμονεῖν ἐκδύμως, λογικῶς, ἀλλὰ σὺν ἐπιπλήξει; τὸ δὲ χεῖρας ἐπαίρειν, πυκτιλῶς ἔξω τῆς ἡμετέρας αὐλῆς, καὶ τοὺς μισοῦντας ἡμᾶς διαρριπτεῖν. Orat. XIV. Tom. I. pag. 220. D. Ἐπειδὴ καὶ πρὸς βίαν ἄξειν, ἣ ἡμετέρα νόμος, μηδὲ ἀναγκαστῶς, ἀλλὰ ἐκουσίως.... Βιαζομένων δὲ, ἣ τυραννουμένων, τὸ δ᾽ ἐν χερσὶν μυστήριον. Orat. VIII. in fin. pag. 148. 149. Voiez aussi Orat. XXXVII.

pag.

§. XLVI. Ainsi c'est une mauvaise apologie, que celle que fait ici le P. Ceillier, de Grégoire de Nazianze. (a) *Il est certain,* dit-il, *que Saint Grégoire ne pouvoit sans blesser sa conscience, & sans négliger les intérêts de la Vérité, ne pas s'opposer ouvertement à la licence que les Hérétiques se donnoient de s'assembler & de répandre par tout le vénin de leur Héréfie. S'il se fût contenté de pleurer en secret les calamitez de l'Eglise, on auroit pû lui reprocher avec justice d'avoir manqué aux devoirs essentiels auxquels nous oblige le zéle que nous devons avoir pour la gloire de Dieu, & le salut de nôtre Prochain.* Tout cela n'est que pure déclamation, pure pétition de principe. La Vérité ne doit ni ne peut être défenduë, que par les Armes qui lui conviennent; & selon (1) Grégoire même, ces Armes sont les *Raisonnemens,* la *Persuasion,* & nullement la *Violence,* de quelque manière qu'on l'exerce. Les moiens illicites ne sont jamais capables de procurer la *Gloire de* Dieu: ils tournent au deshonneur & de ceux qui les emploient, &, entant qu'en eux est, de la Divinité, de l'autorité de qui ils se parent. Quand on a fait tout ce qu'on a pû pour ramener les Errans par les voies de la Douceur & de la Persuasion, il faut les abandonner au Jugement de Dieu, & remettre les événemens à sa Providence. C'est vouloir être plus sage que lui, que de ne pas souffrir ce qu'il sauroit bien empêcher, s'il ne jugeoit pas à propos de le permettre. *Mais,* dit mon Censeur, (b) *Grégoire étoit certain, que les dogmes des Ariens, des Macédoniens, & des Apollinaristes, étoient contraires à la Vérité.* Les *Ariens,* les *Macédoniens,* & les *Apollinaristes,* étoient aussi certains, que lui, de la vérité de leurs sentimens. *L'erreur étoit d'une dangereuse conséquence; elle attaquoit des Véritez essentielles.* C'est dequoi (2) ces *Hérétiques* ne tomboient nullement d'accord, non plus que d'être dans l'erreur. Ainsi tout ce que pouvoit faire *St. Grégoire,* c'étoit de les *éviter,* ou de se séparer d'eux, s'il ne croioit pas pouvoir en conscience demeurer dans la même Communion. *On ne peut* (ajoûte le P. Ceillier) *accuser St. Grégoire de Nazianze d'avoir agi dans cette affaire par quelque passion de haine ou d'intérêt particulier. Les calamitez de l'Eglise excitoient seules son zéle, ainsi qu'il nous en assûre lui-même dans sa Lettre* (c) à Nectaire. J'avois cru jusqu'ici, que le témoignage d'un Homme est suspect en sa propre cause. Mais apparemment cette Régle n'est pas pour les Péres de l'Eglise, qu'on reconnoît pourtant chacun en particulier n'être ni *infaillibles,* ni *impeccables.* Par malheur, la nature même de ce que *Grégoire* faisoit, ne permettoit pas de l'en croire sur sa parole. Un zéle persécuteur se dément lui-même: ce n'est plus vrai zéle, dès qu'il porte à mal faire; il ne peut qu'être mêlé de quelque principe d'Intérêt ou de Passion.

§. XLVII. Tout ce que mon Censeur dit ensuite & ici, & sur l'article de

(a) *Pag.* 272.

(b) *Pag.* 281, 282.

(c) *Orat.* XLVI. Tom. I. *pag.* 711. B.

pag. 607. C. & *De Vita sua,* Tom. II. *pag.* 21.

(2) Voiez le passage de Salvien, indiqué ci-dessus, & que l'on trouve rapporté tout du long par Grotius, *Droit de la Guerre & de la Paix,* Liv. II. Chap. XX. §. 50. num. 3.

de *St. Augustin*, se réduit à un Sophisme général: Les Princes sont obligez de maintenir & d'avancer les intérêts de la vraie Religion, & de procurer le Salut de leurs Peuples: Donc ils doivent persécuter les Hérétiques, & on peut les y solliciter avec ardeur. Ce Sophisme n'est soûtenu que par des autoritez, ou très-mal appliquées, ou qui supposent ce qui est en question.

§. XLVIII. Les Princes doivent prendre soin de la vraie Religion, c'est-à-dire, de celle qu'ils croient vraie; cela est certain: & par là ceux mêmes, dont la Religion est fausse, sont dans la même obligation, & ont autant de droit, que ceux dont la Religion est véritable. *Il ne leur convient pas* (a) *de prêcher eux-mêmes la véritable Doctrine, ni de la défendre par leurs Discours ou par leurs Ecrits.* Je l'avouë encore: il y a eu pourtant des Princes, qui ont ainsi défendu leur Religion. Mais, sans cela, n'ont-ils d'autre moien de le faire, que celui de la *Persécution*? N'est-ce donc rien, de pouvoir protéger ceux qui sont de leur Religion, contre tout autre qui voudroit les insulter, les injurier, ou leur faire quelque tort, à cause d'elle? De pouvoir établir des gens éclairez, & capables de mettre dans tout leur jour, par leurs Discours ou par leurs Ecrits, les preuves sur lesquelles ses principes & ses dogmes sont appuiez? de pouvoir la faire respecter de tous ceux qui la professent, maintenir l'Ordre entr'eux, prendre les mesures nécessaires pour les porter, autant qu'il se peut, à la pratique de ses Devoirs, punir toute profanation de ce qui se rapporte à une Religion que les Profanateurs eux-mêmes témoignent regarder comme sacrée? Voilà assez d'occupation pour le Souverain, & un champ assez vaste à exercer son Autorité. Les Ecclésiastiques Persécuteurs s'en contenteroient bien, s'ils ne vouloient eux-mêmes dominer sur les Consciences, &, sous prétexte de zéle, s'emparer de l'esprit du Souverain, pour arriver aux fins mondaines qu'ils se proposent. Mais ils ont beau faire: leur Intérêt & leurs Passions ne sauroient étendre les Devoirs du Souverain par rapport à la Religion, au delà des bornes dans lesquelles nous avons montré ci-dessus que ses droits sont renfermez. J'ai pitié de voir le P. *Ceillier* (b) réduit à trouver, après St. Augustin, le pouvoir & l'obligation de persécuter, dans ce que David dit aux Rois. (c) *Servez le Seigneur dans la crainte*.

§. XLIX. Ce (d) *Pouvoir des Princes*, ajoûte-t-il, *a été reconnu dans tous les tems & dans toute sorte de Religion, par les Fidéles & par les Infidéles* &c. Chaque Souverain l'a donc également: & la Vraie Religion n'a pas ici plus de privilége, que les Fausses. J'ai remarqué plus d'une fois les conséquences qui naissent de cet aveu. Le fait en lui-même n'est point favorable au P. *Ceillier*. Qu'il nous montre, que ces petits *Rois* de l'Antiquité la plus reculée, qui joignoient le *Sacerdoce* à la Roiauté, ont fait consister le soin de la Religion à détruire toutes les autres, & à maltraiter ceux qui les professoient, pour les contraindre à embrasser la leur? Qu'il nous fasse voir, que les *Païens* en général, divisez entr'eux en une infinité de Sectes, se sont empressez, chacun chez soi, à persécuter ceux qui reconnoissoient d'autres Divinitez, ou qui les adoroient d'une autre maniére? Qu'il trouve parmi eux quelque Guerre de Religion, hormis contre des gens qui violoient la leur propre, comme ceux qui allérent piller le Temple de *Delphes*. (c) *Il n'y a que* Juvenal, (f) *qui parle de deux Villes d'Egypte, qui se haïs-*

(a) *Pag.* 232, 283.

(b) *Pag.* 284, 285.
(c) Pseaum. II, 10.
(d) *Pag.* 283.

(e) *Comment. Philosoph.* Préface, *pag.* LIV. LV.
(f) *Sat.* XV. vers. 35, & seqq.

haïssoient mortellement, à cause que chacune soûtenoit qu'il n'y avoit que ses Dieux qui fussent des Dieux : & c'est avec la derniére indignation qu'il parle de cette haine, & de ses effets. La plûpart des Nations Paiennes se sont fait une Loi, d'épargner, même dans la Guerre, les Temples (a) & les Choses Sacrées de leurs Ennemis, quoi que différens en Divinitez & en Cultes. Les *Juifs*, qui adoroient un seul DIEU Créateur, & qui faisoient profession de tenir pour fausses toutes les Divinitez du Paganisme, ont eû néanmoins la Liberté de Conscience, sous les *Perses*, sous les *Macédoniens*, & sous les *Romains*. Les Philosophes, partagez en différentes Sectes, chez les *Grecs* & les *Romains*, ont pû non seulement soûtenir chacun ses opinions, quoi qu'ils agitassent & décidassent différemment des questions délicates, qui se rapportoient à la Religion en général; mais encore parler assez librement contre la Religion dominante. Et si quelques-uns, comme un *Anacharsis*, un *Socrate*, en ont souffert, ç'a été par un effet de ces circonstances extraordinaires, où l'on est sujet par tout païs à éprouver des accidens contre les régles communes. Les *Romains* ont toléré dans *Rome* même, quantité de Religions étrangéres. Ils persécutérent à la vérité le Christianisme : mais en cela même ils péchérent dans l'application du principe, plûtôt que dans le principe. Ils craignirent un bouleversement prochain de leur Empire, s'ils laissoient établir une Religion, qui, plus qu'aucune qu'on eût vû dans le monde, condamnoit hautement toutes les autres, & n'avoit nulle conformité avec celles du Paganisme. (1) Les *Chrétiens* refusoient à l'Empereur les hommages, mêlez de culte religieux, que la Superstition & l'Ambition avoient attachez à la Dignité Impériale : on prit occasion de là de les regarder comme de mauvais Sujets. On confondit aussi avec l'intérêt bien entendu de l'Etat, celui de tant de *Pontifes*, d'*Augures*, de *Vierges Vestales*, de *Prêtres*, d'*Artisans*, Ministres de l'Idolatrie, ou Fabricateurs de ses Instrumens, qui couroient risque de perdre l'honneur ou le profit qu'elle leur apportoit. Si les *Romains* n'avoient été séduits par de telles raisons d'Etat, qui ne firent même que peu d'impression sur plusieurs des *Césars*; il y a grande apparence qu'ils auroient laissé les Chrétiens assez en repos. Mais falloit-il pour cela, que les Chrétiens, contre toutes les maximes de leur propre Religion, s'en fissent une de persécuter les autres, & de se persécuter eux-mêmes réciproquement, dès qu'ils furent les plus forts ? Rien ne fait mieux voir, combien il est de la derniére importance de separer les intérêts de la Religion Chrétienne, d'avec ceux de ses Sectateurs, qui en ont si mal suivi l'esprit & les régles. Je puis, sur ce pié-là, accorder à mon Censeur tout ce qu'il voudra, sur l'étalage qu'il fait des Loix des *Empereurs Chrétiens*, des *Péres* & des *Conciles* qui les ont sollicitées.

(a) Voiez *Grotius*, Liv. III. Chap. XII. § 6. num. 2.

§. L. MAIS je n'ai garde de lui laisser impunément mettre au rang des Persécuteurs (b) *David & Salomon, Osa, Josaphat, Ezéchias, Josias, Jéhu, &* plusieurs autres Rois d'*Israël*. Croiroit-on, que c'est parce que ces *Princes firent observer la Loi du Seigneur, & les Cérémonies qui devoient se pratiquer dans le Temple*? Oui, ils les firent observer à ceux qui y étoient engagez par leur Religion. Mais voit-on, qu'avant ou après la Captivité, les *Juifs* aient contraint

(b) Pag. 283.

ou

(1) Voiez les *Opuscula* de l'Illustre Mr. DE BYNKERSHOEK, *De cultu Relig. peregrinæ*, Dissert. II.

ou les Etrangers Païens, ou les *Profélytes de la Porte*, qui étoient parmi eux, à se faire *Profélytes de la Justice*, ou à embrasser le Judaïsme? Ce n'est que dans les derniers tems qu'on trouve un exemple du Roi Pontife *Hyrcan*, qui (1) après avoir subjugué les *Iduméens*, leur donna l'alternative, ou de quitter leur patrie, ou de se faire circoncire, & d'observer les autres Loix Judaïques. Le prétexte en fut apparemment, comme l'a (a) remarqué GROTIUS, que ce Peuple étoit de la Postérité d'*Abraham*. Mais qui ne sait qu'on toléra, parmi les *Juifs*, diverses Sectes; jusques-là qu'il y en avoit une qui nioit l'*Immortalité de l'Ame*, & la *Résurrection*? Nôtre Seigneur JESUS-CHRIST a-t-il jamais exhorté à perfécuter de telles gens, dont les erreurs étoient certainement pires, que toutes celles des *Hérétiques* Anciens & Modernes?

(a) *Droit de la Guerre & de la Paix*, Liv. I. Chap. I. § 16. num. 5.

§. LI. C'EST donc en vain que (b) le P. *Ceillier* dit, après (2) ST. AUGUSTIN, qu'*Ezéchias a servi Dieu en abattant les Temples des Idoles, & les bois qui leur étoient consacrez ; & en démolissant les Autels qu'on leur avoit bâtis sur des montagnes, contre les défenses de Dieu*. Il est surprenant qu'ici, comme par tout ailleurs, mon Censeur se contente de repeter les misérables raisons des Intolérans & des Perfécuteurs, sans dire un seul mot des réponses sans réplique qu'on y a faites tant de fois. Il faut ou qu'il n'ait lû aucun des Ouvrages en grand nombre, qui ont été publiez en diverses Langues sur cette matière, ou qu'il ait voulu, par son silence, faire accroire à des Lecteurs bigots, que les Défenseurs de la Tolérance ont été muets, dans l'impuissance où il s'est vû lui-même de réfuter leurs raisons. (3) Il me suffit donc de dire en un mot, que, chez les *Juifs*, dont le Gouvernement a eû une constitution tout-à-fait singulière & unique en son espéce, l'*Idolatrie* étoit un Crime d'Etat. DIEU s'étoit déclaré visiblement, par un grand nombre de Miracles éclatans, le Souverain temporel de cette heureuse Nation, aussi bien que le Créateur de l'Univers. Il lui avoit donné des Loix & Morales, & Cérémonielles, & Politiques. Il témoignoit, par des marques incontestables & perpétuelles, la volonté qu'il avoit de maintenir son Gouvernement. Aucun Juif ne pouvoit le méconnoître de bonne foi, & sans violer les engagemens folennels où il étoit entré, comme Membre de la République Judaïque. Ainsi c'est avec raison qu'il étoit puni comme coupable de Léze-Majesté, s'il venoit à adorer quelque fausse Divinité, ou à y folliciter les autres. Mais on ne voit pas, que *David* & *Salomon*, lors qu'ils poussèrent leurs conquêtes au delà de la *Terre promise*, jusques vers l'*Euphrate*, aient jamais puni, comme Idolatres, aucun de tant de Vaincus, ni contraint aucun à devenir Profélyte du Judaïsme.

(b) *Apolog.* Chap. XIV. page 430.

§. LII.

---

(1) JOSEPH, *Antiq. Judaïc.* Lib. XIII. Cap. IX. § 1. Ed. *Hudson*. Lugd. B. Le même Historien condamne fortement les *Juifs*, qui, dans le commencement des derniers Troubles, vouloient contraindre deux Grands Seigneurs de la *Trachonitide* à se faire circoncire. Il les en empêcha, & il leur dit, *Que chacun doit servir Dieu selon les lumières de sa Conscience, & non par force*: Οὐκ ἤκουσε βιάσθαι, φάσκων, δεῖν ἕκαστον ἄνθρωπον κατὰ τὴν ἑαυτοῦ προαίρεσιν τὸν Θεὸν εὐσεβεῖν, ἀλλὰ μὴ βίᾳ. *De Vita sua*, § 25. Voiez aussi § 31.

(2) *Sicut servivit* [Deum] *Ezechias, lucos & templa Idolorum, & illa excelsa, quæ contra præcepta Dei fuerant constructa, destruendo* &c. Epist. ad BONIFAC. 185. § 19. Ed. Benedict.

(3) Voiez le *Discours* de Mr. NOODT,
sui

§. LII. L'EXEMPLE de *Nabuchodonozor*, que mon Censeur allégue ensuite, après son (4) *St. Augustin*, n'est pas mieux appliqué, ni plus concluant. Ce Prince (a) *défendit sous des peines terribles de blasphemer le Dieu d'Israël.* Mais en quoi gênoit-il par là la conscience de ses Sujets? Contraignit-il les *Babyloniens* à ne reconnoître & n'adorer d'autre Divinité, que le *Dieu de* DANIEL? Point du tout. Il ne fit que leur défendre d'en parler injurieusement & avec mépris. Or, tant qu'on a la liberté de croire ce qu'on veut, & d'en faire profession, on peut & l'on doit s'abstenir des expressions & des actions qui ne tendroient qu'à choquer ou insulter la Religion Dominante. Le zéle qu'on a pour la sienne propre, ne demande nullement qu'on sorte des régles de la Prudence & de la Moderation. Soit donc que *Nabuchodonozor* eût été convaincu, que le Dieu de *Daniel* étoit le seul vrai, soit que les marques éclattantes qu'il venoit de voir de sa Puissance le lui fissent seulement regarder comme une Divinité qui méritoit autant & plus de tenir ce rang, que les autres reconnuës dans le païs; son Edit n'avoit pas le moindre rapport avec la Contrainte & la Persécution pour cause de Religion. Peut-on comparer en aucune maniére des gens qui de gaieté de cœur insultent une autre Religion & ses Sectateurs, contre la défense du Souverain; avec ceux qui adorant la même Divinité, que leurs Persécuteurs, ne différent d'eux que sur la maniére d'entendre quelques endroits des Livres où elle s'est revelée, supposé même qu'ils errent; ce dont on ne sauroit les convaincre?

(a) DANIEL, III. vers. 96. *secund. Vulg.*

§. LIII. MAIS *quoi?* continuë ST. AUGUSTIN, cité par son Apologiste: (5) *les Princes auront soin de faire vivre les Hommes selon les Loix de l'Honnêteté & de la Pudeur, sans que personne leur ose dire que cela ne les regarde pas; & on osera leur dire que ce n'est pas à eux à prendre connoissance, si dans leurs Etats on suit les Loix de la véritable Religion, ou si l'on s'abandonne à l'Impieté & au Sacrilége? Car si dès là que Dieu a donné à l'Homme le libre arbitre, le Sacrilége lui doit être permis,* si on doit, parce que de sa nature il est libre, lui laisser embrasser quelle Religion il voudra; *pourquoi punira-t-on l'Adultére? L'ame qui viole la fidélité qu'elle doit à son Dieu, est-elle donc moins criminelle, que la Femme qui viole celle qu'elle doit à son Mari? Et quoi qu'on punisse moins sévérement les Hommes, des Péchez qu'ils commettent par ignorance contre la Religion, faut-il pour cela les leur laisser renverser impunément?* Je pourrois me contenter ici de renvoier à tout ce que j'ai dit ci-dessus: car la réponse en suit d'elle-même. Mais il est bon de montrer, combien est aveugle l'esprit de Persécution, & combien il abuse d'un prétexte de Piété. Et d'abord, je défie le P. *Ceillier* de prouver, que le Pouvoir des Princes, comme tels,

&

---

sur la Liberté de Conscience, pag. 395. de la 2. Edit. & les Auteurs, que j'ai indiqués là.

(4) *Sicut servivit* [Deum] *Nabuchodonozor.... omnes in regno suo positos à blasphemando Deo, lege terribili, prohibendo.* Ubi supr.

(5) *Non ad vos pertineat, in regno vestro quis velit esse sive religiosus, sive sacrilegus; quibus dici non potest, Non ad vos pertineat, in regno vestro quis velit pudicus esse, quis impudi-*

cus? Cur enim, quum datum sit divinitus homini liberum arbitrium, adulteria Legibus puniantur, & sacrilegia permittantur? An fidem non servare levius est Animam Deo, quàm Feminam Viro? Aut si ea, quæ non contemtu, sed ignorantiâ Religionis committuntur, mitiùs vindicanda, numquid ideo negligenda sunt? Ubi supra, § 20.

& par conséquent leur Devoir à eet égard, aît ou puisse avoir pour but, dans les Loix mêmes (1) qu'ils font contre le Vice, de rendre leurs Sujets véritablement vertueux. Tout pouvoir Civil ne s'exerce que par la Force, ou par la Crainte des Peines. Cette Force & cette Crainte peuvent bien empêcher les actes extérieurs du Péché; mais par elles-mêmes elles servent plus à irriter les mouvemens intérieurs, qui en sont le principe, qu'à les déraciner ou les étouffer. *Nitimur in vetitum semper, cupimusque negata*, rien n'est plus certain; il suffit quelquefois de défendre une chose, pour en faire prendre envie. Au lieu que les Voies de la Douceur & de la Persuasion, ont dequoi gagner le Cœur, par la liberté seule qu'elles laissent de se déterminer soi-même. Or, dès que le Cœur n'est pas de la partie, on a beau faire les plus belles actions du monde, & s'abstenir des mauvaises, on ne vit pas véritablement *selon les Loix de l'Honnêteté & de la Pudeur*? Cependant, cela étant suffisant pour l'ordre & la tranquillité des Sociétez Civiles, qui est la grande & unique fin à laquelle se rapporte l'établissement de tout Pouvoir Civil, Souverain ou Subalterne; une Honnêteté extérieure est tout ce que le Prince, comme tel, peut exiger, en vertu de l'obéïssance qui lui est duë. Mais comme ses Sujets, entant que *Gens-de-bien*, & plus encore entant que *Chrétiens*, sont tenus d'observer les Loix, sur tout celles qui se rapportent aux Bonnes Mœurs, par un principe de Vertu; de se mettre dans cette heureuse disposition, & de travailler, autant qu'ils peuvent, à y former les autres; de faire pour cet effet bien des choses, que les Loix Humaines ne prescrivent point, & de s'abstenir de bien des choses, qu'elles laissent impunies: de même le Souverain, qui a, aussi bien qu'eux, à soûtenir ici le personnage d'Honnête-Homme & de Chrétien, est obligé, sous cette rélation, à mettre en usage les moiens convenables, que son Pouvoir lui fournit en plus grand nombre, & dans une plus grande étenduë. Ces moiens sont, tout ce qui sert à l'Instruction & à la Persuasion; & par conséquent où il n'entre aucune Contrainte. Un Particulier, avec toute sa capacité & tout son zéle pour l'avancement de la Vertu, est souvent hors d'état de les mettre à profit: ou, s'il le peut en quelque maniére, cela ne s'étend pas fort loin, & finit du moins avec lui. Mais le Souverain peut déterrer, encourager, & mettre en état de faire de grands progrès, une infinité de Particuliers. Il peut favoriser, maintenir, augmenter, introduire des Etablissemens utiles & durables. Il peut, par son exemple, donner des leçons, qui, quoi qu'indirectes, sont des plus puissantes, par l'émulation qu'elles inspirent. Il peut ôter bien des occasions de commettre des choses mauvaises, que l'Utilité Publique ne permet pas de punir. Il peut prendre d'autres mesures indirectes & engageantes, pour détourner les Hommes du Vice, & les porter à la Vertu.

§. LIV. Un Prince, qui a fait tout ce que je viens de dire, s'est aquitté sans doute de son Devoir: & il seroit à souhaitter qu'ils méritassent tous la louange, d'avoir ainsi *servi* Dieu. Ils contribueroient par là le plus efficacement qu'il est possible, à ce qui est ou doit être le grand but de toute Religion. Mais il y a une très-grande différence entre ce que les Souverains doivent

(1) Voiez ce que j'ai dit, dans mon *Traité du Jeu*, Liv. III. Chap. VI. §. 19. & dans mon

vent faire par rapport aux Crimes punissables devant le Tribunal Humain, & ce qu'ils doivent faire par rapport aux Erreurs en matiére de Religion, quelque dangereuses qu'ils les croient pour le Salut, & quelque accompagnées qu'elles soient même de Cultes qui leur paroissent mauvais. Les Crimes sont toûjours Crimes. Ceux qui les commettent, les reconnoissent eux-mêmes pour tels: ils ne peuvent du moins les croire innocens que de mauvaise foi, ou par l'effet d'une négligence inexcusable. Mais l'Erreur simple, en matiére même de Religion, n'est pas un Crime de sa nature: si cela étoit, personne ne seroit innocent; n'y aiant personne qui ne soit sujet à se tromper, & qui puisse être assûré de ne se tromper jamais. Il y a, je l'avouë, des Erreurs en matiére de Religion, dont on peut être responsable: mais ce n'est que devant DIEU, tant qu'elles n'ont aucune influence sur les Bonnes Mœurs, & qu'elles ne portent à aucune Mauvaise Action, qui soit punissable selon les Loix. DIEU seul peut savoir, quel est le principe de l'Erreur, & par conséquent si elle est innocente, ou non. Et après tout il suffit, qu'elle n'ait par elle-même rien de contraire à l'Ordre & à la Tranquillité de la Société Civile: dès-là le Souverain, comme tel, n'y a rien à voir. Ainsi on ne peut pas dire ici la même chose, que des Actions conformes ou contraires au Devoir d'un bon Citoien, c'est qu'il n'importe par quel motif on fasse les unes, & l'on s'abstienne des autres; parce que cela produit toûjours son effet, qui ne demande qu'un extérieur bien réglé. Le Souverain ne sauroit avoir, par rapport aux Erreurs qui ne sont ni bien ni mal à l'Etat, d'autre but raisonnable & légitime, que l'intérêt même des Errans, ou leur conversion. Or il n'a ni aucun droit de vouloir les sauver malgré eux, ni aucun lieu de se flatter avec la moindre apparence, que la Violence soit propre à les convertir véritablement; comme elle est capable de les détourner efficacement du Crime. Les Crimes, sur tout ceux qui ne demeurent guéres impunis chez les Nations un peu policées, étant de leur nature manifestement contraires & à la Raison, & à l'Utilité bien entenduë de chacun; les Hommes ne s'y abandonnent guéres, que par un mouvement aveugle de Passion, qui leur en cache ou en tout, ou en partie, la laideur, & les suites pernicieuses. La crainte des Peines, & leur exécution rigoureuse, réprime l'impétuosité des Passions, contrebalance leur force, & peut par là aider à dissiper leurs illusions. Au lieu que ceux qui errent en matiére de Religion, quelque absurdes que soient leurs Erreurs, s'y confirment par la Violence même qu'on veut leur faire. Ou ils sont engagez dans l'Erreur sans aucun examen, ou ils le sont en conséquence de quelque examen. Dans le prémier cas, qui est fort commun, le défaut d'examen n'empêche pas qu'on ne soit aussi fortement attaché à ses opinions, & aussi jaloux de la liberté de son Jugement, que si on les avoit embrassées avec choix. La Naissance, l'Education, l'Autorité des personnes qu'on aime ou qu'on respecte, sont des motifs de créance, qui tiennent lieu des meilleures raisons dans l'esprit d'une infinité de gens, & qui font qu'ils s'imaginent ou avoir pris parti avec connoissance de cause, ou pouvoir se reposer sur les lumiéres de ceux qu'ils croient des guides sûrs. Dans cette confiance, les plus grandes absurditez

mon *Discours sur la Permission des Loix*, pag. 29. Edit. d'Amsterd.

tez du monde ou échappent à leur vuë, ou ne sont que de legéres impressions sur leurs Esprits. Elles sont absorbées par le respect une fois conçû pour la Religion, auquel on croiroit manquer, si on n'éloignoit avec soin tout soupçon d'erreur. Et ce qu'on ne peut pas tout-à-fait bien digerer, on le met au rang des Mystéres qu'il y a dans toutes les Religions, & que leur nature même ne permet ni de penetrer, ni d'examiner. Que si l'on est engagé dans l'Erreur en conséquence de quelque examen, on se fait alors des raisons, bonnes ou mauvaises, dont on a été frappé, un bouclier, qui résiste d'autant plus à tous les traits de la Violence, que ceux qui la mettent en usage témoignent par là ou n'avoir aucune raison à opposer aux nôtres, ou se défier de celles qu'ils ont. Ainsi, de quelque maniére que soient disposez les Errans, la Violence n'aboutit qu'à les affermir dans leur persuasion, & à les rendre ou Martyrs de l'Erreur, ou Hypocrites. Est-ce là les guérir, & les sauver?

§. LV. MAIS il y a plus: bien loin de travailler à leur Salut, on y apporte de plus grands obstacles, & en augmentant leur attachement à l'Erreur, & en les portant à commettre un Péché beaucoup plus grand, que celui qu'il peut y avoir dans l'Erreur même. Il n'y a pas certainement de plus grand Péché, que celui qu'on commet contre les lumiéres de sa Conscience. Posons deux Hommes, dont l'un fait une chose bonne en elle-même, qu'il croit mauvaise, & l'autre une chose mauvaise, qu'il regarde comme bonne; il n'y a personne qui ose dire, que le prémier ne soit plus coupable, que le dernier. Ce qu'il y a de bon dans l'action du prémier, ne sauroit être mis sur son compte, puis qu'il n'a pas voulu le faire; mais il est entiérement responsable du mal qu'il a eu dessein de faire, tout comme s'il y en avoit eû effectivement: & cela met dans l'Action la circonstance la plus odieuse, qui est une volonté pleine & déterminée de mal faire. Au lieu que ce qu'il y a de mauvais dans la nature même de l'action du dernier, est sinon effacé, du moins diminué par l'Erreur: & il y a toûjours ceci de bon, qu'il a crû bien faire. Que l'Erreur soit invincible, ou vincible, il auroit toûjours péché, en ne la suivant pas, tant qu'il en étoit prévenu. L'obligation d'agir selon sa Conscience, quoi qu'erronée, n'est nullement incompatible avec la faute, qui peut avoir jetté dans l'Erreur. On péche alors des deux côtez: mais il est sûr qu'on péche en agissant contre sa Conscience; au lieu qu'en faisant par erreur ce que l'on croit bon, on n'a, comme il faut le supposer ici, aucun soupçon qu'il y ait du mal. Ainsi on est pour l'heure aussi indispensablement obligé à suivre les lumiéres de sa Conscience, que si la chose étoit effectivement bonne. Et DIEU pardonnera toûjours plus aisément la négligence ou les fautes qui ont jetté dans l'Erreur, que le mépris ouvert de sa Volonté & de son Autorité, qui accompagne essentiellement les actions faites contre les lumiéres de la Conscience. Ainsi réduire les Hommes, en les persécutant, à changer de Religion, ou à faire profession de certains Dogmes & de certaines Pratiques qu'ils croient

---

(1) Chacun sait l'histoire de *Martin Guerre*, qui fut exécuté à *Artigat*, dans le Diocése de *Rieux*, en 1560.

(2) *Melius est quidem (quis dubitaverit?) ad Deum colendum doctrinâ homines duci, quàm poenâ timore, vel dolore, compelli. Sed non, quia isti meliores sunt, ideo illi, qui tales non sunt, negligendi sunt. Multis enim profuit (quod ex-*

croient contraires aux principes d'une Religion commune; c'est manifestement vouloir les forcer à agir contre leur Conscience, & par là les mettre dans une disposition prochaine de fouler enfin aux pieds tout respect pour la Vérité & pour la Vertu; c'est-à-dire, que, sous prétexte de Religion, on fait ce qu'il faut pour les jetter dans l'Athéisme & dans le Libertinage.

§. LVI. De quel front *St. Augustin*, & son Apologiste, osent-ils donc traiter de *Sacrilége*, ce dont le contraire est justement le plus grand des *Sacriléges*? Comment peuvent-ils trouver quelque rapport entre une Femme qui viole de propos déliberé la Foi Conjugale, qu'elle doit à son Mari, & une Personne qui ne veut pas violer la Fidélité qu'elle doit à son Dieu? Comment ne voient-ils pas, qu'en accommodant cet exemple à un cas qui convienne ici, on le retorquera contr'eux à brûle pourpoint? Car supposons, comme il peut arriver & il est arrivé (1) effectivement, qu'une Femme soit trompée par un Imposteur, qui, avec une grande ressemblance, lui donne d'ailleurs tous les indices propres à lui persuader qu'il est son vrai Mari: Cette Femme, jusques à ce qu'elle soit desabusée, sera-t-elle coupable de le recevoir & le traiter sur ce pié-là? Et la puniroit-on justement, comme Adultére? Mais que sera-ce, quand, aiant mis à quartier la certitude de l'Erreur, que nous avons supposée, nous en viendrons où il faut toûjours venir, c'est que c'est cela même qui est en question, lequel des deux erre, le Persécutant, ou le Persécuté? Fondera-t-on sur une pure pétition de principe, l'accusation atroce de *Sacrilége*? Ou plûtôt, cette accusation même, si légérement intentée, & mise en usage pour de si mauvaises fins, n'est-elle pas le plus fort préjugé du monde, de la fausseté des Opinions que l'on veut faire embrasser de cette maniére?

§. LVII. St. Augustin semble avoir senti ces conséquences, qui sautent aux yeux. Mais il s'étourdit lui-même, & il cherche à étourdir les autres par des faux-fuïans. Car voici comme il continuë: (2) *Il vaut mieux, sans doute, porter les Hommes au Culte de Dieu, par des instructions & des rémontrances, que de les y contraindre par le châtiment, ou par la crainte. Mais quoi que ceux qui se laissent mener par ces voies de douceur, vallent mieux, que ceux dont on ne sauroit venir à bout avec cela seul; on ne doit pas négliger ceux-ci. Car l'expérience nous a appris, & nous fait voir encore tous les jours, qu'il a été utile & salutaire à plusieurs, d'être forcez par la crainte, & même par le châtiment; & que c'est ce qui les a mis en état de s'instruire, & de pratiquer ce que la parole de la Vérité leur avoit déja appris.* Les *Voies de Douceur* valent donc mieux, selon vous, que celles de *Rigueur*: les *Instructions* & les *Rémontrances*, sont indubitablement, de vôtre propre aveu, un moien beaucoup meilleur, que la *Crainte* & les *Châtimens*. De là il s'ensuit nécessairement, qu'on ne doit en venir au dernier, qu'après avoir mis en usage le prémier, & l'avoir trouvé inutile. Mais y a-t-il la moindre apparence, qu'une Force aveugle soit capable d'éclairer & de ramener des gens, sur l'esprit desquels la Lumiére & les maniéres engageantes

n'ont

---

experimentis probavimus & probamus) prius timore vel dolore cogi, ut postea possent doceri, aut, quod jam verbis didicerant, opere sectari. Ubi supra, § 21. Voiez ce que je dirai ci-dessous, sur l'article même de St. Augustin, *Chap.* XVI. § 33.

n'ont rien pû? Cette réſiſtance, que vous avez éprouvée, vient ou de ce qu'ils n'ont pû être convaincus par vos raiſons, ou de pure opiniâtreté, qui les a empêchez de vouloir les examiner. Si c'eſt le prémier, croiez-vous, de bonne foi, qu'ils goûteront mieux vos raiſons, quand elles ſeront accompagnées de tout l'appareil de la Violence? N'eſt-ce pas, au contraire, leur en donner une averſion invincible? Que s'il y a de l'opiniâtreté dans leur fait, ignorez-vous que c'eſt le caractére de l'Opiniâtreté, de ſe renforcer par les efforts mêmes qu'on fait ouvertement pour la vaincre? & qu'il n'y a pas d'autre moien d'en venir à bout, que de prendre des détours, & de cacher ſi bien ſes approches, que l'Opiniâtre ne s'en apperçoive point? Ainſi en ſuppoſant même, ce qui eſt très-faux, que l'uſage de la Force fût ici excuſable, au défaut du ſuccès de la Perſuaſion & de la Douceur, vous n'aurez-là aucune reſſource pour vôtre but. Les Errans n'en ſeront ni mieux inſtruits, ni plus portez à s'inſtruire. Et ſi la Force produit ſur eux quelque effet, ce ne ſera que de leur faire joindre l'Hypocriſie à l'Erreur.

§. LVIII. Vous avez, dites-vous, l'expérience en vôtre faveur. Soit. Je veux bien ſuppoſer pour un moment, qu'une perſonne qui avoit tenu bon contre tous vos diſcours, & toute vôtre modération, ſe rend à vos menaces, ou à vos châtimens, & examine ſi bien, qu'elle eſt enfin véritablement convaincue de ſon erreur. Je ſoûtiens, qu'en ce cas-là ce ſera un pur hazard, & que vôtre Contrainte n'en aura pas été moins illégitime. Je dis, que ce ſera un pur hazard, un de ces cas extraordinaires qui arrivent contre toute apparence, & ſur leſquels par conſéquent on n'a pas eû lieu de compter. Il paroît par tout ce que j'ai dit, & par une expérience des plus conſtantes, conforme au naturel des Hommes en général, que la Violence de ſa nature rend indociles ceux mêmes qui ſeroient dociles, ſi l'on ſe contentoit de vouloir les inſtruire avec douceur. Ainſi vous ne devez ni vous faire honneur d'une telle converſion, pour laquelle vous aviez pris des meſures qui devoient naturellement produire un effet contraire ; ni vous imaginer, que cet effet, arrivé par accident, diminuë rien de l'injuſtice du moien, dont vous vous êtes ſervi. Ce n'eſt point par l'événement, qu'on doit juger ici, non plus qu'en tout autre cas. Comme on n'eſt point reſponſable du mauvais ſuccès, (1) quand on n'a rien fait que ſagement & juſtement : on n'a non plus aucun lieu de ſe féliciter, lors qu'aiant pris des meſures injuſtes ou imprudentes, il en eſt arrivé quelque bien par accident. Il peut arriver, & il eſt arrivé quelquefois, qu'un Débauché, aiant perdu ſes biens, ou la plus grande partie, par des chicanes, des vols, des extorſions, eſt rentré en ſoi-même, a renoncé à ſon train de vie, & s'eſt adonné à la Vertu. Dira-t-on, qu'il en a l'obligation à ceux qui l'ont pillé, volé, ou trompé; & ſe mettra-t-on dans l'eſprit, que, ſur une telle expérience, on puiſſe en uſer de même à l'égard de quelque autre, pour le ramener à ſon devoir?

LIX. Mais laiſſons là la ſuppoſition, & venons au fait. Vous nous montrez

---

(1) *Exitus acta probat. Careat ſucceſſibus opto,* *Quiſquis ab eventu facta notanda putat.* Ovid. *Epiſt. Heroid.* II, 86. Voiez là-deſſus les

trez des gens, qui paroissent désabusez des opinions où ils étoient, & qui font profession de croire le contraire. cela ne suffit point, il faut nous prouver que ce n'est pas une feinte. Comment savez-vous, qu'ils ne vous en imposent pas, ou qu'ils ne cherchent pas à se faire illusion à eux-mêmes? Connoissez-vous leur cœur, pouvez-vous en pénétrer les replis? Lors que les *Paiens* ont persécuté le Christianisme, il y a eû des *Chrétiens*, quelquefois en très-grand nombre, qui succombant à la crainte des Supplices, ou de la perte de leurs avantages temporels, sont tombez dans l'apostasie. Croiez-vous, que ces gens-là renonçassent de bonne foi à la Religion Chrétienne, & que la Violence étouffât d'abord dans leur esprit les Lumiéres de la Vérité, ou les portât à un examen, en conséquence duquel ils fussent convaincus de la fausseté du Christianisme? Vous avouerez sans doute, que c'est uniquement par foiblesse, ou par un mauvais principe, qu'ils ont fait semblant d'adhérer à l'Idolatrie. Mais l'effet de la Violence est-il donc différent, selon les personnes qui la mettent en usage? La Force, entre les mains des Partisans de l'Idolatrie & de la Superstition, a-t-elle plus de vertu, pour contraindre les Sectateurs de la Vraie Religion à l'abjurer de bouche, qu'elle n'en a entre les mains des Sectateurs de la Vraie Religion, pour réduire les Non-conformistes à une semblable dissimulation sur quelques points de cette Religion, où ils ne sont pas moins persuadez de la vérité de leurs opinions particuliéres, supposé qu'elles soient erronées, que des choses en quoi ils conviennent avec les Persécuteurs? Mais une preuve évidente, qu'en l'un & en l'autre cas, il n'y a qu'hypocrisie, c'est qu'on n'a qu'à retirer le bras qui frappoit ou qui menaçoit, on verra aussi tôt les *Tombez* se relever. C'est ce que les Persécuteurs savent bien eux-mêmes. Ils ne se fient point à leurs conversions: ils n'ont garde de faire un essai de la sincérité des Convertis, en leur rendant la liberté du choix. Fidéles imitateurs des Tyrans du Gouvernement Civil, ils ne conservent leurs conquêtes, que par la même violence qui les leur avoit aquises.

§. LX. Voici enfin le comble, dirai-je de l'Absurdité, ou de l'Impiété? Des gens qui renoncent à tous les principes de l'Humanité, de l'Equité Naturelle, de la Modération, de la Charité, de la Justice, de la Bonne Politique, de la Tranquillité du Genre Humain & des Sociétez Civiles, ont la hardiesse de se dire en cela les imitateurs de Dieu. Qu'on lise les paroles suivantes du P. *Ceillier*, & l'on sera rempli d'étonnement & d'indignation, de voir sur quel fondement il veut rendre la Divinité complice d'un Crime, qui renferme un assemblage de Crimes? ,, La (a) voie, (dit-il) ,, dont Dieu se sert pour appeller à soi les Pécheurs, ne sera sans doute desapprouvée de personne. Or en combien d'endroits de l'Ecriture le Sei-,, gneur n'emploie-t-il pas les menaces, la terreur de ses jugemens, la grandeur ,, des supplices éternels, pour reveiller les ames de ces pécheurs d'habitudes, ,, qui dorment tranquillement au milieu des ténébres, & à l'ombre de la mort. ,, Le Fils de Dieu ignoroit-il la maniére dont se devoit établir la Religion ,, qu'il

(a) *Apolog.* pag. 431.

---

les nouvelles Notes de Nicol. Heinsius, avoit jusqu'ici mal expliqué ces vers. & de Mr. Burman; d'où il paroît, qu'on

„ qu'il eſt venu nous enſeignsr. *Cependant*, dit (1) St. Augustin, au
„ lieu qu'il n'a *emploié que la douceur de ſes paroles pour appeller* St. Pierre *&*
„ *les autres Apôtres*, quand il *fut queſtion de gagner* Saul, *& de faire de ce cruel*
„ *Perſécuteur, un pilier de cette même Egliſe qu'il ravageoit avec tant de fureur; il*
„ *ne ſe contenta pas d'employer la force de ſa voix, il en vint juſqu'à le jetter par*
„ *terre: Et pour dompter ce cœur farouche, & le forcer au milieu des ténébres de*
„ *ſon infidélité, à deſirer la lumiére intérieure, il commença par lui ôter celle du*
„ *jour, en le frappant d'aveuglement.* Puiſque le Seigneur ſe ſert des châtimens
„ & des menaces, pour obliger les Pécheurs à ſe convertir; pourquoi les
„ Puiſſances Humaines, qui agiſſent au nom, & en vertu de la divine, n'em-
„ ployeront-elles pas les mêmes moyens? Puiſque *Jéſus-Chriſt même a fait vio-*
„ *lence à Paul, pour le forcer à croire, pourquoi* (dit St. Augustin) *l'Egliſe*
„ *n'employeroit-elle pas la force, pour faire rentrer dans ſon ſein les Enfans qu'elle*
„ *a perdus?*

§. LXI. Se peut-il, qu'une perſonne qui a le ſens commun, oſe comparer
les Menaces que Dieu fait aux Pécheurs dans ſa Parole, pour les engager à
reflêchir ſur leur mauvaiſe conduite, & à renoncer à de *mauvaiſes Habitudes*,
qu'ils ne peuvent que reconnoître telles, & dignes de la punition du Ciel;
avec la fureur d'un Homme, ſujet à l'erreur & aux Paſſions, qui pille, bannit, fait mourir dans les Tourmens, maltraite, véxe de toutes les maniéres
imaginables, des Hommes, ſemblables à lui, qui ne font d'autre mal, que de
ſervir Dieu de la maniére qu'ils croient lui être agréable? Eſt-il poſſible,
que, d'un miracle éclattant de la Toute-Puiſſance Divine, opéré en la perſonne de celui qui devoit être l'*Apôtre des Gentils*, on oſe prendre droit d'ériger en
Apôtres les Soldats, les Huiſſiers, & les Bourreaux? Mais quel miracle? Un
Miracle, dont toutes les circonſtances, bien loin d'avoir quelque reſſemblance
avec la Perſécution, tendent à en faire voir l'injuſtice & l'abſurdité. Dieu
aiant réſolu de ſe ſervir du miniſtére d'un *Juif* aveuglé par un zéle furieux
pour ſa Religion, qui l'empêchoit de reconnoître la vérité de l'Evangile,
trouve à propos de faire un coup d'éclat, pour diſſiper en un moment ſes préjugez, & domter la férocité de ſon ame: par où il donne en même tems un
exemple palpable du pouvoir qu'il a ſur les Eſprits & ſur les Cœurs de tous

(a) *Actes*, IX, les Hommes, quand il le veut déploier. (a) Voilà une *Lumiére*, extraordi-
3, *& ſuiv.* nairement formée dans l'Air, qui tout d'un coup frappe & environne cet homme; image parlante de la *Lumiére intérieure* dont Jesus-Christ le pénétre
en même tems. Ce doux Sauveur prévient d'abord tout ſoupçon d'un eſprit

(b) *Ibid. verſ.* 4. de Rigueur, qui le faſſe agir. Ses reproches mêmes ſont tendres: (b) *Saul,*
Saul, pourquoi me perſécutez-vous? Saul tombe à terre; effet naturel de la fraieur
du prodige; il eſt ébloüi, il perd pour peu de tems l'uſage de la vuë, par
l'impreſſion d'une Lumiére ſurnaturelle, trop forte pour ſes organes naturels:
voilà

---

(1) *Et tamen, quum* Petrum *& alios Apos-* *atque ut in infidelitatis tenebris ſævientem ad de-*
tolos ſolo verbo vocaſſet, Paulum, *prius* Sau- *ſiderandum lumen cordis urgeret, prius corporis*
lum, *Eccleſiæ ſuæ poſtea magnum ædificatorem,* *cæcitate percuſſit.... Cur ergo non cogeret Eccle-*
ſed horrendum antea vaſtatorem, non ſolum vo- *ſia perditos filios, ut redirent, ſi perditi filii coë-*
ce compeſcuit, verum etiam poteſtate proſtravit, *gerunt alios, ut perirent?* Ubi ſupr. § 22, 23.

Les

voilà tout le mal qu'il fouffre, & dont on lui fait efperer bien tôt la fin. Il met bas les armes, il reconnoît, avec foumiffion, la révolution arrivée dans fon Ame : (a) *Seigneur, que voulez-vous que je faffe?* Cependant le Seigneur le renvoie encore à l'Ecôle d'un Difciple, qui *lui dira tout ce qu'il doit faire.* N'eft-ce pas dire, que DIEU ne veut rien par force? Et *Jéfus-Chrift* ne femble-t-il pas avoir voulu détruire par là toute fauffe conféquence qu'on s'aviferoit de tirer d'une legére apparence de Contrainte, pour l'autorifer par fon exemple? Mais pouvez-vous, foibles & fuperbes Mortels, imiter en aucune maniére ce qu'il y a eû dans une telle Converfion, qui marquoit le doigt de DIEU? Il vous faudroit des Lettres de Créance bien authentiques, pour nous perfuader que vous avez en main une Force capable de faire le même effet. Ajoûtons le dernier trait, qui forme une démonftration. Cette Converfion extraordinaire, par l'exemple de laquelle vous voulez autorifer vos *Perfécutions*, eft juftement la Converfion d'un *Perfécuteur*, & d'un Perfécuteur actuellement en chemin, pour chercher de toutes parts des objets de fon zéle violent. En faut-il davantage, pour conclure, que l'efprit de Perfécution eft une de ces maladies de l'Ame, qui font incurables fans quelque fecours extraordinaire du Ciel? Et DIEU affurément ne fait pas tous les jours de tels miracles.

(a) *Ibid.* verf. 6.

§. LXII. QUE les *Puiffances Humaines agiffent* donc, tant qu'on voudra, *au nom & en vertu de la Divine*, elles n'ont ici ni ordre, ni exemple, ni moien de réuffir, qu'elles puiffent montrer leur avoir été donné de DIEU. Mais la conféquence générale du Syftême de l'Intolérance revient ici d'une maniére à faire frémir les Perfécuteurs mêmes, fi leurs Efprits n'étoient couverts d'écailles plus dures, que celles qui (b) tombérent des yeux de *Saul.* Le P. Ceillier croit-il, qu'il n'y ait que les *Puiffances Chrétiennes*, ou *Orthodoxes*, qui *agiffent au nom & en vertu de la Puiffance Divine*? Je ne fai s'il voudra donner un démenti à ce même *Saul* converti, (c) qui a dit, que *toutes les Puiffances*, fans exception, *viennent de* DIEU, & qui en a fait l'application à celles qui régnoient de fon tems. Voila donc *Néron* autorifé à perfécuter les *Chrétiens.* Dequoi fe roient-ils plaints? Cet Empereur *emploioit les moiens* que DIEU lui avoit mis en main, & dont il lui avoit donné *l'exemple.* Il agiffoit *au nom & en l'autorité* de DIEU.

(b) *Ibid.* verf. 18.

(c) *Rom.* XIII, 1.

§. LXIII. FINISSONS cette matiére. J'ai honte & pour mon Cenfeur, & pour la Nature Humaine, qu'on foit réduit à réfuter férieufement des raifons & des objections, qui ne feroient dignes que du filence & du mépris, fi les Paffions, qui les favorifent, & qui feules y donnent quelque couleur, n'avoient trouvé là dequoi exercer & avancer leur empire avec le plus de fuccès. Elles fe font aidées long tems des idées vagues, fuperficielles, mal digerées, que leur oppofoient ceux qui étoient dans des fentimens de modération, & qui n'avoient pas pris d'ailleurs affez de foin pour approfondir & développer

---

Les derniéres paroles, que le P. *Ceillier* omet, montrent que ST. AUGUSTIN fait un nouvel argument, mais auffi pitoiable; puis qu'il fe réduit à dire, qu'il faut pêcher par exemple. Voiez le *Comment. Philofophique* de feu Mr. BAYLE, III. Part. pag. 188, *& fuiv.* Il a renverfé, dans cette Partie de fon Ouvrage tous les faux raifonnemens de l'Evêque d'*Hippone*, fur ce fujet, qui fe trouvent répandus en divers endroits de fes Ecrits.

per les véritables principes. Mais aujourdhui il n'y a plus de prétexte à l'Ignorance. Dans le dernier Siécle, & dans celui-ci, on a publié un (1) grand nombre de Livres en plusieurs Langues, où l'Intolérance a été forcée dans tous ses retranchemens, & où, à proportion des efforts redoublez que les Persécuteurs ont faits pour disputer le terrein, on les a repoussez & réduits enfin aux derniers abois. La victoire est complette : on a triomphé de toutes les subtilitez & de tous les subterfuges, que l'esprit de Persécution peut imaginer.

§. LXIV. REVENONS à *Grégoire de Nazianze*. J'avois dit, que ce Pére *suppose un prétendu* (2) *Conseil de renoncer à ses biens de gaieté de cœur ; au lieu que c'est un véritable Commandement, mais qui n'a lieu que quand on ne peut conserver ses biens sans préjudice de son devoir, & sans violer quelques maximes de l'Evangile.* Mon Censeur (a) s'amuse à prouver, que *St. Grégoire* n'a point nié qu'*on dût renoncer aux Richesses, lors qu'elles sont un obstacle à nôtre devoir.* Mais je ne lui ai rien imputé de semblable. La question est, de savoir, si, lors qu'aucun Devoir ne nous oblige à renoncer aux Richesses, il y a un *Conseil* de le faire, dont la pratique soit méritoire. J'en ai assez dit ci-dessus, (b) pour détruire le fondement de tous ces prétendus *Conseils Evangéliques* en général : & il est très-aisé de faire voir, que les Passages, que le P. *Ceillier* ajoûte ici, ne prouvent rien.

(a) *Apolog.* pag. 286, 287.

(b) *Chap.* VIII. § 10, & *suiv.*

§. LXV. VOICI dequoi il s'agit dans le prémier. ST. PAUL avoit envoié *Tite*, & deux autres Députez, pour disposer les *Corinthiens* à une Collecte, qu'il vouloit faire pour les Chrétiens nécessiteux. Il leur propose, entr'autres motifs, l'exemple des Eglises de *Macédoine*, qui avoient fait de grandes libéralitez de leur propre mouvement. Mais en même tems il veut témoigner la bonne opinion qu'il a des *Corinthiens*, & éloigner tout soupçon qu'il doutât de leurs bonnes dispositions à cet égard. C'est pourquoi il leur déclare, (c) que tout *ce qu'il leur dit* n'est pas *pour leur rien prescrire* ; qu'il ne fait que leur proposer un motif d'émulation, pour leur donner lieu de *faire connoître la sincérité de leur amour fraternel.* (d) *Ainsi,* ajoûte-t-il, *je vous donne simplement un Conseil,* ou un avis, un avertissement; car c'est ce qu'il vous faut, & pas autre chose, *puis que non seulement vous avez commencé d'effectuer* les libéralitez qu'on vous demande, *mais que dès l'année passée vous en aviez formé de vous-mêmes le dessein.* Quel rapport y a-t-il entre ces sages ménagemens d'Exhortations insinuantes au Devoir de la Charité, dans un cas où l'exercice en étoit indispensable, de l'aveu de ceux qu'on y exhortoit ; & un prétendu Conseil Evangélique de renoncer de gaieté de cœur à tous ses biens, sous prétexte de s'élever par là à une perfection au dessus de celle du Commun des Chrétiens ? ST. CHRYSOSTOME a bien vû le vrai sens, qui saute aux yeux, & n'a point été

(c) II. *Corinth.* VIII, 8.

(d) *Ibid.* verss. 10.

---

(1) On trouvera les principaux de ces Auteurs, indiquez dans mes Notes sur le *Discours* de feu Mr. NOODT, *De la Liberté de Conscience.*

(2) Εἶναι γὰρ ἡμετέρῳ νόμῳ, μήτε ἀμύνεσθ, μήτε δικάζεσθ, μήτε κεκτῆσθ τι τῶν ἀρχῶν, μήτε νομίζειν ἰδίον τι, ἀλλὰ ζῆν ἑτέρωθι, ᾗ τ πυρόντων κατα Φρονεῖν, ὡς οὐκ ὄντων. Orat. III. pag. 94. C. Voiez plus bas, *pag.* 95, 96. où il explique la différence des *Préceptes*, & des *Conseils Evangéliques.* On peut remarquer, en passant, dans les paroles qui vie<nnent> d'être citées, que *Grégoire* condamne absolument les *Procès*, comme nous avons vû que font plusieurs

été chercher ici de myſtére. (3) *Je ne vous force pas*, fait-il dire à l'Apôtre, *je ne demande pas à des gens qui ne veuillent point donner... je vous propoſe vôtre propre exemple, & non pas l'exemple d'autrui.... Je vous exhorte à des choſes, dans leſquelles vous avez prévenu mes exhortations, en vous y portant de vous-mêmes avec toute la promtitude poſſible.*

§. LXVI. Ainsi il ne s'agit point ici *de la qualité de l'Aumône* (a) que Jesus-Christ *ait laiſſée* en général *à nôtre liberté*, en ſorte que *ce modus ſoit l'objet du Conſeil*, comme le prétend mon Cenſeur. Nôtre Seigneur, & ſes Apôtres, auroient pû, quand ils le jugeoient à propos, déterminer ce que chacun devoit donner de ſes biens, pour exercer la Charité envers les Pauvres. Mais c'eſt ce qu'ils ne vouloient pas faire, & ſur quoi d'ailleurs la nature même de la choſe ne permet pas de donner des régles générales, à cauſe de la diverſité infinie des circonſtances. La Libéralité eſt une Vertu, qui doit être exercée avec une entiére volonté, & par un pur principe de bienveillance; ſans quoi ce n'eſt plus Vertu. Cependant, quoi que l'exercice en ſoit libre à cet égard, chacun eſt dans une obligation très-réelle de faire tout ce qu'il peut pour le ſoulagement des Néceſſiteux, ſelon les occaſions & les moiens qu'il en a. Il doit alors s'impoſer la loi à lui-même, & il ſe l'impoſera de bon cœur, s'il eſt animé véritablement d'un eſprit de Charité. Ainſi la *liberté* & l'*obligation* vont ici d'un pas égal, bien loin d'être incompatibles. Du moment qu'il n'y a point *d'obligation*, c'eſt non ſeulement une choſe indifférente de donner *tout*, ou *beaucoup*, mais encore qui peut être téméraire, & avoir des ſuites par leſquelles on pêche contre ce qu'on doit ou à ſoi-même ou à d'autres. L'Apôtre ne laiſſe aucun lieu à ces fauſſes idées, par la maniére dont il s'explique auſſi tôt, en diſant qu'il ſuffit de donner de ſon ſuperflu, & que, pour ſubvenir à l'indigence des autres, on ne doit pas s'appauvrir ſoi-même : (b) *Je ne prétens pas, que vous ſoyez ſurchargez,* (ou que vous vous mettiez à l'étroit) *pour ſoulager les autres ; je veux ſeulement qu'il y ait de l'égalité, & que, comme vôtre abondance ſupplée préſentement à leur indigence, leur abondance ſupplée auſſi à ſon tour à vos beſoins ; de ſorte que les choſes ſoient égales.* Si les Corinthiens n'avoient donné que peu ou rien de leur abondance, auroient-ils ſeulement évité d'être punis, & perdu la *plus grande récompenſe* que l'on veut être attachée à la pratique des prétendus *Conſeils*, diſtinguez des *Préceptes Evangéliques*? C'eſt ce qu'il faudroit dire néceſſairement, ſi l'exhortation de l'Apôtre n'étoit qu'un *Conſeil* de cette nature.

§. LXVII. Il n'y a pas plus de fondement *dans le diſcours que Nôtre Seigneur tint au Jeune Homme, qui lui demandoit quel bien il devoit faire pour obtenir la Vie Eternelle:* (c) Si vous voulez entrer dans la Vie, gardez les Commandemens. *Voilà le précepte*, dit (d) le P. Ceillier. Si vous voulez être parfait, allez,

(a) *Apolog.* pag. 288.

(b) *Ubi ſupr.* verſ. 13, 14.

(c) *Matth.* XIX, 17, 21.
(d) *Pag.* 288, 289.

ſieurs autres Péres. Ce qu'il ajoûte enſuite, tend à condamner auſſi toute Défenſe de ſoi-même, en vertu des expreſſions proverbiales de Nôtre Seigneur Jesus-Christ, priſes à la lettre.

(3) Καὶ γνώμην ὑμῖν ἐν τούτῳ δίδωμι πρὸς τὸ συμφέρον] Ὅρα πῶς πάλιν τὸ ἀναπαχθῆς εἶναι φροντίζει.... Οὔτε γὰρ καταναγκάζω καὶ βιάζομαι, φησι, καὶ παρὰ τῶν ἀκόντων ἀπαιτῶ... εἶτα πρὸς τὸ παράδειγμα λοιπὸν ἐξ αὐτῶν, ἀλλὰ οὐκ ἐξ ἑτέρων.... ἐπὶ ταῦτα οὖν ὑμᾶς παρακαλῶ, ἐφ᾽ ἃ ἑαυτοὺς φθάσαντες διηγέρθητε μετὰ προθυμίας ἁπάσης. In II. ad Cor. Homil. XVII. Tom. III. pag. 640. Ed. Eton. Savil.

allez, vendez ce que vous avez, & le donnez aux Pauvres, & vous aurez un thrésor dans le Ciel : *voilà le Conseil*. Pour moi, je dis, voilà encore un *Précepte*. Il y a un *Précepte particulier*, & l'on peut en tirer un *Précepte général*. Le prémier est direct, & regarde celui à qui Nôtre Seigneur le donne formellement. Mon Censeur niera-t-il, que *Jésus-Christ* eût l'autorité de prescrire à ses Disciples ce qu'il jugeoit à propos ? Il pouvoit certainement le faire, en matiére même de choses indifférentes de leur nature, & il falloit alors ou renoncer à la qualité de son Disciple, ou lui obéir. Mais ici il avoit une raison toute particuliére, qui montre que la *perfection*, en vuë de laquelle il propose au Jeune Homme de *vendre ce qu'il a, & de le donner aux Pauvres*, n'est nullement une perfection extraordinaire, à laquelle il soit libre d'aspirer ou de ne pas aspirer. Il est certainement de Précepte, de n'avoir aucun attachement pour les Richesses, qui soit assez fort pour l'emporter sur la pratique de quelque Devoir. Nôtre Seigneur, par la connoissance qu'il avoit du cœur de ce Jeune Homme, voioit qu'il étoit (a) dans une disposition toute opposée, quelque *parfait* qu'il se crût pour avoir observé extérieurement les Commandemens de la Loi. Il veut le démasquer, &, pour cet effet, il le met à l'épreuve, en exigeant de lui un sacrifice de ses biens. Le Jeune Homme, qui étoit riche, n'a pas plûtôt entendu cet ordre si contraire à sa Passion, que le voilà rebutté d'une Doctrine qu'il avoit paru goûter : *il se retire tout triste* ; l'amour des Richesses, après un leger combat avec les semences de la Vérité, gagne le dessus. Par là Nôtre Seigneur donne à ses Disciples un *Précepte général*, de ne penser jamais à conserver les biens de ce monde aux dépens de leur Devoir. C'est aussi ce qu'il témoigne par la réflexion qu'il fait sur le départ du Jeune Homme : (b) *Je vous dis, en vérité, qu'un Homme Riche ne peut que difficilement entrer dans le Roiaume du Ciel* &c. La demande des Disciples prouve qu'ils l'entendirent de même : (c) *Qui peut donc être* SAUVÉ ? Il s'agit donc du *Salut*, de l'entrée dans le *Roiaume du Ciel* ; & non pas d'une simple privation de quelques *recompenses plus grandes*, proposées à la pratique d'un prétendu *Conseil Evangélique*. Le Jeune Homme se seroit bien contenté des *Récompenses ordinaires* : & pouvant conserver sur ce pié-là les *Trésors* qu'il avoit sur terre, il auroit aisément renoncé à un *Trésor céleste*, dont la privation ne l'auroit pas empêché d'obtenir la *Vie Eternelle*.

§. LXVIII. Ainsi rien n'est plus vain, que la conséquence que le P. Ceillier (d) veut tirer de la demande faite ensuite par *St. Pierre* : (e) *Mais nous qui avons tout quitté, pour vous suivre, qu'aurons-nous donc ?* Et de la réponse qu'y fait Nôtre Seigneur : (f) *Je vous dis en vérité, que, dans le Renouvellement à venir, lors que le Fils de l'Homme sera assis sur le Trône de sa Gloire, vous qui m'avez suivi, vous serez assis sur douze Trônes, jugeant les Douze Tribus d'Israël. Et quiconque aura quitté ou Maisons, ou Fréres, ou Sœurs, ou Pére, ou Mére, ou Femme, ou Enfans, ou Terres, à cause de mon nom, il en recevra cent fois autant, & héritera la Vie Eternelle*. „ Si Jésus-Christ (dit là-dessus mon Censeur) eût vé-
„ ritablement commandé au Jeune Homme de tout quitter, même le nécessai-
„ re, parce que cela étoit incompatible avec son Salut, il n'auroit pas dû lui
„ promettre, en la personne de ceux qui quitteroient tout, une récompense
„ beaucoup plus grande qu'à ceux qui conservoient leurs Richesses, puis
„ qu'ils

(a) *Vers*. 22.

(b) *Ubi supr.* *et*. 23.

(c) *Ibid. vers.* 25.

(d) *Pag.* 289.
(e) *Ubi supr.* *vers.* 27.
(f) *Vers. 28, 29.*

,, qu'ils n'auroient fait simplement que leur devoir, & rien au delà. Cepen-
,, dant Jésus-Christ promet à St. Pierre, & à ceux qui auront tout abandonné
,, comme cet Apôtre, de leur donner le centuple de ce qu'ils ont quitté. Or
,, certainement St. Pierre n'avoit pas abandonné le peu de bien qu'il avoit,
,, comme s'il eût cru qu'en le retenant il s'exposeroit à violer quelques maxi-
,, mes de l'Evangile ; mais seulement par le motif d'une plus grande perfec-
,, tion, en ne possédant rien du tout en propre sur la Terre.

§. LXIX. J'AI peine à concevoir, comment le P. *Ceillier* ose dire, que *St. Pierre* n'avoit *tout quitté* (car c'est ainsi que l'Apôtre parle, & cela comprend non seulement *le peu de bien qu'il pouvoit avoir*, mais encore *Fréres, Sœurs, Pére, Mére, Femme, Enfans,* en un mot, tout ce pour quoi il avoit quelque attachement, comme cela est expliqué par les paroles suivantes de Nôtre Seigneur) que *St. Pierre,* dis-je, n'avoit *tout quitté,* que *par le motif d'une plus grande perfection,* de sorte que, s'il ne l'eût pas fait, il n'auroit point péché contre son devoir. Quoi ? les Apôtres, que JE'SUS-CHRIST avoit appellez lui-même, pour se servir de leur ministére dans la prédication de l'Evangile, qui demandoit nécessairement qu'ils *quittassent tout ;* auroient-ils donc pû refuser cette Vocation, sans autre inconvénient, que d'être privez des *Récompenses plus grandes,* promises à une *plus grande Perfection* ? Une personne, que DIEU appelle par des circonstances particulières, dans le cours ordinaire de sa Providence, à quelque chose d'utile pour l'avancement de la Religion Chrétienne, ou pour le bien de la Société Humaine en général, est certainement dans une obligation indispensable de s'y attacher de tout son pouvoir. Cette voix tacite d'un DIEU invisible, a-t-elle plus de force, que n'en avoit la voix du *Fils de* DIEU, descendu sur la Terre & parlant de sa propre bouche aux Hommes ? Mais ce qui achéve de confondre mon Censeur, c'est que le *centuple,* que Nôtre Seigneur promet ici à ceux qui auront *tout quitté à cause de son nom*, ou pour ne pas se rendre indignes du titre de ses Disciples ; ne regarde nullement la Vie à venir. Ce *centuple* est distingué ici de la *Vie Eternelle ;* & deux (a) autres Evangélistes ont exprimé plus clairement la pensée de JE'SUS-CHRIST ; car voici comme ils rapportent ses paroles : *Quiconque aura quitté des Maisons, des Fréres, des Sœurs* &c. *en recevra dès à présent,* DANS CE SIE'CLE *même, cent fois autant, & dans le* SIE'CLE A' VENIR *la Vie Eternelle.* Dès-là qu'il s'agit des *Promesses* (b) *de la Vie présente,* que Nôtre Seigneur, & après lui ST. PAUL, nous font regarder comme attachées à la *Piété,* aussi bien que *celles de la Vie à venir ;* on voit que l'expression est figurée, & qu'il seroit absurde de s'attendre à recouvrer le *centuple* des biens, ou autres choses, qu'on a abandonnées pour l'Evangile. Et c'est ce que donnent à entendre les paroles, telles qu'elles sont conçues par ST. MARC : *Il en recevra cent fois autant,* AVEC DES PERSE'CUTIONS. L'accomplissement de ces Promesses se fait donc à la lettre, par *le contentement d'Esprit,* que ST. PAUL (c) appelle avec raison *un grand gain,* & dont Nôtre Seigneur représente ici l'excellence par dessus tous les biens de ce monde, en disant qu'il vaut *cent fois autant.* Rien en effet n'est ici bas comparable à cette satisfaction d'une Conscience pure, qui se rend témoignage d'avoir observé les préceptes de l'Evangile. On peut en goûter les douceurs dans l'état le plus dénué de

(a) *Marc,* X, 30. *Luc,* XVIII, 30.

(b) I. *Timoth.* IV, 8.

(c) *Ibid.* Chap. VI, verl. 6.

Richesses; & une telle Récompense n'est pas plus pour les Vertus les plus brillantes, que pour les Vertus communes du moindre Chrétien, qui a fait tout ce à quoi il étoit appellé par sa condition & sa situation particuliére. En un mot, jamais passage ne fut tordu plus violemment, que ceux-ci, pour appuier le mérite & les recompenses extraordinaires d'une Pauvreté, à laquelle on se dévoüe sans aucune nécessité.

§. LXX. ENFIN, ce n'étoit nullement par *le motif d'une plus grande perfection*, qui fît la matière d'un *Conseil Evangélique*, que *les (a) prémiers Chrétiens vendoient tout leur bien, & en apportoient le prix aux pieds des Apôtres, afin que l'on en nourrît les Pauvres*. C'étoit un effet de leur bonne union, (b) & de leur Charité ardente, si nécessaire dans ces commencemens de l'Evangile. Il est vrai que les Apôtres n'exigeoient (c) pas avec autorité, comme ils l'auroient pû, que tous leurs Disciples vendissent leurs biens, & les missent en commun. Mais ils les voioient pour la plûpart assez disposez à le faire d'eux-mêmes. On s'y portoit d'autant plus volontiers, qu'on avoit ces Saints Maîtres pour distributeurs équitables de ce que chacun devoit avoir pour son entretien. Pour ceux qui gardoient leurs biens, ils pouvoient avoir des raisons de ne pas les mettre dans la communauté, sans être d'ailleurs moins charitables. Il y a bien des maniéres différentes d'exercer la Charité, toutes aussi bonnes les unes que les autres. Ainsi d'une méthode particuliére, accommodée aux circonstances de ces prémiers tems, on ne sauroit inferer qu'elle convienne à tous les tems; & moins encore que ceux qui la tenoient, le fissent en vüe d'une perfection au dessus de celle du Commun des Chrétiens. Il n'y a pas la moindre trace de ces idées alambiquées, dans tout ce que dit l'Historien Sacré. Un zéle peu éclairé n'avoit pas encore corrompu la simplicité Evangélique.

(a) *Analys.* pag. 289, 290.
(b) *Actes*, II, 44, & *suiv.* IV, 33, & *suiv.*
(c) *Ibid.* Chap. V. vers. 4.

CHAPITRE XIII.

Sur ce que l'on a dit de ST. AMBROISE.

§. I. J'AVOIS dit (d) après DAILLÉ, que ST. AMBROISE *outre si fort l'estime de la Virginité & du Célibat, qu'il semble faire regarder le Mariage comme une chose deshonnête*. Ce que mon Censeur (e) rapporte lui-même,

(d) Préface, pag. XLVI.
(e) *Apolog.* Chap. XI. pag. 291, & *suiv.*

(1) *Sed prius est, quod nati sumus, quàm quod effecti, multoque præstantius divini operis mysterium, quàm humanæ fragilitatis remedium.* Epist. LXXXI. col. 654. C. *Ed. Paris.* 1569.
(2) *Nam utique nunc, licet bona sint conjugia, tamen habent, quod inter se ipsi conjuges erubescant. Tales ergo estote filii, quales Adam & Eva in Paradiso fuerunt: de quibus scriptum est, quòd, posteaquàm de Paradiso ejectus est Adam, cognovit Evam, uxorem suam* &c. Ad Virgines Exhort. Col. 120. C.
(3) *Accusati enim sumus, &, nisi fallor, accusatores nostri plerique de vobis sunt.... Criminis autem invidia hæc est, quia suadeo castitatem..... Nonnullos enim dixisse audivi, quòd periit mundus, defecit genus hominum, conjugia labefactata sunt* &c. De Virginib. Lib. III. col. 101. C. 102. D.

même, des *très-grandes louanges*, que *St. Ambroise donne à la Virginité & au Célibat*, suffiroit pour montrer que ces éloges sont fort outrez. Mais il est aisé de faire voir, que les idées de ce Pére, toutes semblables à celles dont nous avons vû qu'on s'entêta de bonne heure, alloient encore à faire regarder le *Mariage* comme aiant par lui-même quelque chose de deshonnête.

§. II. Voici ce qu'il dit, en comparant la *Virginité* avec le *Mariage*, pour relever l'excellence de la prémiére. (1) L'état, DANS LEQUEL NOUS SOMMES NEZ, *va devant celui où nous entrons depuis*; *& un mystére, qui est l'ouvrage de* DIEU, *est beaucoup plus excellent, que ce qui n'est qu'un* REMÉDE A' LA FRAGILITÉ HUMAINE. Voilà le même raisonnement, que nous avons (a) vû employé sur ce sujet par ATHÉNAGORAS; & l'idée de *Remède*, commune chez les Péres, qui suppose que le Mariage n'est permis que comme le *moindre de deux Maux*. *St. Ambroise* dit ailleurs, (2) qu'*encore qu'aujourdhui le Mariage soit bon, cependant les Mariez* ONT DEQUOI ROUGIR *de leur état respectif*. Car il soûtient là, qu'*Adam* ne connut *Eve* qu'après qu'ils eurent péché l'un & l'autre. Cette abstinence du Devoir Conjugal fait, selon lui, partie de l'Innocence des prémiers Parens du Genre Humain. Il nous apprend lui-même, (3) que bien des gens trouvoient outré ce qu'il débitoit sur l'excellence de la Virginité, & il se défend là-dessus avec chaleur. Mais, bien loin d'adoucir ses expressions, il renchérit de plus belle sur celles qui avoient paru trop fortes. On lui reprochoit, que par les pompeux éloges qu'il faisoit de la Virginité & du Célibat, & par la maniére pressante dont il y exhortoit Hommes & Femmes, Filles & Veuves, il ne tenoit pas à lui que le Genre Humain ne fût en danger de périr: qu'il avoit même persuadé à un grand nombre de gens, de renoncer au Mariage. (4) *Plût-à-Dieu*, répond-il, *que cela fût vrai! Plût-à-Dieu, qu'on pût me convaincre d'y avoir réussi?*... *Vous empêchez, me dit-on, que les Filles, qui s'étoient dévouées à la Virginité, ne viennent ensuite à se marier. Que ne puis-je empêcher de se marier les autres, qui sont sur le point de le faire! Que ne puis-je changer leur voile de Nôces, en un Voile de pieuse Virginité!* Après bien des déclamations peu sensées, & des Passages de l'Ecriture mal expliquez, à son ordinaire, il ajoûte enfin: (5) *Si l'on se plaint, que le Genre Humain va en diminuant, par la consécration des Vierges, qu'on fasse réflexion, que, là où il y a peu de Vierges, il naît moins d'Hommes; au lieu que, dans les lieux où il y a plus d'ardeur pour l'état de Virginité, le nombre de ceux qui naissent est plus grand.* Il prétend le prouver par la comparaison de l'*Orient*, où l'on voioit beaucoup de Vierges, avec l'*Occident*, où l'usage de se dévouer à la Virginité n'étoit pas encore si commun. Je ne sai, comment les choses

(a) *Chap.* IV. §. 7.

---

(4) *Virginitatem, inquit, doces & persuades plurimis. Utinam convincerer, utinam tanti criminis probaretur effectus.... Initiatas, inquis, sacris mysteriis, & consecratas integritati puellas, nubere prohibes. Utinam possem revocare nuptuas! Utinam possem flammeum nuptiale pio integritatis velamine mutare* Ibid. col. 101. C.

(5) *Si quis igitur putat, consecratione Virginum minui genus humanum, consideret, quia, ubi paucæ Virgines, ibi etiam pauciores homines: ubi virginitatis studia crebriora, ibi numerum quoque hominum esse majorem. Dicite, quantas Alexandrina, totiusque Orientis, & Africana Ecclesia, quotannis sacrare consueverint. Pauciores heic homines prodeunt, quàm illic Virgines consecrantur.* Ibid. col. 103. A.

choses alloient alors. Mais l'expérience n'a depuis que trop fait voir, que, malgré les Vœux de Virginité ou de Célibat, on ne vaquoit pas moins, dans les Convents & dans les Cloîtres, aux fonctions naturelles pour la propagation de l'espéce, que parmi les gens du monde; avec cette différence seulement, que les commerces clandestins des Moines & des Nonnains ne produisoient que des crimes & des désordres, sans que le Genre Humain & la Société Civile y gagnassent rien. Quoi qu'il en soit, il faudroit une expérience bien claire, bien constante & universelle, pour qu'on eût lieu de conjecturer, que Dieu, qui n'a rien promis de tel, bénit extraordinairement les Mariages dans un Païs, à proportion du nombre de gens qu'il y a qui se dévouent à la Virginité ou au Célibat. Et en attendant que le fait soit averé, on pourra retorquer contre *St. Ambroise* ce qu'il dit lui-même contre ceux qui défendoient sans détour le Mariage: Elever si haut, & tant prêcher l'état opposé au Mariage, c'est (1) *condamner en même tems la procréation de lignée, & la propagation du Genre Humain*.

§. III. Le zéle de *St. Ambroise*, sur cet article, l'emportoit si fort, que tout ce qui se présentoit à son imagination échauffée, lui paroissoit bon à étaler. En voici un exemple, d'où il paroît d'ailleurs quelle étoit sa crédulité. Il adopte la Légende du Martyre de *Sainte Thécle*, dont (a) Tertullien (2), & St. Jerome (b), tout crédules qu'ils étoient, se sont moquez; & il tire de cette fable un argument en faveur de l'excellence de la Virginité. On disoit, que la Sainte, après avoir été fiancée, prit tout d'un coup la résolution de ne point se marier; & que son Fiancé, pour s'en venger, la fit condamner, comme Chrétienne, à être devorée par les Bêtes de l'*Amphithéatre*: mais que le Lion, qu'on avoit lâché contr'elle, bien loin de lui faire aucun mal, se mit à la caresser. Grande & merveilleuse preuve, selon l'Evêque de Milan, que *les Bêtes mêmes respectent la Virginité*! (3) *On voioit*, dit-il, *le Lion léchant les pieds de cette Sainte Fille, se couchant à terre, témoignant par ses sons muets, qu'il ne pouvoit se résoudre à faire aucun mal au sacré Corps d'une Vierge. Cette Bête féroce adoroit sa proie, & oubliant son propre naturel, prenoit celui que les Hommes avoient dépouillé. On voioit, par une espéce d'échange de sentimens, des Hommes furieux commander à une Bête d'exercer sa cruauté; & la Bête, en baisant les pieds de la Vierge, enseigner aux Hommes leur devoir. Tant la Virginité est digne d'être admirée, que les Lions mêmes sont susceptibles de cette admiration!* &c.

§. IV.

(a) *De Baptism.* Cap. XVII.
(b) *Catalog. Script. Eccles.* Tom. I pag. m. 272.

---

(1) *Qui enim copulam damnat, damnat & filios, & ductam per successorum seriem generis Societatem damnat humani.* De Virginib. Lib. 1. col. 83. A.

(2) Il y a eû divers *Actes* de cette Sainte, tous aussi incertains les uns que les autres, pour ne rien dire de pis. Voiez la *Biblioth. Choisie* de Mr. Le Clerc, Tom. IV. pag. 339, & *suiv.* Cela est si vrai, que Mr. de Tillemont se borne ici à *ce que divers Péres de l'Orient & de l'Occident ont dit de cette Sainte*, sur la foi de la Tradition. *Si cette voie*, ajoûte-t-il, *n'est pas assez certaine pour établir des Véritez contestées, elle suffit néanmoins pour nous faire recevoir avec respect ce que ces grands hommes ont jugé digne d'être écrit par eux, & d'être reçû par les Fideles, pour édifier leur piété.* Memoires *pour servir à l'Hist. Eccles.* Tom. II. Part. I. pag. 108. Ed. de Bruxell.

(3) *Thecla doceat immolari, quæ copulam fugiens nuptialem, & sponsi furore damnata, naturam etiam bestiarum virginitatis veneratione mutavit..... Cernere erat lingentem pedes bestiam, cubitare humi, muto testificantem sono, quòd sacrum virginis corpus violare non posset. Ergo*

§. IV. Dans un autre endroit, *St. Ambroise* se déchaine contre les Loix qui privoient de certains avantages les personnes non-mariées; c'est-à-dire, contre la *Loi Julienne & Papienne Poppéenne*. (4) *Ceux*, dit-il, *qui respectent les Adultéres & les Infamies de leurs Dieux, ont établi des peines contre le Célibat & le Venvage, afin de punir l'étude des Vertus opposées à ces Crimes, qu'ils imitoient. Ils se proposoient en apparence de favoriser la fécondité des Citoiens, mais leur véritable dessein étoit d'empêcher qu'on ne se dévouât à la Chasteté.* Les Auteurs de ces Loix étoient sans doute fort blâmables, de se forger ou d'adorer des Divinitez, qu'ils croioient entâchées de Vices: mais cela ne fait rien ici; &, entant que Législateurs, ils ne se proposoient nullement de détourner les Citoiens de la *Chasteté*; à moins qu'on ne confonde, comme on fait très-souvent, la *Chasteté* avec le *Célibat*, qui n'en est rien moins qu'inseparable, & qu'on ne suppose qu'il ne peut y avoir de Chasteté dans l'état du Mariage. Une des raisons, au contraire, pour lesquelles (5) les *Romains* déclarérent incapables d'hériter ou en tout, ou en partie, ceux qui ne se marioient point, ce fut pour empêcher les désordres qui naissoient de ce qu'un grand nombre de gens renonçoient au Mariage, pour éviter les embarras de la Vie Conjugale, & cependant s'abandonnoient à des Débauches horribles. Peut-être que (6) Constantin auroit mieux fait de ne pas écouter les Ecclésiastiques, qui l'engagérent, en lui persuadant d'abolir ces Loix, à ôter tout d'un coup ce frein capable de prévenir bien des Crimes. Il n'y a nulle comparaison à faire entre de tels inconvéniens, & ceux qu'il pouvoit y avoir à rendre moins commun le dessein de se dévouer au Célibat par un principe de Religion; supposé même que le vœu de Célibat fût l'objet d'un *Conseil Evangélique*. D'ailleurs, qu'y avoit-il dans la *Loi Papienne Poppéenne*, qui pût tant rebuter ceux qui avoient quelque panchant à rechercher, par le Célibat, une prétenduë *perfection extraordinaire*? Les dépoulloit-on de leurs biens? Les privoit-on de tout ce qu'ils pouvoient aquérir? Nullement. Ils héritoient même ou par Testament, ou par droit de Succession ab intestat, de leurs Parens (7) jusqu'au sixiéme degré. Qu'est-ce donc qu'ils perdoient? Quelques aubaines, qui leur venoient de Parens éloignez, ou d'Etrangers. En vérité, ceux qui, pour si peu de chose, étoient capables de renoncer aux Recompenses Célestes d'une Perfection extraordinaire, ne devoient pas être dans des dispositions fort propres à y aspirer. Mais les Ecclésiastiques, parmi lesquels le Célibat s'introduisoit insensiblement à la faveur

---

Ergo adorabat prædam suam bestia, & propriæ oblita naturæ, naturam induerat, quam homines amiserant. Videres, quadam naturæ transfusione homines feritatem indutos, sævitiam imperare bestiæ, bestiam exosculantem pedes virginis docere quid homines facere deberent. Tantum habet Virginitas admirationis, ut eam etiam Leones mirentur. De Virginib. Lib. II. col. 89. B.

(4) *Unde & illi, qui Deorum suorum adulteria & probra venerantur, Cælibatus & Viduitatis statuére pænas, ut æmuli criminum, mulctarent studia virtutum. Specie quidem qua fæcunditatem quærerent, sed studio quo propositum castitatis abolerent.* Lib. De Viduis, col. 165. D.

(5) Voiez le beau Traité de Mr. Heineccius *Ad Legem Juliam & Papiam Poppæam*, imprimé à *Amsterdam* en 1726. Lib. I. Cap. II.

(6) Leg. I. Cod. Theodos. *De infirmandis pœnis Cœlibum*; Voiez Eusèbe, *De Vit. Constantin*. Lib. IV. Cap. 26. Sozoméne, Hist. Eccl. Lib. I. Cap. 9. & Jaques Godefroi, sur la Loi du *Code Théodosien*.

(7) Voiez le Traité de Mr. Heineccius, que j'ai déja cité, *Lib.* II. *Cap.* XXI.

veur de ces fausses idées, auroient trop perdu à se voir par là exclus des Successions, ou des Legs, qu'ils savoient attirer à eux sous prétexte de Piété, & quelquefois au préjudice des plus proches. La suite des tems a fait voir, combien de richesses l'*Eglise* & les *Monastéres* ont ainsi amassées, depuis même que le *Vœu de Pauvreté* a été joint avec celui de *Chasteté*. Le Public, & les Particuliers, seroient infiniment plus riches, en bien des endroits, si la *Loi Papienne & Poppéenne* avoit subsisté jusqu'aux derniers Siécles.

§. V. APRE'S tout ce que nous venons de voir, il seroit surprenant que *St. Ambroise* eût déchargé les *Secondes Nôces*, considerées en elles-mêmes, de toute note d'impureté. J'avois indiqué là-dessus un passage de son Traité *Des* (a) *Pag. 312, & Offices*. Le P. Ceillier répond, (a) qu'il s'agit là des *Ecclésiastiques*. Il est vrai: *suiv.* mais il y a quelque chose qui porte aussi contre les Secondes Nôces des *Laïques*: (1) *Comment est-ce*, dit *St. Ambroise*, *qu'un Ministre de l'Evangile pourra exhorter au Veuvage, s'il a eû lui-même plus d'une Femme?* D'ailleurs, tout son Livre *des Veuves* montre clairement, qu'il ôte d'une main ce qu'il semble donner de l'autre, & qu'en permettant les Secondes Nôces, qu'il ne pouvoit défendre tout net sans contredire directement l'Ecriture, il en fait néanmoins regarder l'engagement comme le moindre de deux maux; à l'exemple des autres anciens Docteurs, dont nous avons prouvé que tel étoit le systême sur ce sujet.

§. VI. DONNONS-en quelques exemples. Voici comment *St. Ambroise* (b) I. *Cor.* VII, 9. explique les paroles de *St. Paul*: (b) *Il vaut mieux se marier, que de brûler.* (2) L'APÔTRE *conseille certainement les Nôces, comme un* REME'DE, *afin que la Veuve, qui périroit autrement, soit par là guérie: mais* IL NE PRESCRIT PAS, COMME DONNANT LE CHOIX, *le parti que doit prendre une Femme chaste & continente.* Car autre chose est, de secourir celle qui tombe; autre chose, de donner conseil à la Vertu. Je remarquerai, en passant, une pauvre raison, dont il se sert immédiatement après, pour relever l'excellence de la *Viduité*, c'est que, selon les Ecrivains Sacrez, il n'y a pas de plus grand Crime, que de faire du tort à la Veuve & à l'Orphelin; & que DIEU se déclare le Protecteur de l'un & de l'autre, d'une façon particuliére (3). Qui auroit cru, que cela eût quelque rapport avec l'abstinence d'un Second Mariage, qu'on n'oseroit soûtenir être absolument défendu aux Veuves? L'état des *Orphelins* sera donc aussi une chose à rechercher, comme aiant quelque *sainteté* particuliére. Ou si cela est absurde, comme on doit en convenir, pourquoi aller chercher d'autre raison, que celle qui se présente d'abord à chacun, savoir, le peu de moiens qu'ont

(1) *Et in ipso ergo conjugio lex est, non iterare conjugium, nec secundæ conjugis sortiri conjunctionem.... Quomodo autem potest hortator esse viduitatis, qui ipse conjugia frequentaverit?* Lib. I. Cap. 50. col. 35. A.

(2) *Nam utique pro remedio nuptias suasit, ut peritura sanetur: non pro electione præscripsit, casta & continens quid sequatur. Aliud est enim, subvenire labenti, aliud suadere virtuti.* Lib. De Viduis, col. 155. C.

(3) *Et quid de humanis judiciis loquar, quum divinis judiciis in nullo gravius* Judæi *Dominum læsisse produntur, quàm quòd Viduæ gratiam, Minorumque jura violarent. Hac propheticis causa vocibus conclamatur....* Judicate Pupillo, & justificate Viduam... *Et alibi*: Pupillum & Viduam suscipiet &c. *Ibid.*

(4) *Ne dixeris*, Destituta sum: querela nupturæ est. *Ne dixeris*, Sola ego sum: Castitas solitudinem quærit, Pudica secretum, Impudica

qu'ont ordinairement & les Orphelins, & les Veuves, de se précautionner contre la violence ou les tromperies d'autrui. En faut-il davantage, pour recommander leurs intérêts à un DIEU plein de Bonté & de Justice, & pour fonder des défenses sévéres de toute fraude, de toute oppression, de toute injustice, envers des personnes, que leur état même rend les objets de nos offices charitables ?

§. VII. DANS un autre endroit, *St. Ambroise* répond ainsi aux raisons qu'alléguent les Veuves, qui pensent à se remarier : (4) *Ne dites pas, Je suis destituée de secours ; c'est le langage d'une Femme, qui a envie de se marier. Ne dites pas, Je suis seule ; la Chasteté cherche la solitude. Une Femme, qui a de la pudeur, aime la retraite ; une Impudique, la compagnie...... Vous voulez conserver vôtre patrimoine ! Le patrimoine de la Pudeur est bien plus considérable ; & une Veuve le gouverne mieux, qu'une Femme mariée..... Mais vous voulez vous marier. Soit. La simple volonté n'est pas criminelle. Je n'en recherche pas la raison : pourquoi en donnez-vous de feintes ? Si vous croiez la chose honnête, avouez-la franchement : que se vous y trouvez quelque chose qui n'est pas bien, taisez-vous ; n'accusez pas DIEU, n'accusez pas vos Parens, de ce que vous êtes destituée de secours. Plût-à-Dieu que la volonté ne vous manquât pas* &c. Il exhorte ensuite les Veuves à demander au Ciel le don de Continence, & il le fait d'une maniére à donner lieu de penser, que le dessein de se remarier est toûjours en lui-même l'effet d'un désir vicieux, qu'on ne peut étouffer sans le secours d'une Grace extraordinaire, mais qu'il suppose mal-à-propos que chacun a lieu de se promettre, s'il l'implore.

§. VIII. ENFIN *St. Ambroise* condamne absolument les Veuves, qui aiant des Enfans, se remarient. (5) *Quel conseil*, dit-il, *vous donnerai-je, à vous qui avez des Enfans ? Quelle raison peut vous porter à vous remarier, si ce n'est une imprudente légéreté, l'habitude de l'intempérance, le sentiment que vous avez des blessures de vôtre cœur ? Mais les conseils se donnent à des personnes sobres, & non pas à des gens yvres. Je parle à une Conscience libre, qui est encore en état de prendre l'un ou l'autre parti. Que celle qui est* BLESSÉE, *use du* REMÈDE ; *le Conseil est pour la Femme Honnête.*

§. IX. AVEC des idées si sévéres & si outrées, sur l'usage du Mariage, croiroit-on que *St. Ambroise* en eût sur l'*Adultére*, qui tendent à le faire regarder comme n'étant pas toûjours un Crime ? Rien n'est plus vrai pourtant, quoi qu'en dise son Apologiste. Ce Pére dit nettement, comme je l'avois remarqué après d'autres, qu'*avant la Loi de* MOÏSE, *& celle de l'*ÉVANGILE,

l'Adul-

---

pudica conventum...... Sed patrimonium vis tueri : majus pudoris est patrimonium, quod melius regit Vidua, quàm Nupta.... Sed vis nubere : licet : non habet crimen simplex voluntas : causam non quaro : cur fingitur ? Si honestum putas, fatere : si incongruum, sile. Ne accuses Deum, ne accuses propinquos, quòd præsidia tibi desint. Utinam ne desit voluntas &c. Ibid. col. 161. D.

(5) *Nam tibi quid consilii tribuam, quæ liberos habes ? Quæ tibi caussa nubendi, nisi forte levitatis error, & intemperantiæ usus, & sauciæ cogit pectoris conscientia ? Sed consilium sobriis, non ebriis, datur. Et ideo apud liberam conscientiam mihi sermo est, cui utrumque integrum est. Habeat saucia remedium, honesta consilium.* Ibid. col. 166. B.

l'Adultére n'étoit point défendu. Mon Censeur sauve cela par une explication la plus forcée du monde. *St. Ambroise* (a), dit-il, *veut faire remarquer qu'il n'y avoit pas alors de Loix écrites, qui décernant une peine contre les Adultéres, reveillassent dans le cœur des Hommes l'horreur que la Raison nous inspire naturellement pour cette sorte de péché... D'où il conclut, qu'Abraham ne pécha pas contre une Loi qui n'étoit pas encore.*

(a) *Apolog.* Pag. 295.

§. X. POUR détruire ce sens, il ne faut qu'exposer aux yeux des Lecteurs les paroles mêmes de *St. Ambroise*. Il veut justifier le commerce qu'*Abraham* eut avec *Hagar* sa Servante; & voici ce qu'il dit là-dessus. (1) *Considérons prémiérement, qu'*Abraham *vivoit & avant* MOÏSE, *& avant l'Evangile; auquel tems l'Adultére ne paroissoit pas défendu. La peine du Crime n'a lieu que depuis le tems de la Loi, qui le défend: personne ne peut être* CONDAMNÉ, *comme* CRIMINEL, *avant la Loi, mais depuis la Loi, & en vertu de la Loi.* Abraham NE PÉCHA DONC POINT CONTRE LA LOI, *mais il la prévint.* DIEU *avoit bien loué le Mariage, dans le Paradis terrestre, mais il n'avoit pas* CONDAMNÉ L'ADULTÉRE. *Car il ne veut point la mort du Pécheur: & ainsi il promet les Récompenses, mais il n'exige point la Peine. Car il aime mieux engager par la Douceur, qu'épouvanter par la Sévérité. Vous avez péché, pendant que vous étiez encore Gentil, vous êtes excusable. Etes-vous entré dans l'Eglise? Avez-vous entendu la Loi,* Tu ne commettras point d'adultére? *Vous n'avez plus d'excuse* &c. Un peu plus bas, dans le même Chapitre, après avoir rapporté l'allégorie des deux Alliances, que ST. PAUL dit être représentées par les Descendans d'*Isác* & d'*Esaü*; nôtre Docteur dit, en parlant du commerce d'*Abraham* avec *Hagar*: (2) *Ce que* VOUS CROIEZ ETRE UN PÉCHÉ, *vous voiez que c'est un* MYSTERE, *par lequel étoient revelées les choses qui devoient arriver dans les derniers tems... Reconnoissons donc, que ces choses, qui arrivoient en figure aux Patriarches,* N'ÉTOIENT POINT CRIMINELLES EN EUX: *mais elles le feront* POUR NOUS, *si nous ne voulons pas prendre garde à ce qui a été écrit pour nôtre correction* &c. Quiconque sait lire, & ne veut pas s'aveugler, verra dans ces passages, que *St. Ambroise* regardoit comme un véritable *Adultére* le commerce, dont il s'agit, & que cependant il n'y trouve aucun *crime*, parce que DIEU n'avoit défendu l'Adultére ni dans le *Paradis Terrestre*, ni depuis, jusqu'à la *Loi de* MOÏSE. Et l'*Adultére* lui paroît ici d'autant plus innocent dans le Patriarche, qu'il donne lieu à un *type* de ce qui devoit arriver sous l'Evangile.

§. XI.

(1) *Sed consideremus primum, quia* Abraham *ante legem Moysi, & ante Evangelium fuit, nondum interdictum Adulterium videbatur. Pœna Criminis ex tempore Legis est, quæ Crimen inhibuit, nec ante Legem ulla Rei damnatio est, sed ex Lege. Non ergo in Legem commisit* Abraham, *sed Legem prævenit.* DEUS *in Paradiso licet Conjugium laudaverit, non Adulterium damnaverat. Non vult enim mortem peccatoris: & ideo, quod præmii est, pollicetur; quod pœna, non exigit. Mavult enim mitibus provocare, quàm severioribus terrere. Et tu, peccasti, quum Gentilis esses; habes excusationem: venisti ad Ecclesiam, audisti Legem,* Non adulterabis; *jam excusationem delicti non habes. De* Abraham. Lib. I. Cap. 4.

(2) *Quod ergo putas esse peccatum, advertis esse mysterium, quo ea, quæ in posterioribus erant futura temporibus, revelabantur...... Adgnoscamus ergo, quoniam hæc, quæ in figuram contingebant, illis crimini non erant: nobis autem erunt, si ad correptionem nostram scripta cavere nolimus* &c. Ibid. Col. 993. D.

(3) *Ergo* Abraham *& unus de populo erat Gentili, & caussâ posteritatis introierat ad ancillam, quia uxor ejus sterilitatem suam obumbrare cu-*

§. XI. Mon Censeur prétend néanmoins trouver (a) *dans le Chapitre même, d'où est tirée l'objection*, dequoi montrer, que, selon *St. Ambroise*, *l'action d'Abraham fut desapprouvée de Dieu, & ce Patriarche en fit pénitence.* Supposé que *St. Ambroise* eût dit quelque chose de semblable, ce seroit une pure imagination : car où trouve-t-on la moindre trace & de la repentance d'*Abraham*, & d'une marque que Dieu ait donnée qu'il desapprouvoit l'action? Mais la vérité est, que ce Pére, dans le passage qu'on cite, ne parle point de l'acte même d'*Adultére*, qu'il venoit de déclarer innocent. Il s'agit de la raison pour laquelle *Sara* souhaitta qu'*Abraham* eût commerce avec *Hagar*, & de la complaisance que le Patriarche eut pour sa Femme, qu'il voioit poussée par cette raison à lui faire une telle demande. *Sara* vouloit avoir, dans ce qui naîtroit de sa Servante, une consolation de sa propre stérilité. Elle parut par là desesperer de l'accomplissement des promesses que Dieu lui avoit faites, de lui donner une postérité nombreuse : & *Abraham*, en acceptant la proposition, témoigna entrer dans la même défiance. *Abraham*, dit (3) St. Ambroise, *étoit du nombre des Gentils* (c'est-à-dire, que, quoi qu'il eût renoncé à l'Idolatrie, il vivoit avant la Loi, & par conséquent, comme les Gentils encore Idolatres, dont il a parlé ci-dessus, il n'avoit point péché, par cet *Adultére* non-défendu) & *il étoit venu vers sa Servante, pour avoir de la postérité : parce que sa Femme voulant couvrir la honte de sa stérilité, lui avoit conseillé cela.* Ce *n'est pourtant pas en vain, qu'immédiatement après,* Dieu, *parce qu'il approuvoit toutes les autres œuvres d'Abraham, lui dit, afin qu'il se repentît de cette action* ; Je suis ton Dieu, achéve de servir en ma présence, & sois sans reproche. *Comme s'il n'avoit pas encore fait tout ce qu'il falloit pour plaire à* Dieu, *aiant desesperé que sa Femme jusques-là stérile pût le rendre Pére, & cherché à cause de cela à avoir quelque lignée de sa Servante.* Il est clair, comme le jour, que le *repentir* que *St. Ambroise* attribuë à *Abraham*, est fondé non sur *l'acte* même d'*Adultére*, où il n'insinue pas qu'il y eût rien de criminel ; mais sur le *motif* qui porta le Patriarche à un commerce d'ailleurs innocent pour lui. Sans cette circonstance, *Abraham* auroit pû en toute sûreté de conscience, & *venir vers Hagar*, & se proposer par là d'*avoir de la postérité* ; car c'est une autre raison, que *St. Ambroise* a alleguée, pour justifier la complaisance d'*Abraham* pour *Sara*, celle de *Jacob* pour *Lea* & *Rachel* ; & l'Inceste même de *Loth*. Mais le désir d'avoir de la postérité aiant ici quelque chose d'injurieux à la *Véracité* de Dieu, qui lui

(a) Pag. 295, 296.

cupiens, auctor ejus facti fuerat viro. Et tamen non otiosum est, quòd post hoc Deus statim, quia alia ejus opera probaret, pro hujus facti pœnitentiâ dixit illi: Ego sum Deus tuus, emercre in conspectu meo, & esto sine querela. *Quasi adhuc plenè non emeruisset, qui desperaret sterilis partum uxoris, & de ancillâ posteritatem quæreret.* Ibid. B. Le P. *Ceillier*, qui ne cite que les paroles, *Post hoc—dixit illi*; en rapporte ainsi cette partie : *quia alia ejus opera probaret*, VEL HUJUS FACTI POENITENTIAM &c. au lieu de, *pro hujus facti pœnitentiâ*, que porte mon Edition. Je n'ai pas celle des Bénédictins, qu'il suit peut-être, pour voir sur quel fondement on a ainsi corrigé le Texte. Mais l'autre leçon s'accorde beaucoup mieux avec toute la suite du discours. Je ne dis rien, au reste, de l'explication de *St. Ambroise*, considerée en elle-même. C'est une pensée creuse, qui n'a aucun fondement, & qui roule sur cette fausse supposition, qu'immédiatement après l'affaire d'*Hagar* (*post hoc statim*) Dieu dit à *Abraham* ces paroles, qu'on trouve au Chap. XVII. de la Genése. Il s'étoit passé quelques années depuis ; comme on le voit par la suite de l'Histoire.

lui en avoit promis de *Sara;* voilà uniquement ce qui, selon nôtre Pére de l'Eglise, étoit un sujet de *repentir* pour le Patriarche.

§. XII. Jusques-la' donc *St. Ambroise* est fort bien d'accord avec lui-même. S'il se contredit ailleurs, c'est tant pis pour lui. Mon Censeur (a) allégue cet autre passage du même Livre : (1) *Quoi que* Pharaon *fût d'une Nation féroce & barbare,* (c'est-à-dire, *Egyptien*) *il fit voir* (en parlant ainsi à *Abraham,* Pourquoi ne m'avez-vous pas dit, que *Sara* est vôtre Femme? &c.) *que les Etrangers & les Barbares mêmes respectent la Pudeur, & croient devoir s'abstenir de l'Adultére...... Et faut-il s'étonner, si un Barbare connoît le Droit Naturel? Parmi les Bêtes mêmes, qui ne sont soûmises à aucune Loi, il s'en trouve quelques-unes, qui non seulement gardent la fidélité à leurs compagnes, mais encore qui ne s'accouplent qu'une fois, comme par chasteté. De sorte que la Loi de Nature a plus de force, que les Loix écrites* &c. Dans ce passage, comme on voit, & dans (b) un autre, que le P. *Ceillier* cite aussi, il s'agit de l'*Adultére* proprement ainsi nommé, qui consiste à avoir commerce avec la Femme d'autrui. Mon Censeur ne nie point, que le passage, du sens duquel nous disputons, ne regarde tout ce que *St. Ambroise* comprend sous le terme d'*Adultére.* Si donc l'*Adultére* est criminel, selon la Loi Naturelle, si les *Nations Barbares,* & les Bêtes mêmes, ont quelque connoissance de cette Loi ; quel besoin avoit le Pere des Croians, de *Loix écrites,* qui reveillassent dans son cœur l'horreur que la Raison nous inspire naturellement pour cette sorte de *Péché* ? Il auroit été *plus coupable,* dit-on, *depuis la publication de la Loi de Moïse.* Mais *St. Ambroise* ne parle point du degré de la faute, non plus que du degré de la peine. Il veut qu'il n'y ait eû ni *péché,* ni *peine;* parce qu'*on ne croioit pas l'Adultére défendu.* Le seul moien d'accorder ce Pére avec lui-même, malgré la généralité des termes, qui ne le souffre guéres ; ce seroit de dire, que, quand il soûtient qu'*avant la Loi de* Moïse *l'Adultére ne paroissoit pas défendu,* il ne parle que du *Concubinage,* ou de la *Polygamie.* Car il dit plus bas, que (2) *tout commerce d'un Homme avec toute autre Femme que son Epouse légitime, est un Adultére.* Mais, en ce cas-là, il devoit prouver que le Commandement du Décalogue, *Tu ne commettras point d'adultére,* s'étendit jusques-là ; ce qui est contraire & au sens des termes, & à la pratique des plus gens de bien de la Nation Judaïque, qui n'en ont jamais été blâmez. Le moins qui résultera de tout ce que je viens de dire, c'est que les idées de *St. Ambroise* sur un sujet très-important étoient bien confuses, bien mal liées, & ses expressions très-propres à jetter dans l'erreur ; qui assûrément n'est pas un bon titre, pour l'ériger en Docteur que l'on puisse prendre pour guide en matiére de Morale.

§. XIII. Je puis me dispenser de rien répondre à mon Censeur, au sujet du *Prêt à usure,* qu'il (c) avoüe être *condamné absolument & sans aucune distinction* par *St. Ambroise.* J'ai traité suffisamment la matiére (d) ci-dessus. Et

(a) Pag. 293, 294.

(b) Hexaemer. Lib. V. Cap. 7.

(c) Pag. 296, 297.
(d) Chap. IX. § 6. & suiv.

pour

(1) *Etsi naturâ ferus ac barbarus* [Pharao] *tamen significat etiam exteris ac barbaris moribus esse curam pudoris, & adulterii crimen etiam sibi cavendum.... Nec mirum, si barbarus jus novit natura: muta animalia, licet nullis constringantur legibus, sunt tamen aliqua, quæ non solum paribus suis copulâ servent fidem, verum etiam coitûs unius castitatem custodiant. Ita major Lex Naturæ, quàm Legum præscriptio est.* Ibid. Cap. II. col. 989. A. B.

(2)

pour ce qui est de la raison que l'Apologiste de *St. Ambroise* donne, après lui, de ce que Dieu permettoit de prêter à intérêt aux Etrangers, c'est que par ces *Etrangers* il faut entendre seulement *ceux à qui l'on a droit de faire la Guerre & que l'on peut tuer impunément*; cela a été refuté d'avance, dans une (a) de mes *Notes* sur Pufendorf. Le P. *Ceillier* devoit y répondre, s'il pouvoit. (a) *Liv. V. Chap. VII. § 9. Note 4.*

§. XIV. Venons à ce que j'avois dit du Traité *Des Offices*. Je me lasse de repeter, combien ridiculement le P. *Ceillier* (b) dit *qu'on ne peut s'empêcher de rire* de ma critique; dans sa fausse supposition générale (c) qui revient toûjours, qu'il n'y a pas un mot de l'Article de ma Préface au sujet des Péres, qui ne doive montrer quelque erreur grossiére. Il est encore plus ridicule, de vouloir faire passer pour *simplicité*, pour *stile simple & aisé, qui soit à la portée des Savans & des Ignorans*, le désordre des matiéres & des pensées, dont j'ai montré (d) que *St. Ambroise* lui-même se glorifie. Mon Censeur apparemment renferme aussi dans cette charmante *simplicité*, les fausses applications des Exemples & des Passages de l'Ecriture, les mauvais raisonnemens, les pensées peu solides, dont le Traité *Des Offices* est rempli. A cet égard, aussi bien que *pour la netteté & la facilité du stile*, j'ai mis les *Offices* de Cicéron *infiniment au dessus* de ceux de *St. Ambroise*, qui en sont une *Copie*; & je les y mets encore. Le P. *Ceillier* dit, que *St. Ambroise ne s'est pas proposé d'imiter en tout les Offices de Ciceron*. D'accord. Mais il devoit du moins les imiter en ce qu'il y a de bon, & renchérir sur son modéle, bien loin de demeurer au dessous. La *simplicité* ne peut-elle se trouver avec l'ordre, la méthode, la netteté du stile, & la justesse des pensées? Je suis pourtant *de bien mauvais goût, de ne pas estimer ce Livre de St. Ambroise*, puis que *toute l'Antiquité en a jugé autrement, comme il paroît par le grand nombre de Manuscrits de tout âge, qu'on en trouve dans les Bibliothéques*. Préjugé encore, & préjugé qui revient toûjours! C'est pour cela même que je ne crois pas devoir sacrifier ma Raison, ni en matiére de Dogmes, ni en matiére de Morale, au jugement des anciens Docteurs de l'Eglise, qui n'ont pas fait grand usage de la leur, & qui se sont livrez aveuglément à l'Autorité. Si mon Censeur avoit quelque chose de bon à dire, il pourroit se passer de ce vain épouvantail. Nous allons voir des échantillons de l'exactitude de *St. Ambroise*, dans ce Traité *Des Offices*.

(b) *Pag. 297, 298.*
(c) Voiez ci-dessus, *Chap. I. § 7.*
(d) *Préface, pag. XLVII.*

§. XV. Quoi qu'en dise son Apologiste, (e) *ce Pére entreprend très-mal à propos de faire voir la fausseté des deux fonctions que* Cicéron *attribuë à la Justice*; & *dont la prémiére est, de ne faire du mal à personne, à moins qu'on n'y soit réduit par la nécessité de repousser quelque injure*. Pufendorf avoit déja remarqué, (f) que Cicéron parle uniquement de la juste Défense de soi-même; & nullement de la *Vengeance*, proprement ainsi nommée, comme on le suppose sans raison. Le dernier Traducteur François, qui ne doit pas être suspect au P. *Ceillier*, & qui a (3) pris à tâche de *démêler* & de *rectifier* dans ses

(e) *Pag. 299.*
(f) *Liv. II. Chap. V. § 14.*

(2) *Nemo sibi blandiatur de Legibus hominum. Omne stuprum adulterium est, nec Viro licet, quod Mulieri non licet.* Ibid. Cap. IV. col. 992. C.

(3) Mr. Dubois, dans l'*Avertissement* qu'il a mis au devant de sa Traduction. C'est le même, qui avoit traduit les *Lettres* de St. Augustin, comme il le déclare dans le Titre.

ses Notes, les *sentimens qui ont besoin d'être réduits aux principes de la Religion Chrétienne*; n'a rien trouvé à redire au passage dont il s'agit, ni à un (1) au-
(a) *Pag. 305.* tre, que mon Censeur allégue (a) ailleurs avec aussi peu de fondement. Il ne lui sert donc de rien, d'étaler ici quelques sentences de Philosophes Païens, où l'on recommande *la douceur & la modération envers ceux qui nous insultent*. Au contraire, cela même devoit faire présumer, que la Morale de CICE'RON n'étoit pas moins belle ici, que celle des Anciens Philosophes, dont il a pris le meilleur. Mon Censeur auroit pû voir aussi un passage de ce grand Ora-
(b) *Sur Pufendorf, ubi sup. §. 14. Note 6.* teur, que j'ai (b) cité tout du long, & où il dit formellement, qu'un Homme de bien doit épargner ses plus grands Ennemis, quand il peut le faire sans courir risque de sa propre vie. Il auroit pû voir, dans le Traité même *Des Offices*, s'il l'avoit lû, comment l'Auteur rejette (2) l'opinion de *ceux qui croioient, qu'on peut se mettre fort en colére contre ses Ennemis, & qu'il y a en cela de la Grandeur d'ame*. *Rien*, ajoûte-t-il, *n'est, au contraire, plus louable, rien n'est plus digne d'un Grand Homme, que d'être doux, clément, facile à appaiser*.

§. XVI. POUR ce qui est de la *seconde fonction de la Justice*, CICE'RON (3) la fait consister à *se servir des choses communes, comme n'étant pas à l'un plûtôt qu'à l'autre; & de celles qui nous appartiennent, comme étant à nous en particulier*. CELA *n'est pas non plus conforme à la Nature*, dit (4) *St. Ambroise*: *car la Nature a donné toutes choses en commun à tous les Hommes. Car Dieu a voulu que tout fût produit, en sorte que chacun en tirât sa Nourriture, & que la Terre fût la possession commune de tous les Hommes. La Nature donc a établi un droit commun, & c'est l'Usurpation qui a produit un droit particulier.* Mais 1. *Cicéron* ne nie point, comme le suppose *St. Ambroise*, la Communauté de toutes choses qu'il y avoit entre tous les Hommes, avant l'établissement de la Propriété. Au contraire, il ajoûte immédiatement après: (5) *Or il n'y a rien qui naturellement soit à quelcun en particulier*; & il détaille les différentes maniéres d'aquérir un droit de Propriété. Le passage a été allegué par tous ceux qui ont traité la matiére; &
(c) *Pag. 304.* mon Censeur lui-même (c) le cite. 2. *St. Ambroise* traite d'*usurpation* le *Domaine particulier*. C'est ainsi qu'il entend le Droit Naturel, & que, pour établir le Devoir de la Libéralité, qu'il n'a sû accorder avec la Propriété des biens, il sappe le fondement de l'Ordre & de la Tranquillité du Genre Humain. 3. L'absurdité est d'autant plus grande, qu'elle renferme une autre fausse supposition sur les sentimens de *Cicéron*, dont il s'agit. Car, si la critique

---

(1) *Per eosdemque* [*quibuscum congregamur*] *si quid importetur nobis incommodi, propulsemus ulciscamurque eos, qui nocere nobis conati sunt* &c. Ce passage, que le P. Ceillier tronque, n'est pas du *Liv. III.* comme il le cite, mais du *Liv. II. Chap. V.* Il s'agit là de l'Autorité des Puissances Civiles, auxquelles on a recours, pour prévenir les insultes d'autrui, ou les faire punir. CICE'RON est si éloigné d'autoriser la *Vengeance*, qu'il ajoûte immédiatement après, qu'en cela on doit prendre garde de ne point passer les bornes de l'Equité & de l'Humanité: *Tantâque pœnâ adficiamus, quantam æquitas humanitasque patitur.*

(2) *Nec vero audiendi, qui graviter irascendum inimicis putabunt, idque magnanimi & fortis viri esse censebunt. Nihil enim laudabilius, nihil magno & præclaro viro dignius placabilitate atque clementiâ. Lib. I. Cap. 25.*

(3) *Sed Justitiæ primum munus est, ut ne quis cui noceat, nisi lacessitus injuriâ: deinde, ut communibus utatur pro communibus; privatis, ut suis. De Offic. Lib. I. Cap. 7.*

(4)

DES PERES. Chap. XIII.

que est juste, il faut que *Cicéron* n'ait pas reconnu l'obligation où l'on est de faire part de ses biens aux autres dans le besoin. Or le contraire paroît par ce qu'il (6) dit au même endroit, & par les belles régles qu'il donne (a) ailleurs sur l'exercice de la Bénéficence & de la Libéralité: régles beaucoup plus nettes, plus exactes, & plus précises, que celles de *St. Ambroise*. (a) *Lib. I. Cap. 14, & seqq.*

§. XVII. LE P. *Ceillier*, fidéle imitateur de celui dont il fait l'apologie, montre ici qu'il n'entend ni la matiére, ni ce qu'il lit de plus clairement conçû. (b) Il m'objecte un (c) passage de mes *Notes*, comme si j'y témoignois être de même sentiment, que *St. Ambroise*. Mais y trouve-t-il, que l'établissement de la Propriété des biens soit, selon moi, une *usurpation*? On n'a qu'à lire toutes mes Notes, & les comparer avec ce qu'on vient de voir, pour remarquer d'ailleurs la différence des idées. Mon Censeur cite ensuite un passage de PUFENDORF (d) sur l'obligation où l'on est de rendre service aux autres. Qui le nie? Et n'est-ce pas du papier perdu? Il allégue (e) des paroles de feu Mr. LOCKE, (f) que j'ai adoptées, mais qui ne font rien au sujet, puis qu'il s'agit là de la maniére dont les Hommes devoient exercer leur droit, pendant que tout étoit encore en commun: au lieu que le P. *Ceillier* parle de l'usage qu'on doit faire de ses biens depuis l'établissement de la Propriété. (b) *Pag. 300; 301.* (c) *Droit de la Nat. & des Gens, Liv. IV. Chap. IV. §. 1. Note 2.* (d) *Liv. III. Chap. III. §* (e) *Pag. 303.* (f) *Liv. IV. Chap. IV. §. 4. Note 4.*

§. XVIII. JE pourrois faire d'autres remarques, qui montreroient combien les idées de mon Censeur sont fausses, ou confuses. Mais je me lasse, & je dois ménager la patience des Lecteurs. C'est pour cela aussi que je ne m'arrêterai point à ce que dit le P. *Ceillier*, pour justifier *St. Ambroise* sur ce qu'il *soûtient qu'un Chrétien ne doit point se battre contre un Voleur qui l'attaque; & qu'il établit pour régle générale, qu'il n'est jamais permis de conserver sa vie en causant la mort d'un autre.* J'ai déja (g) dit ce qu'il faut, sur la Défense de soi-même contre un Voleur. Il suffit de remarquer, comment mon Censeur élude ici le sens manifeste de la régle que *St. Ambroise* pose en général, *Qu'un Chrétien ne peut jamais innocemment sauver sa vie en causant la mort d'un autre.* Ce Pére traite la question, que CICERON avoit proposée, Si, après un Naufrage, un Homme Sage étant en danger de périr, & voiant un Sot, qui s'est emparé d'une planche, peut l'en chasser, & s'y mettre soi-même, sous ombre que sa vie est de plus grand prix. L'Orateur Romain rapporte & approuve la décision (7) d'un ancien Philosophe, qui nie que le Sage puisse en ce cas-là préférer la conservation de sa vie, à celle du Sot; parce qu'il y auroit de l'injustice. (g) *Chap. VIII. § 39, & suiv.*

(4) *Deinde formam Justitia putaverunt* [Philosophi] *ut quis communia, id est, publica, pro publicis habeat; privata, pro suis. Ne hoc quidem secundum naturam. Natura enim omnia omnibus in commune profudit. Sic enim Deus generari jussit omnia, ut pastus omnibus communis esset, & Terra foret omnium quadam communis possessio. Natura igitur jus commune generavit: Usurpatio jus fecit privatum.* Offic. Lib. I. Cap. 28.

(5) *Sunt autem privata nulla naturâ: sed &c.* Ubi supr.

(6) *Sed quoniam (ut praclarè scriptum est à* PLATONE) *non nobis solùm nati sumus..... in hoc naturam debemus ducem sequi, communes utilitates in medium adferre, mutatione officiorum, dando, accipiundo: tum artibus, tum operâ, tum facultatibus, devincire hominum inter homines societatem.* Ubi supr.

(7) *Si tabulam de naufragio Stultus adripuerit, extorquebitne eam Sapiens, si potuerit? Negat* [HECATO] *quia sit injurium.* De Offic. Lib. III. Cap. 23.

Ee

juſtice. Il vouloit dire apparemment, que la Planche étoit au Sot par droit de prémier occupant, & qu'ainſi le Sage lui feroit du tort en la lui ôtant. C'eſt au moins la vraie raiſon. St. *Ambroiſe*, (1) qui n'y a point penſé, dit, qu'à la vérité il trouve qu'il ſeroit plus avantageux pour l'Utilité Publique, que le Sage échappât du Naufrage: mais il y oppoſe une autre raiſon, c'eſt qu'il ne convient point à un Chrétien, qui eſt en même tems Juſte & Sage, de vouloir ſauver ſa vie aux dépens de celle d'autrui. Et afin qu'on ne croie pas, que la maxime ſoit fondée ſur les circonſtances particuliéres du cas dont il eſt queſtion, il ajoûte: *Car ſi même un Chrétien eſt attaqué par un Voleur, qui veut le tuer, il ne peut pas le frapper pour ſe défendre.* Cependant le P. Ceillier (a) explique cela, comme ſi St. *Ambroiſe* vouloit dire ſeulement, qu'un Chrétien ne doit pas *prendre à ſon Frére un bien qui lui appartient, & qui lui eſt abſolument néceſſaire pour conſerver ſa vie* &c. Mais à quoi bon aller chercher tant de fineſſe, après avoir reconnu & approuvé (b) l'opinion de St. *Ambroiſe* au ſujet d'un Voleur, ou d'un Ennemi, contre qui il ne veut pas qu'on ſe défende, juſqu'à le tuer? Car, s'il y a quelque cas, où il ſoit permis de ſauver ſa vie aux dépens de celle d'autrui, c'eſt ſans contredit quand le péril vient de la part d'un Homme, dont l'injuſtice eſt de la derniére évidence, comme celle d'un Voleur de grands chemins. Mais il paroît d'ailleurs par tout le Chapitre, que St. *Ambroiſe* raiſonne ici ſur un principe très-mal entendu & très-mal appliqué, c'eſt que perſonne ne doit chercher ſon utilité particuliére, au préjudice de celle d'autrui. Il s'en explique clairement, après les deux exemples alleguez ci-deſſus: (2) *Pourquoi vous jugez-vous préférable à un autre, puis qu'il eſt d'un Chrétien de préferer les autres à ſoi, de ne s'arroger rien, de ne s'approprier aucun honneur, de ne pas faire valoir ſon mérite? Enfin, pourquoi ne vous feriez-vous pas une habitude de ſupporter vos maux, plûtôt que de vous accommoder aux dépens d'autrui?* C'eſt ainſi que ces grands Docteurs, ne faiſant aucune attention au vrai ſens & au fondement naturel des Maximes les plus importantes, en tiroient des conſéquences abſurdes & ridicules.

§. XIX. Passons à un autre ſujet, ſur lequel il paroîtra que le P. Ceillier s'enferre lui-même, pendant qu'il m'accuſe ſans façon de *mauvaiſe foi*. J'avois dit, que St. *Ambroiſe* établit pour maxime générale, *Qu'on ne ſauroit faire légitimement une choſe qui ne ſe trouve pas formellement permiſe & autoriſée par l'Ecriture; & que, ſur ce principe, il défend abſolument aux Eccléſiaſtiques toute ſorte de raillerie.* Voici l'Original: (c) *Nam licet interdum honeſta joca ac ſuavia ſint, tamen ab Eccleſiaſticâ abhorrent regulâ: quoniam quæ in Scripturis* (3) *Sanctis non reperimus, ea quemadmodum uſurpare poſſumus?* Mon Cenſeur prétend, que les derniéres paroles, par leſquelles St. *Ambroiſe* exprime la raiſon pourquoi il défend la Raillerie aux Eccléſiaſtiques, ne renferment pas une propoſition générale, mais qu'elles doivent s'entendre ſeulement des Railleries. Et

(a) *Pag.* 308.

(b) *Pag.* 306, 307.

(c) Offic. Lib. I. Cap. 23.

---

(1) *Quærunt aliqui, ſi Sapiens in naufragio poſitus Inſipienti naufrago tabulam extorquere poſſit, utrum debeat? Mihi quidem, etſi præſtabilius communi videatur uſui, Sapientem de naufragio, quàm Inſipientem, evadere: tamen non videtur, quòd vir Chriſtianus, & juſtus, & ſapiens, quærere ſibi vitam alienâ morte debeat; utpote qui, etiamſi in Latronem armatum incidat, ferientem referire non poſſit* &c. Offic. Lib. III. Cap. 4.

(2) *Cur enim te potiorem altero judices, quum viri ſit Chriſtiani, præferre ſibi alterum, nihil*

Et il se fonde sur une savante Remarque Grammaticale. (a) *Les Pronoms Relatifs*, quæ *&* ea, *dont St. Ambroise se sert, se rapportent*, dit-il, *au terme substantif* joca; *& ceux qui suivent immédiatement après*, Cavenda (4) etiam in fabulis *&c. ne laissent aucun lieu d'en douter. Le terme substantif* joca *étant donc visiblement sousentendu dans la proposition de St. Ambroise*, on est en droit de l'y exprimer, pour faire d'autant mieux remarquer la pensée de ce Pére. Ainsi, au lieu de dire simplement, Quoniam quæ in Scripturis sanctis non reperimus &c. *il est permis de dire:* Quoniam joca quæ in Scripturis sanctis non reperimus, ea quemadmodum usurpare possumus? *Puis que nous ne trouvons pas les railleries employées ou autorisées dans les Saintes Ecritures, comment ou de quelle maniére pouvons-nous les mettre en usage?*

§. XX. Pour moi, je demande à tout Lecteur, qui entend le Latin, si, de la maniére que *St. Ambroise* s'exprime, les paroles, *Quoniam quæ in Scripturis non reperimus* &c. peuvent s'entendre autrement que de *toutes les choses*; & si, sous prétexte que le mot de *Joca* est du genre neutre, on doit y restreindre le pronom *quæ*. Mais en accordant même qu'on pût traduire, comme fait le P. *Ceillier*, il n'en sera pas plus avancé. Car ou *St. Ambroise* ne savoit ce qu'il disoit, ou il faut toûjours qu'il ait raisonné sur le même principe, que si l'on traduit: *Toutes les choses que nous ne trouvons pas dans l'Ecriture, comment pouvons-nous les faire?* Puis que, si la maxime n'est pas générale, on ne voit pas pourquoi elle devroit être admise au sujet des Railleries, plûtôt qu'en fait de toute autre chose. Et ce qu'il y a de plaisant, mon Censeur reconnoît ensuite cette généralité par rapport aux Ecclésiastiques. *Ce Pére*, dit-il, *a supposé, qu'un Ecclésiastique doit tellement conformer sa vie & ses mœurs à ce qu'il trouve dans l'Ecriture, qu'il doit s'abstenir de ce qu'il n'y trouve nullement autorisé.* Mais en vertu dequoi la régle sera-t-elle générale pour les Ecclésiastiques, plûtôt que pour les simples Fidéles? Ceux-ci doivent-ils donc avoir plus de lumiéres, pour connoître d'eux-mêmes par la nature seule des choses, ce qu'ils peuvent faire ou ne pas faire? Où trouve-t-on, que rien ne puisse être regardé comme permis aux Ecclésiastiques, s'il ne paroît *autorisé* quelque part dans l'Ecriture? Et quelle rude tâche n'imposeroit-on pas au P. *Ceillier*, si on l'engageoit à prouver cela en détail de toutes les choses que les Ecclésiastiques se croient permises, & qui le sont effectivement.

§. XXI. La question est maintenant de savoir, de quelle maniére les Railleries, ou autres choses semblables, doivent être, selon *St. Ambroise*, permises & autorisées dans l'Ecriture. J'ai dit, qu'il faut qu'elles le soient *formellement*. Mon Censeur se récrie ici à la *mauvaise foi*; parce que ce *formellement permis* n'est pas dans le texte en termes exprès. Mais un peu de patience, & on verra que le raisonnement le demande. D'où peut venir ici la permission tacite? C'est ou de ce qu'une chose n'est défenduë nulle part dans l'Ecriture Sainte,

(a) *Pag.* 316.

---

nihil sibi adrogare, nullum sibi honorem adsumere, non venditare meriti sui pretium? &c. Ibid.

(3) Voiez ci-dessous un raisonnement de St. Augustin, qui suppose la même maxime, *Chap.* XVI. § 7.

(4) Il y a dans mon Édition: Cavendum *est etiam in fabulis, ne inflectant gravitatem severioris propositi.* Mais, supposé qu'il faille lire ainsi, il ne s'ensuit nullement de là, que le *quæ* précedent ne doive pas s'entendre, comme s'il y avoit omnia quæ &c.

ni formellement, ni par de justes conséquences, ou de ce qu'elle se trouve autorisée en quelque maniére, quoi qu'elle n'y soit pas permise en termes exprès, & en forme de régle générale. Le P. *Ceillier* exclut sans doute le prémier moien de connoître si une chose est permise: car il ne suffiroit pas pour *montrer*, ce qu'il dit être nécessaire, *de quelle maniére on peut se servir de cette chose, & les régles qu'on doit y garder.* St. *Ambroise* doit aussi avoir supposé que le silence de l'Ecriture n'est pas une bonne preuve que ce qu'elle ne défend point soit permis; sans quoi son raisonnement ne vaut rien, de quelque maniére qu'on l'entende: puisque, s'il est vrai qu'on ait lieu d'inferer la permission du défaut de défense, il est faux qu'il soit nécessaire de trouver une chose permise dans l'Ecriture. Comment est-ce donc qu'elle y peut être *autorisée* tacitement d'une autre maniére? Le P. *Ceillier* ne nous l'explique point. Il paroît seulement par ce qu'il a dit plus haut, & que j'ai rapporté ci-dessus, qu'il veut que les *Railleries*, par exemple, soient *emploiées* dans l'Ecriture Sainte. Cela signifie apparemment, qu'il doit y avoir dans l'Ecriture quelque *exemple* de la chose dont il s'agit. Or l'exemple ou est rapporté tout simplement, sans aucun jugement du bien ou du mal qu'il peut y avoir, ou est accompagné de quelque approbation. Si l'Ecriture Sainte parle simplement de tel ou tel, qui a fait telle ou telle chose, on ne peut pas inferer de cela seul, que la chose soit bonne ou innocente; parce que les Ecrivains Sacrez, comme tous les autres Historiens, rapportent souvent des actions mauvaises, sans les qualifier telles. Il faut donc nécessairement, qu'il y ait quelque marque d'approbation; & en ce cas-là, la chose n'est-elle pas *autorisée formellement*? Comment est-ce d'ailleurs que, sans une permission ou une approbation formelle, on pourra savoir *les régles qu'on doit garder* dans *l'usage* de la chose permise? Cela iroit même à exiger non seulement une approbation de la chose en général, mais encore de tous les cas où l'on peut la faire, & de toutes les circonstances qui peuvent les varier. Autrement on demeureroit toûjours dans l'incertitude; puis que, dans la supposition, tout dépend ici de l'approbation de l'Ecriture. *Ce que nous ne trouvons pas dans les Ecritures Saintes, comment pouvons-nous le faire*? dit St. *Ambroise*.

§. XXII. Si ce Pére avoit eû des idées justes, il s'y seroit pris tout autrement. Il auroit posé pour principe, Qu'il suffit qu'une chose ne soit pas défenduë dans l'Ecriture, & qu'on n'y voie d'ailleurs ni rien de mauvais, à la considerer en elle-même, ni rien de contraire à quelque autre Devoir clair & indispensable. (1) Il auroit ensuite considéré, que la Raillerie n'est condamnée nulle part dans l'Ecriture, comme mauvaise de sa nature, ni défenduë aux Ec-

---

(1) St. BASILE a ici très-bien raisonné. Des choses, dit-il, qui sont en usage, les unes sont défenduës dans l'Ecriture Sainte, & elle garde le silence sur les autres. Il ne faut jamais faire les prémiéres: mais pour celles dont l'Ecriture ne parle point, nous avons la régle de l'Apôtre St. PAUL: *Tout m'est permis, mais tout ne m'est pas avantageux: Tout m'est permis, mais tout n'édifie pas* (I. COR. X, 23:) Ἐπειδὴ ϑ̃ τ̃ ἐν ὑμῖν ϛρεφομένων πραγμάτων, τὰ μὲν ἐϛὶν ὑπὸ τ̃ αὐτολεξ̃ Θ̃ῦ ἐν τῇ ἁγίᾳ Γραφῇ διεϛαλμένα, τὰ ϑ̃ σεσιωπημένα. περὶ μὲν γ̃ τῶν γεγραμμένων, οὐδεμία ἐξουσία δίδοται τῳ ϑόλως ἰδείν, ὅτι ποιήσαι ἢ τ̃ κεκωλυμένων, ὅτι παραλείψαι ἢ τ̃ προϛεταγμένων.... περὶ ϑ̃ τ̃ σεσιωπημένων, κανόνα ἡμῖν ἐξέθετο ὁ Ἀποϛολ⸿ Παῦλ⸿, εἰπὼν Πάντα μοι ἔξεϛιν, ἀλλ᾽ ὐ πάντα συμφέρει. πάντα μοι ἔξεϛιν, ἀλλ᾽ ὐ πάντα οἰκοδομεῖ.

Ecclésiastiques en particulier. Il auroit examiné enfin, si elle est incompatible avec le caractére des Ecclésiastiques, en sorte qu'ils ne puissent jamais en user sans pécher contre la gravité qui leur convient; & il auroit conclu, que toute la différence qu'il y a ici entre les Ecclésiastiques & les Laïques, c'est que les premiers doivent être beaucoup plus circonspects & à se permettre la Raillerie, & dans la maniére dont ils en usent.

§. XXIII. MAIS il y a plus. *St. Ambroise* auroit pû voir dans l'Ecriture même, dequoi autoriser la Raillerie, dans la bouche d'un Ecclésiastique. Une des Railleries les plus en usage, & qui demandent le plus de ménagemens, c'est sans contredit l'*Ironie*. (2) Or on la trouve employée par les Prophétes, & par les Apôtres. Chacun peut se souvenir de ce beau sarcasme du Prophéte ELIE, parlant aux Prêtres de *Bahal:* (a) *Criez fort haut, car vôtre Bahal est bien Dieu, mais il est en méditation, ou occupé, ou en voiage; peut-être aussi qu'il dort, & il s'éveillera.* ST. PAUL dit aux *Corinthiens*, ou à ceux d'entr'eux qui vouloient s'élever au dessus de lui: (b) *Vous êtes déja rassasiez, vous êtes déja enrichis, vous êtes devenus Rois sans nous. Et plût à Dieu que vous régnassiez, afin que nous régnassions aussi avec vous!... Nous sommes des insensez, à cause de* JESUS-CHRIST, *mais vous, vous êtes sages en* JESUS-CHRIST. *Nous sommes foibles, & vous êtes forts. Vous êtes honorez, & nous méprisez* &c. Et dans la *Seconde Epître* aux mêmes CORINTHIENS: (c) *Qu'avez-vous eû de moins, que les autres Eglises, si ce n'est que je ne vous ai point été à charge? Pardonnez-moi le tort que je vous ai fait en cela.* MOÏSE introduit DIEU disant, après la chûte d'*Adam* & d'*Eve:* (d) *Voici l'Homme est devenu comme l'un de nous.* Et ST. AMBROISE lui-même reconnoît (3) là une Ironie. C'est aussi ironiquement, que plusieurs expliquent ce que Nôtre Seigneur dit à ses Disciples, qu'il avoit déja censurez de ce qu'*ils ne pouvoient veiller une heure avec lui:* (e) *Dormez maintenant, & vous reposez: voici l'heure qui approche, & le Fils de l'Homme va être livré* &c. On ne peut entendre autrement ces autres paroles, où il s'adresse aux *Pharisiens:* (f) *C'est* (4) *BIEN fait à vous, d'annuller le Commandement de* DIEU, *pour suivre vôtre Tradition* &c.

§. XXIV. SI cela ne suffit pas pour mon Censeur, voici à quoi il n'aura rien à répondre. L'Apologiste des Péres, rejettera-t-il leur autorité? Je ne dirai rien de moi-même: Un Catholique Romain, *Docteur en Théologie*, & *Curé*, parlera pour moi. (g) ,, Les Péres de l'Eglise n'ont point ,, fait de difficulté de se servir de la Raillerie, dans les occasions. TERTUL-,, LIEN, tout sévére qu'il étoit, témoigne qu'il sied bien à la Vérité de rire, ,, par-

(a) I. *Rois*, XVIII, 27.

(b) I. *Cor.* IV, 8, & *suiv.*

(c) II. *Cor.* XII, 13.

(d) *Genes.* III, 22.

(e) *Matth.* XXVI, 40, 45.

(f) *Marc*, VII, 9.

(g) *Thiers*, Traité des Jeux &c. *Chap.* II. pag. 1, & *suiv.*

ἐδμιΐ, Regul. brevior. Interrogat. I. pag. 624. Tom. II. *Ed. Parif.* 1637.

(2) Voicy SALOMON-GLASSIUS, *Rhetoric. Sacr.* Tractat. I. Cap. 5.

(3) *Et dixit* DEUS: *Ecce Adam factus est, quasi unus ex nobis. Irridens utique Deus, non adprobans, dicit, hoc est, Putabas, te similem fore nostri? Quia voluisti esse, quod non eras, desisti esse, quod eras* &c. De ELIA, & Jejunio, *Cap.* IV.

(4) Καλῶς ἀθετεῖτε &c. Cet adverbe καλῶς se prend ironiquement, quoi que dans une application différente, chez les meilleurs Auteurs Grecs, comme il paroît par les Dictionnaires communs, par *Suidas*, par le *Scholiaste d'*ARISTOPHANE &c.

„ parce qu'elle est gaie, & de railler ses Ennemis, parce qu'elle est assûrée de
„ la victoire: (1) Qu'il y a bien des choses, qui ne méritent pas d'être au-
„ trement refutées, de peur de leur donner du poids, en les combattant sé-
„ rieusement: & que rien n'est plus dû à la Vanité, que la Raillerie. SAINT
„ IRENE'E tourne souvent en raillerie les erreurs des *Gnostiques*. On trouve
„ divers traits d'une gaieté innocente, dans les Lettres de ST. BASILE, &
„ dans celles de ST. GREGOIRE *de Nazianze*. SAINT JEROME em-
„ ploie assez fréquemment l'Ironie dans ses Epîtres, & dans ses Livres contre
„ *Jovinien*, contre *Vigilance*, & contre les *Pélagiens*. ST. AUGUSTIN la met
„ souvent en usage dans ses Ecrits contre *Julien*, contre les *Pélagiens*, contre
„ les *Manichéens*, contre les Moines d'*Afrique*, qu'il appelle les *Chévelus*. ST.
„ BERNARD ne l'a pas rejettée en bien des endroits de ses Ouvrages". Le
P. *Ceillier* accordera, quand il lui plaira, tous ces anciens Docteurs de
l'Eglise, avec *St. Ambroise:* c'est son affaire, & non pas la mienne.

§. XXV. J'OUBLIOIS presque une autre remarque du P. *Ceillier*, qui à
la vérité ne mérite aucune réponse; mais elle sert trop à faire connoître l'esprit
de l'Apologiste des Péres, pour que je doive l'omettre. (a) *J'ai outré,* dit-
il, *la pensée de St. Ambroise, en disant d'une maniére assertive & positive ce qu'il
propose seulement par forme de question.* „ Puis que nous ne trouvons point,
„ dit-il, les Railleries employées dans l'Ecriture, de quelle maniére pouvons-
„ nous les pratiquer"? C'est là un des fondemens, sur lesquels mon Censeur
m'accuse d'une *mauvaise foi, dont je devrois avoir honte.* Mais comment est-ce
qu'il n'a pas craint, que tout Lecteur, qui se connoît tant soit peu en langage, ne se moquât ici de lui, de vouloir donner pour marque de quelque doute, un tour qui emporte au contraire une affirmation plus forte, que si *St. Ambroise* avoit dit simplement: *Car nous ne pouvons pas pratiquer les Railleries, puis
que nous ne les trouvons point emploiées dans l'Ecriture.* Sur ce pié-là, il faudra
dire, que mon Censeur lui-même a *proposé en forme de question*, & non *d'une
maniére assertive & positive*, bien des choses qu'il exprime dans son Ouvrage
par de semblables interrogations, & qu'il nous donne pour des raisonnemens
démonstratifs. Mais voici absurdité sur absurdité. *Ce n'est point*, dit-il, (b)
*sur ce prétendu principe, que St. Ambroise défend absolument aux Ecclésiastiques tou-
te sorte de Railleries: ce Pére ne l'a consideré tout au plus que comme une raison de
douter; mais c'est sur cet autre, sans comparaison plus solide, qui est que les Railleries sont contraires à la Régle Ecclésiastique. Principe qu'il propose d'abord* &c. C'est
ainsi que la chose même qui est en question, devient, graces au P. *Ceillier*, le
principe, qui doit lui servir de preuve: & ce qu'on ajoûte avec un *car*, ou
puis que, n'est *tout au plus qu'une raison de douter.* St. Ambroise (continuë le P.
Ceillier) *insiste encore dans la suite sur ce principe, en rapportant ce passage de l'Evangile, que Mr. Barbeyrac a supprimé:* (c) MALHEUR A' VOUS, QUI RIEZ,
PARCE QUE VOUS PLEUREREZ. Mon Censeur, qui cite peu après
mon

(a) *Apolog.*
pag. 310.

(b) *Pag.* 311.

(c) *Luc*, VI,
25.

(1) *Si & ridebitur alicubi, materiis ipsis sa-
tisfiet. Multa sunt sic digna revinci, ne gravi-
tate adorentur. Vanitati propriè festivitas cedit.
Congruit & Veritati ridere, quia latans; de
æmulis suis ludere, quia secura est.* Adverf. VA-
LENTINIANOS, Cap. VI. *pag.* 252.
(2) Ἐι καθόλου γελᾶν οὐκ ἔξεςιν. Τῷ Κυρίῳ
τὲς νῦν γελῶντας καταχρλίοντ©, ἔυδηλον ὅτι ἐδὲ-
ποτ

mon *Traité du Jeu*, auquel j'ai renvoié dans ma *Préface* sur PUFENDORF, auroit dû voir, que je n'ai eû garde d'oublier la belle application que *St. Ambroise* fait des paroles de Nôtre Seigneur: & il devroit me remercier de n'en avoir rien dit dans l'Article même de ma Préface. Puis qu'il le veut, il faut remettre ici devant les yeux du Lecteur un exemple bien sensible des interprétations ridicules, par lesquelles ces anciens Docteurs, qu'on nous donne pour des Oracles, ont tordu & défiguré les passages les plus clairs. Prémiérement, si le Passage, dont il s'agit, faisoit au sujet, il faudroit qu'il s'agit des Ecclésiastiques seuls, car c'est à eux seuls que *St. Ambroise* veut que la Raillerie soit défenduë. Or est-il possible qu'on restreigne ainsi des maximes si générales: *Malheur à vous, qui êtes rassasiez, car vous aurez faim: malheur à vous, qui riez maintenant, car vous serez dans le deuil, & vous pleurerez.* De plus, il ne s'agit là ni des *Railleries*, ni du *Rire*, proprement ainsi nommé. Les expressions sont figurées, mais très-claires, selon le stile des Ecrivains Sacrez. JESUS-CHRIST, comme l'a remarqué GROTIUS, parle de ceux qui ne cherchent que les occasions de se réjouïr, & qui se livrent aux Plaisirs. Rien n'est plus commun, dans toutes les Langues, que d'exprimer la *Joie*, par le *Rire*, qui en est un effet naturel. Quel rapport y a-t-il donc entre la modération des Plaisirs, recommandée à tous les Chrétiens ; & une défense des Railleries, que l'on suppose innocentes, faite aux Ecclésiastiques en particulier ? C'est néanmoins sur ce passage même, que ST. BASILE (2) se fonde, pour condamner le *Rire* dans tous les Chrétiens sans exception.

§. XXVI. MAIS (a) *crois-je moi-même, que les Railleries conviennent aux Ecclésiastiques?* Le P. *Ceillier* voudroit me faire tomber ici en contradiction, comme si je m'étois déclaré ailleurs pour son sentiment, & celui de *St. Ambroise*. Si cela étoit, j'aurois dit en même tems le blanc & le noir. Je suis obligé de copier mes paroles, après mon Censeur, qui auroit mieux fait d'y renvoier simplement, s'il vouloit tromper quelques Lecteurs. „Je ne vois (ai-je dit dans mon TRAITÉ DU JEU, *Liv.* I. *Chap.* III. *pag.* 37, 38.) „aucune raison plausible d'interdire ABSOLUMENT la Raillerie aux Ecclé„siastiques. Tout ce qu'il y a, c'est que, comme la qualité de Ministres „Publics de la Religion demande beaucoup de gravité dans toute leur con„duite, ils doivent être incomparablement PLUS RESERVEZ à railler, & „se permettre beaucoup moins là-dessus, que les personnes séculiéres. Le „PLUS SUR est même pour eux ORDINAIREMENT de s'en abstenir, „à moins qu'ils ne sâchent bien avec qui ils ont à faire". C'est aux Lecteurs à voir, s'il y a quelque conformité entre ces ménagemens de prudence, que je prescris, crainte des inconvéniens ; & l'opinion de *St. Ambroise*, qui veut qu'on s'abstienne absolument de la Raillerie, sans en donner que de misérables raisons.

(a) *Apolog.* pag. 311.

CHA-

ση τι καιρὸς γέλωτ@- ἐςὶ τῷ Πιςῷ &c. Regul. brevior. *Interrogat.* XXXI. Tom. II. *pag.* 635. Conferez ici ce que dit le P. VAVASSEUR,

dans son Traité *De Ludicra Dictione*, pag. 55. Opp. *Ed. Amstel*, 1709.

CHAPITRE XIV.

Sur ce que l'on a dit de St. Chrysostôme.

§. I. CE que St. Chrysostôme dit du *Prêt à usure*, lui étant commun avec plusieurs autres Péres, & mon Censeur reconnoissant qu'ils ont été dans le sentiment, que je leur ai attribué; il suffit de renvoyer à l'article de (a) Lactance, où la matiére a été traitée une fois pour toutes.

(a) *Chap.* IX. §. 7, *& suiv.*

§. II. IL ne me sera pas plus difficile de montrer, que St. Chrysostôme a raisonné d'une maniére très-propre à donner de fausses idées de Morale, en voulant justifier l'expédient dont le Patriarche *Abraham* se servit, pour empêcher qu'on n'attentât à sa vie, s'il étoit reconnu pour Mari de *Sara*. Sans me fâcher, j'espére de faire voir à tout Lecteur non-prévenu, que ma critique n'est ni fausse, ni outrée: & les reproches, que me (b) fait le P. *Ceillier*, d'*injustice*, de *calomnie*, de *procedé indigne d'un Honnête Homme*, m'épouvantent si peu, que, si j'étois piqué, je ne demanderois pas une plus belle occasion, pour voir retomber sur mon Adversaire les traits dont il a cru m'accabler.

(b) *Apolog.* Chap. XII. *pag.* 316.

§. III. TOUT cet Article est copié de Mr. BAYLE, & j'avois dit, en me servant de ses propres termes, (c) qui portent sur deux autres Péres: *C'est une chose étrange, que ces grandes Lumiéres de l'Eglise, avec toute leur vertu & tout leur zéle, aient ignoré qu'il n'est pas permis de sauver sa vie, ni celle d'un autre, par un Crime.* Je ne crois pas que l'Auteur du *Dictionnaire Historique & Critique* ait prétendu, que ces Péres posassent distinctement pour maxime générale, *Qu'on peut toûjours, quand il n'y a pas d'autre moien de sauver sa vie, que par un Crime, prendre innocemment ce parti:* mais seulement, qu'ils ont raisonné, dans les questions dont il s'agit, comme s'ils bâtissoient sur ce principe. C'est ainsi du moins que j'ai entendu les paroles, que j'ai adoptées. En vain le P. *Ceillier* oppose-t-il donc ici *tous les mouvemens que* St. Chrysostôme *se donne, & tous les efforts qu'il fait pour excuser* Abraham, *sur le parti qu'il prit pour sauver sa vie.* Tout ce qui s'ensuit de là, c'est que, de la maniére que St. Chrysostôme s'y est pris, il a donné par un autre endroit dans l'écueil qu'il vouloit éviter. *Incidit in Scyllam, cupiens vitare Charybdin.* Nous allons le faire toucher au doigt.

(c) *Dict. Hist. & Crit.* au mot *Abimelech*, Note A.

§. IV.

(1) Ἀλλ' ὅμως οὐδὲ οὕτως ἐστὶ ψεῦδος τὸ παρ' ἡμῖν εἰρημένον. Ὅρα πόσον ποιεῖται τὴν σπουδὴν ὁ δίκαιος, ὥστε δεῖξαι μηδὲ ἐν τούτῳ αὐτὸν ψευσάμενον. Homil. XLV. in Genes. pag. 371. Tom. I. *Edit. Savil. Eton.*

(2) Dans mes Notes sur PUFENDORF, *Droit de la Nat. & des Gens*, Liv. IV. Chap. I. & sur GROTIUS, *Droit de la Guerre & de la Paix*, Liv. III. Chap. I. Je fus étonné moi-même, quand je lus, dans l'EUROPE SAVANTE, (*Decemb.* 1718. pag. 181) que ces Journalistes étoient surpris que je n'eusse point reproché aux Péres leur Doctrine sur le *Mensonge*, que le R. P. CEILLIER auroit eû

de

§. IV. Je remarquerai auparavant, que mon Censeur nous donne (a) d'abord le change, en citant un passage (b) d'une autre *Homélie*, où il prétend que ce Pére s'est mieux expliqué. Supposé que cela fût, il seroit toûjours vrai, que, dans celle dont il s'agit, où il devoit parler plus clairement, puis qu'il traite la matiére tout exprès & au long, il a raisonné d'une maniére peu satisfaisante, & capable de donner de très-fausses idées: nouvelle preuve de la conclusion générale, qui revient par tout dans cet examen de la Morale des Péres.

(a) *Pag.* 317.
(b) *In SS. Bernic. Prosdoc.* &c. Je le rapporterai plus bas, §. 20.

§. V. Une autre chose, qu'il est bon de remarquer, c'est que le P. Ceillier avouë lui-même, (c) que *St. Chrysostôme* se sert *d'expressions très-fortes & très-dures pour expliquer le danger auquel Abraham exposa Sara*. Il se donne la torture, pour les justifier: mais il ne dit rien d'autres expressions, qui, comme on le verra plus bas, sont encore plus fortes & plus dures.

(c) *Pag.* 326.

§. VI. Voici maintenant le grand moien de justification, qu'il emploie. Si *St. Chrysostôme* eût ignoré, Qu'il n'est pas permis de sauver sa vie, ou celle d'un autre, par un Crime; (d) *auroit-il dit, que ce qui rend cette action sage & prudente, est que Sara se trouvoit également exposée à l'intempérance avec les Egyptiens, soit qu'elle dît qu'elle étoit sa Femme, soit qu'elle dît qu'elle étoit sa Sœur? Mais qu'il y avoit néanmoins cette différence à l'égard de lui Abraham, que si Sara se disoit sa Sœur, comme elle le pouvoit sans mentir, elle lui conserveroit la vie: au lieu que, si elle se disoit sa Femme, elle lui attireroit une mort certaine, sans mettre son honneur à couvert de la violence.*

(d) *Pag.* 328.

§. VII. Il faut encore remarquer ici, avant que de venir au point principal de la dispute, que le P. Ceillier veut qu'il n'y ait point eu de *menterie* en ce que *Sara* se disoit Sœur *d'Abraham*. Et c'est aussi la pensée de (1) *St. Chrysostôme*: quoi qu'il n'en dise rien dans l'*Homélie*, dont il s'agit. Mais de ce que *Sara* étoit, comme il est vrai, Sœur *d'Abraham*, pour avoir un même Pére, il ne s'ensuit point, que, dans les circonstances où *Abraham* prenoit la qualité de Frére de *Sara*, qui étoit aussi sa Femme, son langage fût conforme aux régles de la Vérité, supposé qu'il eût été dans quelque obligation de la dire. Car il savoit bien, que les *Egyptiens* s'y tromperoient; & ce n'étoit sans doute que pour cela qu'il vouloit que *Sara* se dît sa Sœur. Ainsi voilà des idées bien peu justes sur la nature du Mensonge. Je ne prétens pourtant pas, que, dans celui *d'Abraham*, il y eût rien de criminel. Je me (2) suis assez expliqué ailleurs sur cette matiére; & plusieurs Péres mêmes de l'Eglise, sans en excepter *St. Chrysostôme*, croient, comme moi, qu'il y a des menteries innocentes. Mais ce n'est pas de quoi il est question; puis que, dans l'*Homélie* qui fait l'objet de la critique, *St. Chrysostôme* ne s'attache à justifier *Abraham*, que sur l'*adultére* de sa Femme, auquel il sembloit consentir, & l'exposer même, en la faisant passer pour sa Sœur.

§. VIII.

de la peine à justifier. Après quoi on cite ou l'on indique des passages de plusieurs Péres, qui *croient le Mensonge permis dans certaines circonstances*. L'Auteur de cet Extrait, quel qu'il soit, n'auroit pas dû, ce me semble, négliger de consulter le Traité du Droit Naturel, à l'occasion duquel j'avois noté diverses erreurs des Péres. Au reste, il avouë que le P. *Ceillier* prend le parti des Péres en *Défenseur zélé, & qu'il ne les justifie pas toûjours*. C'est à lui à voir maintenant, si je me suis assez justifié du reproche qu'il me fait, *de n'avoir pas été assez réservé dans mes Critiques*.

§. VIII. Il est vrai, que, selon ce Pére, *Abraham* vouloit éviter un des deux maux qu'il craignoit : mais il n'est pas moins vrai, que tout ce que dit nôtre Docteur tend à montrer, que le Patriarche regardoit l'enlévement de *Sara*, & son adultére, qui devoient suivre de ce qu'elle se diroit seulement sa Sœur, comme un moien de le sauver, lui, par où la pudeur de *Sara* étoit exposée à un beaucoup plus grand danger, & auquel, nonobstant cela, il vouloit la faire résoudre.

§. IX. Car 1. le Patriarche n'étoit point assûré, que, lui étant mort, ou voulût attenter à l'honneur de *Sara*. Elle pouvoit en être quitte pour un Mariage forcé; comme il parut par l'événement, que *Pharaon* n'avoit d'autre intention, que d'en faire sa Femme.

§. X. 2. Si, selon *St. Chrysostôme*, *Abraham* envisageoit l'adultére, comme une chose à quoi *Sara* auroit été également exposée, soit qu'elle se fût dite sa Femme, ou non; à quel propos nôtre Prédicateur étale-t-il ici, d'un côté, la violence de la Jalousie, & la force d'esprit qu'*Abraham* témoigna, en surmontant les mouvemens de cette passion; de l'autre, l'adresse avec laquelle il s'y prit pour faire la proposition à *Sara*, & la complaisance qu'eut *Sara* de se rendre à ses sollicitations? ,, Vous savez, (1) dit-il, vous savez qu'il n'y a ,, rien de plus fâcheux pour un Mari, que d'avoir le moindre soupçon d'un ,, pareil accident en la personne de sa Femme : & néanmoins ce Juste-ci ,, TRAVAILLE LUI-MEME ET FAIT TOUS SES EFFORTS, AFIN ,, QUE L'ACTE D'ADULTÉRE S'ACCOMPLISSE. Mais, mes chers ,, Fréres, ne condamnez pas pour cela ce Juste sans autre examen. Remar- ,, quez plûtôt ici sa prudence, & en même tems son courage. Son courage, ,, en ce qu'il réprima & qu'il surmonta si généreusement l'agitation que de ,, telles pensées auroient dû lui causer, JUSQU'A LUI PERMETTRE DE ,, CONSEILLER CELA lui-même à sa Femme. Car il n'y a rien de plus ,, dur à digerer. Ecoutez SALOMON : (a) *La colére du Mari est pleine de* ,, *jalousie ; elle n'épargnera point au jour du Jugement, elle ne se laissera point fléchir* ,, *par beaucoup de présens.* Et en un autre endroit : (b) *La Jalousie est dure,* ,, *comme l'Enfer.* En effet, on voit bien des Maris, qui s'abandonnent à de ,, si grands excès de fureur, que de n'épargner pas même leurs Femmes, & ,, de les tuer non seulement avec le Galant, mais encore de se donner après ,, cela la mort à eux-mêmes..... Voilà pour le courage du Juste. Sa pru-
,, dence

(a) *Proverb.* VI, 34.
(b) *Cantiq.* VIII, 6.

(1) Ἴστε γὰρ, ἴστε πῶς οὐδὲν τούτο βαρύτερόν ἐςι τοῖς ἀνδράσιν, ἢ τὸ κἂν εἰς ὑποψίαν τοιαύτην τὴν γαμετὴν ἐλθεῖν. ὁ δέ τοι δίκαιος κ᾽ αποδείζει κ᾽ πάντα ποιεῖ, ὥστε εἰς ἔργον τὴν μοιχείαν ἐκβῆναι. Ἀλλὰ μὴ ἁπλῶς, ἀγαπητὲ, καταψηφίζη τοῦ δικαίου· ἀλλὰ κ᾽ ἐκ τούτου μάλιστα καταμάθει αὐτοῦ κ᾽ τὴν σύνεσιν τὴν πολλὴν, κ᾽ τὴν ἀνδρείαν· τὴν ἀνδρείαν μὲν, ὅτι ἀπὸ γυναικείας ἀνύτω κ᾽ ἐξαιρεῖται τῆς τῶν λογισμῶν ταραχῆς, ὡς κ᾽ τοιαῦτα συμβουλεῦσαι, ὅτι γὰρ οὐδέν ἐςι τούτο ἀφορητερὸν, ἄκουε Σολομῶντος λέγοντος· Μιςὸς γὰρ ζῆλε θυμὸς ἀνδρὸς αὐτῆς· οὐ φείσεται ἐν ἡμέρᾳ κρίσεως, οὐδὲ ἀνταλλάξεται πολλῶν δώρων τὴν ἔχθραν. κ᾽ πάλιν· Σκληρὸς, ὡς ᾅδης, ζῆλος· Ὁρῶμεν δὲ πολλοὺς, ὅτι εἰς τοσαύτην μανίαν ἐκκεντηθῆσαν, ὡς μηδὲ αὐτῶν φείσασθ᾽ τῶν γυναικῶν, ἀλλὰ κ᾽ αὐτὸν τὸν μοιχὸν πολλάκις συγκατασφάξαι, κ᾽ ἑαυτούς..... Καὶ τὴν μὲν ἀνδρείαν ἐπιτηδεῖ ἐςι καταμαθεῖν τοῦ δικαίου· τὴν δὲ σύνεσιν αὐτοῦ τὴν πολλὴν, ὅτι ἐν ἀμηχανίᾳ τοσαύτῃ κ᾽ ὡς ἐν δικτύοις συλληφθεὶς, ἴσχυσε ταύτην εὑρεῖν τὴν ὁδὸν, δι᾽ ἧς ἔλαττον ἂν γένοιτο τὸ κακόν..... Πάλιν ἀναλογίζει μοι κἀνταῦθα κ᾽... τ᾽ γυναικός τὸ φίλανδρον.... εἰδὼς κ᾽ ἀνδρὸς οἷα ἐξαίρετο ὑπὸ ζήλου τῇ γυναικὶ, κ᾽ γυναῖκα ὅταν δέχηται τὴν συμβουλὴν, κ᾽ οὐκ ἀνανεύει οὐδὲ δυσχεραίνει, ἀλλὰ

„ dence extrême paroît en ce que, dans une si grande perpléxité, & dans les
„ filets où il étoit comme engagé, il sut trouver le moien de faire en sorte,
„ qu'il arrivât le moindre de deux maux &c.... Faites encore réfléxion sur...
„ la bonté de sa Femme... Vous voiez, quelle proposition il ose lui faire,
„ & comment elle l'accepte. Elle ne refuse point, ELLE N'Y TÉMOIGNE
„ AUCUNE RÉPUGNANCE, MAIS ELLE FAIT TOUT CE QU'IL
„ FAUT, POUR BIEN JOUER CETTE COMÉDIE.... Qui pourroit
„ assez la louer, elle qui, après une telle continence, & dans un âge si avan-
„ cé, a voulu presque de son propre consentement, s'exposer à l'adultére, &
„ LIVRER SON CORPS A' DES BARBARES, pour sauver la vie de
„ son Epoux"? Voici ce que dit encore *St. Chrysostôme*, dans l'*Homélie* sur le
Chapitre de la GENÈSE, où il est parlé de la seconde fois, qu'*Abraham* usa
du même expédient, lors qu'il étoit à *Guérar*, dans le païs d'*Abimelech*: (2)
„ Admirez, combien *Sara* aimoit son Mari. Car, pour délivrer ce Juste du
„ péril de mort, QUOI QU'ELLE PUT ELLE-MEME, EN DÉCOU-
„ VRANT LE JEU, E'VITER L'OUTRAGE auquel sa pudeur étoit ma-
„ nifestement exposée, cependant elle se résolut à tout généreusement, pour
„ sauver le Juste, & afin que fût accompli ce qui est dit, *Ils feront deux en*
„ *une chair*. Car, comme n'étant qu'une même chair, ils avoient soin de la
„ conservation de la vie l'un de l'autre; & ils témoignoient un accord de vo-
„ lontez, comme n'étant qu'un corps & qu'une ame". De bonne foi, peut-
on marquer en termes plus clairs & plus forts, que le Mari & la Femme prenoient le parti de se dire Frére & Sœur, pour sauver la vie du Mari en expo-
sant la Femme à un Adultére, qu'*elle auroit pû éviter*, *si elle eût découvert le jeu*,
comme porte expressément le dernier passage.

§. XI. 3. MAIS la raison que *St. Chrysostôme* tire, de la vuë de la Mort,
qui faisoit alors une *terrible impression* sur les Esprits, (3) *ses Portes d'airain*
n'étant pas encore brisées, *ni son éguillon émoussé*; montre encore évidemment,
que, selon ce Pére, *Abraham* regardoit l'expédient, qu'il propose à sa Femme, comme aiant en lui-même quelque chose de mauvais, qui étoit néanmoins
rendu innocent par la force d'un tel motif. Quelque diminuée que soit, sous
l'Evangile, l'appréhension de la Mort, est-il défendu de l'éviter par des voies
légitimes? A plus forte raison, cela étoit-il permis & sous la Loi, & avant la
Loi de MOÏSE. Ainsi l'argument de *St. Chrysostôme* seroit ici tout-à-fait hors
d'œuvre. Cependant il insiste encore beaucoup sur cette raison, dans d'autres en-

---

λὰ πάντα ποιεῖ, ὥςε τὸ δρᾶμα λαθεῖν.... Τίς
γὸ ἂν κατ' ἀξίαν ταύτην ἐπαινέσειεν, ἥτις μετὰ
τοσαύτην σωφροσύνην, καὶ ἐν ἡλικίᾳ τοιαύτῃ,
ὑπὲρ τοῦ τὸν δίκαιον διασῶσαι, ὅση εἰς τὴν οἰ-
κίαν γνώμην, καὶ εἰς μοιχείαν ἑαυτὴν ἐξέδωκε,
τὸ σωτηρίᾳ ὑπείχετο βαρβαρικῆς; Homil.
XXXII. *in* GENES. Tom. I. pag. 258, *&*
seqq.

(2) Καὶ ἡ Σάῤῥας θαυμάσῃ ἐςὶ τὴν πολλὴν φιλοςοργίαν. ἵνα γὸ ἡ κηδῦσι ἡ θανάτου τὸν
δίκαιον ἐξαρπάσῃ (ἐξὸν γὸ αὐτῇ ἐκκαλύψασαν
τὸ δρᾶμα διαφυγεῖν τὴν ὁμολογουμένην ὕβριν)

ἀλλ' αὐτὴ ὑπέμεινεν ἅπαντα ὑπομείνας, ἵνα τῷ δικαίῳ τὴν σωτηρίαν πραγματεύσηται, καὶ ἐπλη-
ρῶτο ἐκεῖνο τὸ εἰρημένον, "Ὅτι ἔσονται καὶ δύο εἰς
σάρκα μίαν. ὥσπερ γὸ μία σὰρξ ὄντες, ἔτι τῇ
ἀλλήλων σωτηρίας ἐκήδοντο, καὶ τοσαύτην ἐπιδείκ-
νυντο τὴν ὁμόνοιαν, ὡς ἓν σῶμα τυγχάνοντες καὶ
μία ψυχή. Homil. XLV. *in* GENES. XX, 2.
Tom. I. pag. 368.

(3) Ἔτι γὸ φοβερὸν ἦν αὐτοῖς [θάνατος] τὸ
σωσσωπον. οὐδέπω ἤσαν αἱ χαλκαῖ πύλαι κλασθεῖ-
σαι, οὐδέπω ἔτι τὸ κέντρον αὐτοῖ ἐσβέσει. Homil.
XXXII. *in* GENES. pag. 260. Tom. I.

endroits où il a eû occasion de parler de la feinte d'*Abraham* & de *Sara*. (1)
„ Confiderez, dit-il, de quelles violentes paffions étoit affiégée l'ame du Jufte,
„ la CRAINTE DE LIVRER SA FEMME, & la crainte de la MORT.
„ Mais, quelque grande que fût la prémiére crainte, ou celle de livrer fa
„ Femme, la crainte de la Mort l'emporta. Car, pour éviter la Mort, il fe
„ réfolut à voir de fes propres yeux fa Compagne entre les bras du Roi. Or
„ tous ceux qui ont des Femmes, favent combien cela eft infupportable &c...
„ Cependant, mes chers Fréres, ne condamnez pas le peu de courage de ce
„ Jufte, en ce qu'il craignoit la Mort.... Elle avoit encore alors une face
„ épouvantable, elle ébranloit & déconcertoit l'ame des Juftes de ce tems-là.
„ Pour s'en garantir, ils fupportoient patiemment toute autre chofe, quelque
„ infupportable qu'elle fût &c.

(a) *Pag. 312.*

§. XII. Mon Cenfeur dit, (a) que, *fi St. Chryfoftôme fe fert de cette rai-fon, ce n'eft pas pour juftifier l'action d'Abraham, au cas qu'elle fût criminelle; c'eft feulement pour montrer, qu'en ce cas fa faute feroit plus pardonnable, qu'une pareille ne la feroit à préfent; parce que la Mort étoit alors beaucoup plus redoutable qu'elle ne l'eft aujourdhui.* Mais il n'y a pas la moindre chofe dans les difcours de St. *Chryfoftôme*, qui autorife une telle interprétation. Il raifonne purement & fimplement fur ce principe, que la crainte de la Mort, beaucoup plus grande alors, que fous l'Evangile, juftifioit l'action d'*Abraham*, quelque mal qu'il y eût d'ailleurs, & non pofé qu'il y en eût. Il parle de ce en quoi on ne doit *point du tout condamner* le Patriarche, & non pas du *moins* de fujet qu'il y auroit de le condamner. Outre que, comme je l'ai déja remarqué, il n'y avoit pas la moindre néceffité d'alleguer la crainte de la Mort, pour juftifier *Abraham*, fi St. *Chryfoftôme* n'avoit fuppofé quelque chofe de mauvais dans le moien dont le Patriarche fe fervit pour fauver fa vie.

§. XIII. AINSI tous les raifonnemens du P. *Ceillier*, ne font que de pures échappatoires, & de vaines déclamations. Il chicane fur ce que j'ai exprimé, après Mr. BAYLE, la penfée de St. *Chryfoftôme*, de cette manière: *Que* Sa-ra, *accepta de bon cœur la propofition, & qu'elle fit tout ce qu'il falloit pour bien jouer cette comédie.* Ceux qui entendent l'Original, jugeront fi l'on a outré la

(b) Voiez ci-deffus, §. 10. où le paffage eft rapporté en original, dans la Note.

penfée, & s'il ne fignifie pas mot-à-mot: (b) *Vous voiez quelle propofition le Mari ofe faire à fa Femme, & comment la Femme l'accepte. Elle ne refufe point, elle n'y témoigne aucune répugnance, elle fait tout ce qu'il faut pour cacher le jeu de cette comédie.* Je voudrois qu'on me montrât la différence, & comment il y a dans le prémier tour de traduction abrégée, *un air de galanterie*, plus que dans le

---

(1) Ὅρα πῶς ὑπὸ τυραννικωτάτων παθῶν ἐπολιορκεῖτο ἡ τοῦ δικαίου ψυχή, κ) φόβῳ αὐτὸν ἐξεῖτο [Il y a ici quelque faute d'omiffion, comme le remarque JEAN BOIS, dans les Notes, Tom. VIII. *pag.* 79. mais le fens eft clair] ἀλλὰ καίτοι σφόδρα χαλεπὸν ὄντα τὸν πρὸ γυναικὸς φόβον, τὸν τῆς τελευτῆς ἐνίκησε φόβος· ἵνα γὰρ τούτου ἀποφύγῃ, ὑπέμεινεν ὁρᾶν τοῖς οἰκείοις ὀφθαλμοῖς τὴν κοίτην αὐτοῦ ἣν βία ὑπὸ τοῦ βασιλέως χεροὶ μιαινομένην. ὅση δὲ τούτῳ ἐστὶν ἀφόρητον, ἴσασιν ὅσοι γυναίκας ἔχουσι &c... Ἀλλὰ ταῦτα ἀκύων, ἀγαπητέ, μὴ καταγνῷς τοῦ δικαίου μικροψυχίαν, εἰ τὸν θάνατον ἐδεδοίκει..... τότε δὲ ἐπὶ φοβερὰς εἶχε τὴν ὄψιν, κ) κατίστη τῶν δικαίων ἐκείνων ἀνδρῶν τὴν διάνοιαν &c. Homil. XLII. in GENES. Tom. I. *pag.* 367, 368.

(2) Ἀλλ' ἡ θαυμασία αὐτὴ, κ) μετὰ τὴν τοσαύτην ταλαιπωρίαν ἔτι λάμπουσα τῇ τῆς ὄψεως κάλλει, πολὺ κ) σφοδρὸν τὸ δι᾽ ὃ εὑποίει τῇ δικαίῳ.

le dernier. On verra aussi plus bas un passage, où il est dit en autant de termes, que le Patriarche voulut *porter sa Femme à jouer de bon cœur cette comédie.* Mais ici, & (a) ailleurs, le P. *Ceillier* m'impute, sans aucun fondement, d'avoir prétendu, que, selon *St. Chrysostôme, le dessein & l'intention d'Abraham étoit que Sara s'abandonnât véritablement au crime, & qu'elle se livrât volontairement à la débauche des Egyptiens;* à quoi *elle étoit portée* de son côté, par un esprit de *galanterie.* On a exposé simplement ce que *St. Chrysostôme* dit, sans en tirer aucune conséquence. Et il suffisoit d'en tirer celle-ci, que la vuë du danger de mort fit résoudre *Abraham* & *Sara*, le prémier à proposer, pour sauver sa propre vie, un expédient, qui exposoit sa Femme à l'Adultére; l'autre, à accepter de bon cœur la proposition, dans cette même vuë: quoi que l'un & l'autre eussent bien voulu n'être pas réduits à une telle nécessité, qui leur paroissoit justifier le parti qu'ils prenoient. Tout ce que dit *St. Chrysostôme* fait voir, qu'il posoit & qu'il décidoit ainsi la question.

(a) Pag. 320, 323.

§. XIV. Mais, dit mon Censeur, (b) *ce Père venoit de relever par les plus vives couleurs de son éloquence, le fidéle attachement que Sara avoit pour son Mari, qu'elle suivit dans tous ses voiages, endurant des peines, des fatigues, & des incommoditez incroiables, sans jamais lui causer le moindre chagrin, le moindre embarras. Il venoit de faire remarquer la parfaite confiance qu'Abraham prenoit en sa vertu, & en même tems les précautions qu'il crut devoir employer pour lui cacher les suites fâcheuses du parti qu'il lui proposoit.* ,, Lors que les *Egyptiens* vous verront (lui ,, dit-il) ils diront; Celle-ci est sa Femme; & ils me tueront, & nous con,, serveront. Il ne dit pas (c'est la réflexion de *St. Chrysostôme*) Ils vous fe,, ront outrage. Car il ne veut pas maintenant l'affliger par ces paroles. Le P. *Ceillier* me fournit ici lui-même dequoi le confondre. Car 1. Dans le passage, qu'il cite, il n'est nullement dit, qu'*Abraham* eût une parfaite confiance en la *vertu* de sa Femme. *St. Chrysostôme* parle d'un *défaut de vanité*, & non pas de la *chasteté de Sara.* ,, Cette (2) beauté merveilleuse, dit-il, & brillan,, te encore aux yeux, nonobstant tant de fatigues, remplissoit l'Homme Juste ,, d'une très-grande crainte. Et c'est pour cela qu'il dit: *Je sai, que vous êtes* ,, *une fort belle Femme. Il arrivera donc, que, quand les Egyptiens vous verront,* ,, *ils diront, C'est la Femme de cet Homme; & ils me tueront, mais ils vous laisse-* ,, *ront la vie.* Voiez, combien il est assûré des bonnes dispositions de sa Fem,, me: il ne craint point, qu'elle s'enfle des louanges qu'il a données à sa beau,, té; & il lui fait même là-dessus cette proposition: *Afin que les Egyptiens* ,, *ne me tuent pas pour vous avoir, dites que vous êtes ma Sœur, pour que je m'en* ,, *trouve*

(b) Pag. 322.

κιψῳ. διὸ κ᾽ ἔλεγε Γίνωσκε ἐγώ, ὅτι γυνὴ εὐσεβὴς ὤπαρξ εἶ. ἐσαι ἂν, ὡς ἂν ἴδωσί σε οἱ Αἰγύπτιοι, ἐροῦσιν ὅτι γυνὴ αὐτῦ αὕτη κ᾽ ἀποκτενοῦσι μέ, σε δὲ ζωοποιήσουσι. Σκόπει, πῶς ἐθάρρει τῷ τρόπῳ τῆς γυναικὸς, κ᾽ οὐκ ἔδεισε μήποτε ταῖς ἐπαίνοις χαυνωθῇ, ἀλλὰ κ᾽ τοιαύτην εἰσάγει τὴν συμβουλὴν, λέγων· ῞Ινα μὴ ἐμὲ μὲν ἀποκτείνωσι, σε δὲ ἀφροποιήσωνται, εἰπὲ ἂν, ὅτι ἀδελφὴ αὐτῦ εἰμί, ὅπως ἂν εὖ μοι γένηται, κ᾽ ζήσεται ἡ ψυχή μα ἕνεκεν σοῦ. Ἐπειδὴ δὲ τὸ τυχὸν ἦν ὅπερ ἐπίπτεν,

διὰ τῦτο διὰ τ᾽ ἐπηγρμένων ῥημάτων ἐφειλκύσατο αὐτῷ ἠβελήθη, ὥστε κ᾽ εἰς οἶκτον αὐτὸν ἐπικάμψαι, κ᾽ πᾶσιν μετὰ προθυμίας ὑποκεῖσθαι τὸ δρᾶμα. Ἔστιν ἂν; φησιν, ὡς ἂν &c. Οὐκ εἶπε, σε κινδυνεύσειν. τέως ὁ βούλεται, ὁ βέλτιστος αὐτῷ λοιπὸν ἀπέληξε διὰ τ᾽ ῥημάτων, ἄλλως τε κ᾽ δέδοικεν ὑπὲρ τ᾽ ἐπαγγελίας τ᾽ Θεῷ &c. Homil. XXXII. *in* Genes. Tom. I. pag. 258.

,, *trouvé bien*, & *que mon ame vive à cause de vous*. Ce qu'il lui ordonnoit là,
,, n'étoit pas peu de chose : c'est pourquoi il voulut, par des paroles si attraian-
,, tes, l'émouvoir à compassion, & la porter à JOUER DE BON COEUR
,, CETTE COMÉDIE. *Il arrivera donc*, dit-il, *que, quand les* Egyptiens
,, *vous verront* &c. Il ne dit pas : Ils vous *outrageront* : il n'a garde, il n'a gar-
,, de, de l'effaroucher d'abord par de tels discours ; d'autant plus qu'il crai-
,, gnoit que la promesse de DIEU n'eût pas son accomplissement &c". Qui
ne voit 2. Que *St. Chrysostôme* nous représente là *Abraham*, comme un homme
qui veut dorer la pilule ? Le Patriarche, selon lui, savoit bien à quoi devoit
aboutir vraisemblablement l'expédient proposé. Cependant *il cache les suites
fâcheuses du parti qu'il proposoit à Sara*. Quelles sont ces *suites*, dont mon Censeur lui-même reconnoît qu'*Abraham* vouloit dérober la connoissance à sa
Femme ? N'est-ce pas l'*Adultére* ? *Abraham ne dit pas*, Ils vous outrageront ; *il
n'a garde, il n'a garde, d'effaroucher d'abord* Sara. Il veut auparavant exciter en
elle la *compassion*, il lui représente le danger qu'il court d'être tué par les *Egyptiens*, afin que l'amour qu'elle a pour lui, l'emporte sur la vuë du péril auquel son honneur sera exposé. De sorte que, si *St. Chrysostôme* insinuë ici la
vertu de Sara, ou sa chasteté, ce n'est que pour relever le prix de la complaisance qu'elle eut pour son Mari, de s'exposer à un péril dont sa pudeur ne
pouvoit d'abord qu'être allarmée. Et il le fait plus ouvertement encore, dans
(a) §. 10. ces paroles, que nous avons déja rapportées (a) : *Qui pourroit assez louer* Sara,
*elle qui, après une telle continence, & dans un âge si avancé, a voulu, de son pro-
pre consentement, s'exposer à l'Adultére, & livrer son Corps à des Barbares, pour
sauver la vie de son Epoux ?* Que signifie tout cela, si *Sara* n'avoit pas plus à
craindre pour son honneur, en paroissant comme Femme, qu'en se disant
Sœur d'*Abraham* ?

§. XV. LES derniéres paroles sur tout sont si énergiques, que mon Censeur n'a pû rien imaginer, pour en éluder la force. Et il ne dit rien non
plus d'un autre passage, que Mr. BAYLE avoit cité en original : (1) *Ce
Juste prend le parti de consentir à l'adultére de sa Femme, & de servir presque le Galant dans le dessein d'attenter à sa pudeur, pour éviter lui-même la mort*. Tout cela
ne souffre pas plus d'adoucissemens, pour le fond de la chose, que le passage,
auquel le P. Ceillier s'arrête : *Et néanmoins ce Juste-ci travaille lui-même, & fait
tous ses efforts, pour que l'acte d'Adultére s'accomplisse*. Mon Censeur avoué,
(b) Pag. 320, ces termes sont *durs* : cependant il veut (b) les sauver par deux moiens. Pré-
321. miérement, parce que *la conjonction Gréque* ὥστε, *dont St. Chrysostôme se sert en
cet endroit, ne se prend pas toûjours* causaliter, *comme parlent les Maîtres de l'Art,
pour signifier la fin que l'on se propose dans une chose : mais il se prend très-souvent*
consecutivè, *pour marquer simplement la suite que cette chose doit avoir ; & alors
cette conjonction se doit rendre en Latin, par* adeo ut, *& en Francois, par* en sorte
que. *C'est en ce sens que St. Chrysostôme s'en sert en plusieurs endroits de ses
Ecrits*. Soit. Le sens demeure tel que je l'ai entendu. Je n'ai ni dit, ni pensé, que, selon *St. Chrysostôme*, *Abraham* se soit proposé *directement* l'Adultére de
sa

(1) Διὰ τȣ̃το ϰỳ τῇ μοιχείᾳ τ̃ γυναικὸς αἱρεῖται κοινωνῆσαι ὁ δίκαι(Θ), ϰỳ μόνον ϰỳ ὑπηρε-
τήσαι.

sa Femme. Je soûtiens seulement, & la chose est claire par tout ce que je viens de dire, qu'en rabattant ce qui se peut de la *dureté* des expressions de ce Pére, il nous représente toûjours le Patriarche comme prévoiant les suites du parti qu'il prenoit, & voulant néanmoins en courir le risque, parce que le péril de mort où il se trouvoit, lui paroissoit rendre innocent ce qui auroit été d'ailleurs criminel.

§. XVI. L'AUTRE moien de défense, dont se sert le P. *Ceillier*, en faveur de *St. Chrysostôme*, c'est que *l'Adultére se peut considerer en deux maniéres: matériellement & formellement, comme parle l'Ecôle, c'est-à-dire, ou comme une pure violence, ou comme un véritable crime*. Or quoi que cet acte ne puisse s'accomplir qu'entre deux personnes, il n'est néanmoins nullement impossible que la violence seule se rencontre d'un côté, pendant que tout le crime est de l'autre, suivant cette belle parole d'un Ancien, (a) rapportée par ST. AUGUSTIN: Duo fecerunt, & adulterium unus admisit...... *En conformité de ces deux remarques, voici de quelle maniére on doit entendre & traduire les paroles de St. Chrysostôme, dont il s'agit: Cependant ce Juste prend beaucoup de soins & de précautions, pour que sa proposition ne soit point rejettée par Sara, & il fait toutes choses de telle maniére, qu'il doit naturellement arriver que les Egyptiens lui fassent violence, & se rendent par là coupables d'adultére.*

(a) *De Civit. Dei*, Lib. I. Cap. 19.

§. XVII. LA distinction de l'Ecôle, que mon Censeur allégue ici, est très-véritable: mais elle ne léve point la difficulté. Les mêmes Moralistes de l'Ecôle auroient dû lui apprendre, qu'on n'est pas entiérement excusable d'une Action Forcée, lors qu'on s'est exposé soi-même à la Violence. Quoi que le crime qu'il y a dans la violence d'une Femme, soit tout du côté de l'Homme Brutal à qui elle n'a pû résister; cela n'empêche pas qu'elle ne soit d'ailleurs coupable devant DIEU, si pouvant prévoir & éviter cet outrage, elle a bien voulu en courir le risque. Il en est de même du Mari, qui expose l'honneur de sa Femme, dans un tel cas, ne fût-ce que par pure négligence; & à plus forte raison s'il prend lui-même, dans quelque autre vuë, des mesures, qui *doivent naturellement* mener là. Or c'est ainsi que *St. Chrysostôme* fait agir *Abraham* & *Sara*. Le Mari, pour sauver sa propre vie, *livre sa Femme*: la Femme, par complaisance & par le désir de sauver la vie de son Mari, *expose manifestement sa pudeur à un outrage, qu'elle auroit pû éviter*, en découvrant le jeu concerté entr'eux; *elle livre son Corps à des Barbares*, par une suite du danger, dans lequel elle se jette; quoi qu'elle eût voulu ne pas le faire, sans la nécessité de sauver la vie à son Mari. Si l'on ne suppose cela, que le P. *Ceillier* nous explique, à quoi bon *Abraham prenoit beaucoup de soins & de précautions, pour que sa proposition ne fût point rejettée par Sara*? Falloit-il tant de mystéres, tant de machines, pour engager une Femme, qui aimoit beaucoup son Mari, à accepter une proposition, où il n'y auroit eû pas plus de suites fâcheuses à craindre pour son honneur, que si l'on n'avoit pas mis en usage l'expédient proposé?

§. XVIII. MON Censeur, sentant peut-être la peine qu'il a de sauver l'hon-

ποιοῦσι τῷ μοιχῷ εἰς τὴν τῆ γυμαικὸς ὕβριν, ἵνα τὸν θάνατον διαφύγη. Ibid. *pag.* 259, 260.

(s) Pag. 318, 319.

l'honneur de St. *Chrysostôme*, sur les raisonnemens que nous venons de voir, & dont ce Pére néanmoins fait son fort, dans l'apologie de l'action d'*Abraham*, voudroit (a) nous persuader, que St. *Chrysostôme* a trouvé lui-même *insuffisante la raison tirée de la crainte de la Mort ;* & *qu'il avoit auparavant établi l'innocence* & *la justice* de la conduite d'*Abraham*, *sur des fondemens plus solides.* Voici quels sont ces fondemens. *Le prémier*, dit-il, est, *l'extrême appréhension que ce saint Patriarche avoit de s'opposer aux desseins de Dieu, & de rendre vaines & inutiles les promesses qu'il en avoit reçuës, s'il s'exposoit à une mort inévitable.* Mais 1. il n'y a ici qu'un nouveau motif de la crainte qu'*Abraham* avoit d'être tué. Et St. *Chrysostôme* le propose, comme quelque chose d'accessoire, qui aidoit à fortifier l'impression que la vuë de la Mort faisoit sur l'esprit du Patriarche : *D'autant plus*, dit-il, *qu'il craignoit que la promesse de* DIEU *n'eût pas son accomplissement.* 2. De plus, bien loin que la raison tirée de ce motif soit en elle-même solide, elle auroit dû rassûrer *Abraham* contre la fraieur d'être tué par les *Egyptiens* ; puis que la Fidélité & la Puissance de DIEU lui étoient un bon garant, qu'il lui naîtroit un Fils de *Sara*, & par conséquent qu'il ne pouvoit pas perdre la vie dans cette occasion. Ainsi 3. la conduite d'*Abraham* est justifiée, selon St. *Chrysostôme*, par une raison qui la rend encore plus blâmable. Car, si l'on ne peut innocemment choisir des moiens qui aient quelque chose de mauvais, pour sauver même sa propre vie ; la chose devient encore plus criminelle, quand elle est jointe à une défiance des Promesses de DIEU. 4. Enfin, je voudrois bien que mon Censeur accordât St. *Chrysostôme* avec lui-même. Ce Pére dit ici, qu'*Abraham craignoit que la promesse de Dieu n'eût pas son accomplissement.* Et néanmoins il avoit ainsi commencé l'apologie du Patriarche : (1) ,, Vous voiez, par ces paroles, dans
,, quel embarras & dans quelle fraieur étoit cet Homme Juste. Avec
,, tout cela, il ne se déconcerte point, il ne se trouble point. Il ne pen-
,, se pas en lui-même, il ne dit pas, *Qu'est ceci? Nous abandonne-t-on? Nous*
,, *trompe-t-on? Le Seigneur cesse-t-il de déploier envers nous les soins de sa Pro-*
,, *vidence? Celui qui a dit,* Je te rendrai grand, & je donnerai ce païs à
,, ta Postérité ; *nous laisse-t-il maintenant réduits à l'extrémité, & dans un dan-*
,, *ger manifeste?* Le Saint Homme n'eut pas la moindre pensée de tout
,, cela.

§. XIX. LE *second fondement*, sur lequel mon Censeur veut que St. *Chrysostôme* aît établi l'innocence & la justice de la conduite d'*Abraham*, c'est *l'inutilité de la mort* du Patriarche, *pour conserver l'honneur de Sara son Epou-*

(1) Εἶδες ἐκ τ ῥημάτων, εἰς ὅσον ἀγῶνα κ̀ δειλίας ὁ δίκαιος κατέςη· κ̀ οὐδαμῶ τὸν λογισμὸν ἐπεράπετο, οὐδὲ ἐθορυβεῖτο τὴν γνώμην, οὐδὲ ἔιπε τι τῦτο, ἄρα ἐγκαταλείφθημεν ; ἄρα ἠπατήθημεν ; ἄρα μὴ ἐρήμες ἡμᾶς κατέλειπε τ̀ αὐτῶ προνοίας ὁ Δεσπότης; ὁ εἰπὼν, Μεγαλύνω σε, κ̀ τῷ σπέρματί σε δώσω τὴν γῆν ταύτην,

ἆτυς ἡμᾶς ἀφῆσι νῦν περὶ τ̀ ἐσχάτων ἐυτῶν διδικίαι, κ̀ εἰς προφανῆ κίνδυνον ἐμποιεῖ ; Οὐδὲ τύτων οὐδὲν ἐν διανοία λαβὼν ὁ δίκαιος καπετόλμα τὸ &c. Homil. XXXII. in GENES. Tom. I. pag. 258.

(2) Τί τοῦτο, ὦ ὅριε, κ̀ πατριάρχα ; ὡραίας τὸ γύναιον ὑφερζό μ(η)ου, κ̀ τὴν ἱυτῆς ἀδικεμένω,

Epouse. Ce que nous (a) avons dit ci-dessus, prouve l'inutilité de cette (a) §. 2, & raison. Le *troisiéme fondement, est la parfaite confiance qu'Abraham avoit en la* suiv. *vertu de cette sainte Femme, qui pouvoit bien souffrir violence, mais qui n'étoit pas capable de consentir au crime.* Autre raison hors d'œuvre, & qui non seulement est de l'invention du P. *Ceillier*, mais encore ne fait rien au sujet, & laisse subsister dans toute leur force les raisonnemens de St. *Chrysostôme* sur l'adultére; auquel il veut qu'*Abraham*, pour sauver sa propre vie, ait exposé *Sara*, & que *Sara* se soit elle-même exposée. Car encore un coup, il s'agit de ces *Actions Mixtes*, auxquelles on se résout, partie volontairement, partie involontairement, c'est-à-dire, qu'on voudroit bien ne pas faire, mais qu'on fait néanmoins, pour éviter un grand mal dont on est menacé de près. *Sara n'étoit pas capable de consentir au crime,* sans doute : mais, selon *St. Chrysostôme*, elle se mit en danger d'y être forcée, *pouvant l'éviter.* Le quatriéme & dernier fondement, *est la ferme espérance que Dieu ne les abandonneroit point dans cette occasion.* Je laisse au P. *Ceillier* à accorder cette raison avec la prémiére, sur laquelle j'ai fait voir ce qu'il faut penser de l'une & de l'autre.

§. XX. L'AUTRE *Homélie de St. Chrysostôme*, que le P. *Ceillier* cite, ne donne pas des idées plus justes. On y voit en gros le même tour, les mêmes raisonnemens; & s'il y a quelque différence, elle prouve seulement que cet ancien Docteur, raisonnant du jour à la journée, se contredisoit quelquefois. (2) ,, Qu'est-ce, (dit-il) Saint Patriarche, vous
,, ne vous mettez point en peine de voir vôtre Femme deshonorée, vôtre
,, couche souillée, les Loix du Mariage violées? Craignez-vous tant la
,, mort, dites-moi? Et non seulement vous ne vous mettez point en peine
,, de cela, mais encore vous complottez avec vôtre Femme une tromperie,
,, & de concert avec elle vous jouez une comédie pour son deshonneur.
,, Comment est-ce que vous faites tout ce qui est possible afin que le Roi
,, des *Egyptiens* ne sâche pas que le dessein qu'il aura sur *Sara* tendra à com-
,, mettre un adultére? Comment pouvez-vous vous résoudre à dépouiller
,, *Sara* du nom de vôtre Femme, pour lui faire prendre le personnage de
,, Sœur ? Je crains bien, en vérité, que, si nous tâchons de diminuer
,, l'impression que devoit faire la crainte de la Mort, nous ne paroissions
,, accuser ce Juste". Voilà qui suppose encore bien clairement, que, selon les idées de *St. Chrysostôme*, il y avoit, dans l'action du Patriarche, quelque chose de mauvais, qui ne peut guéres être justifié que par la considération du pouvoir que la vûe de la Mort avoit alors sur l'esprit des plus gens-de-bien. Après avoir encore ici étalé la force de la Jalousie d'un Mari, nôtre

μέλω, κỳ τὸν γάμον διορυπόμδρον; ἔτω δέδοικας, εἰπέ μοι, τὸν θάνατον; ἐ φορᾶς ἢ μόνον, ἀλλὰ κỳ πλέκεις δόλον μετὰ τ̃ γυναικὸς, κỳ συνυποκρίνῃ τὸ δρᾶμα τ̃ ὕβρεως κỳ πῶς, μὴ γένηται καταδηλω⊙ ὁ Βασιλεὺς τ̃ Αἰγυπίων ἐπιχειρῶν τῇ μοιχεία, πάντα πράτιεις, κỳ φειλλὸν ἀυτἴω τὸ ὄνομα τ̃ γυναικὸς, περιέθηκας ἀυτῇ τὸ περσωπεῖον τ̃ ἀδελφῆς; Ἀλλὰ γδ δέδοικα μὴ θανάτου σπουδάζοντες διαλύσαι δύναμιν, φανῶμὲν τ̃ δικαίῳ κατηγοροῦντες. Homil. in Sanctas BERNIC. PROSDOC. & DOMNINAM, Tom. V. pag. 474.

Orateur Chrétien continuë ainfi: (1) „ Cependant, quelque infupportable, „ quelque tyrannique, quelque difficile à éviter, que foit cette paffion, le „ Jufte la furmonte entiérement, & ne fe met point en peine de l'outrage au- „ quel fera expofé l'honneur de fa Femme, par la crainte qu'il a lui-même de „ la Mort..... Mais, dira-t-on, il devoit mourir, plûtôt que de ne pas fe „ mettre en peine du danger que couroit l'honneur de fa Femme. C'eſt le re- „ proche que lui font auffi quelques-uns, Qu'il aima mieux conferver fa pro- „ pre vie, que la chaſteté de fa Femme. Que dites-vous? Qu'il devoit mou- „ rir, plûtôt que de négliger le foin de l'honneur de fa Femme! Et qu'auroit- „ il avancé? Car, fi en mourant il eût pu mettre fa Femme à couvert du des- „ honneur, vous auriez raifon de parler ainfi. Mais, s'il ne lui fervoit de rien „ de mourir, pour garantir fa Femme du deshonneur, pourquoi voulez-vous „ qu'il ait dû expofer fa vie témérairement & de gaieté de cœur? Car, afin „ que vous fâchiez, qu'il ne pouvoit pas même par fa mort garantir fa Femme „ de l'adultére, écoutez ce qu'il dit: *Et il arrivera que, quand les* Egyptiens „ *vous verront, ils vous conſerveront, & ils me tueront.* Il y avoit donc ici deux „ inconvéniens inévitables, l'Adultére, & le Meurtre; or il étoit d'une pru- „ dence peu commune, d'en éviter au moins un. Car encore un coup, fi „ *Abraham*, en expofant fa vie, eût pû mettre *Sara* à couvert du deshonneur, „ & qu'après avoir fait mourir ce Jufte, les *Egyptiens* n'euffent point touché „ fa Femme, vous auriez raifon de l'en blâmer". Mais d'où vient donc que

(c) Voiez ci-deſſus, § 10.

St. *Chryſoſtôme*, comme nous l'avons vû (a), dit ailleurs, que, *Sara* auroit *pû, en découvrant le jeu, éviter l'outrage auquel fa pudeur étoit manifeſtement expoſée*? Voici comme il continuë, dans l'endroit dont il s'agit. „ *Abraham* eſt „ même louable, d'avoir empêché que le Galant de fa Femme ne fouillât fa „ main d'un Meurtre..... Voulez-vous favoir encore, comment il prévient, „ autant qu'il eſt poffible, tout jufte fujet de reproche, par rapport à l'Adul- „ tére? Il fait fi bien, que celui qui voudra abufer fa Femme ne fera point „ coupable d'Adultére. Ecoutez bien ces autres paroles: *Dites, que vous êtes* „ *ma Sœur.* Cela donne à entendre, que celui qui enlévera celle qui fe dit fa „ Sœur, ne fera point Adultére. Car c'eſt l'intention, qui fait le crime d'Adul- „ tére. Et c'eſt ainfi que *Juda*, lors qu'il eut commerce avec *Thamar* fa Belle- „ Fille, ne fut pas pour cela reputé Adultére; parce qu'il la connut, non „ comme fa Belle-Fille, mais comme une Femme Publique. De même ici „ l'Egyp-

(1) Ἀλλ' ὅμως τᾶτο τὸ ἀφόρητον πάθος, τᾶτο τὸ τυραννικὸν κỳ πικραίτατον, ὑπέμεινεν ὁ δίκαιος μετὰ πλείονος ὑπερβολῆς, κỳ πέφορᾶ τίω γυναῖκα ὑβεζομδρω, διὰ τὸν φόβον τῆ θα- νάτα κỳ τῆ τελευτῆς.... Ἔδει, φησὶν, αὐτὸν ἀπο- θανεῖν μᾶλλον, ἢ περιιδεῖν τίω γυναῖκα ὑβεζο- μδρω, ἢ τᾶτο ἐσὶ ὁ κατηγορᾶσί τινες, ὅτι εἴλετο μᾶλλον τίω ἑαυτᾶ διασῶσαι ζωίω, ἢ τίω σωφρο- σύνίω τῆ γυναικὸς. Τί λέγεις; ἔδει μᾶλλον αὐ- τὸν ἀποθανεῖν, ἢ τίω γυναῖκα περιιδεῖν ὑβεζομέ- νίω; κỳ τί πλέον ἐγίνετο; εἰ μὲν γὰρ ἔμελλεν ἀποθνήσκων ἐξαρπάζειν τίω γυναῖκα τῆ ὕβρεως, καλῶς ταῦτά φατε· εἰ δὲ ἀποθανὼν ἐδὲν ὠφέλει τίω γυναῖκα περὶ τίω τῆ ὕβρεως ἀπαλλαγίω, τίνος ἕνεκεν εἰκῆ κỳ ἁπλῶς τίω ἑαυτᾶ περιδιδόναι σωτηρίαν; ἵνα γὰρ μάθης, ὅτι ὐδὲ ἀποθανὼν ἔμελ- λεν ἐξαρπάζειν αὐτίω τῆ μοιχείας, ἄκσον τί φησι· Καὶ ἔςαι, ὡς ἂν σε ἴδωσιν οἱ Αἰγύπτιοι, οἱ μὲν περιποιήσονται, ἐμὲ δὲ ἀποκτενᾶσι. δύο τοί- νυν ἔμελλε πέτεσθαι ἄτοπα, μοιχεία, κỳ φόνος· ὁ δὲ τυχόντος δὲ καὶ συνέσεως ἐκ τῶν δύο τούτων ἓν ἐς κερδᾶναι. εἰ μὲν γὰρ ἔμελλε (πάλιν γὰρ τὸ αὐτὸ ἐρῶ) τίω ψυχίω ἐπιδοὺς τίω ἑαυτᾶ, ἀπαλλάττειν ἐκείνίω τῆ ὕβρεως, κỳ ἀποκτείναντες ἐκεῖνοι τὸν δίκαιον, τῆ Σάρρας ἐχ ἥπτοντο, καλῶς συνεκά- λεις..... Ὑπὲρ γὰρ τούτο κỳ ἐπαινετός αὐτόν ἐδει, ὅτι

„ l'*Egyptien*, qui auroit voulu prendre *Sara*, non comme Femme d'*Abraham*,
„ mais comme fa Sœur, n'auroit pas dû être traité d'Adultére. Mais, direz-
„ vous, que faifoit cela à *Abraham*, qui favoit bien qu'il livreroit fa Femme, &
„ non pas fa Sœur ? Il n'y a pas non plus ici de quoi le blâmer avec raifon.
„ Car, s'il y avoit eû lieu de croire, que, quand on fauroit que *Sara* étoit fa
„ Femme, on s'abftiendroit d'attenter à fon honneur, vous auriez raifon de
„ trouver à redire à la conduite de ce Jufte. Mais, puis que le nom de Fem-
„ me n'auroit de rien fervi pour la garantir de l'outrage, felon ce que dit
„ *Abraham* : Ils diront, C'*eft fa Femme*; & *ils vous conferveront, mais ils me tue-*
„ *ront* : il faut d'autant plus admirer, que ce Jufte, dans une circonftance fi
„ embarraffante, aît trouvé moien d'empêcher que l'*Egyptien* ne fouillât fes
„ mains d'un Meurtre, & de fe confoler en même tems lui-même, autant
„ qu'il pouvoit, du reproche d'avoir contribué au deshonneur de fa Femme.
On voit par là, que *St. Chryfoftôme* ne répond rien à la derniére objection,
qu'il fe fait, puis qu'il repéte feulement ce qu'il avoit déja dit du péril égal
auquel *Sara* auroit été expofée, foit qu'elle fe fût dite Sœur ou Femme
d'*Abraham*. Or cela ne fuffit point pour faire difparoître l'idée d'*Adultére* du
côté d'*Abraham* & de *Sara*, puis que l'un & l'autre favoient bien qu'ils étoient
Mari & Femme; & que néanmoins, par leur feinte, ils donnoient lieu à un
acte, qui étoit au moins *matériellement* un Adultére, quoi qu'il ne fût pas tel
formellement, & dans l'intention des *Egyptiens*, qui auroient enlevé *Sara*, comme fimple Sœur de l'Etranger. D'ailleurs, à cette raifon tirée du foin qu'avoit
Abraham d'épargner aux *Egyptiens* le crime d'Adultére, on peut oppofer, que,
s'ils l'euffent tué pour jouïr de *Sara*, c'auroit été encore moins un Adultére,
puis qu'alors elle auroit été libre; outre que, comme je l'ai déja dit, il pouvoit très-aifément arriver que celui qui fe feroit défait du Mari, voulût époufer la Veuve; auquel cas il auroit été coupable de Meurtre, mais nullement
d'Adultére. Enfin, toutes ces diftinctions, par lefquelles *St. Chryfoftôme* s'em-
barraffe, ou font fort inutiles, ou fuppofent un principe très-faux, c'eft qu'en
choififfant, de deux chofes moralement mauvaifes, celle où il y a moins de
mal, elle devient par là innocente. Car fi, felon nôtre Docteur, l'expédient
dont *Abraham* fe fervit pour fauver fa vie, ne renfermoit rien par lui-même,
ou par fes fuites naturelles, qui pût donner atteinte à la Vertu du Patriarche;
l'intérêt de fa confervation, en vuë de laquelle il prenoit ce parti, fuffifoit de
refte,

reste, pour le justifier, sans qu'il fût nécessaire d'aller chercher des comparaisons du plus ou du moins de péché que commettroient les *Egyptiens*. Quand on ne fait qu'user de son droit, pour un sujet aussi légitime que celui-là, on n'est nullement responsable de tout le mal que les autres peuvent commettre à cette occasion par leur propre faute.

§. XXI. Qu'on donne tel tour qu'on voudra à tous ces raisonnemens de St. *Chryfostôme*, il sera du moins vrai & qu'il avoit des idées très-confuses sur un sujet de grande importance, & qu'il s'est exprimé d'une maniére non seulement peu propre à éclairer, mais encore très-capable de faire de fâcheuses impressions sur l'esprit de ses Auditeurs & de ses Lecteurs. Je prens à témoin toutes les personnes sensées de la Communion même de *Rome*, si on ne seroit pas fort scandalizé aujourdhui des discours d'un Prédicateur ou d'un Auteur, qui traiteroit ainsi la Morale. Rien n'est plus dangereux, que de toucher des matiéres si délicates, sans être fort reservé à ménager ses expressions, & à éviter tout ce qui peut donner prise aux railleries des Libertins, ou fournir quelque prétexte à des maximes relâchées, que les Hommes ne cherchent que trop à se faire, pour accorder leurs Passions avec leur Devoir. Mettons-nous à la place des Habitans d'*Antioche*, qui écoutoient les Sermons de leur Archevêque. Que pouvoient-ils penser, lors qu'après leur avoir dit, qu'*Abraham* prit le parti *de consentir à l'Adultére de sa Femme, & de servir presque le Galant dans le dessein d'attenter à sa pudeur, pour éviter lui-même la mort; qu'il travailla & fit tous ses efforts, pour que l'acte d'Adultére s'accomplît; & que Sara, de son côté, n'y témoigna aucune répugnance, mais qu'elle fit tout ce qu'il falloit, pour bien jouer cette comédie;* lors, dis-je, qu'après de telles images, il apostrophoit ainsi les personnes mariées: (1) *Maris, & Femmes, écoutez. Imitez la bonne intelligence d'Abraham & de Sara, leur étroite amitié, la grandeur de leur piété. Femmes, imitez la sagesse de Sara, qui étant encore, quoi que vieille, toute brillante de beauté, imitoit constamment & à l'envi les Vertus de ce Juste; à cause dequoi elle fut jugée digne d'une si grande protection de la Providence Divine, & d'une recompense d'enhaut..... Le diadême, qui brille sur la tête des Rois, ne les distingue pas autant, que cette heureuse Femme brille par sa soûmission à la proposition de ce Juste. Car qui pourroit assez la louer, elle, qui, après une telle continence, & dans un âge si avancé, a voulu, presque de son propre consentement, s'exposer à l'Adultére, & livrer son Corps à des Barbares, pour sauver la vie de son Epoux?*

§. XXII. Pavois dit, que St. Ambroise *n'a pas donné de moindres éloges à la charité de Sara*. Mon Censeur ne trouve (a) aucune *difficulté* dans ce qu'a dit ce Pére; & je le crois bien. Qu'est-ce qui embarrasseroit un Apologiste

(a) *Pag.* 324.

(1) Ἀκυέτωσαν ἄνδρες κ̀ γυναῖκες, κ̀ μιμείσθωσαν τίτων τὴν ὁμόνοιαν, τ̀ ἀγάπης τὸ σύνδεσμον, τ̀ εὐσεβείας τὴν ἐπίτασιν, κ̀ ζηλότωσαν τ̀ Σάρρας τὴν σωφροσύνην· ὅτι κ̀ ἐν γήρᾳ οὕτω κάλλει διαλάμπουσα μέχρι τότε διέμεινεν ἁμιλλωμένη ταῖς τ̀ δικαίω ἀρεταῖς· δι' ὃ κ̀ τοσαύτης ἠξιώθη τ̀ παρὰ τ̀ Θεοῦ κηδεμονίας, κ̀ τ̀ ἄνωθεν ἀμοιβῆς..... Οὐχ οὕτω διάδημα ἐπὶ τ̀ κεφαλῆς κείμενον, λαμπρὰν δείκνυσι τ̀ Βασιλέα, ὡς τὴν μακαρίαν ταύτην δὲ Φάνη κ̀ λαμπρὰν ἀπέδειξεν ἡ ὑπακοὴ αὐτὴ [εἰς] τὴν περὶ τὴν συμβολὴν τ̀ δικαίω ἐπίδειξατο. τίς γὰρ ἂν κατ' ἀξίαν αὐτὴν ἐπαινέσειεν, ἥτις μετὰ τοσαύτην σωφροσύνην, κ̀ ἐν ἡλικίᾳ τοιαύτῃ, ὑπὲρ τ̀ δίκαιον διασῶσαι, ἴσον εἰς τὴν ἐκείαν γνώμην, & εἰς μοιχείαν ἑαυτὴν ἐξέδωκε, & συνουσίας ἠνέσχετο βαρβαρικῆς; Homil. XXXII. *in* Genes. Tom. I. *pag.* 260.

(?.)

» l'*Egyptien*, qui auroit voulu prendre *Sara*, non comme Femme d'*Abraham*,
» mais comme sa Sœur, n'auroit pas dû être traité d'Adultére. Mais, direz-
» vous, que faisoit cela à *Abraham*, qui savoit bien qu'il livroit sa Femme, &
» non pas sa Sœur? Il n'y a pas non plus ici de quoi le blâmer avec raison.
» Car, s'il y avoit eû lieu de croire, que, quand on sauroit que *Sara* étoit sa
» Femme, on s'abstiendroit d'attenter à son honneur, vous auriez raison de
» trouver à redire à la conduite de ce Juste. Mais, puis que le nom de Fem-
» me n'auroit de rien servi pour la garantir de l'outrage, selon ce que dit
» *Abraham : Ils diront, C'est sa Femme ; & ils vous conserveront, mais ils me tue-*
» *ront :* il faut d'autant plus admirer, que ce Juste, dans une circonstance si
» embarrassante, aît trouvé moien d'empêcher que l'*Egyptien* ne souillât ses
» mains d'un Meurtre, & de se consoler en même tems lui-même, autant
» qu'il pouvoit, du reproche d'avoir contribué au deshonneur de sa Femme.
On voit par là, que *St. Chrysostôme* ne répond rien à la derniére objection,
qu'il se fait, puis qu'il repéte seulement ce qu'il avoit déja dit du péril égal
auquel *Sara* auroit été exposée, soit qu'elle se fût dite Sœur ou Femme
d'*Abraham*. Or cela ne suffit point pour faire disparoître l'idée d'*Adultére* du
côté d'*Abraham* & de *Sara*, puis que l'un & l'autre savoient bien qu'ils étoient
Mari & Femme ; & que néanmoins, par leur feinte, ils donnoient lieu à un
acte, qui étoit au moins *matériellement* un Adultére, quoi qu'il ne fût pas tel
formellement, & dans l'intention des *Egyptiens*, qui auroient enlevé *Sara*, comme simple Sœur de l'Etranger. D'ailleurs, à cette raison tirée du soin qu'avoit
Abraham d'épargner aux *Egyptiens* le crime d'Adultére, on peut opposer, que,
s'ils l'eussent tué pour jouir de *Sara*, ç'auroit été encore moins un Adultére,
puis qu'alors elle auroit été libre ; outre que, comme je l'ai déja dit, il pouvoit très-aisément arriver que celui qui se seroit défait du Mari, voulût épouser la Veuve ; auquel cas il auroit été coupable de Meurtre, mais nullement
d'Adultére. Enfin, toutes ces distinctions, par lesquelles *St. Chrysostôme* s'embarrasse, ou sont fort inutiles, ou supposent un principe très-faux, c'est qu'en
choisissant, de deux choses moralement mauvaises, celle où il y a moins de
mal, elle devient par là innocente. Car si, selon nôtre Docteur, l'expédient
dont *Abraham* se servit pour sauver sa vie, ne renfermoit rien par lui-même,
ou par ses suites naturelles, qui pût donner atteinte à la Vertu du Patriarche ;
l'intérêt de sa conservation, en vuë de laquelle il prenoit ce parti, suffisoit de

reste,

ἔτι καθαρὰν ἐτήρησεν αἵματος τὴν δὲ μοιχοῦ χεῖρα.... Βύλει μαθεῖν, καὶ πῶς τῆς μοιχείας τὸ
ἔγκλημα κατὰ δύναμιν τὴν ἑαυτῆ ὑπεξίε-
πεται, ὥστε μηδὲ μοιχὸν αὐτὸν ἀπηρτισμένον ἀφεῖ-
ναι μεῖναι; ἄκουσον αὐτῶν ἀκριβῶς πάλιν τῆ ἐκ-
κρίτου Εἰπέ, φησιν, ὅτι ἀδελφή αὐτοῦ εἰμι.
ὥστε ὁ ἀδελφὴν λαμβάνων, οὐκ ἔτι μοιχός· ὁ γὰρ
μοιχὸς διὰ τὸ σταυρώσιμος κρίνεται. ἐπεὶ καὶ ὁ
Ἰούδας πρὸς τὴν νύμφην τὴν ἑαυτοῦ εἰσελθών, τὴν
Θάμαρ, οὐκ ἐκρίνετο μοιχός· οὐ γὰρ ὡς πρὸς
νύμφην, ἀλλ' ὡς πρὸς πόρνην εἰσῆλθε γυναῖκα.
οὕτω καὶ ἐνταῦθα ὁ Αἰγύπτιος μέλλων αὐτὴν
λαμβάνειν, οὐχ ὡς γυναῖκα, ἀλλ' ὡς ἀδελφὴν,

οὐκ ἔμελλε μοιχὸς κρίνεσθαι. Τί οὖν τοῦτο πρὸς
τὸν Ἀβραάμ, φησὶ, τὸν εἰδότα, ὅτι γυναῖκα τὴν
ἑαυτοῦ ἐξεδίδω, καὶ οὐκ ἀδελφήν; Ἀλλ' οὐδὲ τοῦτο ἔγκλημα τούτω. εἰ μὲν γὰρ ἔμελλεν ἀκούσας,
ὅτι γυνὴ αὐτοῦ ἐστιν, ἀφέξεσθαι τῆς ὕβρεως, καλῶς
συνεκάλεις τῷ δικαίῳ· εἰ δ' ἐδεῖ ἔμελλε τὸ ὄνομα τῆς
γυναικὸς προστασία τῆς Σάρρας εἰς τὸ τὴν ὕβριν
ἀποκρούσασθαι, καθῶς καὶ αὐτός φησιν, "Ὅτι ἐροῦσιν
&c. πολλῷ μᾶλλον θαυμάζειν τὸν δίκαιον χρὴ
ἐν τοσαύτῃ πράγματος δυσκολίᾳ δυνηθέντα καὶ
αἷματος καθαρὸν τηρῆσαι τὸν Αἰγύπτιον, καὶ εἰς
δύναμιν τὴν ἑαυτοῦ τὸ ἔγκλημα τῆς ὕβρεως δια-
μυθήσασθαι. Ibid. pag. 474, 475.

reste, pour le justifier, sans qu'il fût nécessaire d'aller chercher des comparaisons du plus ou du moins de péché que commettroient les *Egyptiens*. Quand on ne fait qu'user de son droit, pour un sujet aussi légitime que celui-là, on n'est nullement responsable de tout le mal que les autres peuvent commettre à cette occasion par leur propre faute.

§. XXI. Qu'on donne tel tour qu'on voudra à tous ces raisonnemens de *St. Chrysostôme*, il sera du moins vrai & qu'il avoit des idées très-confuses sur un sujet de grande importance, & qu'il s'est exprimé d'une maniére non seulement peu propre à éclairer, mais encore très-capable de faire de fâcheuses impressions sur l'esprit de ses Auditeurs & de ses Lecteurs. Je prens à temoin toutes les personnes sensées de la Communion même de *Rome*, si on ne seroit pas fort scandalizé aujourdhui des discours d'un Prédicateur ou d'un Auteur, qui traiteroit ainsi la Morale. Rien n'est plus dangereux, que de toucher des matiéres si délicates, sans être fort réservé à ménager ses expressions, & à éviter tout ce qui peut donner prise aux railleries des Libertins, ou fournir quelque prétexte à des maximes relâchées, que les Hommes ne cherchent que trop à se faire, pour accorder leurs Passions avec leur Devoir. Mettons-nous à la place des Habitans d'*Antioche*, qui écoutoient les Sermons de leur Archevêque. Que pouvoient-ils penser, lors qu'après leur avoir dit, qu'*Abraham* prit le parti *de consentir à l'adultére de sa Femme, & de servir presque le Galant dans le dessein d'attenter à sa pudeur, pour éviter lui-même la mort; qu'il travailla & fit tous ses efforts, pour que l'acte d'Adultére s'accomplît; & que Sara, de son côté, n'y témoigna aucune répugnance, mais qu'elle fit tout ce qu'il falloit, pour bien jouer cette comédie;* lors, dis-je, qu'après de telles images, il apostrophoit ainsi les personnes mariées : (1) *Maris, & Femmes, écoutez. Imitez la bonne intelligence d'*Abraham *& de Sara, leur étroite amitié, la grandeur de leur piété. Femmes, imitez la sagesse de Sara, qui étant encore, quoi que vieille, toute brillante de beauté, imitoit constamment & à l'envi les Vertus de ce Juste; à cause dequoi elle fut jugée digne d'une si grande protection de la Providence Divine, & d'une recompense d'enhaut..... Le diadème, qui brille sur la tête des Rois, ne les distingue pas autant, que cette heureuse Femme brille par sa soûmission à la proposition de ce Juste. Car qui pourroit assez la loüer, elle, qui, après une telle continence, & dans un âge si avancé, a voulu, presque de son propre consentement, s'exposer à l'Adultére, & livrer son Corps à des Barbares, pour sauver la vie de son Epoux?*

§. XXII. J'avois dit, que St. Ambroise *n'a pas donné de moindres éloges à la charité de Sara.* Mon Censeur ne trouve (a) aucune *difficulté* dans ce qu'a dit ce Pére; & je le crois bien. Qu'est-ce qui embarrasseroit un Apologiste

(a) *Pag.* 324.

---

(1) Ἀκκέτωσαν ἄνδρες κὴ γυναῖκες, κὴ μιμείσθωσαν τέτων τὴν ὁμόνοιαν, τ᾽ ἀγάπης τὸ σύνδεσμον, τ᾽ εὐσεβείας τὴν ἐπίτασιν, κὴ ζηλώτωσαν τ᾽ Σάρρας τὴν σωφροσύνην· ὅτι κὴ ἐν γήρα οὕτω κάλλει διαλάμπουσα μέχρι τότε διέμεινεν ἀμιλλωμένη ταῖς τ᾽ δικαίου ἀρεταῖς· δι᾽ ὃ κὴ τοσαύτης ἠξιώθη τ᾽ παρὰ τ᾽ Θεοῦ προνοίας, κὴ τ᾽ ἄνωθεν ἀμοιβῆς..... Οὐχ οὕτω διάδημα ἐπὶ τ᾽ κεφαλῆς κείμενον, λαμπρὸν δείκνυσι τ᾽ Βασιλέα, ὡς τὴν μακαρίαν ταύτην ἀδελφὴν κὴ λαμπρὰν ἀπέδειξεν ἡ ὑπακοὴ αὕτη [εἰς] ὃ περὶ τὴν συμβολὴν δικαίως ἐπεδείξατο. τίς γὰρ ἂν κατ᾽ ἀξίαν αὐτὴν ἐπαινέσειεν, ἥτις μετὰ τοσαύτην σωφροσύνην, κὴ ἐν ἡλικίᾳ τοιαύτῃ, ὑπὲρ τ᾽ δικαίου διασῶσαι, ἑκοῦσα εἰς τὴν οἰκείαν γνώμην, & εἰς μοιχείαν ἑαυτὴν ἐξέδωκε, & συνουσίας ἠνείχετο βαρβαρικῆς; Homil. XXXII. *in* Genes. Tom. I. pag. 260.

(?.)

gifte capable de digerer & de défendre les expreffions les plus *dures*, qu'il reconnoît lui-même telles ? Voici les paroles de St. AMBROISE: (2) „ *Abraham* eft un grand exemple de dévouement aux ordres de Dieu, en ce „ qu'il defcendit en *Egypte* avec une belle Femme, comme la fienne. Ce Jufte „ à la vérité avoit foin de la pudeur de fa Femme, mais il étoit encore plus „ empreffé à fe hâter de témoigner fon dévouement à la volonté de Dieu, „ de peur qu'on ne crût qu'il préferoit l'honneur de fon lit aux ordres du „ Ciel. C'eft pourquoi, comme il méprifa toutes chofes pour l'amour de „ Dieu, il reçut auffi de Dieu toutes chofes avec ufure. Mais la prémié-„ re récompenfe fut la confervation de l'honneur de *Sara*, ce que Dieu fa-„ voit être agréable à un Mari. Car le Patriarche aiant, pour obéir à l'Ora-„ cle célefte, mis fa propre Femme en danger de perdre fon honneur, Dieu „ eut auffi foin d'empêcher que la fainteté du lien conjugal ne fût actuelle-„ ment outragée.

§. XXIII. Je demande à tout Lecteur non prévenu, fi, de la maniére que *St. Ambroife* raifonne ici, il ne fuppofe pas qu'un Dieu très-faint peut donner des ordres, dont l'exécution expofe par elle-même à quelque chofe de moralement mauvais, comme eft la perte de l'honneur d'une Femme. Mais ce Pére, en parlant de *Sara*, témoigne encore manifeftement être dans les mêmes idées, que *St. Chryfoftôme*. (3) *Elle aima mieux*, dit-il, *s'expofer à perdre fon honneur, s'il le falloit, que de laiffer fon Mari en péril de la vie*.

§. XXIV. Le plus court, & le meilleur, auroit été, dans la fuppofition fur laquelle ces Docteurs raifonnoient, d'avouer de bonne foi qu'il y avoit eû de la foibleffe dans le fait d'*Abraham* & de *Sara*. Mais, au fond, ils s'embarraffoient ici eux-mêmes, faute de fe tenir dans les bornes de ce que l'Hiftoire Sainte nous dit. Elle ne nous détaille pas ici, non plus qu'en une infinité d'autres endroits, toutes les circonftances du fait, qui feroient néceffaires pour juger fûrement du bien ou du mal qu'il peut y avoir. Ainfi l'équité, & la bonne Critique, veulent également, que l'on ne condamne pas des actions, qui, quelque apparence d'irrégularité qu'elles aient d'abord, font telles, qu'il eft très-facile d'imaginer des circonftances, qui étant connuës, juftifieroient pleinement la conduite de ceux que l'on rapporte fimplement avoir fait ceci ou cela, fans aucune marque de condamnation. Or qu'eft-ce que dit ici Moyse ? *Abraham* alloit en *Egypte*, pour fe garantir de la Famine qui régnoit & s'augmentoit de jour en jour dans le Païs de *Canaan*. Car c'eft une pure imagination, que d'alleguer ici, comme fait *St. Ambroife*, un ordre de Dieu, qu'*Abraham* en eût reçû, & auquel il ne pût fe difpenfer d'obéir, au péril

---

(2) *Itaque magnum exemplum devotionis Abrahæ, quòd cum uxore fpeciofâ defcendit in Ægyptum. Erat quidem jufto viro cura conjugalis pudicitiæ, fed majus erat ftudium maturandæ devotionis, ne prætuliffe cuftodiam thori mandatis videretur cœleftibus. Itaque, quoniam propter Deum contempfit omnia, recepit à Deo multiplicata omnia: fed primam Deus pudicitiæ tribuit remunerationem, quam gratam fciebat conjugi. Nam quia, ftudio obeundi cœleftis oraculi, uxorem quoque in periculum deduxit pudoris, etiam caftimoniam conjugii defendit.* Lib. I. *De Abrah.* Cap. II. *in fin.*

(3) *Sororem fe ejus adferuit, contenta, fi ita effet neceffe, fe periclitari pudore, quàm virum falute.* Ibid. pag. m. 988. D.

péril même de l'honneur de sa Femme. Le Patriarche, en approchant d'*Egypte*, fit réflexion, que s'il y étoit reconnu pour Mari de *Sara*, qui, quoi que dans un âge assez avancé, étoit encore d'une beauté à donner de l'amour; il courroit lui-même risque, que quelque *Egyptien* n'attentât secrétement à sa vie, pour lever, en se défaisant de lui, l'obstacle qui s'opposoit à la possession de *Sara*. Voilà tout ce qu'on peut inferer des termes de l'Historien Sacré. Il n'y a pas la moindre chose, qui insinuë, qu'*Abraham* pensât à *voir*, *de ses propres yeux*, *sa Femme entre les bras d'un autre*; ni par conséquent qu'il se passât, dans son ame, un combat entre la Jalousie, & la crainte de la Mort, tel que le représente l'imagination échauffée de *St. Chrysostôme*. Au contraire, comme il est permis, & juste même, de supposer que ce Saint Homme n'étoit ni indifférent sur le chapitre de l'honneur de sa Femme, ni peu avisé; il y a tout lieu de croire, qu'il avoit bien examiné la situation présente des choses, & projetté des mesures très-apparentes, qui accordassent le soin de sa propre conservation, avec celui de l'honneur de sa Femme. Ou il craignoit, qu'on ne voulût lui enlever sa Femme, pour en jouïr par pure brutalité; & en ce cas-là, on se seroit fort peu embarrassé qu'elle eût un Mari, ou non, sur tout un Mari Etranger, qui par là n'étoit nullement redoutable: ou il appréhendoit, qu'on ne le tuât, pour épouser *Sara*, & c'est-là apparemment cette pensée qui seule lui fit prendre le parti, de concert avec elle, de se dire seulement son Frére, afin qu'on inférât de là qu'il n'étoit point son Mari, sur quel fondement qu'on dût croire que ces deux qualitez ne pouvoient être réunies en une seule personne. Or, dans cette supposition, il pouvoit esperer de rendre inutiles par quelque adresse les desseins & les efforts de ceux qui seroient frappez de la beauté de *Sara*, en disant, par exemple, qu'elle avoit ailleurs un Mari, ou qu'elle n'étoit pas en état de se marier pour quelque autre raison, ou qu'elle demandoit du tems pour y penser, & autres échappatoires, que les circonstances lui auroient fourni; de sorte qu'ainsi ou il auroit éludé les sollicitations, ou il se seroit ménagé la derniére ressource dans une retraite secréte. (a) Tout cela étoit d'autant plus plausible, qu'il comptoit sans doute sur l'assistance du Ciel, éprouvée tant de fois, & qui parut ici par l'événement. Est-il besoin d'aller chercher autre chose, pour mettre la conduite d'*Abraham*, en cette occasion, à l'abri de tout reproche? Mais *St. Chrysostôme* auroit perdu par là l'occasion de faire briller son éloquence, & la subtilité de son Esprit, en représentant

(a) Voiez le Comment. de Mr. Le Clerc, sur la *Genése*, XII, 13.

---

(1) Cela paroît sur tout par ses Livres contre *Jovinien*. Il y copie presque TERTULLIEN, dont nous avons rapporté les paroles ci-dessus, *Chap.* VI. § 30. En voici quelque échantillon. SI bonum est Mulierem non tangere, *malum est ergo tangere. Si autem malum est, & ignoscitur, ideo conceditur, ne malo quid deterius fiat. Quale autem illud bonum est, quod conditione deterioris conceditur?... Tolle fornicationes, & non dicet*, Unusquisque uxorem suam habeat.... *Suspecta est mihi bonitas ejus rei, quam magnitudo alterius mali malum esse cogit inferius. Ego autem non levius malum, sed simplex per se bonum volo.* Lib. I. Tom. II. *pag.* 21. A. 25. A. *Ed. Basil.* 1537. Dans un autre Traité, il soûtient, que s'il y a eû de Saintes Femmes, qui aient été mariées, elles ont ou vécu dans le Mariage, comme si elles étoient Vierges, ou renoncé au Mariage après la mort de leur Mari. Il venoit d'alléguer pour raison, que, pendant que les Mariez se rendent le devoir conjugal, ils ne peuvent pas prier DIEU: *Quia, quamdiu in conjugio debitum solvitur, orandi præteritur instantia. Non negamus Viduas, non negamus maritatas, sanctas Mulieres in-*

DES PERES. Chap. XV.

sentant l'agitation d'un Cœur saisi de Passions vives & opposées, en prêtant à ceux dont il parle des pensées conformes à ces mouvemens, en comparant le plus ou moins de mal qu'il y auroit eû des deux côtez: & autres choses, toutes aussi peu à propos, que la réflexion qu'il fait, comme nous avons vû ci-dessus, sur ce qu'*Abraham* dit à sa Femme, *qu'elle étoit belle*, sans craindre qu'elle ne s'enorgueillît de cette louange. Quel plaisir pour un Prédicateur à fleurettes, de s'autoriser d'un tel modéle? Je renvoie à l'article de (a) St. Augustin, la décision de ce Pere sur le cas d'*Acyndinus*, que j'avois indiqué ici, après Mr. Bayle.

(a) *Chap.* XVI. § 6.

CHAPITRE XV.

Sur ce que l'on a dit de St. Je'rome.

§. I. IL faut encore ici se contenter d'un simple renvoi à l'article d'*Athénagoras*, (b) au sujet des invectives de St. Je'rome contre les Secondes Nôces. Je remarquerai seulement, que, selon mon (c) Censeur même, ce Pére a au moins écrit, sur le *Mariage en général*, & les *Secondes Nôces* en particulier, d'une maniére à donner lieu de croire qu'il les condamnoit entiérement, (1) puis qu'il fût obligé de s'en justifier. *Il s'apperçut lui-même, qu'il avoit parlé un peu trop fortement contre le Mariage dans son Livre contre* Vigilance [on a voulu dire, *dans ses Livres contre* Jovinien] *& qu'il y avoit quelque chose de trop dur dans quelques-unes de ses expressions*. Pour ce qu'il dit, dans ses autres Ouvrages, par lesquels il veut qu'on juge de ses véritables sentimens, j'ai fait voir, que tout se réduit à une *tolérance*, par laquelle le Mariage est permis, pour éviter un plus grand mal. Voilà les Docteurs, qu'on nous donne pour modéles, & qui doivent suppléer à l'*obscurité de l'Ecriture Sainte*!

(b) *Chap.* IV. § 21.
(c) *Apolog.* Chap. XIII. page 330.

§. II. Pour ce qui est des *Sermens*, qu'on a dit que *St. Jérôme* veut être *défendus généralement & sans distinction*, ses paroles sont si claires, qu'il ne faut que les exposer aux yeux du Lecteur. (2) *Sous la Loi*, dit-il, *il étoit permis aux* Juifs, *de jurer par le nom de* Dieu, *comme n'étant que de petits Enfans*, & de

---

inveniri, sed quæ uxores esse desierint, quæ in ipsâ necessitate conjugii, Virginum imitentur castitatem. Adversus Helvid. Tom. II. pag. 14. D. Afin qu'on ne croie pas, que cette raison impertinente lui a échappé, il a eû soin de la repeter ailleurs plus fortement, & de la fonder sur ce qu'on doit *prier sans cesse*: Or, dit-il, toutes les fois que je rends le devoir conjugal à ma Femme, je ne prie point: Il ne faut donc jamais le lui rendre: *Jubet idem Apostolus, alio loco,* Ut semper oremus. Si semper orandum est, numquam ergo conjugio serviendum; quoniam, quotiescumque Uxori debitum reddo, orare non possum. Adversus Jovinian. Lib. I. pag. 21. B.

(2) Et hoc, quasi parvulis, fuerat Lege concessum; ut, quomodo Victimas immolabant Deo, ne eas Idolis immolarent, sic jurare permitterentur in Deum: non quòd rectè hoc facerent, sed quòd melius esset, Deo id exhibere, quàm Dæmonibus. Evangelica autem veritas non recipit Juramentum; quum omnis sermo fidelis pro rejurando sit. Comment. in Matth. V, 34. Tom. IX. pag. 20. B.

de la même manière qu'il leur étoit permis d'immoler des Victimes à DIEU, *de peur qu'ils n'en immolassent aux Idoles. C'est ainsi qu'il leur étoit permis de jurer au nom de* DIEU: *non qu'ils fissent bien en cela, mais parce qu'il valloit mieux rendre cet honneur à* DIEU, *qu'aux Démons. Mais la Vérité Evangélique n'admet point le Serment; parce que toute parole du Fidéle doit tenir lieu de Serment.* Le P. Ceillier, (a) en habile Disputeur, a supprimé tout ce qui précéde la derniére période. On voit bien, qu'il ne lui étoit pas possible de trouver aucune couleur, pour déguiser la pensée de *St. Jérome*, qui, comme (b) ST. BASILE, distingue clairement les tems de la *Loi*, d'avec ceux de l'*Evangile*. Sous la *Loi*, il étoit permis de jurer par le nom de DIEU: mais *on ne faisoit pas bien en cela*, & DIEU le toléroit seulement, pour s'accommoder à la foiblesse des *Juifs*, qui n'étoient que des *Enfans*. La tolérance n'est donc plus pour des Hommes faits, tels que doivent être les *Chrétiens*. ST. JEROME (1) s'exprime ailleurs là-dessus aussi généralement, & en donne la même raison, que ST. BASILE, c'est que *celui qui ne jure point, ne se parjure jamais.* Il n'y a, du reste, aucun lieu d'être surpris, que *St. Jérome*, dont le génie étoit si susceptible des Opinions les plus outrées, aît donné dans celle-ci, après plusieurs autres Péres; sur tout après (c) ORIGENE, dont il fut, pendant long tems, Admirateur & Disciple déclaré, comme nous le verrons plus bas.

(a) Pag. 330.

(b) Voïez ci-dessus: Chap. XI. § 13, 14.

(c) Tract. XXXV. *in Matth. apud Huet. Origenian. Cap.* II. Quæst. XIV, § *ult.* Voïez aussi *in Jerem.* Homil. V. pag. 83. Tom. I.

(d) Pag. 331.

§. III. MAIS, dit (d) l'Apologiste des Péres, *comment St. Jérome condamneroit-il toutes sortes de Sermens, lui qui, dans son Commentaire sur* EZECHIEL, *reconnoît avec l'Apôtre, que le Serment est la fin de toutes les controverses, & que le Seigneur a confirmé ainsi son Alliance avec nous?* Pour moi, je vois bien le passage de ST. PAUL cité par *St. Jérome*; mais je ne vois pas que ce Pére y dise rien de contraire à ce qu'il établit si clairement dans les paroles que je viens de rapporter. (2) Ce sont de pures citations, sans aucune réflexion; & il commente un Prophéte, au tems duquel le Serment étoit toleré, selon lui. Bien loin qu'il y aît quelque chose de plus, dans le Commentaire de *St. Jérome* sur *Jérémie*, il y fait expressément la même distinction entre les *Juifs*, & les *Chrétiens*. Mais le P. Ceillier supprime encore ici ce à quoi il n'y avoit pas moien de donner aucune interprétation favorable. (3) *St. Jérome* explique ces paroles: *Tu jureras, le Seigneur est vivant, en vérité, avec jugement, & avec justice.* COMMENT donc? (dit-il) *est-ce que l'Evangile ne nous défend pas de jurer? Mais ici,* Tu jureras, *s'entend de la confession* (du nom de DIEU) *& cela pour condamner les Idoles, par lesquelles les Israëlites juroient. En un mot*

le

(1) Qui enim non juraverit, numquam poterit pejerare. Comm. in ZACHAR. Tom. VI. pag. 313. B.

(2) Juravit Dominus, & non pœnitebit eum: Tu es Sacerdos in æternum, secundum ordinem Melchisedech. Omnis enim controversiæ finis est Juramentum. Et vivo ego, dicit Dominus &c. Comm. in EZECHIEL. Cap. XVI. Tom. V. pag. 422. B.

(3) Et jurabis, Vivit Dominus, in veritate, & in judicio, & in justitia, & benedicent &c.] Et quomodo Evangelium jurare nos prohibet? Sed heic, Jurabis, pro confessione dicitur; & ad condemnationem Idolorum, per quæ jurabat Israël. Denique auferuntur offendicula, & jurat per Dominum. Quodque dicitur, Vivit Dominus; in Testamento Veteri Jusjurandum est, ad condemnationem Mortuorum, per quos jurat omnis Idolatra. Simulque animadvertendum, quòd Jusjurandum hos habeat comites, Veritatem, Judicium, atque Justitiam: si ista defuerint, nequaquam erit Juramentum, sed Perjurium. Comment. in HIEREM. Cap. IV. Tom. V. pag. 271, 272.

(4)

DES PERES. Chap. XV.

le Prophéte éloigne ce qui pouvoit faire broncher les Israëlites; il veut qu'ils jurent par le Seigneur. Pour ce qu'il dit: Le Seigneur est vivant; c'est, sous le Vieux Testament, un Serment, autorisé pour la condamnation de celui que tous les Idolatres font par des Morts. C'est donc par rapport au Serment permis sous la Loi, que St. Jérome prescrit lui-même les régles que l'on doit observer dans le Jurement, ou plûtôt approuve celles que donne le Prophéte, & qu'il ne pouvoit pas sans doute rejetter, c'est que, si l'on jure, il faut que ce soit avec vérité, prudence, & justice; & que, si le Serment n'est pas accompagné de ces trois conditions, il devient un parjure.

§. IV. La même réponse suffiroit, pour le dernier passage que mon Censeur cite, puis qu'il s'agit d'un Serment fait par Sédécias, Roi de Juda. (4) Mais en appliquant même les paroles de St. Jérome aux Sermens faits sous l'Evangile, il n'y auroit rien là qui ne s'accordât avec les idées de ce Pére, clairement exprimées dans son Commentaire sur St. Matthieu. Car autre chose est, de dire, que l'Evangile défend absolument de jurer; & autre chose, de dire, que, quand on a juré actuellement, on peut se dispenser de tenir ce dont on a pris Dieu à témoin. La raison même pourquoi St. Jérome prétendoit que le Serment fût défendu aux Chrétiens, ou la crainte du Parjure, montre assez, que son opinion laissoit subsister l'obligation des Sermens, quoi que toûjours faits, selon lui, contre les défenses de l'Evangile. En un mot, ce sont ici précisément les mêmes idées, où nous avons vû qu'étoit St. Basile. Mais, quand il y auroit quelque différence entre ce que St. Jérome dit en un endroit sur le Serment, & ce qu'il dit dans d'autres, il ne faudroit pas s'en étonner. Jamais Auteur ne fut plus sujet à varier, comme nous le montrerons plus bas.

§. V. J'avois dit, après Mr. Dupin, Que St. Jérôme défend de paier le tribut aux Princes Infidéles. Il est vrai, que ce Pére ne parle pas des Princes Infidéles en particulier. En cela l'Auteur Catholique-Romain a aidé à la lettre; & on ne verra plus cette distinction dans l'Article de ma Préface. Mais la pensée de St. Jérome n'en devient que plus étrange: car, de la maniére qu'il s'exprime, il semble dire, que les Chrétiens, comme tels, sont dispensez de paier les Tributs aux Puissances, Infidéles ou non. Voici le passage: (5) Jesus-Christ, entant que Fils de Roi, ne devoit point de Tribut; mais s'étant abaissé jusqu'à prendre nôtre chair, il falloit, par cette raison, qu'il accomplît toute sorte de Justice. Malheureux que nous sommes! nous portons le nom de Christ, & nous ne

---

(4) Cui [sententiæ, Dolus an virtus &c.] ut adquiescamus, multo pejus fecit Sedechias: non enim hostem decepit, sed amicum; cui fœdere Domini fuerat copulatus. Ergo, quamdiu non jures, & pactum non ineas sub nomine Domini, prudentiæ est, & fortitudinis, vel decipere, vel superare adversarium, utcumque potueris. Quum autem te constrinxeris Juramento, nequaquam adversarius, sed amicus est, qui tibi credidit: & sub occasione Jusjurandi, id est, Dei nuncupatione, deceptus est. Comment. in Ezechiel.

Cap. XVII. Tom. V. pag. 435. D.
(5) Ergo [Dominus noster] Tributa, quasi Regum Filius, non debebat: sed qui humilitatem carnis adsumserat, debuit adimplere omnem justitiam. Nosque infelices, qui Christi censemur nomine, & nihil dignum tantâ facimus majestate! Ille pro nobis & crucem sustinuit, & Tributa reddidit: nos, pro illius honore, Tributa non reddimus, & quasi Filii Regis, à Vectigalibus immunes sumus. Comm. in Matth. Cap. XVII. Tom. VIII. pag. 53. A.

ne faisons rien qui soit digne d'un si grand honneur! *Pour nous il a & souffert la mort de la Croix, & païé les Tributs: pendant que nous, en son honneur, nous ne paiions aucun Tribut, &, comme si nous étions Enfans de Rois, nous sommes exempts d'Impôts.* On voit là, que, selon St. *Jérome*, JÉSUS-CHRIST, qui, comme Fils du Roi des Rois, n'étoit nullement tenu de paier aucun Tribut, voulut néanmoins s'y soûmettre, parce que cela faisoit partie de son Humiliation; mais que, par un effet des bénéfices que cette même Humiliation a procurez aux *Chrétiens*, ceux-ci jouïssent, en son nom & à sa place, du privilége de l'exemtion d'Impôts, auquel il n'avoit renoncé que pour lui-même, & par la raison alleguée, qui lui étoit particulière. Je ne vois point d'autre sens, qu'on puisse donner raisonnablement à ces paroles.

(a) *Pag.* 332.

§. VI. EN vain mon (a) Censeur dit-il, que St. *Jérome* témoigne au contraire *de la confusion de ne point paier le tribut*. Cette *confusion*, qu'il témoigne, n'exclut nullement le privilége qu'il attribuë aux Disciples de JÉSUS-CHRIST: elle le suppose, puis qu'elle est fondée sur le peu de soin qu'ils ont *de se rendre dignes d'un si grand honneur*; & cet *honneur*, ils en jouïssent à cause de celui qu'on doit avoir pour leur Sauveur: ce qui emporte certainement un *droit*, & non pas un simple *fait*. D'où il paroît, que c'est aussi sans fondement, que le P. *Ceillier* veut restreindre (b) les paroles de St. *Jérome* aux *Immunitez Ecclésiastiques*. Car il s'agit de ceux *qui portent le nom de* CHRIST? Les *Ecclésiastiques* sont-ils donc les seuls *Chrétiens*? Il s'agit de ceux, *pour qui* Nôtre Seigneur *s'est incarné & a souffert la mort de la Croix*: est-ce pour les seuls *Ecclésiastiques*? Moins encore peut-on l'entendre de *ceux qui*, comme St. *Jérôme*, *avoient embrassé la Vie Solitaire*; autre sens, auquel mon Censeur a recours, dans l'embarras où il est de trouver dequoi éluder le véritable. Je ne dis rien de la fausse supposition au sujet des *Immunitez Ecclésiastiques*, que le P. *Ceillier* avoué lui-même n'avoir pas été encore établies (1) en ce tems-là. Le passage, qu'il allégue, de ST. AMBROISE, le prouve: & il n'y est point dit, *qu'on n'exigeoit pourtant pas toûjours les Tributs que les biens d'Eglise étoient sujets à paier*. ST. AMBROISE témoigne seulement quelque espéce de chagrin de ce qu'ils n'en étoient pas exemts: (2) *Je ne les donne pas*, dit-il, *mais je ne les refuse pas* &c. Au reste, le P. *Ceillier* cite aussi mal à propos un autre passage, où il veut que St. *Jérôme* enseigne expressément qu'on doit paier le Tribut, *selon le précepte de Jésus-Christ*. Car ce n'est pas des *Chrétiens* qu'il parle (3) là. Il explique simplement ce que Nôtre Seigneur entendoit, en disant aux Disciples des *Pharisiens*, & aux *Hérodiens*, *Rendez à César ce qui est à César, & à* DIEU *ce qui est à* DIEU.

(b) *Pag.* 331.

§. VII. VOICI un autre article, sur lequel mon Censeur ne se tire pas mieux d'affaires. J'avois dit encore après Mr. DUPIN, que St. *Jérôme* conseille & approuve l'action de ceux qui se tuent, de peur de perdre la chasteté. Je deman-

(1) Voiez BINGHAM, *Antiquit. Ecclesiast.* Liv. V. Chap. III.

(2) *Si tributum petit* [*Cæsar*], *non negamus. Agri Ecclesiæ solvunt tributum.... Imperatori non dono, sed non nego.* Orat. in AUXENT. pag. m. 581. B. & non pas Lib. IX. in

Luc. Cap. XX. comme cite le P. CEILLIER.

(3) *Porro quod ait*: Reddite quæ sunt Cæsaris, Cæsari, *id est*, *nummum, tributum, & pecuniam*: Et quæ sunt Dei, Deo, *decimas, primitias, & oblationes, ac victimas, sentiamus*: *quo-*

mande à tout Lecteur; qui entend le Latin, si ce n'est pas ce que signifient les paroles, que je vais rapporter tout du long: (4) *Ce n'est pas à nous de nous donner la mort, mais nous devons la souffrir volontiers, quand d'autres nous la donnent.* C'est pourquoi, dans les Persécutions mêmes, il n'est pas permis de se faire mourir soi-même, hormis quand on court risque de perdre la chasteté ; mais il faut tendre le col à celui qui nous frappe. Voilà clairement une régle générale, appliquée ensuite au cas de la Persécution ; mais en sorte que St. Jérome excepte ici l'Homicide de soi-même, auquel une Femme se porte, pour n'être pas exposée à la brutalité des Persécuteurs, qui se servent de cet infame moien, pour lui faire abjurer la Religion Chrétienne ; comme cela se pratiquoit souvent. Le P. Ceillier (a) avoué, que *ces paroles peuvent être prises pour une exception de la régle ; mais il prétend, qu'elles peuvent aussi avoir un autre sens.* Supposé que cela fût (dont le contraire paroîtra évidemment) pourquoi ne préférerions-nous pas le prémier sens, qui seroit toûjours le plus naturel, & le plus conforme à l'usage ordinaire des termes? Outre qu'il s'accorde parfaitement bien avec les idées de St. Jérome sur la Virginité & la hasteté. Ce Pére élévoit si fort le soin de conserver l'une & l'autre au dessus de presque toutes les Vertus les plus excellentes, qu'il a pû aisément s'imaginer qu'un tel motif autorisoit l'Homicide de soi-même.

(a) *Pag.* 221 & *suiv.*

§. VIII. MAIS quel est cet *autre sens*, qu'on cherche ici sans nécessité? *La préposition* absque (dit le P. Ceillier) *quoi que séparative de sa nature, n'est pas toûjours emploiée pour marquer des choses opposées ; mais on s'en sert souvent au contraire pour marquer leur convenance avec plus de force, & pour faire entendre qu'elle est si entière & si parfaite, qu'il seroit inutile d'en parler. Alors la préposition* absque *sépare & distingue à la vérité les choses dont on parle, mais ce n'est pas par rapport à elles-mêmes, ni pour en donner des idées différentes, c'est seulement par rapport aux différens degrez de clarté & de certitude, selon qu'elles conviennent, dans une même idée.* C'est en ce sens que nôtre saint Docteur s'est servi jusqu'à trois fois de cette préposition, dans la traduction qu'il a faite du Cantique des Cantiques, où il explique ainsi le texte original: (b) Quàm pulchra es, Amica mea, quàm pulchra es! Oculi tui columbarum, absque eo quod intrinsecus latet. ,, Que ,, vous êtes belle, ô mon Amie, vos yeux sont comme ceux des Colombes, ,, sans ce qui est caché au dedans de vous". *Et encore:* (c) Sicut fragmen mali punici, ita genæ tuæ, absque eo quod intrinsecus latet. ,, Vos joües sont comme ,, une tranche de pomme de Grenade, sans ce qui est caché au dedans". *Et ailleurs:* (d) Sicut cortex mali punici, ita genæ tuæ, absque occultis tuis. ,, Vos joües sont comme l'écorce d'une Pomme, sans ce qui est caché au de- ,, dans de vous". Dira-t-on que *l'Epouse des Cantiques n'avoit rien de beau, que l'extérieur, & que son Epoux n'avoit dessein que de relever ses graces apparentes, persuadé qu'elle n'avoit rien au dedans, qui méritât son attention? On peut donc entendre*

(b) *Chap.* IV. *verf.* 1.

(c) *Ibid. verf.* 5

(d) *Chap.* VI. *verf.* 6.

---

quomodo & ipse reddidit tributa pro se & Petro, & Deo reddidit, quæ Dei sunt, Patris faciens voluntatem. Comm. in MATTH. Cap. XXII. Tom. IX. pag. 66. B.
(4) *Non est enim nostrum, mortem adripere,*
sed illatam ab aliis libenter accipere. Unde & in persecutionibus non licet propriâ perire manu, absque eo ubi castitas periclitatur ; sed percutienti colla submittere. Comm. in JONAM, Tom. VI. pag. 150. D.

dre dans le même sens le passage de St. Jérome *dont il s'agit, & le traduire ainsi:*
" C'est pourquoi il n'est point permis de se donner la mort de sa propre
" main dans les Persécutions, où la Foi est en danger, sans parler du cas
" où la Chasteté se trouve en péril, dans lequel il est beaucoup moins permis
" de le faire, mais il est seulement permis de tendre le col à celui qui nous
" frappe.

§. IX. Si le P. *Ceillier* ne paroissoit ensuite se défier lui-même de cette remarque grammaticale, on pourroit croire qu'il s'en félicite beaucoup; car il n'en fait honneur à personne. Il l'a pourtant tirée de la (a) *Glose* du Droit Canon, ou de quelcun qui l'avoit prise de là. Quelques-uns ont adopté l'explication fondée là-dessus: mais beaucoup d'autres, de la Communion même de *Rome*, l'ont rejettée, comme trop dure; par exemple, les Fréres (b) Pithou, & le célébre Casuïste (c) Lessius. Je vais montrer clairement, que les derniers ont eû raison. Il est vrai, qu'*absque*, selon l'usage de la Latinité de ces tems-là, signifie quelquefois *outre;* & quelquefois, *hormis, excepté.* Mais on ne l'emploie dans le prémier sens, que quand la proposition, à laquelle on le joint, est conçuë d'une maniére affirmative, comme il paroit par les exemples mêmes, que mon Censeur en donne, & par plusieurs autres (1) que l'on pourroit ajoûter. Or ici *absque* est joint à une proposition négative, *non licet* &c. Et qu'alors il marque une exception, je puis le faire voir à mon Censeur par la Vulgate même de St. Jérome. *Non est* Absque *te Deus* (d). *Ego sum, ego sum Dominus, & non est* Absque *me Salvator* (e). Ces paroles d'Esaïe signifient certainement, selon *St. Jérome: Il n'y a point de Dieu,* excepté *vous.* Il *n'y a point de Sauveur,* excepté *moi.* Quand l'Original Hébreu, & la Version des *Septante* nous manqueroient, on ne pourroit traduire autrement. Il seroit aisé d'alleguer plusieurs (2) autres passages semblables, si l'on vouloit se donner la peine d'en chercher. Dans celui dont il s'agit, où *St. Jérome* parle de son chef, la nature même de la chose, & la suite du discours, ménent là si clairement, que, sans un désir ardent de justifier ce Pére, personne ne se seroit jamais avisé d'aller chercher une autre interprétation. Que l'on compare seulement la traduction, que j'ai donnée, avec celle de mon Censeur, on verra d'abord, que, dans la prémière, tout est de plain pié: au lieu que, dans l'autre, tout est forcé. Le P. *Ceillier* est réduit à suppléer de son chef ce qu'il juge à propos, & à forger des liaisons, que la situation des termes dément.

§. X.

(a) In C. II. Cauf. XXIII. Quæst. V.
(b) In d. C.
(c) De Justit. & Jur. Lib. II. Cap. IX. Dubit. 6. pag. 74.
(d) Esaïe, XLV, 14.
(e) Idem, XLIII, 11.

(1) Voiez Jean Vorstius, *De Latinitate merito suspecta,* Cap. IX. Jaques Godefroi, sur le Code Théodosien, Lib. VI. Tit. IV. Leg. 18. pag. 56. Tom. II. André Schott, Jésuite, sur Aurelius Victor, *De Viris Illustr.* Cap. I. num. 7. &c.
(2) Voiez, par exemple, 1. Samuel, XXI, 9. Hosée, XIII, 4. J'aurai occasion de rapporter ci-dessous deux ou trois passages de *St. Jérome*, où l'on pourra remarquer l'*absque* dans ce sens exclusif.
(3) *Quid super eorum meritis existimandum sit, qui se præcipitavere ex alto, vel in fluvium demerserunt; ne persecutorum inciderent manus? quum Scriptura divina vim sibi Christianum prohibeat inferre. Et quidem de Virginibus in necessitate custodiæ constitutis eodem habemus assertionem, quum martyris exstet exemplum. Sancta Pelagia apud Antiochiam quondam fuit* &c.....

§. X. Il devoit d'autant moins aller chercher dequoi éluder le sens naturel des paroles de *St. Jérome*, qu'il sait bien que d'autres Péres ont témoigné sans équivoque être dans les idées dont il voudroit justifier celui-ci. St. Ambroise lors qu'il répond à la question qu'on lui faisoit, s'il est permis de se donner la mort, pour éviter de tomber entre les mains des Persécuteurs; après s'être proposé la difficulté tirée de ce que l'Ecriture défend aux *Chrétiens* l'Homicide de soi-même, décide sans balancer pour l'affirmative, à l'égard des Vierges, qui ne peuvent autrement mettre leur honneur à couvert de la violence. Sa raison est, qu'il y a un exemple d'une telle Vierge Martyre, savoir de *Sainte Pélagie*. Il fait dire à cette Sainte: (3) *On n'offense point* Dieu, *en aiant recours à un tel reméde, & la Foi en ôte le crime*. Après quoi, il épuise son éloquence à louer une telle action. St. Chrysostôme n'a pas donné de moindres éloges à cette Vierge, & à d'autres qui ont été dans le même cas. Il a fait en leur honneur des Discours entiers, (a) aux jours de leur Fête. Et ces Panégyriques ne contiennent pas la moindre chose, qui insinuë, qu'il y eût du mal à se tuer pour un tel sujet. Il regarde, aussi bien que (4) *St. Ambroise*, ce genre de mort, comme un *Batême* (5) extraordinaire, qu'il compare aux souffrances de Nôtre Seigneur Jésus-Christ; & il se jette là-dessus dans des déclamations puériles, aussi bien que sur toutes les circonstances de ce prétendu Martyre. Du reste, il ne dit pas un mot, d'où il paroisse qu'il ait supposé une inspiration particuliére, par laquelle les Saintes aient été poussées à se donner la mort, contre la régle commune. Et Mr. de Tillemont (b), qui prête cette pensée à *St. Chrysostôme*, est réduit à l'inferer de ce que ce Pére dit ailleurs en (6) passant, que *le Démon a porté bien des gens à se jetter dans des Précipices & des Fossez*.

§. XI. Laissons donc à *St. Jérome*, qui n'étoit pas certainement d'un tour d'esprit moins susceptible de pareilles pensées, une opinion que ses expressions souffrent non seulement, mais qui ne peut en être separée, sans leur faire violence. Mon Censeur, qui paroit le sentir assez, quoi qu'il dise, voudroit néanmoins, dans cette supposition, sauver encore l'erreur de ce Pére, & la superstition de l'ancienne Eglise, qui (c) *a honoré comme des Martyrs quelques Saintes Femmes, qui s'étoient précipitées dans la Mer, ou dans les Riviéres, pour éviter la violence de leur pudicité*. Supposons, dit-il, que St. Jérome ait véritablement excepté le cas où la Chasteté est en péril, n'est-il pas juste de croire, ou qu'il l'a fait simplement, parce qu'il n'a pas voulu décider le cas, ou qu'il n'a approuvé l'action dont

(a) In SS Bernic. Prosdoc. & Domnin. In S. Pelagiam &c.

(b) *Mém. pour l'Hist. Eccl.* Tom, V. Part. III. *pag.* 32. Ed. de Bruxel.

(c) *Pag.* 335.

&c.... *Deus remedio non offenditur, & facinus fides elevat.* De Virginib. Lib. III. pag. m. 97. C.

(4) *Et hoc baptisma est, quo peccata donantur, regna quaruntur. Et hoc baptisma est, post quod nemo delinquit. Excipiat nos aqua, quae regenerare consuevit. Excipiat nos aqua, quae virgines facit* &c. Ibid. D.

(5) Καὶ ἀπεπνίγοντο οὕτω [αἱ παρθένοι], ὅμως ἢ οὐκ ἀπεπνίγοντο, ἀλλ' ἐβαπτίζοντο βάπτισμα καινὸν ᾧ παράδοξον. ἢ εἰ βέλει μαθεῖν, ὅτι βάπτισμα ὧδε παρθέσι τὸ τότε γενόμενον, ἄκουσον πῶς ὁ Χριστὸς τὸν θάνατον τὸν ἑαυτοῦ βάπτισμα καλεῖ &c. Orat. Panegyr. in SS. Bernic. Prosdoc. & Domnin. Tom. V. pag. 480. Edit. Eton. Savil.

(6) Εἰ γὰρ τοσούτων ὄντων ἴσχυσεν ὁ Διάβολος τοῦτο ἐργάσασθαι, ὦ μυρίους ἐπὶ κρημνοὺς ὤθησε ᾧ βόθρους &c. Homil. LXXVII. in Joann. Tom. II. pag. 928. Edit. Eton. Savil.

dont il s'agit, que dans la persuasion où il étoit, qu'une si vive horreur d'un Crime, auquel la nature corrompuë donne tant de pente, ne peut être que l'effet d'une Inspiration particuliére de l'esprit de Dieu. C'est la réponse que St. Augustin a donnée (1) à ces exemples &c. Voilà ce qui s'appelle supposer tout ce qu'on veut, pour justifier un Auteur, & pour éluder le sens le plus clair de ses paroles. Y a-t-il dans le passage de *St. Jérome* la moindre chose qui donne à entendre, *qu'il n'a pas voulu décider le cas dont il traitoit?* S'il est permis d'expliquer ainsi un Ecrivain, qui affirme & décide purement & simplement, il n'y a point d'erreur dont on ne puisse le disculper, en disant, qu'il parle, non selon sa pensée, mais selon celle des autres. Ou plûtôt il n'y aura pas moien de savoir jamais ce qu'il pense, à moins qu'il ne déclare expressément que c'est son propre sentiment qu'il propose, ou qu'il expose. L'*Inspiration particuliére de l'Esprit de Dieu* n'est pas supposée ici avec plus de fondement. C'est faire intervenir *Deus ex machina*, & par rapport à *St. Jérome*, qui n'en dit rien, & à considerer la chose en elle-même. Ce Pére excepte de la Loi générale qui défend l'Homicide de soi-même ou volontaire, ou suggeré par la violence des Persécuteurs, *le seul cas où la Chasteté est en péril*; & c'est sur ce motif d'éviter la violence faite à l'honneur du Séxe, qu'il fonde uniquement l'exception. Or, en supposant une *Inspiration particuliére*, le motif & les circonstances ne font rien ici; il est toûjours permis alors de faire ce qui d'ailleurs est contre les régles, ou plûtôt il faut toûjours obéïr. L'*Esprit de Dieu* n'inspire rien de mauvais. Et la grande raison, pourquoi Dieu défend l'Homicide de soi-même, étant, qu'en qualité d'Arbitre Souverain de la Vie que nous tenons de sa libéralité, il n'a voulu nous donner sur elle d'autre droit que celui de travailler à sa conservation: s'il nous permet d'en disposer d'une autre maniére, en quel cas & pour quelles raisons qu'il accorde la dispense, l'obligation de la Loi cesse incontinent. Mais il faut que cette dispense soit si claire, qu'il n'y ait aucun lieu d'en douter; comme St. Augustin (2) le reconnoît. Or ici quelle preuve avoit-on, que Dieu eût inspiré aux Femmes, ou Filles, dont il s'agit, la résolution de prévenir par la mort leur deshonneur? Elles-mêmes le croioient-elles, & l'avoient-elles déclaré? St. Augustin (a) n'ose le soûtenir. Il ne sait pas même, si l'Eglise a eû là-dessus des témoignages dignes de foi, en vertu desquels on leur ait décerné des honneurs religieux, comme à de vraies Martyres. La chose n'est pas impossible; voilà tout ce qu'il en dit. On voit bien que ce n'est qu'après coup que ceux qui

(a) Dans le passage, que je viens de citer.

(1) *Sed quædam, inquiunt, sanctæ fœminæ, tempore persecutionis, ut insectatores suæ pudicitiæ devitarent, in rapturum atque necaturum se fluvium projecerunt, eoque modo defunctæ sunt, earumque martyria in Catholica Ecclesiâ, veneratione celeberrimâ, frequentantur. De his nihil temerè audeo judicare. Utrum enim Ecclesiæ aliquibus fide dignis testificationibus, ut earum memoriam sic honoret, divina persuaserit auctoritus, nescio; & fieri potest, ut ita sit. Quid si enim hoc fecerunt, non humanitus deceptæ, sed divinitus jussæ; nec errantes, sed obedientes* &c. De Civitate Dei, Lib. I. Cap. 26.

(2) *Qui ergo audit, non licere se occidere, faciat, si jussit, cujus non licet Jussa contemnere. Tantummodo videat, utrum divina jussio nullo nutet incerto.* Ibid. Mr. de Valois, dans ses Notes sur Eusébe, *Hist. Eccles.* Lib. VIII. Cap. XIV. se tire d'affaires, en disant, que l'Eglise, qui est toûjours condui-

qui firent attention à l'opposition, qu'il y avoit entre ces défenses de la Loi Naturelle & de la Loi revelée, & plusieurs Fêtes, par lesquelles on donnoit une approbation honorable & solemnelle à la résolution desesperée de personnes qui s'étoient tuées elles-mêmes; s'aviserent de l'expédient d'une Inspiration particuliére, qu'ils supposoient les y avoir autorisées. On eut recours à la même supposition, en faveur de gens qui, sur de fausses idées du Martyre, (3) s'y étoient eux-mêmes offerts témérairement; comme il paroît par un passage de St. Athanase, (4) que mon Censeur lui-même cite. Ce Pére en donne pour raison *la constance que ces* Martyrs *avoient fait paroître dans leurs tourmens.* Mais il ne s'ensuit point de là, *qu'ils n'eussent agi que par le mouvement du St. Esprit.* Dieu a pû, en considération de leur bonne intention, leur pardonner ce qu'il y avoit de mal réglé, & pousser la clémence jusqu'à ne pas leur refuser son secours. Mais la témérité demeure toûjours témérité: & si on peut quelquefois l'excuser ici, elle ne doit faire ni l'objet de nôtre imitation, ni la matiére de nos louanges. C'est aussi le seul parti qu'il y avoit à prendre, en jugeant de l'action de ces Femmes, qui se donnoient la mort, pour éviter un péril, dont l'événement, quelque prochain qu'il parût, devoit être abandonné à la Providence. Cette résolution, courageuse en elle-même, ne laisse pas d'être, en bonne Morale, une vraie foiblesse, pour laquelle seulement l'état & les circonstances des personnes qui y succombent, donnent lieu d'esperer la Miséricorde d'un Dieu, *qui n'aime point la mort du Pécheur.* St. Augustin auroit mieux fait de s'en tenir à ces jugemens d'Indulgence & de Charité, (5) dont il avoit d'abord parlé lui-même.

§. XII. Pour revenir à *St. Jérome*, & passer aussi à un autre sujet, j'avois dit, que ce Pére *donne assez à entendre que* Jesus-Christ *a aboli la permission de manger de la Chair d'Animaux, de même qu'il a aboli le Divorce & la Circoncision.* C'est dans son Invective contre Jovinien, qui soûtenoit, avec raison, qu'il n'y a pas plus de mérite à s'abstenir de certaines Viandes, qu'à en manger, & qu'on peut user de tout (a) *avec actions de graces,* selon la doctrine & l'exemple de St. Paul. Ce prétendu Hérétique alléguoit, entr'autres raisons, celle-ci, Que Dieu, qui, avant le Déluge, avoit défendu (6) de manger de la Chair des Animaux, l'avoit permis depuis; d'où il inferoit, que la chose étoit indiffé-

(a) I. Timothé. IV, 4. Voiez I. Cor. X, 25.

---

te & dirigée par l'Esprit de Dieu, a le don de discerner ceux qui ont été poussez à se tuer par une inspiration divine. C'est là couper le nœud, que l'on ne peut délier.

(3) Voiez ce que l'on a dit ci-dessus, Chap. VIII § 35, & suiv.

(4) Εἰ ᾗ καί τινες ἐξ αὐτῶν [Μαρτύρων] αὐτοῖς προσήκοντο τοῖς διώκουσι, & τοῦτο οὐχ ἁπλῶς ὑπρα.ΐιοι ἐμαρτύρων γὰρ εὐθὺς, & πᾶσιν ἐγίνετο φανερὸν, ὅτι ἐργα τοῦ Πνεύματος· ἦν καὶ αὐτῶν ἡ

προθυμία, & ἡ τοσαύτη προθυμία. Apolog. de Fuga sua, Tom. I. pag. 716. A. Ed. Lips. 1686.

[5] *Ac per hoc & quæ se occiderunt, nequidquam hujusmodi paterentur, quis humanus adfectus eis nolit ignosci.* Cap. XVII. init.

(6) Voiez-en les raisons, dans le Commentaire de Mr. Le Clerc, sur Gene-se, I, 29. IX, 3.

différente de sa nature. Voici la réponse de *St. Jérome*: (1) *Qu'il sâche, que comme, selon ce que dit Nôtre Seigneur, le Divorce n'étoit pas permis au commencement, mais* MOÏSE *le permit ensuite au Genre Humain, à cause de la dureté de nôtre cœur: de même l'usage de la Chair des Animaux fut inconnu jusqu'au Déluge; mais, depuis le Déluge, on nous mit entre les dents, les nerfs & le suc puant de la Chair, comme, dans le Désert, on jetta des Cailles à la gueule du Peuple, qui murmuroit*..... JÉSUS-CHRIST *étant venu dans la fin des jours, a ramené la fin au commencement, de sorte qu'aujourdhui il ne nous est permis ni de repudier une Femme, ni de nous faire circoncire, ni de manger de la Chair; selon ce que dit l'Apôtre*: (a) Il est bon de ne point boire de vin, & de ne point manger de Chair. *Car l'usage du Vin a commencé avec celui de la Chair, après le Déluge*

(a) *Rom.* XIV, 3.

§. XIII. JE ne sai comment on pourroit mieux *donner à entendre*, ou plûtôt dire plus positivement, que, sous l'Evangile, il est défendu de manger de la Chair, & de boire du Vin. Mais tout le raisonnement de *St. Jérome* suppose aussi, que ce sont des choses mauvaises en elles-mêmes. La comparaison qu'il en fait avec le *Divorce*, tel qu'il étoit permis sous la Loi, le demande nécessairement: & il dit tout net, que DIEU ne permit ni l'un ni l'autre, qu'*à cause de la dureté du cœur des Hommes*. S'il y joint la Circoncision, c'est qu'il en avoit à peu près la même idée: car il venoit de dire, que, le Coûteau de la (2) *Circoncision, comme le Divorce, fut donné à la dureté du Cœur, comme si la main de* DIEU *avoit créé dans nos Corps quelque chose qui ne fût pas nécessaire, & qu'il fallût retrancher.* Mais admirons comment ce Pére, dont on vante tant l'Erudition & la Critique, entend ici les paroles de ST. PAUL, pour les ramener à ses opinions étranges. Rien n'est plus commun, dans les Ecrivains Sacrez, (3) que de dire, *Il est bon*, pour, *Il vaut mieux*: & c'est le sens manifeste de l'Apôtre, qui, bien loin de rien insinuer qui favorise les idées de *St. Jérome*, les combat directement. Car il parle, dans tout le Chapitre, de la condescendance qu'on doit avoir pour les Errans, qui s'imaginent que certaines choses indifférentes sont mauvaises, & en particulier l'usage de certaines Viandes. *L'un* (b) *croit, qu'il peut manger de tout; un autre, qui est foible, mange des herbes. Que celui qui mange*, c'est-à-dire, de tout, *ne méprise pas celui qui ne mange que des herbes; & que celui qui ne mange que des herbes, ne condamne point celui qui mange de tout &c.* L'Apôtre veut néanmoins qu'on ne scandalize

(b) *Romains*, XIV, 2, 3.

---

(1) *Quod autem nobis objicit* [Jovinianus], *in secundâ Dei benedictione comedendarum Carnium licentiam datam, quæ in primâ concessa non fuerat: sciat, quomodo Repudium, juxta eloquium Salvatoris, ab initio non dabatur, sed, propter duritiam cordis nostri, per Moysen humano generi concessum est; sic & esum Carnium, usque ad Diluvium, ignotum fuisse: post Diluvium vero, quasi in Eremo murmuranti Populo Coturnices, ita dentibus nostris nervos & virulentias Carnis ingestas.... Postquam autem Christus venit in fine temporum, & Ω revolvit ad A, & extremitatem retraxit ad principium: nec Repudium nobis dare permittitur, nec circumcidimur, nec comedimus Carnes, dicente Apostolo: Bonum est, vinum non bibere, & carnes non comedere. Et Vinum enim cum Carnibus, post Diluvium dedicatum est. Adversus* JOVINIAN. Lib. I. pag. 30. C. Tom. I. Il est à remarquer, que *St. Jérome* copie ici tacitement TERTULLIEN, & Tertullien *Montaniste*. Voici les paroles de celui-ci: *Dicit & Apostolus, scribens ad* EPHESIOS, *Deum proposuisse in semet ipso ad dispensationem adimpletionis temporum, ad caput, id est, ad initium, reciprocare universa in Christo, quæ sunt super cœlos & super terras in ipso. Sic & duas Græciæ literas, summam & ultimam, sibi induit*

lize point ces *Esprits foibles*, & que pour cet effet on se prive plûtôt de ce qui d'ailleurs est très-innocent. (a) *Ne détruisez point*, dit-il, *l'ouvrage de* DIEU, *à l'occasion d'une Viande. Il est vrai que tout est pur; mais celui qui en mangeant de telle ou telle Viande donne du scandale à quelcun, fait mal d'en manger. Il est bon* (c'est-à-dire, comme l'explique très-bien GROTIUS, *il vaut mieux* alors) *ne point manger de Viande, ne point boire de Vin, & s'abstenir de tout ce qui peut ou faire broncher vôtre Prochain, ou le faire tomber, ou l'ébranler* (b). On voit là clairement, que St. *Paul* fait regarder l'usage du Vin, & de toute sorte de Viandes, comme une chose tout-à-fait légitime, & qui n'a rien de mauvais, que dans les circonstances où l'on ne peut user de la permission, sans qu'il en résulte quelque inconvénient fâcheux par rapport au Prochain; auquel cas la Charité veut certainement qu'on s'abstienne des choses les plus innocentes. Mais St. *Jérome*, pour y trouver son compte, détache de la suite du discours ce qui en détermine le sens; & ainsi il fait dire à l'Apôtre tout le contraire de ce qu'il suppose non seulement, mais encore qu'il établit directement & avec la dernière évidence.

(a) *Ibid.* vers. 20, & suiv.

(b) Voiez I Corinth. VIII, 13.

§. XIV. LE P. *Ceillier* prétend éluder la force des termes, & les conséquences des raisonnemens de St. *Jérome*, en les restreignant à ceci, (c) *Qu'il y a plus de mérite & de perfection à s'abstenir de la Chair & du Vin, que d'en user*. Mais, cela étant, il s'ensuivroit, selon la comparaison que St. *Jérome* fait de la permission de manger de la Chair & de boire du Vin, avec celle du Divorce, telle qu'elle avoit lieu sous la Loi, que le Divorce n'est défendu sous l'Evangile qu'à ceux qui aspirent à la Perfection, puis que l'un & l'autre est donné pour permis de la même manière. D'autre côté, St. *Jérome* voulant que JESUS-CHRIST ait ramené les choses, en tout ceci, au même pié sur lequel elles étoient avant le Déluge; & la défense de manger de la Chair, & de boire du Vin, aiant été alors générale, selon lui: il faudra dire, qu'elle l'est aussi sous l'Evangile. Que de faux raisonnemens, que de contradictions, de quelque côté qu'on se tourne! Et après tout, il seroit toûjours vrai, que St. *Jérome* fonde la prétenduë *perfection* qu'il attache à l'abstinence de certaines Viandes, sur un passage, qui prouve justement le contraire, comme je viens de le faire voir. Mon Censeur, en adoptant cette fausse interprétation, me fournit un nouvel exemple du peu de fondement de ces *Conseils Evangéliques*,

(c) Pag. 338.

Dominus, initii & finis concurrentium in se figuras: uti quemadmodum α ad ω replicatur, ita ostenderet in se esse & initii decursum ad finem, & finis recursum ad initium..... Et adeo in Christo omnia revocantur ad initium, ut & fides reversa sit à CIRCUMCISIONE *ad integritatem carnis illius, sicut ab initio fuit, &* LIBERTAS CIBORUM, *&* SANGUINIS *solius* ABSTINENTIA, *sicut ab initio fuit, & matrimonii individuitas, sicut ab initio fuit, &* REPUDII COHIBITIO, *quod ab initio non fuit* &c. De Monogamia, *Cap.* 5. On voit, que St. *Jérome* ne fait qu'exprimer à sa manière les pensées de *Tertullien*; & cela lui arrive assez souvent en d'autres endroits; comme le remarqueront ceux qui compareront quelques Ouvrages de ces deux Péres. Ici même, dans ce que j'ai omis du passage de St. *Jérome*, il y a les paroles de l'Epitre de ST. PAUL aux *Ephésiens*, I, 10. appliquées de la même manière que fait Tertullien.

(2) *Et Repudia concessa duritia, & cultellus Circumcisionis adpositus: quasi Dei manus plus in nobis creaverit, quàm necesse est*. Ibid.

(3) Par exemple, MATTH. XVIII, 8, 9. Voiez SALOM. GLASSIUS, Gramm. Sacr. Lib. III. Tract. I. Can. XVIII.

§. XV. MAIS, dit (a) mon Censeur, *quoi que St. Jérome prétende que l'usage de la Chair & du Vin n'a été accordé après le Déluge qu'à cause de la dureté du cœur des Hommes, il ne laisse pas de le regarder comme permis aux Chrétiens, & il ordonne même expressément aux Femmes mariées de manger de la Chair.* Il l'ordonne aux Femmes mariées: nous allons voir de quelle maniére il le fait. Il ne pouvoit mieux témoigner son indignation contre l'usage de la Chair, & en même tems l'idée d'impureté que nous (b) avons vû qu'il attache au Mariage le plus légitime. (c) *Toute Créature de DIEU est bonne,* s'objecte-t-il; & puis il ajoûte: (1.) *Cela est bon à dire aux Femmes, qui sont en peine comment elles plairont à leurs Maris. Qu'elles mangent de la Chair, elles qui* SERVENT A' LA CHAIR, *elles qui bouillonnent d'un désir ardent du commerce charnel, elles qui sont attachées à leurs Maris, & qui travaillent à mettre des Enfans au monde. Que celles qui portent un Enfant dans leur ventre, remplissent aussi de Chair leurs intestins.* Il ne faut pas être fort pénétrant, pour sentir là une permission ironique, qui exprime avec plus de force les idées que St. Jérome avoit de l'usage de la Chair, comme mauvais en lui-même, que s'il l'eût déclaré tout simplement. Mais on n'a qu'à lire tout ce qu'il dit sur ce sujet contre *Jovinien*, pour se convaincre qu'il en use ici, tout comme à l'égard des *Secondes Nôces* : il ôte d'une main, ce qu'il sembloit donner de l'autre. Il parle de l'usage de la Chair & du Vin, (2) comme portant par lui-même à l'Impureté. Il n'en demeure pas là : il fait regarder en général l'Abstinence de quelques autres sortes de choses bonnes à manger, (ce qu'il appelle *Jeûne*) comme étant de sa nature un acte nécessaire de Vertu, indépendamment de tout abus. Il veut, que cela fit partie

(a) *Pag.* 338.

(b) *Chap.* IV. §. 20, 31. & au §. 1. de ce Chapitre.
(c) I. *Timoth.* IV, 4.

---

(1) Omnis creatura Dei bona est. *Audiant hæc Mulieres, quæ sollicitæ sunt, quomodo placeant Viris. Comedant Carnes, quæ carni serviunt, quarum fervor despumat in coitum, quæ Maritis alligatæ, generationi ac liberis dant operam. Quarum uteri portant fœtus, earum & intestina carnibus impleantur.* Epist. ad SALVINIAM, De Viduit. servand. Tom. I. *pag.* 76. C.

(2) *Esus Carnium, & potus Vini, & veneris saturitas, seminarium libidinis est.* Adverf. JOVINIAN. Lib. II. Tom. II. pag. 75. B.

(3) *Docebo primum*, Adam in Paradiso accepisse præceptum, ut cætera poma comedens, ab unâ arbore jejunaret. Beatitudo Paradisi absque abstinentiâ cibi non potuit dedicari. Quamdiu jejunavit, in Paradiso fuit : comedit, & ejectus est : ejectus, statim duxit uxorem. Qui jejunus, in Paradiso, virgo fuerat, satur, in terrâ, matrimonio copulatur. Ibid. pag. 79. B. Il est à remarquer, que cet usage impropre du mot de *Jeûne*, pour l'abstinence de certaines Viandes, a fraié le chemin aux Jeûnes de l'Eglise Romaine, qu'elle fait consister à ne point manger de *Chair*. Voiez MARTIN.

CHEMNIT. *Exam.* CONCIL. TRIDENTIN. Part. IV. *pag.* 763. Ed. Genev. 1641. où il fait voir, que plusieurs autres Péres en ont usé de même.

(4) *Acceperat Adam à Deo legem, non gustandi de Arbore cognitionis boni & mali. . . . . salutem gulâ vendidit : manducavit denique & periit : salvus alioquin, si uni arbusculæ jejunare maluisset &c.* De Jejun. Cap. III.

(5) *Et tamen ejectus non protinus accepit licentiam Carnium vescendarum, sed tantum poma arborum, & fruges segetum, & herbarum olera, ei traduntur in cibum: ut exul quoque Paradisi, non Carnibus, quæ in Paradiso non erant, sed similitudine frugum Paradisi vesceretur. Postea vero videns Deus, quòd diligenter adpositum esset ad malitiam cor hominis ab adolescentiâ, & spiritus ejus in his permanere non posset, quia erant caro ; opera carnis Diluvio condemnavit: & avidissimam hominum gulam probans, dedit eis licentiam comedendarum Carnium; ut, dum sibi intelligant licere omnia, non desiderent magnopere quod non licebat, ne mandatum in caussam verterent prævaricationis.* Ibid.

tie de l'Innocence d'*Adam*, auſſi bien que l'abſtinence du Mariage. (3) Sans cela il n'y auroit point eû de Bonheur dans le Paradis Terreſtre. *Tant qu'*Adam *jeûna, il demeura dans le Paradis. Il vient à manger, on le met dehors : il n'eſt pas plûtôt dehors, qu'il ſe marie. Celui qui jeûnoit dans le Paradis étoit Vierge, auſſi tôt qu'il a mangé, il ſe marie ſur la Terre.* N'eſt-ce pas là horriblement abuſer de l'Ecriture Sainte, que de faire conſiſter le Péché d'*Adam* en ce qu'il ne ſe priva pas d'une certaine ſorte de Fruit par un principe d'Abſtinence, ſans mettre ſeulement en ligne de compte la déſobéïſſance ouverte à un ordre exprès de Dieu, qui nous eſt par tout repréſentée comme l'unique cauſe de la punition d'*Adam*, & par conſéquent comme ce qui ſeul le rendit coupable? Mais *St. Jérôme*, qui a tant crié contre les *Montaniſtes*, emprunte ici les raiſonnemens (4) de Tertullien Montaniſte. Il dit enſuite, que Dieu ne permit pourtant pas encore à l'Homme de manger de la Chair; & que, s'il accorda cette permiſſion après le Déluge, ce ne (5) fut que pour s'accommoder à l'avide gourmandiſe du Genre Humain, & de peur que la défenſe continuée n'irritât davantage l'envie qu'on auroit de manger de la Chair. Autre penſée de (6) Tertullien. Mais je n'aurois jamais fait, ſi je voulois pouſſer juſqu'au bout les occaſions que mon Cenſeur me fournit lui-même, de montrer de plus en plus combien les Péres ſont pleins de fauſſes penſées. Et il me reſte encore aſſez à dire ſur *St. Jérôme*.

§. XVI. Ce Pére animé, contre *Vigilance*, d'un zéle auſſi aveugle & auſſi emporté, que contre *Jovinien*, ne pouvoit que ſe laiſſer aller à de grands excès, & ſe livrer à toutes les illuſions de ſon Eſprit & de ſon Cœur. Mon Cenſeur m'accuſe de *la plus noire calomnie*, (a) parce que j'ai dit, qu'*on ſait avec quelle fureur & quelle mauvaiſe foi* St. Jérome *ſe déchaîna contre* Vigilance, qui

(a) Pag. 330.

---

(6) *Cur ergo, dicat... auxit* [Deus] *permiſſionem? .... Ad hæc reſpondemus, non competiſſe onerari hominem aliquâ adhuc abſtinentiæ lege, qui cum maximè iam levem interdictionem, unius ſcilicet pomi, tolerare non potuit: remiſſum itaque illum, libertate ipſâ corroborandum.... Materiam libertatis emiſit, per veniam ſupparans diſciplinam: permittens omnia, ut demeret quædam; plus exacturus, ſi plus commiſiſſet; abſtinentiam imperaturus, quum indulgentiam præmiſiſſet: quo magis, ut diximus, primordiale delictum expiaretur majoris abſtinentiæ operatione, in majoris licentiæ occaſione. De Jejuniis, Cap.* IV. Si on lit tout ce qui ſuit, dans ce Traité de Tertullien, & qu'on le compare à ce qui vient après les paſſages citez de St. Jérôme; on trouvera tant de conformité dans les raiſonnemens de ces deux Péres, ſur les mêmes principes & les mêmes exemples, qu'on aura de la peine à comprendre comment l'Orthodoxe zélé auroit ainſi copié l'Hérétique, s'il n'avoit pas eû lui-même une bonne teinture de l'Héréſie. Je vais en donner un échantillon. Tertullien, parlant du Jeûne d'*Elie* le Prophéte, dit: *Dehinc, minantem* Jezabel *fugiens; poſt unicum pabulum & potum, quem, ab Angelo expergefactus, invenerat, & ipſe quadraginta diebus & noctibus, vacuo ventre, arido ore, pervenit in montem* Choreb, *ubi, quum in ſpeluncâ divertiſſet, quàm familiari congreſſu Dei exceptus eſt:* Quid tu, Helia, heic? *Multo amicior iſta vox, quàm:* Adam, ubi es? *Illa enim paſto homini minabatur: iſta jejuno blandiebatur.* Ibid. *Cap.* VI. Voici ce que dit St. Jérôme: Elias, *quadraginta dierum jejunio præparatus, Deum vidit in monte* Horeb, *& audit ab eo:* Quid tu heic, Elia? *Multo familiarior iſta vox, quàm illa in* Genesi: Adam, ubi es? *Illa enim paſtum terrebat, & perditum: hæc jejunanti famulo blandiebatur.* Ubi ſupr. *pag.* 80. D. Il faut ſe crever les yeux, pour ne pas ſentir d'abord, que l'Auteur du dernier paſſage copie le prémier, en l'abrégeant & le tournant à ſa manière. Je ne ſâche perſonne, qui ait fait cette remarque, que l'on jugera peut-être de quelque conſéquence.

qui avoit écrit contre le Culte que l'on commençoit alors à rendre aux Reliques des Saints & des Martyrs, & contre diverses autres Pratiques, dont la suite des tems n'a que trop fait voir les dangereuses conséquences. Mais il est digne de l'Apologiste des Péres, de les imiter dans leurs passions : & je le souffre d'autant plus tranquillement, qu'il m'est facile de montrer, que c'est au défaut de bonnes raisons qu'il est réduit à s'armer d'injures.

§. XVII. IL avoue lui-même d'abord, que ce *Docteur célébre* a eû *peu de modération* contre *Vigilance*. S'il avoit parlé juste, il auroit dit, qu'on ne voit aucune trace de modération dans l'Ecrit de *St. Jérome*, dont il s'agit. C'est un homme toûjours en fureur, qui parle : les injures les plus grossiéres, les expressions les plus emportées, ne lui coûtent rien ; sa plume est trempée dans le fiel. J'en appelle à tous ceux qui ont lû, ou qui liront cette Invective. Or de cela seul on a d'abord tout lieu de présumer, que *St. Jérome* aura cherché à outrer le sentiment de son Adversaire, & à lui imputer des choses auxquelles il n'avoit jamais pensé. Ce seroit une espéce de miracle, si un Auteur, qui ne se posséde point, représentoit de bonne foi l'opinion de celui contre qui il veut exciter dans l'esprit de ses Lecteurs la même animosité dont il est rempli. Et c'est ce qui fait qu'en général on ne peut guéres savoir quelle a été la véritable opinion de la plûpart des anciens *Hérétiques*, parce qu'on n'en est instruit que par le rapport de leurs Adversaires passionnez. Si nous avions les Livres mêmes de ces Hérétiques, ou des Histoires de leurs sentimens faites par des personnes desintéressées, nous verrions peut-être, que telle Opinion qui est représentée comme la plus odieuse, étoit très-innocente, ou de peu d'importance, ou même la véritable. Ce qu'il y a de certain, c'est que, plus les Péres de l'Eglise s'emportent contre quelcun, & plus on a sujet de se défier de leur bonne foi & de leur exactitude, tant qu'on n'a pas d'ailleurs des preuves suffisantes qu'ils n'imputent rien à faux. Mais ici *St. Jérome* se trahit lui-même, & je puis justifier ce que j'ai dit par son propre Livre.

§. XVIII.

---

(1) *Proh nefas! Episcopos sui sceleris dicitur habere consortes : si tamen Episcopi nominandi sunt* &c. Adversus VIGILANT. Tom. II. pag. 121. A.

(2) *Miror, Sanctum Episcopum, in cujus parochiâ esse Presbyter dicitur, adquiescere furori ejus ; & non virgâ Apostolicâ, virgâ ferreâ, confringere vas inutile, & tradere in interitum carnis, ut spiritus salvus fiat* &c. Epist. ad RIPARIUM, Tom. II. pag. 121. A.

(3) *Qui non ordinant Diaconos, nisi priùs Uxores duxerint ; nulli cœlibi credentes pudicitiam : immo ostendentes, quàm sanctè vivant, qui malè de omnibus suspicantur, &, nisi pregnantes Uxores viderint Clericorum, infantesque in ulnis matrum vagientes, Christi sacramenta non tribuunt.* Adversus VIGILANT. *ubi supr.* Voiez le *Dict. Hist. & Crit.* de Mr. BAYLE, à l'article *Vigilance*, dans la Note C. Le Savant GERARD JEAN VOSSIUS (*Thes. Theolog.* Disp. XI. §. 11.) qui reconnoît aussi le tour odieux que *St. Jérome* donne à la conduite de ces Evêques, dit qu'ils conseilloient aux Diacres de se marier, avant que de recevoir l'Ordination ; parce qu'après cela il ne leur seroit plus permis. Il est bien vrai, que cet usage, introduit, on ne sait comment, avoit été confirmé par le *Concile Général de* NICÉE, tenu en 325, qui rejetta d'ailleurs les propositions d'imposer aux Ecclésiastiques une nécessité absoluë de renoncer aux Femmes qu'ils avoient déja. Mais *St. Jérome*, qui outre tout, principalement sur la matiére du Célibat, & toûjours quand il dispute ; paroît ici vouloir faire regarder l'état ou l'usage du Mariage, comme incompatible avec le caractére des Ecclésiastiques. Cela paroît par les paroles suivantes, où il oppose à la conduite des Evêques, contre qui il se déchaîne, l'usage des Eglises d'*Orient*, de celles d'*Egypte*, & de *Rome*, où, dit-il, on donne l'ordination à ceux qui ou n'ont ja-

§. XVIII. Déja il nous apprend lui-même, qu'il y avoit des *Evêques*, qui étoient (1) dans les sentimens de *Vigilance*. Il ne nous en dit pas le nombre, & il se contente de les traiter de gens *qui ne méritent pas le nom d'Evêques*. Peut-être que, si nous les connoissions, nous verrions que leur jugement avoit pour le moins autant de poids, que le sien. Il nous donne même à entendre, que le *Saint Evêque*, dans le Diocése duquel étoit nôtre Prêtre, ou approuvoit ses opinions, ou du moins ne les jugeoit pas d'une dangereuse conséquence; (2) car il s'étonne, que cet Evêque aquiesce à la fureur de son Diocésain, & ne se serve pas d'une Verge de fer, pour l'assommer apostoliquement. Quoi qu'il en soit, il paroît par là, que *Vigilance* n'étoit pas le seul qui fût frappé des erreurs & des abus, qu'il condamnoit; ce qui seul nous donne de lui une meilleure idée, que celle sous laquelle *St. Jérôme* le représente comme le dernier des Hommes. Pour diminuer l'autorité de ces Evêques, peut-être en assez grand nombre, dont *Vigilance* pouvoit se prévaloir, que fait nôtre bénin Solitaire? Il avoit ouï dire, qu'ils ne faisoient pas difficulté de donner l'Ordination à des Diacres, qui avoient Femme & Enfans: là-dessus il les accuse (3) de n'en vouloir ordonner aucun qui vécût dans le Célibat, & qui ne montrât une Femme ou enceinte, ou portant un Enfant au bras, comme si sans cela ils jugeoient un Homme indigne du Ministére de l'Eglise de Jesus-Christ. Il faudroit être bien simple, pour s'imaginer que ce ne soit pas là une broderie maligne, par laquelle on vouloit rendre odieux tous ceux qui étoient du parti de *Vigilance*. Cela n'a aucune liaison avec tout ce que *St. Jérôme* lui-même rapporte des Ecrits de ce prétendu Hérétique: &, s'il y avoit trouvé la moindre expression qui tendît là, il n'auroit pas manqué sans doute de l'étaler. Mais il étoit de trop mauvaise humeur contre le Mariage, pour ne pas noircir de toutes les maniéres imaginables ceux qui osoient le décharger si fort de la note d'infamie qu'il y avoit attachée. Cela seul auroit suffi, pour enflammer sa bile contre *Vigilance* & ses Partisans, & pour le porter à empoisonner leurs sentimens sur d'autres Articles. §. XIX.

jamais été mariez, ou se sont dévouez à la Continence, ou, s'ils ont des Femmes, cessent de s'en servir: *Quid faciunt Orientis Ecclesiæ? quid Ægypti & Sedis Apostolicæ? quæ aut virgines Clericos accipiunt, aut continentes, aut, si uxores habuerint, mariti esse desistunt?* Cependant il est certain, que cet usage n'avoit point encore passé en Loi, ni en Orient, ni en Occident. Bien loin de là: le Concile de Gangres en Paphlagonie, tenu l'an 370. anathématiza ceux qui feroient difficulté de communier des mains de Prêtres mariez, Can. IV. Et l'on trouve, sur la fin du IV. Siécle, des Evêques mariez, un *Grégoire*, Pére de *Grégoire de Nazianze*, un *Grégoire de Nysse* &c. pour ne rien dire des Siécles suivans. *St. Jérôme* lui-même parle ailleurs du Mariage des Ecclésiastiques, comme d'une chose assez commune de son tems. *Quasi non hodie quoque plurimi Sacerdotes habeant matrimonia* &c. Adv. Jovinian Lib. I. pag. 32. D.

Pour ce qui est des Ecclésiastiques d'*Occident*, dont il s'agissoit sur tout dans la dispute avec *Vigilance*, qui étoit du Diocése de *Barcelone*; cela seul que *St. Jérôme* va ici chercher les Eglises d'*Orient* &c. pour opposer leur usage à la conduite des Evêques d'*Espagne*, ou des *Gaules*, montre assez qu'il ne trouvoit pas son compte dans la pratique de l'*Occident*, comme l'a très-bien remarqué M. A. de Dominis, *De Republ. Ecclesiast.* Lib. II. Cap. X. § 38. Au reste, si l'on veut savoir l'origine & les progrès du Célibat des Ecclésiastiques, on peut consulter, outre l'Auteur que je viens d'indiquer, Martin. Chemnitius, *Exam. Concil. Tridentin.* Part. III. pag. m. 494, & seqq. Mr. Bohmer, *Jur. Eccl. Protestant.* Lib. III. Tit. III. Bingham, *Antiq. Ecclef.* Liv. IV. Chap. V. le *Préservatif* de Mr. Lenfant contre la réünion avec le Siège de Rome, Tom. IV. Lett. I. &c.

§. XIX. VIGILANCE scandalizé, avec raison, de l'abus qu'on faisoit des *Reliques*, crut devoir s'y opposer. Et voici ce qu'il disoit, au rapport même de son Antagoniste furieux : (1) *Quelle nécessité y a-t-il d*'HONORER SI FORT *non seulement, mais encore d*'ADORER *ce je ne sai quoi, que l'on porte de tous côtez dans un petit Vase* ? *Pourquoi adorez-vous, en la baisant, une poudre mise dans un Linge* ? Il paroît par là (& on le verroit sans doute mieux, si l'on avoit l'Ecrit entier de *Vigilance*) qu'il ne condamnoit pas absolument l'usage d'honorer la mémoire des Martyrs, mais seulement le Culte superstitieux que le Vulgaire rendoit à leurs Reliques, & les excès qui se commettoient à cette occasion. St. *Jérome* nie d'abord le fait : (2) *O tête folle* ! (dit-il) *Qui a jamais adoré les Martyrs* ? *Qui a jamais crû que des Hommes étoient Dieu* ? Mais *Vigilance* ne prétendoit pas, que ceux qui *adoroient* les Reliques, crussent pour cela que les cendres de chaque Martyr étoient autant de Dieux. Il vouloit dire seulement, qu'on leur rendoit une espéce de *Culte Religieux*, qui n'étoit dû qu'à la Divinité. Or St. *Jérome* savoit bien en sa conscience, qu'il n'y avoit rien de plus véritable. A la honte des Péres de l'Eglise, le Vulgaire, qui de lui-même est toûjours porté à la superstition, avoit été jetté dans celle-ci par les fausses idées qu'ils lui avoient inspirées, & par l'approbation ou la tolérance d'une Pratique, dont les abus étoient de nature à croître de jour en jour. Il n'est pas besoin que je le prouve au P. *Ceillier*, puis qu'il veut même, quoique faussement, comme on le verra plus bas, que cet Usage superstitieux se fût introduit dès les prémiers Siécles. Mais *St. Jérome* n'en demeure pas là. De ce peu de paroles qu'il a rapportées, & où *Vigilance* dit seulement, qu'il ne faut pas *tant honorer*, ni *adorer* les Reliques ; il infére, que *Vigilance* (3) regarde comme des *choses impures*, & les Reliques, & les Vases où on les gardoit : qu'il traite avec le même mépris non seulement le Corps de MOÏSE, ceux des *Prophétes*, des *Apôtres*, & des *Martyrs*, mais encore celui de Nôtre Seigneur, mis dans le Tombeau. Là-dessus il regale *Vigilance* des titres de *Samaritain*, de *Juif*, *d'homme puant*, à qui il falloit *couper la Langue*, de *monstre furieux & à lier*. Il dit, que *Vigilance combat contre le Sang des Martyrs*, qu'il *tonne contre les Apôtres*, qu'il *aboie, comme un Chien, contre les Disciples de* JESUS-CHRIST &c. Ce ne sont que de petits échantillons des grossiéres

in-

---

(1) *Et inter cetera verba blasphemiæ, ista quoque dicentem* [VIGILANTIUM] *Quid necesse est, te tanto honore, non solum honorare, sed etiam adorare illud nescio quid, quod in modico vasculo transferendo colis ? Et rursum in eodem Libro*; *Quid pulverem, linteamine circumdatum, adorando oscularis* ? *Adversus* VIGILANT. pag. 121. B.

(2) *Quis enim, o insanum caput, aliquando Martyres adoravit* ? *Quis hominem putavit Deum* ? Ibid. pag. 122. C.

(3) *Os fœtidum rursus aperire, & putorem spurcissimum contra sanctorum Martyrum proferre reliquias*... *O infelicem hominem, & omni lacrymarum fonte plangendum : qui hæc dicens, non se intelligat esse Samaritanum, & Judæum, qui corpora mortuorum pro immundis habent, & etiam vasa ; quæ in eadem domo fuerint, pollui suspicantur*... *Ergo Petri & Paulli immundæ sunt reliquiæ* ? *Ergo Moysi corpusculum immundum erit* ?... *Et quotiescumque Apostolorum & Prophetarum, & omnium Martyrum Basilicas ingredimur, toties Idolorum Templa veneramur* ? *Accensique ante tumulos eorum Cerei, Idololatriæ insignia sunt* ?... *Ergo & Domini corpus in sepulchro positum, immundum fuit* ?.. *O præcidendam linguam à Medicis, immo insanum caput curandum*.... *Ego vidi hoc aliquando portentum, & testimoniis Scripturarum, quasi vinculis Hippocratis volui ligare furiosum* &c. Epist. ad RIPAR. pag. 118, 119. *Tales habet adversarios Ecclesia. Hi duces contra*

DES PERES. Chap. XV.

injures, dont l'Invective contre *Vigilance*, & la Lettre à *Riparius*, sont remplies.

§. XX. Voici un autre passage de *Vigilance* : *Nous voions la coûtume du Paganisme presque introduite sous prétexte de Religion : un tas de Cierges allumez pendant que le Soleil luit : par tout on baise & on adore je ne sai quelles cendres contenuës dans un Vase, & environnées de Linges précieux. Ces gens-là en vérité rendent un grand honneur aux Martyrs, en s'imaginant qu'il faut les éclairer avec de vils Cierges, eux que l'Agneau, qui est au milieu du Trône, éclaire de tout l'éclat de sa majesté !* Ici, & dans le passage précedent, *Vigilance* appelle les Reliques, qu'on adoroit, *un je ne sai quoi*, *je ne sai quelles cendres*, pour donner à entendre, que l'on faisoit passer souvent de fausses Reliques pour les Cendres des Martyrs ; & qu'ainsi ceux qui adoroient les Reliques, couroient risque (4) d'adorer toute autre chose, que ce qu'ils s'imaginoient. Ces fraudes, dirai-je pieuses, ou impies ? dont les Siécles suivans, & le nôtre encore, nous fournissent tant d'exemples, étoient déja communes : & *St. Jérome* nous en fournit lui-même ici un bien remarquable, qui suffiroit pour justifier entiérement *Vigilance*. Peut-on croire, sans un aveuglement étrange, que, plus de quatorze cens ans après la mort de *Samuel*, & après tant de révolutions arrivées dans la *Palestine*, on sût encore où étoit le Tombeau de ce Prophéte, enseveli (a) à *Ruma* ? Cependant on nous dit, que (5) l'Empereur *Arcadius* fit transporter de *Judée* à *Constantinople* les Os de *Samuel*, que des Evêques portoient environnez d'une étoffe de soie, dans un Vase d'or, suivis d'un cortége de Peuples de toutes les Eglises, qui, ravis de joie, comme s'ils voioient le Prophéte plein de vie, allérent au devant de ses Reliques, & les accompagnérent depuis la *Palestine* jusqu'à *Chalcédoine*, en chantant les louanges de Jesus-Christ. Il n'en faut pas davantage, pour montrer, jusqu'où la Fourberie & la Crédulité avoient déja été portées alors, & combien *Vigilance* avoit raison de dire, qu'en adorant les Reliques, on adoroit *je ne sai quoi*. Cette raison seule devoit bien réprimer l'empressement de ceux qui couroient après les Reliques, dans la crainte d'être les duppes de l'Avarice des Ecclésiastiques, qui avoient là un si bon moien de s'attirer des Offrandes copieuses. *Vigilance* vouloit donc, qu'on fît un juste discernement des vraies Reliques d'avec les fausses ;

(a) I. *Samuel*, XXV, 1.

---

era Martyrum sanguinem dimicant : hujuscemodi Oratores contra Apostolos pertonant ; immo tam rabidi canes contra Christi *latrant Discipulos.* Adv. Vigilant. *pag.* 124. D.

(4) *Et in consequentibus:* Prope ritum Gentilium videmus, sub prætextu Religionis, introductum in Ecclesiis: Sole adhuc fulgente molem Cereorum accendi: & ubicumque pulvisculum nescio quod, in modico vasculo, pretioso linteamine circumdatum, osculantes adorant. Magnum honorem præbent hujusmodi homines beatissimis Martyribus, quos putant de vilissimis cereolis illustrandos, quos Agnus, qui est in medio Throni, cum omni fulgore majestatis suæ illustrat. *Adversus* Vigilant. pag. 121, 122.

(5) *Sacrilegus dicendus & nunc Augustus* Arcadius, *qui ossa beati* Samuelis, *longo post tempore, de Judæâ transtulit in Thraciam ? Omnes Episcopi non solùm sacrilegi, sed & fatui judicandi, qui rem vilissimam, & cineres dissolutos, in serico & vase aureo portaverunt ? Stulti omnium Ecclesiarum populi, qui occurrerunt sanctis reliquiis : & tantâ lætitiâ, quasi præsentem viventemque Prophetam cernerent, susceperunt, ut de Palæstinâ usque Chalcedonem jungerentur populorum examina, & in* Christi *laudem unâ voce resonarent ? Ibid. pag.* 122. C.

fes; & qu'a l'égard des vraies mêmes, on modérât les honneurs qu'on leur rendoit. Mais il ne prétendoit pas pour cela, (1) *qu'on mît les cendres des Martyrs dans quelque méchant Linge*, & *qu'on les jettât fur le fumier*; moins encore, *qu'au lieu d'adorer les Reliques*, *on l'adorât lui feul*, *tout yvre ou endormi*, comme *St. Jérome* le lui reproche groffiérement. Pour ce qui est des *Cierges* allumez en plein jour, ce Pére encore ici nie hardiment le fait : (2) *Nous n'allumons*, dit-il, *des Cierges*, *que pour chaffer les ténébres de la Nuit*, & *pour veiller à la lumiére*, *de peur que*, *comme toi*, *nous ne dormions en aveugles dans les Ténébres*. Mais il fe dément lui-même auffi-tôt : *Que fi*, *à caufe de l'ignorance & de la fimplicité des Hommes Séculiers*, *ou même des Femmes pieufes*, *dont on peut dire véritablement*, *Qu'ils ont du zéle pour* DIEU, *mais fans connoiffance*; *quelques-uns font cela en l'honneur des Martyrs*, *quel mal y a-t-il?*..... *Parce qu'autrefois nous adorions les Idoles*, *devons-nous maintenant ceffer d'adorer* DIEU, *pour ne pas donner lieu de croire que nous lui rendons des honneurs femblables à ceux qu'on rend aux Idoles? Ceux-ci étoient abominables*, *parce qu'on les rendoit aux Idoles : mais quand on rend de tels honneurs aux Martyrs*, *ils doivent être par là autorifez*. *Car*, *outre ce que l'on fait à l'égard des Reliques des Martyrs*, *dans toutes les Eglifes d'Orient*, *quand on lit l'Evangile*, *on allume des Lampes en plein jour*, *non pour chaffer les Ténébres*, *mais en figne de joie*. Voilà donc St. *Jérome*, qui reconnoit, que la mode d'allumer des Cierges en plein jour est venuë du Paganisme; & rien n'eft plus certain d'ailleurs (3). Il reconnoît auffi *qu'en faveur des Séculiers*, *ou même des Femmes pieufes*, *on allumoit ainfi des Cierges*, *en l'honneur des Martyrs*, *pour s'accommoder à l'ignorance & à la fimplicité* des perfonnes de l'un & de l'autre Séxe. Le nombre des *Ignorans* & des *Simples* a été de tout tems fi grand, & le Vulgaire fi porté à fe laiffer entraîner aux moindres exemples de Superftition, qu'on a tout lieu de croire que la chofe étoit fort commune, quoi que St. *Jérome* veuille infinuer le contraire, pour diminuer le fondement des impreffions que ces abus avoient fait fur l'efprit de *Vigilance*. Mais St. *Jérome* ignoroit-il, que, dans l'Eglife Primitive, on avoit condamné cet ufage, comme fentant l'Idolatrie Paienne ? On n'a qu'à lire LACTANCE (a); & ce que nous (b) avons rapporté ci-deffus, de TERTULLIEN ? Nous avons vû auffi, que le *Concile* d'ELVIRE, tenu au (c) commencement du *Quatriéme Siécle*, défendit d'allumer des Cierges en plein jour dans les Cimetiéres. Il ne croioit donc pas, que cela fe fît uniquement *en figne de joie*, *à caufe de la gloire que poffedoient dans le Ciel les Martyrs*, *que l'on honoroit fur la Terre*; comme le veut mon Cenfeur, après St. *Jérome*. Si ce Pére eût bien fait,

(a) *Inft. Divin. Lib.* VI. *Cap.* 2.
(b) *Chap.* VI. § 12.
(c) En 305.

---

(1) *Dolet* [Vigilantius] *Martyrum reliquias pretiofo operiri velamine*, & *non vel pannis*, *vel cilicio*, *colligari*, *vel projici in ftercquilinium*, *ut folus Vigilantius ebrius & dormiens adoretur*. Ibid.

(2) *Cereos autem non clarâ luce accendimus*, *ficut fruftra calumniaris : fed ut noctis tenebras hoc folatio temperemus*, & *vigilemus ad lumen*, *ne caeci tecum dormiamus in tenebris*. *Quod fi aliqui*, *propter imperitiam & fimplicitatem fecu-* *larium hominum*, *vel certè religiofarum feminarum*, *de quibus verè poffumus dicere*, *Confiteor*, *zelum Dei habent*, *fed non fecundum fcientiam*, *hoc pro honore Martyrum faciunt*, *quid inde perdis?* ..... *Et quia quaedam colebamus Idola*, *nunc Deum colere non debemus*, *ne fimili eum videamur cum Idolis honore venerari? Illud fiebat Idolis*, & *idcirco deteftandum eft* : *hoc fit Martyribus*, & *ideo recipiendum eft*. *Nam & absque Martyrum reliquiis*, *per totas Orientis*

fait, il se seroit opposé vigoureusement à une Superstition qui n'étoit déja que trop difficile à déraciner; il auroit au moins sû bon gré à *Vigilance* de sa résolution courageuse, & secondé ses efforts. Au lieu de cela, il n'oublie rien pour le rendre l'objet de la haine publique : on diroit, qu'il veut le faire lapider par la Populace, qui ne s'anime jamais plus aisément, & avec plus de fureur, que quand la Religion peut lui servir de prétexte. C'est ainsi que le Christianisme ne pouvoit que tomber, avec le tems, dans l'horrible décadence où on l'a vû. Je ne doute pas qu'il n'y ait toûjours eû, plus ou moins, des gens assez éclairez, pour s'appercevoir qu'on s'éloignoit peu-à-peu de la vérité & de la simplicité de l'Evangile. Mais de tout tems aussi les plus raisonnables & les plus sages ne sont pas ceux qui ont eû le plus de crédit dans l'Eglise, & le plus d'influence sur les affaires de la Religion. Quelques Esprits vains & bouillans, avec peu de science, ou une science peu exacte, soûtenuë de babil, ou d'une fausse Eloquence, en imposoient aisément; sur tout à la faveur d'un air de Sainteté, qu'ils se donnoient par des minuties ou des austéritez outrées, que le Vulgaire prend toûjours pour une Piété solide. Par là ils se faisoient un nom, & mettoient non seulement le Peuple dans leurs intérêts, mais encore entraînoient la Multitude des Ecclésiastiques, parmi lesquels malheureusement il n'y en a que trop qui sont Peuple. Faut-il donc s'étonner, si ceux qui connoissoient les Erreurs & les Superstitions, ne pouvoient ou n'osoient pas se roidir contre un torrent si impétueux? Dès qu'un Parti a pris le dessus, dans l'Eglise plus encore que dans l'Etat, il sait bien se prévaloir de ses avantages. La moindre chose, qui tend à les lui enlever, n'échappe point à son attention. Il prend ombrage de tout. Malheur à qui veut donner le signal de lever la tête, pour secouer le joug de l'Autorité : il faut que les circonstances soient bien favorables, s'il ne sert bien tôt d'exemple, propre à intimider désormais ceux qui auroient le plus d'envie d'en faire autant.

§. XXI. REVENONS à *St. Jérome*, & voïons sa sincérité au sujet des Assemblées Nocturnes qui se faisoient dans les Eglises, & auprès des Tombeaux des Martyrs. On s'étoit plaint, il y avoit long tems, des Débauches qui se commettoient dans ces Assemblées. Il ne faut, pour le prouver, qu'un passage de TERTULLIEN, que (a) mon Censeur lui-même cite. (4) *Quel Mari souffriroit patiemment, dans les Assemblées Nocturnes, où l'on est obligé quelquefois de se trouver, qu'on lui ôtât sa Femme de son côté? Quel même ne craindroit pas de voir, à la Fête de Pâques, sa Femme passer la nuit hors de son logis?* Cet abus s'augmenta si fort, que le *Concile d'*ELVIRE (5) fut obligé de défendre

(a) *Pag.* 409.

---

tis Ecclesias, quando legendum est Evangelium, accenduntur luminaria, jam Sole rutilante, non utique ad fugandas tenebras, sed ad signum lætitiæ demonstrandum. Ibid. pag. 123. A.

(3) Voïez CHEMNITIUS, *Exam. Concil. Tridentin.* Part. IV. pag. m. 669, & seqq. HOSPINIAN. *De Templis*, Lib. II. Cap. 22. PITISCUS, *Lexic. Antiq. Roman.* au mot *Cereus* : &c.

(4) *Quis nocturnis convocationibus, si ita oportuerit, à latere suo adimi* [conjugem suam] *libenter feret? Quis denique solennibus* Paschæ *abnoctantem securus sustinebit?* Ad Uxor. Lib. II. Cap. IV. pag. 168.

(5) *Placuit prohiberi, ne Fœminæ in Cœmiterio pervigilent; eo quòd sæpe, sub obtentu orationis, latenter scelera committantur.* Canon. XXXV.

fendre aux Femmes d'aller la nuit dans les Cimetiéres, *parce que souvent, sous prétexte d'Oraison, il s'y commettoit en cachette de grands Crimes.* Mais St. *Jérome* est contraint ici (1) d'avouer que cela arrivoit *souvent*. C'est pourquoi aussi il recommande (2) ailleurs aux Jeunes Filles, qu'en assistant à ces Assemblées, elles ne s'éloignent pas de leurs Méres d'un travers de doit. Et néanmoins il ne veut point en démordre: tous ces abus ne l'empêchent pas de maintenir fortement en possession une Pratique (3) venuë du Paganisme, qui naturellement ne peut qu'en être suivie. Il la soûtient par des raisons pitoiables. (4) Il faudroit donc, dit-il, abolir aussi les Veilles de *Pâques*, où la plûpart du tems il se commet de pareils désordres. Sans doute, on auroit dû d'autant plus défendre celles-là, qu'il s'agissoit d'une Fête consacrée à la mémoire d'une Mort, & d'une Résurrection, qui rendent la Profanation si criminelle. (5) Ceux qui font de ces Veilles une occasion de débauche, en trouveroient bien d'autres sans cela. D'accord : mais faut-il leur fournir celle qu'on peut leur ôter? On désire avec plus d'ardeur ce qui ne se présente que rarement. Il faudra donc, par cette raison, rendre fréquentes les occasions de pécher, & les multiplier, autant qu'on pourra. Mais enfin, dit-il, on abuse de tout; & l'usage de ce qui est bon, ne doit pas pour cela être aboli. Fort bien: mais il faut que la chose dont il s'agit, soit véritablement bonne & d'une nécessité indispensable. Or comment St. *Jérome* prouve-t-il que l'étoient ces Assemblées Nocturnes? Nous l'allons voir. (6) *Vigilance*, dit-il, *a en horreur les Veilles : il veut dormir, il ne se souvient pas de son propre nom, qui l'engage à veiller: il n'entend pas le Sauveur, qui dit*: (a) N'avez-vous pû veiller une heure avec moi? Veillez & priez, de peur que vous ne soiez exposez à la tentation. L'Esprit est prompt, mais la Chair est foible. *Et ailleurs un Prophéte s'écrie :* (b) Je me levois à minuit, pour te faire ma confession, sur les Jugemens de ta Justice. *Nous lisons aussi dans l'Evangile, que Nôtre Seigneur a passé la nuit à veiller, & que les Apôtres étant en prison ont veillé toute la nuit, en sorte*

que

(a) *Matth.* XXVI, 40, 41.

(b) *Pseaum.* CXVIII, 62.

(1) *Error autem & culpa Juvenum, vilissimarumque Mulierum, qui per noctem sæpe deprehenditur, non est religiosis hominibus imputandus.* Adverf. VIGILANT. pag. 124. C.

(2) *Basilicas Martyrum, & Ecclesias, sine matre non adeat.... Vigiliarum dies & solennes pernoctationes sic Virguncula nostra celebret, ut ne transverfum quidem unguem à Matre discedat.* Epist. ad LÆTAM, Tom. I. pag. 57. A.

(3) Voiez ARNOBE, *Adversus Gentes*, Lib. V. pag. 173. Ed. Lugd. Bat. 1651. & là-dessus les Commentateurs : comme aussi le *Pervigilium Veneris*, Edit. 1712. avec les Notes *Variorum*: & HOSPINIEN, *De origine, progressu* &c. *Festorum Dierum Christian.* Cap. VII. Les prémiers Chrétiens à la vérité s'assembloient de nuit ; mais c'étoit par nécessité, à cause des Persécutions, qui ne leur permettoient pas de le faire de jour. Mais, sous les Empereurs Chrétiens, cette coutûme, comme plusieurs autres, s'introduisit, par une imitation du Paganisme, d'où sortoient un grand nombre de Chrétiens.

(4) *Non vigilemus itaque diebus Paschæ, ne expectata diu adulterorum desideria compleantur, ne occasionem peccandi Uxor inveniat, ne maritali non possit recludi clave.* Adverf. VIGILANT. pag. 124. C.

(5) *Quia & in vigiliis* Paschæ *tale quid fieri plerumque convincitur, & tamen paucorum culpa non prajudicat religioni, qui & absque Vigiliis possunt errare vel in suis, vel in alienis domibus.... Quod enim semel fecisse bonum est, non potest malum esse, si frequenter fiat : aut si aliqua culpa vitanda est, non ex eo quod sæpe, sed ex eo quod sit aliquando, culpabile est.... Ardentius adpetitur, quidquid est rarius.* Ibid.

(6) *Nam quod dicis, eum Vigilias execrari, facit & hoc contra vocabulum suum, ut velit dormire* Vigilantius, *& non audiat Salvatorem dicen-*

DES PERES. Chap. XV.

que la Terre étoit ébranlée de leurs Chants, que le Geolier se convertit à la Foi, que les Magistrats & toute la Ville en furent épouvantez. St. Paul dit encore: (a) Appliquez-vous à la Priére, veillans en elle. *Et ailleurs* (b): Souvent en veilles. *Que* Vigilance *dorme donc, & que dormant il soit étouffé avec les Egyptiens par l'Ange Exterminateur d'*Egypte &c. Ne voila-t-il pas des raisons démonstratives? Jesus-Christ recommande la *Vigilance*, non du Corps, mais de l'Ame. St. Paul prêche l'assiduité à la Priére. Les *Prophétes*, les *Apôtres*, ont veillé ou pour des Exercices particuliers de Dévotion, ou par nécessité. Nôtre Seigneur a aussi passé des nuits à veiller. Donc il est bon qu'Hommes & Femmes aillent en troupes veiller près du Tombeau d'un Martyr, au hazard de mille infamies que cela donne occasion de commettre, & dont on a une expérience certaine. On seroit en vérité bien excusable, de ne pouvoir retenir son indignation contre ceux qui défendent & qui admirent des gens capables d'abuser si horriblement de l'Ecriture Sainte, & d'exposer, entant qu'en eux est, la Religion aux railleries sanglantes des Incrédules.

(a) Coloss. IV, 1.
(b) II. Corinth. XI, 27.

§. XXII. Mais rien ne fait mieux l'apologie de *Vigilance*, & la honte de St. Jérome, que la nécessité où l'on fut réduit d'en venir à ce que vouloit le prétendu Hérétique. A la débauche pour le Sexe, se joignoit celle du Vin, & de la Bonne Chére. On changea les *Veilles* en *Jeûnes*, qui conservent encore le nom (c) de leur origine. Il fallut du tems, pour extirper un abus si invéteré: & il régnoit encore en *Afrique*, pendant la vie de St. Augustin, qui s'en est plaint (7) dans une Lettre écrite vers l'année CCCXCII.

(c) *Vigiliæ*

§. XXIII. On auroit très-bien fait de suivre aussi le conseil de *Vigilance*, au sujet des Reliques. Mais il y avoit ici un trop grand obstacle. La Superstition étoit soûtenuë & encouragée par l'Intérêt. Le Peuple est superstitieux, & c'est par la Superstition qu'on l'enchaîne. Les Reliques, que l'on savoit bien faire, quand on n'en avoit point, & les Miracles forgez à leur occasion, étoient un spectacle, qui rendoit les Eglises fréquentées, & un Aimant qui attiroit

---

dicentem: Sic non potuistis unâ horâ vigilare mecum? Vigilate, & orate, ne intretis in tentationem: Spiritus promtus est, sed caro infirma. *Et in alio loco Propheta decantat*: Mediâ nocte surgebam, ut confiterer tibi, super judicia justitiæ tuæ. Dominum quoque in Evangelio legimus pernoctasse; & Apostolos, clausos carcere, totâ nocte vigilasse, ut, illis psallentibus, Terra quateretur, Custos carceris crederet, Magistratus & Civitas terrerentur. Loquitur Paulus: Orationi insistite, vigilantes in ea. *Et in alio loco*: In vigiliis frequenter. Dormiat itaque Vigilantius, & ab exterminatore Ægypti, *cum* Ægyptiis *dormiens suffocetur* &c. Epistol. ad Ripar. pag 119. B.

(7) *Commessationes enim & ebrietates ita concessæ & licitæ putantur, ut in honorem etiam beatissimorum Martyrum, non solum per dies solennes... sed etiam quotidie celebrentur.... Hæc si prima* Africa *tentaret auferre à ceteris terris,* imitatione digna esset. Quum vero & per Italiæ maximam partem, & in aliis omnibus, aut prope omnibus, transmarinis Ecclesiis, partim quia numquam facta sunt, partim quia vel orta vel inveterata, sanctorum & verè de vitâ futurâ cogitantium Episcoporum diligentiâ & animadversione exstincta atque deleta sint, dubitamus, quomodo possumus tantam morum labem, vel proposito tam lato exemplo, demonstrare? Epist. XXII. (vulg. LXIV.) § 3, 4. *Edit. Benedictin.* Voici ce qu'il dit ailleurs, où il avouë aussi, que plusieurs adoroient les Reliques; & il condamne ce Culte: *Novi multos esse sepulcrorum & picturarum adoratores: novi multos esse, qui luxuriosissimè super Mortuos bibant* &c. De Morib. Eccl. Cathol. Cap. XXXIV. (num. 75.) Voiez encore *De Civ. Dei*, Lib. VIII. Cap. 27. *Contra* Faust. Manich. Lib. XX. Cap. 21. Confess. Lib. VI. Cap. 2.

tiroit de toutes parts des Richesses dans leur Trésor. Si l'on eût autant gagné aux anciennes *Vigiles*, elles se seroient sans doute perpétuées jusqu'à nos jours, comme les *Reliques*. Dès l'année 386. l'Empereur (1) THÉODOSE *le Grand* fut obligé de faire une Loi, par laquelle il défendoit de transporter d'un lieu dans un autre les Corps ensévelis; de séparer les Reliques de chaque Martyr, & d'en trafiquer. Quinze ans après, le V. *Concile de* CARTHAGE (2) ordonna aux Evêques de faire abbattre les Autels qu'on voioit élever par tout dans les Champs, & sur les Grands Chemins, en l'honneur de Martyrs, dont on enterroit là de fausses Reliques, sur des Songes & de vaines Révélations de toute sorte de gens. ST. AUGUSTIN, qui (3) nous dit sans preuve, que DIEU avoit accoûtumé de reveler l'endroit où étoient cachez les Corps des Martyrs; avouë (4) ailleurs les impostures que faisoient quantité de Moines, sous ce prétexte; & les faux (5) Miracles, qu'on débitoit. S'il vouloit y remédier, c'étoit trop tard. Cette Superstition s'étoit emparée de l'esprit du Peuple. Le Concile de *Carthage*, dont nous venons de parler, craignoit déja les *tumultes*. Les Evêques, qui y faisoient attention, usoient de connivence; & (6) ST. AUGUSTIN déclare naïvement, qu'il n'ose parler librement sur bien de semblables abus, pour ne pas donner occasion de scandale ou à des personnes pieuses, ou à des Brouillons. L'entêtement pour les Reliques étoit venu à un tel point, qu'on ne vouloit point d'Eglise, ni d'Autel, sans Reliques. Il falloit donc bien en trouver, à quelque prix que ce fût. ST. AM-
BROI-

---

(1) *Humatum corpus nemo ad alterum locum transferat ; nemo Martyrem distrahat , nemo mercetur.* Lib. IX. Tit. VII. *De Sepulcr. viol.* Leg. VII. Voiez là-dessus JAQUES GODEFROI, Tom. III. *pag.* 152, & *seqq.*

(2) *Item placuit , ut Altaria quæ passim per agros & per vias , tamquam Memoria Martyrum constituuntur, in quibus nullum Corpus, aut Reliquia Martyrum condita probantur, ab Episcopis , qui locis eisdem præsunt, si fieri potest, evertantur: si autem hoc per populares tumultus non sinitur, Plebes tamen admoneantur, ne illa loca frequentent ; at qui recta sapiunt, nulla ibi superstitione devincti teneantur: & omnino nulla Memoria Martyrum probabiliter accepterur, nisi ubi Corpus aut aliqua Reliquia sunt, aut origo alicujus habitationis, vel possessionis, vel passionis, fidelissima origine, traditur. Nam quæ per somnia, & per inanes quasi revelationes quorumlibet hominum ubicumque constituuntur Altaria, omni modo improbentur.* Can. XIV.

(3) A l'occasion des prétenduës Reliques de *St. Etienne* : *Hujus corpus ex illo* [tempore passionis] *usque ad ista tempora latuit ; nuper autem adparuit , ut solent adparere sanctorum Corpora Martyrum , revelatione Dei, quando placuit Creatori.* Sermon. CCCXVIII. § 1. Tom. V. *pag.* 886. C. *Ed. Benedict. Antuerp.*

(4) *Tam multos hypocritas, sub habitu Monachorum usquequaque dispersit* [callidissimus hostis] *circumeuntes Provincias , nusquam missos, nusquam fixos, nusquam stantes, nusquam sedentes. Alii membra Martyrum , si tamen Martyrum, venditant &c. De Opere Monachorum,* Cap. XXVIII. (§ 36.) OPTAT *de Milève* dit la même chose, des Reliques d'un certain Martyr, Lib. I. *pag.* 40. *Ed. Paris.* 1631. Notez que ST. JÉRÔME parle lui-même des fripponneries de quelques Moines , qui , pour gagner de l'argent, feignoient d'avoir des Visions, & des Combats avec le Diable: *Qui nesciunt, secundum quosdam ineptos homines, Dæmonum pugnantium contra se portenta confingere , ut , apud imperitos & vulgi homines, miraculum sui faciant, & exinde lucra sectentur.* Epist. ad RUSTIC. Tom. I. *pag.* 45. B.

(5) Jamais on n'a tant débité de Miracles, que dans ce IV. Siécle. Voiez la II. Dissertation de DODWELL sur *St. Irenée.* Cependant ST. AUGUSTIN dit, que les Miracles n'ont pas duré jusqu'à son tems, ou du moins font fort rares : *Nec miracula illa in nostra tempora durare permissa sunt, ne animus semper visibilia quæreret, & eorum consuetudine frigesceret genus humanum &c. De Vera Relig.* Cap. XXV. (§ 47.) Il est vrai, qu'il se retracta de cela ensuite , *Retract.* Lib. I. Cap. 13.
mais

BROISE (a) alloit confacrèr une Eglife à *Milan*. Le Peuple en foule le prie (a) Epift.
de le faire à la maniére de *Rome*. *Je le ferai*, dit-il, *pourvû que je trouve des* LXXXV. pag.
Reliques. Aufli tôt un grand preffentiment lui vient à point nommé. Il va *m.* 685.
en un certain lieu, il y fait creufer la Terre, & voilà les Corps de deux Martyrs, *St. Gervaife* & *St. Protaife*, qui fe trouvent là. On tranfporte ces Reliques dans l'Eglife, qui depuis a eû le nom de *St. Ambroife*. Un Aveugle eft
guéri, pour confirmer la trouvaille. Le lendemain *St. Ambroife* monte en chaire, & lave bien la tête aux Incrédules, qui ne manquoient pas, de fon propre
aveu. (b) Mais (7) il avoit pour lui la Multitude ignorante: & qui eft- (b) *Serm.* XCI.
ce qui n'auroit craint d'en être lapidé, s'il eût ofé propofer fes doutes ouverte- pag. *m.* 793,
ment? Ainfi le mal ne pouvoit qu'empirer de plus en plus. Un Canon du II. & *feqq.*
Concile de NICE'E, tenu en 787. & mal-à-propos reputé Oecuménique, défendit expreflément de confacrer (8) aucune Eglife fans Reliques, & ordonna
d'en mettre dans celles qui étoient déja confacrées, où il n'y en avoit point. Il
n'eft pas befoin de parler des Siécles fuivans. Chacun fait à quels prodigieux
excès ont été portées l'Impofture & la Superftition, en matiére (9) de Reliques. Si les lumiéres de nôtre Siécle y ont mis quelque frein, il ne refte que
trop, en divers endroits, de fotte crédulité pour les nouvelles fraudes, ajoûtées à celles des Siécles paffez, dont l'effet fubfifte.

§. XXIV. CET exemple fuffiroit pour faire voir l'importance qu'il y a de
ne pas laiffer introduire facilement ou du moins d'arrêter de bonne heure des

Pra-

mais, outre que fouvent fes Rétractations ne
font pas en mieux, celle-ci fuppofe feulement, qu'il fe fait encore quelques Miracles.
Et il en rapporte de fi ridicules, dans fa *Cité
de Dieu*, Lib. XXII. Cap. VIII. qu'on ne
peut que croire, qu'il s'accommodoit à l'opinion du Vulgaire. Voiez Mr. LE CLERC,
dans l'*Appendix Auguftin.* pagg. 492, 550,
594, &c.
(6) *Etiamfi multa hujusmodi, propter nonnullarum vel fanctarum, vel turbulentarum perfonarum fcandala devitanda, liberius improbare
non audeo.* Epift. ad JANUAR. LV. (vulg.
119.) § 35.
(7) Il fe fervit auffi de ce ftratagême,
pour faire condamner les *Ariens* par ces prétendus Martyrs, qui, à ce qu'il dit, forçoient
le Diable à avouer, dans les Exorcifmes,
que la doctrine de la Trinité étoit véritable.
Mr. LE CLERC obferve encore, avec raifon, d'autres marques d'impofture. *St. Auguftin*, qui dit avoir été alors à *Milan*, ne
s'accorde point avec *St. Ambroife*, fur la maniére dont les Reliques de ces Saints furent
découvertes. Le prémier dit, que ce fut en
conféquence d'une Vifion, *Confeff.* Lib. IX.
Cap. VII. (§ 16.) *De Civ. Dei,* Lib. XXV.
Cap. VIII. § 2. L'autre parle feulement d'un
preffentiment fecret, qui lui vint au moment

que le Peuple lui demandoit des Reliques:
Statimque fubiit veluti cujusdam ardor præfagii
&c. Epift. LXXXV. pag. *m.* 685. A De
plus, *St. Ambroife* repréfente les Reliques de
St. Gervaife & de *St. Protaife*, comme des
Corps de Géans: *Invenimus miræ magnitudinis
viros duos, ut prifca ætas ferebat.* Ibid. B. Voiez
l'*Appendix Auguftin.* pag. 375.
(8) *Canon.* VII. Voiez HOSPINIEN, *De
Origine Templorum* &c. dedicat. Lib. IV. Cap.
II. pag. 448, *& feqq.* & le Cardinal BONA,
Rer. Liturgic. Lib. IV. Cap. XIX. § 5. pag.
163. Ce ne fut pourtant que dans le IX. Siécle, qu'on mit les Reliques fur l'Autel même. Mr. THIERS le reconnoît, dans fes
*Differtations Eccléfiaftiques fur les principaux
Autels* &c.
(9) Voiez, outre CHEMNITIUS, HOSPINIEN, & autres Auteurs affez connus; le
Préfervatif de Mr. LENFANT, *contre la réunion avec le Siége de Rome*, Tom. III. Lett.
XIV. *pag.* 137, *& fuiv.* & un Mémoire inféré dans la *Biblioth. Hiftor. Philolog. Theolog.*
de Mr. DE HASE, Claff. VII. Fafcic. VI.
Art. IV. fous ce titre: Jo. JACOB. RAMBACHII *Obfervatio, De ignorantiâ exegeticâ
multarum* RELIQUIARUM *facrarum matre
& obftetrice.*

Pratiques Humaines, qui se rapportent à la Religion, quelque innocentes qu'elles paroissent dans leur origine. Les *Reliques* sont venuës d'une Coûtume, qui, quoi qu'imitée du (1) Paganisme, pouvoit avoir son usage, réduite à ses justes bornes. On voulut honorer la mémoire des *Martyrs*, & pour cét effet on conserva non seulement avec soin ce qui restoit de leurs Corps, mais encore on célébra le jour de leur mort (qu'on appelloit leur *Jour Natal*) & l'on s'assembloit alors dans le lieu où ces précieux restes étoient enterrez. C'est tout l'honneur qu'on leur rendoit pendant les trois prémiers Siécles. On ne pensoit point, qu'avec le tems les *Chrétiens* dussent faire des Cendres & des Os des Martyrs, l'objet d'un Culte Religieux; les adorer & les invoquer, comme *présens*, (2) & *étant même par tout*, *ainsi que* JE'SUS-CHRIST, selon les paroles de *St. Jérome*; leur élever des Temples; mettre les Reliques sous l'Autel, & enfin sur l'Autel même; separer les restes d'un seul Corps; les transporter d'un lieu dans un autre, & en prendre l'un un morceau, l'autre l'autre; les mettre & les montrer dans des Chasses; en faire un trafic, qui excitât l'Avarice à remplir le monde de Reliques supposées &c. Cependant, dès le Quatriéme Siécle l'abus se glissa si ouvertement & avec tant d'étenduë, qu'il produisit enfin tous ces mauvais effets, que nous voions encore de nos yeux.

§. XXV. EN vain le P. *Ceillier* veut, avec ceux de sa Communion, trouver le Culte des Reliques dans ce que l'Histoire Ecclésiastique nous apprend du Martyre de *St. Ignace*, & de *Polycarpe*. Tout ce que portent les Actes de la Passion du (3) prémier, & tout ce qu'en dit (a) EUSEBE, c'est que les Fidéles qui étoient à *Rome* recueillirent soigneusement les Os les plus durs, qui étoient seuls restez du Corps d'*Ignace*; qu'ils les transportérent à *Antioche*; qu'ils les mirent dans un Linge, & les ensévélirent, comme un Trésor inestimable, laissé à l'Eglise, à cause de la grace que DIEU avoit faite à ce Martyr; qu'ils indiquérent le jour de son Martyre, afin que, dans ce tems-là, on s'assemblât pour témoigner la communion qu'on avoit avec un si courageux Athléte, qui avoit foulé aux pieds le Diable, & achevé sa course selon le désir que lui inspiroit l'amour de JE'SUS-CHRIST.

§. XXVI. IL n'y a rien de plus, au sujet de *Polycarpe*. Ce Martyr aiant été brûlé à *Smyrne*, les Chrétiens de l'Eglise recueillirent ses Os, comme (4) leur

(a) *Hist. Ecclef.* Lib. IV. Cap. 15.

(1) Voiez CHEMNITIUS, *Exam. Concil. Trident.* Part. IV. *pag.* 669, *& seqq.* HOSPINIEN, *De Origine Templorum* &c. Lib. II. Cap. VII. *pag. m.* 111, *& seqq.* Notez que ST. CYRILLE reconnoît cette origine Paienne, en répondant à l'Empereur JULIEN, qui le prémier des *Paiens*, que nous connoissions, a reproché aux *Chrétiens* le *Culte des Morts & de leurs Reliques.* Voiez la Lettre LII. de cet Empereur, à la fin (*pag.* 438. Edit. Spanhem.) & CYRILL. contra Julian. Lib. X. pag. 336.

(2) *De quibus scriptum est*: Sequuntur Agnum, quocumque vadit. *Si Agnus ubique, ergo & hi, qui cum Agno sunt, ubique esse credendi sunt.* Adversus VIGILANT. pag. 122. D.

BELLARMIN, & les autres Controversistes de l'Eglise Romaine, abandonnent *St. Jérôme*, sur cette *ubiquité* des Saints; comme l'a remarqué G. J. VOSSIUS, *Thes. Theolog.* Disput. XI. § 11.

(3) Μόνα γῶ ὡς τιμιώτερα τ ἀρίων αὐτῶ λείψανον σεδιελείφθη, ἅπια εἰς τὼ Ἀντιόχειαν ἀπεκομίσθη, κ ἐν λίνῳ κατατέθη, θησαυρός ἀτίμητος ὑπὸ τ̅ ἐν τῇ Μάρτυρι χάριτος, τῇ ἁγίᾳ Ἐκκλησίᾳ καταλειφθέντα.... Ἱμνέντες τ̅ θεὸν τ̅ δεδύρα τ̅ ἀγαθῶν, κ μακαρίσαντες τ̅ ἅγιοι, ἐφανερώσαμρ ὑμῖν κ̅ τὴν ἡμέραν, κ̅ τ̅ χρόνον· ἵνα καπιὰ τ̅ καιρὸν τ̅ μαρτυρία συναγόμρι κοινωνῶμρ τῇ ἀθλητῇ κ̅ γενναίῳ Μάρτυρι Χρισοῦ· καπιπατήσαντι τ̅ Διάβολον, κ̅ τ̅ τ̅ φιλοχρίσου αὐτοῦ ἐπιθυμίας πληρώσαντι δρόμον ἐν Χρισῷ Ἰησοῦ τῷ

leur étant plus chers que les Pierres précieuses, & plus purs en eux-mêmes que tout Or; & ils les enterrèrent dans un certain lieu convenable. Ils résolurent de s'assembler ensuite, autant qu'ils pourroient, dans ce lieu-là, pour célébrer le jour de son Martyre avec joie, tant pour conserver la mémoire de ceux qui avoient ainsi achevé leur Combat, que pour instruire & affermir dans la Foi la Postérité.

§. XXVII. On ne voit en tout cela aucune trace de Culte rendu ni aux Reliques, ni aux Martyrs mêmes. Bien loin de là: l'éloignement que les Chrétiens avoient pour un tel Culte, est marqué bien clairement dans la Lettre des Fidéles de *Smyrne*, touchant le Martyre de *Polycarpe*, d'où est tiré ce que nous venons de rapporter. Quelques *Païens*, poussez par les *Juifs*, vouloient empêcher que le Proconsul ne permît aux *Chrétiens* de rendre les honneurs de la Sépulture à ce que le Feu avoit épargné du Corps de ce Martyr. La raison (5) sur quoi ils fondoient leur demande, étoit, *de peur que, laissant-là le Crucifié* (Je'sus-Christ) *ils ne se missent à adorer* Polycarpe. Mais, dit l'*Eglise de* Smyrne, *ils ignoroient, que nous ne pouvons jamais abandonner* Je'sus-Christ, *qui a souffert pour le Salut de tous ceux qui seront sauvez dans tout le Monde, ni adorer d'autre que lui. Car nous l'adorons, comme Fils de* Dieu: *& pour ce qui est des Martyrs, nous les aimons, ainsi qu'il convient, comme les Disciples & les Imitateurs du Seigneur, à cause de l'amour extrême qu'ils ont témoigné avoir pour leur Roi & leur Maître. Dieu veuille que nous ayons part à même grace, qu'eux, & que nous soyons leurs Condisciples!* On ne sauroit exclure plus clairement tout honneur religieux: & St. Augustin (6) a parlé de même; tout Partisan qu'il étoit d'ailleurs des Reliques, pour s'accommoder au goût de son Siécle. Il paroît aussi par l'histoire du Martyre de *Polycarpe*, que le Proconsul n'eut aucun égard à la demande des *Juifs* & des *Païens* réunis, & que le prétexte, dont ils se servoient, ne fit aucune impression sur lui; ce qui montre, qu'il n'avoit jamais entendu parler d'un Culte que les *Chrétiens* rendissent aux Reliques de leurs Martyrs; & il étoit difficile qu'il ne le sût, si la chose avoit eû quelque fondement. Aussi voit-on, dans ce même Siécle, un autre cas, où les Païens aiant réussi à satisfaire leur désir inhumain de ne laisser aucun reste des Corps de plusieurs Martyrs, dont ils jettè-

---

τῷ Κυρίῳ ἡμῶν &c. Martyrium Ignat. § 6, 7. *Patrum Apostolic.* Tom. II. Part. I. *pag.* 161, 162. *Ed. Amst.* 1724.

(4) Οὕτω τε ἡμεῖς ὕστερον ἀνελόμενοι ὀστᾶ τιμιώτερα λίθων πολυτελῶν κ᾽ δοκιμώτερα ὑπὲρ χρυσίον ὁσᾶ αὐτᾶ, ἀπεθέμεθα ὅπη κ᾽ ἀκόλουθον ἦν. ἔνθα ὡς δυνατὸν ἡμῖν συναγομένοις, ἐν ἀγαλλιάσει κ᾽ χαρᾷ, παρέξει ὁ Κύριος ἐπιτελεῖν τὴν τοῦ μαρτυρίου αὐτοῦ ἡμέραν γενέθλιον, εἰς τε τὴν τῶν προηθληκότων μνήμην, κ᾽ τῶν μελλόντων ἄσκησίν τε κ᾽ ἑτοιμασίαν. Martyrium Polycarpi, § 18. *pag.* 202.

(5) Μὴ, φασὶν, ἀφέντες τὸν ἐσταυρωμένον, τοῦτον ἄρξωνται σέβεσθαι... ἀγνοοῦντες, ὡς ὅτι τὸν Χριστὸν ποτε καταλιπεῖν δυνησόμεθα; τὸν ὑπὲρ τῆς τοῦ παν-

τὸς κόσμου τῶν σωζομένων σωτηρίας παθόντα... ἕτερόν τινα σέβεσθαι. τοῦτον μὲν γὰρ, υἱὸν ὄντα τοῦ Θεοῦ, προσκυνοῦμεν· τοὺς δὲ Μάρτυρας, ὡς μαθητὰς κ᾽ μιμητὰς τοῦ Κυρίου, ἀγαπῶμεν ἀξίως, ἕνεκα εὐνοίας ἀνυπερβλήτου τῆς εἰς τὸν ἴδιον Βασιλέα κ᾽ Διδάσκαλον. ὧν γένοιτο καὶ ἡμᾶς κοινωνούς τε κ᾽ συμμαθητὰς γενέσθαι. Ibid. § 17.

(6) Non sit nobis religio cultus hominum mortuorum: quia, si piè vixerunt, non sic habentur, ut tales quærant honores; sed illum à nobis coli volunt, quo illuminante lætantur meriti sui nos esse consortes. Honorandi ergo sunt propter imitationem, non adorandi propter religionem. De Vera Relig. Cap. LV. (§ 108.)

rent les Cendres dans le *Rhône*; le firent, dit (1) Eusebe, pour venger leurs Simulacres méprisez par les *Chrétiens*, & pour ôter à ces derniers la flatteuse espérance de la Résurrection de leurs Martyrs. Pas un mot de cette crainte de voir les Martyrs érigez en nouveaux Dieux. Et si les *Chrétiens* furent affligez de la perte qu'ils faisoient, ce ne fut, selon le même Historien, que parce qu'ils n'avoient pas la consolation de donner la Sépulture à leurs bienheureux Martyrs. La vénération de leurs Reliques n'y entre pour rien. Sans elles ils pouvoient assez conserver la mémoire de leur constance, & s'animer à l'imitation de leurs Vertus. Ce n'est que dans le *Quatrième Siécle* qu'on (2) trouve le Culte des Reliques & des Martyrs, reproché aux *Chrétiens* par les *Païens*.

§. XXVIII. Cela suffit, pour montrer la fausseté de ce que le P. *Ceillier* nous (a) débite gravement des Miracles faits, sous l'Empire d'*Antoninus Vérus*, par l'attouchement des Reliques des *Saints Epipode & Aléxandre*, martyrisez alors. Les *Acta Sincera* du P. Ruinart, sur la foi desquels il nous donne cela, ne sont pas tous d'une authenticité incontestable, ni exemts de toute interpolation ou addition dans ceux qui peuvent être vrais pour le fond; quelque justice qu'on doive rendre d'ailleurs à l'exactitude & à la bonne foi de ce Savant Bénédictin. Rien n'est plus contraire à l'histoire & au génie du Second Siécle, que d'entendre (3) parler de *la Chaussure d'un Martyr*, gardée comme une Relique, & emploiée par une inspiration divine à guérir la Fiévre. Jamais rien ne sentit plus la Légende. Les autres Actes, citez par mon Censeur, ne sont pas moins suspects.

§. XXIX. En voilà plus qu'il ne faut pour mon but, sur l'article des *Reliques*. Le P. *Ceillier* perd ensuite près de cent pages, *à parler du Culte des Saints*, de la *Priére pour les Morts*, du *Purgatoire*, du *Vœu de Continence* &c. Tout cela est hors du sujet; & ce qui peut y avoir quelque rapport, a été suffisamment refuté ci-dessus: comme le reste l'a été cent fois par nos Auteurs. Je n'ajoûterai donc qu'un mot par rapport à *Vigilance*, dont il s'agit. C'est un ou deux traits de la bonne foi de *St. Jérôme*, qui sont trop marquez, pour devoir être confondus avec d'autres, que je passe sous silence. *Vigilance*, pour montrer combien il étoit absurde d'adorer & de prier les Morts, disoit, qu'ils

ne

(a) *Pag. 343.*

(1) Τὰ ἐν σώματα τ̄ Μαρτύρων παντοίως διαδιχμηθέντα κỳ αἰθαλωθέντα ἐπὶ ἡμέρας ἔξ, μετέπειτα καέντα κỳ αἰθαλωθέντα ὑπὸ τ̄ ἀιόμων. κραπσπαράδη ἰϊς τ̄ Ῥόδανον πόταμον πλησίον διαρρέοντα, ὅπως μη ή λείψανοι αυτῶν φαίνηται ἐπὶ τ̄ γῆς ἔτι. κỳ ταῦτ ἐπραττον, ὡς δυνάμενοι νικήσαι τ̄ Θεὸν, & ἀφελέξξ αυτῶν τὴν παλιγγενεσίαν ἵνα, ὡς ἔλεγον ἐκεῖνοι, μὴ ỷ ἐλπίδα ἐχῶσιν ἀναςάσεως &c. Hist. Eccl. *Lib.* V. *Cap.* l. *in fin. pag.* 210. *Edit. Cantabr.* 1720.

(2) J'ai indiqué ci-dessus, dans une Note sur le §. 24. l'Empereur Julien. On voit le même reproche fait par le Sophiste Eunapius, *Vit. Ædesii*, pag. 78. *Ed. Commelin.* 1596. Voiez Van Dale, *De Oraculis*, pag. 540, & seqq. 2. Edit.

(3) *Adolescens quidam, natu nobilis, vi febrium succensus, per visionem commonitus est, ut remedium ab eâ muliere, quæ calceamentum Martyris habebat, expeteret. Illa vero se medicinæ nihil nosse respondit: sed, Domino miserante, Martyris per exuvias hospitali ope allatas, se plurimas curasse non negabat* &c. Acta SS. Epipodii & Alexandr. apud Ruinart. pag. 67. Voici ce que dit Mr. de Tillemont: *Ils ne sont pas originaux* [les Actes de *St. Epipode & St. Aléxandre*] *comme on le peut juger par le Stile & par les Harangues... Il y a aussi quelques endroits qui marquent que l'Auteur vivoit dans la paix de l'Eglise, & assez long*

ne pouvoient avoir connoissance de ces Hommages & de ces Priéres, parce (4) qu'ils n'étoient point par tout, ni dans leurs Tombeaux, mais dans le *Sein d'Abraham*, ou dans le *Lieu du Rafraichissement*, ou *sous l'Autel de* Dieu; toutes idées, qu'il tiroit de l'Ecriture. Là-dessus *St. Jérôme* le traite de *Blasphémateur*: il l'accuse de douter de l'*Immortalité de l'Ame*, ou du moins de condamner les Ames des Saints à une honnête prison. *Vous soupçonnez, lui dit-il, que* Samuel [dont les Reliques ont été transportées par ordre d'*Arcadius*] *est mort, & ainsi vous blasphemez. Lisez l'Evangile:* Le Dieu d'*Abraham*, le Dieu d'*Isac*, le Dieu de *Jacob*; Dieu n'est pas le Dieu des Morts, mais des Vivans. *Ou s'ils vivent, ils ne sont donc pas enfermez dans une honnête prison, ainsi que vous le prétendez.... distinguez seulement des plus infames Meurtriers, dans les* Iles Fortunées *& dans les* Champs *Elysiens, comme s'ils étoient de Famille de Sénateurs, Donnerez-vous des Loix à* Dieu? *Lierez-vous les Apôtres, pour les tenir en prison jusqu'au Jour du Jugement, ensorte qu'ils ne soient point avec* Dieu &c. Une autre conséquence odieuse, que *St. Jérôme* tire malignement de ce que *Vigilance* condamnoit le Culte superstitieux des Reliques, c'est qu'il niât qu'on dût souffrir le Martyre pour la Religion Chrétienne. (5) Et ce qui est plaisant, c'est qu'il veut que, soit que *Vigilance* l'avoûë ou qu'il ne l'avoûë pas, on le lui doive imputer. *Car,* ajoûte-t-il, *vous qui soûtenez qu'il faut fouler aux pieds les Reliques des Martyrs, vous voulez par cela même qu'on ne répande pas un Sang qui n'est digne d'aucun honneur.* Voilà la plus fausse imputation du monde, & toujours fondée sur l'autre également fausse, que *Vigilance* défendoit de rendre aucun honneur aux Cendres des Martyrs. *St. Jérome*, qui nous a si peu conservé des propres paroles de *Vigilance*, devoit, pour son honneur, supprimer aussi celles que nous avons vûës ci-dessus, & qui marquent assez clairement l'état de la question. *Quelle nécessité d'honorer si fort, & d'adorer &c.* Il y a bien de la différence entre vouloir régler la nature ou le degré de l'honneur que l'on rend à une Personne ou à une Chose, & exhorter à l'outrager, à la *fouler aux pieds*. *Vigilance* auroit pourtant pû, sans sacrilége, faire même le dernier, à l'égard de tant de fausses Reliques, dont le Monde Chrétien étoit déja couvert. Y auroit-il eû tant de mal à en user ainsi, par exemple, dans un cas que rapporte Sulpice Sévére, Ecrivain antérieur à *St. Jérôme*,

&

---

long tems après la mort de ceux dont il parle &c. Mémoires *pour l'Hist. Eccles.* Tom. III. Part. l. pag. 49. Ed. de Brux.

(4) *Ais enim, vel in sinu* Abrahæ, *vel in loco refrigerii, vel subter aram Dei, animas Apostolorum & Martyrum consedisse, nec posse suis tumulis, & ubi voluerint, adesse præsentes... Dicis in libello tuo, quòd, dum vivimus, mutuo pro nobis orare possumus; postquam autem mortui fuerimus, nullius sit pro alio exaudienda oratio.... Mortuum suspicaris [* Samuelem *] & idcirco blasphemas. Lege Evangelium:* Deus Abraham, Deus Isac, Deus Jacob, *non est* Deus *mortuorum, sed vivorum. Si ergo vivunt, honesto, juxta te, carcere non claudantur... Senatoriæ videlicet dignitatis sunt, & non,* inter homicidas, teterrimo carcere, sed in liberæ honestaque custodia, in Fortunatorum Insulis, & in Campis Elysiis, recluduntur. Tu Deo leges pones? Tu Apostolis vincula injicies, ut, usque ad diem Judicii, teneantur custodiâ, nec sint cum Domino suo &c. Adversus Vigilant. pag. 122. C. D.

(5) *Miror, quòd non dicas, nequaquam perpetranda martyria; Deum enim, qui sanguinem hircorum taurorumque non quærat, multo magis hominum non requirere. Quod quum dixeris, immo etsi non dixeris, ita habeberis, quasi dixeris. Qui enim reliquias Martyrum adseris calcandas esse, prohibes sanguinem fundi, qui nullâ honre dignus est.* Ibid. pag. 123, 124.

& grand Prôneur lui-même de Reliques & de Miracles. C'est dans la Vie de *St. Martin*, qu'il donne pour avoir été revêtu d'un Pouvoir Miraculeux des plus vastes. Le Saint voit un Autel élevé par des Evêques ses Prédécesseurs, en l'honneur de quelques Martyrs, dont on prétendoit que les Reliques étoient là ensévelies. (1) Il lui vient quelque soupçon, sur ce qu'il ne trouvoit aucune certitude dans ce qu'on débitoit du nom de ces Martyrs, & du tems de leur Passion. Il prie Dieu, d'éclaircir ses doutes: il est exaucé. L'apparition d'une Ombre Criminelle lui apprend, qu'au lieu de vrais Martyrs, on avoit adoré là, pendant plusieurs années, les Os d'un Brigand justicié. Il fait transporter ailleurs cet Autel témoin de tant d'actes de Religion, doublement mal appliquez.

§. XXX. N'AI-JE donc pas eû bien raison de dire, après ce qu'on vient de voir, & qui n'est qu'une petite partie des raisonnemens & des invectives de *St. Jérome*, que *son Traité contre Vigilance* (joignez-y la *Lettre à Riparius*) *est tout plein d'injures grossiéres, & de faux raisonnemens, qui tendent à rendre odieux à la Populace un Adversaire, qu'il ne pouvoit refuter par de bonnes raisons*. Mon Censeur (a) fait mine de me convaincre de faux là-dessus: mais ce qu'il dit est plûtôt une confirmation forcée, qu'une réfutation tant soit peu apparente de ma critique. Le Lecteur en jugera. „ *St. Jérome*, répond-il, ne dissimule pas
„ qu'il ne se soit quelquefois servi de termes aigres contre *Vigilance*, & contre
„ tous les autres Hérétiques. La douleur qu'il avoit de voir attaquer la doc-
„ trine de l'Eglise, le transportoit comme hors de lui-même. D'ailleurs son
„ naturel vif & impétueux, & la lecture des Auteurs Profanes les plus mor-
„ dans, dont il avoit pris le stile, le laissoient à peine le maître des expressions,
„ dont il se sert contre ses Adversaires. *Haec dolentis magis effudi animo, quàm*
„ *ridentis, dum me cohibere non possum, & injuriam Apostolorum ac Martyrum sur-*
„ *dâ nequeo aure transire,* (b) dit ce Pére. On doit encore avoir plus d'indul-
„ gence pour ce Docteur à l'égard de plusieurs inutilitez, auxquelles il s'est
„ quelquefois laissé aller dans ses Ecrits. Il s'est (2) condamné lui-même sur
„ ce point, & il a avoué, que, s'il eût eû le loisir de relire ses Ouvrages,
„ après les avoir composez, il en auroit retranché toutes ces bagatelles. Mais
„ l'avidité qu'on avoit d'avoir ses Ecrits, ne lui permettoit pas de profiter de
„ la

(a) *Pag.* 410.

(b) *Adversus Vigilant. pag.* 222. A.

---

(1) *De Vita B. Martin.* Cap. XI. On voit, dans l'*Histoire Ecclésiastique de* Socrate, que Cyrille d'*Aléxandrie* érigea en Martyr un Moine, nommé *Ammonius*, qu'on avoit fait mourir pour avoir insulté & blessé *Oreste*, Gouverneur Romain. Ce Prélat déposa de si saintes Reliques dans une Eglise, & fit en Chaire le Panégyrique du Séditieux justement puni, dont il changea le nom en *Thaumasius*, ou l'*Admirable*. Lib. VII. Cap. XV. Hospinien, qui n'a pas oublié ce fait, (De *Templis*, Lib. II. Cap. VII.) dans les exemples anciens & modernes, qu'il rapporte, des impostures au sujet des Reliques; cite aussi ce que rapporte Grégoire de *Tours* (Hist. Lib. IX. Cap. VI.) Que, dans la Chasse d'un Saint, on trouva des Racines, des Dents de Taupes, des Os de Rat, & des Ongles de Renard. A propos de *Tours*, *Hospinien* remarque aussi, que, dans cette Ville, ou adoroit, avec beaucoup de superstition, une Croix d'argent, ornée de quantité de Pierres précieuses; entre lesquelles il y avoit une Agathe gravée, qui étant portée à *Orléans*, & examinée par les Curieux, se trouva représenter *Vénus*, pleurant *Adonis*, qui paroissoit là mourant. Cela me fait souvenir d'une Agathe, dont parle le P. de Montfaucon (*Antiq. expliquée*, Supplem. Tom. I. Liv. II. Chap. III.) & qui est présentement dans le Cabinet du Roi à *Paris*. On y voit aux deux côtez d'un Arbre, *Jupiter* & *Minerve*;

,, la censure qu'en faisoient ses Amis & ses Ennemis". De bonne foi, un Auteur, qui en avouë tant au sujet de ceux dont il prend la défense en Admirateur passionné, ne donne-t-il pas gain de cause? Et des gens tels qu'il les représente, sont-ils de *bons Maîtres* & de *bons Guides*?

§. XXXI. LE P. *Ceillier* aiant fait de tels aveus, devoit laisser du moins au rang des *inutilitez* & des *bagatelles* qu'on trouve dans les Ecrits de *St. Jérome*, la pitoiable raison dont on avoit dit qu'il se sert en faveur du *Célibat*, c'est que ceux qui vivent dans cet état, sont appellez en Latin *Cælibes, parce qu'ils sont dignes du Ciel.* Mais, quand on est amoureux d'une personne, on revient bien tôt de la connoissance qu'on avoit témoigné avoir de ses défauts: on se les cache à soi-même, & on veut les cacher aux autres. (a) *Quel mal y auroit-il*, me dit-on, *quand St. Jérome se seroit servi de cette allusion, pour exhorter au Célibat?* Mais quel bien y a-t-il? Et à quoi bon fonder là-dessus des exhortations à une chose, que l'on regarde comme de grande conséquence? Une personne raisonnable se laissera-t-elle persuader par une *allusion* étymologique? Ou plûtôt est-ce une raison à alléguer sérieusement contre un Adversaire, avec qui l'on dispute sur un sujet d'aussi grande importance, que *St. Jérome* concevoit celui qui le fit déchaîner contre *Jovinien?* S'*il est vrai*, continuë mon Censeur, *qu'on n'ait donné ce nom aux Continens, que parce qu'ils sont dignes du Ciel, n'est-ce pas un motif assez puissant, pour embrasser l'état de Continence?* Non, ce n'est pas un motif qui ait la moindre force. Car, outre qu'il n'y a rien de plus incertain que les Etymologies; on ne peut ici rien inferer de celles qui sont certaines, qu'en supposant que le nom, dans lequel on les trouve, a été donné par quelcun, dont le Jugement soit de poids, ou non suspect. Or qui est le Maître des Langues, & par conséquent des Etymologies? N'est-ce pas le Peuple, sur le goût duquel on ne peut se reposer sagement, que dans une chose comme celle-là, où il s'agit uniquement de se faire entendre, & non de la vérité des pensées mêmes? D'ailleurs, il est certain, que le mot *Cælebs* a été introduit dans la Langue Latine par les *Païens*. Auront-ils donc pensé à la *Félicité Eternelle*, & l'auront-ils regardée comme la récompense du *Célibat*, ainsi que le veut le P. *Ceillier?* Il faudroit au moins, pour cela, qu'ils eussent entendu par *Cælibes* ceux qui vivoient chastement hors du Mariage. Mais ils se

(a) *Apolog.* pag. 411. 412.

ve; ce qui passoit pour l'image du *Paradis Terrestre*, & du *Péché d'Adam*, dans *une des plus anciennes Eglises de* FRANCE, d'où elle a été ôtée depuis près de quarante ans, après y avoir été gardée *pendant plusieurs Siécles.* Dans ces tems de *simplicité*, ajoûte le docte Bénédictin, *on n'y regardoit pas de si près.* La grande *Agathe de la Sainte Chapelle*, qui représente l'apothéose d'Auguste, a passé *pendant plusieurs Siécles*, pour *l'histoire de* Joseph, *Fils de* Jacob. Une *Onyce*, qui représente les têtes de Germanicus & d'Agrippine, a été honorée, *pendant six cens ans, comme la Bague, que* St. Joseph *donna à la Sainte Vierge, quand ils se marièrent*: on la baisoit, en cette qualité,

tous les ans, en certains jours de l'année: cela dura, jusqu'à ce qu'on s'apperçut, il y a vingt-cinq ans, qu'une Inscription Gréque, en caractére fort menu, appelloit Germanicus, Alphée, & Agrippine, Aréthuse &c.

(2) *Non sum tantæ felicitatis, quantæ plerique hujus temporis Tractatores, ut nugas meas, quando voluerint, emendare possim. Statim ut aliquid scripsero, aut amatores mei, aut invidi, diverso quidem studio, sed pari certamine, in vulgus nostra disseminant; & vel in laude, vel in vituperatione nimii sunt, non meritum styli, sed suum stomachum sequentes.* Ad PAMMACH. Epist. pro libris suis adversus JOVINIAN. Tom. II. pag. 117. A.

se sont jamais avisez, comme ont fait les Péres de l'Eglise & leurs dignes Admirateurs, d'assigner en propre la *Chasteté* aux personnes non-mariées; comme s'il n'y en avoit point dans le Mariage. *Cœlebs* étoit, chez eux, purement & simplement celui qui n'avoit point de Femme. Et QUINTILIEN nous apprend (1) pourquoi quelques-uns faisoient venir *Cœlibes* de *Cœlites*: c'est, dit-il, *parce qu'ils sont débarrassez d'une très grande charge*. On tenoit donc pour heureux, & par là menant une Vie semblable à celle des Dieux, ceux qui vivoient dans le Célibat, parce qu'ils n'avoient pas les embarras & les soucis du Mariage. C'est effectivement le motif, qui, de tout tems, & parmi les *Païens*, & parmi les *Chrétiens*, a empêché de se marier, bien des gens qui n'étoient rien moins que résolus à vivre chastement, & qui au contraire se proposoient souvent par là une satisfaction plus ragoûtante de leurs désirs dans des Commerces illicites. Voilà la *félicité*, qui seroit le fondement de l'Etymologie, dont St. *Jérome* veut tirer un *motif puissant* à embrasser le Célibat! Ainsi peu m'importe, que cette Etymologie soit vraie, ou non; quoi que les Anciens, & les Modernes (2), en donnent d'autres, qui sont autant ou plus plausibles. Il demeure vrai, que St. *Jérome* fait ici, comme ailleurs, *flêche de tout bois*; & qu'il se sert d'argumens qui ne prouveroient rien, quand même ce qu'ils supposent seroit aussi certain, qu'il est douteux. Un Auteur judicieux, & qui croit avoir de bonnes raisons de son sentiment, ne donnera pas dans de pareilles fadaises. Et le grand ERASME, tout Admirateur qu'il étoit de *St. Jérôme*, (3) s'est moqué de celle-ci. *St. Jérôme*, dit mon Censeur, *ne prétendoit pas faire beaucoup valoir cette raison. Il ne presse pas Jovinien par cet endroit: il n'en fait qu'une proposition incidente. Voici la principale, par laquelle il tourne* Jovinien *en ridicule*. Egregia sanè vox, & quam audiat Sponsa Christi, inter Virgines, & Viduas, & Cœlibes (unde & ipsum nomen inditum, *quòd Cœlo digni sint, qui coitu careant*:) Raro jejunate, crebriùs nubite. Ho! la fine ironie! Qu'elle est assommante! Jovinien, qui (4) ne vouloit point se marier lui-même, & qui par conséquent n'avoit nul intérêt à prêcher pour le Mariage, (5) soûtenoit, selon la Doctrine de l'Ecriture, *que les Vierges, les Veuves, & les Femmes Mariées, qui sont Chrétiennes, n'ont pas plus de mérite les unes que les autres, si elles ne différent d'ailleurs par leurs actions*, (a) c'est-à-dire, si elles vivent d'ailleurs

(a) Voiez ci-dessus, *Chap.* VIII. § 1, & *suiv.*

(1) *Ingenioseque sibi visus est* CAJUS GRANIUS Cœlibes *ducere, veluti* Cœlites, *quòd onere gravissimo vacent* &c. Instit. Orat. Lib. I. Cap. VI. pag. 81. Edit. Burman.

(2) Voiez la Note de feu Mr. DACIER, sur FESTUS, au mot *Cœlibes*.

(3) COELIBES *dicuntur, non qui castè vivunt, sed qui carent uxoribus. Verum torquet hoc quoque nonnihil* Hieronymus, *qui* Cœlibem *quoque à Cœlo vocatum videri vult. Hinc Theologi hauserunt certam persuasionem,* Cœlibem *idem significare, quod castè & continenter viventem: quum* FABIUS Cœlibem *opponat* Marito: *&* HORATIUS, *quum ait:* Martiis cœlebs quid agam Kalendis; non suam prædicat continentiam, quum incontinentiam fa- pe profiteatur, sed significat, se ἄγαμον esse. Jam & Jureconsultorum CAJI ac MODESTI *etymologia objicitur, quorum prior ait,* Cœlibes dictos, quasi Cœlites. Verum illi cælites, de quibus sentiunt Jureconsulti, nec carebant uxoribus, nec continenter vivebant: quum illic adulteriis, stupris, & puerorum amoribus plana sint omnia: sed Cœlibes sentiunt suaviter & tranquillè vivere, qualem illi putabant vitam Deorum. Huc pertinet illud Proverbium: Qui non litigat, cœlebs est. ANNOT. in h. l. pag. 100. C.

(4) C'est ce que témoigne ST. AUGUSTIN: *Non sanè ipse* [Jovinianus] *vel habebat, vel habere volebat uxorem: quod non propter aliquod majus apud Deum meritum, in regno vita*

leurs conformément aux Régles de l'Evangile. Il difoit auffi, felon la même Doctrine, *Qu'il n'y a point de différence entre l'Abftinence de certaines Viandes, & leur ufage, accompagné* (a) *d'actions de graces.* Nôtre Solitaire bilieux ne l'a refuté que par des injures de Crocheteur, & des raifonnemens frivoles, dont nous avons vû des échantillons fuffifans pour en donner une jufte idée. Celui-ci figure bien avec tout le refte. Ne diroit-on pas, que *Vigilance* exhortoit inftamment à fe crever de Viandes, & à fe marier auffi fouvent qu'on pouvoit? Rapportons le paffage plus au long, & nous verrons une nouvelle preuve des artifices malins dont *St. Jérome* fe fervoit, pour rendre odieux fes Adverfaires: (6) *Le beau mot, & digne d'être écouté par l'Epoufe de* Jesus-Christ, *au milieu des Vierges, & des Veuves, & des Hommes qui vivent dans le Célibat* (*lefquels ont été ainfi appellez, à caufe qu'ils font dignes du Ciel, pour s'abftenir du commerce charnel*) *Jeûnez rarement, & mariez vous fouvent. Car vous ne pouvez remplir l'œuvre du Mariage, fi vous ne prenez du Vin emmiellé, de la Chair, & des fruits à noiau. Il faut des forces, pour être bon mâle. La Chair, qui s'épuife, fe flétrit bien tôt. Ne craignez point la Fornication. Celui qui a été une fois bâtizé en* Jesus-Christ, *ne peut tomber; car il a la reffource du Mariage, pour fatisfaire à plein fes défirs ardens.* Tout cela a-t-il une liaifon néceffaire avec les principes de *Jovinien*, tels que *St. Jérome* lui-même les rapporte? Et que n'avons-nous l'Ecrit même de cet Hérétique? Son Adverfaire n'avoit garde d'en donner de grands Extraits, tout (7) petit qu'étoit le Livre; & il n'eft pas difficile d'en déviner la raifon. Mais les expreffions de *St. Jérôme*, dont je n'ai pû repréfenter toute la force dans une Traduction Françoife, & les autres femblables, qu'on trouve fouvent dans fes Ecrits, donnoient beau jeu à *Jovinien*. ,, *Qui vous en a tant appris*? ? (pouvoit lui dire celui-ci.) ,, vous ,, êtes bien inftruit dans les myftéres de (8) l'Amour; il femble que vous ,, preniez plaifir à en parler, & que vous vouliez en donner des leçons, en ,, même tems que vous criez contre le Mariage, & que vous le traitez ici affez ,, clairement de *Fornication*. Pour moi, qui ne veux point de Femme, je ne ,, laiffe pas de dire avec l'Apôtre, que (b) *le Mariage, & le lit fans tâche, font* ,, *honnêtes pour tous les Hommes, mais que* Dieu *condamnera les Fornicateurs & ,, les Adultéres.*

(a) Voiez I. Timoth. IV, 4. I. Cor. X, 25.

(b) Hebr. XIII. 4.

§. XXXII.

vitæ perpetuæ profuturum, fed propter præfentem prodeffe neceffitatem, hoc eft, ne homo conjugales patiatur moleftias, difputabat. Lib. *De Hærefib.* Cap. 82. Tom. VIII. *pag.* 18.

(5) *Dicit* [Jovinianus,] *Virgines, Viduas, & Maritatas, quæ femel in Chrifto lotæ funt, fi non difcrepent ceteris operibus, ejusdem effe meriti.... Tertium proponit, inter abftinentiam Ciborum, & cum gratiarum actione perceptionem eorum, nullam effe diftantiam.* Adverfus Jovin. Lib. I. *pag.* 18. D.

(6) *Egregia fanè vox* &c..... *Non enim poteftis implere opera nuptiarum, nifi mulfum & carnes & nucleum fumpferitis. Viribus opus eft ad libidinem. Citò caro confumpta marcefcit.*

Nolite timere fornicationem. Qui femel in Chrifto baptizatus eft, cadere non poteft: habet enim, ad defpumandas libidines, folatia nuptiarum. Adverfus Jovinian. fub fin. Lib. II. pag. 94. D. Voiez, fur le mot de *Nucleus*, que j'ai traduit, *fruit à noiau*, les favantes *Obfervations* de J. Frid. Gronovius, *in Scriptores Eccléfiaftic.* Cap. XIX. pag. 204.

(7) *Dicis in libello tuo* &c. Adverfus Vigilant. pag. 122. D.

(8) Notez, que *St. Jérome* avouë, en plus d'un endroit, qu'il avoit perdu fa virginité. Voiez fa Vie, par Erasme, Tom. I. pag. 15, *& feqq.*

§. XXXII. Le passage de *St. Jérome*, sur lequel je viens de défendre ma critique, n'est pas tiré de l'Article de ma *Préface* où je traite de la Morale des Péres, mais de celui que j'ajoûtai dans la Seconde Edition, & où je poussai mes vûes plus loin. J'y fis quelques autres remarques, auxquelles mon Censeur ne daigne pas s'arrêter, (a) les voulant faire passer pour des *minuties*. Les voici, ces minuties : (b) Que *St. Jérome* se vante lui-même de faire le *Rhéteur*, & le *Déclamateur* : Qu'il se glorifie aussi d'écrire avec une grande précipitation, & sans se donner la peine de méditer beaucoup ses Commentaires : Qu'il ose avouer sans détour, que, dans les Ouvrages Polémiques, il ne cherchoit qu'à répondre à ses Adversaires & à les embarrasser, sans se mettre en peine, si ce qu'il avançoit étoit vrai ou non &c. Ainsi donc ce qui suffiroit pour décrier tout autre Ecrivain, n'est que *minutie* dans un *Pére de l'Eglise*. Voilà ce que vaut le titre de *Saint* ! Mon Censeur dit un mot sur une autre de ces *minuties*, c'est que *St. Jérome se contredit souvent*. Il ne peut se sauver de tomber en contradiction : il l'excuse en disant, que cela lui arrive seulement *quelquefois*; & il en donne une raison, qui prouve d'abord que St. Jérôme ne peut que s'être contredit *très-souvent*. *Il nous assûre lui-même*, dit-il, *que* C'ÉTOIT SA COÛTUME *dans ces sortes d'Ouvrages* (dans ses Commentaires) *de rapporter les différens sentimens qu'il trouvoit dans divers Auteurs, sans les approuver, ni les réfuter*; comme sur l'*Epître aux* EPHÉSIENS, il suit tantôt (1) ORIGÈNE, tantôt DIDYME, tantôt APOLLINAIRE, quoi que d'opinions contraires & hétérodoxes, en conservant néanmoins lui-même *in petto* les saines interprétations. Admirons ce beau moien de défense, auquel est réduit l'Apologiste des Péres, & l'aveu qu'il nous fait d'une chose qui suffit pour ruiner l'Autorité de ces anciens Docteurs, Dépositaires, selon lui, d'une Tradition qui supplée à l'obscurité de l'Ecriture. Mais que diroit-on aujourdhui d'un Moine, qui auroit publié à *Paris* sous son nom, & comme sien, un Commentaire, où il suivroit tantôt les explications de CALVIN, contraires à celles de l'Eglise Romaine ; tantôt celles de LUTHER ; tantôt celles des *Sociniens*, des *Ariens*, des *Pélagiens*, des *Anabaptistes* &c. En seroit-il quitte pour dire, *qu'il n'a fait que rapporter les différens sentimens qu'il trouvoit dans divers Auteurs, sans les approuver ni les réfuter* ? Ne lui répondroit-on pas : *Vous deviez donc dire du moins*; C'est l'opinion de *Luther*, de *Calvin*, de *Socin* &c. Et comment voulez-vous

qu'on

(a) *Pag.* 414.
(b) *Préfa c, pag.* LXI, LXII.

---

(1) *Ego, in Commentariis ad* Ephesios, *sic* ORIGENEM & DIDYMUM, *&* APOLLINARIUM, *sequutus sum : qui certè contraria inter se habent dogmata, ut fidei meæ non amitterem veritatem.... Num diversæ interpretationis, & contrariorum inter se sensuum, habebitur reus, qui, in uno opere quod ediderit, expositiones posuerit plurimorum.* Apolog. adversus RUFIN. Lib. I. Tom. II. *pag.* 202. C.

(2) *Et tamen, cùm Commentarios suos in* Ecclesiasten, *&* Epistolam ad Ephesios, Adamantii *scitis referserit, vix iis semel contradixit : immo vero ne* Origenem *quidem auctorem citavit. Quòd si ea pro falsis habuit, cur censuræ notam non adposuit ? Cur, cùm id sibi vitio daretur, id sibi gloria duxit ?* Nam quod dicunt (inquit Prologo *in* Lib. II. Comment. *in* MICH.) Origenis me volumina compilare, & contaminari non decere Veterum scripta ; quod illi maledictum vehemens esse existimant, eamdem laudem ego maximam duco, cùm illum imitari volo, quem cunctis prudentibus & vobis placere non dubito. *Cur, in Præfatione ad Librum* De Nominibus Ebraïcis, *ait, neminem nisi imperitum, negare* Origenem *post Apostolos Ecclesiarum esse Magistrum ?.... Igitur non sine caussa* Rufinus, Origenistam *aliquando fuisse* Hieronymum *jactabat.* Hæc

qu'on dévine ce que vous penſez vous-même? Certainement la plus grande grace qu'on lui feroit, ce ſeroit de ſuppoſer qu'il eſt ou fou, ou très-ignorant.

§. XXXIII. MAIS il y a ici une autre ſource de contradiction, qui ne fait guéres moins d'honneur à *St. Jérôme*. C'eſt qu'il s'accommodoit aux tems, & que, ſelon qu'il voioit une Opinion avoir bonne ou mauvaiſe fortune, il l'embraſſoit ou il la rejettoit; ſur tout quand la paſſion contre quelcun s'en mêloit. Il ne faut que voir le manége qu'il fit, dans ſes démêlez avec *Jean*, Evêque de *Jéruſalem*, & avec *Ruffin;* dont le dernier avoit été ſon intime Ami. On en trouvera l'hiſtoire dans les (a) *Origeniana* du Savant Evêque d'*Avranches*. C'eſt à cette occaſion, qu'après avoir beaucoup loué ORIGE'NE, & ſemé ſes Ecrits des penſées particuliéres de ce Docteur; lors qu'il apperçût l'orage qui fondoit ſur les *Origéniſtes*, il ſe mit à l'abri, en uſant de ce ſubterfuge, qu'il n'avoit fait que rapporter les ſentimens d'*Origéne*, ſans les approuver. Mais, remarque très-bien là-deſſus Mr. HUET, (2) *lors que* St. Jérôme *rempliſſoit ſes Commentaires ſur l'*ECCLE'SIASTE *& ſur l'*Epitre *aux* EPHE'SIENS, *des opinions d'*ORIGE'NE, *à peine les contredit-il une ſeule fois; bien plus, il n'en fit jamais honneur à* Origéne. *S'il les croioit fauſſes, pourquoi ne les critiquoit-il pas? Pourquoi, quand on le lui reprochoit, témoigna-t-il que cette conformité lui étoit glorieuſe? Pourquoi dit-il, qu'il n'y avoit que des Ignorans, qui puſſent nier, qu'*Origéne *fût celui qui, depuis les Apôtres, pouvoit être appellé le Maître de l'Egliſe?*.... *Et quand* RUFFIN *lui objectoit enſuite*, qu'il avoit mauvaiſe grace de traiter maintenant d'*Hérétique*, un Auteur à qui il avoit donné cet éloge, qui ne convint jamais à un Hérétique; *il ſe défendit par cette excuſe frivole*, Que, s'il avoit appellé *Origéne, Euſébe, Apollinaire*, les *Maîtres de l'Egliſe*, c'étoit ſeulement pour les diſtinguer de quelques-uns qui ne croioient pas en JESUS-CHRIST. RUFFIN *inſiſte, & lui montre par ſes propres paroles,* qu'il a loué ORIGE'NE, *par rapport à ſes ſentimens en matiére de l'oi.* Alors St. Jérôme, *comme étant convaincu*, déclare, qu'avec autant de chaleur qu'il a autrefois loué *Origéne*, il le condamne maintenant, puis qu'il eſt condamné par tout: Que c'eſt une erreur de Jeuneſſe, dont il ſe corrige dans ſa Vieilleſſe, après avoir reconnu l'Héréſie de celui dont il avoit admiré l'Erudition & l'attachement à étudier l'Ecriture Sainte. *Autre mauvaiſe excuſe*, dit là-deſſus (b) Mr. LE CLERC; *car* St. Jérôme *avoit loué* Origéne *dans la Préface du Trai-*

(a) *L. 6* II. *Cap.* IV. *S. 6. 1.*

(b) *Queſt. ille* *ro vim. pag.* 243.

Hæc eſt, *inquit* Invect. I. tua, tanti Magiſtri, gravitas, ut eum, quem in aliis laudas, condemnes in aliis; & quem, in Præfationibus tuis, alterum poſt Apoſtolos Eccleſiarum Magiſtrum dixiſti, nunc Hæreticum dices? Quis Hæreticus Eccleſiarum Magiſter aliquando dici potuit? *Futilis ad hæc* Hieronymi excuſatio, *qui Procm. in* II. *Comment.* Iſaiæ *reſpondet*, Origenem, Euſebium, Apollinarium, *aliosque à ſe in Commentariis ad Libros* Danielis [ou plûtôt *in Præfat.* Lib. *De Nomin. Hebraic.* comme le remarque Mr. LE CLERC, *Queſt.* Hieron. pag. 242.] *Magiſtros Eccleſiæ nominatos, ad diſtinctionem quorundam* qui à Chriſti *fide erant alieni. Pergit* Hieronymum laceſſere Ruffinus, *eumque,* Origenis *fidem numquam ſe laudaſſo jactantem, propriis ipſius verbis coarguit. Quibus ille velut convictus, ſcribit*, Lib. III. *Apolog.* Cap. 3. Eodem fervore, quo Origenem ante laudavimus, nunc damnatum toto orbe damnemus. *Et mox:* Erravimus juvenes, emendemur ſenes. Et *iterum:* Ignoſce mihi, quòd Origenis eruditionem, & ſtudium Scripturarum, antequàm ejus haereſin pleniùs noſſem, in juvenili ætate laudavi &c. ORIGENIAN. Lib. II. Cap. IV. Sect. I. § 17. *pag.* 205.

Traité Des Noms Hébreux, écrite dans un âge assez avancé, puis qu'il avoit près de soixante ans. Si aujourdhui un Homme, qui a étudié, dès son enfance, l'Ecriture Sainte, venoit s'excuser sur sa Jeunesse d'une erreur où il est tombé dans un âge comme celui-là, tout le monde assûrément se moqueroit de lui.

§. XXXIV. Cette politique n'est pourtant pas la seule cause des variations & des contradictions de St. Jérôme. Il y en a une bien plus générale, qui ne pouvoit qu'influer beaucoup sur tous ses Ecrits. Mon Censeur l'a (a) avouée à demi. Ecoutons St. Jérôme lui-même, qui assûrément sur cet article mérite toute créance. Il dictoit ses Ecrits, & voici comment il nous dit qu'il les composoit. Après avoir (1) lû d'autres Auteurs, *je fais venir mon Copiste, & je lui dicte, tantôt mes pensées, tantôt celles d'autrui, sans me souvenir ni de l'ordre, ni quelquefois des paroles, ni même du sens....* (2) *Quand il a préparé les Articles, je lui dicte tout ce qui me vient dans la bouche, pour n'avoir pas la honte de demeurer muet....* (3) *Que si je veux un peu rêver, pour dire quelque chose de meilleur, il peste contre moi en lui-même, il grimace de la main, il fronce le sourcil, & il témoigne par toute sa contenance qu'il n'a que faire auprès de moi.* Voilà les aveux, que St. Jérôme fait bonnement de sa manière d'écrire, & par où l'on peut juger quelle étoit sa manière de penser. Qu'il me soit permis ici de citer des paroles d'une Grande Reine Protestante, (b) bien dignes de son Esprit & de son Bon Goût: „ A quelles gens voudroit-on nous renvoier pour l'intelligence de l'Ecriture & de la Religion? Qui croirai-je, de *St. Jérôme* Origéniste, ou de *St. Jérôme* Ennemi d'*Origéne* & de sa Doctrine? Comment pourrai-je démêler ce qu'il a pris d'un Hérétique ou d'un Orthodoxe; puis qu'il cite l'un & l'autre, à tort & à travers, sans aucune marque de distinction? Le moien que je puisse déviner, si ce sont ses propres pensées, ou celles d'autrui, qu'il nous débite! puis qu'à peine le sait-il lui-même? Et à quoi connoîtrai-je, si son Secrétaire étoit de belle humeur, ou si, aiant quelque autre affaire en tête, il falloit que l'Ecriture & la Religion cédassent à son impatience"? Tout le reste de la Lettre de cette Illustre Princesse, est plein de traits également solides & agréables, sur l'Autorité des Péres.

§. XXXV.

(a) Dans le passage rapporté ci dessus, §. 32.

(b) Lettre de la feüe Reine de Prusse, inserée dans la *Bibl. Choisie* de Mr. *Le Clerc*, Tom. XXIII. *pag.* 343.

---

(1) *Itaque, ut simpliciter fatear, legi hæc omnia, & in mente meâ plurima coacervans, accito Notario, vel mea, vel aliena dictavi: nec ordinis, nec verborum interdum, nec sensuum memoriam retentans.* Comment. in Epistol. ad GALAT. Tom. IX. pag. 158. D.

(2) *Aliud est, mi* Pammachi, *sæpe stilum vertere, & quæ memoriâ digna sunt, scribere: aliud, Notariorum articulis præparatis, pudore reticendi, dictare quodcumque in buccam venerit.* Comment. in ABDIAM, in fin. pag. 145. Tom. VI.

(3) *Verum, accito Notario, aut statim dicto quidquid in buccam venerit; aut, si paululum voluero cogitare, melius aliquid prolaturus, tunc me tacitus ille reprehendit, manum contrahit, frontem rugat, & se frustra adesse, toto gestu corporis, contestatur.* Præfat. in Lib. III. Comm. in GALAT. Tom. VI. pag. 189.

(4) *Legimus, o eruditissimi viri, in Scholis pariter, & Aristotelea illa, de* GORGIÆ *fontibus manantia; simul didicimus, plura esse videlicet genera dicendi: & inter cetera, aliud esse* γυμικῶς *scribere, aliud* δυμηπκῶς. *In priori, vagam esse disputationem; & Adversarii respondentem, nunc hæc, nunc illa, proponere; argumentari, ut libet, aliud loqui, aliud agere, panem, ut dicitur, ostendere, lapidem tenere. In sequenti autem, aperta frons, & ut ita dicam, ingenuitas necessaria est....* ORIGENES, METHODIUS, EUSEBIUS, APOLLINARIS, *multis versuum millibus scribunt adversus* Celsum *&* Porphyrium. *Considerate, quibus argumentis, & quàm lubricis problematibus,*

Dia-

§. XXXV. Je pourrois alleguer (a) d'autres causes de l'inconstance de St. Jérôme. Mais il faut se borner à celle que j'avois indiquée, & qui se prouve aussi par son propre témoignage. C'est qu'il raisonnoit du jour à la journée, selon les Adversaires avec qui il disputoit : & jamais homme ne fut plus prompt à embrasser les occasions de Dispute. Il est allé jusqu'à chercher dequoi justifier sa conduite par l'exemple de Jésus-Christ & des *Apôtres*, *qui soûtenoient, à ce qu'il prétend, le pour & le contre, selon que cela les accommodoit.* Mon Censeur se récrie fort sur ce dernier article : & sous prétexte que je n'ai pas *copié le passage tout entier*, quoi que j'aie indiqué un Livre où il se trouve noté & rapporté tout du long ; il m'accuse honnêtement de *mauvaise foi*. Je ne demande pas mieux que de reparer la faute d'*omission*, si c'en est une : on verra qu'il n'y en a point de *commission*, & que c'est à son dam que le P. *Ceillier* m'impose la nécessité d'exposer aux yeux des Lecteurs une traduction exacte du passage de *St. Jérôme*. Elle servira & à me justifier, & à montrer que mon Censeur, fidelle imitateur de celui dont il fait l'apologie, déguise ou supprime tout ce qui est nécessaire pour entrer dans la pensée de l'Auteur dont il s'agit. (4) „ Nous avons appris ensemble (dit *St. Jérôme*) dans les Ecôles,
„ & par les préceptes d'Aristote tirez du Rhéteur Gorgias, qu'il y
„ a plusieurs méthodes de discourir, & entr'autres, qu'il y a bien de la diffé-
„ rence entre *écrire pour disputer*, & *écrire pour enseigner*. Dans la prémiére mé-
„ thode, on bat la campagne ; &, pour répondre à son Adversaire, on dit
„ tantôt une chose, & tantôt une autre : on argumente, comme on veut : on
„ parle d'une façon, & l'on pense d'une autre : *on tient une Pierre, & l'on mon-*
„ *tre du Pain*, selon que dit le Proverbe. Dans l'autre méthode, on parle à
„ visage ouvert ; il faut de l'ingénuité, pour ainsi dire. Autre chose est, dis-
„ puter ; autre chose, décider. Là il faut combattre ; ici, on doit instruire.
Après avoir allegué là-dessus des exemples d'Orateurs Grecs & Latins, & de Philosophes ; *St. Jérôme* passe aux Apologistes de la Religion Chrétienne.
„ Origéne, (continuë-t-il) Méthodius, Eusébe, Apollinai-
„ re, ont écrit au long contre Celse, & Porphyre. Considerez un
„ peu, de quels argumens ils se servent, quelles échappatoires, quelles raisons
„ pro-

(a) Voiez les *Quæst. Hieronym.* de Mr. *Le Clerc*, Quæst. VIII.

Diaboli spiritu contexta subvertant : Et quia interdum coguntur loqui, non quod sentiunt, sed quod necesse est, dicunt adversus ea, quæ dicunt Gentiles. Taceo de Latinis Scriptoribus, Tertulliano, Cypriano, Minutio, Victorino, Lactantio, Hilario, *ne non tam me defendisse, quàm alios videar accusasse.* Paulum *Apostolum proferam : quem quotiescumque lego, videor non verba audire, sed tonitrua. Legite Epistolas ejus, & maximè ad* Romanos, *ad* Galatas, *ad* Ephesios, *in quibus totus in certamine positus est : & videbitis eum, in testimoniis, quæ sumit de Veteri Testamento, quàm artifex, quàm prudens, quàm dissimulator sit ejus, quod agit. Videntur quædam verba simplicia, & quasi innocentis hominis rusticani, & qui nec facere, nec declinare noverit insidias : sed, quocumque respexeris, fulmina sunt. Hæret in caussâ ; capit omne, quod tetigerit : tergum vertit, ut superet ; fugam simulat, ut occidat. Calumniemur ergo eum, atque dicamus ei :* Testimonia, quibus contra Judæos, vel ceteras Hæreses, usus es, aliter in suis locis, aliter in tuis Epistolis sonant. Videmus exempla captiva ; servierunt tibi ad victoriam, quæ suis in voluminibus non dimicant. Nonne nobis loquitur cum Salvatore, Aliter foris, aliter domi loquimur ? Turbæ parabolas, Discipuli audiunt veritatem. *Proponit* Pharisæis Dominus *quæstiones, & nox ediserit.* Apolog. pro Libr. adversus Jovinian. Tom. II. *pag.* 105, 106.

,, problématiques ils mettent en usage, pour renverser les Inventions de l'Es-
,, prit du Diable: comment ils sont quelquefois contraints, pour répondre
,, aux *Paiens*, de dire non ce qu'ils pensent, mais ce qui est nécessaire pour
,, leur cause. Je ne parle pas des Ecrivains Latins, de TERTULLIEN, de
,, CYPRIEN, de MINUTIUS, de VICTORIN, de LACTANCE,
,, d'HILAIRE; de peur qu'on ne croie que je veux blâmer les autres, plû-
,, tôt que me défendre moi-même. Mais je produirai l'exemple d'un Apôtre,
,, de ST. PAUL, que je ne lis jamais, sans qu'il me semble entendre, non
,, des paroles, mais des tonnerres. Lisez ses Epîtres, & sur tout celle aux
,, *Romains*, celle aux *Galates*, & celle aux *Ephésiens*, où il dispute continuelle-
,, ment: vous verrez, dans les Témoignages qu'il emprunte du *Vieux Testa-*
,, *ment*, avec quelle adresse, quelle prudence, & quelle dissimulation, il ma-
,, nie son sujet. Il lâche des mots, qui paroissent simples: on diroit que c'est
,, un Païsan Idiot, qui parle, un Innocent qui ne sait ni dresser des piéges,
,, ni éviter ceux qu'on lui tend: mais, de quelque côté que vous jettiez les
,, yeux, ce ne sont que foudres. Il paroît embarrassé à défendre sa cause, il
,, se saisit de tout ce qui lui tombe sous la main: il tourne le dos, pour vain-
,, cre; il fait semblant de fuïr, pour terrasser son homme. Ferons-nous un
,, crime de cela à ce Saint Apôtre, & lui dirons-nous: *Les Témoignages, dont*
,, *vous vous êtes servi contre les* Juifs *ou autres Hérétiques, signifient autre chose*
,, *dans les endroits où ils sont contenus, & autre chose dans vos Epîtres. Nous*
,, *voions ici des Exemples pris au collet, qui vous ont servi à remporter la victoire,*
,, *quoi que, dans les Livres d'où ils sont tirez, ce soient des Armes sans force.*
,, L'Apôtre ne nous parle-t-il pas de la même manière, que le Sauveur? *Nous*
,, *parlons autrement dehors, autrement chez nous. Les Troupes entendent des Parabo-*
,, *les: les Disciples entendent la Vérité.* Le Seigneur propose aux *Pharisiens* des
,, *Questions*, mais il ne les résout point. Autre chose est, d'enseigner un
,, Disciple; autre chose, de convaincre un Adversaire.

§. XXXVI. Qu'on pése tous les termes, qu'on examine toute l'enchainû-
re de ce passage, & l'on se convaincra, si l'on est de bonne foi, que *St. Jérôme*
se vante ouvertement de soûtenir le pour & le contre, selon les gens avec qui
il a à faire; de sorte qu'il doit nécessairement trouver la même conduite &
dans les anciens Apologistes de la Religion Chrétienne, & dans *St. Paul*, &
dans Nôtre Seigneur JE'SUS-CHRIST, de l'exemple desquels il s'autorise.
Déja il déclare d'abord, que la méthode, qu'il suit, est celle des anciens Rhéteurs, ou plûtôt Sophistes, qu'il a apprise dans les Ecôles. Il en nomme le
Pére, *Gorgias*, lequel, comme le dit ici très-bien ERASME, (1) *fut le pré-*
mier, à Athénes, qui disputa sur toute sorte de sujets qu'on lui proposoit, non qu'il
crût ce qu'il disoit, mais seulement pour exercer son Esprit. Il parle ensuite des
Orateurs, & des *Philosophes*, qui ont imité *Gorgias*, & sur tout de CICE'-
RON,

---

(1) GORGIAS *primus Athenis, de omni-*
re, quæcumque proposita fuisset, disputavit, non
quòd ita sentiret, sed exercendi ingenii causâ.
Not. in Apol. adversus JOVINIAN. pag. 111
B. Voici ce qu'en dit CICE'RON: *Quorum*
è numero [Sophistarum] *primus est ausus Leon-*
tinus Gorgias in conventu poscere quæstionem, id
est, jubere dicere, quâ de re quis vellet audire.
Audax negotium: dicerem impudens, nisi hoc in-
stitutum postea translatum ad Philosophos nostros
esset.

NON, (a) que l'on fait avoir avoué la dette bien expreffément. Il fait con- (a) *Orat. pro* fifter cette méthode à *dire tantôt une chofe*, *& tantôt une autre*, *à parler d'une fa-* *Cluent. Cap. 50.* *çon*, *& penfer d'une autre*, felon qu'on en a befoin pour répondre à un Adver- *Voiez les* faire. Il l'oppofe à la fincerité & à la *franchife*, avec laquelle on doit agir, *de* Mr. *Le Clerc*, quand il eft queftion d'*inftruire*, & non pas de *difputer*. Il prétend, que c'eft *pag 241*, *&* ainfi qu'en ont ufé les anciens Docteurs qui ont écrit ou en Grec, ou en La- *fqq*. tin, pour la défenfe de la Religion Chrétienne: mauvais argumens, échappa- toires, raifons douteufes, tout leur étoit bon, pourvû qu'ils le cruffent *néce-* *faire pour leur caufe*. De là il paffe à *St. Paul*, qu'il donne pour plus habile encore dans cet art. Il le repréfente *faififfant tout ce qui lui tombe fous la main*, bon ou mauvais, & uniquement occupé à *dreffer des piéges*, à *employer des Ar-* *mes fans force*, en fe fervant de Paffages ou d'Exemples du *Vieux Teftament* très- mal appliquez. Il ajoûte enfin pour dernier exemple, après lequel il n'y a plus moien de trouver à redire aux ftratagêmes dont il fe juftifie, que c'eft précifément de la même maniére que Nôtre Seigneur s'y eft pris, lors qu'il parloit aux *Troupes*, ou aux *Pharifiens*. Ou *St. Jérome* ne favoit ce qu'il difoit, ou il faut que ce qu'il dit fi clairement avoir fait lui-même de propos délibéré, fe trouve, felon lui, dans l'exemple de tous ceux qu'il fe glorifie d'avoir pris pour modéles. Mon Cenfeur, qui, comme je l'ai déja remarqué, a tronqué le paffage, pour en faire difparoître le vrai fens, n'allégue pas la moindre rai- fon du contraire. Après avoir fimplement nié (b) que *St. Jérome faffe gloire* (b) *Pag. 412*, *de dire le pour & le contre fur une même chofe*, & qu'il *dife que Jéfus-Chrift & St.* *& fuiv.* *Paul aient agi de la forte*; il affirme, qu'il ne s'agit que de la différente maniére dont ils convainquoient leurs Adverfaires, & dont ils inftruifoient leurs Difciples. Oui: mais la queftion eft de favoir, en quoi *St. Jérome* faifoit confifter cette *diffé-* *rente maniére*; & il ne faut que lire les paroles, que je viens de rapporter, pour fe convaincre que tout aboutit, dans l'idée de *St. Jérome*, à *dire le pour* *& le contre*, & à employer indifféremment les raifons bonnes ou mauvaifes, felon qu'on en a befoin pour fe tirer d'affaires dans la Difpute.

§. XXXVII. IL eft vrai, que la conformité que *St. Jérome* trouve entre fa méthode, & celle de JÉSUS-CHRIST & de *St. Paul*, n'eft pas bien fondée: mais elle n'en eft pas moins celle dont *St. Jérome* veut fe parer. Il s'agit des idées de ce Pére, & non de la Vérité. Les fauffes comparaifons, & les fauffes penfées, font, chez lui, fi communes, qu'il ne faut pas s'étonner s'il s'eft ici laiffé éblouir par de très-legéres apparences. Les Apôtres ont quelquefois em- ploié de ces Argumens Perfonnels, qu'on appelle *ad hominem*: & ils l'ont pû faire fans préjudice ni des véritables raifons, fur lefquelles ils infiftoient prin- cipalement, & comme telles; ni de leur propre Sincérité. Quand on raifon- ne fur les principes d'un Adverfaire, & qu'on lui montre que, felon ces prin- cipes, il doit tomber d'accord de telle ou telle chofe qui en fuit néceffairement;

on

effet. De finib. Bon. & Mal. *Lib.* II. Cap. I. Dialogues de PLATON. Voiez LUDOVIC. D'autres font honneur de cette belle inven- CRESOLLII *Theatrum Vett. Rhetor.* &c. Lib. tion à *Protagoras*, qui au moins paroît avoir I. Cap. V. & Lib. II. Cap. VII. & PHILO- fû le métier, auffi bien que *Gorgias*, par les STRATE, *Vit. Sophift.* Lib. I. Cap. IX.

on ne peut être censé pour cela seul approuver ou adopter les principes mêmes. C'est seulement un moien de le convaincre, que son opinion doit être bien mal fondée, puis qu'il croit des choses, dont les justes conséquences servent à établir l'opinion contraire, qu'il refuse de recevoir. A la vérité, si l'on en demeuroit là, on ne feroit qu'embarrasser ceux avec qui l'on dispute : parce qu'il pourroit se faire que leurs principes fussent ou faux, ou douteux ; & ainsi il n'y auroit pas dequoi les convaincre raisonnablement, & moins encore les autres, qui seroient dans des idées différentes à cet égard. Mais lors qu'on a prouvé d'ailleurs, par de bons argumens, la vérité d'une Opinion importante, que l'on veut persuader, il est très-permis, & d'une prudence même charitable, si l'on voit que ceux avec qui l'on a à faire, sont prévenus de certaines pensées peu solides, mais innocentes dans le fond, de tâcher à s'en servir pour dessiller leurs yeux, & pour les disposer à être frappez de l'éclat des Raisons qui ont une force à toute épreuve. Il y a des Esprits, qu'on ne sauroit amener à la Vérité, qu'en les prenant de cette manière. Si le succès ne répond pas toûjours à l'attente, il suffit qu'il puisse y répondre ; & il ne coûte rien de tenter. Lors que JESUS-CHRIST vint au monde, les *Juifs*, qui attendoient généralement le *Messie* promis, en trouvoient des Prédictions dans quelques endroits du *Vieux Testament*, où, à les bien examiner, on ne voit rien qui marque ni litéralement, ni dans un sens mystique dont on ait d'ailleurs des indices certains, quelque Prophétie de ce qui devoit arriver sous l'Evangile. Il y avoit aussi des explications, sur tout allégoriques, reçuës parmi les *Juifs* : & la Version des *Septante*, que la nécessité seule où la plûpart d'entr'eux étoient de s'en contenter auroit rendu fort commune & fort estimée, donnoit à divers Passages de l'Ecriture un sens différent de celui qu'ils ont dans l'Original. Comme en tout cela il n'y avoit rien qui allât à établir quelque Erreur réelle, & qu'on pouvoit au contraire en tirer des Argumens *ad hominem* pour amener les *Juifs* à la Vérité, ou des Illustrations propres à l'insinuer dans leurs Esprits : les Apôtres ne firent pas difficulté de s'accommoder à leurs idées, en vûe de cet avantage qu'ils s'en promettoient, non pour eux-mêmes, mais pour ceux dont ils ménageoient ainsi la foiblesse. Ce n'étoit ni par un esprit de Dispute, ni pour vaincre à quelque prix que ce fût, ni pour éviter ou tendre des piéges, qu'ils emploioient ces Explications, ces Allusions, ces Allégories, ces Citations. Ils ne les donnoient que pour ce qu'elles valloient : il ne paroît pas que jamais ils les fassent regarder comme incontestables ou d'une fort grande importance en elles-mêmes. Ils en assaisonnoient leurs discours, pour reveiller l'Attention & gagner le Cœur de ceux que les Préjugez rendoient encore inca-

---

(1) *Delicata doctrina est, pugnanti ictus dictare de muro; &, quum ipse unguentis delibutus sis, cruentum militem accusare fortitudinis.... Nolo tale certamen adeas, in quo tantum te protegas, & torpente dexterâ, sinistrâ clypeum circumferas. Aut feriendum tibi est, aut cadendum. Non possum te existimare victorem, nisi adversarium video trucidatum.... Tu me stantem in prælio, & de vitâ periclitantem, studiosus magister doceas? Noli ex obliquo, & unde non putaris, vulnus inferre. Directo percute gladio. Turpe tibi est, hostem dolis ferire, non viribus. Quasi non & hæc ars summa pugnantium sit, alibi minari, alibi percutere.* Apolog. pro lib. adversus JOVINIANUM, pag. 105. B.

(2) Il est certain, que ceux qui nous restent n'étoient pas fort délicats sur le choix de leurs

capables de goûter toutes seules les grandes & invincibles Raisons, sur lesquelles est fondée la Divinité de l'Evangile. Or, je vous prie, quel rapport a cette conduite avec celle de *St. Jérôme*, qui prétend qu'elle est la même? Ce qui lui a donné occasion de se munir d'une Autorité si respectable, c'est l'Apologie qu'il fut obligé de faire des deux Livres qu'il avoit écrits contre *Jovinien*. Quelque condamnée qu'eût été la Doctrine de celui-ci, à cause des fausses idées de la Virginité & du Célibat que l'Ignorance & la Superstition avoient fait triompher; il ne laissoit pas d'y avoir assez de gens, qui accusoient avec raison *St. Jérôme* non seulement d'animosité contre *Jovinien*, qu'il avoit chargé d'injures grossières, & cherché à rendre odieux de toutes les manières imaginables, mais encore d'avoir rempli son Invective de mille faux raisonnemens, qui alloient à faire regarder les Secondes Nôces, & le Mariage en général, comme quelque chose de mauvais de sa nature. Il prétend s'excuser par les Loix de la Dispute, qu'il représente telle qu'elle n'est que trop souvent à la vérité, mais qu'elle ne devroit jamais être, comme une Guerre, où chacun cherche à vaincre de quelque manière que ce soit; & il en appelle aux Maîtres de l'Art. (1) *Vraiment, dit-il, ce seroit quelque chose de beau, que les Assiégez, de dessus leur Muraille, prescrivissent à l'Ennemi les coups qu'il doit leur porter! & qu'un Soldat tout parfumé, se plaignît de la bravoure de son Adversaire couvert de sang!... Je ne veux pas que vous vous engagiez dans un Combat, où vous ne sussiez que vous défendre; & que laissant vôtre bras droit immobile, vous vous contentiez de tenir du gauche le Bouclier. Vaincre, ou mourir. Je ne puis vous tenir pour Vainqueur, si je ne vois vôtre Ennemi mort sous vos coups..... Quand je suis à la Bataille, & que je cours risque de la vie, viendrez-vous en Maître pointilleux me faire cette leçon:* Garde-toi de frapper de travers, & ailleurs qu'où tu vises. Fonds tout droit l'Epée à la main sur ton Ennemi. Il te seroit honteux de le vaincre par ruse, & non par force. *Quoi donc? le plus grand art du Combat ne consiste-t-il pas à menacer d'un côté, & frapper de l'autre? Lisez, je vous prie,* DÉMOSTHÈNE, *lisez* CICERON &c. C'est immédiatement avant & après tout ceci, que viennent les paroles, dont il s'agit entre nous, & où *St. Jérôme* justifie ces belles maximes par l'exemple des Rhéteurs, des Philosophes, des Orateurs, des Apologistes de la Religion Chrétienne, des Apôtres, & enfin de JÉSUS-CHRIST.

§. XXXVIII. Pour ce qui est des *Sophistes*, des *Philosophes*, des *Orateurs*, il faut rendre justice à *St. Jérôme*; il les a bien imitez, & il renchérit souvent sur ses modeles. On peut lui passer aussi, à certains égards, ce qu'il attribuë aux anciens (2) *Apologistes* de la Religion Chrétienne. Mais qu'il est mauvais imi-

---

leurs preuves, & qu'au lieu de s'en tenir à tant de raisons claires & solides qu'on peut alleguer en faveur de la Religion Chrétienne, ils entassent quelquefois tout ce qui leur vient dans l'esprit, bon ou mauvais. Les Commentateurs en ont remarqué assez d'exemples, & d'autres Auteurs par occasion, comme Mr. BAYLE, dans son *Dict. Hist. & Crit.* au mot *Chrysis*, *Note* A. pag. 885, 886. de la 3. Edition: au mot *Flora*, *Not.* H. pag. 1184. dans sa Dissertation sur l'*Hippomanès*, pag. 2967. & ailleurs. Nous avons vû ci-dessus, *Chap.* II. §. 4. un échantillon des pauvres argumens, dont JUSTIN, *Martyr*, se sert: & on en trouvera d'autres, dans les *Observationes Selectae*, publiées à *Hall*, Tom. I, Obs. VII. & IX.

imitateur des *Apôtres*, & plus encore de leur Maître! Les Apôtres, guidez par le *Saint Esprit*, qui *les conduisoit* (a) *dans toutes les Véritez*, ont usé, sous sa direction, des sages ménagemens que nous avons vû que demandoit le bien même de ceux qu'ils vouloient convertir. *St. Jérôme* n'aiant d'autre guide que ses Préjugez & sa Passion, emploie toute sorte de fausses raisons & de mauvais artifices, pour accabler un Homme, qui ne fait que s'opposer aux abus introduits dans le Christianisme, & soûtenir la Doctrine claire de l'Evangile. *St. Paul*, quoi que d'un naturel ardent, lors qu'il dispute avec les *Juifs*, dont l'incrédulité résistoit à tant de preuves éclattantes de la Vérité de la Religion Chrétienne, ne respire que douceur: il se représente (b) *plein de tristesse* & navré de *douleur*, par l'affection qu'il leur porte & le désir qu'il a de leur Salut: il va jusqu'à *souhaitter d'être anathême de la part de* JESUS-CHRIST, pour ces Incrédules, qu'il appelle encore *ses Frères*: bien loin d'exaggerer leur obstination, il cherche à les excuser (c) *par le zéle sans connoissance qu'ils ont pour* DIEU. *St. Jérôme*, au contraire, avec qui qu'il dispute, vomit des torrens de fiel. Et il se trouve que ceux, qui sont le plus en butte à sa colére, sont justement ceux qui paroissent le plus soigneux de ramener le Christianisme à sa prémiére simplicité. Posons pour un moment, que *Jovinien* & *Vigilance* n'eussent pas eû tout-à-fait raison, (dequoi il n'y a pas moien de les tenir pour atteints & convaincus, à en juger même par ce que nous savons d'eux uniquement sur la foi de leur Adversaire passionné) supposons, que, sous ombre de relever l'honnêteté du Mariage, ils eussent trop rabbaissé l'état de la Virginité & du Célibat. Y avoit-il là dequoi faire tant de bruit? La chose étoit-elle de plus grande conséquence, que l'erreur de ces prémiers *Chrétiens*, qui, sous les yeux mêmes des Apôtres, vouloient faire un mêlange de la *Loi* & de l'*Evangile*, & croioient qu'ils étoient encore assujettis aux Observances Mosaïques; quelques-uns mêmes, qu'il falloit en imposer la nécessité à tous les Chrétiens? *St. Paul*, après le *Concile de* JERUSALEM, le seul où l'on peut dire que le St. Esprit a présidé, avoit condamné clairement cette Opinion. Cependant que fait cet Apôtre? Se déchaîne-t-il en Invectives? Lance-t-il des Anathêmes? Bien loin de là: il exhorte les *Romains* à (d) *recevoir avec bonté dans leur Communion ces gens foibles en la Foi*, *sans contester avec eux sur leurs pensées* (ou *sans prétendre en juger*, comme on peut aussi traduire.) Il leur représente, que *celui qui met de la différence entre les Jours* (ou qui observe encore les Fêtes de l'ancienne Loi) *le fait pour le Seigneur* (ou parce qu'il croit que cela est agréable à DIEU) & que par le même principe de Piété mal éclairée, il *refuse de manger* de certaines Viandes défendues autrefois. Il veut que (e) *chacun pense à rendre compte à* DIEU *pour soi-même*, *sans juger les autres*; &

(a) *Jean*, XVI, 13.

(b) *Romains*, IX, 2, & suiv.

(c) *Ibid.* X, 2.

(d) *Rom.* XIV, 1, & suiv.

(e) *Ibid.* vers. 12, & suiv.

(1) Voiez JAQUES GODEFROI, qui montre, que c'est à l'occasion des sentimens de *Jovinien*, que les Empereurs HONORIUS & THEODOSE firent la Loi qui défendoit aux Ecclésiastiques d'avoir chez eux de ces *Femmes introduites*, dont nous avons parlé ci-dessus: *Tom.* VI. COD. THEODOS. pag. 89.

(2) Voici, par exemple, ce qu'il dit dans sa Lettre à *Eustochium*: *Triste, sed verum est. Unde in Ecclesias Agapetarum pestes introiit? Unde sine nuptiis aliud nomen Uxorum? Immo unde novum Concubinarum genus? Plus inferam: unde Meretrices univira? Eadem domo, uno cubicu-*

& (a) *cherche le bien de la Paix* & *de l'édification mutuelle.* Voilà l'exemple que (a) *Ibid. verſ.* 19.
St. Jérôme devoit ſuivre. Quelque fauſſes idées qu'il eût de la nature du Mariage, il ne pouvoit nier que ce ne fût une choſe clairement permiſe & autoriſée par l'Evangile. Et quand on le preſſoit, il ſe rabattoit ſur l'idée de *Conſeil* qu'il attachoit à la recherche de la *Virginité* ou du *Célibat.* Il ſavoit bien auſſi, que le déſir, ſouvent téméraire, de ſe dévouer à la Virginité ou au Célibat, étoit ſujet à de très-fâcheux inconvéniens, dont la conſidération avoit porté (1) *Jovinien* & *Vigilance* à ne pas faire tant de cas de cet état. Il avouë lui-même le fait (2) en plus d'un endroit de ſes autres Ecrits; & au lieu de ſupprimer ici une raiſon auſſi capable de frapper, que celle qui ſuit de là ſi naturellement, il devoit en être frappé lui-même, pour attribuer du moins à un motif innocent l'opinion de ces Docteurs différente de la ſienne. Mais la vérité eſt, qu'à cet égard & à divers autres, bien loin de conformer ſa conduite aux ſaints modéles qu'il ſe piquoit de ſuivre, ou il ne les enviſageoit guéres, ou il les défiguroit, pour les rendre ſemblables à ce que ſon Imagination & ſes Paſſions lui ſuggeroient. Sans cela, comment ſeroit-il venu à faire enfin comparaiſon de ſa manière de diſputer, ſophiſtique & emportée, avec la méthode de JE´SUS-CHRIST même, (b) *pleine, comme lui, de grace & de* (b) *Jean,I,14.* *vérité?* Quoi? St. Jérôme, qui accable d'injures tous ceux qui ne ſont pas de ſon ſentiment, imitera JE´SUS-CHRIST, qui, *quand on lui* (c) *diſoit des in-* (c) *I. Pierre,* *jures, n'en rendoit point?* St. Jérôme, qui ſonne le tocſin contre des gens, dont II, 23. l'erreur, ſuppoſé que c'eût été une erreur, auroit été la plus innocente du monde, imitera JE´SUS-CHRIST, à l'exemple duquel (d) ſon Apôtre dit (d) *Romains,* que *nous, qui ſommes forts, devons ſupporter les infirmitez des Foibles, & non* XV, 1. *pas chercher à nous plaire à nous-mêmes?* Mais ſur quoi fondé ce Pére s'eſt-il laiſſé ſéduire à une penſée ſi injurieuſe au *Fils de* DIEU? JE´SUS-CHRIST, pour des raiſons de ſa Sageſſe infinie, parle quelquefois de manière que tout le monde ne l'entend pas: il propoſe aux *Phariſiens*, ou autres gens ſemblables, des Queſtions, qu'il ne réſout pas lui-même, & par leſquelles il veut confondre leurs préjugez ou leur malice. Eſt-ce là la méthode d'un Diſputeur, comme St. Jérôme, qui, ſans aucun égard aux différens caractéres de ceux avec qui il diſpute, ſans garder aucunes meſures de prudence & de douceur, ſans ſe mettre en peine ſi les raiſons dont il ſe ſert ſont ſolides ou frivoles, jette ſur le papier tout ce qui lui vient dans l'eſprit, & ne penſe qu'à rendre les objets de l'Indignation du Vulgaire, ceux contre qui il eſt prévenu & paſſionné d'une maniére à ne ſauver pas même les apparences? *Vigilance*, de l'aveu (e) du Cardinal BARONIUS, avoit par (e) Tom. V. tout la réputation de *ſainteté.* St. Jérôme lui-même lui donne le titre de Saint, pag. 25. Editi-
Mar.
dans

biculo, ſæpe uno tenentur & lectulo, & ſuſpicioſos nos vocant, ſi aliquid exiſſimamus. Frater Sororem virginem deſerit, Cœlibem ſpernit Virgo germanum, Fratrem quærit extraneum, & quum in eodem propoſito eſſe ſe ſimulent, quærunt alienorum ſpiritale ſolatium, ut domi habeant carnale commercium. Tom. I. pag. 139. D. *Sunt alii (de mei ordinis hominibus loquor) qui ideo Presbyterium & Diaconatum ambiunt, ut mulieres licentiùs videant* &c. Ibid. pag. 144. C. On n'a qu'à voir encore la Lettre à Démétriade, *De ſervanda Virginitate*, dans le même Tome.

280 TRAITÉ DE LA MORALE

dans une Lettre (1) à *Paullin*, depuis Evêque de *Nole*; & témoigne avoir embraffé avec plaifir l'occafion de faire connoiffance avec lui. C'eft *Paullin* qui la lui avoit fournie, en lui recommandant *Vigilance*; & cet Evêque, auffi *Saint* fans doute que le Prêtre de *Stridon*, parle, dans fes (a) Lettres, fort avantageufement du Prêtre (2) Gaulois, ou Efpagnol. Mais *Vigilance* ne s'eft pas plûtôt déclaré d'opinions différentes de celles dont *St. Jérôme* étoit entêté, qu'il devient un monftre de Scélérateffe & d'Impiété. A cela fe joignit une autre raifon, qui feule auroit fuffi pour enflammer la bile de *St. Jérôme*, & qui feule auffi rend fufpect tout ce qu'il dit contre *Vigilance*. (3) Celui-ci difoit, avec *Ruffin*, que *St. Jérôme*, qui déclamoit tant contre les *Origéniftes*, depuis leur condamnation, avoit autrefois défendu *Origéne*, & fuivi fes fentimens. Rien n'étoit plus vrai, comme nous l'avons vû ci-deffus: mais *St. Jérôme*, de l'humeur dont il étoit, pouvoit-il qu'être furieufement piqué d'un reproche, qu'il fentoit être auffi honteux pour lui, que bien fondé?

§. XXXIX. Le Savant Mr. HUET loue *St. Jérôme* d'avoir abjuré l'*Origénisme*, après en avoir reconnu l'erreur. Mais ce Pére ne devoit pas pour cela fe déchaîner, comme il fit, contre (4) les *Origéniftes*. Il pouvoit renoncer à l'Erreur, fans maltraiter les Errans. Et comment eft-ce qu'aiant été fi long tems de leur nombre, il n'avoit pas quelque compaffion pour eux? Pour quelles foibleffes aura-t-on de la condefcendance, fi on n'en a pas pour celles qu'on a foi-même éprouvées? ST. AUGUSTIN témoigna (5) plus de douceur, par cette raifon, envers les *Manichéens*, avant que fon zéle mal réglé lui eût fait dépouiller en même tems les fentimens de la Tolérance Chrétienne, & ceux de l'Humanité; comme nous le verrons dans le Chapitre fuivant. Finiffons l'article de *St. Jérôme*, par le jugement qu'en porte le Prélat, dont nous venons de parler, & dans le même endroit, où il l'excufe autant qu'il peut: (6) *Il feroit à fouhaitter*, dit-il, *que ce Saint Docteur eût eû plus d'égalité d'ame & plus de modération, & qu'il ne fe fût pas laiffé emporter fi aifément à fa bile, que de s'abandonner à des Opinions contraires, felon les circonftances des affaires & des tems, & de charger quelquefois d'injures les plus piquantes les plus grands Hommes. Car il faut avouer, que Rufin l'a fouvent repris avec raifon, & qu'il a lui-même fouvent accufé Rufin fans le moindre fondement.*

(a) Voiez *Ep. l. 1. ad Sever.*

---

(1) *Sanctum* VIGILANTIUM *Presbyterum quâ aviditate fusceperim, melius est ut ipsius verbis, quàm meis discas literis.... Quasi praetereuntem & feftinantem paululum retinui, & gustum ei nostra amicitia dedi &c.* Ad PAULLIN. *De Institut. Monach.* Tom. I. pag. 105. A.

(2) Voiez, fur fa patrie, le *Dict.* de Mr. BAYLE, au mot *Vigilance*.

(3) Voiez le même Article du *Dictionn. Hist. & Critique* de BAYLE.

(4) Il fe vante lui-même, d'avoir suggéré aux Empereurs les LOIX, par lesquelles ils profcrivoient les *Origéniftes*; d'être caufe que l'Evêque de *Rome* les haïffoit horriblement, & que tout le Monde étoit entré en fureur contre les Ecrits d'ORIGENE: *Imperatorum quoque fcripta, quae de Alexandriâ & Ægypto Origeniftas pelli jubent, me fuggerente dictata funt: ut Romanae Urbis Pontifex miro eos odio deteftetur, meum confilium fuit: ut totus Orbis, post translationem tuam, in Origenis odia exarferit, quem antea fimpliciter lectitabat, meus operatus est ftylus.* Apolog. adverfus RUFIN. pag. 201. A. Tom. II.

(5) Voiez le paffage de ce Pére, que GRO-

CHAPITRE XVI.

Sur ce que l'on a dit de St. Augustin.

§. I. MA prémiére remarque, sur St. Augustin, étoit, que ce Pére (a) voulant faire l'apologie de la complaisance qu'Abraham eut pour sa Femme, au sujet d'Agar, prétend qu'*une Femme peut ceder à une autre Femme le droit qu'elle a sur le corps de son Mari; & que le Mari peut aussi transporter à un autre Homme le droit qu'il a sur le corps de sa Femme* &c. Voici le passage. (7) *On ne doit en aucune maniére faire un crime à Abraham de ce qui se passa à l'égard de cette Concubine. Car, s'il eut commerce avec elle, ce ne fut point pour satisfaire ses désirs charnels, mais pour avoir de la lignée; ni pour choquer sa Femme, mais plûtôt pour obéïr à sa Femme, qui se voiant stérile, crut trouver une consolation à s'approprier volontairement la fécondité de sa Servante, qui ne pouvoit lui appartenir selon la nature; & à user ainsi du* DROIT *dont parle l'Apôtre:* (b) *De même le corps du Mari n'est point en sa puissance, mais en celle de la Femme; à en user,* dis-je, *pour avoir d'une autre des Enfans, qu'elle ne pouvoit elle-même mettre au monde* &c.

(a) Préface; pag. XLIX.

(b) I. Corinth. VII, 4.

§. II. Le P. *Ceillier* (c) m'accuse ici d'abord *d'une insigne mauvaise foi,* sur ce que j'ai imputé à St. Augustin *la seconde partie de cette mauvaise maxime,* ne s'agissant point ici, dit-il, de savoir, *Si un Mari a le pouvoir de transporter à un autre le droit qu'il a sur le corps de sa Femme.* Mais mon Censeur me fournit lui-même la réponse, en raisonnant après cela sur la supposition que j'ai pû faire, *que* St. Augustin *doit avoir pensé que réciproquement Abraham pouvoit aussi transporter à un autre le droit qu'il avoit sur le corps de Sara.* C'est ainsi que je l'ai entendu, & mon Censeur nie en vain la conséquence. Il a beau dire, que ce Pére la détruit dans plus d'un endroit de ses Ecrits. Supposé que cela soit, tout ce

(c) *Apolog.* Chap. XIV. pag. 416.

Grotius cite, *Droit de la Guerre & de la Paix,* Liv. II. Chap. XX. §. 50. *num.* 4.

(6) *Quamvis autem viri pii & orthodoxi officio functus sit, cùm agnitos Origenismi errores ejuravit: optabile tamen foret, ut sanctissimus ille Doctor constantior animi fuisset & moderatior, neque tam facilè bili suæ fuisset morigeratus, ut in contraria, pro rerum ac temporum ratione, trahi se & jactari sivisset, nonnumquam etiam maximos viros amarissimis conviciis perfudisset: fatendum quippe est, jure eum sæpe à Rufino fuisse reprehensum; sæpe etiam Rufinum ab eodem sine causâ fuisse culpatum.* Origenian. ubi supr. pag. 105, 106.

(7) *Quod autem adtinet ad rem gestam, nullo modo est inurendum de hac concubina crimen Abrahæ. Usus est eâ quippe ad generandam prolem, non ad explendam libidinem; nec insultans, sed potiùs obediens conjugi, quæ suæ sterilitatis credidit esse solatium, si fecundum ancillæ uterum, quoniam natura non poterat, voluntate faceret suum, & eo jure, quo dicit Apostolus, sui, sed mulier, uteretur mulier ad pariendum ex alterâ, quod non poterat ex se ipsâ.* De Civit. Dei, Lib. XVI. Cap. 25.

ce qui s'enſuivra de là, c'eſt que *St. Auguſtin* n'eſt pas toûjours d'accord avec lui-même, & qu'il ne penſe guéres à ce qu'il dit. Car, ſi l'argument qu'il tire ici du paſſage de *St. Paul*, eſt de quelque poids, il prouve auſſi bien, par rapport au Mari, le pouvoir de renoncer au droit qu'il a ſur le corps de ſa Femme, que, par rapport à la Femme, le pouvoir de renoncer au droit qu'elle a ſur le corps de ſon Mari; puis que l'Apôtre dit certainement dans le même ſens & du Mari, & de la Femme, que le corps de l'un eſt en la puiſſance de l'autre: *Le corps de la Femme n'eſt point en ſa puiſſance, mais en celle du Mari*: DE MEME *le corps du Mari n'eſt point en ſa puiſſance, mais en celle de la Femme.* On ne peut exprimer plus clairement un droit réciproque. Mais nous verrons plus bas, que *St. Auguſtin* reconnoît lui-même poſitivement la juſteſſe de la conſéquence.

(a) *Pag.* 417.
§. III. IL eſt du moins vrai, ſelon l'aveu de mon (a) Cenſeur, *que St. Auguſtin a enſeigné, que* Sara *pouvoit, en ſe ſervant du* DROIT *qu'elle avoit ſur le corps de ſon Mari, l'engager à prendre* Agar *pour Femme.* Et ce n'eſt pas une penſée, qui aît échappé, en paſſant, à ce Docteur. Il dit la même choſe en d'autres endroits. SARA éxigea (1) *ainſi de ſon Mari ce qu'il lui devoit,* USANT DE SON DROIT *dans le ventre d'une autre Femme.* .... (2) ABRAHAM *ne commit point en cela d'adultére: parce qu'il n'aima point ſa Servante, pouſſé par un mouvement de la chair; mais il la reçut des mains de ſa Femme, qui* DISPOSA DE SON DROIT *comme elle le jugeoit à propos, voulant avoir des Enfans de ſon Mari, quoi que d'un autre ventre* &c.

§. IV. POUR juſtifier une maxime ſi étrange, mon Cenſeur a recours à la *tolérance* de la *Polygamie*, qui avoit lieu du tems d'*Abraham*; d'où il infére, que *St. Auguſtin* n'a pas cru *cette action permiſe pour toutes les Femmes en général, ni dans tous les tems.* Mais ſi ce Pére n'a voulu parler que des tems où la *Polygamie* étoit *tolérée*, d'où vient qu'il a allégue en preuve un paſſage de *St. Paul*, qui regarde certainement les droits réciproques du Mari & de la Femme, ſous l'Evangile? D'ailleurs, dans cette ſuppoſition, *St. Auguſtin* n'avoit que faire de parler du droit de la Femme ſur le corps de ſon Mari; il devoit au contraire faire valoir le droit qu'a un Mari de prendre plus d'une Femme, & réduire la complaiſance d'*Abraham* au parti qu'il prit, pour plaire à
Sara,

(1) *Exegit itaque etiam ſic* DEBITUM *de marito* [*Sara*] *utens* JURE SUO *in utero alieno.* De Civ. Dei, Lib. XV. Cap. 3. On voit par là, que *St. Auguſtin* fait regarder comme une partie du *devoir* que l'Apôtre veut que le Mari & la Femme *ſe rendent* réciproquement, la complaiſance de renoncer à ſon droit en faveur d'un tiers.

(2) *Non enim reperitur Abraham aliquo ſe contaminaſſe adulterio: quoniam non lubrico libi-* *dinis amavit ancillam; ſed ab uxore accepit, quando uxor ejus fecit de* JURE SUO *quod voluit, volens habere filios de marito ſuo, quamvis ex utero alieno* &c. Contra Adverſar. Leg. & Prophet. Lib. II. Cap. IX. § 31. Tom. VIII. pag. 424. E.

(3) *Rurſum quæritur, utrùm ſi uxoris permiſſu, ſive ſterilis, ſive quæ concubitum pati non vult, adhibuerit ſibi alteram vir, non alienam, neque à viro ſejunctam, poſſit eſſe ſine crimine*
for-

Sara, d'user de son propre droit, dont, sans cela, il ne se seroit point soucié.

§. V. MAIS, pour ôter tout prétexte de subterfuge à l'Apologiste des Péres, il faut rapporter ce que *St. Augustin* dit ailleurs, où il traite la matiére de propos déliberé, & par rapport à la Femme, & par rapport au Mari. Il se propose d'abord cette question, (3) *Si un Mari peut, sans se rendre coupable de Fornication, prendre, avec la permission de sa Femme ou stérile, ou qui ne veut pas lui rendre le devoir conjugal, une autre Femme, qui ne soit ni mariée, ni répudiée de son Mari?* Là-dessus, il répond, qu'on en trouve un exemple dans le Vieux Testament, savoir, celui-là même d'*Abraham* & d'*Agar* : mais il dit, qu'on ne doit pas le tirer à conséquence pour les tems de l'Evangile. Cependant, ajoûte-t-il, de ce que l'Apôtre dit : *Le corps de la Femme n'est pas en sa puissance, mais en celle du Mari ; & le corps du Mari n'est pas non plus en sa puissance, mais en celle de la Femme ;* ne pourroit-on pas aujourdhui même inferer, qu'avec la permission de la Femme, *en la puissance de laquelle est le corps de son Mari*, un Mari peut coucher avec une autre Femme, qui n'est ni mariée, ni séparée de son Mari ? Non, répond-il : *autrement il faudroit dire aussi qu'une Femme peut, avec la permission de son Mari, avoir commerce avec un autre Homme ; ce qui est contraire au sentiment de tout le monde.* Me voilà donc justifié pleinement par *St. Augustin*, du reproche d'*insigne mauvaise foi* que me fait mon Censeur ; puis que ce Pére reconnoît lui-même, que qui accorde à une Femme le droit de disposer du corps de son Mari en faveur d'une autre Femme, doit aussi nécessairement accorder au Mari le droit de disposer du corps de sa Femme en faveur d'un autre Homme. D'où il s'ensuit, que, du moins au tems des Patriarches, l'un & l'autre a été également permis, selon *St. Augustin*, qui disculpe entiérement *Abraham*, sur ce principe, que *Sara* avoit usé du *droit* qu'elle avoit sur le corps de son Mari. Reste à savoir, en vertu de quoi la maxime, prise dans le faux sens que ce Pére l'entend, seroit bonne pour les tems de la Loi, & non pas pour celui de l'Evangile, dont *St. Paul* parle.

§. VI. AUSSI *St. Augustin* ne tarde-t-il pas à se retracter en quelque maniére, & à suivre en partie les conséquences auxquelles ses principes le conduisoient. Car voici ce qu'il dit immédiatement après les derniéres paroles, que

---

fornicationis? Et in historia quidem Veteris Testamenti reperitur exemplum: sed nunc præcepta majora sunt, in qua per illum gradum generatio humana pervenit; tractanda illa sunt ad distinguendas ætates dispensationis divinæ providentiæ, quæ humano generi ordinatissimè subvenit, non autem ad vivendi regulas usurpandas. Sed tamen utrum quod ait Apostolus, Mulier non habet potestatem sui corporis, sed vir: similiter & vir non habet potestatem sui corporis, sed mulier: *possit in tantum valere, ut permittente uxore, quæ maritalis corporis potestatem habet, possit vir cum altera, quæ nec aliena uxor sit, nec à viro disjuncta, concumbere: Sed non ita est existimandum, ne hoc etiam femina, viro permittente, facere posse videatur; quod omnium sensus excludit.* De Sermon. Domin. in monte, Lib. I. Cap. 16. § 49. Tom. III. Part. II. col. 133. E. F.

que j'ai citées. (1.) „ Il peut néanmoins y avoir des cas, où une Femme
„ même semble devoir faire cela pour son Mari, du consentement de celui-ci;
„ comme dans ce qu'on dit être arrivé à *Antioche*, il y a environ cinquante ans,
„ sous l'Empire de *Constanse*. *Acindynus*, Gouverneur alors de cette Ville, &
„ depuis Consul, voiant qu'un homme, qui devoit au Fisc une livre d'or,
„ ne paioit point, & irrité contre lui, je ne sai pourquoi (malheur auquel on
„ est souvent exposé de la part de ces Puissances, à qui il est permis de faire
„ ce qu'il leur plaît, ou plûtôt à qui on le croit permis) menaça cet homme
„ avec serment & d'une manière très-positive, de le faire mourir, s'il ne
„ s'aquittoit pas dans un certain jour qu'il lui marquoit. Cependant il le te-
„ noit gardé étroitement en prison, & le jour fatal approchoit, sans que le
„ Débiteur trouvât aucun moien de satisfaire *Acyndinus*. Ce pauvre homme
„ avoit une Femme très-belle, mais qui n'avoit point d'argent, pour tirer son
„ Mari d'affaires. Un homme riche, qui étoit amoureux d'elle, sâchant l'em-
„ barras où se trouvoit son Mari, lui fit offrir la livre d'or, à condition qu'el-
„ le passeroit une nuit auprès de lui. Comme elle savoit, que *son corps n'étoit
„ pas en sa puissance, mais en celle de son Mari*; elle alla le trouver en prison, &
„ lui communiqua les offres qu'on lui faisoit, déclarant, qu'elle étoit toute
„ prête de se résoudre à les accepter pour l'amour d'un Mari, si lui, qui étoit
„ maître du corps de sa Femme, & à qui toute sa chasteté appartenoit, vou-
„ loit en disposer ainsi, comme de son bien, pour sauver sa propre vie. Le
„ Mari l'en remercia, & lui ordonna d'accepter le parti, dans la pensée qu'il
„ n'y auroit point là d'adultére, parce que la Femme ne s'y portoit point par
„ débauche, mais par l'effet d'un grand amour pour lui, son Mari, du con-
„ sentement & par l'ordre de qui elle le faisoit. La Femme alla donc trouver
„ le Galant à une Maison de campagne, où il étoit, & fit tout ce qu'il vou-
„ lut; prêtant néanmoins par là son corps à son seul Mari, qui alors souhait-
„ toit de vivre, & non pas qu'elle lui rendît le devoir conjugal à l'ordinaire.
„ Elle reçut l'or qu'on lui avoit promis en paiement: mais le brutal, qui le
„ lui avoit donné, le lui ôta adroitement, en trouvant moien de mettre à la
„ place une bourse toute semblable, où il n'y avoit que de la terre. La Fem-
„ me,

(1) *Quamquam nonnullae caussae possint existere, ubi & uxor, mariti consensu, pro ipso marito hoc facere debeat: sicut Antiochiae factum esse perhibetur ante quinquaginta ferme annos, Constantii temporibus. Nam Acyndinus tunc Praefectus, qui etiam Consul fuit, cùm quemdam librae auri debitorem fisci exigeret, nescio unde commotus, quod plerumque in istis potestatibus periculosum est, quibus, quod libet, licet, aut potius putatur licere, comminatus est jurans & vehementer adsirmans, quòd si certo die, quem constituerat, memoratum aurum non exsolveret, occideretur. Itaque cùm ille teneretur immani custodia, nec se posset debito illo expedire, dies metuendus imminere & propinquare coepit. Et forte habebat uxorem pulcherrimam, sed nullius pecuniae, quâ subveniret viro: cujus mulieris pulcritudine cùm quidam dives esset accensus, & cognovisset maritum ejus in illo discrimine constitutum, misit ad eam, pollicens pro una nocte, si ei misceri vellet, se auri libram daturum. Tum illa, quae se sciret non habere sui corporis potestatem, sed virum suum, pertulit ad eum, dicens, paratam se esse pro marito id facere, si tamen ipse, conjugalis corporis dominus, cui tota illa castitas deberetur, tamquam de re suâ, pro vitâ suâ, vellet id fieri. Egit ille gratias, & ut id fieret imperavit, nullo modo judicans adulterinum esse concubitum, quòd & libido nulla, & magna mariti caritas, se jubente & volente, flagitaret. Venit mulier ad villam illius divitis, fecit quod voluit impudicus: sed illa corpus nonnisi marito dedit, non concumbere, ut solet, sed vivere cupienti. Accepit au-*

TRIT.

,, me, de retour chez elle, s'étant apperçuë de la tromperie, divulgua auſſi
,, tôt l'affaire: la même tendreſſe pour ſon Mari, qui l'avoit fait réſoudre à
,, une telle complaiſance, l'obligea à ſe plaindre publiquement. Elle s'en alla
,, trouver le Gouverneur, lui raconta tout, & lui repréſenta comment on
,, l'avoit trompée. Le Gouverneur ſe déclara d'abord lui-même coupable,
,, d'avoir été cauſe, par ſes rigueurs & ſes menaces, que le Mari & la Femme
,, en étoient venus à une telle extrémité, & prononçant de deſſus ſon Tribu-
,, nal, comme s'il ſe fût agi d'une autre perſonne, il condamna *Acindynus* à
,, paier au Fiſc la livre d'or: puis il adjugea à la Femme le Bien de Campa-
,, gne d'où avoit été priſe la Terre qu'on lui avoit miſe en place de l'or. Pour
,, moi, je ne décide rien ſur ce cas, ni pour, ni contre: chacun en penſera
,, ce qu'il voudra. Car l'Hiſtoire n'eſt pas tirée de l'Ecriture Sainte. Je puis
,, dire néanmoins, qu'à conſiderer le fait avec toutes ſes circonſtances, le com-
,, merce charnel, auquel cette Femme ſe prêta par ordre de ſon Mari, ne ré-
,, pugne pas au ſentiment commun des Hommes, comme quand nous avons
,, été ci-deſſus frappez d'horreur pour la choſe conſidérée purement & ſimple-
,, ment ſans aucun exemple". Voilà donc *St. Auguſtin*, qui n'oſe rien décider
ſur le cas, dont il s'agit, & qui laiſſe à ſes Lecteurs la liberté d'en penſer ce
qu'ils voudront. Il n'eſt plus queſtion du tems de la Loi, ou des Patriarches:
nôtre Docteur parle des *Chrétiens*, & il donne pour exemple ce qui eſt arrivé
de ſon tems à des Chrétiens. S'il étoit perſuadé, que, ſelon les régles de
l'Evangile, une Femme ne peut ceder à une autre Femme le droit qu'elle a
ſur le corps de ſon Mari, & moins encore un Homme ceder à un autre Homme
le droit qu'il a ſur le corps de ſa Femme; y avoit-il à balancer un moment,
ſur la déciſion du cas qu'il ſe propoſoit? Tout ce qu'il devoit dire (& il le
pouvoit bien affirmativement) c'eſt que les circonſtances rendoient l'action
meins criminelle & de la part du Mari, qui conſentoit à l'adultére de ſa Femme, pour ſauver ſa propre vie, & de la part de la Femme, qui s'y étoit réſo-
luë, pour ſauver la vie de ſon Mari; (2) que ſi l'un & l'autre s'étoient accordez ſur une pareille choſe ſans une ſi preſſante néceſſité. C'eſt ainſi qu'auroit prononcé un Moraliſte, qui auroit eû de juſtes idées, & qui auroit été
ferme

*rum: ſed ille, qui dedit, fraude ſubtraxit quod
dederat, & ſuppoſuit ſimile ligamentum cum terra. Quod ubi mulier, jam domi ſuæ poſita, invenit, proſiluit in publicum, eadem mariti cari-
tate clamatura quod fecerat, qua facere coacta
eſt: interpellat Præfectum, fatetur omnia, quam
fraudem paſſa eſſet oſtendit. Tum vero Præfectus
primò ſe reum, quòd ſuis minis ad id ventum
eſſet, pronuntiat, tamquam in alium ſententiam
dicens, De* Acyndini *bonis libram fiſco inferen-
dam; illam vero mulierem dominam in eam terram, unde pro auro terram accepiſſet, induci.
Nihil hinc in aliquam partem diſputo; liceat cui-
que æſtimare, quod velit: non enim de divinis
auctoritatibus depromta hiſtoria eſt: ſed tamen,
narrato facto, non ita reſpuit hoc ſenſus humanus, quemadmodum antea, cùm ſine ullo exem-*
plo res ipſa poneretur, horruimus. Ibid. §. 50.

(2) On trouve un exemple, dans l'Hiſtoire Moderne, d'une Femme qui, pour ſauver
la vie à ſon Mari, dont il ne paroît pas
qu'elle eût le conſentement, ſe laiſſa aller aux
embraſſemens d'un perfide Officier, qui n'en
fut que plus promt à faire exécuter le Mari
innocent. Mais CHARLES *le Hardi,* dernier
Duc de *Bourgogne,* prononça là-deſſus un jugement mémorable, que l'on trouve dans
PONTUS HEUTERUS, *Rerum Burgundic.*
Lib. V. Cap. 5. d'où l'hiſtoire a été copiée
par EMANUEL DE METEREN, *Hiſt. des
Pays-bas,* Liv. I. *fol.* 3, & *ſuiv.* de la Tra-
duct. Françoiſe, imprimée à *La Haie,* en
1618.

286　TRAITÉ DE LA MORALE

(a) *Amœnit. Jur. Civil.* Cap. X.

ferme fur fes principes. Aussi le Savant (a) MENAGE, Catholique Romain, reconnoit-il nettement, que *St. Augustin* a regardé la permission que le Mari, en danger de mort, donna à sa Femme, comme n'aiant rien de contraire ni aux Loix Humaines, ni aux Loix Divines ; ce qui suppose nécessairement, que la Femme ne fit non plus aucun mal, en se servant de la permission.

§. VII. REMARQUONS ici une pauvre raison, dont *St. Augustin* se sert, pour s'excuser de ce qu'il n'ose décider rien, ni pour ni contre ; quoi que peut-être il décidât en lui-même, & qu'il craignît qu'on ne fût choqué de sa décision. *L'Histoire*, dont il s'agit, *n'est pas*, dit-il, *tirée de l'Ecriture*. Les régles de Morale, qu'on trouve dans l'Ecriture, & les justes conséquences qui s'en déduisent, ne suffisent-elles donc pas, pour nous fournir dequoi juger de tous les cas particuliers ? Et serons-nous toûjours indéterminez, quand nous ne verrons dans l'Ecriture aucun exemple de ces cas ou possibles, ou qui arrivent actuellement, avec une diversité infinie ? Outre que, comme je (b) l'ai déja remarqué ci-dessus, il ne suffit pas de trouver quelque exemple dans l'Ecriture, pour en inferer que telle ou telle chose est mauvaise ou innocente ; il faut encore que l'exemple soit accompagné de condamnation ou d'approbation bien claire : & il s'en faut bien que cela soit toûjours ainsi. L'affaire seule du commerce d'*Abraham* avec *Hagar*, en est une bonne preuve. Les uns l'ont justifié entiérement, comme fait *St. Augustin* ; les autres l'ont blâmé sans détour : mais aucun ne s'est fondé sur rien qui se tire de la narration même de l'Histoire Sainte.

(b) *Chap* XIII, § 21.

(c) *Pag.* 327, & *suiv.*

§. VIII. LE P. *Ceillier* (c) veut en vain sauver ici l'honneur de son Héros, par une mauvaise apologie. Il dit, que *St. Augustin n'approuve point l'action*, dont il s'agit, & *qu'il ne donne aucunes louanges au Mari ou à la Femme*. Il est vrai, qu'il ne donne point d'approbation positive : mais, par cela même qu'*il laisse à un chacun la liberté d'en penser ce qu'il voudra*, il déclare au moins qu'il se peut que la chose mérite d'être approuvée. Elle peut même, selon lui, être non seulement digne de *louange*, mais encore telle qu'on soit dans une véritable *obligation* de s'y résoudre ; & il s'en est expliqué d'abord bien nettement, lors qu'il a dit, qu'*il peut y avoir des cas*, *où une Femme même semble* DEVOIR *faire cela pour son Mari*, *du consentement de celui-ci*. Prendrons-nous donc pour *Guides* & pour *Maîtres*, en matiére de Morale, des Docteurs, qui, sur des points de si grande conséquence, nous laissent la liberté de croire ce qu'il nous plaira ? Supposons qu'on eût proposé à *St. Augustin* cet autre cas, fort approchant : Un Tyran menace un homme de le faire mourir, s'il ne tuë lui-même son propre Pére. Le Pére consent que son Fils lui ôte la vie, il le lui ordonne. On demande, si en ce cas-là le Fils peut racheter sa vie, au prix de celle de son Pére, & si le consentement du Pére empêche que ce ne soit un vrai Parricide ? Imaginons-nous, que nôtre Docteur, consulté là-dessus, eût

---

(1) EVOD. *Hoc scio malum esse, quòd hoc ipse in uxore mea pati nollem. Quisquis autem alteri facit, quod sibi fieri non vult, malè utique facit.* AUG. *Quid si cujuspiam libido ea fit, ut uxorem suam præbeat alteri, libenterque ab eo corrumpi patiatur, in cujus uxorem vicissim parem cupit habere licentiam, nihilne mali facere tibi videtur?* EVOD. *Immo plurimum.* AUG.

eût répondu, *Je n'en sai rien: chacun en croira ce qu'il voudra: il peut y avoir des cas, où un Fils doit, pour sauver sa propre vie, tuer son Pére, pourvû que celui-ci y consente.* Ne seroit-on pas bien fondé à dire, qu'un homme, qui répond ainsi à la question, ou est fort ignorant; ou ne croit pas que ce soit une régle générale, Qu'il ne faut point racheter sa vie par un Crime; ou du moins prétend, qu'il y a, dans le cas proposé, quelque raison, pourquoi ce qui d'ailleurs seroit un Crime, ne l'est plus? Cette raison ne pourroit guéres être, que le *consentement du Pére*: &, dans le cas, à l'occasion duquel j'ai supposé celui-ci, nous voyons *St. Augustin* faire valoir le *consentement du Mari*, comme une circonstance, d'où dépend le principal point de la question. N'a-t-on pas donc lieu de penser, que, quoi qu'il ne veuille rien décider, il panche fort à croire, en vertu du faux principe qu'il s'est mis dans l'esprit, sur les paroles de *St. Paul* mal entenduës; que, sous l'Evangile même, une Femme peut innocemment. pour sauver la vie à son Mari, s'abandonner à un autre Homme, en faveur duquel le Mari a renoncé à son droit? La maniére dont il raconte le fait, le donne assez à entendre.

§. IX. MAIS, pour se convaincre encore mieux du peu de justesse des idées de *St. Augustin* sur ces matiéres, & autres de grande importance, on n'a qu'à voir ce qu'il dit, en expliquant les raisons pourquoi l'*Adultére*, l'*Homicide*, le *Sacrilége*, & en général tous les autres Péchez, sont des Péchez. C'est dans son Dialogue sur le *Libre Arbitre*, où il rejette d'abord, au sujet de (1) l'*Adultére*, ce qu'il fait dire à son Interlocuteur, Qu'un Homme, qui débauche la Femme d'un autre, ne voudroit pas qu'on lui débauchât la sienne; & par conséquent qu'il pêche contre la régle, qui défend de faire à autrui ce qu'on ne voudroit pas que d'autres nous fissent. Mais, répond *St. Augustin*, supposons qu'un Mari, pour joüir de la Femme d'un autre, dont il est fort amoureux, lui abandonne la sienne très-volontiers; il ne laisse pas de mal faire: & cependant il ne pêche point contre cette régle; puis qu'il veut bien qu'on fasse à sa Femme, ce qu'il fait à celle d'autrui. Il faut donc, que le crime de l'Adultére consiste dans quelque autre chose. On voit par là, combien l'Evêque d'*Hippone* entend mal cette excellente maxime de l'Evangile, que la Raison seule avoit apprise aux Païens. J'ai eu occasion (a) ci-dessus d'en indiquer le vrai sens: & sur ce pié-là, il est absurde de prétendre, que parce qu'un homme, en certains cas extraordinaires, voudra bien souffrir ce qui d'ailleurs lui seroit très-fâcheux, & qui l'est ordinairement à chacun, il puisse le faire à autrui, sans pécher contre la régle dont il s'agit. Car on doit ici avoir toûjours égard & à la disposition commune des Hommes, & à ce que la Raison veut ou permet. Or ce même Mari, qu'un amour violent pour la Femme d'autrui porte à sacrifier la sienne propre, ne voudroit point sans cela; & son consentement alors a toûjours quelque chose de forcé. L'expérience fait voir, que ceux qui font le moins de scrupule de débaucher les Femmes

(a) *Chap.* IX, § 7.

AUG. *At iste non illâ regulâ peccat: non enim id facit, quod pati nolit. Quamobrem aliud tibi quaerendum est, unde malum esse Adulterium convincas.* De Libero Arbitr. Lib. I. Cap. III, § 6. Tom. I. col. 423. A.

mes d'autrui, sont souvent les plus sensibles à l'infidélité de leurs propres Femmes. Mais après tout, l'application convenable de la Régle, Qu'il ne faut pas faire à autrui ce qu'on ne voudroit pas que les autres nous fissent, suppose toûjours une aversion raisonnable. Ainsi *St. Augustin*, au lieu de nier, comme il fait, mal-à-propos, que l'adultére d'un Mari, qui consent lui-même à l'adultére de sa propre Femme, cesse par là d'être contraire à la régle, devoit dire seulement, qu'il reste à chercher, pourquoi l'*Adultére* est une chose mauvaise de sa nature, soit que, comme il arrive ordinairement, ceux qui corrompent la Femme d'autrui, fussent eux-mêmes bien fâchez qu'on corrompît les leurs; soit que, par bêtise, par indolence, par intérêt, ou par quelque autre principe peu commun, ils ne s'en soucient point.

§. X. VOICI maintenant en quoi consiste, selon nôtre Docteur, le mal qu'il y a dans l'*Adultére*. (1) C'est, dit-il, le *désir du commerce charnel*. Et pour le prouver, il ajoûte, que, quand même on ne trouveroit pas moien de coucher avec la Femme d'autrui, on n'en est pas moins coupable d'adultére, si on l'a souhaitté, & qu'il n'aît tenu qu'à l'occasion qu'on ne le fît actuellement. Mais cela nous montre seulement, que, devant le Tribunal Divin, une intention déterminée de commettre adultére, ou tel autre Crime, rend aussi coupable, que l'exécution actuelle du Crime, auquel on étoit tout disposé. La question est toûjours de savoir, pourquoi ce *désir* de coucher avec la Femme d'autrui, est moralement mauvais. Ce ne peut être que pour deux raisons, ou parce que le désir du commerce d'une Femme est mauvais de sa nature, ou parce qu'il n'y a que certaines Femmes qui soient l'objet légitime de ce désir. Si l'on dit le prémier, un Mari péchera en désirant d'avoir commerce avec sa propre Femme, & le Mariage sera un état de Péché habituel. Si l'on se restreint au dernier, comme il le faut nécessairement, on doit rendre raison, pourquoi il est permis de satisfaire le désir naturel, innocent en lui-même, avec une Epouse, & non pas avec la Femme d'autrui. Or c'est sur quoi *St. Augustin* demeure muet. Et cependant, comme s'il avoit fait une grande découverte, il introduit son Interlocuteur docile parlant en homme pleinement éclairé & convaincu : *Rien n'est plus évident*, dit celui-ci; *je vois maintenant qu'il ne faut plus de longs discours, pour me persuader du mal qu'il y a & dans*

---

(1) AUG. *Fortassis ergo libido in Adulterio malum est : sed dum tu foris in ipso facto, quod jam videri potest, malum quaris, pateris angustias. Nam, ut intelligas, libidinem in Adulterio malum esse, si cui etiam non contingat facultas concumbendi cum conjuge aliena, planum tamen aliquo modo fit eum cupere, &, si potestas detur, facturum esse, non minus reus est, quàm si in ipso facto deprehenderetur.* EVOD. *Nihil est omnino manifestius, & jam video non opus esse longa sermocinatione, ut mihi de Homicidio & Sacrilegio, ac prorsus de omnibus peccatis persuadeatur. Clarum est enim jam, nihil aliud, quàm libidinem, in toto malè faciendi genere dominari.* Ibid. § 8.

(2) AUG. *Quid si quispiam nos exagitet, exaggerans delectationem Adulterii, & quærens à nobis, cur hoc malum & damnatione dignum judicemus; num ad auctoritatem Legis confugiendum censes hominibus, jam non tantum credere, sed intelligere cupientibus?... Nunc molimur, id quod in fidem recepimus, etiam intelligendo scire ac tenere firmissimum. Considera itaque, quantum potes, & renuntia mihi, quanam ratione Adulterium malum esse cognoveris.* Ibid. § 6.

(3) AUG. *Scisne, etiam istam libidinem alio nomine cupiditatem vocari?* Ev. *Scio.* AUG. *Quid, inter hanc & metum, nihilne interesse, an aliquid putas?* Ev. *Immo plurimùm hæc ab invicem distare arbitror.* AUG. *Credo, te hoc arbitrari, quia cupiditas adpetit, metus fugit.* Ev. *Est ita, ut dicis.* AUG. *Quid si ergo*

DES PE'RES. Chap. XVI.

le Meurtre, & dans le Sacrilége, & en un mot dans tous les Péchez. Car il est clair, que c'est uniquement le Désir, qui domine dans toutes les Mauvaises Actions. Fort bien. Mais il reste encore à nous apprendre, pourquoi ce Désir est mauvais de sa nature: car (2) *St. Augustin* a d'abord mis à quartier la raison tirée de ce que l'*Adultére*, & les autres Crimes, sont défendus par les Loix & Humaines, & Divines; il a réduit la question à savoir, non ce que l'on doit croire être mauvais, sur l'autorité des Loix, qui le condamnent, mais ce qu'il y a dans la chose même, qui la rend condamnable, à en juger par les lumiéres de la Raison.

§. XI. Voions donc, si dans la suite nous trouverons de quoi nous éclaircir là-dessus. *St. Augustin* (3) continue, en proposant cette objection. Il y a de la différence entre *désirer*, & *craindre*. Or posons qu'un Homme en tue un autre, non par le désir de quelque chose qu'il veuille avoir, mais par la crainte d'un mal dont il veut se garantir, en sera-ce moins un véritable Homicide? Non, se fait-il répondre, mais dans cette action même le grand principe est le *Désir*: car celui qui tue un Homme par la crainte de quelque Mal, désire certainement de vivre sans crainte. D'accord, replique-t-il: mais vivre sans crainte; n'est pas un petit Bien: & quoi que le Meurtrier ne tire pas véritablement cet avantage de son action, il est certain qu'il a voulu se le procurer. Or c'est sans contredit un Bien, que de vivre sans crainte, & par conséquent le Désir n'en est point blâmable; autrement il faudroit blâmer tous ceux qui aiment le Bien. Ainsi nous voilà réduits à reconnoître, qu'il y a une sorte d'Homicide, où l'on ne sauroit trouver un Désir mauvais, qui en soit le principe dominant. Donc ou il sera faux que le Désir dominant dans une action soit ce qui la rend un Péché, de quoi néanmoins nous sommes tombez d'accord; ou bien il y aura quelque Homicide qui ne sera point un Péché. Après quelques autres objections, par lesquelles *St. Augustin* cherche à embarrasser son homme, il explique enfin sa pensée. (4) *Le désir*, dit-il, *de vivre sans crainte, est commun aux Gens-de-bien & aux Méchans. Mais il y a cette différence, que, quand les prémiers forment ce désir, ils détournent leur amour des choses qu'on ne peut posseder sans crainte de les perdre: au lieu que les Méchans cherchent à jouïr tranquillement de ces sortes de choses, en éloignant tout ce qui peut y être*

---

ergo quispiam, non cupiditate adipiscendæ alicujus rei, sed metuens, ne quid ei mali accidat, hominem occiderit? num homicida iste non erit? Ev. *Erit quidem, sed non ideo factum hoc cupiditatis dominatu caret: nam qui metuens hominem occidit, cupit utique sine metu vivere.* Aug. *Et parvum tibi videtur bonum, sine metu vivere?* Ev. *Magnum bonum est: sed hoc illi homicidæ per facinus suum provenire nullo modo potest.* Aug. *Non quæro, quid ei provenire possit, sed quid ipse cupiat: certe enim bonum cupit qui cupit vitam metu liberam; & idcirco ista cupiditas culpanda non est: alioquin omnes culpabimus amatores boni. Proinde cogimur fateri, esse homicidium, in quo nequeat malæ illius cupiditatis dominatio reperiri; falsumque erit il-* *lud, quòd in omnibus peccatis, ut mala sint, libido dominatur, aut erit aliquod homicidium, quod possit non esse peccatum.* Ibid. § 9.

(4) *Cupere namque sine metu vivere, non tantum bonorum, sed etiam malorum omnium est: verum hoc interest, quòd id boni adpetunt, avertendo amorem ab iis rebus, quæ sine amittendi periculo nequeunt haberi; mali autem, ut his fruendis cum securitate incubent, removere impedimenta conantur, & propterea facinorosam sceleratamque vitam, quæ mors melius vocatur, gerunt.* Fv. *Respisco, & admodum gaudeo, me jam planè cognovisse, quid sit etiam illa culpabilis cupiditas, quæ* Libido *nominatur. Quam esse jam adparet earum rerum amorem, quas potest quisque invitus amittere.* Ibid. § 10.

être un obstacle, & ainsi ménent une vie criminelle, que l'on doit plûtôt appeller mort. Là-dessus, le Disciple se rend, il est ravi d'aise d'une si belle ouverture: *Je vois bien*, dit-il, *maintenant ce que c'est que le* DE'SIR CRIMINEL. *C'est l'amour des choses, que chacun peut perdre malgré soi.*

§. XII. HE' BIEN! ne voilà-t-il pas un principe bien solide, bien lumineux, bien fécond, bien propre à mettre dans une pleine évidence la nature des Mauvaises Actions en général, & à les caractérizer chacune en particulier, pour en connoître la difference! J'avouë néanmoins, qu'il me reste quelque petite difficulté. Il me semble, que quand un Mari desire la compagnie de sa Femme, il *aime un Bien*, *qu'il peut perdre malgré lui*, tout de même que celui qui convoite la Femme d'autrui. Ainsi je ne vois pas encore, pourquoi le dernier péche, plus que le prémier. Il y a des gens, qui, par un zéle aveugle de Religion, font mourir des personnes innocentes: JE'SUS-CHRIST (a) nous dit, *qu'ils croient rendre service à* DIEU? Où est-là cet *amour d'une chose qu'on peut perdre malgré soi*? Il y en a d'autres, qui, par le même principe, prennent le bien d'autrui, pour le donner aux Pauvres. Désirent-ils donc pour eux quelcune de ces choses, dont la possession est peu assûrée? Et après tout, comme ces objets de nos Désirs, & les Désirs mêmes, sont d'une diversité infinie, à quoi connoîtrons-nous la différente nature des Actions qui en proviennent? Car l'*Adultére* n'est pas certainement la même chose que le *Meurtre*; ni le *Meurtre*, que le *Larcin*; & ainsi de tous les autres Péchez, dont chacun même a ses espéces particuliéres. On pourroit faire cent autres questions, sur lesquelles *St. Augustin* auroit été bien embarrassé à répondre, par son principe, qu'il nous donne néanmoins comme le fondement & la clé de la moralité naturelle des Actions Humaines. Il a senti lui-même la peine qu'il auroit à expliquer par là ce qu'il y a (1) de criminel dans les *Sacriléges*, qui se commettent souvent par pure superstition. Il se tire d'affaires, en disant, qu'il n'est pas encore tems d'éclaircir cela: mais on a beau attendre, il n'y revient plus. Il se jette sur la question des Meurtres permis par les Loix Humaines, & s'embarrasse furieusement là-dessus. J'ai eu (b) déja occasion d'en rapporter quelque chose. Passons à d'autres matiéres.

(a) *Jean*, XVI, 3.
(b) *Chap.* VIII. § 19. dans une Note.
(c) *Préface*, pag. XLIX.

§. XIII. J'AVOIS dit, (c) que *ce Pére ose bien soutenir, que, par le Droit Divin, tout est aux Justes, ou aux Fidéles, & que les Infidéles ne possédent rien légitimement: principe abominable, & qui renverse de fond en comble la Société Humai-*

(1.) *Quare nunc age quæramus, si placet, utrum etiam in Sacrilegiis libido dominetur, quæ videmus plura superstitione committi.* AUG. *Vide, ne præproperum sit; prius enim mihi discutiendum videtur* &c. Ibid. § 11.

(2) *Unde* SALOMON *in Proverbiis ait: Ejus, qui fidelis sit, totus mundus divitiarum.... Quomodo Sapientis totus mundus? Quoniam ipsa natura dat illi sortem omnium, etiamsi ipse nihil possideat. Domina est & possessor*

Sapientia, quæ sua putat naturæ munera, quoniam in usum hominum data sunt, nec ullis indiget, etiamsi desint ei ad victum necessaria. De Abraham. Lib. II *Cap.* 7. Il est à remarquer, que, selon *St. Ambroise*, les *Stoiciens* avoient tiré de là, & d'autres passages de l'Ecriture, qui prouvent encore moins, leur Paradoxe, *Que tout est au Sage.* Voiez ce qui est avant & entre les paroles que je viens de citer.

(3) *Antiquum dictum est,* AVARO tam deest

maine. Le P. *Ceillier* (a) répond d'abord, que *St. Augustin n'avance rien, qui ne soit bien fondé dans l'Ecriture Sainte*, puis qu'il est dit dans le Livre des PROVERBES, *que le Monde entier est aux Fidéles, & que les Infidéles n'ont pas même une obole:* (b) Ejus qui fidelis est, totus mundus divitiarum; illius autem, qui infidelis est, neque obolus. *St. Augustin* cite un peu autrement ce passage: *Fidelis hominis totus mundus divitiarum est; infidelis autem nec obolus.* Mais cela ne change rien au sens, qu'il y trouve. Je n'insiste pas même sur ce que, de l'aveu de mon Censeur, *ce passage ne se trouve ni dans l'Hébreu, ni dans la Vulgate, mais dans la Version des Septante*, sur la foi de laquelle *St. Augustin*, & d'autres Péres, l'ont cité. Il me suffit, qu'en l'admettant même, comme étant de l'Ecriture, il signifie toute autre chose, que ce à quoi l'Evêque d'*Hippone* le fait servir. On peut même lui opposer l'explication qu'y ont donnée d'autres Péres, citez par mon Censeur, & dont l'autorité est pour le moins aussi respectable. ST. AMBROISE (2) dit, que cette sentence, *Le Fidéle a tout un monde de Richesses*, doit s'entendre ainsi, Qu'il ne manque rien au *Fidéle*, c'est-à-dire, au *Sage*, parce qu'à cause de sa sagesse, il vit content, encore même que pour un tems il soit dépourvû des choses que la Nature a données pour l'usage de tous les Hommes. ST. JERÔME suit à peu près la même idée. (3) *C'est*, dit-il, *un ancien mot: L'Avare manque de ce qu'il a, aussi bien que de ce qu'il n'a pas.* LE Fidéle a tout un monde de Richesses, l'Infidéle n'a pas même une obole. *Vivons, comme si nous n'avions rien, & comme si néanmoins nous possédions tout. La Nourriture & les Vétemens, font les Richesses des Chrétiens.* ST. BERNARD cite les paroles, dont il s'agit, à l'occasion de la découverte qu'il prétend que son *Saint Malachie* fit d'un Trésor, par une Providence particuliére de DIEU. (4) *Le Serviteur de* DIEU, dit-il, *trouva dans la bourse de* DIEU, *ce qu'il n'avoit pas dans la sienne. Et il étoit bien juste, que celui qui, pour l'amour de* DIEU, *ne possédoit rien en propre, fit société avec* DIEU, *& qu'ils n'eussent tous deux qu'une même bourse.* Le Fidéle a tout un monde de Richesses. *Et qu'est-il lui-même autre chose, qu'une bourse de* DIEU? Enfin DIEU dit: (c) La Terre est à moi & tout ce qu'elle contient. *C'est pourquoi Malachie ne serra point la grande quantité d'argent qu'il avoit trouvée, mais il la mit au jour: car ce qui étoit tout entier un présent de la libéralité divine, il l'employa à l'ouvrage de* DIEU &c.

§. XIV. VOIONS maintenant, de quelle maniére *St. Augustin* raisonne, sur

(a) Pag. 419, & suiv.

(b) Proverb. XVII, 6. selon les LXX.

(c) Pseaume XXIII, 1.

---

deest quod habet, quàm quod non habet. CREDENTI mundus totus divitiarum est: Infidelis etiam obolo indiget. *Sic vivamus, tamquam nihil habentes, & omnia possidentes. Victus & vestitus, divitiæ Christianorum.* Epist. ad PAULLIN. sub fin. Tom. III. pag. m. 10. C.

(4) *Invenit Dei famulus* [Malachias] *in Dei marsupio, quod defuit suo. Merito quidem. Quid enim justius, quàm ut, cui pro Deo non erat proprium, cum Deo iniret consortium, & marsupium unum esset amborum? Fideli denique homini totus mundus divitiarum est. Et quid est ille, nisi quoddam marsupium Dei? Denique ait: Meus est orbis terræ, & plenitudo ejus. Inde est, quod Malachias repertos argenteos multos non reposuit, sed exposuit. Nam totum munus Dei, in Dei opus jubet expendi.* De Vita S. Malach. col. 1953. Ed. Paris. 1640.

sur la fausse interprétation qu'il donne à des paroles, dont le moins qu'on puisse dire, c'est qu'il est fort incertain si elles sont de l'Ecriture. (1) „ Si
„ nous considérons sagement ce qui est écrit, *Le Fidéle a tout un monde de ri-*
„ *chesses, mais l'Infidéle n'a pas même une obole;* n'y trouverons-nous pas dequoi
„ convaincre tous ceux qui *croient jouïr de biens légitimement acquis*, & qui ne sa-
„ vent pas s'en servir comme il faut, qu'ils possédent le bien d'autrui? Car,
„ pour posséder quelque chose qui ne soit pas à autrui, il faut certainement la
„ posséder *de droit :* on posséde *de droit*, ce que l'on posséde *justement ;* & l'on
„ posséde *justement,* ce qu'on posséde *bien.* Tout ce donc que l'on posséde
„ *mal*, est à autrui. Or celui-là posséde *mal*, qui *se sert mal* de ce qu'il possé-
„ de. Vous voiez donc, combien de gens il y a, qui *doivent rendre ce qui ap-*
„ *partient à autrui*, s'il se trouve seulement un petit nombre de personnes, aux-
„ quelles ils les rendent, comme étant à elles : mais celles-ci, où qu'elles
„ soient, méprisent d'autant plus ces sortes de biens, qu'elles ont plus de
„ droit à leur possession. Car personne ne posséde mal la Justice ; & on ne
„ la posséde, que quand on l'aime. Mais, pour ce qui est de l'Argent, les
„ Méchans le possédent mal; les Gens-de-bien, au contraire, le possédent
„ d'autant mieux, qu'ils l'aiment moins. Cependant on TOLERE L'INI-
„ QUITÉ de ceux qui *possèdent mal*, & l'on établit entr'eux certains *Droits*,
„ qu'on appelle *Civils* : non que cela fasse qu'ils *usent bien* de ce qu'ils possé-
„ dent, mais *afin qu'ils causent moins de mal* par le mauvais usage qu'ils en font;
„ jusqu'au tems que les *Fidéles* & les *Pieux*, auxquels TOUT APPAR-
„ TIENT DE DROIT, & qui ou se convertissent d'entre ceux-là même qui
„ usent mal des biens de ce monde, ou vivent parmi eux, sans s'engager dans
„ leurs déréglemens, mais étant seulement exercez par là ; parviendront à cet-
„ te sainte Cité, où est l'Héritage de l'Eternité, où il n'y a que des Justes,
„ qui soient reçus, que des Sages, qui soient élevez en dignité ; & où person-
„ ne ne possédera que ce qui lui *appartiendra véritablement.* Nous ne nous op-
„ posons pourtant pas, à ce qu'ici bas même, en vertu des Loix & des Coû-
„ tumes de la Terre, *on ne soit point* CONTRAINT DE RENDRE CE QUI
„ APPARTIENT A AUTRUI &c.

§. XV. Rien n'est plus clair, & plus clairement énoncé, que le systême que fait ici *St. Augustin*, sur le fondement du *droit* qu'on a aux Biens de ce Monde. Le *Mien* & le *Tien* dépendent, selon lui, du *bon usage* que l'on fait de ce qu'on posséde : dès-là qu'on en fait un *mauvais* usage, ce n'est plus *nôtre* bien, c'est le *bien d'autrui;* il faut le *rendre* aux *Fidéles* & aux *Pieux*, à qui *tout appartient de droit*, parce qu'ils en savent bien user. Si l'on est dispensé de

cette

---

(1) *Jam si vero prudenter intueamur, quod scriptum est,* Fidelis hominis totus mundus divitiarum est, infidelis autem nec obolus: *nonne omnes, qui sibi videntur gaudere licitè conquisitis, eisque uti nesciunt, aliena possidere convincimus? Hoc enim certè alienum non est, quod jure possidetur; hoc autem jure, quod justè; & hoc justè, quod benè. Omne igitur, quod malè possidetur, alienum est: malè autem possidet, qui malè utitur. Cernis ergo, quàm multi debeant reddere aliena, si vel pauci, quibus reddantur reperiantur: qui tamen, ubi ubi sunt, tanto magis ista contemnunt, quanto ea justiùs possidere potuerunt. Justitiam quippe, & nemo malè habet, & qui non dilexerit, non habet. Pecunia vero, & à malis malè habetur, & à bonis tanto meliùs habetur, quanto minùs amatur. Sed inter hæc toleratur iniquitas malè habentium, &*

qui

ëcette restitution, c'est, d'un côté, parce que les *Fidéles* ne s'en soucient point, par le *mépris* qu'ils ont pour de telles choses; de l'autre, parce que les *Loix Humaines* TOLÉRENT L'INIQUITÉ de ceux qui devroient restituer, & ne contraignent point à rendre des Biens qu'elles regardent comme légitimement acquis par leurs Possesseurs. St. *Augustin* a aussi la bonté de ne pas s'opposer à cette *tolérance*, parce qu'elle sert à *éviter un plus grand mal*, ou peut-être, à cause qu'il ne dépend pas de lui de changer les Loix. Car s'il l'eût pû, que fait-on ce qu'il auroit fait? Et ne le faisoit-il pas même, entant qu'en lui étoit, lors qu'il approuvoit ou qu'il sollicitoit ces Loix souverainement injustes, par lesquelles les *Hérétiques* étoient dépouillez de leurs Biens, & exilez?

§. XVI. IL FAIT beau voir ici le P. *Ceillier* réduit à tordre le sens le plus clair des paroles que j'ai citées, dont, à cause de cela, il ne rapporte que le commencement, qui contient seulement les principes, d'où St. *Augustin* tire ensuite des conséquences, pour établir sa Maxime, *Qu'il n'y a que les Justes, ou les Fidéles, à qui tout appartienne de droit.* Voici la proposition générale. *Tous ceux qui croient joüir de biens légitimement acquis, & qui néanmoins ne savent pas s'en servir comme il faut, possedent le bien d'autrui.* Suit la preuve: *Car, pour posseder quelque chose qui ne soit pas à autrui, il faut certainement le posseder de droit. Qu'est-ce qu'on possede de droit? Ce que l'on possede justement. Comment possede-t-on une chose justement? Lors qu'on la possede bien, & non pas mal. Qu'est-ce que posseder mal? C'est se mal servir de ce qu'on possede.* OMNE, igitur, quod malè possidetur, alienum est: malè (2) autem possidet, qui malè utitur. De là mon Censeur infére, pour sauver l'honneur de St. *Augustin*, que ce Pére ne dit pas que les *Infidéles*, ou les *Méchans*, ne possedent rien légitimement, & que c'est une suite nécessaire [Il a voulu dire apparemment, *que le contraire est une suite nécessaire*] du principe qu'il établit, qu'au contraire ils possedent légitimement tout ce dont ils font un *bon usage*. Mais St. *Augustin* n'a point encore décidé, qui sont ceux qui *font un mauvais usage* de leurs biens. Et il le fait ensuite, de maniére que, selon lui, les *Méchans*, comme tels, *possedent mal*, c'est-à-dire, font un mauvais usage de leurs biens, & par conséquent n'y ont aucun droit. D'où il conclut, que *tout appartient aux Fidéles & aux Pieux*, en sorte qu'à la rigueur tout *devroit* leur être *restitué*. Il n'y a pas un mot, qui insinuë, que les Méchans usent tantôt bien de ce qu'ils possedent, & tantôt mal. St. *Augustin* suppose toûjours, qu'ils n'en usent jamais bien.

§. XVII. MAIS en admettant même cette distinction, qui est tout ce dont mon Censeur a pû s'aviser, cela ne leveroit qu'une très-petite partie de l'absurdité & des inconvéniens horribles du principe de St. *Augustin*. Car il demeure

---

quædam inter eos Jura constituuntur, quæ adpellantur Civilia; non quòd hinc fiat, ut bene utentes sint, sed ut malè utentes, minus molesti sint: donec Fideles & Pii, quorum jure sunt omnia, qui vel ex illis fiunt, vel inter illos tantisper viventes, malis eorum non obstringuntur, sed exercentur, perveniant ad illam Civitatem, ubi hereditas æternitatis est, ubi non habet, nisi justus, locum non, nisi sapiens, principatum,

ubi possidebunt, quicumque ibi erunt, verè sua. Sed tamen etiam hic non intercedimus, ut secundum mores legesque terrenas, non restituantur aliena &c. Epist. CLIII. (vulg. LIV.) §. 26. Tom. II. col. 405.

(2) Notez, que le P. *Ceillier* met ici *malè* ENIM *possidet* &c. & que cette faute, qui change quelque chose à la suite du discours, n'est point marquée dans l'*Errata*.

meure toûjours vrai, comme on le reconnoît, que, felon ce Pére, le droit légitime que chacun a fur fes Biens, dépend du bon ufage qu'il en fait; de forte que, toutes les fois qu'il en ufe mal, il eft déchu de fon droit. Or y a-t-il rien de plus *abominable*, rien de plus propre à *renverfer de fond en comble la Société Humaine*? Car 1. il faudra avant toutes chofes favoir, en quoi confifte le bon ou le mauvais ufage. Et qui eft-ce qui en jugera? Chacun fe flatte aifément, & condamne auffi aifément les autres; fur tout quand il y va de fon intérêt. Ainfi, du moins entre ceux qui vivent indépendans, & qui ne reconnoiffent point de Juge commun, il n'y auroit point de poffeffion affûrée. 2. Le nombre des Méchans eft toûjours fans contredit plus grand, que celui des *Juftes* & des *Pieux*. Les prémiers font plus fouvent un mauvais ufage de leurs Biens, qu'ils n'en font un bon. Les autres mêmes n'agiffent pas toûjours, dans l'ufage de leurs Biens, felon les régles de la Piété & de la Vertu. Combien peu donc de gens y aura-t-il dans le Monde, qui aient un droit légitime fur leurs Biens, & qui à la rigueur ne dûffent les reftituer, encore même qu'ils les aient acquis à jufte titre, & que perfonne n'y aît aucune prétenfion fondée fur les régles de la Juftice, proprement ainfi nommée? 3. Le droit que les Hommes ont fur leurs Biens, depuis l'introduction de la Propriété, n'eft fondé en aucune maniére fur le bon ufage qu'ils en peuvent faire. Au contraire, cet établiffement, fi néceffaire pour la tranquillité de la Société Humaine, donne par lui-même à chacun une pleine liberté de difpofer de fon bien comme il le jugera à propos; & par conféquent d'en mal ufer, s'il veut, pourvû qu'il ne le faffe pas d'une maniére qui donne atteinte aux droits d'autrui, & qui caufe quelque tort ou quelque dommage aux autres. 4. Ainfi il eft très-faux, que tout mauvais ufage qu'on fait de fon propre Bien, nous dépouille du droit de Propriété que nous y avons. Cela n'eft-vrai ni devant les Hommes, ni devant Dieu. Un Riche fait mal fans doute, en ne donnant pas l'aûmone aux Pauvres: mais il n'en demeure pas moins maître légitime de cette partie de fon bien, dont il auroit pû les affifter.

§. XVIII. En vain le P. *Ceillier*, pour donner un tour favorable aux paroles de *St. Auguftin*, nous dit, *Que* Dieu, *qui eft l'auteur & le diftributeur de tous les biens, ne les donne à perfonne pour en mal ufer, mais pour en bien ufer. D'où il s'enfuit*, ajoûte-t-il, *que ceux qui les ont reçus, peuvent bien les confiderer comme étant à eux, pour en faire un bon ufage; mais qu'ils doivent au contraire les confiderer comme n'étant pas à eux, pour en faire un mauvais ufage, & compter que, s'ils viennent à les mal employer ou en tout, ou en partie, ils en rendront compte à Dieu, comme d'un bien qui en ce cas ne leur appartient pas, mais dont ils étoient obligez de difpofer, foit en faveur des Pauvres, foit autrement, pour quelque utilité publique ou particuliére.* Tout cela eft vrai, bien entendu: mais ce n'eft point la penfée de *St. Auguftin*, & ce n'eft pas non plus dequoi il s'agit. Dieu eft l'*Auteur* & le *Diftributeur* des Biens que les Hommes poffédent ici bas, entant qu'ils confiftent dans des chofes qui viennent originairement de fa Libéralité, & non par une *donation immédiate*, qui fonde le droit que chacun y a, à l'exclufion de tout autre. Ce droit vient des maniéres d'aquérir & de poffé-

der,

(1) Voïez Grotius, *Droit de la Guerre & de la Paix*, Liv. II. Chap. VII. §. 11. Note 3.

der, établies parmi les Hommes, selon les lumiéres de la Raison, & que Dieu approuve, comme étant raisonnables, & conformes à l'intérêt de la Société Humaine. Les Hommes doivent sans doute faire un bon usage des Biens qu'ils ont ainsi aquis: Dieu le veut, & ils lui *rendront compte* de tous les mauvais usages qu'ils en auront fait, aussi bien que des bons usages qu'ils auront manqué d'en faire. Mais cela ne diminue rien du *droit de Propriété* que chacun a sur son Bien, à l'exclusion des autres, tant qu'il n'en use pas d'une maniére à leur faire un *tort* proprement ainsi nommé. Est-il possible que ces grands Docteurs de l'Eglise, & leurs Admirateurs passionnez, ne comprennent pas la différence manifeste qu'il y a entre les Loix de la *Justice*, selon lesquelles on peut être forcé de rendre à autrui ce qu'on lui doit; & celles de la *Charité*, de l'*Humanité*, ou autres Vertus semblables, qui, quelque indispensable que soit l'obligation où l'on est en conscience de les observer, nous laissent néanmoins maitres absolus des choses par l'usage desquelles nous pouvons & nous devons les observer actuellement? Ainsi autre chose est de dire, qu'un Propriétaire, faisant réflexion aux Loix de la Charité, qu'il est tenu d'exercer envers les Pauvres, doit à cet égard *se considérer lui-même* comme s'il n'étoit plus maître de ce en quoi il peut les assister; & autre chose de dire, que les Pauvres, quelque dignes qu'ils soient de nôtre assistance, ont dès-là droit sur ce bien, comme leur appartenant en propre. Le dernier est aussi faux, que le prémier est incontestable. Moins encore est-il vrai, que les *Justes* ou *Fidéles* en général deviennent légitimes Propriétaires de tous les Biens, du moment que quelcun en fait un mauvais usage; comme le prétend St. *Augustin.* Dieu, qui est le Pére de tous les Hommes, & le grand Protecteur des droits de la Société Humaine, comme (a) *il fait lever son Soleil sur les Gens-de-bien & sur les Méchans*, comme *il répand la Pluie indifféremment sur les Terres des Justes, & sur celles des Injustes;* maintient aussi également la Propriété & les Possessions des uns & des autres. Et, quoi qu'en qualité d'Arbitre Souverain de leurs Biens & de leurs Vies mêmes, il puisse, par un pur acte d'Autorité, ôter à l'un pour donner à l'autre; combien rarement a-t-il fait usage de ce droit? On n'en trouve que deux exemples: celui de la Terre de *Chanaan* donnée aux *Israëlites;* & celui des Vases d'or & d'argent, que ces mêmes *Israëlites*, en sortant d'*Egypte*, empruntérent des *Egyptiens*, par ordre de Dieu. Encore y a-t-il, (1) dans le dernier cas, des circonstances, qui autorisoient cet emprunt, comme un juste dédommagement, mis à part toute permission divine. Comment est-ce donc qu'un Docteur Chrétien a pû se mettre dans l'esprit, qu'il n'y a que les *Justes* ou les *Fidéles*, qui possédent quelque chose légitimement, & que tous les Biens des autres leur appartiennent de droit? Y a-t-il rien, qui soit plus contraire au Droit Naturel, rien qui fût plus capable de rendre la Religion Chrétienne odieuse aux Infidéles, & de leur faire regarder les Chrétiens comme les gens les plus dangereux du monde?

(a) *Matth.* V, 45.

§. XIX. C'est se moquer, de prétendre, comme fait mon Censeur (b), que St. *Augustin veut dire seulement, que les Justes possédent légitimement toutes choses; parce qu'il n'y en a point, dont ils ne fussent un bon usage; & que la constante dis-*

(b) *Pag.* 427.

3. & Liv. III. Chap. VII. § 6. *Note* 12.

disposition, où ils sont, de n'en faire jamais un mauvais, les met en état, ou si l'on veut, en droit, de posseder toutes choses légitimement. Il ne s'agit point, dans le passage dont il est question, de ce que les *Justes* possédent, mais de ce qui est possedé illégitimement par les *Méchans* ou les *Infidéles*, quoi qu'à titre légitime selon le Droit des Gens, & les Loix Civiles. Il veut, que tout cela *appartienne de droit aux Justes*, & que ceux qui le possédent soient tenus de le leur *restituer*. Il cherche à rendre raison, pourquoi les derniers n'y sont pas *contraints* actuellement, quoi qu'ils pûssent l'être. Ainsi il ne sert de rien d'ajoûter, que *St. Augustin ne prétend pas pour cela, qu'il soit permis aux Justes de s'emparer de toutes choses, ni de s'approprier celles qui sont entre les mains des autres.* Car si cela ne leur est pas permis, ce n'est pas, selon ce Pére, faute de *droit*; c'est ou parce qu'ils ne veulent pas en user, par *mépris des Biens qui leur appartiennent*, ou parce qu'ils ne le peuvent pas, à cause qu'on *tolére l'iniquité des Méchans*, & qu'on les maintient dans leur possession injuste. Ce qu'il dit là-dessus, bien loin de *prévenir l'objection*, comme le veut son Apologiste, qui en sent bien la force, ne fait que confirmer ce principe abominable. Admirons cet autre moien de défense, qui est la derniére ressource de mon Censeur. *St. Augustin*, dit-il, *enseigne au contraire, que ce droit* (des Justes) *est de telle nature, qu'il s'augmente à proportion que les Justes ont plus de desintéressement, & de mépris pour tous les biens de la Terre. D'où il s'ensuit, qu'il est incompatible avec le moindre désir de les posseder, & que la moindre avidité de s'en saisir le feroit évanouïr.* Voilà un sens très-faux, donné aux paroles de *St. Augustin*: & si c'étoit le vrai sens, ce seroit le plus pitoiable raisonnement du monde. *St. Augustin* dit, que *les Justes méprisent d'autant plus les biens*, qui devroient leur être *restituez*, comme leur *appartenant*, qu'ils ont plus de droit à leur *possession*. Il compare ensuite la différente maniére dont les *Justes* & les *Méchans* jouïssent des Biens, que les uns & les autres possédent actuellement, pour montrer par là le droit que les prémiers ont sur les Biens des derniers: Car, dit-il, *personne ne possede mal la Justice,* c'est-à-dire, n'en fait un mauvais usage; *& on ne la possede, que quand on l'aime. Mais,* ajoûte-t-il, *pour ce qui est de l'Argent, les Méchans le possédent mal,* c'est-à-dire, en font un mauvais usage; *au lieu que les Gens-de-bien le possédent d'autant mieux,* c'est-à-dire, en font un d'autant meilleur usage, *qu'ils l'aiment moins*: par où il oppose *l'amour de l'Argent à l'amour de la Justice*, dont il a parlé, lequel, plus il est grand, & plus il contribuë à faire observer exactement les régles de la *Justice*, c'est-à-dire, selon lui, de tous les Devoirs du *Fidéle* ou du *Pieux*. Y a-t-il là la moindre trace de la pensée, qu'y trouve mon Censeur? Mais en supposant que ce fût celle de *St. Augustin*, ce Pére n'auroit sû ce qu'il disoit. Car qu'est-ce qu'un vrai *droit*, tel qu'il le donne aux Justes, qui *s'augmente à mesure qu'on le méprise*, & qui *s'évanouït*, du moment qu'on a *le moindre désir d'en faire usage*? C'est comme si l'on disoit à quelcun:

---

(1) *Et quamvis res quæque terrena non rectè à quoquam possideri possit, nisi vel jure divino, quo cuncta Justorum sunt, vel jure humano, quod in potestate Regum est terræ, ideoque res vestras falsò adpelletis, quas nec justi possidetis & secundum leges Regum terrenorum amittere jussi estis; frustraque dicatis, Nos eis congregandis laboravimus, cùm scriptum legatis: Labores impiorum justi edent. Sed tamen quisquis, ex occasione hujus legis, quam Reges terræ, Chris-*

cun : *Je veux vous donner de l'Argent ; je ne vous dis pas combien : mais, moins vous en souhaitterez, plus je vous en donnerai ; & pour peu que vous désiriez d'en avoir, vous n'aurez rien. Mais, quoi que je vous donne, vous ne l'aurez jamais en vôtre puissance, & n'y toucherez jamais.*

§. XX. Le P. *Ceillier* ne devoit pas demeurer muet, sur un autre passage de *St. Augustin*, qui se trouve dans l'endroit du Commentaire Philosophique, auquel j'avois renvoié en marge. Mais ce passage confirme trop le vrai sens de celui, dont je viens de défendre l'explication. Voici comme cet Evêque bénin parle aux *Donatistes*: (1) *Quoi que personne ne puisse posseder légitimement aucune chose de ce monde, à moins qu'il ne la possede ou en vertu du Droit Divin, par lequel* TOUT EST AUX JUSTES, *ou en vertu du Droit Humain, qui dépend du pouvoir des Rois de la Terre ; & qu'ainsi ce soit à faux titre que vous appellez vôtres les biens que vous possedez, puis que vous ne les possedez pas comme* Justes, *& que d'ailleurs les Loix des Empereurs vous en ont dépouillez ; de sorte que c'est mal-à-propos que vous dites* : Nous avons aquis ces choses par nôtre travail ; *puis que vous savez ce qui est écrit* : Les Justes mangeront le fruit du travail des Méchans : *Cependant nous n'approuvons pas la conduite de ceux, qui, à l'occasion de cette Loi, que les Rois de la Terre, en servant* Jésus-Christ, *ont publiée, pour vous corriger de vôtre impiété ; sont avides de vos biens. Nous n'approuvons pas enfin tous ceux que l'Avarice, & non pas la Justice, porte à vous enlever les Biens mêmes des Pauvres, ou les Temples de vos Assemblées, que vous ne possediez que sous le nom de l'Eglise ; n'y aiant que la vraie Eglise de* Christ, *qui ait un véritable droit à ces choses-là*.

§. XXI. Chacun voit ici les principes de *St. Augustin* bien nettement proposez. Il n'y a rien qui fournisse le moindre prétexte à chercher des adoucissemens, tels que ceux dont le P. *Ceillier* s'est avisé pour l'autre passage. Il est clair, comme le jour, que l'Evêque d'*Hippone* parle d'une prétension légitime, que les *Justes* ont, comme tels, & *par le Droit Divin*, sur tous les Biens de ceux qui ne sont pas *Justes*. Il va plus loin encore. On auroit pû croire, à en juger par le prémier passage, que par les *Infidéles* & les *Méchans*, qu'il oppose aux *Justes*, il n'entend que les *Païens*, les *Juifs*, ou autres, qui n'ont point embrassé l'Evangile. Mais ici il met dans la même catégorie les *Hérétiques*, c'est-à-dire, tous ceux qui ne sont pas de son sentiment, ou de l'opinion courante, en matière des points de Doctrine ou de Discipline controversez entre les *Chrétiens*. Examinons un peu en détail ces paroles, pour montrer combien les idées de *St. Augustin* sont & fausses, & pernicieuses, & mal liées.

§. XXII. Ce Pére fonde sur deux titres toute *Possession légitime* : l'un est, la qualité de *Juste* ; l'autre est, la volonté des *Puissances de la Terre*. Le prémier titre vient, selon lui, du *Droit Divin*, par lequel les *Justes*, comme tels, sont

---

to servientes, ad emendandam vestram impietatem, promulgaverunt, res proprias vestras cupidè adpetit, displicet nobis. Quisquis denique ipsas res pauperum, vel Basilicas congregationum, quas sub nomine Ecclesiæ tenebatis, (quæ omnino non debentur, nisi ei Ecclesiæ, quæ vera Christi Ecclesia est) non per justitiam, sed per avaritiam, tenet, displicet nobis. Epist. XCIII. (vulg. XLVIII.) § 50. col. 190. D. E.

font les vrais Propriétaires *de tout*, & de ce qu'ils possédent eux-mêmes, & de ce qui est possédé par ceux qui ne sont pas de leur ordre, de quelque maniére que ceux-ci aient acquis la possession de leurs Biens. Quand ce seroit à la sueur de leur visage, n'importe: *Les Justes mangeront le travail* (c'est-à-dire, le fruit du travail) *des Méchans*. Qui peut en douter, après une déclaration si claire de l'Ecriture? Voici assûrément quelque chose de curieux, indépendamment du mauvais usage qu'en fait *St. Augustin*, & ici, & dans (1) un autre endroit. Les *Bénédictins* citent en marge, PROVERB. XIII, 22. Mais, avec leur permission, ce n'est point là le passage que leur Auteur a eû dans l'esprit; n'y aiant aucune trace de l'idée de *travail*, & de celle de *manger*, sur lesquelles on voit que *St Augustin* raisonne: outre qu'il (2) cite ailleurs, & sur le même sujet, les paroles, telles qu'elles sont dans l'endroit des *Proverbes*, qu'on indique. Je crois avoir découvert le Passage, auquel il fait allusion ici. MOÏSE dénonçant aux *Israëlites* les Bénédictions & les Malédictions qu'ils avoient à attendre du Ciel, selon qu'ils observeroient ou qu'ils violeroient les Loix Divines, qu'il leur avoit données; leur dit, entr'autres choses: (a) *Un Peuple, que tu ne connois pas*, MANGERA *les fruits de ton Païs, & ton* TRAVAIL &c. Nôtre grand Docteur, ou trompé par sa mémoire, ou usant de quelque fraude pieuse, a trouvé là, que les *Justes*, au nombre desquels assûrément il n'auroit pas mis ce *Peuple inconnu*, qui devoit ravager le Païs de *Canaan*; que les *Justes*, dis-je, s'empareront des Biens mêmes, que les *Méchans* ont acquis par leur travail, comme y aiant un plein droit, entant que *Justes*. Supposons néanmoins que *St. Augustin* eût eû en vuë le passage des PROVERBES, que les Editeurs indiquent, il n'y auroit pas plus là dequoi appuier sa pensée. SALOMON dit: *L'Homme-de-bien laisse son héritage aux Enfans de ses Enfans: mais les Richesses des Méchans sont reservées aux Justes*. C'est une Sentence, qui marque le *fait*, & non pas le *droit*. Il s'agit des récompenses, que DIEU, dès cette Vie, accorde aux *Justes*, quand il le juge à propos, mais non pas toûjours, en leur conservant leurs biens par sa Providence, en sorte qu'ils les laissent à leurs Descendans: & de la punition qu'il exerce, au contraire, sur les *Méchans*, en faisant passer leurs Biens à des personnes plus dignes de les posseder. C'est même l'effet naturel de la bonne conduite des uns, & de la mauvaise conduite des autres; lors qu'il ne survient pas aux prémiers des accidens fâcheux, contre lesquels toute la Prudence Humaine est courte: & que les derniers ne se trouvent pas dans des circonstances favorables, qui les sauvent, comme malgré eux, de la disette dans laquelle leurs déréglemens sembloient devoir les précipiter. Tel est le sens de bien des maximes semblables, qu'on trouve dans les PROVERBES, & autres Livres de l'Ecriture. Or y a-t-il

là

(a) *Deuter.* XXVIII, 33.

(1) *Quid ergo indignum, si ea, quæ tenebant Hæretici, secundum parem Domini voluntatem Catholici tenent? Ad omnes enim similes, id est, ad omnes impios & iniquos, illa vox Domini valet*: Auferetur à vobis regnum Dei, & dabitur genti facienti justitiam. *An frustra scriptum est*, Labores impiorum justi edent? *Quapropter magis mirari debetis, quòd adhuc tenetis aliquid, quàm quòd aliquid amisistis*. Contra Litteras PETILIANI, Lib. II. Cap. XLIII. § 102. Tom. IX. col. 169, 170. On voit là encore, que le zéle furieux de *St. Augustin* l'aveugle au point d'appliquer à la possession des Biens Temporels, ce que Nôtre

là le moindre rapport avec ce prétendu *droit*, en vertu duquel l'Evêque d'*Hippone* veut que *tout appartienne aux Justes*?

§. XXIII. L'AUTRE titre, d'où il fait dépendre le droit légitime qu'on a sur les choses qu'on posséde, c'est l'Autorité des Puissances Civiles. Voions prémiérement, comment ce titre peut s'accorder avec le prémier. Celui-ci, selon nôtre Docteur, est de *Droit Divin*. (a) Les *Puissances de la Terre* peuvent-elles donc abroger le *Droit Divin*? Peuvent-elles ôter aux *Justes* ce que DIEU leur a donné, pour en accorder ou en assûrer la possession à des Profanes & des Impies? Les Puissances sont ou *Fidéles*, ou *Infidéles*. Si elles sont *Fidéles*, elles peuvent bien, selon le principe de St. *Augustin*, faire jouïr les *Justes* de leur droit & sur tous les biens qu'ils possédent; &, autant qu'elles en ont le moien, sur les biens possedez par les Profanes: mais elles n'ont aucun pouvoir de disposer de ce qui appartient aux prémiers, en faveur des derniers. Si elles sont *Infidéles*, elles n'ont nul droit sur ce qu'elles possédent elles-mêmes: & comment pourroient-elles en donner quelcun à d'autres, que la même qualité exclut de toute prétension légitime sur les Biens de ce monde? Il n'y auroit en tout cela qu'abus, & qu'usurpation. On dira peut-être, que les Justes renoncent à leur droit. Mais il seroit aussi difficile de prouver la rénonciation, que le droit même. Car, en matiére de droits tels que seroit celui-là, chacun peut bien renoncer pour soi, mais non pour les autres qui ne dépendent point de lui; moins encore pour ceux de tous les tems & de tous les lieux. Je ne dis rien de l'inconvénient terrible, qui reviendroit toûjours, c'est que chacun peut se croire & se croira aisément du nombre de ces *Justes*, à qui tout appartiendroit de droit.

§. XXIV. MAIS, en même tems que St. *Augustin* établit ainsi deux titres incompatibles, il donne à celui, qui seroit détruit par l'autre, une étenduë sans bornes, qu'il ne sauroit jamais avoir dans aucun principe fondé sur la Raison & sur l'Ecriture Sainte. Il fait dépendre tout le droit que chacun a sur ses Biens, de la volonté du Souverain; & il donne à entendre, que cette raison seule, qu'on en a été dépouillé par ses Loix, suffiroit pour que dès-lors on ne pût plus les appeller *siens*. Il colore seulement les Loix dont il s'agit en particulier, d'un prétexte de *corriger de leur impiété* ceux contre qui les Empereurs les avoient faites. Mais en quoi consiste cette impiété, à considerer les *Donatistes*, comme tels, & mis à part les Crimes punissables que quelques-uns d'entr'eux pouvoient commettre par un zéle mal réglé? En ce que ces gens-là, reconnoissant d'ailleurs les principaux points de la Foi Chrétienne, n'étoient pas de même sentiment que St. *Augustin* & ceux de son Parti, sur quelques Articles ou spéculatifs, ou de Discipline Ecclésiastique, à l'égard desquels on avoit

(a) Voiez le *Comment. Philosophiq.* Tom. III. pag. 134, & *suiv.*

tre Seigneur disoit si clairement des Biens Spirituels de l'Evangile: *Le Roiaume de Dieu vous sera ôté* [aux *Juifs*,] *& il sera donné à une Nation, qui en rendra les fruits*, MATTH. XXI, 43.

(2) *Si autem consideremus, quod dictum est in libro* SAPIENTIÆ, *Ideo justi tulerunt spolia impiorum: item quod legitur in* PROVERBIIS, *Thesaurizantur autem justis divitiæ impiorum; tunc videbimus, non esse quærendum, qui habeant res Hæreticorum, sed qui sint in societate justorum*. Epist. 185. (vulg. L.) § 37. col. 501. A.

avoit trouvé moien de les faire condamner par les Empereurs. Que les *Donatistes* fussent dans l'erreur, tant qu'on voudra : ne pouvoient-ils pas, avec tout cela, être la plûpart aussi bons Sujets, & avoir autant de Piété, que les plus zélez *Catholiques* ? Et cependant ils étoient tous sans distinction dépouillez de leurs droits & de leurs biens, par des Loix inhumaines, que les Evêques Catholiques avoient dictées. On n'épargnoit pas même les Biens destinez à l'entretien de leurs Pauvres. Et si l'Evêque d'*Hippone* témoigne un peu desapprouver ces voleries, ce n'est pas la chose en elle-même qu'il condamne, mais l'*abus*, ou le *motif* de ceux qui sont les Ministres de ces barbares exécutions. Pourvû qu'ils agissent sans *avarice*, sans *avidité* du bien de ces pauvres gens; il n'en demande pas davantage, ils observent, selon lui, les Régles de la *Justice*.

§. XXV. Quelle est cette *Justice* ? C'est, dit-il, que les *Donatistes* ne possédant ni leurs Biens particuliers, ni ceux qui étoient pour l'entretien des Pauvres, ni leurs Edifices destinez à servir Dieu, que *sous le nom de la vraie Eglise de* Jesus-Christ, *qui seule a un véritable droit à ces choses-là*; on ne leur fait aucun tort, de les leur ôter. Est-ce donc que les biens qui étoient venus de Pére en Fils aux *Donatistes*, & à *St. Augustin* (1) lui-même, de Parens ou d'Ancêtres Païens, n'appartenoient point aux Possesseurs, avant qu'ils fussent convertis au Christianisme, & par là Membres de *la vraie Eglise de* Jesus-Christ ? Si le prétendu *Droit Divin* leur manquoit, ils avoient au moins le *Droit Humain* : & *St. Augustin* ne pouvoit dire, que le dernier leur étoit ôté légitimement par les *Puissances de la Terre*, sans donner à ces Puissances un pouvoir arbitraire sur les Biens de leurs Sujets ; comme nous verrons plus bas, qu'il le fait fort clairement. Mais qu'est-ce que cette *vraie Eglise*, qui a un si rare privilége, que personne ne posséde rien que *sous son nom* ? Toutes les Sociétez qu'il y a eu dans le Christianisme, se sont qualifiées chacune la *vraie Eglise*, & toûjours chacune se dira telle, tant que les *Chrétiens* seront malheureusement divisez entr'eux ; ce qu'il est fort à craindre qui ne cesse jamais. Chacune croira donc avoir seule *droit* sur tout ce que les autres possédent, & s'en saisira à la prémiére occasion, en attendant qu'une autre plus forte le lui enléve. D'ailleurs, en vertu dequoi la *vraie Eglise de* Jesus-Christ, supposé qu'on puisse déterminer où elle est, auroit-elle un tel droit sur le Temporel des autres ? Qui le lui a donné ? Est-ce Jesus-Christ, son Chef, de qui certainement elle devroit le tenir ? Il s'en faut si fort, qu'il a déclaré expressément, (a) *Que son Régne n'étoit point de ce Monde*. Il a donné, en sa personne, l'exemple du peu de prétension qu'il vouloit que ses Disciples eussent aux Biens de la Terre. Loin de leur faire esperer un meilleur sort, & de plus grands priviléges, il les a preparez à se voir pauvres, ou réduits à la perte des Richesses les mieux aquises.
Tous

(a) *Jean*, v.VIII, 36.

(1) Son Pére avoit été Païen. Voiez le commencement de sa Vie, écrite par les Péres Bénédictins.
(2) Voiez *Constantin* L'Empereur, *De Legibus Hebraorum Forensibus*, Cap. IV. § 3. pag. 67. & la *Défense des Sentimens sur l'Histoire Critique du P.* Simon, Lett. I. pag. 24.
(3) Voiez la Bulle du Pape Alexandre VI. par laquelle il donne, comme Vi-
caire

Tous les Préceptes, toute l'Histoire de l'Evangile, font une réfutation perpétuelle de ce *droit injuste*, qu'un Evêque, qui se disoit Chrétien, a osé donner à un fantôme, qu'il batizoit du nom de *vraie Eglise de* JE'SUS-CHRIST. S'il y avoit quelque apparence de fondement à ce privilége, il ne devroit être dû moins que pour ceux qui sont véritables Membres de la Société qu'on suppose être la *vraie Eglise*. Or qui peut les connoître, & les distinguer sûrement des autres? Ce sera donc à une *Eglise invisible*, que conviendra ce prétendu droit, & à une Eglise, dont les Membres sont toûjours sans contredit beaucoup inférieurs en nombre à ceux de l'*Eglise visible*. En vérité, nôtre Docteur Chrétien s'expose à un terrible contraste. D'un côté, il érige ailleurs les Vertus des plus sages Païens en *Péchez*, & *Péchez éclattans*: de l'autre, il nous donne lieu de croire ici, que, pour être *Juste*, & avoir droit par là sur les Biens de ceux qui ne le sont pas, il suffit d'être dans la communion extérieure d'une certaine Société, qui a pris le dessus; sans quoi il n'y a ni Vertu, ni Piété, ou du moins elles ne servent de rien.

§. XXVI. GRACES à *St. Augustin*, voilà les prétensions des anciens *Juifs* ressuscitées, & transportées aux *Chrétiens*. On trouve dans les Livres des prémiers, (2) *Que les Biens des Gentils sont comme le Désert, & que le prémier qui s'en saisit, en est le Possesseur légitime.* La chance a tourné : ce n'est plus aux *Juifs* que *tout appartient*, mais aux *Chrétiens*: avec cette différence seulement, que c'est à ceux d'entre les *Chrétiens*, qui étant les plus forts, s'emparent du titre de la *vraie Eglise de* JE'SUS-CHRIST, & traitent de Profanes tous les autres qui font profession de croire à l'Evangile, & de vivre selon ses Loix. Mais voilà aussi le grand chemin fraié aux prétensions encore plus superbes & plus injustes, que l'Evêque de *Rome* a fait valoir depuis, toutes les fois qu'il l'a pu. Tout est à la *vraie Eglise de* JE'SUS-CHRIST: l'*Eglise Romaine* est cette *vraie Eglise*: le *Pape* en est le *Chef*, il est le *Vicaire de* JE'SUS-CHRIST: personne n'a donc rien, qu'en son nom & sous son bon plaisir : pourquoi ne dépouilleroit-il pas de leurs Biens ceux qui sont hors de son Eglise, fussent-ils Princes & Souverains? Pourquoi ne partageroit-il pas entre tels Peuples qu'il lui (3) plaît, les Biens & les Possessions des *Infidéles*, dans les Païs connus ou inconnus, dans les Mondes nouvellement découverts ou à découvrir? Aussi n'a-t-on pas oublié d'inserer avec soin dans (a) le DROIT CANONIQUE ces beaux passages de *St. Augustin*, & autres semblables, qu'on a trouvé si favorables au prétendu Vicaire de celui *qui n'avoit pas même où reposer sa tête* (b).

(a) *Caus.* XXIII. *Quæst.* VII. *Distinct.* VIII.
(b) *Matth.* VIII, 20.

§. XXVII. ACHEVONS de mettre dans une pleine évidence les absurditez & les contradictions des principes de *St. Augustin* sur les titres du *Mien* & du *Tien*. Voici ce qu'il dit en un autre endroit, où il parle aussi aux mêmes Do-

caire de JE'SUS-CHRIST, à FERDINAND & ISABELLE, Roi & Reine de *Castille* & d'*Aragon*, les Terres du Nouveau Monde, découvert par *Christophle Colomb* &c. CORPS UNIV. DIPLOMATIQ. DU DROIT DES GENS, sur l'année 1493. Tom. III. Part. II. pag. 302, *& suiv.* Edit. 1726.

Donatistes. (1) „ De quel droit prétendez-vous que vos Maisons de Cam-
„ pagne vous appartiennent? Est-ce de *Droit Divin*, ou de *Droit Humain*? Ré-
„ pondez. Nous avons le *Droit Divin* dans l'Ecriture Sainte, & le *Droit Hu-*
„ *main* dans les Loix des Empereurs. En vertu de quoi chacun possède-t-il
„ ce qu'il possède? N'est-ce pas en vertu du *Droit Humain*? Car, selon le
„ *Droit Divin*, (a) *la Terre est au Seigneur, & tout ce qu'elle contient:* Dieu a
„ fait les Pauvres & les Riches du même limon; la Terre porte également
„ les Pauvres & les Riches. Cependant, selon le *Droit Humain*, chacun peut
„ dire: *Cette Maison de Campagne est à moi, cette Maison de Ville est à moi, cet*
„ *Esclave est à moi.* Ce *Droit Humain*, ce sont donc les Loix des Empereurs.
„ Pourquoi? Parce que c'est par le moien des Empereurs & des Rois du Sié-
„ cle, que Dieu a établi les Droits Humains parmi le Genre Humain. Vou-
„ lez-vous que nous lisions les Loix des Empereurs, & que nous examinions
„ là-dessus à qui appartiennent vos Maisons de ampagne? Si vous prétendez
„ les posseder de *Droit Humain*, recitons ces Loix: voions si les Empereurs
„ ont voulu, que les *Hérétiques* possédassent quelque chose. Mais, dites-vous,
„ que me fait cela, que l'Empereur le veuille, ou non? Que vous fait cela?
„ Et n'est-ce pas en vertu de ses Loix, que vous possedez vos Terres? Otez
„ les Loix des Empereurs, qui osera dire; *Cette Maison de Campagne m'appartient,*
„ *cet Esclave est mien, cette Maison de Ville est à moi?* Si donc la domination des
„ Loix a été établie, afin que les Hommes pussent posseder légitimement ces
„ sortes de choses, voulez-vous encore un coup que nous récitions ces Loix,
„ pour vous montrer que vous devez être ravis qu'on vous laisse un seul Jar-
„ din, & que, si l'on vous permet d'y demeurer, c'est par un pur effet de
„ douceur semblable à celle de la *Colombe*? Car il y a des Loix où les Empe-
„ reurs déclarent nettement, que ceux qui n'étant pas dans la communion de
„ l'*Eglise Catholique*, usurpent le nom de *Chrétiens*, & ne veulent pas servir
„ en paix le Dieu *de Paix*, ne doivent pas prétendre rien posseder au nom
„ de l'*Eglise.*

§. XXVIII. Il ne faut que jetter les yeux sur ce passage, pour y remarquer d'abord un Système différent de celui que St. *Augustin* a établi dans les
autres, quoi qu'il aboutisse toûjours à établir les prétensions superbes & injustes de ceux qui s'emparent du titre d'*Orthodoxes*; &, en conséquence de cela,
du privilége d'être seuls légitimes Possesseurs de leurs biens. Le *Droit Divin*
disparoît: il n'y a plus rien dans ce Droit, qui autorise la distinction des Pa-
trimoines, & la Possession légitime des Biens de chaque Particulier. La Terre

(a) Psaum. XXIII, 1.

---

(1) *Ecce sunt villæ: quo jure defendis villas? divino, an humano? Respondeant. Divinum jus in Scripturis habemus; humanum jus, in legibus Regum. Unde quisque possidet, quod possidet? nonne jure humano? Nam, jure divino, Domini est Terra, & plenitudo ejus: pauperes & divites Deus de uno limo fecit, & pauperes & divites una Terra supportat. Jure tamen humano dicit,* Hæc villa mea est, hæc domus mea, hic servus meus est. *Jure ergo humano, jure Imperatorum. Quare? quia ipsa jura humana per Imperatores & Reges sæculi Deus distribuit generi humano. Vultis legamus leges Imperatorum, & secundùm ipsas agamus de villis: si jure humano vultis possidere, recitemus leges Imperatorum: videamus, si voluerunt aliquid ab Hæreticis possideri. Sed quid mihi est Imperator? Secundùm jus ipsius possides terram. Aut tolle jura Imperatorum, & quis audet dicere,* Mea est ista villa, aut meus est ille servus, aut domus

re est au Seigneur: il y a mis tous les Hommes; il l'a donnée, & *tout ce qu'elle contient*, à tous les Hommes, quels qu'ils soient. Ils y ont donc un droit commun; & sans l'établissement des Puissances Civiles, de la volonté desquelles dépend le droit de Propriété, personne ne pourroit dire, *Cela est à moi*. Ainsi il n'est plus question que de savoir, s'il plaît, ou non, à ces Puissances, de laisser ou d'ôter à chacun ce qu'il possède, de quelque maniére qu'il l'ait aquis. Qu'est donc devenu le *droit des Justes* sur tous les Biens de la Terre? Où n'y avoit-il point de *Juste*, avant qu'il y eût des Roiaumes, des Empires, des Etats? Les Patriarches, qui alloient de côté & d'autre, libres & indépendans, étoient-ils des *Profanes*, ou des *Infidéles*? Leurs Tentes, leur attirail de Ménage, leurs Esclaves, leur Bétail, en un mot, tout ce qu'ils possédoient, n'étoit-il pas plus à eux, qu'aux autres Hommes? On sait, qu'un (2) fameux Anglois, entr'autres paradoxes pernicieux par lesquels il s'est décrié, a soutenu, Que, dans l'*Etat de Nature*, qu'il représente comme une *Guerre de tous contre tous*, il n'y a point de Propriété de Biens; & que le *Mien* & le *Tien* ne se trouvent que dans une Société Civile, où ils dépendent même absolument de la volonté du Souverain. Quel dommage pour lui, qu'il ne se soit point avisé ou qu'il n'ait pas fait assez de cas de l'autorité d'un Pére de l'Eglise, pour s'en faire un bon rempart? Il auroit du moins par là eû dequoi fermer la bouche aux Admirateurs de *St. Augustin*. Ou plûtôt il n'avoit rien à craindre de leur part: cette autorité seule lui devoit être un bon garant qu'ils approuveroient ses pensées. Il s'en faut bien qu'ils ne se soient fait un deshonneur de la conformité: quelques-uns (3) les ont ouvertement adoptées: & ce seroit beaucoup, si on en étoit demeuré à la simple spéculation. Il n'y a que trop d'exemples, qui prouvent, combien les Ecclésiastiques de l'Eglise Romaine savent persuader aux Rois, qu'ils sont maîtres absolus & des Biens & des Vies de leurs Sujets; bien entendu qu'ils ne touchent point à ce qui regarde les Personnes & les Biens de ces mêmes Ecclésiastiques, plus soûmis & dévouez à une Puissance Etrangére, qu'à celle dans les Etats de qui ils vivent.

§. XXIX. Je pourrois dire bien d'autres choses, pour faire sentir de plus en plus la confusion & la fausseté des principes pernicieux de *St. Augustin*. Mais en voilà de reste. Passons à un autre article, très-bien assorti avec celui dont nous venons de traiter. C'est l'opinion horrible de ce Pére sur la *Contrainte* & la *Persécution pour cause de Religion*: en quoi il est d'autant plus blâmable, qu'il avoit été d'abord dans des sentimens de Douceur & de Charité. C'est-là *commencer par l'esprit*, & *finir* honteusement *par la chair*. D'ailleurs, ce

---

mus hæc mea est? Si autem, ut teneantur ista ab hominibus, jura acceperunt regnum, vultis recitemus leges, ut gaudeatis, quia vel unum hortum habetis, & non imputetis, nisi mansuetudini columbæ, quia vel ibi vobis permittitur permanere? Leguntur enim leges manifestæ, ubi præceperunt Imperatores, eos qui, præter Ecclesiæ Catholicæ communionem, usurpant sibi nomen Christianum, nec volunt in pace colere pacis auctorem, nihil nomine Ecclesiæ audeant possidere. In Joann. Evang. Tract. VI. § 25. col. 248.

(2) Thomas Hobbes. Voiez Pufendorf, *Droit de la Nature & des Gens*, Liv. VIII. Chap I. § 3.

(3) Par exemple, Jaques Benigne Bossuet, Evêque de *Meaux*; dont on verra un passage allegué, sur l'endroit de Pufendorf, que je viens de citer, *Note* 3. de la nouvelle Edition.

ce Pére est le prémier, qui a osé sans détour établir l'*Intolérance Civile*. Et rien ne lui convient mieux, quoi qu'en dise (a) mon Censeur, que le titre de *grand Patriarche des Persécuteurs Chrétiens*. Je le lui avois donné *en quelque sorte*; bien loin de le lui ôter, je le lui donne sans modification, à l'heure qu'il est. Personne même, après lui, n'a plus pris à tâche de faire l'apologie du procedé le plus indigne, je ne dirai pas d'un Chrétien & d'un Ministre de l'Evangile, mais d'un Homme. Et tous les Apologistes de la Persécution n'ont fait que copier les pauvretez & les sophismes dont il s'est avisé, pour établir une maxime *contraire à toutes les Lumiéres du Bon Sens, à l'Equité Naturelle, à la Charité, à la bonne Politique, à l'esprit de l'Evangile;* comme je la qualifie de plus en plus.

(a) *Pag.* 423.

§. XXX. Le P. *Ceillier*, pour justifier *St. Augustin*, (b) étale ici d'abord *les violences des* Donatistes *contre les Catholiques, qui étoient*, dit-il, *montées à leur comble*. Mais prémiérement, on a tout lieu de rabattre beaucoup de ces violences, que l'Evêque d'*Hippone* attribuë aux *Donatistes*. Le zéle, plein de haine, qu'il avoit contre eux, aidoit fort à le rendre crédule sur ce chapitre, & lui faisoit exaggerer ce qu'il en entendoit dire. (c) ,, On ne comprend pas, ,, qu'*Honorius*, avec toute sa mollesse, eût pû être si patient, sollicité sur tout, ,, comme il étoit, par les gens d'Eglise, [que de ne condamner qu'à des amen- ,, des, au bannissement &c. des gens qui auroient été coupables de si grands ,, Crimes.] Mais voilà ce que font toûjours les plus forts, & ceux qui per- ,, sécutent : ils exténuent le plus qu'ils peuvent la sévérité qu'ils employent, & ,, ils amplifient en recompense la longue patience qu'ils disent avoir euë. Ils ,, décrivent, avec tous les artifices de la Rhétorique, les Persécutez, comme ,, coupables d'une insolence énorme, de cruautez inouïes, de rebellions fu- ,, rieuses. Je suis fort trompé, s'il n'y a eu quelque chose de cette nature dans ,, cette Persécution. On nous étale tragiquement ce que faisoient les *Circoncel-* ,, *lions*, & au lieu de convenir qu'on les avoit châtiez selon leur mérite, on ,, ne nous parle que des corrections & des châtimens mitigez de tous les *Dona-* ,, *tistes* en général. Quelle disparité est-ce que cela? Nous ne voions point ici ,, les grands chemins & les places pleines de gibets & de buchers, pour la pu- ,, nition des Circoncellions, qui le méritoient bien, s'ils étoient tels qu'on les ,, fait ; & nous voions des confiscations, des exils, & mille autres peines, sur ,, les *Donatistes* honnêtes gens.

(b) *Pag.* 423, & *suiv.*

(c) *Comm. Philosoph.* Tom. III. *pag.* 161, & *suiv.*

§. XXXI. De la` il paroît, qu'en supposant même vrai ce dont on a grand

---

(1) Voiez le Code Théodosien, Lib. XVI. Tit. V. *De Hareticis*, Leg. XXXVII, & *seqq*.

(2) *Ego tamen, licet nullum consilium cum eis* [Episcopis profectis] *communicare potuerim, non potui pratermittere, per hunc fratrem & compresbyterum meum, qui... mediâ hyeme.... ad illas partes venire compulsas est, & salutare & admonere caritatem tuam, quam habes in Christo Jesu Domino nostro, ut opus tuum bonum diligentissimâ acceleretur instantiâ, quo noverint inimici Ecclesia, leges illas, qua de Idolis confringendis, & Hareticis corrigendis, vivo Stilichone, in Africam missa sunt, ex voluntate Imperatoris piissimi & fidelissimi constitutas.... Illud tamen, quo animum clementissimi & religiosissimi Principis erga ecclesiam provincia noverit, nullo modo esse differendum, sed etiam, ante quàm Episcopos, qui profecti sunt, videas, quamprimum tua prastantissima, pro Christi membris in tribulatione maximâ constitutis, vigilantia poterit, accelerandum suggero, peto, obsecro,*

grand sujet de douter, tout cet étalage ne fait rien à la question. Car, comme l'a reconnu (a) un des Avocats modernes de la Persécution, les *violences* des *Donatistes* ne furent qu'une occasion & un prétexte des Loix qu'on sollicita contr'eux auprès de l'Empereur: *la cause prochaine & l'immédiate, ou, pour mieux dire, le principal motif qui y porta* HONORIUS, *fut fondé sur l'horreur qu'on lui fit concevoir de l'Hérésie même & du Schisme des Donatistes*. ,, HONO-,, RIUS (b) ne fait point mention de leurs cruautez; ses (1) Loix comprennent généralement tous les *Donatistes*. Il ne dit point, que les Peines, qu'il ordonne, tomberont sur eux, s'ils ne cessent d'exercer leurs violences, & au contraire il déclare qu'il veut abolir leur Secte, & leur faire subir ces peines, s'ils ne rentrent dans l'Eglise Catholique, & qu'on continuera les peines, toutes les fois qu'ils feront quelque exercice de leur Religion..... Après tout, ,, si les Empereurs n'avoient eû pour but que de reprimer l'audace des *Donatistes*, & la fureur de leurs *Circoncellions*, il n'auroit pas été nécessaire de publier de nouvelles Loix. N'y en avoit-il pas assez, connuës de tous les Magistrats de l'Empire, contre les Voleurs, les Assassins, les Quérelleux, & contre tous ceux en général qui se servent de voies de fait contre leurs Concitoiens? Il n'auroit fallu qu'ordonner aux Juges d'exécuter les Loix Romaines contre les *Circoncellions*, tout de même qu'en *Italie* on se contente d'ordonner aux Magistrats de proceder contre les Bandits, selon la rigueur des Loix établies de tout tems.

§. XXXII. MAIS à la sollicitation de qui est-ce que l'Empereur HONO-RIUS, Prince très-foible, en vint à décerner la peine de Mort contre les *Donatistes* sans distinction, & purement comme Hérétiques ou Schismatiques? Il est vrai, que, dans un Concile tenu à *Carthage* en l'année CCCCVIII. au commencement d'*Octobre*, les Evêques d'*Afrique* résolurent de faire une Députation à *Honorius*, pour lui demander la confirmation des Loix contre les Hérétiques & les Païens. Mais cela alloit trop lentement, au gré de *St. Augustin*: il sut bien devancer les Députez. (2) Il écrivit de son chef à *Olympius*, Grand Maître de la Maison Impériale, & Favori de l'Empereur. Il le pria instamment de faire diligence: & le Ministre s'aquitta si bien de la commission, que la Loi fut décernée avant l'arrivée des Députez du Concile. Cette Loi (3) punit de mort, comme *Hérétiques*, les *Donatistes*, *qui feront quelque chose de contraire à la Secte Catholique*.

§. XXXIII. MON Censeur croit bien justifier *St. Augustin*, en produisant quel-

(a) Ferrand, Disc. prelimin. de sa Reponse à l'Apologie pour la Réformation &c.

(b) Comm. Phil. ubi sup. pag. 10, & suiv.

tro, flagito. Epist. XCVII. (vulg. CXXIX.) num. 2, 3. Voiez JAQUES GODEFROI, sur le CODE THEODOSIEN, Lib. XVI. Tit. V. Leg. XLIV. pag. 166. & la Vie de ST. AUGUSTIN, par les PP. Bénédictins, Lib. VI. Cap. VI.

(3) Donatistarum, Hæreticorum, Judæorum, *nova atque inusitata detexit audacia, quòd Catholicæ fidei velint sacramenta turbare. Quæ pestis atque contagio ne latius emanet ac profluat: in eos igitur, qui aliquid, quod sit Catholicæ Sec-* *tæ contrarium adversumque, temptaverint, supplicium justa animadversionis expromi præcipimus.* Dat. VIII. Kalend. Decembr. Rav. BASSO & PHILIPPO COSS. [408.] COD. THEODOS. Lib. XVI. Tit. I. *De Hæretic.* Leg. XLIV. J'ai mis *atque contagio, ne* &c. pour *adque contagionis*, selon la correction certaine de GODEFROI; après quoi il ne paroît pas nécessaire d'ajoûter, comme il le prétend: *tua Gravitas provideat*. Il me semble, que, sans cela, tout va bien.

quelques paſſages d'une Lettre, que ce Pére écrivit peu de tems après à *Donat*, Proconſul d'*Afrique*, à qui la Loi avoit été envoiée pour la faire exécuter. Mais on peut dire, que nôtre Docteur jouë ici la comédie. Il me ſemble voir un homme, qui, après avoir lâché les Ecluſes, prieroit un autre d'empêcher que l'Eau n'inondât les Campagnes, & ne fît du ravage que juſqu'à un certain endroit. Ou, pour me ſervir d'une autre comparaiſon tirée du ſujet même, c'eſt faire à peu près comme les Inquiſiteurs Modernes, qui, après avoir livré au Bras Séculier un pauvre malheureux, qu'ils ont fait prendre, tenu en priſon & martyriſé, jugé enfin *Hérétique* & digne de mort; recommandent néanmoins au Magiſtrat, qui doit néceſſairement exécuter leur Sentence, de ne point répandre de ſang. L'Evêque d'*Hippone* ſemble interceder pour les *Donatiſtes*: il conjure le Proconſul, de ne pas les faire mourir: il témoigne ſouhaitter ſeulement qu'on les corrige, par toute autre ſorte de Punition, comme, l'Exil, les Amendes, les Confiſcations &c. mais il ne veut pas (1) *qu'on leur inflige le dernier Supplice, quelque dignes qu'ils en ſoient*. Voilà qui eſt fort doux. Pourvû que les *Hérétiques* aient la vie ſauve, tout le reſte n'eſt que bagatelle. Et en cela on leur fait la plus grande grace du monde; car ils ſont tous *dignes de mort*; il ne diſtingue jamais, dans toute ſa Lettre, les Malfaiteurs & les Perturbateurs du repos public, d'avec ceux qui ne demandoient qu'une paiſible Liberté de Conſcience. En vertu de quoi les derniers méritoient-ils la mort? Et pourquoi s'oppoſer à ce que les prémiers ne fuſſent juſtement punis? Je vois ici un homme, en qui l'Humanité ſe reveille: mais le zéle aveugle, dont il eſt animé, vient auſſi tôt en étouffer les mouvemens. Il n'y a rien, contre quoi la Nature ait moins de force, que contre un Eſprit de Parti, ſoûtenu du prétexte de la Religion. St. *Auguſtin* ne peut s'empêcher de faire connoître, combien il en eſt dominé. Il donne les noms les plus odieux à cette Secte proſcrite. (2) Les *Donatiſtes* ſont des *Impies* & des *Ingrats*. Quelle plus grande *ingratitude* en effet, que de n'être point penetré de reconnoiſſance pour tant de moiens ſi bénins, dont on ſe ſervoit contr'eux! Leur enduciſſement, qui réſiſte à toutes ces rigueurs miſéricordieuſes, eſt (3) un *attentat ſcélérat & ſacrilége*. Leur Secte eſt une (4) *Secte très-vaine, & remplie d'un orgueil impie*. On a beau faire: le Cœur ſe trahit lui-même. Les paroles démentent les ſentimens, qu'on fait ſemblant d'avoir, & que l'on n'a pas.

L'eſprit

---

(1) *Corrigi eos cupimus, non necari; nec diſciplinam circa eos negligi volumus, nec ſupplicii, quibus digni ſunt, exerceri*. Epiſt. C. (vulg. CXXVII. num. 1.

(2) *Ne forte, quoniam quidquid mali contra Chriſtianam ſocietatem ab hominibus impiis ingratiſque committitur, profectò gravius eſt & atrocius, quàm ſi in alios talia committantur* &c. Ibid.

(3) *Ut ab ſceleratis & ſacrilegis auſibus inimicos Eccleſiæ bona tua voluntati poteſtas ſociata cohiberet* &c. Ibid.

(4) *Plurimum autem labores & pericu' noſtra, quo fructuoſa ſint, adjuvabis, ſi verum vaniſſimam, & impiæ ſuperbiæ pleniſſimam ſectam, non ita cures Imperialibus Legibus comprimi, ut ſibi vel ſuis videantur qualeſcumque moleſtias pro veritate atque juſtitia ſuſtinere* &c. Ibid. num. 2.

(5) *Cito interim per Edictum Excellentiæ tuæ noverint Hæretici* Donatiſiæ, *manere Leges contra errorem ſuum latas* &c. Ibid.

(6) Voiez le pénultiéme des paſſages, qu'on vient de citer.

(7) Il donne à cela un tour malin. Il veut, que ces *Donatiſtes* ſe ſoient donné la mort, parce qu'ils n'avoient pû la donner eux-mêmes aux autres, ou dans le déſeſpoir

de

L'esprit de Persécution, quelque mitigé qu'il veuille paroître, quelque soin qu'il prenne de se déguiser, ne sauroit produire qu'une vaine ostentation de Douceur & de Charité. Aussi *St. Augustin* prend-il bien garde de ne pas trop attendrir le Proconsul. (5) *Cependant*, dit-il, *que les* Donatistes *Hérétiques sachent incessamment par un Edit de Vôtre Excellence, que les Loix faites* CONTRE LEUR ERREUR, *lesquelles ils s'imaginent & ils publient être abolies, subsistent dans toute leur force* &c. N'oublions pas de remarquer une des raisons dont il se sert, pour leur épargner le dernier supplice: c'est la crainte que ces Hérétiques *ne crussent* (6) *souffrir pour la Vérité & pour la Justice*. Mais la même chose n'étoit-elle pas à craindre de toutes les autres Véxations, jusqu'à la mort exclusivement ? N'y a-t-il de Confesseurs, que ceux qui périssent sur les Gibets, ou les Echaffauds ? Je dis plus : il y a moins de cruauté à ôter tout d'un coup la vie, qu'à la rendre une mort continuelle par des Persécutions, comme celles que *St. Augustin* veut faire passer pour des rigueurs moderées. L'expérience auroit dû l'en convaincre : car il nous apprend (7) lui-même, que plusieurs *Donatistes* réduits au désespoir par les mauvais traitemens qu'on leur faisoit, se donnoient la mort, pour s'en délivrer.

§. XXXIV. AU FOND, il n'y a point ici de milieu : il faut tout, ou rien. Dès qu'on accorde ou qu'on approuve le moindre degré de Persécution, (8) il n'y a plus où s'arrêter ; point de barriére assez puissante, pour empêcher qu'on ne se porte aux derniers excès. Si l'on ne pousse pas toûjours les choses jusqu'au bout, cela dépend des circonstances & de l'humeur dont on se trouve. Tôt ou tard l'occasion aménera toute sorte de Véxations l'une après l'autre. Je veux que *St. Augustin* desapprouvât bien sincérement, le dernier supplice mis en usage contre les *Donatistes*. Il a au moins approuvé les Loix (9) qui condamnoient à mort les *Païens*, comme tels. Or il n'y avoit de là qu'un pas à faire, pour en venir à ne plus trouver rien de trop dur dans la même punition infligée aux *Hérétiques*, & à la louer de tout son cœur. Puis qu'il avoit changé du blanc au noir sur cette matiére, & qu'après s'être déclaré hautement contre toute sorte de Persécution pour cause de Religion, il eut le courage d'en faire l'apologie, d'une maniére à n'éviter que les derniéres extrémitez ; il ne faudroit pas s'étonner qu'il s'y fût laissé entrainer à la fin, en étant si près.

§. XXXV.

de ce qu'ils ne gouvernoient plus les Peuples: *Sic eorum laborat furor, ut aut nos occidere, ut suæ crudelitatis pascant libidinem, aut etiam se ipsos, ne perdidisse videantur occidendorum hominum occasionem. Qui autem nesciunt consuetudinem illorum, putant eos modò se ipsos occidere, quando ab eorum insanissima dominatione per occasionem Legum istarum, quæ pro unitate sunt constitutæ, tanti populi liberantur*. Epist. CLXXXV. (vulg. L.) *num*. 11, 12. Tom. II. col. 493. Voiez les Notes de PHEREPONUS, *Append*. pag. 521.

(8) Voiez le COMMENTAIRE PHILOSOPHIQUE de feu Mr. BAYLE, II. Part.

Chap. III. & la *Troisiéme Lettre* Angloise de feu Mr. LOCKE, sur la *Tolérance*, au II. Tome de ses *Oeuvres*, pag. 350, *& suiv*.

(9) Il les approuve non seulement, mais il dit encore que tous les *Catholiques*, & les *Donatistes* mêmes, les approuvent: *Quis enim nostrûm, quis vestrûm, non laudat Leges ab Imperatoribus datas contra sacrificia Paganorum ? Et certè longè ibi pœna severior constituta est ; illius quippe impietatis capitale supplicium est*. Epist. XCIII. (vulg. XLVIII.) *num*. 10. Voiez PHEREPONUS, *App*. pag. 603. & ce que j'ai dit ci-dessus, *Chap*. XII. § 50.

§. XXXV. LES raisons que ce Pére donne d'un tel changement, & que mon Censeur étale, sont les plus pitoiables du monde. J'en ai (a) renversé ci-dessus la plus spécieuse. Il suffit de remarquer ici, que, sur le fait même, on peut réfuter *St. Augustin* par ses propres paroles. Pendant qu'il croioit encore toute Persécution illicite, il disoit entr'autres choses, que, si l'on usoit de violence, (1) *on auroit des gens qui feroient semblant d'être Catholiques, au lieu qu'auparavant ils étoient Hérétiques déclarez*. Le Bon-Sens alors l'éclairoit; & il avoit sans doute vû, dans les Persécutions passées, bien des exemples de cette feinte. Présentement qu'il y a encore plus à craindre de les voir multiplier, à proportion de la sévérité des Loix, il veut bien croire, ou nous faire accroire, que des Conversions produites par la Violence, sont fort sincéres. Il lui échappe pourtant un demi aveu, par lequel il nous méne à découvrir la vérité toute entiére. (2) *Plusieurs*, dit-il, *se sont rangez par feinte à nôtre communion: mais à force de s'accoûtumer peu-à-peu, & d'entendre prêcher la Vérité, sur tout depuis la Conférence que nous eûmes à* Carthage *avec leurs Evêques, une grande partie d'entr'eux se sont corrigez*. Comment savoit-il donc, si les autres, qui lui avoient paru persuadez tout d'un coup, agissoient avec plus de sincérité ? Cela même qu'il les représente *venans en foule*, rend leur bonne foi très-suspecte. Comme il faut du tems pour introduire dans le Monde une nouvelle Opinion, & pour la rendre commune; il en faut aussi, & peut-être plus encore, pour l'extirper, quand une fois elle s'est emparée de l'esprit d'une infinité de gens. Les plus fortes raisons ne peuvent s'insinuer & se faire goûter qu'à la longue, & pié-à-pié. Peut-on s'imaginer, que la Violence, qui par elle-même rebutte, & confirme dans l'Erreur, aît un si heureux succès, & un progrès si rapide, que de faire tout d'un coup changer de sentiment à des Multitudes répandues en divers lieux ? Tout ce que *St. Augustin* pouvoit inferer de cela, c'est que le nombre de ceux d'entre les *Donatistes*, qui avoient la Conscience moins délicate, étoit le plus grand. Mais cela n'étoit point particulier à cette Secte: on l'a vû, & on le verra toûjours, dans toutes les Sociétez persécutées. Les uns succombent à la Violence par pure foiblesse, & le font assez connoître par les marques qu'ils donnent, & qu'ils sont même bien aises de donner autant qu'ils peuvent, du peu de foi qu'ils ajoûtent aux sentimens qu'on leur a fait embrasser par force. Les autres (& c'est-là, comme je l'ai dit, le plus grand nombre) quoi qu'ils ne soient pas au fond mieux convertis, n'oublient rien pour le paroître, parce qu'ils aiment moins la Vérité, que leurs avantages temporels. On en voit, qui cherchent à se faire illusion à eux-mêmes, pour étouffer les remords de leur Conscience; & qui passant quelquefois à une autre extrémité, deviennent zélez Persécuteurs des Opinions, pour lesquelles ils avoient été autrefois persécutez. Voilà à quoi se réduit ordinairement cette *accoûtumance*, que *St. Augustin* nous donne pour une bonne preuve de la Conver-

(a) *Chap.* XII. §. 56., & *suiv.*

---

(1) *Nam mea primitus sententia non erat, nisi neminem ad unitatem Christi esse cogendum, verbo esse agendum, disputatione pugnandum, ratione vincendum, ne fictos Catholicos haberemus, quos apertos Hæreticos noveramus.* Epist. XCIII. *num.* 17.

(2) *Ita, quum magna agmina populorum vera mater in sinum gaudens reciperet, remanserunt turba duræ, & in illa peste, infelici animositate, sistentes. Ex his quoque plurimi simulando communicaverunt, alii paucitate latuerunt: Sed illi, qui simulabant, paulatim adsuescendo,*

version de ceux qu'il reconnoît n'avoir été d'abord que des hypocrites. Les motifs humains y avoient plus de part, que les Prédications de tous les Evêques. Après tout, on ne voioit point le cœur des *Donatistes*, quels qu'ils fussent; & on voioit des Loix terribles, faites contr'eux, par la crainte desquelles ils pouvoient être portez à la dissimulation. Il y en a là de reste, pour rendre du moins douteux tous les avantages que l'Evêque d'*Hippone* voudroit tirer de ces Conversions; supposé même (ce qui est très-faux) que l'événement justifiât l'usage d'un moien illicite de sa nature.

§. XXXVI. Mon Censeur ne réussit pas mieux à montrer, (a) que *les Loix des Empereurs contre les* Donatistes, *& les autres Hérétiques, étoient légitimes*; & par conséquent que *St. Augustin* ne changea point de sentiment à cet égard, *par légéreté d'esprit, ni par aucun motif humain*. Je laisse là les raisons dont il se sert, pour justifier la *Persécution des Hérétiques* en général; puis que j'ai eu (b) occasion ci-dessus de les refuter d'avance. Voions celle qui regarde les *Donatistes* en particulier. *Ils n'avoient*, dit-on, *aucun droit de se plaindre des Loix* terribles *faites contr'eux, puis qu'ils y avoient donné occasion, soit par leurs violences, qui attirérent les Loix de* Constantin, *de* Constant, *d'*Honorius, *& de* Théodose; *soit parce qu'eux-mêmes furent les prémiers à porter devant les Tribunaux Séculiers les questions Ecclésiastiques, qui étoient agitées entr'eux & les Catholiques*. Mais les *violences des Donatistes*, comme nous l'avons fait voir, ne furent que le prétexte de ces Loix, qui punissoient les *Donatistes* purement & simplement comme *Hérétiques*, & non comme coupables de violence. Cette récrimination, d'ailleurs ne sert de rien pour le fond de la chose. (c) ,, Les ,, *Donatistes* auront fait toutes les irrégularitez qu'on voudra, cela n'excusera ,, point celles des *Catholiques*; car il ne faut point pécher par exemple". L'autre objection, tirée de ce que les *Donatistes* portérent devant l'Empereur *Constantin* l'affaire de *Cécilien*, dont ils prétendoient que l'élection n'étoit pas légitime, ni la vie digne d'un Ministre de l'Evangile; cette objection, dis-je, n'est qu'un misérable sophisme. (d) Autre chose est, de solliciter des Loix très-rigoureuses, pour contraindre les gens à embrasser des sentimens qu'ils croient faux; & autre chose, de recourir à l'Autorité du Souverain, pour terminer un différent, qui regarde l'ordre de la Discipline Ecclésiastique. Je ne veux, ni ne dois, examiner la question de fait, dont nous ne sommes pourtant instruits que par *St. Augustin*, & par O P T A T *de Miléve*, tous deux grands Ennemis des *Donatistes*. Il s'agit seulement de savoir, si, supposé que le Diacre *Cécilien* eût été illégitimement élû Evêque de *Carthage*, & qu'il fût accusé avec quelque apparence des Crimes dont on le disoit coupable, les *Donatistes* ne pouvoient pas prier l'Empereur d'obliger *Cécilien* à se justifier, ce qu'il refusa (3) d'abord dans un Concile de *Carthage*, & qu'il ne fit ensuite dans le Concile de *Rome*, où il fut absous, que d'une manière à donner lieu aux *Donatistes* de

(a) *Apolog.* pag. 429, & suiv.

(b) *Chap.* XII. §. 47, & suiv.

(c) *Comm. Philos.* Tom. III. pag. 117.

(d) Voiez encore le *Comm. Phil.* pag. 1196, & suiv.

& prædicationem veritatis audiendo, maximè post collationem & disputationem, quæ inter nos & Episcopos eorum, apud Carthaginem *fuit, ex magna parte correcti sunt*. Epist. CLXXXV. num. 30.

(3) Voiez la Dissertation d'H E N R I D E V A L O I S, *De Schismate Donatistarum*, Cap. II, & seqq. à la fin de son Edition de l'*Hist. Eccl.* d'E U S E B E.

de trouver beaucoup d'irrégularité dans les procédures; & s'il y avoit là aucune ressemblance entre la conduite des *Donatistes*, & celle de leurs Adversaires, qui les firent depuis condamner à de très-rigoureuses peines, uniquement à cause de la profession qu'ils faisoient de quelques sentimens anathématizez par le Parti le plus fort. Les *Donatistes*, dans la supposition, avoient recours à une Autorité légitime, & sur des sujets qui sont de la jurisdiction du Souverain, fût-il d'une Religion différente. Le Prince peut, sans violenter les Consciences, maintenir le bon ordre dans les Sociétez Ecclésiastiques, composées de gens qui sont ses Sujets. Mais il n'a aucun pouvoir d'empêcher que ses Sujets ne servent DIEU de la maniére qu'ils croient lui être la plus agréable, ni par conséquent de les punir pour cette seule raison, soit de peines corporelles, soit par la privation des biens & des droits dont ils jouïssent légitimement; comme je l'ai prouvé (a) ci-dessus d'une maniére invincible.

(a) *Chap.* XII. § 28, *& suiv.*

§. XXXVII. MAIS en accordant même ici, sur le fait, tout ce qu'on voudra, & laissant les *Donatistes* chargez à plein de tous les reproches odieux que leur font leurs Ennemis; cela nous fournira dequoi confirmer une des grandes preuves de la nécessité de la Tolérance, je veux dire, les fâcheux retours auxquels l'Intolérance s'expose. Si *St. Augustin* eût vêcu quelques années de plus, il auroit encore mieux senti les mauvaises suites de son principe, & le tort qu'il avoit eû d'abandonner le véritable. (1) Il auroit vû l'*Arianisme* triompher, par les mêmes voies dont il avoit approuvé l'usage contre les *Donatistes*; & le Monde Chrétien, devenu tout d'un coup *Arien*, faire profession d'une Doctrine condamnée par des Conciles Oecuméniques. Il auroit eû beau crier alors: les *Ariens* Persecuteurs lui auroient répondu, en lui renvoiant toutes les raisons dont il s'étoit servi lui-même dans ses Apologies de la Persécution des *Hérétiques*. Ils auroient pû sur tout faire valoir, avec bien plus de fondement, le promt succès de leurs violences, & le grand nombre des Convertis.

§. XXXVIII. AVANT que de quitter l'affaire des *Donatistes*, il est bon de

(1) Voiez le Livre, que SEBASTIEN CHATEILLON publia en 1554. à *Magdebourg*, sous le nom de MARTINUS BELLIUS, *De Haereticis, an sint persequendi, & omnino quomodo sit cum eis agendum, Doctorum Virorum tum Veterum, tum Recentiorum, sententia*, pag. 160, *& seqq.* Il y a de très-bonnes réflexions dans ce Recueil, & une ébauche assez exacte des principales raisons dont on s'est servi depuis, pour mettre dans tout son jour la matiére de la Tolérance.

(2) Ὀυδ᾽ ἄλλως, ἢ διὰ λυτρῦ νεώτερον τ᾽ πλάνης ἀποκαθαιρομρμονης, ἀντεισάγ δεῖν ιμιτο [Κυντιανὸς] ἀλλ᾽ ὅτε Στέφανος, μη δεῖν τι νεώτερον, παρὰ τὼ κρατησασαν ἀρχῆθεν παράδοσιν, ἐπικαινοτομεῖν οἰόμρος, ἐπὶ τέτω διηγανάκ-τι. EUSEB. *Hist. Eccl.* Lib. VII. Cap. 3. Voiez là-dessus les Notes d'HENRI DE VALOIS. CETERUM *nos veritati & consuetudinem jungimus, & consuetudini* Romanorum *consuetudinem, sed veritatis, opponimus: ab initio hoc tenentes, quod à* Christo *& ab Apostole* TRADITUM *est. Nec meminimus, hoc apud nos aliquando coepisse, quum semper heic observatum sit &c.* FIRMILIAN. *inter Epist.* CYPRIAN. Epist. LXXV. *pag.* 226. *Ed. Fell. Brem.*

(3) A *Vincent*, & à *Boniface*; dont la prémiére est la XCIII. & l'autre CLXXXV. de l'Edit. des *Bénédictins*, citées toutes deux ci-dessus plus d'une fois. On les publia sous le titre de *Conformité de la conduite des Eglises de France pour ramener les Protestans, avec celle des Eglises d'Afrique pour ramener les* Donatistes *à l'Eglise Catholique*.

(4) Ici on ne sera pas fâché de lire des paroles de feu Mr. le Comte de BOULAINVILLIERS, bien dignes de sa probité, de sa pénétration & de son application à découvrir les régles de la bonne Politique, & les

de ne pas oublier une preuve que nous y trouvons du peu de fonds qu'il y a à faire sur la prétendue autorité de la *Tradition*, & des *Péres de l'Eglise*, que l'on veut en être les Dépositaires. Le principal point, qui divisoit les *Donatistes* d'avec ceux qui se nommoient *Catholiques*, c'étoit la *réitération du Batême*. Les *Donatistes* soûtenoient, qu'il falloit rebatizer ceux qui avoient été batizez par les *Hérétiques*. Les *Catholiques* prétendoient le contraire. Cependant l'Eglise même d'*Afrique*, & plusieurs Péres, plusieurs Conciles, avoient autrefois défendu vigoureusement l'opinion des *Donatistes*. On sait le vif démêlé qu'eut là-dessus *St. Cyprien*, avec *Etienne*, Evêque de *Rome*. Chacun (2) d'eux alleguoit en sa faveur la *Tradition*. St. *Augustin* se donne de terribles mouvemens, pour (a) répondre aux *Donatistes*, qui le pressoient par l'autorité de *St. Cyprien*, & des Conciles, dont ils ne faisoient que suivre les décisions. (a) *De Baptismo, contra Donatist.* Lib. II. & *seqq.*

§. XXXIX. ENCORE un mot sur les *Persécutions* pour cause de Religion. J'avois dit, qu'*on s'est servi, pour justifier la derniére Persécution de France*, des *deux* fameuses Lettres (3) de *St. Augustin*, qu'on fit *traduire en François*. Je ne sai si mon Censeur nie cette Persécution, ou s'il veut seulement la justifier : car il dit : (b) *Quant à la persécution que Mr. Barbeyrac se plaint qu'on a fait en* France *aux Prétendus Réformez* : & il se contente de renvoier là-dessus à un Livre, que je n'ai point vû, dont il ne nomme pas même l'Auteur. Je veux bien juger charitablement du P. *Ceillier*, quelque peu charitable qu'il soit sur cette matiére : & je ne le crois pas assez hardi, pour vouloir revoquer en doute un fait dont toute l'*Europe* a été témoin. Il n'en reste que trop de preuves parlantes, à la honte des Ecclésiastiques qui ont été le prémier mobile des violences ; quoi qu'il se soit écoulé depuis plus de quarante ans : & tant que les Monumens Historiques dureront, le Pyrrhonisme n'aura ici aucune prise. Au fond, pourquoi mon Censeur auroit-il recours à un si lâche stratagême, pourquoi parleroit-il contre sa conscience, & s'exposeroit-il à la risée des Honnêtes Gens mêmes de sa Communion (4), puis qu'il a reconnu sans détour, que l'on (c) peut & l'on doit *persécuter* ? Aussi se retranche-t-il à la (b) *Pag.* 436.

(c) Voiez ci-dessus, Chap. XII. §. 28.

les véritables intérêts de la *France* : „ Il est „ bien certain, que l'Obéissance passive, pra„ tiquée soit par Religion, soit par crainte, „ étouffe la voix des Malheureux : mais, loin „ de rendre leur condition meilleure, il n'est „ pas moins évident, qu'elle les livre d'au„ tant plus à l'Injustice, qu'elle arrête leurs „ plaintes, ou les rend inutiles, contre la „ Prévention toute seule, quand l'abus de „ l'Autorité ne s'y rencontreroit pas. C'est„ ce qui se justifie par deux événemens pu„ blics du Siécle dernier, qui peuvent être „ regardez comme les plus grands effets de „ l'Autorité Absolue. L'un est l'expulsion „ des *Morisques*, qui se fit en *Espagne* en „ 1605. par l'autorité de PHILIPPE III. & „ l'autre, l'abrogation de l'*Edit de* NANTES, „ qui avoit permis en *France* l'exercice de la „ Religion dite Reformée, depuis qu'HEN„ RI IV. l'avoit abandonnée pour se recon„ cilier avec *Rome*, & pour posséder tran„ quillement un Etat, qu'il avoit conquis. „ Or l'on ne sauroit disconvenir que ces „ deux événemens ne se soient passez qu'a„ vec une EXTREME VIOLENCE de la „ part des *Exécuteurs*, & avec TOUTE LA „ PATIENCE IMAGINABLE de la part de „ ceux qui ont pratiqué cette *obéissance*, que „ l'on prétend être le principe du bien être „ de tous les Sujets. Je tombe d'accord, que „ leur condition auroit été plus mauvaise, „ s'ils avoient résisté à la volonté déterminée „ des Souverains : mais cette volonté même „ ne les a pas mis à couvert de l'injustice, „ du PILLAGE de leurs biens, des rançon„ nemens, de la GENE & de la TORTU„ RE, ni même des PLUS ATROCES SUP„ PLICES" *Histoire de l'ancien Gouvernement de la France* &c. Lett. XIV. pag. 184, 185. Tom. III. Ed. de Holl. 1727.

la voie de Rétorsion, qui, comme je me lasse de le dire, est un faux-fuiant des plus ridicules, puis que, de ce que les autres font mal, il ne s'ensuit pas qu'on puisse les imiter : or c'est cela même qui est en question, & que tous les Persécuteurs ne prouveront jamais par aucune raison qui ait la moindre apparence, Si la Persécution pour cause de Religion, peut jamais être juste & légitime? Les Calvinistes, dit le P. *Ceillier*, *ont d'autant moins sujet de se plaindre d'avoir été persécutez en* France, *que leurs Péres y ont exercé autrefois plus de brigandages & de violences.* Voilà en vérité un argument sans replique! Les *Calvinistes* de *France* avoient péché : leurs Descendans en ont pû être justement punis. Il faut avouer, que c'est là aussi une apologie bien digne du génie & des principes durs du grand Evêque d'*Hippone*. Nous avions cru jusqu'ici, sur tant de déclarations formelles de l'Ecriture, conformes aux lumiéres les plus pures du Bon-Sens, Que (a) *les Enfans ne devoient point porter l'iniquité de leurs Péres*. Mais voici une nouvelle Théologie, venuë apparemment de quelques-unes de ces *Traditions cachées*, dont les *Péres de l'Eglise* sont les fidéles *Dépositaires*, & qui au commencement ne se disoient qu'à l'oreille. A présent que la maxime a été si souvent réduite en pratique, & qu'on est tout disposé à la suivre de plus en plus dans l'occasion, il seroit inutile d'en faire un secret. Je n'ai garde néanmoins de m'arrêter à en démontrer la souveraine injustice : ce seroit mettre en compromis l'Autorité de la Parole de DIEU, & en même tems de la Raison la plus épurée, qui n'émane pas moins du *Pére des lumiéres*, que la Révélation de la Loi & de l'Evangile. Il me suffit, de pouvoir inferer du reproche même de mon Censeur, que les Protestans, qui ont été persécutez en *France* sur la fin du XVII. Siécle, n'étoient coupables ni de violence, ni d'aucun autre Crime, qui les rendît dignes des maux qu'on leur a fait souffrir : car, si cela étoit, il ne se seroit point avisé de rendre responsables des fautes de leurs Péres, des gens qu'il auroit cru pouvoir accuser de choses commises par eux-mêmes.

(a) Ezech. XVIII, 20. Deuter. XXIV, 16 Jérém. XXXI, 29, 30. &c.

§. XL. Ils étoient si innocens, ces *Réformez* qui ont été persécutez de toutes les maniéres imaginables, que le Souverain même, dont on trouva moien de gagner l'esprit, en partie par un faux zéle, & en partie par les maximes de la Politique de MACHIAVEL, leur avoit rendu les témoignages les plus authentiques de leur fidélité, & s'étoit cru obligé de leur en marquer publiquement sa reconnoissance. Ce ne sont point ici des faits douteux, ou connus de peu de gens. Toute l'*Europe* les savoit, avant que les *Protestans* les produisissent dans les Plaintes les plus humbles & les plus modestes du monde, qu'ils firent devant DIEU & devant les Hommes, des mauvais traitemens, qui furent suivis de leur ruine totale. Après que la *Reine Mére*, Espagnole & fort bigotte, MAZARIN, Cardinal & Italien, la Cour, les Armées, eurent reconnu hautement que les *Réformez* avoient sauvé l'Etat, dans la Guerre Civile qui s'éleva peu de tems après la Minorité de LOUÏS XIV. ce Prince donna, (b) en MDCLII. une Déclaration, dans laquelle confirmant tout ce qui leur avoit été accordé par les Edits précedens, & en rendant même l'exécution plus fa-

(b) Voiez la *Critique générale de l'Hist. du Calvinisme*, de *Maimbourt*, Lett. XXIX. pag. 62, & suiv. de la 2. Edit.

(1) Voiez sur tout, la *Critique générale de l'Hist. du Calvinisme*, de MAIMBOURG, par feu Mr. BAYLE : l'*Apologie* de feu Mr. JURIEU *pour la Réformation, les Réformateurs & les*

facile, il dit en propres termes : *Et d'autant que nosdits Sujets de la Religion P. R. nous ont donné des preuves certaines de leur affection & fidélité, notamment dans les occasions préfentes, dont nous demeurons très-fatisfaits* &c. Le même Roi difoit depuis, dans une Lettre écrite à CROMWELL en M.DC.LV. *J'ai fujet de louer leur fidélité & zéle pour mon fervice ; eux de leur part n'obmettant aucune occafion à m'en donner des preuves, même au delà de tout ce qui s'en peut imaginer, contribuant en toutes chofes au bien & avantage de mes affaires.* Lors qu'on eût commencé à perfecuter les Proteftans de *France*, FRIDERIC I. Electeur de *Brandebourg*, aiant écrit, l'an M.DC.LXVI. en leur faveur, à LOUÏS XIV. le Roi lui répondit, entr'autres chofes : *Des gens mal intentionnez à mon fervice, ont publié chez les Etrangers, des libelles féditieux, comme fi on ne gardoit pas dans mes Etats les Déclarations & les Edits, que les Rois mes Prédéceffeurs ont donnez en faveur de mesdits Sujets de la Religion P. R. & que je leur ai confirmé moi-même, ce qui fe feroit* CONTRE MON INTENTION ; *car je prens foin qu'on les maintienne dans tous les priviléges qui leur ont été concedez, & qu'on les faffe vivre dans une égalité avec mes autres Sujets. J'y fuis* ENGAGE' PAR MA PAROLE ROYALE, *& par la* RECONNOISSANCE *que j'ai des preuves qu'ils m'ont données de leur fidélité pendant les derniers mouvemens, où ils ont pris les armes pour mon fervice, & fe font oppofez avec vigueur & avec fuccès aux mauvais deffeins qu'un Parti de Rebellion avoit formé dans mes Etats contre mon autorité* &c. Voilà les gens, qui méritoient, felon le P. *Ceillier*, d'être *punis des fautes de leurs Péres*, au mépris d'un *Edit perpétuel & irrévocable*, juré folemnellement & confirmé par plufieurs autres, qui tous devoient affûrer aux Proteftans une pleine amniftie, fuppofé qu'ils en euffent eû befoin. C'eft fous une telle protection de la Parole Roiale & du Droit des Gens, qu'ils vivoient en paix ; & ils y vivroient encore, fi l'efprit d'Intolérance & le génie du Papifme ne fouloient aux pieds toutes les maximes de l'Evangile, de la Bonne Foi, & de l'Humanité Naturelle.

§. XLI. MAIS fuppofé que la conduite des Ancêtres put être imputée aux Defcendans, qui n'y ont eû aucune part, les *Réformez* de *France*, que l'on a exterminez, n'en auroient pas été plus coupables. Il faut avoir un front d'airain, pour ofer renouveller, comme fait mon Cenfeur, fans aucune nouvelle preuve, des accufations qu'on a fi fortement & fi amplement réfutées (1). On a fait voir clair comme le jour, par des faits atteftez de tous les Hiftoriens, & Proteftans, & Catholiques-Romains, que les *Réformez* ne furent nullement la caufe d'aucun des troubles arrivez en *France* dans le XVI. Siécle : que tout vint des *Catholiques Romains*, & principalement de l'ambition des *Guifes*, qui vouloient enlever la Couronne à la Maifon de *Bourbon* : que, fi la Religion y entra pour quelque chofe, ce ne fut que par accident, & que les *Réformez* n'ont jamais demandé qu'une paifible liberté de Confcience : que l'on ne doit point imputer à tout le Parti ce que peuvent avoir fait quelques Particuliers ; fur tout au milieu des Guerres Civiles, où il n'eft pas poffible que les chofes fe paffent toûjours dans les régles : enfin, qu'on perfécuta les Proteftans en tems de paix,

---

les Réformez : la Réponfe de feu Mr. DE LARREY à l'Avis aux Réfugiez &c.

paix, uniquement à cause de leur Religion, jusqu'à en faire mourir une infinité sur des Echaffauds, sur des Buchers, ou de diverses autres maniéres, & à ordonner quelquefois des Massacres généraux &c. Ce sont-là des choses trop connuës & trop certaines, pour que nous devions nous arrêter un moment à les prouver. Et au fond toute apologie est inutile auprès de gens aveuglez à un tel point par la haine, que de vouloir qu'on punisse l'Innocent pour le Coupable. Il faut les abandonner au Jugement de Dieu, qui *rendra à chacun selon ses œuvres*, & à l'indignation des Honnêtes Gens de tous les Partis.

§. XLII. Passons à quelque chose de moins odieux, & qui n'intéresse que le jugement de *St. Augustin*, & de son Apologiste. J'avois dit, que le grand Evêque d'*Hippone pourroit lui seul fournir de quoi faire un gros volume de pauvretez*; & j'en avois donné deux exemples qui m'étoient tombez sous la main, parmi une infinité qu'on n'a qu'à prendre à l'ouverture des gros volumes de ses Oeuvres. Le prémier contient une de ces *moralitez* qu'il *tire si souvent de l'Ecriture*, par des *Allégories* qui ne sont que des chiméres de son imagination. Ici, comme ailleurs, le P. *Ceillier* m'en avouë assez, pour me donner gain de cause. (a) *St. Augustin*, dit-il, *comme les autres Péres, n'est pas toûjours heureux dans ses Allégories: & même pour ce qui regarde le sens littéral de l'Ecriture, il avouë dans* (1) *le Livre d'où est tirée l'objection qu'on nous fait, qu'il ne l'a pas toûjours compris; sur tout dans l'explication du Livre de la* Genése *contre les* Manichéens, *qu'il composa aussi tôt après sa conversion, y étant contraint par la nécessité de défendre nos Livres Saints contre ces Hérétiques*.... „ Je me pressai (ce „ sont les paroles de *St. Augustin*) parce qu'il falloit refuter leurs rêveries, ou „ au moins exciter ces Hérétiques à chercher dans les Lettres Saintes la Vérité „ & la Foi Chrétienne & Evangélique, qu'ils avoient en horreur. Mais par-„ ce que je ne trouvois pas le vrai sens littéral; que même j'y en trouvois qui „ ne pouvoit convenir, ou qui ne convenoit que difficilement; ne pouvant „ donner le sens de la lettre, je lui donnai le sens allégorique, de la maniére „ la plus claire & la plus précise qui me fût possible, afin qu'ils ne fussent pas „ détournez de la lecture de ces Livres, ou par la longueur ou par l'obscurité „ de mes explications. Au reste je ne m'attachai à cette maniére d'expliquer „ l'Ecriture, que pour éviter un plus long retardement.

§. XLIII. St. Augustin, pour se justifier, nous fait ici un aveu, que lui, & les autres Péres de l'Eglise, auroient pû faire souvent, s'ils l'avoient jugé à propos. *Il se pressa* de composer son Ouvrage. Mais à quoi bon se presser, quand il s'agit d'une chose d'aussi grande conséquence, que la réfutation de quelque Erreur capitale, & la conversion des Errans? Ne vaut-il pas mieux se donner un peu de patience, pour être en état de méditer & bien digerer ce qu'on a à dire? Le danger du retardement est-il à comparer avec celui où l'on s'expose, en apprêtant à rire à ceux que l'on veut désabuser, & les confirmant dans leurs pensées, par de fausses raisons, ou des explications

(a) Pag. 439, 440.

---

(1) *Duos conscripsi libros, recenti tempore conversionis mea, cito volens eorum* [Manichæorum] *vel confutare deliramenta, vel erigere intentionem ad quærendam in litteris, quas oderunt, Christianam & Evangelicam fidem. Et quia non mihi tunc occurrebant omnia, quemadmodum propriè possent accipi, magisque non posse accipi videbantur, aut vix posse, aut difficilè;*

facile, il dit en propres termes : *Et d'autant que nosdits Sujets de la Religion P. R. nous ont donné des preuves certaines de leur affection & fidélité, notamment dans les occasions présentes, dont nous demeurons très-satisfaits* &c. Le même Roi difoit depuis, dans une Lettre écrite à Cromwell en M.DC.LV. *J'ai sujet de loüer leur fidélité & zéle pour mon service ; eux de leur part n'obmettant aucune occasion à m'en donner des preuves, même au delà de tout ce qui s'en peut imaginer, contribuant en toutes chofes au bien & avantage de mes affaires.* Lors qu'on eût commencé à perfecuter les Proteftans de *France*, Frideric I. Electeur de *Brandebourg*, aiant écrit, l'an M.DC.LXVI. en leur faveur, à Louïs XIV. le Roi lui répondit, entr'autres chofes : *Des gens mal intentionnez à mon service, ont publié chez les Etrangers, des libelles séditieux, comme si on ne gardoit pas dans mes Etats les Déclarations & les Edits, que les Rois mes Prédécesseurs ont donnez en faveur de mesdits Sujets de la Religion P. R. & que je leur ai confirmé moi-même, ce qui se feroit* CONTRE MON INTENTION ; *car je prens soin qu'on les maintienne dans tous les priviléges qui leur ont été concedez, & qu'on les fasse vivre dans une égalité avec mes autres Sujets. J'y suis* ENGAGE PAR MA PAROLE ROYALE, *& par la* RECONNOISSANCE *que j'ai des preuves qu'ils m'ont données de leur fidélité pendant les derniers mouvemens, où ils ont pris les armes pour mon service, & se sont opposez avec vigueur & avec succès aux mauvais desseins qu'un Parti de Rebellion avoit formé dans mes Etats contre mon autorité* &c. Voilà les gens, qui méritoient, selon le P. *Ceillier*, d'être *punis des fautes de leurs Péres*, au mépris d'un *Edit perpétuel & irrévocable*, juré solennellement & confirmé par plusieurs autres, qui tous devoient assûrer aux Proteftans une pleine amnistie, suppofé qu'ils en eussent eû besoin. C'est sous une telle protection de la Parole Roiale & du Droit des Gens, qu'ils vivoient en paix ; & ils y vivroient encore, si l'esprit d'Intolérance & le génie du Papisme ne fouloient aux pieds toutes les maximes de l'Evangile, de la Bonne Foi, & de l'Humanité Naturelle.

§. XLI. Mais suppofé que la conduite des Ancêtres put être imputée aux Descendans, qui n'y ont eû aucune part, les *Réformez* de *France*, que l'on a exterminez, n'en auroient pas été plus coupables. Il faut avoir un front d'airain, pour oser renouveller, comme fait mon Censeur, sans aucune nouvelle preuve, des accusations qu'on a si fortement & si amplement réfutées (1). On a fait voir clair comme le jour, par des faits attestez de tous les Historiens, & Proteftans, & Catholiques-Romains, que les *Réformez* ne furent nullement la cause d'aucun des troubles arrivez en *France* dans le XVI. Siécle : que tout vint des *Catholiques Romains*, & principalement de l'ambition des *Guises*, qui vouloient enlever la Couronne à la Maison de *Bourbon* : que, si la Religion y entra pour quelque chofe, ce ne fut que par accident, & que les *Réformez* n'ont jamais demandé qu'une paisible liberté de Conscience : que l'on ne doit point imputer à tout le Parti ce que peuvent avoir fait quelques Particuliers ; sur tout au milieu des Guerres Civiles, où il n'est pas possible que les chofes se passent toûjours dans les régles : enfin, qu'on persécuta les Proteftans en tems de paix,

---

les Réformez : la Réponfe de feu Mr. de Larrey à *l'Avis aux Réfugiez* &c.

paix, uniquement à cause de leur Religion, jusqu'à en faire mourir une infi-nité sur des Echaffauds, sur des Buchers, ou de diverses autres maniéres, & à ordonner quelquefois des Massacres généraux &c. Ce sont-là des choses trop connuës & trop certaines, pour que nous devions nous arrêter un moment à les prouver. Et au fond toute apologie est inutile auprès de gens aveuglez à un tel point par la haine, que de vouloir qu'on punisse l'Innocent pour le Coupable. Il faut les abandonner au Jugement de DIEU, qui *rendra à cha-cun selon ses œuvres*, & à l'indignation des Honnêtes Gens de tous les Partis.

§. XLII. PASSONS à quelque chose de moins odieux, & qui n'intéresse que le jugement de *St. Augustin*, & de son Apologiste. J'avois dit, que le grand Evêque d'*Hippone pourroit lui seul fournir de quoi faire un gros volume de pauvretez;* & j'en avois donné deux exemples qui m'étoient tombez sous la main, parmi une infinité qu'on n'a qu'à prendre à l'ouverture des gros volumes de ses Oeuvres. Le prémier contient une de ces *moralitez* qu'il *tire si souvent de l'Ecriture*, par des *Allégories* qui ne sont que des chiméres de son imagination. Ici, comme ailleurs, le P. *Ceillier* m'en avoué assez, pour me donner gain de cause. (a) *St. Augustin*, dit-il, *comme les autres Péres, n'est pas toûjours heureux dans ses Allégories: & même pour ce qui regarde le sens littéral de l'Ecriture, il avoué dans* (1) *le Livre d'où est tirée l'objection qu'on nous fait, qu'il ne l'a pas toûjours compris; sur tout dans l'explication du Livre de la Genése contre les Manichéens, qu'il composa aussi tôt après sa conversion, y étant contraint par la nécessité de défendre nos Livres Saints contre ces Hérétiques....* „ Je me pressai (ce „ sont les paroles de *St. Augustin*) parce qu'il falloit refuter leurs réveries, ou „ au moins exciter ces Hérétiques à chercher dans les Lettres Saintes la Vérité „ & la Foi Chrétienne & Evangélique, qu'ils avoient en horreur. Mais par-„ ce que je ne trouvois pas le vrai sens littéral; que même j'y en trouvois qui „ ne pouvoit convenir, ou qui ne convenoit que difficilement; ne pouvant „ donner le sens de la lettre, je lui donnai le sens allégorique, de la maniére „ la plus claire & la plus précise qui me fût possible, afin qu'ils ne fussent pas „ détournez de la lecture de ces Livres, ou par la longueur ou par l'obscurité „ de mes explications. Au reste je ne m'attachai à cette maniére d'expliquer „ l'Ecriture, que pour éviter un plus long retardement.

§. XLIII. ST. AUGUSTIN, pour se justifier, nous fait ici un aveu, que lui, & les autres Péres de l'Eglise, auroient pû faire souvent, s'ils l'avoient jugé à propos. *Il se pressa* de composer son Ouvrage. Mais à quoi bon se presser, quand il s'agit d'une chose d'aussi grande conséquence, que la réfutation de quelque Erreur capitale, & la conversion des Errans? Ne vaut-il pas mieux se donner un peu de patience, pour être en état de méditer & bien digerer ce qu'on a à dire? Le danger du retardement est-il à comparer avec celui où l'on s'expose, en apprêtant à rire à ceux que l'on veut désabuser, & les confirmant dans leurs pensées, par de fausses raisons, ou des explications

(a) Pag. 439, &c.

creu-

(1) *Duos conscripsi libros, recenti tempore conversionis meæ, cito volens eorum* [Manichæorum] *vel confutare deliramenta, vel erigere intentionem ad quærendam in litteris, quas oderunt, Christianam & Evangelicam fidem. Et quia non mihi tunc occurrebant omnia, quemadmodum propriè possent accipi, magisque non posse accipi videbantur, aut vix posse, aut difficile;*

ns

creufes, qu'on y oppofe? Les *Manichéens* rejettoient le *Vieux Teftament*, par-ce qu'ils croioient n'y pas trouver leur compte. Il n'y avoit donc rien où l'on dût être plus fur fes gardes, en voulant les refuter, que dans ce que l'on difoit en expliquant ces Saints Livres. Ils n'avoient qu'à nier les *fens allégoriques*, pour fermer la bouche à *St. Auguftin*. Qu'il les propofât auffi clairement & en auffi peu de mots qu'on voudra, ce n'eft pas de la *clarté* ou de la *briéveté* des explications qu'il s'agiffoit, c'étoit de leur *vérité* & de leur *folidité*. Du moins devoit-il s'attacher principalement au fens littéral, que l'on ne fauroit nier être celui qui eft la bafe de tout. Et s'il ne le trouvoit pas encore, quel mal y auroit-il eû à fe taire, en attendant qu'il eût fait les recherches néceffaires? Mais l'excufe eft d'autant plus frivole, qu'il s'en faut bien que ce ne foit le feul Ouvrage, où *St. Auguftin* a dé-bité, & en affez grand nombre, des Allégories très-mal fondées. Il ne faut que voir fon *Commentaire fur les* PSEAUMES, qui en eft tout plein, & qui fut compofé long tems après. Combien d'autres de fes Ouvrages ont befoin, *& pour le fens littéral, & pour le fens fpirituel*, de cette indul-gence que mon Cenfeur demande en faveur du *Livre de la* GENE'SE con-tre *les Manichéens*? On ne trouvera pas, ajoûte-t-il, *que St. Auguftin ait avan-cé, dans ce Livre, rien qui foit contraire à la pureté de la Morale de Jéfus-Chrift.* Soit. Ce n'eft pas de quoi je me fuis plaint. C'eft des *pauvre-tez*, & non des *erreurs* de *St. Auguftin* pour le fond même des chofes, que je parlois dans l'endroit dont il s'agit. Faut-il repouffer perpétuelle-ment une fi fauffe fuppofition? Elle ne feroit certainement jamais venue dans l'efprit de tout autre, que d'un homme réduit à éluder par quelque artifice des objections, auxquelles il fent bien qu'il ne peut répondre. C'eft affez d'ailleurs pour moi, qu'un Pére de l'Eglife auffi refpecté, que *St. Auguftin*, au lieu de fonder les Véritez de Morale, qu'il propofe, fur tant de raifons claires & perfuafives, que la Raifon & l'Ecriture fourniffent à qui fait les confulter comme il faut; les rende douteufes, entant qu'en lui eft, ou du moins peu propres à gagner l'Efprit & le Coeur, par un tas de fauffes explications, & d'Allégories auffi froides, que peu folides. A Dieu ne plaife que nous prénions de tels Docteurs pour nos *Maîtres* & nos *Guides* en matiére de Morale!

§. XLIV. L'AUTRE exemple, que j'avois allégué, des *pauvretez* de *St. Auguftin*, c'eft *la plaifante remarque* de ce Pére *fur le titre des* PSEAU-MES. Il faut repeter cela, où je n'ai fait que copier les propres termes de Mr. LE CLERC, qui l'avoit remarqué il y a long tems. „ Les „ Copiftes n'avoient pas accoûtumé de mettre devant le prémier Pfeaume, „ *Pfalmus primus*, comme on fait aujourdhui, apparemment parce qu'ils „ croioient que cela n'étoit pas néceffaire, puis qu'on ne pouvoit pas s'y trom-„ per, le voiant à la tête du Livre, & fuivi du Pfeaume Second. *St. Augus-*
„ *tin*

ne retardarer, quid figuratè fignificarent ea, quæ ad litteram non potui invenire, quantâ valui brevitate & perfpicuitate explicavi, ne vel multâ lectione, vel difputationis obfcuritate, deterriti, in manus ea fumere non curarent. De Genefi ad litteram, *Lib.* VIII. *Cap.* II. *num.* 5. Tom. III. col. 171.

„ *tin* en cherche une raison bien plus mystérieuse: (1) *Comme ce Pseaume*,
„ dit-il, *introduit* Dieu *lui-même parlant, à cause de cela il n'a point de titre, de*
„ *peur qu'on ne préférât quelque chose à la Parole de* Dieu, *ou qu'on n'appellât*
„ *prémier celui qui n'a pas été appellé* le prémier, *mais un*: & *ainsi il ne pouvoit*
„ *ni ne devoit point avoir de titre, de peur que, s'il avoit eû le titre de* prémier, *on*
„ *ne crût qu'il étoit meilleur seulement par l'ordre du nombre,* & *non par son autori-*
„ *té. Ou bien*, ajoûte-t-il, *comme on l'a déja dit, de peur qu'on ne crût que le*
„ *Pfalmiste préféroit quelque chose à la Parole de* Dieu, *s'il eût mis un titre au*
„ *devant de ce Pseaume; car, s'il avoit été appellé le* prémier, *on auroit pû entendre*
„ *préférablement aux autres.* Ainsi il est le seul, conclut-il, qui n'a point de ti-
„ tre, *afin qu'on vît manifestement combien il est distingué par dessus les autres.* Ac-
„ cordez, s'il vous plaît, la conclusion avec les prémisses.

(a) Pag. 440, 441.

§. XLV. Mon Censeur *avoue* (a) *sans peine, que cette interprétation est vai-*
ne & *mal fondée. Mais*, ajoûte-t-il, Mr. *Barbeyrac me permettra de lui dire, que*,
puis qu'il se mêle de critique, il devroit être un peu mieux versé en ce genre, qu'il
ne l'est. Je permets au P. *Ceillier* de penser & de dire de moi tout ce qu'il voudra: cela m'importe très-peu. Mais je crois pouvoir assûrer, sans lui en demander permission, que ce n'est pas de son jugement que dépend l'opinion qu'on peut avoir de la capacité de quelque Auteur que ce soit. Du reste, je ne me pique nullement d'être grand Critique; & il n'est pas besoin de l'être sur le point particulier, à l'occasion duquel il se donne des airs de hauteur, qui seront peut-être un peu rabattus par tant de choses qu'on verra dans cet Ouvrage, qui prouvent clairement qu'il n'est pas en ce genre, non plus qu'en toute autre chose, aussi habile qu'il s'imagine. *Heic Rhodus, heic saltus.* C'est au fait qu'il en faut venir: les Lecteurs ne se paient pas de ces reproches vagues, par lesquels on cherche à les prévenir, & qui peuvent être renvoiez avec le même droit & un peu plus honnêtement. *Nous verrons*, disent-ils. *Sæpe etiam est Olitor valde opportuna loquutus.* D'ailleurs, supposé même que le P. *Ceillier* eût ici raison, il ne devoit pas tant s'en prendre à moi, qu'à l'Auteur célèbre, de qui j'avois déclaré que j'empruntois la remarque, & dont on ne peut raisonnablement dire, qu'il soit *peu versé dans la Critique*, puis qu'outre tant d'autres Ouvrages, qui prouvent le contraire, il en a publié un tout entier sur cet Art, (b) réduit en système. Mais malheureusement c'est le mê-

(b) Ars Critica, dont il y a plusieurs Editions.

me qui, sous le nom de (2) Phereponus, a dit sans façon le bien & le mal de St. *Augustin*: le moien, après cela, d'être bon Critique, au jugement du P. *Ceillier*? J'avouë néanmoins, que les plus grands Hommes peu-

---

(1) *Sed quia hic Psalmus propriam vocem Dei loquentis inducit, ideo titulum non habet, ne quid divino eloquio præponeretur, aut primus diceretur, qui non primus, sed unus est appellatus: & ideo prætitulationem habere non potuit, nec debuit; ne, si habuisset, ut primus esset, melior tantum in ordine numeri, non auctoritate, judicaretur; aut nc, ut jam relatum est, aliquid præponeret divino eloquio Psalmographus, prætitulatione præposita. Nam & præ ceteris po-* tuisset intelligi, si primus dictus fuisset. Et ideo solus titulum non habet, ut perspicuum esset, quantum inter ceteros emineret. In l. Psalm. int.

(2) Mr. Le Clerc (dit le P. *Ceillier*) Auteur des sanglantes invectives contre St. Augustin, qu'on trouve à la fin du Supplément des Ouvrages de ce Père, qu'on a imprimés en Hollande &c. *Apolog.* pag. 436.

(3) *In primam Psalmuam Adnotatio, in edi-*

peuvent se tromper. Ainsi, mis à part toute Autorité, voions de quoi il s'agit.

§. XLVI. L'ARGUMENT *du Commentaire sur le prémier Pseaume*, est, dit-on, *une piéce supposée à St. Augustin; quoi que, dans quelques anciennes Editions de ses Ouvrages, elle lui soit attribuée, sur la foi de quelques Manuscrits. Les Anciens ne citent pas cette piéce sous le nom de St. Augustin; & une raison convaincante qu'elle n'est pas de lui, c'est que celui qui a composé cet argument du prémier Pseaume, est d'un sentiment différent de celui de St. Augustin sur l'Auteur des Pseaumes. Car ce Pére, dans les Livres* De la (a) Cité de DIEU, *assûre que l'opinion la plus probable est celle qui attribuë tous les Pseaumes à David. Au lieu que l'Auteur de l'argument du prémier Pseaume, dont il est question, dit que David n'a composé ou chanté que neuf Pseaumes. Aussi les Péres Bénédictins, dans la nouvelle Edition des Oeuvres de St. Augustin, ont rejetté cette piéce, comme Apocryphe.*

(a) *Lib.* XVII. *Cap.* 14.

§. XLVII. JE remarque ici d'abord, que mon Censeur expose très-mal les faits. Il dit, que l'argument, dont il s'agit, est *attribué à St. Augustin dans quelques anciennes Editions de ses Ouvrages, sur la foi de quelques Manuscrits.* Les Editeurs Bénédictins (3) s'expriment d'une maniére fort différente. Ils disent purement & simplement, que cette piéce est attribuée à *St. Augustin dans les Anciennes Editions,* & non pas dans *quelques-unes. Mais,* ajoûtent-ils, *elle ne se trouve pas dans tous les Manuscrits.* Voilà qui donne clairement à entendre, & que la piéce se trouve dans toutes les Editions, avant la derniére (car ils parlent des *Anciennes,* & des *plus anciennes,* comme celles qui ont le plus d'autorité) & qu'elle est aussi dans *le plus grand nombre* de Manuscrits; autrement ils ne se seroient pas contentez de dire, qu'*elle n'est pas dans tous les Manuscrits.* Cela étant, il me semble, qu'au jugement des plus grands Critiques, l'autorité du plus grand nombre de Manuscrits, jointe sur tout à l'autorité des plus anciennes Editions, qui aiant été faites sur des Manuscrits, deviennent par là d'un poids égal; que cette autorité, dis-je, doit l'emporter de beaucoup sur l'autorité d'un petit nombre de Manuscrits, où il manque quelque chose qui se trouve dans tous les autres.

§. XLVIII. A LA VERITE' cette régle n'est pas sans exception. Mais, afin que l'exception ait lieu, il faut certainement des raisons très-fortes: & mon Censeur, après les Editeurs Bénédictins, n'en allégue d'autre, que l'opposition qu'il y a entre ce que *St. Augustin* dit ailleurs, sur les Auteurs des *Pseaumes,* & ce qu'établit l'argument dont il est question. Trouverons-nous donc étrange, qu'un Ecrivain comme *St. Augustin,* qui a publié un Ouvrage entier

---

tis quidem antiquioribus Augustino *tributa, sed non in omnibus MSS. reperta, neque de Psalmorum Auctore consentiens cum* Augustini *opinione in Lib.* 17. De Civ. Dei, C. 14. Voilà tout ce que disent les Editeurs *Bénédictins,* de qui mon Censeur a tiré sa remarque. Je ne vois pas de justification plus honorable pour lui, que de dire, qu'en lisant tort à la hâte ces paroles, il a cru y voir, *in editiis* QUIBUS-DAM *antiquioribus.* Mais il reste encore une difficulté, comment il a pû réduire les MSS. dont parlent les Editeurs, à ceux sur lesquels ont été faites ces anciennes Editions. C'est à lui à nous apprendre ce qui en est. On remarquera, au reste, que les *Bénédictins* semblent n'oser pas affirmer nettement, que ce Préambule soit supposé.

entier de *Rétractations*, varie sur un sujet bien moins important, que ceux où il l'a avoué lui-même? Dans le passage des Livres *de la Cité de* DIEU, qu'on oppose, il fait envisager la question, comme problématique: (1) *L'opinion*, dit-il, *de ceux qui attribuent à* DAVID *tous les cent-cinquante Pseaumes, me paroît plus vraisemblable*. Les Esprits les plus judicieux peuvent être tantôt plus, tantôt moins, frappez de ce qui consiste en des vraisemblances. On ne nous produit point de passage du gros Commentaire sur les *Pseaumes*, composé en divers tems, dans lequel *St. Augustin* se déclare d'une autre opinion, que celle qui est proposée dans l'*Argument* contesté. Bien loin de là, j'y en trouve un, qui y paroît assez conforme. Car il y dit, (2) qu'on ATTRIBUE *tout le Pseautier à* DAVID, *& que les Pseaumes* SONT APPELLEZ *les Pseaumes de* DAVID. Un Auteur, qui parle ainsi, ne donne-t-il pas lieu de croire, qu'il n'est pas persuadé que tous les *Pseaumes* soient véritablement de celui à qui on les *attribue*, & dont ils *portent le nom*? Pourquoi ne pas dire nettement, que *tout le Pseautier est de* DAVID, & qu'ainsi on a raison de l'appeller les *Pseaumes de* DAVID? Dans un autre endroit, il dit, que c'est du (3) Roi *David* que le *Pseautier a tiré son nom*, & qu'il a été appellé le *Pseautier de* DAVID. N'est-ce pas encore donner à entendre, que tous les Pseaumes ne sont pas de *David*, quoi qu'ils passent tous sous son nom? Cette opinion même fait beaucoup plus d'honneur à *St. Augustin*, que l'autre, pour laquelle il se déclare ailleurs, & qui est insoûtenable, comme l'ont reconnu d'autres (a) Péres, & comme le reconnoissent aujourd'hui tout ce qu'il y a d'habiles Critiques, & parmi les Protestans, & parmi les (4) Catholiques-Romains. Enfin, il n'y a rien, dans le Préambule sur les Pseaumes, qui démente (5) le stile & le génie de *St. Augustin*; & l'on n'y voit aucun autre indice de supposition.

(a) *Hieronym. Origen. Hilar. &c.*

§. XLIX. MAIS, pour détruire de fond en comble la raison qu'on tire de ce que *St. Augustin* se contrediroit ici touchant les Auteurs des *Pseaumes*, je vais donner un exemple palpable du peu d'attention qu'il avoit à s'accorder avec lui-même. Il ne faudra pas aller bien loin pour cela: jettons les yeux seulement sur son Explication du I. *Pseaume*. Après avoir faussement, à son ordinaire, entendu par l'*Homme Heureux*, dont parle le Psalmiste, Nôtre (6) Seigneur JESUS-CHRIST; quoi qu'il soit clair, comme le jour, qu'il s'agit de tous les Fidéles, qui observent la Loi de DIEU: quand il en est au *vers.* 3.

(1) *Mihi autem credibilius videntur existimare, qui omnes illos centum & quinquaginta Psalmos ejus operi tribuunt* &c. De Civ. Dei, XVII, 14.
(2) *Cujus* [Davidis] *nomini totum Psalterium* TRIBUITUR; *nam Davidici utique Psalmi adpellantur* &c. In PSALM. IX. num. 35. Tom. IV. col. 43. E.
(3) *Ex quo* [Davide] *etiam nomen accepit Psalterium Davidicum* &c. In PSALM. LVI. num. 3. col. 396. D.
(4) Voiez Mr. DUPIN, *Dissertation Prélimin. sur la Bible*, Liv. I. Chap. III. §. 11. Il ne faut que considerer, qu'il y a des Pseaumes, qui sont manifestement composez depuis la Captivité de *Babylone*, comme le LXIV. le CXXV. le CXXXVI.
(5) Je ne vois que deux expressions, qui pussent faire de la peine, dans ce Préambule. L'une est, le mot de *Prætitulatio*, qui s'y trouve deux fois. Je ne sai si *St. Augustin* s'en est servi ailleurs. Mais, qu'il l'ait fait, ou non, cette objection ne seroit d'aucun poids: Car *Tertullien*, Auteur Africain, emploie plus d'une fois le verbe *Titulo*: & RUFIN, Auteur contemporain de *St. Augustin*, a dit *Attitulare: Ex his præcipuè libris, quos Peri archôn* ATTITULAVIT. Vers. Apolog.

PAM-

3: où cet *Homme heureux* est comparé à *un Arbre planté le long des Eaux courantes*, il dit, que (7) cet *Arbre*, c'est Nôtre Seigneur, qui des *Eaux courantes*, c'est-à-dire, selon lui, des *Péchez*, tire le long du chemin les Peuples pécheurs aux racines de sa Doctrine &c. Le voilà donc qui oublie ce qu'il avoit dit un peu auparavant; en sorte que la chose comparée, & celle avec quoi on la compare, deviennent la même. Je ne dis rien de ces interprétations considerées indépendamment de la contradiction manifeste: l'Ouvrage entier est si plein de semblables chiméres, qu'exiger de quelcun qu'il en fît la liste, ce seroit le condamner à un des travaux (a) d'*Hercule* les plus insupportables.

(a) *Augia stabulum repurgare*.

CHAPITRE XVII.

Sur ce que l'on a dit de St. Leon, *de* Théodoret, *& de* Grégoire le Grand.

§. I. ENFIN je vois terre. Je commençois à être las d'une navigation plus longue, que je n'avois cru d'abord. Ce n'est pas qu'elle me semblât périlleuse: car, s'il y avoit des monstres à attendre, il étoit facile de les écarter: mais on s'ennuïe, quand on ne trouve en chemin que des objets desagréables à voir. J'aurois beaucoup mieux aimé faire voile sur quelque côte, qui n'eût offert à mes yeux que des Prairies émaillées des fleurs de la Vérité, & des Arbres chargez des fruits de la Vertu & de la Piété. Mais, puis qu'il a fallu s'embarquer pour une route, où, sans se faire de grossiéres illusions, on ne peut qu'être choqué de la laideur des spectacles qui s'y présentent à tout moment, achevons ce qui nous reste. Encore un Chapitre, & nous voilà arrivez au port.

§. II. J'avois (b) remarqué, que St. Léon, au jugement de Mr. Dupin, *n'est pas fort fertile sur les points de Morale; qu'il les traite assez séchement, & d'une maniére qui divertit, plûtôt qu'elle ne touche*. Le P. Ceillier (c) oppose à cela, que Mr. Dupin reconnoît lui-même ailleurs, que les Lettres

(b) Preface, pag. XLIX.
(c) *Apolog.* Ch. p. XV. pag. 442.

Pamphili pro Origene, inter Opera Hieronym. Tom. IV. *pag. m.* 174. D. Voïez G. J. Vossius, *De Vitiis Sermonis*, Lib. IV. Cap. I. & Cap. XXVIII. L'autre expression, sur laquelle je veux prévenir le doute, est ce que dit St. *Augustin*, immédiatement après les paroles citées: *Unde jam animadvertere debet* prudentia vestra, *quantavis* &c. A qui parle-t-il là? C'est ou à ses Auditeurs (car la plûpart de ses Explications sur les Pseaumes, sont des Sermons, comme le remarquent les PP. Bénédictins) ou du moins à ses Lecteurs. C'est ainsi précisément qu'il parle lui-même, dans l'Explication du Pseaume CXXVIII. *Advertat* prudentia vestra &c. num. 1, col. 1082. F.

(6) Beatus vir qui non abiit in consilio impiorum. *De Domino nostro Jesu Christo, hoc est, homine Dominico, accipiendum est*. Num. 1.

(7) *Lignum ergo illud, id est, Dominus noster, de* aquis decurrentibus, *id est, Populis peccatoribus, trahens eos in via in radices disciplinæ suæ* &c. Ibid. num. 3. Voïez la-dessus Phereponus, *Append. pag.* 539.

de

de *St. Léon* contiennent *quantité de points importans de Morale*. Mais il reste toûjours à savoir, de quelle manière l'Evêque de *Rome* traite ces points. Nous avons ses Oeuvres : qu'on lise, & qu'on juge. Il ne faut, pour donner une mauvaise idée de sa Morale, que rapporter son sentiment sur la manière dont on peut traiter les *Hérétiques*. St. Augustin, comme nous l'avons vû, avoit au moins gardé en apparence quelque reste d'Humanité : mais nôtre Pape, moins politique, approuve sans détour l'effusion du sang. (1) *Cette sévérité est*, selon lui, *d'un grand secours à la clémence de l'Eglise*. Car, ajoûte-t-il, *quoi que se contentant d'un Jugement Ecclésiastique, elle ait en horreur les sanglantes Exécutions, elle ne laisse pas d'être aidée par les Loix rigoureuses des Princes Chrétiens, parce que la crainte d'un Supplice corporel fait que les Hérétiques ont quelquefois recours au remède spirituel.* Voilà justement le langage des *Inquisiteurs* (2) modernes : & si c'est-là ce *feu de l'amour divin*, que l'Abbé (a) Trithe-me, cité par mon Censeur, trouvoit dans les *Discours de ce grand Pape ;* c'est celui que Nôtre Seigneur condamna dans ses Disciples encore peu éclairez, lors qu'il leur (b) disoit : *Vous ne savez, de quel esprit vous êtes animez* &c. comme je l'ai déja remarqué.

(a) *De Scripto rib. Ecclesiast.*

(b) *Luc*, IX, 55.

§. III. La conduite de l'Evêque Abdaa, approuvée par Theodoret, est une autre chose, dont il nous reste à parler. Il faut rapporter tout du long ce que j'en avois dit. „ Du tems de Theodose *le Jeune*, l'Evê-
„ que de *Suse*, Ville Roiale de *Perse*, lequel se nommoit Abdas (ou plû-
„ tôt (c) Abdaa) s'émancipa de brûler un des *Temples*, où l'on adoroit
„ le *Feu*. Le Roi (3) (c'étoit Isdegerde) en étant averti par les *Ma-*
„ *ges*, envoia quérir *Abdaa*, &, après l'avoir censuré avec beaucoup de dou-
„ ceur, lui ordonna de faire rebâtir le Temple, qu'il avoit détruit. Mais
„ l'Evêque n'en voulut rien faire, quoi que le Roi le menaçât d'user d'une
„ espéce de représailles sur les Eglises des *Chrétiens ;* ce qu'il exécuta en effet,
„ sur le refus obstiné d'*Abdaa,* qui aima mieux perdre la vie, & exposer les
„ *Chrétiens* à une furieuse persécution, que d'obéir à un ordre si juste & si
„ équitable. Theodoret, qui rapporte cette histoire, ne nie pas que le
„ zéle, qui porta *Abdaa* à brûler le Temple des *Persans*, ne fût à contretems,
„ mais il soûtient, que le refus de rebâtir un tel Temple est une constance,
„ digne d'admiration, & de la couronne : car, ajoûte-t-il, c'est une aussi
„ grande impiété, de bâtir un Temple au *Feu*, que de l'adorer. *Mais* (dit
„ très-bien là-dessus (d) Mr. Bayle) *il n'y a point de Particuliers, fussent-*
„ *ils Métropolitains ou Patriarches, qui se puissent jamais dispenser de cette Loi de la*
„ *Religion Naturelle*, Il faut réparer par restitution, ou
„ autrement, le dommage qu'on a fait à son Pro-
„ chain.

(c) Voiez la *Bibl. Chois. de Mr. Le Clerc*, Tom VIII. pag. 821, & suiv.

(d) *Dict. Hist. & Crit. artic. Abdas,* pag. 10. de la 3. Edit.

(1) *Profuit diu ista districtio Ecclesiastica lenitati, quæ, etsi, sacerdotali contenta judicio, cruentas refugit ultiones, severis tamen Christianorum Principum Constitutionibus adjuvatur : dum ad spiritale nonnumquam recurrunt remedium, qui timent corporale supplicium.* Epist. XV. Ad Turrib. Il dit cela, à l'occasion du dernier supplice, que le Tyran Maxi-me, poussé par deux Evêques, Idacius & Ithacius, fit souffrir à Priscillien, & à plusieurs *Priscillianistes :* cruauté, que St. Martin, & Sulpice Sevére ont hautement desapprouvée. Voiez le dernier, *Hist. Sacr.* Lib. II. Cap. 47, & seqq. Dialog. III. Cap. 11. & 13.

(2) Voiez le *Discours contre la Persécution ;* qui

„ CHAIN. Or est-il, qu'Abdas, *simple Particulier, & Sujet du Roi de* Perse,
„ *avoit ruiné le bien d'autrui, & un bien d'autant plus privilégié, qu'il appartenoit*
„ *à la Religion Dominante.... Et c'étoit une mauvaise excuse, que de dire, que le*
„ *Temple, qu'il auroit fait rebâtir, auroit servi à l'Idolatrie: car ce n'eût pas été*
„ *lui, qui l'auroit employé à cet usage; & il n'auroit pas été responsable de l'abus*
„ *qu'en auroient pû faire ceux à qui il appartenoit. Seroit-ce une raison valable, pour*
„ *s'empêcher de rendre une Bourse qu'on auroit volée à quelcun, que de dire que ce*
„ *quelcun est un homme qui employe son argent à la débauche ?.... Outre cela, quelle*
„ *comparaison y avoit-il entre la construction d'un Temple, sans lequel les* Perses *n'au-*
„ *roient pas laissé d'être aussi Idolatres qu'auparavant, & la destruction de plusieurs*
„ *Eglises Chrétiennes?... Enfin, qu'y a-t-il de plus capable de rendre odieuse la Re-*
„ *ligion Chrétienne à tous les Peuples du Monde, que de voir qu'après que l'on s'est*
„ *insinué sur le pié de gens qui ne demandent que la liberté de proposer leur doctrine,*
„ *on a la hardiesse de démolir les Temples de la Religion du Païs, & de refuser de les*
„ *rebâtir, quand le Souverain l'ordonne?* Mais ces Evêques raisonnoient sur des
„ principes également contraires à l'Evangile & à la Loi Naturelle. En quoi
„ ils ne faisoient néanmoins qu'imiter les maximes & la conduite de St. AM-
„ BROISE, dans une occasion à peu près semblable.

§. IV. LE P. *Ceillier*, toûjours dans les écarts, commence par user ici de
récrimination contre les *Protestans*, en leur reprochant les violences, qu'ils ont,
dit-il, exercées, avec *fureur*, contre les Eglises des Catholiques Romains. (a) (a) *Pag.* 444.
Quel bien, s'écrie-t-il, *pour l'Eglise Catholique, si la Religion prétenduë Reformée
avoit eu dans ses commencemens des Ministres aussi benins & aussi pacifiques, que Mr.
Barbeyrac & Mr. Bayle?* Là-dessus, il cite trois ou quatre faits, tirez de Mr.
DE THOU: & il en conclut, qu'il a *droit de tourner contre moi, ou mes confré-
res, les mêmes argumens que j'ai fait contre l'Evêque Abdas, & St. Ambroise.* Je
ne veux ni ne dois me donner la peine d'examiner les faits, qu'on m'objecte.
En les supposant très-bien rapportez, il n'y a rien là qui fasse au sujet. Je
n'ai pas, graces à DIEU, deux poids & deux mesures. Mon Censeur a pû
voir assez, que ce que je blâme dans les *Catholiques-Romains*, je ne l'approuve
pas dans les *Protestans*, lors qu'ils font la même chose. Ainsi tout ce qu'il dit
ici, ne font que des coups portez en l'air. D'autant plus, que, quelque irrégularité qu'il puisse y avoir euë dans la conduite de quelques-uns du Parti des
Protestans, ce n'est point aux Catholiques-Romains à le leur reprocher; puis
que, comme je l'ai (b) déja dit, ceux-ci ont été la cause de tout, par les (a) *Chap.* XVI.
cruautez inouies qu'ils exercérent les prémiers contre les Protestans, unique- § 41.
ment à cause que ceux-ci vouloient servir DIEU selon les lumiéres de leur
Conscience. Il y a d'ailleurs une grande différence entre ce qui s'est passé dans
des

qui est à la tête du *Traité des Loix contre les
Hérétiques*, pag. 146, *& suiv.* Ed. de Géné-
ve, 1725.

(3) Καὶ πρῶτον μὲν ἡπίως τὸ πραχθὲν ἠπά-
σατο, καὶ τὸ Πυρεῖον οἰκοδομῆσαι προσέταξεν ὅπερ
ἐν ᾧ ἀντιλέγοντος, καὶ τοῦτο ὁράσειν ἤκιστα φάσκον-
τος, πάσας καταλύσειν τὰς Ἐκκλησίας ἠπείλησε, καὶ μέντοι καὶ τέλος ἐπέθηκεν οἷς ἠπείλησε.

σοφώτερον γὰρ τῶν θείων ἀνδρῶν ἐκεῖνον ἀνῃρῆσθαι
κελεύσας, καταλυθῆναι τὰς Ἐκκλησίας προσέταξεν. ἐγὼ δὲ τὴν μὲν τοῦ Πυρείου κατάλυσιν οὐκ εἰς
καιρὸν γεγενῆσθαι φημί.... τὸ δὲ καταλυθέντα
μὴ ἀνοικοδομῆσαι νεών, ἀλλὰ τὴν τοῦ σφαγέντος ἑλέσθαι
μᾶλλον, ἢ τοῦτο δράσαι, κομιδῇ θαυμάζω, καὶ
στεφάνων τιμωμένω, Hist. Ecclesiast. *Lib.* V. *Cap.*
39.

des Guerres Civiles, où le meilleur ordre ne sauroit toûjours tenir en bride les Esprits fougueux ; & l'action de l'Evêque *Abdaa*, qui, en pleine paix, brûla de gaieté de cœur un Temple appartenant aux autres Sujets de son Prince, qui, quoi que Paien, laissoit aux *Chrétiens* la liberté de professer leur Religion. Les Protestans, dit mon Censeur, *ont détruit des édifices, dont ils ne pouvoient desavouer la sainteté ; au lieu qu'*Abdas *n'a renversé qu'un Temple d'Idoles, dont la vanité sacrilége est également reconnuë par les Protestans & par les Catholiques.* Que l'Edifice soit *saint*, ou *profane*, ce n'est pas de quoi il s'agit : la question est de savoir, si l'on a droit de le détruire. Mais puis que le P. *Ceillier* nous donne ici beau jeu, il faut en profiter. Je n'ai pour cela qu'à copier ce que l'on répondit au P. MAIMBOURG, dans le tems de la derniére Persécution.

(a) *Critiq. générale de l'Hist. du Calvinisme*, Lett. XVIII. pag. 339. & suiv. 2. Edit.

(a) ,, Si les Catholiques ne commettent point de profanations, quand ils brû-
,, lent nos Temples, ce n'est pas un effet de quelque reste de modération qui
,, leur demeure ; c'est un pur accident, qui vient de ce que nous n'avons pas
,, un Dieu qui puisse être foulé aux pieds, comme le leur, ni des objets de
,, Religion, qui puissent être abattus à coups de hâche, comme les Statues,
,, les Tombeaux, & les Images, auxquelles ils rendent un service religieux....
,, Quand ils abattent nos Temples dans quelque émeute populaire, comme ce-
,, la leur arrive souvent, même depuis les Edits de Pacification, même tout
,, fraîchement à quatre pas de la Cour ; ils s'en prennent d'abord à la BI-
,, BLE, qu'ils foulent aux pieds, qu'ils déchirent, ou qu'ils brûlent, & puis
,, aux Bancs, à la Chaire, & aux Murailles. C'est tout ce qu'ils peuvent
,, faire. S'ils trouvoient des Autels, des Images, & des Reliques, ils pous-
,, seroient leur profanation plus loin que ne les *Huguenots* ne firent jamais.... Ils
,, ont autrefois passé fort souvent au fil de l'épée, ceux qu'ils trouvoient as-
,, semblez dans leurs Temples, pour prier Dieu. Pour ne pas dire, que nous
,, sommes persuadez, que la Religion des Reliques & des Images est crimi-
,, nelle ; au lieu que ces Messieurs sont persuadez que la *Bible*, qu'ils profa-
,, nent, & qu'ils brûlent, en insultant nos Temples, est la *Parole de* DIEU.

(b) *Pag.* 445. & suiv.
(c) *Can.* 60.
(d) *Serm.* LXII. *De verb. Matth.* 8. num. 17. Tom. V. pag. m. 254.

§. V. POUR venir maintenant au fait, mon Censeur (b) déclare, *qu'il est très-éloigné de croire, qu'il soit permis de renverser indifféremment les Statues & les Temples des Idoles.* Il appuie son aveu de l'autorité d'un Canon du (c) Concile d'ELVIRE ; & de celle de (d) ST. AUGUSTIN. *L'action d'*Abdas, ajoûte-t-il, *n'est donc pas à imiter, & on ne peut nier que ce ne soit avec raison qu'elle a été desapprouvée par* Théodoret *& par* Cassiodore (1). *Néanmoins ces deux Auteurs ont loué avec justice le courage invincible de cet Evêque, qui aima mieux mourir, que de rebâtir le Temple qu'il avoit abattu. Car, quoi que ce soit une chose indifférente en elle-même, de rebâtir un Edifice qu'on a renversé, il n'en est pas de même de rebâtir un Temple d'Idoles à la réquisition des Païens, qui en demandent le rétablissement dans l'intention d'obliger ceux qui l'ont renversé, à reparer l'outrage fait à leurs faux Dieux.*

§. VI. ICI je ne sai ce qui doit paroître le plus étrange, ou l'ignorance grossiére des principes les plus évidens de la Morale, ou l'ignorance de la maniére

(1) *Hist. Tripartit.* Lib. X. Cap. 30. Le P. Ceillier pouvoit se passer de faire une nou- velle autorité de celle de CASSIODORE. On sait, que cette *Histoire Tripartite* n'est qu'une

niére de raifonner. Il s'agit d'une action, que l'on reconnoît mauvaife en elle-même, & cependant on veut juftifier le refus de ce qui eft une conféquence néceffaire de la qualité de l'action. Pourquoi eft-ce qu'*Abdas* fit mal, en brûlant le Temple du *Feu*? C'eft certainement parce que ce Temple ne lui appartenoit point, & qu'ainfi il caufa du dommage à ceux à qui il appartenoit. Après cela on ne peut dire, fans la derniére des abfurditez, que ce fût *une chofe indifférente en elle-même, de rebâtir le Temple qu'il avoit abattu*; il y étoit indispenfablement obligé par cette Loi de Nature des plus inconteftables, *Que l'Auteur du Dommage doit le réparer*. Mon Cenfeur a trouvé ici, pour en difpenfer, un des moiens les plus commodes que les Cafuiftes, frondez dans les LETTRES PROVINCIALES, aient jamais inventé, pour mettre en repos la confcience de leurs Difciples. Il n'y a qu'à voir, quelle eft *l'intention* de celui, envers qui nous fommes dans quelque obligation, dont il exige l'accompliffement. S'il y a quelque chofe de mauvais, felon nous, dans cette *intention*, nous voilà quittes. Et Dieu fait s'il manquera de prétextes plaufibles, pour fuppofer un tel vice, qui a la vertu de nous dégager d'une obligation incommode. Un Idolatre m'a prêté de l'argent: il veut être paié: je vois que c'eft pour acheter des Victimes, ou pour bâtir un Autel dans fa Maifon, ou pour quelque autre ufage d'Idolatrie; dès-lors je ne dois plus rien à mon Créancier, ou du moins je pourrai differer de le fatisfaire, jufqu'à ce qu'il m'aît donné de bonnes affûrances, qu'il n'emploiera pas fon argent à de telles chofes. On a outragé ou bleffé une perfonne: elle en demande fatisfaction: ho! c'eft par un efprit de vengeance; il faut bien fe garder de contribuer à le nourrir. On a reçû un Dépôt: le Dépofitaire, maître d'ailleurs de lui-même, eft un Prodigue, un Débauché: retenons ce Dépôt, dont il feroit un mauvais ufage.

§. VII. QUELLE Morale, bon Dieu! Et dans quels égaremens ne fe précipite-t-on pas, quand on abandonne les vives lumiéres de la Raifon & de l'Écriture, pour fe livrer à des Conducteurs aveugles? Si le P. Ceillier s'avifoit de mettre ici quelque diftinction entre l'Idolatrie, & les autres mauvais ufages que ceux à qui nous devons quelque chofe pourroient faire de leur bien, je le défierois de m'alleguer aucune raifon folide de la différence. Bien loin de là: je foûtiens, que fon mauvais principe une fois pofé, l'application en fera plus jufte dans tout autre cas, que dans celui de l'Idolatrie. Car enfin un Idolatre, que nous fuppofons être tel de bonne foi, ne croit pas mal faire: au contraire, il croit s'aquitter d'un Devoir de Religion. Au lieu qu'une perfonne, qui veut fe venger, ou qui commet des débauches &c. fait qu'elle fait mal, ou ne peut l'ignorer fans de groffiéres illufions, que fa Confcience lui reprochera tôt ou tard. Mais mon Cenfeur n'a pû s'empêcher de fuivre plus loin les horribles conféquences de fa maxime. Si Abdas, dit-il, (a) *eût tenu* (a) *Pag. 447. une autre conduite, il fe feroit rendu coupable, au moins de fcandale, pour ne pas dire d'Idolatrie. La Loi Naturelle, qui oblige à reftitution, ceffe d'obliger, lors qu'on ne peut reftituer fans commettre un crime auffi grand qu'eft celui de l'Idolatrie ou du Scan-*

qu'une Traduction de SOZOMÈNE, SOCRATE, & THÉODORET, faite par EPIPHANE *le Scholaftique*, par ordre de ce fameux Sénateur Romain.

Scandale. Voilà donc le *Scandale*, joint à l'*Idolatrie*. Et il ne s'agit point ici ni d'un acte d'*Idolatrie* commis par celui-là même qui restituë, ni d'un *Scandale* qui vienne de quelque mauvaise action dont il soit l'Auteur. Si le Roi de *Perse* avoit exigé qu'*Abdaa* fît non seulement rebâtir le Temple, mais encore y jettât de l'Encens en l'honneur du *Feu*, l'Evêque auroit eû alors raison de refuser le dernier, qui n'avoit aucune liaison avec la réparation du Dommage. Mais *Isdegerde* ne demandoit que cette réparation, & la demandoit de la manière du monde la plus douce. Qu'il se proposât néanmoins, tant qu'on voudra, de *faire par là en même tems rendre à son faux Dieu l'honneur qu'il prétendoit lui avoir été ôté*, il ne s'ensuit point qu'*Abdaa* reconnût lui-même le *Feu* pour une véritable Divinité, ou qu'il ne pût, sans donner lieu de le croire, s'aquitter de son devoir. Il faisoit profession ouverte de tenir pour fausse toute la Religion Païenne, & il ne l'avoit que trop témoigné par le zéle aveugle qui l'avoit porté à détruire un Temple, sur lequel il n'avoit nul droit. S'il craignoit qu'on ne tirât quelque conséquence injurieuse à sa Religion, de ce qu'il faisoit rebâtir un Edifice, destiné à l'Idolatrie, il n'avoit qu'à déclarer nettement, qu'il ne le regardoit que comme un Edifice appartenant à autrui, & que ce n'étoit que pour réparer sa faute, qu'il contribuoit à ce qu'il fût rebâti. Mais la vérité est, qu'il crut n'avoir fait aucun mal, en brûlant le Temple; & je ne sai en vertu de quoi on suppose le contraire, & ici, & dans l'exemple de M A R C, (1) Evêque d'*Aréthuse*, que mon Censeur (a) allégue encore. C'est faire moins d'honneur à ces Evêques, & les faire agir moins conséquemment. Car enfin il n'y a point ici de milieu: ou il faut soûtenir sans détour, qu'il est permis à un Chrétien de détruire les Temples du Paganisme, toutes les fois que l'envie lui en prendra, ou, s'il n'a aucun droit de le faire, il faut tomber d'accord qu'il est indispensablement obligé de reparer le dommage en rebâtissant le Temple, qu'il a détruit. La raison tirée des actes d'Idolatrie, que ceux, à qui appartenoit le Temple, commettront dans l'Edifice rebâti, & du scandale que le réparateur du dommage pourra donner à *quelques Chrétiens;* cette raison, dis-je, ou ne prouve rien, ou prouve que toutes les fois qu'en s'aquittant de ce que l'on doit, on craint que celui à qui on le doit, n'abuse de ce qu'on lui donnera, ou que des Esprits foibles n'en soient scandalisez, on est dès-lors dispensé de la Restitution. Ce ne sont point ici des (b) *abstractions*, comme les qualifie mon Censeur: le principe est certain, il le reconnoît; les conséquences, que j'en tire, sont de la derniére évidence: &
c'est

(a) *Pag.* 447.

(b) *Pag.* 448.

---

(1) Cet Evêque, sous le régne de l'Empereur CONSTANSE, avoit démoli un Temple d'Idoles. Les Habitans de cette Ville, qui n'avoient pû apparemment en tirer alors satisfaction, voulurent l'avoir, quand JULIEN *l'Apostat* fut parvenu à l'Empire. Ils le firent beaucoup souffrir, pour l'obliger ou à rebâtir leur Temple, ou à donner ce qu'il falloit pour cela. Il refusa constamment: & les intéressez crurent, que son refus venoit de sa pauvreté. Ils relâchérent donc premiérement la moitié de la somme, & puis ils lui dirent qu'ils se contenteroient d'une très-petite partie. Mais lui protesta, qu'il ne donneroit pas même une *obole*, ajoûtant, que ce seroit une aussi grande impiété, que de donner la somme toute entière: *Ὅ δ, ἴσον τῆς ἀσεβείας ἔφη, τὸ ὀβολὸν γοῦν ἕνα δοῦναι, τῷ πάντα δοῦναι.* THEODORET. *Hist. Eccl.* Lib. III. Cap. 7. Voiez aussi SOZOMENE, Lib. V. Cap. 10. qui dit, que *Marc* avoit été condamné par *Julien* à reparer le dommage. On peut se convaincre du pouvoir de la Prévention, en considérant les mouvemens que se
donne

c'est lui en contraire, qui, par une *abstraction* la plus ridicule du monde, veut que le Devoir de la *Restitution*, prescrit par la *Loi Naturelle*, & par l'Evangile, *cesse* pour des raisons qui n'ont aucun rapport avec le fondement de ce Devoir. Il ne répond rien, & il ne peut rien répondre à ce qu'on a dit, Que personne n'est responsable de l'abus que font les autres de ce qu'il leur rend, comme leur étant dû. Et pour ce qui est du Scandale, quel qu'il soit, quand on ne fait que rendre à chacun le sien, c'est un *Scandale pris*, & non un *Scandale donné*: à moins que le P. *Ceillier* ne trouve bon encore ici de traiter d'*abstraction* subtile, une distinction reconnuë de tout ce qu'il y a de Théologiens & de Moralistes. Le véritable *Scandale* qu'il y avoit dans le fait d'*Abdaa*, consistoit en ce qu'il s'étoit donné la liberté de ruiner un Edifice, qui appartenoit à autrui : c'est là celui qu'il devoit reparer, & il ne pouvoit le faire qu'en réparant le dommage, par le rebâtissement du Temple, qu'on avoit plein droit d'exiger de lui. S'exposer à la mort, & exposer en même tems les autres Chrétiens à une furieuse Persécution, par le refus d'une chose si juste, ce n'est pas être Martyr de la Vérité, c'est périr en Séditieux & en Bourreau de ses Fréres, c'est prodiguer sa vie pour confirmer une Erreur de Pratique des plus pernicieuses que l'on puisse imaginer.

§. VIII. VOILA' néanmoins les principes sur lesquels plusieurs Péres ont raisonné & agi dans l'occasion. J'avois indiqué un exemple de ST. AMBROISE: mais le fait, que j'avois en vuë, n'est pas celui dont parle le P. *Ceillier*; comme il paroît par le Livre (2) cité à la marge de cet endroit de ma *Préface*. Mon Censeur n'est pas prudent, de multiplier ainsi lui-même les preuves de la mauvaise Morale & du faux zéle de ses Saints. Voici le nouvel exemple, avec les réflexions qu'y fit Mr. BAYLE, dans (a) son COMMENTAIRE PHILOSOPHIQUE. „ Il y avoit dans l'Orient un Village, „ nommé (3) *Callicin*, où les *Juifs* avoient une Synagogue, & les Hérétiques „ *Valentiniens* un Temple. (b) Une procession de Solitaires, & de leurs Dé„ vots, passant un jour par ce Village, reçut quelque insulte de ces gens. „ Tout aussi tôt le bruit en fut répandu, & vint jusques aux oreilles de l'Evê„ que, qui anima si bien le Peuple, qu'il alla, avec les Solitaires, brûler la „ Synagogue des *Juifs*, & le Temple des Hérétiques. On ne peut nier, que „ ce ne fût un attentat contre la Majesté du Prince; car après tout c'est à lui, „ ou à ses Lieutenans, que les Evêques doivent demander justice, quand „ quelcun leur a fait tort, & non pas se venger eux-mêmes par des séditions

(a) *Comm. Philos.* II. Part. *Chap.* V. pag. 329, & *suiv.*

(b) *Paullin.* in *Vit. Ambros.* col. 5. C.

---

donne Mr. DE TILLEMONT (*Mém. pour l'Hist. Eccl.* Tom. VII. Part. III. *pag.* 1309. *Ed. de Brux.*) pour justifier les éloges dont GRE'GOIRE *de Nazianze*, & les deux Historiens, que je viens de citer, comblent l'Evêque d'*Aréthuse*, & par rapport aux souffrances qu'il s'attira par son refus opiniâtre, & par rapport à toute la conduite de sa vie. Ce Marc étoit *Arien*: dès-là, toutes ses Vertus disparoissent ; il n'y a plus qu'*orgueil*, que *dureté*, que *fausse bravoure*, dans ce qui n'auroit été que *générosité*, que *vrai courage*, que *piété*, si l'Evêque eût été Orthodoxe; II. Part. pag. 645.

(2) *Critique générale* de l'Histoire du Calvinisme de MAIMBOURG, par Mr. BAYLE, Lett. XXX. Tom. II. *pag.* 275, & *suiv.* On a pû voir depuis le fait rapporté tout au long, dans mes Notes sur GROTIUS, *Droit de la Guerre & de la Paix*, Liv. I. Chap. IV. § 5. Note 10.

(3) Faute d'impression apparemment, pour *Callinic*. Cette Ville, *Callinicus*, étoit en *Mésopotamie*.

„ excitées parmi une Populace fougueuse. Celui qui commandoit de la part
„ de *Théodose* dans l'Orient, fut assez instruit de son devoir, & assez jaloux de
„ l'autorité de son Maître, pour lui donner avis de tout ce qui s'étoit passé;
„ & l'Empereur l'aiant sû, ordonna que le Temple & la Synagogue seroient
„ rebâtis aux dépens de l'Evêque, & que ceux, qui les avoient brûlez, se-
„ roient punis. Rien ne pouvoit être plus juste, que cette Ordonnance, ni
„ plus exemt d'une excessive sévérité; car enfin & le Temple, & la Synago-
„ gue, étoient là par autorité du Prince, & n'en pouvoient être ôtez que par
„ ses ordres : & toute émeute populaire est d'autant plus punissable, qu'elle
„ est excitée par des gens qui n'ont pas la moindre ombre de droit pour l'ex-
„ citer, tels que sont les Evêques, gens notoirement recusables, dès qu'ils
„ n'exhortent pas les Chrétiens à la patience des injures, & à toute sorte de
„ modestie. Mais, quelque moderée que fût la punition, les Evêques Orien-
„ taux furent assez délicats pour la trouver insupportable : & comme *St. Am-
„ broise* étoit à portée de (1) représenter leurs prétendus griefs à l'Empereur,
„ ils le chargérent de l'affaire. *St. Ambroise* ne pouvant aller en cour en per-
„ sonne, écrivit à *Théodose*, & lui représenta que son Ordonnance réduisoit un
„ Evêque ou à lui desobéir, ou à trahir son ministére, & qu'elle alloit faire
„ de ce Prélat ou un Prévaricateur, ou un Martyr : que *Julien* l'Apostat aiant
„ voulu faire rebâtir des Synagogues, le feu du Ciel tomba sur les Bâtisseurs,
„ & que cela pourroit bien arriver encore : que *Maxime*, quelques jours avant
„ que d'être abandonné de Dieu, avoit fait une pareille ordonnance : enfin *St.
„ Ambroise* aiant exhorté respectueusement le Prince à changer d'avis, lui fit
„ entendre, (2) que si sa Lettre ne produisoit pas l'effet qu'il en esperoit, il
„ se verroit obligé de s'en plaindre en chaire. L'Empereur ne fit pas une ré-
„ ponse favorable : c'est pourquoi *St. Ambroise* voulant lui tenir parole, l'apos-
(a) *Ibid.* D. „ tropha (a) un jour au Sermon, de la part de Dieu, & lui lava assez bien
„ la tête. De quoi ce trop facile & trop débonnaire Empereur ne se fâcha
„ point; car au contraire il promit au Prédicateur, descendant de sa Tribune,
„ qu'il revoqueroit l'Arrêt. Quelques Seigneurs là présens voulurent représen-
„ ter, qu'au moins pour sauver l'honneur de sa Majesté Impériale si indigne-
„ ment méprisée par la Populace, il falloit punir ces Solitaires qui avoient été
„ les auteurs de cette émotion; mais *St. Ambroise* les relança si fiérement,
„ qu'ils n'osérent lui repliquer : ainsi l'Arrêt fut revoqué. Cela nous montre,
„ que l'Empire de *Théodose* étoit un vrai règne de Prêtrise, & qu'il s'étoit li-
„ vré piez & poings liez à la merci du Clergé; ce qui ne pouvoit qu'amener
„ un déluge d'injustices sur les *Non-conformistes*. N'est-ce pas une chose étran-
„ ge,

(1) Il étoit alors à *Aquilée*.
(2) *Ego certè, quod honorificentius fieri potuit, feci, ut me magis audires in Regia, ne, si necesse esset, audires in Ecclesiâ.* Epist. XXIX. *in fin.* col. 564. D. Ed. *Paris.* 1569.
(3) *Non adstruo, expectandam fuisse adsertionem Episcopi. Sacerdotes enim turbarum moderatores sunt, Studiosi pacis; nisi cùm & ipsi moventur injuriâ Dei, aut Ecclesiæ contumeliâ.*

Sit alioquin Episcopus iste ferventior in exustione Synagogæ, timidior in judicio: non vereris, Imperator, ne adquiescat sententia tua, ne prævaricetur non times? Non etiam vereri; quod futurum est, ne verbis resistat Comiti tuo? Necesse igitur erit, ut aut prævaricatorem faciat, aut martyrem..... Si fortem Episcopum putas, caveto martyrium fortioris: si inconstantem, declina lapsum fragilioris. Plus enim adstringitur,
qui

„ ge, qu'un homme qui passe pour Saint, se soit rendu si violent défenseur
„ d'un Evêque séditieux, & de toutes les fureurs d'une Populace mutine, &
„ qu'il ait prétendu qu'il valloit mieux se faire tuer, que de donner quelque
„ argent par l'ordre d'un Empereur, pour rebâtir un Edifice qu'on avoit dé-
„ moli, au mépris manifeste de l'Empereur? Après cela faut-il s'étonner, que
„ ce Prince (a) ait puni de mort & traité de crime de Léze-Majesté, le ser- (a) *Leg.* XII.
„ vice que les Paiens rendoient à leurs Dieux *more majorum*? Les Empereurs *Cod. Theod.* De Pagan.
„ Paiens en faisoient-ils plus contre les Chrétiens? Et s'ils ont fait plus de car-
„ nage, que lui, n'est-ce pas à cause que les Paiens n'avoient pas, comme
„ les Chrétiens, la fermeté de soûtenir leur créance au péril de leur vie?

§. IX. Mon Censeur prête ici (b) d'abord à *St. Ambroise* une apologie, (b) *Pag.* 448;
que *St. Ambroise* dément lui-même. *L'Ordonnance de* Théodose *avoit été faite*, & *suiv.*
(dit nôtre Bénédictin) *sans qu'on eût entendu les raisons de l'Evêque de Callinique*. Mais, prémiérement, il ne s'agissoit point d'un fait douteux, ou caché.
La chose s'étoit passée à la vuë de tout le monde, & les Acteurs en étoient
toute une Populace, ameutée par son Evêque. Ainsi le Gouverneur d'*Orient*
ne pouvoit qu'être parfaitement bien instruit du fait. En second lieu, *St. Ambroise* est si éloigné de nier le fait, ou de trouver l'Ordonnance de *Théodose* injuste par le défaut des procédures, qu'il rejette hautement ces deux moiens de
défense. Voici comme il parle à l'Empereur. „ Je (3) ne prétends pas,
„ qu'il fallût attendre d'ouïr l'Evêque. Car les Prêtres doivent bien retenir
„ les Peuples, & s'attacher à procurer la paix; mais ce n'est pas quand ils sont
„ eux-mêmes irritez par les injures faites à Dieu, ou les outrages faits à l'E-
„ glise. Supposons que cet Evêque, après avoir été si zélé à brûler la Syna-
„ gogue, fût maintenant plus timide, à cause de la Sentence prononcée con-
„ tre lui: ne craindriez-vous pas, Seigneur, qu'il n'acquiesçât à cette Senten-
„ ce, & que par là il ne prévariquât? Mais ne craindrez-vous pas aussi, ce
„ qui arrivera infailliblement, qu'il ne résiste en face à vôtre (c) *Comte*? Il (c) *Comes
„ faudra donc de deux choses l'une, que vôtre Ministre fasse de l'Evêque ou Orientis milita-
„ un Prévaricateur, ou un Martyr.... Si vous croiez que l'Evêque est cou- *comme il est
„ rageux, ne l'exposez pas au Martyre: si vous le croiez timide & chancel- appellé plus
„ lant, ne l'exposez pas à une chûte; car c'est un plus grand péché, de con- haut.
„ traindre à tomber ceux qui sont foibles. A ce prix là je suis persuadé que
„ l'Evêque dira sans hésiter, qu'il a lui seul mis le feu à la Synagogue, qu'il
„ a chassé ou retenu la Populace qui auroit voulu le seconder, pour ne pas
„ perdre l'occasion de souffrir le Martyre, & pour s'y exposer, comme plus
„ intrépide, à la place de ceux qui succomberoient. O l'heureux mensonge
„ que

qui labi infirmum coëgerit. Hac proposita condi- mihi adscriberes. Quid mandas in absentes judi-
tione, puto dicturum Episcopum, quòd ipse ignes cium? Habes præsentem, habes confitentem reum,
sparserit, turbas compulerit, populos concluserit, Proclamo, quòd ego Synagogam incenderim, cer-
ne amittat occasionem martyrii, & ut pro inva- tè quòd ego illis mandaverim, ne esset locus, in
lidis subjiciat validiorem. O beatum mendacium, quo Christus negaretur. Si objiciatur mihi, cur
quo adquiritur sibi aliorum absolutio, sui gratia! heic non incenderim? divino jam cœpit cremari
Hoc est, Imperator, quod poposci & ego, ut in judicio; meum cessavit opus &c. Ibid. col. 561.
me magis vindicares, & hoc si crimen putares, B. C.

„ que ce seroit, puis que par là on procureroit l'absolution des autres, pour
„ son avantage propre! C'est, Seigneur, ce que je vous ai demandé moi-mê-
„ me, que vous me punissiez plûtôt; & que, si vous trouviez du crime dans
„ ce qui a été fait, vous me l'imputiez à moi. A quoi bon prononcez-vous
„ donc la Sentence contre des absens? Voici un Coupable présent, & qui se
„ déclare lui-même tel. Oui, je vous dis tout haut, que c'est moi qui ai brû-
„ lé la Synagogue, que c'est moi qui au moins ai donné ordre de le faire, afin
„ qu'il n'y eût plus, à *Callinique*, de lieu, où JÉSUS-CHRIST fût nié? Si
„ vous m'objectez, pourquoi je n'ai donc pas mis ici le feu à la Synagogue,
„ je vous répondrai, qu'elle avoit déja été brûlée par un coup du Ciel: ainsi
„ il n'étoit plus besoin que je m'en mêlasse &c". Peut-on avouer la chose, &
la justifier, plus hardiment, que le fait ici *St. Ambroise*? Il voudroit en être
l'Auteur; il envie cette gloire à l'Evêque de *Callinique*, & à son Peuple;
il cherche à la partager, en s'offrant à être puni pour eux. Est-ce le langage
d'un homme, *qui ne faisoit pas difficulté d'avouer, que le zéle de* (1) *l'Evêque de*
Callinique *avoit été trop ardent?* Par une falsification si manifeste de la pensée
de *St. Ambroise*, mon Censeur se commet à pure perte. Car il met par là dans
les raisonnemens & dans la conduite de son Saint, la même contradiction, que
nous avons vuë au sujet des autres exemples, où il a nié, après *Théodoret*, ce
qui est la suite nécessaire d'une action reconnuë criminelle.

§. X. LES véritables raisons, dont *St. Ambroise* se sert, ne vallent pas
mieux. Celle que mon Censeur regarde comme la *grande*, est la même, que
nous avons renversée, en traitant du fait d'*Abdaa*. Il n'y avoit point de *préva-
rication* à reparer le dommage; le refus au contraire en étoit d'autant plus criminel, qu'il étoit accompagné de desobéïssance aux ordres très-justes d'un
Souverain: & la mort, à laquelle l'Evêque séditieux de *Callinique* s'offroit,
n'auroit été rien moins qu'un véritable Martyre. *St. Ambroise savoit*, dit encore le P. *Ceillier, combien d'Eglises les* Paiens *& les* Juifs *avoient brûlées à* Damas, *à* Béryte, *à* Aléxandrie, *sans que jamais on les eût obligez à reparer le dommage; & il ne pouvoit souffrir que l'on vengeât un affront fait à la Synagogue, tandis qu'on négligeoit de rendre à l'Eglise de Jésus-Christ la justice, que l'Empereur même ne pouvoit nier qu'elle ne méritât. Le droit des Gens seul pouvoit exemter les Chrétiens de rebâtir la Synagogue.* Je ne sai pourquoi mon Censeur supprime ici le tems auquel *St. Ambroise* dit qu'on a (2) eû cette indulgence pour
les *Juifs* & les *Païens*, c'est *sous l'empire de* JULIEN *l'Apostat*. Auroit-il
voulu faire accroire aux Lecteurs, que le même *Théodose*, qui aujourdhui étoit
ré-

(1) Le P. *Ceillier* se fonde sur ces paroles:
*Sit alioquin Episcopus iste ferventior in exustione
Synagogæ*, sans faire attention à ce qu'ajoûte
St. Ambroise; *timidior in judicio*: où il oppose
l'ardeur, louable, selon lui, avec laquelle
l'Evêque de *Callinique* avoit fait brûler la Synagogue; au relâchement de zéle que pourroit causer en lui, par supposition, la crainte
de la Sentence prononcée par l'Empereur. Ce
qui néanmoins n'est point à craindre, comme
il le dit aussi tôt après.

(2) *At certè, si Jure Gentium agerem, dicerem, quantas Ecclesiæ Basilicas Judæi tempore
JULIANI Imperii incenderint, duas Damasci,
quarum una vix reparata est, sed Ecclesiæ, non
Synagogæ, impendiis; altera Basilica informibus
horret ruinis. Incensæ sunt Basilicæ Gazis, As-
calonæ, Beryto, & illis ferè locis omnibus, vin-
dictam*

résolu à punir si sévérement l'incendie de la Synagogue de *Callinique*, avoit autrefois laissé brûler impunément aux *Juifs* & aux *Païens*, quantité d'*Eglises* ? Supposons que cela eût été : tout ce que pouvoit faire *St. Ambroise*, c'étoit de se servir de cette raison, pour engager *Théodose* à moderer sa Sentence. Mais de prétendre, que parce qu'un autre Empereur, & un Empereur Païen, a toleré des injustices, l'Empereur régnant doive en faire de même, c'est une pensée qui ne peut tomber que dans l'esprit d'une personne qui n'a aucune idée raisonnable ni de la Justice en général, ni de la bonne Politique, ni des Devoirs d'un Souverain. Et pour comble d'absurdité, nôtre grand Docteur se fonde ici sur le *Droit des Gens*, dont il entend aussi mal les principes, que ceux du *Droit Public*, dont il est question. Où a-t-il trouvé, que, selon le *Droit des Gens*, des Sujets d'un même Prince puissent, de leur pure autorité, user de Représailles contre leurs Concitoiens, sous prétexte que ceux-ci ont jadis fait aux premiers quelque tort qui a demeuré sans réparation ? En vérité, il ne faut pas être surpris que des Princes qui prêtent l'oreille aux Ecclésiastiques, aient des idées si confuses, si bornées, si fausses, des principes les plus évidens de la Justice & de l'Equité.

§. XI. L'IGNORANCE & la facilité de THEODOSE *le Grand* paroissent de plus en plus par les autres raisons, auxquelles il se laissa persuader. *Il étoit à craindre*, nous dit-on, *que comme* (3) *autrefois on bâtit des Temples aux Idoles avec les dépouilles des Cimbres, & autres Ennemis de l'Empire*; *de même les Juifs aiant bâti une Synagogue aux dépens des Chrétiens, ne missent au frontispice de cet édifice, une Inscription qui le fît connoître à toute la Terre*. Est-ce donc que l'Empereur n'avoit pas assez d'autorité & de forces, pour empêcher que les *Juifs*, non contens d'une juste réparation du dommage, en prissent occasion d'insulter le Christianisme ? Mais toute la Lettre de *St. Ambroise* est pleine de semblables pauvretez, qu'il débite avec la confiance d'un homme qui sait bien à qui il parle.

§. XII. QUE le P. *Ceillier* multiplie ici, tant qu'il voudra, le nombre de ceux qui ont été dans les mêmes idées, & tenu la même conduite, que les Evêques, dont nous venons de parler ; il ne fera que nous fournir des armes contre l'Autorité de ces Anciens, qu'il prend pour régle de sa Foi & de ses Mœurs. *Combien* (a) *de Martyrs*, dit-il, *ont refusé de reparer en quelque sorte que ce fût le dommage qu'ils avoient causé aux Idoles, ou à leurs Temples* ? THEODOSE *le Jeune revoqua*, à la prière de

(a) *Pag.* 450.

---

dictam nemo quasivit. Incensa est & Basilica Alexandriæ à Gentibus & Judæis, quæ sola præstabat cæteris &c. *Ubi supr. col.* 562. C.

(3) *Erit igitur locus* Judæorum *perfidis factus de exuviis Ecclesiæ : & patrimonium, quod favore* Christi *adquisitum est Christianis, hoc transferetur ad donaria perfidorum ? Legimus Templa Idolis antiquitus condita de manubiis* Cimbrorum, *de spoliis reliquorum hostium : hunc titulum* Judæi *in fronte Synagogæ suæ scribent :* TEMPLUM IMPIETATIS, FACTUM DE MANUBIIS CHRISTIANORUM. *Ibid. col.* 561. D. *St. Ambroise* garde ici bien le *decorum*, en forgeant une Inscription, où les *Juifs* reconnoissent eux-mêmes leur Synagogue pour un *Temple d'impiété*. Cela d'ailleurs auroit rendu l'Inscription honorable au Christianisme.

(1) ST. SIMEON Stylite, *la Loi par laquelle il ordonnoit aux* Chrétiens *de rendre aux* Juifs *les Synagogues qu'ils leur avoient ôtées; & déposa le Préfet, qui lui avoit conseillé de la faire*. Voilà qui nous montre, qu'il y a eu bien de faux Martyrs, & qu'on a honoré de ce titre, aussi bien que de celui de *Saint*, des gens qui ne le méritoient point. JESUS-CHRIST, ni ses Apôtres, n'ont jamais rien fait, ni dit, qui tendît à autoriser quelque chose de semblable; comme le reconnoît le *Concile* (2) *d'*ELVIRE, & THEODORET lui-même (3). Si cette raison est bonne, pour exclure du nombre des Martyrs, ceux qui ont été tuez dans le tems qu'ils vouloient briser les Idoles, elle n'a pas moins de force contre ceux, qui, comme *Abdaa* & l'Evêque de *Callinique*, s'exposent à souffrir le supplice que mérite un refus obstiné de reparer le dommage, joint au mépris des ordres du Souverain. Les prémiers sont même plus excusables, de s'être laissé entraîner aux prémiers mouvemens d'un zéle aveugle, dont ils se seroient peut-être repentis de sang froid, s'ils eussent vécu: au lieu que les autres s'obstinent à soûtenir une mauvaise action par une autre encore plus mauvaise.

(a) *Pag.* 449, & *suiv.*

§. XIII. LE P. *Ceillier*, pour faire voir (a) *que le sentiment de* St. *Ambroise sur ce sujet ne lui a pas été particulier*, va encore chercher les *Juifs*. On voit, dit-il, *dans le Second Livre des* MACCHABEES, *que les* Juifs, *dans le plus grand abbattement de leur zéle pour la Religion*, *aussi bien que dans la plus grande décadence de leur Etat*, *n'avoient néanmoins pû souffrir, qu'on employât aux Sacrifices d'*Hercule, *l'argent qu'on avoit levé sur eux; &, que les Payens avoient eû assez de respect, pour leur accorder leur demande*. Voici le fait que mon Censeur rapporte d'une manière fort infidéle. Le perfide JASON, sachant qu'on devoit celebrer à *Tyr* les Jeux (4) Quinquennaux d'*Hercule*, voulut faire sa cour à *Antiochus*, de qui il tenoit le Souverain Sacerdoce, injustement enlevé à *Onias*. (b) Pour cet effet il envoia des gens à *Tyr*, avec ordre d'assister à ce

(b) II. *Maccab.* IV, 18, & *suiv.*

---

(1) Comme le rapporte EVAGRIUS, *Hist. Eccl.* Lib. I. Cap. XIII. pag. 266. *Edit. Valef. Cantabrig.* L'exploit étoit digne de ce Moine Fanatique, dont le surnom désigne le lieu singulier qu'il affecta de choisir pour sa demeure, savoir, une *Colomne*, sur laquelle il vécut quarante ans à la belle étoile, près d'*Antioche*. C'est dommage, qu'il ne lui prît envie de loger dans un Tonneau, comme le Philosophe *Diogéne*: il auroit eû peut-être plus d'imitateurs. Les Moines d'*Egypte* furent d'abord si scandalizez de ce nouveau genre d'austérité, qu'ils excommunièrent *Symeon*; comme on le voit par les Fragmens de THEODORE *le Lecteur*, Lib. II. *num.* 41. pag. 580, 581. Voiez BINGHAM, *Antiq. Eccles.* Lib VII. Cap. II. §. 5. Tom. III. pag 16. & *la Bibliotheca Græca* de Mr. FABRICIUS, Tom. IX. pag. 277, & *seqq.*

(2) *Si quis Idola fregerit, & ibidem fuerit occisus: quoniam in Evangelio non est scriptum, neque invenitur ab Apostolis umquam factum; placuit, in numerum eum non recipi Martyrum.* Can. LX.

(3) Lors, dit-il, que *St.* Paul vint à *Athénes*, quoi qu'il vît cette Ville fort adonnée au Culte des Idoles, il n'abattit néanmoins aucun Autel des Dieux, qu'on y adoroit: Οὐδὲ γὰρ ὁ θεῖος Ἀπόστολος εἰς τὰς Ἀθήνας ἀφικόμενος, καὶ τὴν πόλιν κατείδωλον θεασάμενος, τῶν βωμῶν τινὰ τῶν ὑπ' ἐκείνων τιμωμένων κατέλυσεν. Ubi supr. Lib. V. Cap. XXXIX. *pag.* 239. Voiez ACTES, *Chap.* XVII. Dans la Sédition, qui s'éleva à *Ephése*, contre le même Apôtre, le Secrétaire de la Ville lui rendit ce témoignage, aussi bien qu'à *Gaius* & à *Aristarque*, ses compagnons de voiage, *qu'ils n'étoient coupables ni de sacrilége, ni de blasphême contre la Déesse* DIANE, Chap. XIX. verf. 37.

(4) Voiez l'*Histoire des* JUIFS, du Docteur PRIDEAUX: Tom. III. pag. 260. de la Verf. Franç. *Ed. d'Amst.* 1722.

(5) *Epist.* Lib. II. Ep. 38. Ind. 6. & 45, 46.

ce Spectacle, & d'y offrir de sa part une somme d'argent, qui fût employée aux Sacrifices de la Divinité qu'on y adoroit sous le nom d'*Hercule*. Les *Juifs*, qui portoient l'argent, aiant la conscience plus délicate que leur Pontife, prièrent les *Tyriens* d'en faire un autre usage; & ceux-ci voulurent bien l'employer à leur Marine. Ce n'étoit donc pas un *argent levé sur les Juifs*; c'étoit un présent infame que leur Souverain Sacrificateur faisoit de son bon gré, & directement pour des actes d'Idolatrie. Or y a-t-il là le moindre rapport avec le refus obstiné de reparer le dommage qu'on a causé, par l'incendie d'une Synagogue, ou d'un Temple consacré à quelque fausse Divinité?

§. XIV. Le troisiéme & dernier article, qui reste à examiner, c'est ce que j'avois dit de Grégoire *le Grand*. Ou plûtôt cela est déja fait dès (a) le prémier Chapitre, où l'occasion s'en est présentée. Il suffit d'y renvoier le Lecteur. Cependant, pour ne pas laisser ici une espéce de vuide, je vais donner un échantillon des idées de Morale qu'avoit ce Pape. On le voit (5) combler de louanges le traitre & barbare Usurpateur, Phocas, qui fit égorger en sa présence l'Empereur *Maurice*, son Maître, après avoir donné à cet infortuné Pére le triste spectacle de voir mourir de la même maniere cinq petits Princes, ses Enfans. *Grégoire* félicite un tel monstre de son avénement à la Couronne; il en rend graces à Dieu, comme du plus grand bien qui pouvoit arriver à l'Empire. Il use des mêmes flatteries (6) envers Brunehaud, Reine de *France*, une des plus méchantes Princesses dont il soit parlé dans les Histoires.

§. XV. Mais voici quelque chose, qui porte plus directement sur ses opinions, & qui ne vaut guéres mieux. Quelquefois il condamne la Contrainte en matiére de Religion: c'est, selon lui, *une étrange sorte de Prédication, que de vouloir, à coups de bâtons, forcer les gens à croire* (7). Mais après cela il restreint lui-même cette maxime, qui est aussi générale, qu'évidente. Il veut bien, que l'on

(a) *Chap.* I. §. 3.

(5) Voiez son Article, dans le *Dict. Hist. & Crit.* de Mr. Bayle, Rem. H. pag. 1305, & suiv. *Cyriaque*, Patriarche de *Constantinople*, avec qui *Grégoire* avoit déja disputé sur la préféance, étoit favorisé par le feu Empereur *Maurice*; & il désapprouvoit les meurtres & la tyrannie du nouveau. Si *Phocas* ne témoigna pas sa reconnoissance à *Grégoire* lui-même, il le fit au moins au Siége de *Rome*, en la personne du second Pape qui fut élû après celui-ci, savoir Boniface III. Voiez Theophane, *in Chron.* Paul. Warnefr. *Diacon. De Gestis Langobard.* Lib. IV. Cap. 37.

(6) Voiez encore ici le *Dict. Hist. & Crit.* Rem. I. Voici ce que dit le P. Daniel: St. Grégoire, *qui avoit besoin de l'autorité de Brunehaut, pour seconder les Missionnaires d'Angleterre, & pour se conserver en Provence le petit patrimoine de l'Eglise Romaine, lui faisoit la cour, en louant ce qu'elle faisoit de bien, sans toucher à certaines actions particuliéres, ou qu'il ignoroit, ou qu'il jugeoit à propos de dissimuler. Plusieurs bonnes œuvres, dont l'Histoire lui rend témoignage, comme d'avoir bâti des Monastéres, des Hopitaux, racheté des Captifs, contribué à la conversion d'Angleterre, ne sont point incompatibles avec une ambition demesurée, avec les meurtres de plusieurs Evêques, avec la persécution de quelques saints personnages, & avec une politique aussi criminelle, que celle dont on lui reproche d'avoir usé pour se conserver toûjours l'Autorité absoluë* &c. Hist. de France, Tom. I. pag. 270. Edit. d'*Amst.* Voilà l'affaire. Il ne faut qu'être libéral envers *l'Eglise*, & faire quelques Fondations, ou autres choses qui ont une apparence de Dévotion, pour s'attirer des louanges de sa piété, de sa charité, de sa sagesse dans le Gouvernement; pour faire dire, que la Nation Françoise est la plus heureuse de toutes, d'avoir des Princes ainsi douez de toutes sortes de Vertus &c.

(7) Nova vero atque inaudita est ista prædicatio, quæ verberibus exigit fidem. Lib. II. Ind. XI. Epist. LII.

l'on ne contraigne pas les *Juifs* à se faire batizer: (a) mais il approuve que l'on contraigne les *Hérétiques* à rentrer dans le giron de l'Eglise, c'est-à-dire, du Parti qui se trouve le plus fort. Il n'est pas nécessaire que je m'arrête à faire voir le contraste bizarre de cette distinction frivole. Elle est assez détruite par tout ce que j'ai dit ci-dessus sur la matiére; & l'on peut voir encore l'article de (b) GREGOIRE I. dans le *Dictionnaire Historique & Critique* de Mr. BAYLE, qui fait là-dessus de très-bonnes réflexions.

§. XVI. JE ne mettrai pas ici en ligne de compte, ce qu'on a dit de ce Pape, que, par un faux zéle, il fit brûler une infinité de Livres Paiens. Le fait n'est pas assez avéré, comme on l'a remarqué dans (c) le même *Dictionnaire Historique & Critique*. Mais il paroît au moins par quelques endroits des Oeuvres de *Grégoire le Grand*, qu'il méprisoit souverainement l'étude de l'Antiquité Profane, quelque utile qu'elle puisse être par rapport à la Religion & à la Morale, & qu'il n'oublioit rien pour inspirer à tous les Chrétiens le même mépris. Dans une Lettre qu'il écrivit à DIDIER, Archevêque de *Vienne*, il censure rudement ce qu'il enseignoit à quelques personnes la *Grammaire*, (1) ou les Lettres Humaines. *J'ai* (2) *honte*, dit-il, *de rapporter ce que j'ai appris sur votre sujet. J'en ai eu tant de chagrin & d'indignation, que toute la joie que j'avois euë du bien qu'on me disoit de vous, s'est tournée en tristesse & en gémissemens. Car les louanges de* JESUS-CHRIST *& celles de* Jupiter *ne sauroient être dans la même bouche. Jugez vous-mêmes, combien c'est une chose horrible & impie à un Evêque, de chanter des vers, que même un Laïque pieux ne pourroit chanter avec bienséance....... Si je puis être bien éclairci de la fausseté de ce bruit qui est venu à mes oreilles, & s'il paroît que vous ne vous amusez pas à ces* BAGATELLES, OU AUX LETTRES HUMAINES, *j'en rendrai graces à* DIEU, *qui n'aura pas permis que vôtre coeur soit souillé des louanges pleines de blasphéme, que l'on donne à des Scélérats.* Voilà toute l'étude de la Critique & de l'Antiquité, traitée de *bagatelles*, & de bagatelles indignes non seulement d'un Ministre de l'Evangile, mais encore d'un simple Chrétien. (3) Lire les vers d'un Poëte Paien, & vouloir entendre ce qu'il dit, c'est chanter les louanges de *Jupiter*, ou des autres faux Dieux, dont il parle. Mais *Grégoire* fait lui-même profession ouverte, dans la Dédicace de ses *Morales*, de fouler aux pieds jusqu'aux régles du Langage. (4) *J'ai pris à tâche*, dit-il, *de negliger l'Art même de parler, que les Maîtres des Sciences Humaines enseignent. Car, comme vous le voiez par cette Lettre, je n'évite point le concours* (5) *choquant des mêmes consonnes, je ne fuis point le mélange des Barbarismes, je méprise le soin de placer comme il faut les*

---

(1) C'est ce que les Anciens comprenoient sous le nom de *Grammaire*. Voiez JOANN. A WOWER, *De Polymathia Veterum*, Cap. IV, & seqq.

(2) *Pervenit ad nos, quod sine verecundia memorare non possumus, Fraternitatem tuam Grammaticam quibusdam exponere. Quam rem ita moleste suscepimus, ac sumus vehementius adspernati, ut ea, quæ prius dicta fuerunt, in gemitum & tristitiam verteremus: quia in uno se ore cum* JOVIS *laudibus* CHRISTI *laudes non capiunt. Et quàm grave nefandumque sit Episcopis canere, quod nec Laico religioso conveniat, ipse considera....... Si posthac evidenter ea, quæ ad nos perlata sunt, falsa esse claruerint, nec vos nugis & secularibus litteris studere constiterit: Deo nostro gratias agimus, qui cor vestrum maculari blasphemiis nefandorum laudibus non permisit.* Lib. IX. Epist. XLVIII.

(3) Les autres Péres, avant *Grégoire le Grand*,

les Prépositions, de leur donner le mouvement qui leur convient, de mettre les cas qu'elles regissent; parce que je trouve fort indigne de moi, d'assujettir aux régles de DONAT les paroles des Oracles Célestes. C'est ainsi que, selon Grégoire le Grand, pour enseigner aux Hommes la Religion & leurs Devoirs, il faut les rebutter par un langage barbare, & leur parler d'une maniére à n'en être pas entendu : car enfin il n'est pas possible qu'une si horrible négligence ne jette souvent dans les discours une grande obscurité. Et n'y a-t-il point d'ailleurs de milieu entre un attachement trop scrupuleux à toutes les délicatesses du stile, & le mépris grossier d'une exactitude, qui a tant d'influence sur le but qu'on se propose, ou qu'on doit se proposer?

§. XVII. APRÈS cela faut-il être surpris, que l'Ignorance, avec de si bons Patrons qu'elle avoit déja sur la fin du sixième Siécle, ait fait tant de progrès dans les suivans, & amené enfin ce déluge d'Erreurs, qui ont inondé le Christianisme? Une fausse Science, empruntée des *Juifs* ou des *Païens*, y avoit fraié le chemin dès les prémiers Siécles. L'Ambition & les autres Vices des Ecclésiastiques, pour arriver à leurs fins, achevérent d'étouffer ou de confondre dans un tas d'absurditez & de superstitions, ce qui s'étoit encore conservé de Véritez pures. Mais, graces à DIEU, sa Providence n'a pas permis, que le *Flambeau* de l'Evangile demeurât pour toûjours *sous le boisseau*. Malheur à ceux, qui ferment les yeux à la Lumiére.

§. XVIII. C'EST fait. J'ai rempli mon plan. Les Lecteurs éclairez & non prévenus jugeront, si je m'en suis passablement bien aquitté. Je puis assûrer, que mon principal but a été de défendre la Vérité, sur des matiéres de la derniére importance. Je ne pensois, en composant la *Préface*, qui est l'occasion de cette Dispute, qu'à indiquer en peu de mots, & sans sortir de la fonction d'Historien, l'origine & les progrès de la Science des Mœurs. Présentement je veux bien avouer à mon Censeur, que je me suis fait un plaisir de rendre service à ma Religion, en montrant par un assez grand détail, sur quel foible fondement sont appuiez les grands principes des *Catholiques-Romains*, diamétralement opposez aux principes communs de tous les *Protestans*. Ce qui regarde les Dogmes, ou la Discipline Ecclésiastique, est épuisé il y a long tems ; parce que ce sont les matiéres qui tiennent le plus au cœur à bien des gens. Mais on n'avoit presque fait qu'effleurer la Morale, hormis les choses qui ont quel-

---

Grand, n'avoient pas condamné absolument l'étude des Livres d'Auteurs Paiens, tant Poëtes, que Prosaïques. Voiez BINGHAM, *Antiq. Eccles.* Liv. VI. Chap. III. Sect. 4. Tom. II. pag. 342, *& suiv.*

(4) *Unde & ipsam artem loquendi, quam magisteris disciplinæ exterioris insinuant, servare despexi. Nam, sicut hujus quoque Epistolæ tenor enunciat, non Metacismi collisionem fugio: non Barbarismi confusionem devito: situs, motusque prepositionum, casusque servare contemno: quia indignum vehementer existimo, ut verba cœlestis oraculi restringam sub regulis DONATI.* Prolog. MORAL. in JOB. Voiez les *Characteristicks* de feu Mylord SHAFTESBURY, Miscell. V. Chap. I. Tom. III. pag. 239, *& suiv.*

(5) *Metacismus.* Voiez, sur ce mot, G. J. VOSSIUS, *De vitiis Sermonis*, Lib. III, Cap. 25. *sub fin.*

quelque rapport avec la Superstition. Ruiner sur ce sujet l'Autorité des *Péres de l'Eglise*, des *six prémiers Siécles*, comme je crois l'avoir fait suffisamment dans cet Ouvrage, c'est ne plus laisser aucune ressource aux prétensions de quelle *Eglise* que ce soit, qui voudra se donner pour *infaillible*, ou qui cherchera, hors de l'Ecriture Sainte & de la Raison, la régle de ce que chacun doit croire & faire.

F I N

TABLE DES MATIERES.

Le Chifre Romain indique le Chapitre, & le Chiffre Arabe, le Paragraphe.

A.

ABDAA (ou *Abdas*, Evêque de *Suse* Ville Roiale de *Perse*:) brûle un Temple confacré à l'Idolatrie, & refufe de le faire rebâtir. XVII, 3.

Abeilles: moralitez, qu'*Origene* tire de leurs efpéces de Républiques. VII. 20. *pag.* 104. *Note* I.

ABEL: fuppofition chimérique, que fait *St. Cyprien*, fur le meurtre d'Abel. VIII. 41.

ABRAHAM (*le Patriarche*:) toute fon hiftoire eft Allégorique, felon *Origéne.* IV. 18. s'il fit confcience d'approcher de fa Femme enceinte. IV. 33. *Note* 7. penfées de *St. Ambroife*, fur fon commerce avec *Hagar*. XIII. 10, 11. & de *St. Auguftin.* XVI. 1, *& fuiv.* ce que dit *St. Chryfoftome*, fur l'expédient dont ce Patriarche fe fervit, en faifant paffer *Sara* pour fa Sœur. XIV. 4, *& fuiv.*

Abfque: fens de cette prépofition, dans les Auteurs du moien âge. XV, 8, 9.

Abus: les Abus donnent lieu à condamner fans diftinction des chofes innocentes de leur nature. VI, 9. plus ils font grands, ou communs, & plus il faut éviter les fauffes penfées, la déclamation, l'hyperbole. VI, 19. l'abus, que d'autres feront de ce qu'on leur doit, ne difpenfe pas de le leur rendre. XVII, 6.

Accufation: felon *Lactance*, il n'eft pas permis à un Chrétien d'intenter accufation, pour un Crime capital. IX, 3.

Acteurs de Théatre: pourquoi leur métier eft condamné par *Tertullien.* V, 19. VI, 20.

Action: on eft refponfable quelquefois d'une Action Forcée. XIV, 17. Actions Mixtes, ou en partie volontaires, en partie involontaires. *Ibid.* § 19.

ACYNDINUS: hiftoire d'un cas fingulier, qui arriva à *Antioche*, par un effet de la rigueur de ce Gouverneur; & ce qu'en juge *St. Auguftin.* XVI. 6, *& fuiv.*

ADAM & EVE: fauffes penfées de plufieurs Péres, fur l'ufage que ces prémiers Parens auroient fait du Mariage, fuppofé qu'ils fuffent demeurez dans l'Innocence. IV, 32. XIII, 2. en quoi confifte le Péché d'*Adam*, felon *St. Jérôme.* XV, 15.

Adtitulare: mot, dont quelques Péres fe fervent. XVI, 48. *Note* 5.

Adultére: fauffe comparaifon, que *St. Auguftin* fait, de l'Adultére, avec les Errans, qui fuivent les lumiéres de leur Confcience. XII, 56. *St. Ambroife* parle de l'Adultére, comme s'il n'étoit pas toûjours un Crime. XIII, 9, *& fuiv.* fauffes idées de *St. Chryfoftome* fur le même fujet. XIV, 8, *& fuiv.* le crime de l'Adultére eft quelquefois tout d'un côté. *Ibid.* § 16. cas où *St. Auguftin* ne trouve point de véritable Adultére, à caufe du confentement du Mari, ou de la Femme. XVI, 1, *& fuiv.* d'où vient, felon le même Docteur, le mal qu'il y a dans l'Adultére. *Ibid.* § 10, *& fuiv.*

Agapes: condamnées, & pourquoi, par *Clément d'Aléxandrie.* V, 13. tems, auquel ces Repas de Charité s'introduifirent. *Ibid.*

Aggreffeur: un injufte Aggreffeur n'eft pas un Frére, pour lequel on foit obligé de facrifier fa propre Vie. VIII, 44.

Allégories: fi la méthode d'expliquer l'Ecriture Sainte par des Allégories, a quelque fondement. VII, 5, *& fuiv.* origine de ces fortes d'explications. *Ibid.* § 10.

ALVARE PE'LAGE: fe plaint aux Papes,

des

TABLE DES MATIERES.

des débauches horribles du Clergé. VIII, 28.

AMBROISE (Saint:) juste idée de son Traité des *Offices*. XIII, 14. fait regarder l'état du Mariage, comme n'étant pas véritablement conforme à la Nature. IV, 7. condamne entiérement la Défense de soi-même contre un injuste Aggresseur. VIII, 40. XIII, 18. & le Prêt à intérêt. IX. 6. ses idées excessivement outrées, ou fausses, sur la Virginité & le Célibat. XIII, 2, *& suiv.* sa crédulité pour des Légendes. *Ibid.* § 3. ses idées fausses, sur l'Adultére. *Ibid.* § 9, *& suiv.* XIV, 22, 23. remarque sur la maniére de lire un de ses passages. *Ibid.* § 10. Note 3. fausses critiques qu'il fait de quelques passages de *Cicéron*. *Ibid.* § 15, *& suiv.* il entend & applique mal la maxime, Qu'on ne doit pas chercher son utilité particuliére, au préjudice de celle d'autrui. *Ibid.* § 18. faux principe, sur lequel il condamne absolument la Raillerie. *Ibid.* § 19, *& suiv.* approuve l'Homicide de soi-même, pour éviter la violence faite à la chasteté. XV, 10. comédie qu'il joué, au sujet des Reliques qu'on lui demandoit, pour consacrer une Eglise. XV, 23. il veut qu'un Paradoxe des *Stoïciens* ait été tiré de l'Ecriture. XVI, 13. Note 2. il approuve & défend la conduite d'un Evêque séditieux. XVII, 8. il a condamné la Persécution pour cause de Religion. XII, 40. fausse idée qu'il a du droit de Represailles. XVII, 10.

AMMONIUS: Séditieux, dont un Pére fait le Panégyrique, & dépose les Reliques dans une Eglise. XV, 29. *pag.* 266. Note 1.

Ἀμύνεαι: sens propre de ce verbe, mal entendu. XI, 1.

ANABAPTISTES: si leur erreur, au sujet de la Guerre, est fort dangereuse. XII, 44.

Anges: crus corporels, & sujets aux mêmes passions, que les Hommes. II, 2. créez pour avoir soin des choses d'ici bas, selon quelques Péres. IV, 3. leur Culte est né de la Philosophie Platonicienne. *Ibid.* § 2, 5. ce Culte n'est ordonné ni par l'Ecriture, ni par la Tradition, de l'aveu du P. *Ceillier*. *Ibid.* § 5. s'il est bon & utile? *Ibid.* est condamné fortement par le Concile de *Laodicée*. *Ibid.*

Ἀνομ⊙: remarque sur le sens de ce terme. II, 7.

Antiquité: l'étude de l'Antiquité Profane, entiérement condamnée par le Pape *Grégoire le Grand.* XVII, 16.

Apathie: attribuée aux parfaits Chrétiens, par *Clément d'Aléxandrie.* V, 46, *& suiv.* à Nôtre Seigneur, & à ses Apôtres. *Ibid.* § 54, *& suiv.*

Apocryphes: crédulité des Péres pour des Livres Apocryphes. II, 2, 3.

Apologistes: anciens Apologistes du Christianisme, peu exacts à choisir leurs preuves. XV, 38.

Apostrophes des Morts, ont donné lieu au Culte des Saints. *Préf. pag.* XVII.

Apôtres: depuis la Résurrection de Nôtre Seigneur, ils ne furent susceptibles, selon *Clément d'Aléxandrie*, d'aucun mouvement des Passions les plus légitimes. V, 54. en quoi on peut les imiter. VII, 2. la plûpart d'entr'eux ont été mariez. VIII, 4, *& suiv.* rien au moins ne les obligeoit à garder absolument la Continence. *Ibid.* § 8. s'ils ont recherché le Martyre pour lui-même. VIII, 38. si, en tout quittant pour suivre JÉSUS-CHRIST, ils ne se proposoient que de s'élever à une Perfection extraordinaire, comme l'objet d'un Conseil Evangélique. XII, 68, *& suiv.* St. *Jérôme*, pour justifier sa maniére de disputer sophistique, l'attribuë aux Apôtres. XV, 35, *& suiv.*

ARCADIUS: crédulité & superstition de cet Empereur, pour de fausses reliques d'un Prophéte. XV, 20.

Argumens ad hominem: comment on peut & l'on doit en user. VII, 10. XV, 37.

ARISTOTÉLICIENS: un de leurs argumens contre les *Stoïciens*, sur la nature des Passions. V, 47.

ARNAUD (*Antoine:*) ce qu'il dit d'injurieux à l'innocence du Mariage, dans son *Art de Penser*. IV, 31.

ARNOBE: ses erreurs grossiéres sur la Création & la Providence. IV, 3. Note 5. il condamne la Persécution pour cause de Religion. XII, 40.

ART DE PENSER: voiez *Arnaud*.

Assemblées: si, en permettant les Assemblées des *Hérétiques*, on est censé par cela seul approuver leurs erreurs. XII, 5, *& suiv.* Assemblées Nocturnes, parmi les anciens Chrétiens, leur origine, & les abus qui en naissoient. XV, 21, 22.

Astres: selon *Clément d'Aléxandrie*, DIEU avoit permis & ordonné même aux Païens, de les adorer. V, 59, *& suiv.* erreur semblable de *Justin*, Martyr. *Ibid.* § 62.

ATHANASE (Saint:) quelles étoient ses instructions Morales. X, 2, *& suiv.* ses idées fausses ou extrémement outrées sur la Virginité & le Célibat. *Ibid.* suppose gratuitement une Inspiration dans ceux

qui

TABLE DES MATIERES.

qui s'offroient au Martyre sans nécessité. XV, 11. il a condamné la Persécution pour cause de Religion. XII, 40.

ATHENAGORAS: ce qu'il dit des Anges. IV, 2, 3. accusé d'erreur sur le sujet de la Trinité. *Ibid.* § 3. *Note* 3. examen du passage, où il condamne les Secondes Nôces. *Ibid.* § 7, *& suiv.* ses idées sur le Célibat en général. *Ibid.* § 7. il borne l'usage du Mariage à la propagation de l'espéce. *Ibid.* § 33. croit qu'il n'est jamais permis d'assister au Supplice des Criminels. *Ibid.* § 37. autres idées outrées de ce Pére, sur la Défense de soi-même & de ses biens. *Ibid.*

AUGUSTIN (*Saint:*) avoüe, qu'il a écrit fort à la hâte des Ouvrages de grande conséquence. XVI, 42, *& suiv.* ses Allégories reconnuës souvent mal fondées. *Ibid.* sa remarque ridicule, sur le titre des Pseaumes. *Ibid.* § 44, *& suiv.* aveu des pauvretez qu'il débite en expliquant l'Ecriture Sainte. I, 7. raisonne d'une maniére à devoir condamner ceux d'entre les Péres, qui regardoient les Secondes Nôces comme le moindre de deux Maux. IV, 26. *Note* 2. fausses idées qu'il avoit de l'usage du Mariage dans l'Etat d'Innocence. IV, 32. il condamne la Défense de soi-même contre un injuste Aggresseur. VIII, 40. *Note* 1. & tout Prêt à usure. IX, 6. misérables raisons qu'il allégue, pour établir l'Intolérance & la Persécution pour cause de Religion. XII, 48, 51, 52, 53, 57, 60. ses contradictions, au sujet des Reliques, & des Miracles qu'on débitoit à leur occasion. XV, 23. & *Note* 5. *pag.* 260, 261. touchant l'adoration des Reliques, & des Images. *Ibid.* § 22. *Note* 7. & § 27. *Note* 6. s'accommode à la Superstition, & n'ose la combattre, de son propre aveu. *Ibid.* § 23. *pag.* 260. *Note* 3. est le Pére de la Théologie & de la Morale Scholastique. *Préf. pag.* XXXVIII. excès où il donne dans les Disputes. *Ibid. Note* 1. ses fausses idées sur l'Adultére. XVI, 1, *& suiv.* sur le droit que chacun a sur son bien. *Ibid.* § 14, *& suiv.* passage du *Deutéronome*, dont il tord plaisamment le sens. *Ibid.* § 22. son changement d'opinion, touchant la Persécution des Hérétiques, & son zéle furieux sur cet article. *Ibid.* § 29, *& suiv.* il use souvent d'Ironie XIII, 24.

Aumône: si la multitude d'Enfans dispense de faire autant d'Aumônes qu'on le souhaitteroit. VIII, 55. fausses idées de *St. Cyprien* sur l'efficace de l'Aumône, & sur le rachat des Péchez, qui lui est attribué. *Ibid.* § 54.

Austeritez: ne sont pas absolument nécessaires, ni une marque sûre de vraie conversion. VIII, 53. XI, 20.

Autel: Reliques mises sur l'Autel, & quand cet usage s'introduisit. XV, 23. *Note* 8.

Autrui: réflexions sur le sens de la Maxime, Qu'il ne faut pas faire à autrui, ce qu'on ne voudroit pas qui nous fût fait, à nousmêmes. IX, 7. combien ce principe est mal entendu de *St. Augustin.* XVI, 9.

B.

BAGUES: pensée outrée de *Clément d'Aléxandrie*, sur les figures qu'on y gravoit autrefois. V, 24.

Bains: ceux qu'on prend pour le plaisir, & les Bains chauds, condamnez par *Clément d'Aléxandrie.* V, 23.

Barbe: quelques Péres trouvent du crime à se faire raser la Barbe. V, 20.

BARONIUS (*César:*) ce Cardinal reconnoît, que *St. Cyprien* étoit marié. VIII, 2.

BASILE le *Macédonien*, Empereur: déclare nulles les Quatriémes Nôces; & les Enfans, qui en étoient nez, Bâtards. IV, 24. défend absolument le Prêt à usure. IX, 17.

BASILE (*Saint:*) condamne les Secondes Nôces, comme une Fornication. IV, 14. & la Polygamie. *Ibid.* § 18. il avoüe, que tous les Apôtres ont été mariez. VIII, 8. il condamne absolument le Prêt à intérêt. IX, 6. & la Défense de soi-même contre un injuste Aggresseur qui en veut à nôtre vie. XI, 1, *& suiv.* aussi bien que toute Guerre Publique. *Ibid.* § 6, *& suiv.* & tout Procès. *Ibid.* § 8, *& suiv.* tout Serment. *Ibid.* § 12, *& suiv.* idée peu exacte qu'il a du Parjure. *Ibid.* § 14. il raisonne bien sur la maniére dont on doit juger des choses, dont l'Ecriture ne dit rien, en fait de Morale. XIII, 2. *Note* 1. il défend aux Chrétiens le Rire, & se sert pour cela d'un passage misérablement tordu. XIII, 25. il use souvent de Railleries. *Ibid.* § 24.

Bâtême: variation des anciens Péres, sur la réitération du Bâtême des Hérétiques. XVI, 38.

BAYLE (*Pierre:*) nom d'une petite Ville de *Mésopotamie*, mal écrit dans son *Commentaire Philosophique.* XVII, 8. *Note* 3.

Bénédiction Sacerdotale: refusée à ceux qui se remarient. IV, 24.

TABLE DES MATIERES.

BÉRÉNICE, PROSDOCE, & DOMNINE: érigées en Saintes & Martyres, pour s'être noiées, afin de mettre leur honneur à couvert de la violence. XV, 10.

BERNARD (Saint:) ce qu'il dit de *St. Malachie*, & des Fidéles en général. XVI, 13. ses plaintes sur le concubinage & les excès publics des Ecclésiastiques. VIII, 28. il condamne la Persécution pour cause de Religion. XII, 40.

Bible, foulée aux pieds, déchirée, ou brûlée, par des Catholiques Romains, dans les derniéres Persécutions de *France*. XVII, 4.

Biens: les Biens de ce Monde appartiennent tous de droit aux Justes, ou Fidéles, selon quelques Péres. III, 10. XVI, 14, & *suiv*. Biens destinez à l'entretien des Pauvres, on en dépouille les Non-conformistes. *Ibid*. § 20, 24.

Bigamie: Voiez *Nôces Secondes.*

BINGHAM (*Joseph*:) ce qu'il dit sur un usage condamné par *Tertullien*. VI, 17.

Blanc: cette couleur, dans les Habits, convient seule à un Chrétien, & pourquoi, selon *Clément d'Aléxandrie*. V, 18.

BOULAINVILLIERS (le *Comte de*:) son témoignage, & son jugement, sur la derniére Persécution de *France*. XVI, 39. *Note* 4.

BRUNEHAUT (Reine de *France*:) méchante Princesse, louée par *Grégoire le Grand*. XVII, 14.

BUDDEUS (*Jean François*:) ce qu'il dit des Péres, & réflexions la-dessus. *Préface*, pag. 15, & *suiv*.

BUFFIER (le *Pére, Jésuite*:) cité. I, 5. *Note* I.

C.

CALLINIQUE (Village de *Mésopotamie*:) Sédition, qui y arriva, par le zéle violent de l'Evêque de ce païs. XVII, 8.

CALVIN (*Jean*:) jugement qu'il porte des explications allégoriques des Péres. VII, 1.

CANTIQUE DES CANTIQUES: réflexion sur la maniére dont ce Livre est écrit. V, 33.

Capit, *non capit*: pour *potest, non potest*, chez quelques Auteurs Ecclésiastiques. III, 4. *Note* 2.

CASTALION (ou *Chateillon, Sebastien*:) son Livre publié sous le nom de *Martin Bellius*, au sujet de la Tolérance des Errans. XVI, 37. *Note* I.

CARNÉADE: de quelle maniére *Lactance* réfute un des argumens de ce Philosophe Académicien. IX, 4.

CÉCILIEN (Evêque de *Carthage*:) accusé d'avoir été illégitimement élû. XVI, 36.

Célibat: s'il est plus conforme à la Nature, que le Mariage. IV, 7. si les Voluptueux cherchent le Mariage, plûtôt que le Célibat. *Ibid*. § 28. désordres & débauches qu'a produit l'introduction du Célibat. VIII, 27, & *suiv*. les idées des Païens peuvent avoir contribué à faire regarder cet état comme saint. X, 3. *St. Ambroise* s'est imaginé, qu'il contribuoit à la multiplication du Genre Humain, bien loin d'y être un obstacle. XIII, 2. origine & progrès du Célibat imposé aux Ecclésiastiques. XV, 18. *Note* 3. motif qui porte bien des gens à embrasser cet état. *Ibid*. § 31.

César: ce qu'il faut entendre par là, selon *Origéne*, dans ces paroles de N. S. *Rendez à César, ce qui appartient à César*. VII, 18.

Chair: l'usage en est défendu sous l'Evangile, selon *St. Jérôme*. XV, 12, & *suiv*.

Changement: tout changement fait à la maniére dont les choses sont naturellement, est criminel, selon quelques Péres. VIII, 32.

Chansons: défenduës, même dans les Festins, par *Clément d'Aléxandrie*. V, 15.

CHARLES le *Hardi* (Duc de *Bourgogne*:) jugement mémorable de ce Prince. XVI, 6. *Note* 2.

Cheveux: tout usage de Faux-Cheveux, condamné par *Clément d'Aléxandrie*. V, 24. le même, & *St. Cyprien*, alléguent de pauvres raisons pour montrer qu'il y a du mal à se teindre les Cheveux: *Ibid*. & VIII, 32.

Chrétien: le Chrétien parfait, selon *Clément d'Aléxandrie*, est exemt de Passion. V, 46, & *suiv*. pourquoi les prémiers Chrétiens vendoient tous leurs biens, & les mettoient en commun. XII, 70. les Chrétiens, comme tels, sont, selon *St. Jérôme*, dispensez de païer le Tribut aux Puissances Civiles. XV, 5, & *suiv*.

Christianisme: les Péres ont beaucoup contribué à sa décadence. XV, 20.

CHRYSOSTÔME (*St. Jean*:) condamne fortement le Culte des Anges, comme injurieux à DIEU. IV, 5. *Note* 1. sentiment faux, & horriblement outré, de l'Auteur de l'Ouvrage imparfait sur *St. Matthieu*, attribué à ce Pére, au sujet des Secondes Nôces. IV, 11, 13. le vrai

TABLE DES MATIERES.

vrai *Chryſoſtôme* condamne auſſi la réitération du Mariage. IV, 24. *Note* 4. & § 27. ce qu'il penſe de l'uſage du Mariage, dans l'Etat d'Innocence. *Ibid.* § 32. & par rapport à une Femme enceinte. *Ibid.* § 33. il condamne abſolument le Prêt à intérêt. IX, 6. fauſſes idées qu'il donne & de la conduite du Patriarche *Abraham*, & de ce qu'il eſt permis de faire pour ſauver ſa propre vie. XIV, 5, *& ſuiv.* il approuve l'Homicide de ſoi-même, en la perſonne de Filles ou Femmes, qui s'étoient données la mort, pour mettre leur honneur à couvert de la violence. XV, 10. il a condamné toute Perſécution pour cauſe de Religion. XII, 40.

CICERON: défendu contre quelques fauſſes critiques de *St. Ambroiſe.* XIII, 15, *& ſuiv.*

Cierges: uſage d'allumer des Cierges en plein midi, juſtifié par *St. Jérôme.* XV, 20.

Citations: remarque ſur celles que les Apôtres faiſoient de divers Paſſages du Vieux Teſtament, pour s'accommoder aux idées des *Juifs.* XV, 37.

CLÉMENT *d'Aléxandrie:* traite les Secondes Nôces de fornication, & les compare à l'Idolatrie. IV, 15. attribue fauſſement à *Moïſe*, d'avoir défendu aux Maris d'approcher de leurs Femmes enceintes. *Ibid.* § 33. croit auſſi, que cela étoit défendu avant la Loi, & en allégue une raiſon ridicule. *Ibid.* idée qu'il avoit de l'uſage des Plaiſirs les plus innocens. *Ibid.* § 34. juſte idée de ſon *Pédagogue.* V, 1. Extrait de cet Ouvrage. *Ibid.* § 2, *& ſuiv.* exemples de ſes Allégories frivoles. *Ibid.* § 4, 7. de ſon vain étalage d'Erudition mal placée. *Ibid.* § 6, 7, 8, 9. de ſes maximes outrées. *Ibid.* § 13, 14, 15, 16, 18, 19, 20, 23, 24, 25. de ſes expreſſions & peintures, où il ne ménage guéres la pudeur des Lecteurs. *Ibid.* § 18, 31, *& ſuiv.* paſſage de ce Pére, où il copie tacitement *Platon. Ibid.* § 24. *Note* 6. le même paſſage, corrigé. *Ibid.* maniéres & maximes des *Stoïciens*, imitées ou adoptées par ce Pére. *Ibid.* § 28, 40, *& ſuiv.* le peu d'ordre qu'il garde dans ſes Ecrits. *Ibid.* § 34, *& ſuiv.* s'il faiſoit bien, de cacher aux Paiens les Véritez de l'Evangile. *Ibid.* § 37, *& ſuiv.* fauſſes raiſons, ſur leſquelles il fonde la permiſſion de fuïr, quand on eſt perſecuté. *Ibid.* § 40, *& ſuiv.* idées qu'il avoit de ſon *Gnoſtique*, & deux ſortes qu'il en diſtinguoit. *Ibid.* § 46, *& ſuiv. Apathie* Stoïcienne, qu'il attribuë à Nôtre Seigneur, & à ſes Apôtres. *Ibid.* § 53, *& ſuiv.* il juſtifie l'Idolatrie de Paiens. *Ibid.* § 59, *& ſuiv.* il dit, que la plûpart des Apôtres ont été mariez. VIII, 8. eſt le Pére de la Théologie Myſtique. *Préf. pag.* XVIII.

CLINIAS (Philoſophe Pythagoricien:) action de ce Philoſophe, propoſée par *St. Baſile* comme conforme aux préceptes de l'Evangile. XI, 12.

CODE THÉODOSIEN: réflexion ſur la maniére de lire d'une des Loix de ce Code, contre les *Donatiſtes.* XVI, 32. *Note* 3.

Cœlebs: étymologie de ce mot, & argument que *St. Jérôme* en tire. XV, 31.

COLOSSIENS (*Epître aux:*) *Chap.* II. *verſ.* 18, 19. réflexions ſur le ſens de ce paſſage. IV, 5.

Comédie: condamnée par *Tertullien*, & pour quelles raiſons. V, 19. VI, 19, *& ſuiv.*

Commerce: penſée outrée de *Tertullien*, ſur les Commerces défendus aux Chrétiens. VI, 5. & de *Lactance.* IX, 4.

CONCILES: leurs Canons égalez à l'Ecriture, & en quel tems on a commencé d'en faire un ſi grand cas. *Pref. pag.* XL. idée qu'un Pére donne de la maniére dont les choſes ſe paſſoient dans les Conciles. XII, 4. Canon du V, Concile de *Carthage*, ſur les fauſſes Reliques. XV, 23. celui de *Laodicée* condamne fortement le Culte des Anges, comme une Idolatrie, & une eſpéce d'Apoſtaſie. IV, 5. *Note* 1. celui de *Toléde* a condamné la Perſécution pour cauſe de Religion. XII, 40. le IV. Concile de *Carthage* défend aux Eccléſiaſtiques la Bigamie, & d'épouſer une Veuve. IV, 23. *Note* 2. celui d'*Elvire*, où l'uſage des Lampes eſt défendu. VI, 12. & l'uſage des Cierges allumez en plein jour dans les Cimetiéres & dans les Egliſes. *Ibid.* & le Prêt à intérêt. XI, 18. irrégularité du Concile de *Conſtantinople.* XII, 3, 4.

Concubines: autrefois de deux ſortes. XI, 18.

Conſcience: ne dépend que de DIEU. XII, 20. Liberté de Conſcience. Voiez *Tolérance.* Obligation de ſuivre une Conſcience Erronée. XII, 55.

Conſeils: remarques ſur la diſtinction des *Conſeils* & des *Préceptes* Evangéliques. VIII, 10, *& ſuiv.* XII, 64, *& ſuiv.* XV, 13, 14.

CONSTITUTIONS APOSTOLIQUES: il y eſt défendu de ſe faire raſer la Barbe, & pourquoi. V, 20. *Note* 4.

Continence: fauſſes idées que la plûpart des Péres ont euës de la ſainteté d'une Continence volontaire. II, 7. examen des fondemens

TABLE DES MATIERES.

demens de cette prétenduë sainteté. VIII. 4, & *suiv*.

Conversions : si l'on peut compter sur la sincérité de celles qu'on fait en persécutent les Hommes pour cause de Religion. XII. 57, & *suiv*. XVI. 35.

Convoiter : comment on convoite son propre bien, selon *Tertullien*. VI. 34.

CORINTHIENS (I. Epître de St. Paul aux:) *Chap*. X. *vers*. 11. expliqué. VI. 3. *Chap*. VII. courte explication d'une bonne partie de ce Chapitre. VIII. 11, 12.

CORINTHIENS (II. Ep. de St. Paul aux:) *Chap*. VIII. 8, & *suiv*. expliquez. XII. 64.

COTELIER (*Jean Baptiste* :) fausse pensée, qu'il avance, fondé sur un passage de *Philon* mal entendu. IV. 33. *Note* 7. rapporte mal un passage du faux *St. Ambroise*. VIII. 8. *Note* 3.

Couronne : la Couronne de Nôces défenduë aux Bigames. IV. 24. Couronnes de fleurs, leur usage entiérement condamné par divers Péres. V. 16. VI. 14, & *suiv*.

Criminels : plusieurs Péres ont cru, qu'il n'est jamais permis d'assister au Supplice des Criminels. IV. 37. *Note* 4. VI. 25. IX. 3. *Lactance* tient pour illicite, d'accuser quelcun d'un Crime capital. IX. 3.

Critique : les Péres ignoroient l'Art Critique. *Préf* (sur l'article de *Clément d'Aléx*.) pag. XVII.

Croix : quelques Péres la trouvent par tout. II. 4. en quoi consistoit le scandale & l'horreur de cet instrument de supplice. *Ibid*.

CYPRIEN (*Saint* :) cas qu'il faisoit des Ouvrages de *Tertullien*. VI. 4. *Note* 1. s'il étoit marié. VIII. 2. son stile, & sa maniére de penser. *Ibid*. § 30, & *suiv*. ses idées outrées, sur la recherche du Martyre. *Ibid*. § 34, & *suiv*. il condamne entiérement la Défense de soi-même contre un injuste Aggresseur. *Ibid*. § 40, & *suiv*. traits de vanité, qu'il laisse échapper. *Ibid*. § 47. faux raisonnemens qu'il fait au sujet des Evêques élûs avec les formalitez ordinaires. *Ibid*. § 46, & *suiv*. trouve par tout, dans l'Ecriture, la Discipline Ecclésiastique. VIII. 51. fausse comparaison qu'il fait du Pardon des Péchez, que l'Evangile promet, avec le relâchement des Peines Ecclésiastiques, accordé en considération des Martyrs. *Ibid*. § 52. parle beaucoup de Satisfactions, dont il ne donne aucune idée claire & distincte. *Ibid*. § 53. use de ses types chimériques. *Ibid*. § 54. fausses idées qu'il a, au sujet de l'Aumône. *Ibid*. & § 55. il condamne absolument le Prêt à intérêt. IX. 6. il blâme la Persécution pour cause de Religion. XII. 40.

CYRILLE (*Saint*, *d'Aléxandrie*) reconnoît que le Culte des Reliques est d'origine Paienne. XV. 24. *Note* 1. fait le Panégyrique d'un Séditieux puni de mort, & dépose ses Reliques dans une Eglise. XV. 29. *Note* 1. *pag*. 266.

CYRILLE (*Saint*, *de Jérusalem* :) quelles sont ses *Catechéses* ou *Instructions*. X. 5, & *suiv*. remarque sur un de ses passages, où l'on prétend trouver la Transsubstantiation. *Ibid*.

D.

DAILLÉ (*Jean* :) ce qu'il dit de la maniére dont les Péres louent, ou blâment. *Préf*. *pag*. XXXII, & *suiv*.

DAMIEN (*Pierre* :) Livre que cet Abbé fit sur les débauches du Clergé, supprimé par un Pape. VIII. 27.

DANIEL (le Pére, Jésuite :) comment il justifie le Pape *Grégoire I*. des louanges qu'il donne à une méchante Reine. XVII. 14. *Note* 6.

DECALOGUE : fausse explication que *Tertullien* donne du II. Commandement. V. 19. *Note* 3.

Déclamations des Péres. *Préf*. *pag*. XVI.

Défense de soi-même : entiérement condamnée par la plûpart des Péres. IV. 37. VI. 34, & *suiv*. VIII. 40, & *suiv*. IX. 1, & *suiv*. XI. 1, & *suiv*. XII. 64. *Note* 2. si on ne peut l'exercer sans quelque mouvement de Vengeance. VI. 34.

DEMETRIUS (Evêque *d'Aléxandrie* :) son jugement & faux, & variable, au sujet d'*Origéne*. VII. 20.

Démon : il y en a, selon *Clément d'Aléxandrie*, un qui préside à la Bonne Chére & au Luxe de la Table. V. 13. les Démons, selon *Tertullien*, sont les Magistrats de ce Siécle. VI. 24.

Désir : en quoi consiste, selon *St. Augustin*, le mal qu'il y a dans les Désirs criminels. XVI. 11.

DEUTERONOME : *Chap*. XXXII. *vers*. 8. remarque sur la maniére dont les *Septante* ont rendu ce passage. IV. 4. *Note* 6. *Chap*. IV. *vers*. 19. abus, que *Clément d'Aléxandrie* fait de ce passage, pour justifier l'Idolatrie des Paiens. V. 60, & *suiv*.

Diable : chausse les brodequins aux Acteurs de Théatre, selon *Tertullien*. VI. 20.

DIDIER (Archevêque de *Vienne* :) rudement censuré par le Pape *Grégoire I*. de

TABLE DES MATIERES.

ce qu'il enseignoit les Lettres Humaines. XVII. 16.

Dieu: quelques Péres ne lui laissent qu'une Providence générale. IV. 3. *Note* 4, 5. s'il peut permettre des choses deshonnêtes de leur nature, & par là les rendre honnêtes. *Ibid.* § 13. comment il est l'Auteur & le Distributeur des Biens de ce monde. XVI. 18.

Dieux (faux:) si on peut les qualifier Dieux, en suivant l'usage. VI. 13.

Dignité: toute Dignité est incompatible, selon *Tertullien*, avec la qualité de Chrétien. VI. 24, *& suiv.*

Discipline: reflexion sur ce qu'on appelle la *Discipline du secret*. V. 36. abus, que fait *St. Cyprien*, de plusieurs passages de l'Ecriture, où le mot de Discipline se trouve, en les entendant de la Discipline Ecclésiastique. VIII. 51.

Dispute: Loix de la Dispute, représentées comme celles de la Guerre, par *St. Jérôme*. XV. 37.

Docètes: erreur de ces anciens Hérétiques, favorisée par *Clément d'Aléxandrie*, en même tems qu'il la rejette. V. 57.

Domaine: la distinction des Domaines, traitée d'usurpation par *St. Ambroise*. XIII. 16. fondée uniquement sur les Loix Civiles, selon *St. Augustin*. XVI. 27, *& suiv.*

Dommage: on n'est pas dispensé de le reparer, sous prétexte de quelque usage idolatre que feront de la chose restituée ceux à qui l'on a causé le dommage. XVII. 3, *& suiv.*

Donatistes: s'ils étoient coupables de toutes les violences, dont on les accuse? XVI. 30. les Loix des Empereurs punissoient indifféremment tous les *Donatistes*, comme tels. *Ibid.* § 31, *& suiv.* plusieurs se donnoient la mort, réduits au désespoir des mauvais traitemens qu'on leur faisoit. *Ibid.* § 33. conversions feintes d'un grand nombre d'entr'eux. *Ibid.* § 35.

Douceur: les voies de Douceur sont seules propres à ramener les Errans. XII. 35, 57.

Douleur: n'est pas un mal, selon les *Stoïciens*, dont *Clément d'Aléxandrie* suit les idées. V. 40, *& suiv.*

Du Pin (Ellies: loué mal-à-propos l'éloquence de *St. Cyprien*. VIII. 30. reconnoît la clarté de l'Ecriture Sainte dans les choses nécessaires à salut. I. 3. *pag.* 5. *Note* 2. ce qu'il pense du témoignage de *Tertullien*, au sujet de *Tibére*, & de *Pilate*. VI. 29.

Durand (Guillaume:) se plaint aux Papes, des débauches horribles du Clergé. VIII. 28.

E.

Ecriture Sainte: n'est point obscure dans les choses nécessaires à salut. I. 3. bon modéle d'un Historien, à l'égard du soin de dire le bien & le mal de ceux dont il parle. I. 13. si les Actions Mauvaises, qu'elle rapporte sans les blâmer, doivent être excusées, & regardées comme des Types? III. 7. reflexion sur la maniére dont elle traite la Morale. V. 35. si la méthode d'expliquer l'Ecriture par des Allégories a quelque fondement. VII. 5, *& suiv.* soin qu'un bon Interpréte de l'Ecriture doit avoir d'expliquer avec restriction les Maximes énoncées d'une maniére à pouvoir aisément être prises trop à la rigueur. XI. 12. si tout ce qui n'est pas expressément permis ou approuvé dans l'Ecriture, est mauvais par cela seul. V. 14. XIII. 19, *& suiv.*

Ecclésiastique (Livre de l':) Chap. III. *vers.* 33. passage mal expliqué par *St. Cyprien*: VIII. 54. *Note* 2.

Ecclésiastiques: on commença de bonne heure à leur défendre la Bigamie. IV. 23. il ne leur étoit pas même permis d'épouser une Veuve. *Ibid.* si la Raillerie leur est toûjours défendue. XIII. 19, *& suiv.* origine & progrès de la nécessité du Célibat imposée aux Ecclésiastiques. XV. 18. *Note* 3.

Eglise: il n'y en a point d'infaillible. I. 3. Mariage de *J. Christ* avec l'Eglise, s'il est le modéle des Mariages Chrétiens. IV. 36. ce qu'on appelle *vraie Eglise de Jésus-Christ*, n'est souvent qu'un vain fantôme. XVI. 25. elle n'a aucun droit sur le Temporel de ceux qui sont hors de sa communion. *Ibid.*

Eglise Romaine: il n'y a point de Société Ecclésiastique, à qui il sied plus mal de s'attribuer l'infaillibilité. XII. 19. il n'y a pas moien de concilier cette Eglise avec la Religion Protestante. *Ibid.* § 23. elle n'a pû encore venir à bout d'étouffer dans son sein la diversité d'opinions. *Ibid.* § 36.

Elûs: ce que *Clément d'Aléxandrie* entend par Personnes Elûes. V. 25.

Empereur: un Chrétien ne pouvoit l'être, selon *Tertullien*. VI. 26, *& suiv.*

Enfans: ne doivent pas être punis des fautes de leurs Péres. XVI. 39. pourquoi l'Ecriture Sainte donne le nom d'*En-*

TABLE DES MATIERES.

sans aux Gentils, selon *Clément d'Aléxandrie*. V. 7.

EPIPODE & ALEXANDRE (*Saints*:) faux & ridicules Miracles, attribuez à leurs Reliques. XV. 28.

Epoux, Epouse: titre d'*Epouse de J. Christ* donné mal-à-propos aux gens qui se dévouent au Célibat. IV. 36. X. 3.

ERASME (*Didier*:) ce qu'il dit sur une étymologie du mot *Cœlebs*. XV. 31. *pag.* 268. *Note* 3.

Erreur: il n'appartient qu'à DIEU de juger du principe de l'Erreur en matiére de Religion. XII. 19. toute Erreur ne doit pas être tolerée dans une Société Ecclésiastique. *Ibid.* § 21, & *suiv.* la simple communion qu'on entretient avec ceux qui sont dans quelque Erreur, n'est nullement une marque qu'on approuve leurs opinions. *Ibid.* § 24. l'Erreur en matiére de Religion, est hors de la Jurisdiction du Souverain, tant qu'elle ne nuit point à l'ordre & à la tranquillité de l'Etat. *Ibid.* 28, & *suiv.* § 54. la Persécution peut faire des Prosélytes pour l'Erreur. *Ibid.* 22.

ESSÉNIENS: raison que donnoient quelques-uns de cette Secte, pourquoi on ne doit pas s'abstenir du Mariage. IV. 7. *Note* 2. pourquoi ils croioient, qu'un Mari ne doit pas s'approcher de sa Femme enceinte. *Ibid.* § 33. *Note* 7.

Etoffes: toute Etoffe teinte, condamnée par *Clément d'Aléxandrie*. V. 18.

Etymologies: leur incertitude, & le peu de fonds qu'il y a à faire sur les argumens qu'on en tire. XV. 31.

EVANGILE: conformité de ses Préceptes avec la Morale Naturelle. I. 5. pourquoi il n'y a que quatre Evangiles, selon *St. Irenée*. III. 4. ils sont figurez, selon *St. Jérôme*, par les Quatre Animaux de la Prophétie d'*Ezéchiel*. *Ibid.* prédication de l'Evangile, comment devoit se faire au commencement. V. 37, 38.

Evêques: idées superbes que *St. Cyprien* donne de leur pouvoir. VIII. 46, & *suiv.* aveu, que fait *Grégoire de Nazianze*, de la maniére dont les choses alloient dans les Assemblées d'Evêques. XII. 4.

Eunuque: Péres qui ont cru, qu'il étoit permis de se rendre Eunuque. II. 6. il falloit en avoir permission du Magistrat, selon les Loix Romaines. *Ibid.*

EUROPE SAVANTE: objection insoluble, que les Auteurs de ce Journal, Catholiques-Romains, proposent contre la Tradition. I. 3. *pag.* 4. *Note* 1. jugement qu'ils font du Livre du P. *Ceillier*, & de ma critique des Péres. XIV. 7. *Note* 2. leur inadvertence, sur un article particulier. *Ibid.*

EUSEBE (*de Césarée*:) passage de *Platon*, dont il indique mal l'endroit, dans sa *Préparation Evangélique*. V. 24. *Note* 6.

Examen: si la Violence y engage. XII. 13.

Expressions: certaines expressions condamnées mal-à-propos par *Tertullien*, comme sentant l'Idolatrie. VI. 13.

EZECHIAS (Roi de *Juda*:) n'étoit point Persécuteur. XII. 51.

F.

FELL (*Jean*:) avouë nettement la prévention d'un Editeur, en faveur de l'Auteur qu'il publie. VIII. 30.

Femme: doit avoir honte, selon *Clément d'Aléxandrie*, de penser seulement qu'elle est Femme. V. 15. *Femmes introduites*, ce que c'étoit. VIII. 26. XV. 38. *pag.* 278. *Note* 1, 2. des Femmes, qui se tuent, pour éviter qu'on ne les viole. XV. § 7, & *suiv.* Préf. pag. XXXV. une Femme peut, selon *St. Augustin*, ceder à une autre Femme le droit qu'elle a sur le corps de son Mari. XVI. 1, & *suiv.*

FENELON (Archevêque de *Cambrai*:) jugement de ce Prélat, sur la nécessité de l'Ordre dans les Discours ou de vive voix, ou par écrit. V. 34. *Note* 1. & XII. 1. sur l'Eloquence des Péres, & en particulier sur celle de *St. Cyprien*. VIII. 30. sur le mauvais goût des tems où les Péres ont vécu. XII. 2.

FERRAND (*Louis*:) aveu que cet Avocat des Persécutions fait, au sujet des Loix contre les *Donatistes*. XVI. 31.

Fêtes: instituées en l'honneur de Filles ou Femmes, qui s'étoient données la mort, pour mettre leur honneur à couvert de la violence. XV. 10.

Fidéles: tout leur appartient, & les Infidéles sont leurs Débiteurs, selon quelques Péres. II. 10. XVI. 14, & *suiv.*

Fille: Filles, qui couchoient avec des Hommes, sans donner, disoient-elles, aucune atteinte à leur chasteté. VIII. 26.

Flûte: plaisantes raisons, pourquoi *Clément d'Aléxandrie* en condamne l'usage, même dans les Festins. V. 15.

Force: l'usage de la Force contre les Errans en matiére de Religion, est un moien contraire au génie de l'Evangile, & au caractére de ses Ministres. XII. 8. elle n'est nullement propre à persuader, & elle produit des effets tout contraires. *Ibid.* § 12, & *suiv.*

Fornication: étrange décision de *St. Basile*, sont

TABLE DES MATIERES.

font ceux qui ont commis ensemble fornication. XI. 16, & *suiv.*
Fuite, en tems de *Persécution*: pourquoi elle est permise, selon *Clément d'Aléxandrie.* V. 44, & *suiv.* défenduë entiérement, selon *Tertullien.* VI. 31.

G.

Genése: *Chap.* VI. *vers.* 2. fausse explication, que les Péres des prémiers siécles ont donnée à ce passage. II. 2. *Chap.* XXVI. *vers.* 7, 8. allégorie, qu'y trouve *Clément d'Aléxandrie.* V. 7.
Gentil (*Alberic*:) juste & vif reproche, que ce Jurisconsulte fait à *St. Jérôme.* IV. 32.
Gervaise & Protaise (*Saints*:) comment on trouva leurs prétenduës Reliques. XV. 23.
Γνώμη : ce mot traduit par *conseil*, sans nécessité. VIII. 12.
Gnostique: quelles personnes *Clément d'Aléxandrie* entendoit par là. V. 46, & *suiv.* leur caractére tiré d'après le Sage des *Stoïciens*. Ibid.
Gorgias : ancien Rhéteur, qui passe pour le Pére des Sophistes. XV. 36.
Gourmandise : une des raisons, dont se sert *Clément d'Aléxandrie*, pour en détourner. V. 13.
Grabe (*Jean Ernest* :) critiqué. II. 10. III. 4. *Note* 2.
Graisse (des Sacrifices :) ce qu'elle signifioit, selon *Origéne.* VII. 14.
Grammaire: l'étude de la Grammaire, condamnée par *Grégoire le Grand.* XVII. 16. ce que les Anciens comprenoient sous le nom de Grammaire. Ibid. *Note* 1.
Grec: Langue Gréque, peu connuë des Péres Latins. *Préf. pag.* XVII. les Grecs ont toleré plusieurs Religions. XII. 49.
Grégoire le Grand : aveu du peu de justesse de ses *Morales*, ou Commentaires sur *Job*. l. 8. *Préf. pag.* XXXIX, & *suiv.* est le Pére des Cérémonies. *Préf. ibid.* comble de louanges *Phocas*. XVII. 14. & la Reine *Brunehaut*. Ibid. se contredit sur la matiére de la Tolérance. *Ibid.* § 15. son mépris pour les Lettres Humaines. *Ibid.* § 16.
Grégoire VII. ses débauches, & en même tems son inflexibilité sur le Mariage des Prêtres. VIII. 28.
Grégoire de Nazianze: ses expressions horriblement injurieuses, sur le sujet des Secondes Nôces. IV. 18. faux argument qu'il tire du Mariage de *J. Christ* avec son Eglise. *Ibid.* § 36. peu d'ordre qu'il y a

dans ses Ouvrages. XII. 1. quel est son stile. *Ibid.* § 2. son témoignage sur la maniére dont les choses se passoient dans les Conciles. XII. 4. ses idées sur la Perfection, mal liées. *Ibid.* § 4, 5, 46. suppose sans raison des Conseils Evangéliques. *Ibid.* § 64. condamne tout Procés, & toute Défense de soi-même. *Ibid.* *Note* 2. emploie souvent la Raillerie. XIII. 24. loué un Evêque séditieux. XVII. 7. *Note* 1.
Grégoire de *Nysse*: condamne absolument le Prêt à interêt. IX. 6.
Grégoire de *Tours*: son témoignage, sur de fausses Reliques. XV. 29. p. 266. *Note* 1.
Grotius (*Hugues* :) source des erreurs les plus considérables, dans lesquelles il est tombé. I. 10. passage de *Clément d'Aléxandrie*, qu'il explique mal. V. 63. il trouve de la contradiction dans quelques passages d'*Origéne*, où il n'y en a point. VII. 20. pag. 104. *Note* 1. réflexion sur ce qu'il dit d'une personne qui se laisse tuer par un injuste Aggresseur. VIII. 45. mot de cet Auteur, touchant l'Histoire Ecclésiastique. XII. 16.
Guerre: plusieurs Péres l'ont regardée comme absolument incompatible avec la qualité de Chrétien. VII. 20. *pag.* 104. *Note* 1. IX. 3, & *suiv.* XI. 2, & *suiv.* on ne trouve point de Guerre de Religion, dans l'Histoire du Paganisme. XII. 49.

H.

Hebreu : ignoré de la plûpart des Péres, & Grecs, & Latins. *Préf. pag.* XVII.
Hecaton: sentiment de cet ancien Philosophe : sur un cas particulier. XIII. 18.
Heraclite : jeu de *Jupiter*, dont ce Philosophe parloit, trouvé par *Clément d'Aléxandrie* dans une explication allégorique d'un endroit de la *Genése*. V. 7.
Hérétiques: quels sont ceux, dont l'Ecriture Sainte parle. XII. 45. ne sont pas justes Possesseurs de leurs Biens, selon *St. Augustin*. XVI. 21.
Hermogene (ancien Hérétique :) comment maltraité par *Tertullien*, au sujet des Secondes Nôces. VI. 30.
Hilaire (*Saint*, Evêque de *Poitiers* :) condamne toute Persécution pour cause de Religion. XII. 40.
Histoire: une de ses Loix les plus importantes. I. 13 Histoire Ecclésiastique, ce qu'elle contient de plus fréquent. XII. 16.
Hobbes (*Thomas* :) un des plus dangereux
prin-

principes de ce Philosophe Anglois, se trouve conforme aux principes de *St. Augustin.* XVI. 28.

Homélies: quelles étoient les Homélies des Péres. X. 2.

HOMÈRE: explication allégorique, que *Clément d'Aléxandrie* donne du titre de *Mangeurs de lait*, que ce Poëte donne à certains Peuples. V. 8.

Homicide de soi-même: pourquoi défendu. II. 8, 9. est permis, selon *St. Jérôme,* pour éviter la violence faite à la Chasteté. XV. 7, & *suiv.* & selon *St. Ambroise.* Ibid. § 10.

Honnête: sens de ce terme, lors qu'il est joint à quelque autre, qui par lui-même donne l'idée d'un Crime. IV. 8.

HONORIUS: Loix que cet Empereur très-foible, & dévoué aux Ecclésiastiques, fait contre les Hérétiques. XVI. 31, & *suiv.*

HUET (*Pierre Daniel*:) ce qu'il dit d'*Origéne*, par rapport à l'usage des Allégories. VII. 19. son jugement touchant la conduite de *St. Jérôme*, par rapport à l'*Origénisme*. XV. 33, 39.

Huile: les Huiles odoriférantes, entièrement condamnées par *Clément d'Aléxandrie*. V. 16.

HYRCAN (*Roi Pontife des Juifs*:) le prémier de cette Nation, qui a usé de contrainte en matiére de Religion. XII. 50.

I.

JACOB (*le Patriarche*:) pourquoi jugé digne de la vision de l'Echelle, selon *Clément d'Aléxandrie.* V. 17.

Jalousie: sa violence. XIV. 10.

JASON (Souverain Pontife des *Juifs*:) offrande impie qu'il fit, pour des actes d'Idolatrie. XVII. 13.

Idolatrie: celle des Paiens, avant la venuë de JÉSUS-CHRIST, justifiée par *Clément d'Aléxandrie.* V. 59, & *suiv.* & par *Justin*, Martyr. Ibid. § 62. actions, & façons de parler, où *Tertullien* trouve toûjours de l'Idolatrie, quoi qu'innocentes en elles-mêmes. VI. 10, & *suiv.* on ne doit pas, sous prétexte d'un usage d'Idolatrie, auquel on n'a soi-même aucune part, refuser de reparer le dommage qu'on a causé. XVII. 3, & *suiv.*

Idoles: il n'est pas permis de les détruire sans juste cause. XVII. 5. cet attentat condamné par le Concile d'*Elvire.* Ibid. § 12.

JEAN (*l'Apôtre*:) Chap. III. *vers.* 16. de sa I. Epître, expliqué. VIII. 44.

JÉRÉMIE: remarque sur un passage des Lamentations (Chap. IV. *vers.* 20.) II. 4.

JÉRÔME (*Saint*:) type chimérique des Quatre Evangiles, qu'il trouve dans *Ezéchiel.* III. 4. ses invectives contre les Secondes Nôces. IV. 21, 26. XV. 1. & *Préf.* pag. XXXIII. ce qu'il dit sur l'usage du Mariage, dans l'Etat d'Innocence. Ibid. § 32. faux argument qu'il tire du Mariage de *J. Christ* avec son Eglise. Ibid. § 36. il appelle la Mére d'une Nonnain, la *Belle-Mére de* DIEU. Ibid. avance une fausse supposition, touchant le Mariage des Apôtres. VIII. 5, & *suiv.* réponse impertinente qu'il fait à une raison alleguée en faveur de l'innocence du Mariage. VIII. 13. *Note* 1. avouë la grande peine qu'il a euë à garder la Continence. Ibid. § 25. raison impertinente, dont il se sert, pour engager à cette Continence. XV. 1. *Note* 1. il copie souvent *Tertullien*, sans le nommer. Ibid. & § 12. pag. 248. *Note* 1. & § XV. *Note* 6. croit, que le Serment est entièrement illicite, sous l'Evangile. XV. 2, & *suiv.* & que l'Homicide de soi-même est permis, pour se garantir de la violence faite à la Chasteté. Ibid. § 7, & *suiv.* il veut, que les Chrétiens, comme tels, soient dispensez de païer les Tributs aux Puissances Civiles. Ibid. § 5, & *suiv.* sa conduite, & ses emportemens contre *Vigilance.* Ibid. § 17, & *suiv.* il dit, que les Ames des Martyrs sont par tout. Ibid. § 24. mauvaises raisons, dont il se sert, contre *Jovinien.* Ibid. § 12, & *suiv.* § 31. sa manière d'écrire, ses contradictions, ses variations. Ibid. § 32, & *suiv.* veut justifier sa manière de disputer, par l'exemple de Nôtre Seigneur, & des Apôtres. Ibid. § 35, & *suiv.* blâme le stile de Déclamateur, & donne lui-même dans la Déclamation. *Préf.* pag. XVII.

JÉSUS-CHRIST: pourquoi est né d'une Vierge, selon *Justin*, Martyr. II. 7. à quel âge il commença de prêcher l'Evangile, selon *St. Irenée.* III. 1. caractére injurieux, que lui donne *St. Jérôme.* XV. 38. *Note* 5. si son Mariage avec l'Eglise est le modéle des Mariages Chrétiens. IV. 36. il n'étoit susceptible, selon *Clément d'Aléxandrie*, d'aucun mouvement des Passions les plus légitimes. V. 54, & *suiv.* en quoi on peut l'imiter. VII. 2. a condamné toute Contrainte en matiére de Religion. XII. 8.

Jeu: ceux de Hazard condamnez entièrement par *Clément d'Aléxandrie*. V. 24.

Jeûne: origine des Jeûnes de l'Eglise Romaine, qu'elle fait consister à s'abstenir

TABLE DES MATIERES.

feulement de certaines Viandes. XV, 15. *Note* 3.

IGNACE (*Saint*:) réflexion fur l'ardeur, avec laquelle il rechercha le Martyre. VIII. 39. comment les Chrétiens, après fa mort, honorérent fes Reliques. XV, 25.

Imiter: comment on peut imiter Nôtre Seigneur, & fes Apôtres. VII. 5.

Incefte: excufé par divers Péres, dans les Patriarches, & autres du Vieux Teftament. III. 7. XIII. 11.

Incontinence: réflexions fur ce que difent les Péres, & autres, touchant l'efprit d'Incontinence, qui porte à fe remarier. IV, 28, & *fuiv*.

Inconvéniens: il y en a prefque par tout. XII. 33.

Infaillibilité: ceux qui fe l'attribuent, fe rendent par là fufpects d'erreur. XII. 19.

Injures: qu'on n'en dit point aux Anciens, en remarquant leurs erreurs & leurs fautes. I, 13. jufqu'où la Raifon & l'Evangile veulent qu'on fouffre les Injures réelles. *Préf. pag.* XXVII.

Infpiration divine: fuppofée mal-à-propos par quelques Péres, pour rendre innocentes des actions mauvaifes de leur nature. XV, 10, 11.

JOB: comparaifon, que le Diacre *Ponce* fait de *St. Cyprien*, avec ce faint homme. VIII, 2.

JOSEPH (*Flavius*:) cet Hiftorien Juif condamne la Contrainte & la Perfécution pour caufe de Religion. XII, 50. *Note* 1.

JOVINIEN: fentimens de ce prétendu Hérétique, mal refutez par *St. Jérôme*. XV, 12, & *fuiv*. 31. il ne vouloit point fe marier, quoi qu'il foûtînt que le Mariage en lui-même eft auffi faint que le Célibat. *Ibid.* § 31. *Note* 4.

IRENÉE (*Saint*:) fes faux raifonnemens & fes erreurs, fur diverfes chofes. III, 1, & *fuiv*. traite les Secondes Nôces de fornication. IV, 14. emploie fouvent la Raillerie. XIII, 24.

Ironie: emploiée, même par les Ecrivains Sacrez. XIII, 23.

ISDEGERDE (Roi de *Perfe*:) perfécution des Chrétiens, à laquelle ce Prince fut porté par une violence & un refus injufte de l'Evêque de fa Ville Roiale. XVII, 3.

ISRAELITES: leur emprunt des Vafes d'or & d'argent des *Egyptiens*, juftifié par de mauvaifes raifons. III, 9. leurs Rois, juftifiez du reproche d'Intolérance. XII, 50.

Juifs: toleroient ceux qui n'étoient pas de leur Religion, ou qui formoient entr'eux des Sectes. XII, 50. pourquoi les Juifs Idolatres étoient punis de mort. *Ibid.* § 51. ils croioient, que les Biens des Gentils étoient au prémier occupant. XVI, 26. vain fcrupule de quelques Soldats Juifs, qui fervoient dans l'Armée d'*Alexandre le Grand*. VI, 10.

JULIEN (*l'Empereur*, ou *Apoftat*:) reproche aux *Chrétiens* le Culte des Morts & des Reliques. XV, 24. *Note* 1.

JURIEU (*Pierre*:) autorité de ce Miniftre, objectée mal-à-propos. XII, 43.

Juftes: voiez *Fidéles*. D'où eft-ce que *St. Auguftin* a tiré un paffage de l'Ecriture, qu'il cite ainfi: *Les Juftes mangeront le travail des Méchans*. XVI, 22. le Jufte & l'Injufte dépendent d'une volonté arbitraire de DIEU, felon quelques anciens Docteurs Chrétiens. IV, 13.

JUSTIN, *Martyr*: fes fauffes explications de l'Ecriture, & fes erreurs fur diverfes chofes. II, 1, & *fuiv*. il croioit, que les Anges avoient été créez pour avoir foin des chofes d'ici-bas. IV, 3. *Note* 4. ce qu'il dit du Salut des Paiens. XI, 11. il ne laiffe à DIEU qu'une Providence générale. IV, 3. *Note* 4.

L.

LACTANCE: reflexion fur le jugement qu'il porte de la maniére d'écrire de *St. Cyprien*. VIII, 30. fes idées outrées fur la Patience Chrétienne. IX, 2, & *fuiv*. condamne entiérement la Guerre, & la Défenfe de foi-même contre un injufte Aggreffeur. *Ibid.* comme auffi le Trafic dans les Païs Etrangers. *Ibid.* § 4. & le Prêt à ufure. *Ibid.* § 6. il s'eft déclaré contre la Perfécution pour caufe de Religion. XII, 40. ce qu'il dit des anciens Philofophes du Paganifme. *Préf.* pag. X.

Lait: felon *Clément d'Alexandrie*, *Jéfus-Chrift* eft défigné par le *Lait*, dans l'Ecriture, & *Homére* l'a deviné. V, 8.

Lampes: ufage d'allumer des Lampes, dans quelque réjouiffance publique, condamné abfolument par *Tertullien*. VI, 11, & *fuiv*. pendües autrefois fur la porte des Lieux de Débauche. *Ibid.* § 12. Lampes allumées en plein jour, pour honorer les Reliques des Martyrs, ou la lecture de l'Ecriture Sainte. XV, 20.

Langage: fes régles négligées par le Pape *Grégoire I*. comme s'il étoit indigne d'un Chrétien de les fuivre. XVII, 16.

Laurier: ufage des Lauriers, dans quelque réjouiffance publique, condamné fans diftinction par *Tertullien*. VI, 11, & *fuiv*.

Légi-

TABLE DES MATIERES.

Légiſlateurs: les ſages Légiſlateurs favoriſent le Mariage. VIII, 14. XIII, 4.

Légitime: ſens de cette épithéte, lorsqu'elle eſt jointe à quelque terme, qui par lui-même donne l'idée d'une choſe mauvaiſe. IV, 8.

L é o n, *le Philoſophe* (Empereur:) excommunié par un Patriarche de *Conſtantinople*, pour s'être remarié en Quatriémes Nôces. IV, 24. rétablit la permiſſion du Prêt à uſure, que ſon Pére avoit abolie. IX, 17.

L é o n (*Saint*:) ce Pape approuve la Perſécution, juſqu'à l'effuſion du ſang. XVII, 2.

Lettres Humaines: leur étude condamnée par *Grégoire le Grand*. XVII, 16. mais non pas par les autres Péres avant lui. *Ibid*. Note 3.

Libéralité: réflexions ſur l'exercice de cette Vertu XII, 66.

Loi Naturelle: en quoi conſiſte ſon immutabilité. VIII, 42.

Loix Civiles: ne font que tolerer, ſelon *St. Auguſtin*, la poſſeſſion des Biens aquis à titre légitime par ceux qui ne ſont pas Juſtes, ou Fidéles. XVI, 14.

L o i P a p i e n n e e t P o p p é e n n e: ſi *Conſtantin* fit bien de l'abolir. XIII, 4.

L o t h: ſon inceſte, comment excuſé par quelques Péres. III, 7.

L o u ï s XIV. (*Roi de* France:) témoignages authentiques qu'il a rendus à la fidélité des Proteſtans, ſes Sujets. XVI, 40.

L u c (*Evangile de St.*:) *Chap.* XI. *verſ.* 41. fauſſe explication que *St. Cyprien* donne de ce paſſage. VIII, 54. *Chap.* VI, verſ. 25. paſſage tordu par quelques Péres, pour y trouver la défenſe de railler & de rire. XIII, 25.

M.

M a g i s t r a t u r e: toute Magiſtrature, ſans diſtinction, eſt défenduë aux Chrétiens, ſelon *Tertullien*. VI, 21, *& ſuiv*.

M a l a c h i e (*Saint*:) D i e u, ſelon *St. Bernard*, lui fait trouver un Tréſor, par une Providence particuliére. XVI, 13.

M a r c (Evêque d'*Aréthuſe*:) aima mieux ſouffrir de cruels tourmens, que de reparer le dommage, qu'il avoit cauſé, en démoliſſant de ſa pure autorité un Temple d'Idoles. XVII, 7.

M a r c i o n i t e s: objection qu'ils faiſoient contre le Vieux Teſtament. III, 9.

Mari: un Mari, peut, ſelon *St. Auguſtin*, ceder à un autre Homme le droit qu'il a ſur le corps de ſa Femme. XVI. 2, *&*

ſuiv. ce que *St. Paul* entendoit par *Mari d'une ſeule Femme*, ou *Femme d'un ſeul Mari*. IV. 22. pluſieurs Péres veulent, qu'un Mari ne rende point le devoir conjugal à ſa Femme enceinte. *Ibid*. § 33. *Clément d'Aléxandrie* lui défend de donner un baiſer à ſa Femme, en préſence des Domeſtiques. V. 25.

Mariage: a par lui-même quelque choſe d'impur, ſelon pluſieurs Péres. II. 7. III. 8. IV. 31, *& ſuiv*. VI. 31. XIII. 2, *& ſuiv*. s'il eſt plus conforme à l'état naturel des Hommes, que le Célibat. IV. 7. ſi le lien du Mariage peut s'étendre au delà de la mort de l'un des Mariez. *Ibid*. § 10.

M a r t i n (*Saint*:) découvre de fauſſes Reliques. XV. 29.

Martyr: égard qu'on avoit aux interceſſions des Martyrs, pour exemter les Tombez des Pénitences publiques. VIII. 52. faux Martyrs, érigez en Saints. XV. 11. quel honneur on leur rendoit dans les prémiers Siécles. XV. 25, *& ſuiv*.

Martyre: témérité de ceux qui s'y offroient d'eux-mêmes, approuvée de pluſieurs Péres. II. 8. VIII. 38. qu'il n'eſt pas permis de ſouhaitter le Martyre en lui-même & pour lui-même, moins encore de le rechercher ſans néceſſité. *Ibid*. § 36, *& ſuiv*. exemple de ceux qui l'ont fait, & qui après cela ont ſuccombé. *Ibid*. § 38. inſpiration ſuppoſée ici mal-à-propos. XV. 11. ce n'eſt pas un vrai Martyre, de ſouffrir la mort, pour ne pas vouloir rebâtir un Temple d'Idoles, qu'on a brûlé ſans aucun droit. XVII. 7.

M a s s u e t (le P.) critiqué & repouſſé III. 4. *Préf. pag*. XVIII. Note 1.

M a t t h i e u (*Saint*) *Chap*. XIX. *verſ*. 9 fauſſe explication qu'*Athénagoras* donne de ce paſſage. IV. 9. *Chap*. VII. *verſ*. 6. & *Chap*. X. *verſ*. 27. très-mal expliquez par *Clément d'Aléxandrie*. V. 37. *Chap*. VI. *verſ*. 27. fauſſe application de ce paſſage, dont *Tertullien* ſe ſert pour condamner la Comédie. VI. 20. *Chap*. VII. *verſ*. 1. autre paſſage, mal appliqué par *Tertullien*. *Ibid*. § 35. *Chap*. XIX. *verſ*. 12. vrai ſens de ce paſſage. VIII. 9. *Chap*. V. *verſ*. 36. & *Chap*. VI. *verſ*. 27. fauſſe application, que quelques Péres font de ces paſſages, pour condamner des choſes innocentes en elles-mêmes. VIII. 32. *Chap*. V. 25. mal expliqué par *St. Baſile*. XI. 9. *Chap*. XIX. *verſ*. 17, *& ſuiv*. expliquez & défendus contre une fauſſe interprétation. XII. 67, *& ſuiv*. *Chap*. XXI. 43. faux ſens, que *St. Auguſtin* donne à ce paſſage. XVI. 22. *Note* 1.

Men-

TABLE DES MATIERES.

Menteries: il y en a d'innocentes, selon plusieurs Péres de l'Eglise. XIV, 7.
Messe: origine de sa superstition. *Préf. pag.* XVII.
Metacismus: ce que c'est. XVII, 16. *Note* 5.
Métier: pensée outrée de *Tertullien*, sur les Métiers défendus aux Chrétiens. VI, 5.
Meubles: ceux d'or & d'argent, ou d'autres matiéres précieuses, condamnez sans restriction par *Clément d'Aléxandrie*. V, 14.
MICHEL CERULARIUS: Patriarche, excommunié pour avoir voulu représenter les inconvéniens du Célibat des Ecclésiastiques. VIII, 27.
Mien, Tien: il n'y en a point, sans l'autorité des Souverains, selon un Pére de l'Eglise. XVI, 27, & *suiv.* ils dépendent, selon le même, du bon usage que chacun fait de ses Biens. *Ibid.* § 13, & *suiv.*
MILLENAIRES: leur fausse opinion, soûtenuë par un grand nombre de Péres. I, 3, *pag.* 4. *Note* 1.
MINUTIUS FELIX: ses idées chimériques touchant la Croix. II, 4. *Note* 4. III, 1. *Note* 4. idée qu'il avoit des Secondes Nôces. IV, 17. condamne l'usage des Couronnes de fleurs, comme mauvais en lui-même. VI, 15.
Miroirs: leur usage regardé comme une espéce d'Idolatrie, par *Clément d'Aléxandrie*. V, 19.
MOÏSE: s'il défendit aux Maris, d'avoir commerce avec leurs Femmes enceintes. IV, 33.
Moines: la Vie Monachale n'est rien moins qu'autorisée par l'Evangile. XI, 20. quel extérieur *St. Basile* veut que les Moines affectent. *Ibid.*
MONTFAUCON (*Dom Bernard de*:) son témoignage sur des Reliques honorées pendant long tems, & réconnuës ensuite fausses. XV, 29. *pag.* 266. *Note* 1.
Morale: conformité de la Morale Naturelle avec les Maximes de l'Evangile. I, 5. excès du zéle, combien dangereux dans l'étude de cette Science. IV, 12. ceux qui la traitent, doivent éviter les expressions & les peintures qui ont quelque chose d'obscéne. V, 31, & *suiv.* ils doivent aussi mettre de l'ordre dans leurs matiéres & leurs pensées. *Ibid.* § 34, & *suiv.* & s'abstenir des raisons peu solides. VIII, 33. les Instructions superficielles ne suffisent pas ici. X, 4. soin qu'on doit avoir d'expliquer bien les Régles de Morale, énoncées en termes qui peuvent être pris trop à la rigueur. XI, 12. qui est le Pére de la Morale Scholastique. *Préf. pag.*

XXXVIII. quand c'est que la Morale a entiérement dégeneré. *Ibid.* pag. XXXIX.
Mort: effet, que *St. Chrysostôme* attribuë à la crainte de la Mort, sous la Dispensation Légale. XIV, 11, 12.
Musique: Instrumens de Musique, leur usage dans les Festins, condamné absolument par *Clément d'Aléxandrie*. V, 15.
Mystéres du Paganisme: maniére dont on y usoit, par rapport à leur communication, imitée des Péres de l'Eglise. V, 39.
Mystiques: qui est le principal Auteur de leur Théologie. *Préf.* pag. XVIII.

N.

NABUCHODONOZOR: si ce Prince persécuta ses Sujets, pour cause de Religion. XII, 52.
Naufrage: cas, qui arrive quelquefois dans un Naufrage, décidé. XIII, 18.
NICETAS PECTORATUS: Moine, qui blâmoit la nécessité du Célibat imposée aux Ecclésiastiques, mais dont le Livre fut brûlé par ordre d'un Pape. VIII, 27.
NICOLAS *le Mystique* (Patriarche de *Constantinople*:) excommunie un Empereur, pour s'être remarié en Quatriémes Nôces. IV, 24.
NICOLLE (*Pierre*:) reconnoît, que le désir, qui porte au Mariage, est toûjours mauvais en lui-même. IV, 31. *Note* 2. aveu qu'il fait, au sujet d'une fausse opinion de *Tertullien*. VI, 22. *Note* 2.
Nôces (*Secondes*:) condamnées, comme vicieuses de leur nature, par quantité de Péres de l'Eglise. IV, 7, & *suiv.* défenduës aux Ecclésiastiques, dès le second Siécle, ou le commencement du Troisiéme. *Ibid.* § 23. celles des Laïques, flétries, & sujettes à des Pénitences. *Ibid.* § 24.
Nombre: la supériorité en nombre n'est pas une marque de la vérité de quelque Opinion. XII, 15.
Nombres: raisonnemens creux, fondez sur la combinaison des Nombres, en usage chez les Anciens. III, 4, 5. VII, 16.
NOMBRES (*Livre des*:) *Chap.* VI. *vers.* 9. frivole allégorie, que *Clément d'Aléxandrie* tire de ce passage. V, 6.
Non-conformistes: le Souverain peut maintenir le bon ordre entr'eux, sans violenter leurs Consciences. XVI, 36.
Nonnain: appellée par *St. Jérôme* sa *Maitresse*; & la Mére de cette Nonnain, la *Belle-Mére de* DIEU. IV, 36.
Nouveauté: les Hommes, généralement parlant, ont plus d'éloignement pour la Nouveauté

TABLE DES MATIERES.

veauté en matiére de Religion, que de disposition à s'y laisser surprendre. XII, 34.

Nucleus: sens particulier de ce mot. XV, 31. *pag.* 269. *Note* 6.

O.

OBSCÉNITEZ : exemples de celles qu'on trouve dans les Ecrits de quelques Péres. V, 31, & *suiv.* VIII, 13. *Note* 1. XV, 31.

OBSERVATIONES HALLENSES: remarques sur une de ces Observations, où l'on trouve quelque fausse critique. II, 9.

OLYMPIUS (Grand Maître de la Maison Impériale:) fait confirmer à *Honorius* les Loix contre les Hérétiques & les Païens, à la sollicitation de *St. Augustin.* XVI, 32.

Opiniâtreté: si la Force est propre à vaincre l'Opiniâtreté en matiére de Sentimens. XII, 12, 13, 54, 57.

Opinions: comment s'introduisent, en matiére de Religion. XII, 15, & *suiv.* il y en a de contraires, dont on ne peut être assûré que l'une ou l'autre soit nécessairement vraie. *Ibid.* § 18. la diversité d'Opinions est inévitable. *Ibid.* § 36, & *suiv.* moien de la diminuer. *Ibid.* § 35. pourquoi DIEU la permet. *Ibid.* § 37.

OPTAT (de *Miléve:*) a condamné la Persécution pour cause de Religion. XII, 40. rend témoignage aux friponneries de ceux qui débitoient de fausses Reliques. XV, 23. *pag.* 260. *Note* 4.

Or: un Chrétien n'en peut jamais porter, selon *Clément d'Aléxandrie.* V, 18.

Ordre: est nécessaire dans les *Traitez de Morale.* V, 34, & *suiv.* & dans tous les Discours qui se rapportent à la Religion. XII, 1.

ORIGÉNE: croioit, que les Secondes Nôces excluent du Roiaume de DIEU. IV, 18. comment il justifie celles du Patriarche *Abraham. Ibid.* défend aux Maris d'avoir commerce avec leurs Femmes enceintes. *Ibid.* § 33. exemples de ses Allégories chimériques. VII, 14, & *suiv.* on avoûe que c'est celui de tous les Péres, qui a le plus donné dans ces sortes d'imaginations. *Ibid.* § 19. reflexions sur ce qu'il se fit Eunuque, pour avoir mal entendu un passage de l'Evangile. *Ibid.* § 20. austéritez inutiles, qu'il pratiquoit, pour avoir pris à la lettre un autre passage. *Ibid. Note* 4. il a toûjours regardé la Guerre, & la Profession Militaire, comme interdites aux Chrétiens. *Ibid.* pag. 104. *Note* 1. *St. Jérôme* avoit embrassé plusieurs de ses sentimens. XV, 33.

Origénistes: persecutez par *St. Jérôme*, qui l'avoit lui-même été. XV, 39.

P.

PAGI (*Antoine:*) reconnoît, que *St. Cyprien* étoit marié. VIII, 2.

Παιδιμιον, παιδιοκαι, παιδιοκυρια: Ce que signifient ces mots. V, 6.

Pain: usage du Pain blanc, condamné par *Clément d'Aléxandrie.* V, 13.

Paix: moien d'accorder l'amour de la Paix, & l'amour de la Vérité. XII, 35, 37.

PAMÉLIUS (*Jaques:*) aveu, que fait cet Evêque, au sujet de *Tertullien.* VI, 30.

Papes: leur obstination à ne voûloir pas permettre le Mariage aux Ecclésiastiques. VIII, 27, 28. donnent des Biens & des Païs, qui ne leur appartiennent point. XVI, 26.

Paradoxes: si les Maximes de Morale doivent être traitées en forme de Paradoxes. V, 28. les *Stoïciens* imitez, à cet égard, par *Clément d'Aléxandrie.* Ibid.

Parjurs: en quoi consiste. XI, 14.

PASCHAL (*Charles:*) critique *Tertullien* sur ce que ce Pére condamnoit entiérement l'usage des Couronnes. VI, 16.

Passions: le Chrétien parfait en est exemt, selon *Clément d'Aléxandrie.* V, 46, & *suiv.*

Patience: fausse idée de plusieurs Péres, sur la Patience Chrétienne. VI, 32, & *suiv.* IX, 1, & *suiv.*

PAUL (*Saint:*) selon lui, les Apôtres pouvoient être mariez; & il l'étoit lui-même. VIII, 8. condamne en sa propre personne la Persécution, quoi que mise en usage de bonne foi, contre ceux d'une autre Religion. XII, 29. la maniére, dont il fut converti, prouve que toute Contrainte en matiére de Religion est criminelle, bien loin de la justifier. *Ibid.* § 61. sa douceur, quand il dispute contre les *Juifs.* XV, 38. il n'a point abattu d'Idoles. XVII, 12. pag. 33. *Note* 3.

PAULLIN (Evêque de *Nole:*) rend bon témoignage à *Vigilance*, & le recommande. XV, 38.

Pauvreté: les vœux de Pauvreté ne font point la matiére d'un Conseil Evangélique. XII, 64, & *suiv.*

Payens: leur Idolatrie justifiée par *Clément d'Aléxandrie.* V, 39, & *suiv.* & par *Jus-*

tin, Martyr. *Ibid.* § 62. fi on devoit leur cacher les Véritez de l'Evangile. *Ibid.* § 37, & *suiv.* opinions diverses des Péres, fur le Salut des Payens. XI, 11. les Payens ne fe font pas perfecutez les uns les autres, pour caufe de Religion. XII, 49. pourquoi ils perfécutérent les Chrétiens. *Ibid.* Loix injuftes, qui puniffoient de mort les Paiens, à caufe de leur Religion. XVI, 34.

Péché: ce que c'eft, felon *Clément d'Aléxandrie*. V, 12. en quoi St. *Auguftin* fait confifter le mal qu'il y a dans tous les Péchez. XVI, 9, & *suiv.* fauffes idées qu'avoit St. *Cyprien* du rachat des Péchez par l'Aumône. VIII, 54. quels font les plus grands Péchez. XII, 55.

PÉLAGIE (*Sainte*:) regardée comme Martyre, pour s'être donnée la mort, afin de mettre fon honneur à couvert de la violence. XV, 10.

Pénitences Publiques: les *Tombez* en étoient quelquefois difpenfez, & comment. VIII, 52. on les impofoit à ceux qui fe remarioient, & cela à proportion du nombre des Mariages. IV, 24. combien de tems duroit celle de la Fornication. XI, 18.

PÉRES DE L'EGLISE: leur génie Déclamateur. *Préf.* pag. XVI. ne font point infaillibles, de l'aveu du P. *Ceillier*. I, 3. reconnoiffent eux-mêmes, qu'on ne doit pas fe fier à leur Autorité feule. *Ibid.* leur confentement n'eft pas une preuve certaine de vérité. *Ibid.* leurs Ecrits ne font pas plus clairs, que l'Ecriture Sainte. *Ibid.* fauffe modération, dont ils fe piquoient quelquefois. I, 14. aveu des erreurs où les jettoit une mauvaife Philofophie. II, 2, 3. ont cru les *Septante* infpirez. *Ibid.* plufieurs ont trouvé la *Croix* dans des paffages du V. Teftament, où il n'y a rien moins que cela. *Ibid.* § 4. la plûpart ont cru les Anges corporels, & que les Mauvais avoient eu commerce avec des Femmes. *Ibid.* § 2. leur crédulité pour les Livres Apocryphes. *Ibid.* leur attachement à une mauvaife Philofophie. *Ibid.* & III, 5. excufent, & tournent en types, des Actions Mauvaifes, fous prétexte que l'Ecriture ne les blâme pas en les racontant. III, 7. condamnent, pour la plûpart, les Secondes Nôces. IV, 14, & *suiv.* veulent qu'un Mari ne puiffe honnêtement rendre le devoir conjugal à fa Femme enceinte. *Ibid.* § 34. tiennent pour illicite la Défenfe de foi-même & de fes biens. *Ibid.* § 37. VI, 33, & *suiv.* IX, 1, & *suiv.* XI, 1, & *suiv.* XII, 64. *Note* 2. aiment à tout allégorizer. VII, 1. con-

damnent abfolument le Prêt à ufure. IX, 6. quelles étoient leurs Homélies. X, 2. la plûpart femblent condamner abfolument le Serment. XI, 12. Voiez *Serment*. contradiction entre leurs maximes, & leur conduite, au fujet de la Perfécution pour caufe de Religion. XII, 40. ignoroient l'Art Critique, & l'Art de raifonner. *Préf.* pag. XVIII.

Perles: il eft abfolument défendu à un Chrétien, d'en porter, felon *Clément d'Aléxandrie*. V, 18.

Permiffion: fauffe idée, que plufieurs Péres fe faifoient de la permiffion de diverfes chofes innocentes de leur nature. IV, 13, 25, & *suiv.* VI, 31.

Perfécution pour caufe de Religion: fes mauvais effets. XII, 22, 29. & *suiv.* 55. fon injuftice. *Ibid.* § 8, & *suiv.* celle qui ôte la Vie, eft quelquefois moins cruelle, que d'autres, qui rendent la Vie une mort continuelle. XVI, 33. des qu'on en permet le moindre degré, il n'y a plus où s'arrêter. *Ibid.* § 34. reflexions fur la derniére Perfécution de *France*. *Ibid.* § 39, & *suiv.*

Perfuafion (en matiére de Sentimens:) la plus forte doit être accompagnée de Modeftie & de Charité. XII, 24. elle eft égale dans ceux qui ont des opinions faines, & dans ceux qui errent. *Ibid.* § 46.

PETAU (*Denys*:) aveu de ce Jéfuite, au fujet des Déclamations des Péres. *Préfac.* pag. XVI.

PHILON (*Juif*:) ce qu'il dit d'*Abraham*, par rapport à fon commerce avec *Hagar*, mal entendu par un Auteur Catholique Romain. IV, 33. *Note* 7.

Philofophes: les Philofophes Paiens, à joindre toutes leurs Sectes, ont enfeigné toutes les Véritez, felon *Lactance*. *Préfac.* pag. X.

Philofophie: combien une mauvaife Philofophie a féduit les Péres. III, 5.

PHILOXENE: fermeté de ce Poëte à ne point approuver les Poëfies de *Denys le Tyran*. VIII, 13.

PHOCAS: louanges que *Grégoire I*. donne à cet Ufurpateur inhumain. XVII, 14.

PHOTIUS: réflexions fur fon caractére. III, 1, 2.

PIERRE (*l'Apôtre Saint*:) réflexions fur fon Mariage. VIII, 6.

Pierreries: il eft toûjours défendu à un Chrétien, d'en porter, felon *Clément d'Aléxandrie*. V, 18.

PILATE: ce qu'en dit *Tertullien*, par rapport au Chriftianifme. VI, 28.

TABLE DES MATIERES.

Plaider : il est absolument défendu aux Chrétiens de plaider, selon plusieurs Péres. IV, 37. XI, 8. XII, 64. *Note* 2.

Plaisir : les Plaisirs les plus naturels ont quelque chose de mauvais en eux-mêmes, selon la plûpart des Péres. IV, 34, 35. V, 13, 23.

PLATON : passage de ce Philosophe, copié tacitement par *Clément d'Aléxandrie*. V, 24.

Politique : la bonne Politique est favorable à la Tolérance des Religions. XII, 31, *& suiv.*

POLYCARPE : cet Evêque n'a pas recherché le Martyre. VIII, 38. quel honneur les Chrétiens rendirent à ses Reliques. XV, 26, 27.

Polygamie : jusqu'à quel tems elle fut permise aux *Juifs*. IV, 22.

PONCE (*le Diacre :*) si, dans sa Vie de *St. Cyprien*, il n'a pas fait regarder ce Pére comme marié. VIII, 2.

Positif : mis pour le Comparatif : *Il est bon*, pour, *Il vaut mieux*. XV, 13.

POTTER (*Jean :*) remarque sur l'explication que cet Evêque donne d'un passage de *Clément d'Aléxandrie*. V, 53. aveu qu'il fait, au sujet d'une erreur grossiére de ce Pére. *Ibid.* § 61. passage du même Pére, qu'il corrige sans nécessité. *Préf. pag.* XIX, *Note* 3.

Possession : quels sont, selon *St. Augustin*, les titres de toute Possession légitime. XVI, 22, *& suiv.*

Pratiques : danger qu'il y a de laisser introduire dans la Religion des Pratiques Humaines, quelque innocentes qu'elles paroissent de leur nature. XV, 24.

Prédicateurs : maniére dont ils imposent au Peuple par leurs Déclamations, avouée ingénument par *Grégoire de Nazianze*. XII, 2. pag. 168. *Note* 1. combien ils doivent être circonspects, en traitant de matiéres délicates. XIV, 22, 24.

Prêt : voiez *Usure*.

Prêtres : il leur fut défendu de bénir les Nôces des Bigames, & d'assister au Festin de Mariage. IV, 24.

Priére : différence chimérique, que fait *Clément d'Aléxandrie*, sur la maniére de prier DIEU, entre les Chrétiens parfaits, & les autres. V, 50.

PROTESTANS : pourquoi respectent l'autorité de quelques Conciles. XII, 4. réflexions pour l'Intolérance, qu'on leur objecte. *Ibid.* § 42.

PROVERBES *de* SALOMON : *Chap.* XVI, *vers.* 6. faux sens, que *St. Cyprien* donne à ce passage. VIII, 54. *Note* 1. *Chap.*

XVII, *vers.* 6. selon les *Septante* : réflexions sur le sens de ce passage, qui ne se trouve ni dans l'Hébreu, ni dans la Vulgate. XVI, 13. *Chap.* XIII. *vers.* 22. explication de ce passage. *Ibid.* § 22.

Providence Divine : n'est que générale, selon quelques Péres. IV, 3. *Note* 4, 5. la Providence particuliére appartient aux Anges, selon les mêmes. *Ibid.*

PSEAUMES (*Livre des :*) plaisante remarque de *St. Augustin*, sur le I. Pseaume. XVI, 44, *& suiv.* contradiction du même Pére, dans son Explication de ce Pseaume. *Ibid.* § 48.

PUPIEN (*Florent*, Evêque d'*Afrique :*) pauvre raisonnement dont *St. Cyprien* se sert contre lui. VIII, 49.

Q.

QUINTUS : Chrétien de *Phrygie*, qui, aiant recherché témérairement le Martyre, succomba, quand il en vit l'appareil. VIII, 38.

R.

Raillerie : elle est toûjours mauvaise, selon *St. Ambroise*. XIII, 19, *& suiv.* les Péres en ont fait usage. *Ibid.* § 24. on peut l'employer contr'eux. *Préf. pag.* XXXII, *& suiv.*

Raisin : celui que les Espions des *Israëlites* leur apportérent, ce que c'est, selon *Clément d'Aléxandrie*. V, 14.

Raisonner : l'art de raisonner, ignoré des Péres. *Préf. pag.* XVI, XVII. ce n'est pas un petit défaut. *Ibid. Note.*

Réformez : innocence de ceux de *France*, qui ont été cruellement persecutez. XVI, 39, *& suiv.*

Religion : comment s'introduisent les fausses Religions. XII, 15. il y a des Religions, qui ne peuvent jamais être conciliées. *Ibid.* § 23. si la diversité de Religions produit par elle-même des divisions & des troubles. *Ibid.* § 32.

Reliques : abus ancien & moderne des Reliques. XV, 19, *& suiv.* 23, *& suiv.* leur origine. *Ibid.* § 24.

Restitution : la crainte d'un Scandale pris, n'en dispense point. XVII, 7.

Révélation : elle n'empêche pas que les Hommes ne soient sujets à tomber dans des Erreurs. XII, 16. elle suppose l'usage des Lumiéres Naturelles. I, 5.

Représailles : le droit de Représailles n'a pas lieu entre les Sujets d'un même Souverain,

TABLE DES MATIERES.

rain, quoi qu'en dise *St. Ambroife.* XVII, 10.

Riche: reflexion fur la maxime, *Que le feul Chrétien eft riche.* V, 28. un Riche, qui ne donne pas l'Aumône, n'en eft pas moins maître légitime de fon Bien. XVI, 17, *& fuiv.*

RIGAULT (*Nicolas:*) aveu qu'il fait, au fujet de quelques fauffes opinions de *Tertullien.* VI, 6, 26. paffage de ce Pére, où il explique mal un mot. *Ibid.* § 35. *Note* 2. autre, qu'il corrige fans néceffité. *Ibid.* pag. 94. *Note* I.

Rocher: fente du Rocher: ce que ces mots fignifient dans l'Ecriture, felon *Origéne.* VII, 15.

ROMAINS: toleroient diverfes Religions. XII, 49. pourquoi ils perfécutérent les Chrétiens. *Ibid.*

ROMAINS (Epître de *St. Paul* aux:) *Chap.* XIV. *verf.* 21. fauffe interprétation, que *St. Jérôme* donne de ce paffage. XV, 13.

RUFIN (Prêtre d'*Aquilée:*) fe brouille avec *St. Jérôme.* XV, 33. le reprend fouvent avec raifon, & en eft accufé fans le moindre fondement. *Ibid.* § 39.

S.

SADUCÉENS: tolerez, malgré leurs erréurs capitales. XII, 51.

SAINTS: font par tout, felon *St. Jérôme.* XV, 24. les apoftrophes des Morts ont donné lieu à leur Culte. *Préf. pag.* XVII.

Saluer: il eft défendu aux Chrétiens, felon *Clément d'Aléxandrie,* de fe faluer en ruë. V, 24.

SALVIEN (Prêtre de *Marfeille:*) condamne la Perfécution pour caufe de Religion. XII, 40.

Salut Eternel: combien on doit être refervé à en exclure les autres. XII, 24.

SAMUEL: fauffes reliques de ce Prophéte. XV, 20.

Sang: défenfe de manger du Sang, regardée par *Clément d'Aléxandrie* comme une Loi Naturelle. V, 20.

SARA: ce que dit *St. Chryfoftôme* de la complaifance de *Sara* à s'expofer à l'Adultére, pour fauver la vie de fon Mari. XIV, 13, *& fuiv.* penfée femblable de *St. Ambroife* fur ce fujet. *Ibid.* § 23. elle céda à *Abraham,* felon *St. Auguftin,* le droit qu'il avoit fur le corps de fon Mari, en permettant qu'il eût commerce avec *Hagar.* XVI, 1, *& fuiv.*

Scandale: la crainte d'un Scandale pris, & non donné, ne nous difpenfe pas de nôtre devoir. XVII, 7.

Scholaftique: qui eft le Pére de la Théologie & de la Morale Scholaftiques. *Préf. pag.* XXXVIII.

Secret: Voiez *Difcipline.*

Sentinelle: fi un Soldat Chrétien peut faire fentinelle devant un Temple d'Idoles. VI, 10.

SEPTANTE INTERPRETES: leur Verfion du V. T. cruë infpirée, dans les prémiers Siécles, de tous les Péres. II, 3.

Serment: condamné abfolument fous l'Evangile, par plufieurs Péres de l'Eglife. II, 5. III, 6. V, 24. VI, 22. XI, 12, *& fuiv.* XV, 2, *& fuiv.*

SÉVERE (*Aléxandre:*) pourquoi cet Empereur voulut mettre *Jéfus-Chrift* au nombre des Dieux. VI, 28.

Sicinnis: forte de Danfe, & fon origine. V, 9.

Silence: n'eft pas toûjours une marque d'approbation. XII, 6.

SIMÉON Stylite: prie *Théodofe le Jeune,* de révoquer un ordre très-jufte, que cet Empereur avoit donné. XVII, 12. maniére de vivre de ce Moine fanatique. *Ibid.* pag. 330. *Note* I.

SMYRNE (*Eglife de:*) a condamné ceux qui s'offroient d'eux-mêmes au Martyre. VIII, 38. & le Culte des Morts, ou de leurs Reliques. XV, 27.

SOCRATE (l'Hiftorien de l'Eglife:) ce qu'il dit de la Perfécution pour caufe de Religion. XII, 40. *Note* 3.

SOCRATE: action de ce Philofophe, regardée par *St. Bafile* comme conforme aux Préceptes de l'Evangile. XI, 10. & *Préf.* pag. XXVII.

Société: fubfifte entre un Vivant & un Mort, felon *Athénagoras.* IV, 9.

Société Eccléfiaftique: quel droit elle a, par rapport à ceux qu'elle croit dans l'erreur. XII, 21, *& fuiv.*

Soldat: fi celui qui fait fentinelle à la porte d'un Temple de Faux-Dieux, fe rend par cela feul coupable d'Idolatrie. VI, 10. ou ceux qui fervent de manœuvres à rebâtir un tel Temple. *Ibid.*

Sophiftes: anciens, qui foûtenoient le pour & le contre, fur toute forte de fujets. XV, 36.

Souverains: font, felon *St. Auguftin,* maîtres abfolus de tous les Biens de leurs Sujets. XVI, 27, *& fuiv.* n'ont aucun droit de contraindre ou de maltraiter les Errans en matiére de Religion, purement & fimplement comme tels. XII, 27, *& fuiv.* en quoi confifte le foin qu'ils doivent avoir d'avancer les intérêts de la Religion. *Ibid.*

§ 48,

TABLE DES MATIERES.

§ 48, & *suiv.* & de la Vertu. *Ibid.* § 53, 54.

SOZOMENE (*Hermias:*) louanges, que cet Historien donne à un Evêque séditieux, qui ne vouloit pas reparer le dommage qu'il avoit causé. XVII, 7. *Note* 1.

Spectacles: condamnez généralement par *Clément d'Aléxandrie.* V, 24. réflexions sur leurs mauvais effets. VI, 19, & *suiv.*

STOÏCIENS: plusieurs de leurs pensées & de leurs maximes, adoptées par *Clément d'Aléxandrie.* V, 28, 40, & *suiv.* un de leurs Paradoxes, tiré de l'Ecriture, selon *St. Ambroise.* XVI, 13. *Note* 2.

Sujets: ne peuvent être dépouillez, pour cause de Religion, des droits qu'ils ont entant qu'Hommes, & entant que Citoiens. XII, 38.

SULPICE SEVERE: déteste toute Persécution pour cause de Religion. XII, 40. XVII, 2. *Note* 1. ce qu'il dit de fausses Reliques, découvertes par *St. Martin.* XV, 30.

Συνοικέω, Συνοίκησις, Συνοικέσιον. Exemples de ces termes, entendus du Mariage. XI, 17. *Note* 3, 4.

T.

TATIEN (ancien Hérétique:) traitoit le Mariage de débauche & de fornication. II, 7.

Teinture: entièrement condamnée dans les Etoffes & les Habits, par *Clément d'Aléxandrie.* V, 18.

Temple: si l'on ne peut, sans se rendre coupable d'Idolatrie, faire sentinelle à la porte d'un Temple de Faux-Dieux. VI, 10.

TERTULLIEN: passage de ce Pére expliqué. III, 4. *Note* 2. il condamne les Secondes Nôces, même avant que d'être Montaniste. IV, 16. se sert de la comparaison du Mariage de *J. Christ* avec son Eglise. *Ibid.* § 36. raison pourquoi il condamne les Comédiens. V, 19. *Note* 3. son génie & son caractère. VI, 2, 3. remarques sur la distinction qu'on fait entre les Livres écrits avant sa chûte, & ceux qu'il a composez étant Montaniste. *Ibid.* & § 4. ses idées outrées & fausses, sur la Guerre. *Ibid.* § 6, & *suiv.* sur des choses innocentes, où il trouve toûjours de l'Idolatrie. *Ibid.* § 5, 10, & *suiv.* sa crédulité pour de fausses visions. *Ibid.* § 11. mauvaises raisons, dont il se sert contre la Comédie. *Ibid.* § 19, 20. il condamne la recherche & l'exercice de toute Magistrature & de toute Dignité. *Ibid.* § 21, & *suiv.* ses sentimens injurieux au Mariage. *Ibid.* § 30. il condamne la Fuite en tems de Persécution. *Ibid.* § 31. il ne donne aucunes bornes à la Patience Chrétienne. *Ibid.* § 32, & *suiv.* remarque critique sur la manière de lire un passage de ce Pére *Ibid.* § 35. *Note* 2. il pose en fait, mal-à-propos, que la plûpart des Apôtres n'ont pas été mariez, ou ont renoncé à l'usage de leur Mariage. VIII, 5. fausse raison, dont-il se sert, pour condamner l'usage des Faux Cheveux, ou des Cheveux teints. VIII, 32. & d'autres ornemens des Femmes. *Ibid.* condamne fortement la Persécution pour cause de Religion. XII, 40. approuve l'usage de la Raillerie. XIII, 24.

Testament: il est souverainement injuste, d'ôter aux Hérétiques, comme tels, la faculté de faire testament, ou d'hériter par celui des autres XII, 38.

THAMAR: son inceste, comment excusé par quelques Péres. III, 7.

THECLE (*Sainte:*) Légende de son Martyre, crue par plusieurs Péres. XIII, 3.

THEODORET (*Evêque de Cyr:*) loué beaucoup une action violente & injuste. XVII, 3.

THEODOSE le Grand: conduite de cet Empereur, à l'égard des *Ariens.* XII, 4. Loi, qu'il fit, au sujet des Reliques. XV, 23. *Note* 1. pag. 260. son régne a été un régne d'Ecclésiastiques. XVII, 8, 11. son ignorance. *Ibid.*

Théologie: qui est le Pére de la Théologie Scholastique. *Préf.* pag. XXXVIII.

THEOPHILE *d'Antioche:* son sentiment sur les Secondes Nôces. IV, 14.

THIERS (*J. Baptiste:*) cité, au sujet de l'usage que les Péres ont fait de la Raillerie. XIII, 24.

TIBERE: si cet Empereur reconnut la vérité de la Religion Chrétienne, & voulut la favoriser. VI, 27, & *suiv.*

TILLEMONT (*le Nain de:*) critiqué. III, 3. *Note* 1. aveu qu'il fait, sur une opinion d'*Athénagoras.* IV, 6. *Note* 2. remarque sur ce qu'il dit du *Pédagogue* de *Clément d'Aléxandrie.* V, 34. *Note* 2. jugement qu'il porte du tems auquel a été écrit le Livre de *Tertullien,* De l'Exhortation à la Chasteté. VI, 2. *Note* 2. exemple de sa prévention. XVII, 7. *Note* 1. aveu qu'il fait des fausses idées de *Tertullien,* encore Catholique, touchant les Secondes Nôces. VI, 30. *Note* 3. & au sujet d'*Origéne.* VII, 19. *Note* 3. son jugement de quelques Actes de Martyrs. XV, 28. *Note* 3.

TITE

TABLE DES MATIERES.

Tite [*Epitre à*] Chap. III. verf. 10. réflexions fur ce paffage. XII, 45.

Titulare : mot, dont *Tertullien* fe fert plus d'une fois. XVI, 48. *Note* 5.

Tolérance : n'emporte pas toûjours une approbation de ce que l'on tolére. XII, 6. *Tolérance Eccléfiaftique*, & *Tolérance Civile*, en quoi confiftent. *Ibid.* § 9. Preuves de la Tolérance Eccléfiaftique, & fes juftes bornes. *Ibid.* § 11, *& fuiv.* de la Tolérance Civile. *Ibid.* § 27, *& fuiv.* combien celle-ci eft avantageufe à l'Etat. *Ibid.* § 31. fauffes raifons, dont on fe fert, pour montrer qu'elle eft nuifible. *Ibid.* § 32, *& fuiv.* la Tolérance eft le meilleur moien de réunir, autant qu'il eft poffible, ceux de différentes Religions. *Ibid.* § 35, *& fuiv.*

Tombez (ceux qui avoient fuccombé à la Perfécution:) comment on les exemtoit des Pénitences Publiques. VIII, 52.

Tours (Ville de *France*:) Agathe Paienne, qu'on y adoroit. XV, 29. *pag.* 266. *Note* 1.

Tradition : peu de fonds qu'on peut faire fur elle. I, 3. II, 3. III, 1. *Note* 5. XVI, 38.

Trevoux (*Journaliftes de*:) jugement qu'ils portent de *Tertullien* encore Catholique. VI, 2.

Tribut : les Chrétiens, felon *St. Jérôme*, font, comme tels, difpenfez de paier le Tribut aux Puiffances Civiles. XV, 5, *& fuiv.*

Tuer : l'action de tuer toûjours défenduë, felon plufieurs Péres. IX, 2. XI, 2, *& fuiv.*

Types : cherchez par les Péres dans des Actions manifeftement mauvaifes, qu'ils difculpent, fous prétexte que l'Ecriture ne les blâme pas formellement. III, 7. quel eft le fens du mot Grec Τύπ⊕, d'où celui-ci a été tiré. VII, 3, 4.

V.

Valois (*Henri de*:) a recours à l'Infaillibilité de l'Eglife, pour établir une prétenduë Infpiration de Femmes ou Filles, qui s'étoient donnees la mort, pour mettre leur honneur à couvert de la violence. XV, 11. *Note* 2.

Vafes : l'ufage de ceux d'or & d'argent, pourquoi condamné fans reftriction par *Clément d'Aléxandrie*. V, 14.

Udalrich (*Evêque d'*Ausbourg:) fa Lettre à un Pape, au fujet du Célibat des Eccléfiaftiques. VIII, 27.

Veiller : fauffes applications de paffages de l'Ecriture, où il eft parlé de veiller. XV, 21.

Vengeance : confonduë par plufieurs Péres avec la jufte Défenfe de nous-mêmes & de nos droits. VI, 34, *& fuiv.* IX, 5. XI, 3, *& fuiv.*

Vente : régle à obferver dans ce Contract, felon *Platon*, & *Clément d'Aléxandrie*. V, 24.

Vérité : moien d'accorder l'amour de la Vérité, & l'amour de la Paix. XII, 35, 37. comment on peut la défendre. *Ibid.* § 46.

Vertu : les Vertus, dont l'office confifte à moderer les Paffions, font inutiles à un Chrétien parfait, felon *Clément d'Aléxandrie.* V, 46, 47.

Veuf, Veuve : il n'eft pas permis d'époufer un Veuf, ou une Veuve, felon les principes de ceux qui condamnent les Secondes Nôces. IV, 9. *Note* 6. fi la privation de l'ufage du Mariage leur eft plus facile à fupporter, qu'à ceux qui n'ont point été mariez. IV, 30. fauffe raifon que *St. Ambroife* donne de ce que Dieu défend de faire du tort aux Veuves. XIII, 6.

Vie : la confervation de la vie d'un Sot, ne doit pas toûjours être préferée à la confervation de celle d'un Sage. XIII, 18.

Vigilance (Prêtre de *Barcelone*:) juftifié contre les imputations & les emportemens de *St. Jérôme*. XV, 16, *& fuiv.* il étoit en réputation de fainteté. *Ibid.* § 38. raifon perfonnelle de l'animofité de *St. Jérôme* contre lui. *Ibid.*

Vigiles : leur origine. XV, 22.

Vin : ufage des Vins Etrangers entiérement condamné par *Clément d'Aléxandrie*. V, 14. l'ufage du Vin en général, défendu fous l'Evangile, felon *St. Jérôme*. XV, 12, *& fuiv.*

Virgile (*Polydore*:) fon témoignage fur les débauches horribles du Clergé. VIII, 28.

Ulcifci : fens propre de ce Verbe, mal entendu. XI, 1.

Voluptueux : s'ils cherchent le Mariage, plûtôt que le Célibat. IV, 28.

Vossius (*Gerard Jean:*) réflexion fur une penfée de ce Savant. XV, 18. *Note* 3.

Ufage : le bon ufage qu'on fait de fes Biens, eft, felon *St. Auguftin*, l'unique fondement du droit qu'on y a. XVI, 14, *& fuiv.*

Ufure : Prêt à ufure, condamné par la plûpart des Péres. IX, 6. fon innocence,

TABLE DES MATIERES.

quand il est réduit à ses justes bornes. *Ibid.* § 8, *& suiv.*

Utilité: fausse intelligence & fausse application de la maxime, Qu'on ne doit pas chercher son utilité particuliere, au préjudice de celle d'autrui. XIII, 18.

W H I T B Y (*Daniel*:) Livre de cet Anglois, où il rapporte un grand nombre d'erreurs des Péres. VII, 1.

Z.

Zèle: excès de zéle, combien dangereux dans l'examen du Vrai, sur tout en matiére de Morale. IV, 12. un zéle mal réglé peut être excusé, mais jamais il ne doit être admiré. VII, 20.

F I N.

TABLE DES MATIERES.

TITE [*Epitre à*] Chap. III. verf. 10. réflexions fur ce paffage. XII, 45.

Titulare: mot, dont *Tertullien* fe fert plus d'une fois. XVI, 48. *Note* 5.

Tolérance: n'emporte pas toûjours une approbation de ce que l'on tolère. XII, 6. *Tolérance Eccléfiaftique*, & *Tolérance Civile*, en quoi confiftent. *Ibid.* § 9. Preuves de la Tolérance Eccléfiaftique, & fes juftes bornes. *Ibid.* § 11, *& fuiv.* de la Tolérance Civile. *Ibid.* § 27, *& fuiv.* combien celle-ci eft avantageufe à l'Etat. *Ibid.* § 31. fauffes raifons, dont on fe fert, pour montrer qu'elle eft nuifible. *Ibid.* § 32, *& fuiv.* la Tolérance eft le meilleur moien de réunir, autant qu'il eft poffible, ceux de différentes Religions. *Ibid.* § 35, *& fuiv.*

Tombez (ceux qui avoient fuccombé à la Perfécution:) comment on les exemtoit des Pénitences Publiques. VIII, 52.

TOURS (Ville de *France*:) Agathe Paienne, qu'on y adoroit. XV, 29. *pag.* 266. *Note* 1.

Tradition: peu de fonds qu'on peut faire fur elle. I, 3. II, 3. III, 1. *Note* 5. XVI, 38.

TREVOUX (*Journaliftes de*:) jugement qu'ils portent de *Tertullien* encore Catholique. VI, 2.

Tribut: les Chrétiens, felon *St. Jérôme*, font, comme tels, difpenfez de païer le Tribut aux Puiffances Civiles. XV, 5, *& fuiv.*

Tuer: l'action de tuer toûjours défenduë, felon plufieurs Péres. IX, 2. XI, 2, *& fuiv.*

Types: cherchez par les Péres dans des Actions manifeftement mauvaifes, qu'ils difculpent, fous prétexte que l'Ecriture ne les blâme pas formellement. III, 7. quel eft le fens du mot Grec Τύπος, d'où celui-ci a été tiré. VII, 3, 4.

V.

VALOIS (*Henri de*:) a recours à l'Infaillibilité de l'Eglife, pour établir une prétenduë Infpiration de Femmes ou Filles, qui s'étoient données la mort, pour mettre leur honneur à couvert de la violence. XV, 11. *Note* 2.

Vafes: l'ufage de ceux d'or & d'argent, pourquoi condamné fans reftriction par *Clément d'Aléxandrie*. V, 14.

UDALRICH (*Evêque d'*Ausbourg:) fa Lettre à un Pape, au fujet du Célibat des Eccléfiaftiques. VIII, 27.

Veiller: fauffes applications de paffages de l'Ecriture, où il eft parlé de veiller. XV, 21.

Vengeance: confonduë par plufieurs Péres avec la jufte Défenfe de nous-mêmes & de nos droits. VI, 34, *& fuiv.* IX, 5. XI, 3, *& fuiv.*

Vente: régle à obferver dans ce Contract, felon *Platon*, & *Clément d'Aléxandrie*. V, 24.

Vérité: moien d'accorder l'amour de la Vérité, & l'amour de la Paix. XII, 35, 37. comment on peut la défendre. *Ibid.* § 46.

Vertu: les Vertus, dont l'office confifte à moderer les Paffions, font inutiles à un Chrétien parfait, felon *Clément d'Aléxandrie.* V, 46, 47.

Veuf, Veuve: il n'eft pas permis d'époufer un Veuf, ou une Veuve, felon les principes de ceux qui condamnent les Secondes Nôces. IV, 9. *Note* 6. fi la privation de l'ufage du Mariage leur eft plus facile à fupporter, qu'à ceux qui n'ont point été mariez. IV, 30. fauffe raifon que *St. Ambroife* donne de ce que DIEU défend de faire du tort aux Veuves. XIII, 6.

Vie: la confervation de la vie d'un Sot, ne doit pas toûjours être préferée à la confervation de celle d'un Sage. XIII, 18.

VIGILANCE (Prêtre de *Barcelone*:) juftifié contre les imputations & les emportemens de *St. Jérôme.* XV, 16, *& fuiv.* il étoit en réputation de fainteté. *Ibid.* § 38. raifon perfonnelle de l'animofité de *St. Jérôme* contre lui. *Ibid.*

Vigiles: leur origine. XV, 22.

Vin: ufage des Vins Etrangers entièrement condamné par *Clément d'Aléxandrie.* V, 14. l'ufage du Vin en général, défendu fous l'Evangile, felon *St. Jérôme.* XV, 12, *& fuiv.*

VIRGILE (*Polydore*:) fon témoignage fur les débauches horribles du Clergé. VIII, 28.

Ulcifci: fens propre de ce Verbe, mal entendu. XI, 1.

Voluptueux: s'ils cherchent le Mariage, plûtôt que le Célibat. IV, 28.

VOSSIUS (*Gerard Jean*:) réflexion fur une penfée de ce Savant. XV, 18. *Note* 3.

Ufage: le bon ufage qu'on fait de fes Biens, eft, felon *St. Auguftin*, l'unique fondement du droit qu'on y a. XVI, 14, *& fuiv.*

Ufure: Prêt à ufure, condamné par la plûpart des Péres. IX, 6. fon innocence, quand

quand il est réduit à ses justes bornes. *Ibid.* § 8, *& suiv.*

Utilité: fausse intelligence & fausse application de la maxime, Qu'on ne doit pas chercher son utilité particuliere, au préjudice de celle d'autrui. XIII, 18.

WHITBY (*Daniel*:) Livre de cet Anglois, où il rapporte un grand nombre d'erreurs des Péres. VII, 1.

Z.

ZEle: excès de zéle, combien dangereux dans l'examen du Vrai, sur tout en matiére de Morale. IV, 12. un zéle mal réglé peut être excusé, mais jamais il ne doit être admiré. VII, 20.

F I N.

3

www.ingramcontent.com/pod-product-compliance
Lightning Source LLC
Chambersburg PA
CBHW071858230426
43671CB00010B/1388